कैथरीन क्लैमाँ

जन्म : 1939, पेरिस।

शिक्षा : 1962 में दर्शन में फ्रांसीसी शिक्षा-पद्धति की उच्चतम उपाधि। सोबोर्न विश्वविद्यालय से ब्लादीमीर जेन्कलविच की सहायक। 1978, पेरिस विश्वविद्यालय में प्रोफेसर। 1982-87, विदेश मंत्रालय में फ्रांस और अन्य देशों में कलात्मक सम्बन्धों के एसोसियेशन की निदेशक। 1987-91, भारत में फेस्टिवल ऑफ़ फ्रांस के डाइरेक्टर जनरल की प्रतिनिधि। साढ़े चार वर्ष वियना में रहने के बाद इस समय अफ्रीका में निवास।

प्रकाशन : द *वियरी संस ऑफ़ फ्रायड; लाइफ़ एंड लीजेंड्स ऑफ़ ज़ाक् लाकां; ऑपेरा और द अनडूइंग ऑफ़ विमेन* (एलेन सिक्सु के साथ); द *न्यू बॉर्न वूमेन; सिंकोप, द फिलॉसफी ऑफ़ रैपचर* अंग्रेजी में अनूदित गैर-कथात्मक रचनाएँ। *ग्रोइंग एन इंडियन स्टार* (काव्य-संग्रह) फ्रांसीसी में आठ उपन्यास। विभिन्न रचनाओं का विश्व की अनेक भाषाओं में अनुवाद।

निर्मला जैन

निर्मला जैन का जन्म सन् 1932 में दिल्ली में हुआ। उन्होंने दिल्ली विश्वविद्यालय से बी.ए., एम.ए., पी-एच.डी. और डी.लिट् की उपाधियाँ प्राप्त कीं।

लेडी श्रीराम कॉलेज (1956-70) और फिर दिल्ली विश्वविद्यालय के हिन्दी विभाग (1970-1996) में अध्यापन किया। इस दौरान वे हिन्दी विभाग की अध्यक्ष (1981-84) और कई वर्षों तक दक्षिण-परिसर में विभाग की प्रभारी प्रोफेसर रहीं।

प्रमुख रचनाएँ : *आधुनिक हिन्दी काव्य में रूप-विधाएँ, रस-सिद्धान्त और सौन्दर्यशास्त्र, आधुनिक साहित्य : मूल्य और मूल्यांकन, हिन्दी आलोचना का दूसरा पाठ, कथा-समय में तीन हमसफ़र, पाश्चात्य साहित्य-चिन्तन, कविता का प्रति-संसार* (आलोचना); *दिल्ली : शहर-दर-शहर* (संस्मरण); *ज़माने में हम* (आत्मकथा)।

अनुवाद : *उदात्त के विषय में, बांग्ला साहित्य का इतिहास, समाजवादी साहित्य : विकास की समस्याएँ, भारत की खोज, एडविना और नेहरू, सच, प्यार और थोड़ी-सी शरारत।*

सम्पादन : *नई समीक्षा के प्रतिमान, साहित्य का समाजशास्त्रीय चिन्तन, महादेवी साहित्य* (4 खंड), *जैनेन्द्र रचनावली* (12 खंड)।

पुरस्कार : *सोवियत लैंड नेहरू पुरस्कार, रामचन्द्र शुक्ल पुरस्कार, हरजीमल डालमिया पुरस्कार, तुलसी पुरस्कार,* केन्द्रीय हिन्दी संस्थान (आगरा) का *सुब्रह्मण्य भारती सम्मान,* हिन्दी अकादेमी का *साहित्यकार सम्मान,* साहित्य अकादेमी का *अनुवाद पुरस्कार* आदि।

एडविना और नेहरू

ऐतिहासिक उपन्यास

कैथरीन क्लैमाँ

अनुवाद
निर्मला जैन

राजकमल पेपरबैक्स

पहला पुस्तकालय संस्करण
राजकमल प्रकाशन प्राइवेट लिमिटेड द्वारा
अप्रैल, 1996 में प्रकाशित

राजकमल पेपरबैक्स में
पहला संस्करण : 2007
छठा संस्करण : 2025

राजकमल पेपरबैक्स : उत्कृष्ट साहित्य के जनसुलभ संस्करण

राजकमल प्रकाशन प्रा.लि.
1-बी, नेताजी सुभाष मार्ग, दरियागंज
नई दिल्ली-110 002
द्वारा प्रकाशित

शाखाएँ : अशोक राजपथ, साइंस कॉलेज के सामने, पटना-800 006
पहली मंजिल, दरबारी बिल्डिंग, महात्मा गांधी मार्ग, प्रयागराज-211 001
1, अनमोल सोराबजी सन्तुक लेन, धोबी तलाव, मरीन लाइंस, मुम्बई-400 002
वेबसाइट : www.rajkamalprakashan.com
ई-मेल : info@rajkamalprakashan.com

बी.के. ऑफसेट
नवीन शाहदरा, दिल्ली-110 032
द्वारा मुद्रित

मूल्य : ₹499

EDWINA AUR NEHRU
Novel by Catharine Clement
Translated by Dr. Nirmala Jain

ISBN : 978-81-267-1289-2

इस उपन्यास की अन्तर्वस्तु का संबंध अनुवादक के निजी अनुभव से है। आधी शताब्दी पहले जो अपने किशोर मन की सुख-दुख की विरोधाभासी अनुभूतियों का हिस्सा रहा हो उसके बीच दूसरे की आँख से एक बार फिर गुज़रना कितना उद्वेलनकारी होता है, यह सिर्फ़ अनुभव करने की चीज़ है, कहने की नहीं।

अनुवाद की प्रक्रिया में मैंने उस अनुभव को फिर से रचा है और रचते हुए महसूस किया है कि देश-काल की सीमाओं के ऊपर अनुभव का एक स्तर ऐसा होता है जहाँ 'कहियत भिन्न न भिन्न'।

यह अनुवाद उसी की अभिव्यक्ति है।

— **अनुवादक**

प्राक्कथन

इस पुस्तक की रचना फ्रांसीसी पाठकों को ध्यान में रखकर की गई थी। इसका प्रकाशन भी पहली बार फ्रांस में हुआ। मैं मूलतः फ्रांसीसी रचनाकार हूँ। भारत में मैं सिर्फ चार साल रही थी। जो देश मेरे दिल में बस गया है उसमें खुशी से बीते चार सालों का यह समय बहुत कम लगता है। लेकिन इस देश में बीता यह थोड़ा-सा समय भी भारतीय और फ्रांसीसी जनमानस की संवेदनाओं के बीच अंतर की पहचान के लिए काफी था।

दोनों देशों के बीच मुख्य अंतर प्रेम-संबंधी फ्रांसीसी पुरा-कल्पना को लेकर है। शताब्दियों से फ्रांस में सही अर्थों में प्रेम का आद्य-बिंब रहा है — 'प्रथम दृष्टि का प्रेम'। साथ ही प्रेम की एकमात्र मान्य परंपरा इस मनोवेग की वर्जना की रही है। इसीलिए प्रेम की किसी ऐसी कहानी में फ्रांसीसियों की कोई दिलचस्पी नहीं होती जिसमें कोई उद्वेलन न हो या जो विवेकसम्मत हो। जबकि कोई ऐसी भावावेगपूर्ण कहानी जिसका आधार केवल प्रथम दृष्टि का प्रेम हो उनमें जिज्ञासा भी पैदा करती है और उनको आकर्षित भी करती है। लेकिन इस सबसे ज्यादा महत्त्वपूर्ण बात यह है कि प्रेम की इस परंपरा को, जिसका जन्म 12वीं शताब्दी के यूरोप में धर्मयुद्धों के समय हुआ था, और जिसे ऐतिहासिक दृष्टि से दरबारी प्रेम कहा गया है, बराबर सामाजिक नियमों से टकराना पड़ा। यह टकराहट पारिवारिक दबाव या कानूनी व्यवस्था में से किसी से भी हो सकती थी। इसलिए सच्चे प्रेम में सफलता पाना असंभव था। या तो परिस्थिति के दबाव के कारण वह अतीन्द्रिय रूप तक सीमित रहता था, या फिर उसका अंत त्रासदी में होता था। यह परंपरा इतनी मज़बूत रही है कि शताब्दियों तक असफल प्रेम फ्रांसीसी साहित्य और कुल मिलाकर यूरोपीय साहित्य के प्रमुख विषयों में से एक रहा। उदाहरण के लिए रोमियो-जूलियट की कहानी : दो ऐसे प्रेमियों की कहानी है जिनके परिवार हमेशा एक-दूसरे से नफ़रत करते रहे। उनके माता-पिता की आपसी नफरत ने संतानों के बीच प्रेम को असंभव कर दिया और इसका अंत हुआ इन बच्चों की मृत्यु में।

आश्चर्य है कि नेहरू और एडविना की प्रेम-कहानी, इसी परंपरा की कहानी है। इंगलैंड और भारत — दो शत्रुओं के बीच प्रेम की कहानी — जहाँ प्रेम राजकीय कारणों

से वर्जित था। कोई दूसरा युग होता तो इस प्रेम-कहानी का अंत भी त्रासद हो सकता था और यह प्रेम-कहानी इतिहास के बोझ तले कुचलकर रह जाती। लेकिन अपने समय यानी कि बीसवीं शताब्दी, और इन दोनों पात्रों की प्रौढ़ता और समझदारी के कारण यह प्रेम-कहानी जीवित बची रही।

दूसरा अंतर ऐतिहासिक उपन्यास के उपयोग को लेकर दिखाई पड़ता है। ऐतिहासिक उपन्यास फ्रांस में शताब्दियों से बहुत लोकप्रिय साहित्य-विधा रही है। फ्रांसीसी में ऐतिहासिक उपन्यास वास्तविक ऐतिहासिक व्यक्तियों पर और उनके वास्तविक नामों से लिखे जाते रहे हैं। साथ ही उनमें ऐतिहासिक तथ्यों के साथ रचनाकार के द्वारा कल्पित प्रसंगों का समावेश भी कर लिया जाता रहा है। उदाहरण के लिए 'द थ्री मस्केटियर्स' (तीन तिलंगे) के प्रसिद्ध लेखक अलेक्जेंडर द्यूमा ने ऑस्ट्रिया की रानी एनी के प्रणय-प्रसंगों की कल्पना करने में कोई संकोच नहीं किया। अपने एक अन्य ऐतिहासिक उपन्यास में फ्रांस की रानी मेरी आंत्वानेत के साथ भी, जिसका सिर फ्रांसीसी राज्यक्रान्ति के दौरान धड़ से अलग कर दिया गया था, उसने ऐसा ही किया। उसकी मृत्यु के केवल पचास वर्ष बाद उसने कई ऐसी घटनाएँ उसकी जीवनी में जोड़ दीं जो इसलिए 'झूठी' हैं क्योंकि वे वास्तव में घटित नहीं हुईं और इसलिए 'सच्ची' क्योंकि उनका घटित होना काफ़ी हद तक संभव था। फ्रैंच में कहावत है — कभी-कभी सच्चाई बहुत कुछ असंभाव्य प्रतीत हो सकती है पर इसके ठीक उलटे असंभाव्यता कभी-कभी बिल्कुल सच प्रतीत हो सकती है।

मैंने नेहरू और एडविना पर इसी परिप्रेक्ष्य में ऐतिहासिक उपन्यास लिखा है। मुक्त भाव से मैंने कुछ ऐसी स्थितियाँ जोड़ दी हैं, जो संभवतः घटित नहीं हुईं, लेकिन कुछ संकेतों के आधार पर उनका घटित होना संभव जान पड़ता है। दूसरी ओर कुछ और स्थितियाँ जो असंभव प्रतीत होती हैं, वास्तव में एकदम सच्ची हैं।

अंत में, जहाँ तक इतिहास का सवाल है — ऐसा इतिहास जिसे वैज्ञानिक समझा जा सकता है, जिसकी रचना देखे हुए ब्यौरों और रिपोर्टों के आधार पर विशेषज्ञों द्वारा की गई है, भयंकर गलतियों का शिकार हो सकता है। गंभीर इतिहासकार कह सकते हैं कि सत्य को प्रमाणित करना बहुत कठिन होता है। इसलिए जब इतिहास को उपन्यास में रूपांतरित किया जाता है तो वह गुज़री हुई ज़िंदगियों को पुनरुज्जीवित नहीं करता, बल्कि वह चित्रकार की तरह, भावनाओं में भीतरी सत्य की एक झलक का, संघर्षों का, प्राकृतिक दृश्यों, बादलों और अंतरात्माओं का वर्णन करता है। नेहरू और एडविना दोनों इंसान थे। दोनों में नेतृत्व का गुण था। दोनों रोमांटिक थे, उनमें भावावेश था और अपने ढंग से दोनों भारत के प्रति समर्पित थे। इसलिए मुझे ऐसा लगा कि विधा के रूप में ऐतिहासिक उपन्यास नेहरू के चरित्र के लिए अनुकूल है और एडविना

के चरित्र के लिए जरूरी। वे दोनों मुझे बेहद प्रिय हैं : पंडित नेहरू के लिए मेरे मन में गहरी श्रद्धा है और एडविना के लिए गहन सहानुभूति।

यह पुस्तक एक उपन्यास है — यथासंभव सत्य पर आधारित उपन्यास। एक अंग्रेज़ अफ़सर के अलावा इसका कोई चरित्र कल्पित नहीं है। अधिकांश संवादों का आधार वास्तविक रूप से की या लिखी गई बातचीत है। यह बात अलग है कि मैंने कुछ स्थितियों, अनुभूतियों और भावनाओं की कल्पना की है। पर क्या मैंने सचमुच उनकी 'कल्पना' की है ?

हाँ की है, क्योंकि यह उपन्यासकार का विशेषाधिकार है : यह उसकी शक्ति भी है और सीमा भी। लेकिन सही अर्थों में उपन्यासकार कल्पना नहीं करता। वह केवल आह्वान करता है। उसका अपने पात्रों पर कोई नियंत्रण नहीं होता, चाहे इनका अस्तित्व सुदूर अतीत में हो, या वे हमारे वर्तमान के निकट हों। ये पात्र स्वाधीन होते हैं, उनका निजी जीवन होता है, आखिर यह जीवन उन्हीं का तो है।

आमुख

शैम्पेन और कक्ष की दीवारें

चौरीचौरा, 4 फरवरी 1922

भारत की गुलाबी जाड़े की रात थी। आसमान साफ़ था। महात्मा गाँधी ने जिस प्रदर्शन का आह्वान किया था वह शांतिपूर्वक समाप्त हो चला था। बस बीच-बीच में सन्नाटा कुछ नारों से भंग हो जाता था।

अब भी कुछ आवाज़ें सुनाई दे जाती थीं : 'हिन्द। हिन्द स्वराज। महात्मा गाँधी की जय' अब उनमें वह उत्तेजना नहीं थी जैसी बरसात की तेज़ बारिश के बाद टपकती हुई वर्षा की मोटी बूँदें। कुछ प्रदर्शनकारी, हाथों में मशाल लिए छोटी-छोटी टोलियों में अँधेरे में बँट गए थे। कुछ और लोग जहाँ खड़े थे वहीं आपस में बातचीत करने के लिए रुक गए थे। ठंड बढ़ने लगी थी और लोगों ने लंबी भूरी शालें ओढ़ ली थीं। छोटे टाउन हाल की रक्षा के लिए घेरा डाले पुलिस अपनी जगह जमी थी, उन्हें किसी से खतरा नहीं था, उन्हें अपनी लाठियाँ तक उठाने की भी ज़रूरत नहीं पड़ी थी।

महात्मा गाँधी के आदेशों का पूरी तरह पालन करते हुए – यह नीरव, शांत एवं अहिंसक रैली निर्विघ्न सम्पन्न हुई। दो दिन के बाद ठीक इसी तरह की विराट हड़ताल की योजना बंबई के निकट बारदोली जिले में बनाई गई थी। तय किया गया था कि दुकानें बंद रहेंगी और उनके सामने की सड़कें खाली रहेंगी। दिन-ब-दिन अपने घर के आँगनों में कैद परिवार एक-दूसरे के साथ या फिर प्रार्थना में समय बिताएँगे। पूरे ज़िले में सामान्य जन-जीवन ठप्प हो जाएगा। सड़कें मूक विरोध प्रदर्शित करते हुए लंबे जुलूसों से भर जाएँगी, लेकिन एक भी हाथ हिंसा के लिए नहीं उठेगा। यदि पुलिस आक्रमण करेगी, तो कोई प्रतिरोध नहीं करेगा।

चौरीचौरा का यह प्रदर्शन एक बहुत अच्छी पहल थी और सफलतापूर्वक समाप्त

होनेवाली थी। तभी पुलिस को अचानक दूर से ज़ोर-ज़ोर से उपहास-भरी आवाज़ें आती सुनाई दीं। अँधेरे में कुछ अपमानसूचक बातें सुनाई पड़ीं। क्रुद्ध होकर पुलिस ने जुलूस के अंत में पिछड़ गए लोगों पर लाठियों से धावा बोल दिया। चीख-पुकार मच गई। एक आदमी हाथों में अपना खून से लथपथ सिर थामे, चिल्लाता हुआ दौड़ा। भीड़ में से कुछ धमकी-भरी बुदबुदाहट उभरी।

सिपाही संख्या में बहुत नहीं थे पर भय और घृणा से उनकी आँखें चमक रही थीं। उनमें से एक ने हवा में गोलियाँ चलानी शुरू कर दीं तभी भीड़ दृढ़तापूर्वक आगे बढ़ी। पुलिस ने भीड़ पर गोलियाँ चलानी आरंभ कर दीं और प्रदर्शनकारी बेकाबू हो गए।

उनके पास आक्रोश और संख्या का बल था। पुलिस के पास जल्दी ही गोला-बारूद खतम हो गया। वे जिस टाउन हाल की रक्षा कर रहे थे उसी की तरफ़ दौड़े और उसके बंद दरवाज़ों और जालीदार खिड़कियों के भीतर शरण ली। किसी ने एक जलती मशाल छत पर फेंक दी, फिर एक और मशाल; और इमारत में आग लग गई। बाहर भीड़ खून की प्यासी हो रही थी। हवा में बँधी मुट्ठियाँ भाँजते हुए युवक चिल्लाए — 'उन्हें मरने दो। ये हमारे आदमी नहीं हैं।'

जब धुएँ से दम घुटने के कारण चौबीस सिपाही बाहर निकले तो भीड़ उन पर झपटी। उनके टुकड़े-टुकड़े करके आग में फेंक दिए गए और वह आग सुबह तक जलती रही।

बारदोली, दक्षिण बंबई, 8 फरवरी 1922

हे राम !' गाँधीजी बुदबुदाए। वे व्याकुल थे : 'ऐसा नहीं हो सकता। वे ऐसा नहीं कर सकते।'

'गाँधीजी, वे ऐसा कर सकते हैं,' उनकी बगल से किसी ने फुसफुसाते हुए उत्तर दिया – 'उन्होंने हिम्मत दिखाई और खून बहाया... हम पर पहले से पूरी योजना बनाकर ये सब करने का आरोप लगाया जा रहा है। मुख्य समाचार देखिए : "गोरखपुर के पास क़साईबाड़ा : पूर्वआयोजित हमले में सिपाहियों को जीवित जला दिया गया"।'

महात्माजी ने ठंडी साँस भरते हुए कहा — 'सिर्फ सविनय अवज्ञा और असहयोग। मैंने साफ़-साफ़ कह दिया था कि कोई हिंसा नहीं होगी ?'

एकत्र अनुयायियों के सिर शर्म से झुक गए।

'कल बारदोली ज़िले में बुलाई गई हड़ताल शुरू होगी...' गाँधीजी ने कहा। 'नहीं। मैं इस नृशंसता को माफ़ नहीं कर सकता। पूरा कार्यक्रम मुल्तवी करना होगा।'

किसी ने ज़ोर देकर कहा — 'गाँधीजी, आपको ऐसा बिल्कुल नहीं करना चाहिए।

बड़े पैमाने पर कार्रवाई शुरू हो चुकी है। चारों तरफ संघर्ष की सरगर्मी है। पूरे भारत की आँखें बारदोली पर टिकी हैं। सब तैयार हैं... अंग्रेज हमारी मुट्ठी में हैं।'

बोलनेवाले की तरफ दुखी नेत्रों से देखते हुए गाँधीजी बोले, 'यह सच है... तुम्हारी बात हज़ार बार सही है लेकिन निहत्थे लोगों की नृशंस हत्या का कोई औचित्य नहीं हो सकता।'

'उन्होंने भीड़ पर गोली चलाई थी' – अपनी मेंहदी-रँगी दाढ़ी को सहलाते हुए वह क्रुद्ध व्यक्ति चिल्लाया। 'ये भेड़िए, खून के प्यासे सिपाही। क्या आप दलितों के बजाय अत्याचारियों की तरफ़दारी करना चाहते हैं ?'

'पर वहाँ तो कत्लेआम हुआ' – गाँधीजी ने तुरंत जवाब दिया। 'तुम्हें अच्छी तरह मालूम है कि जब सिपाहियों को मारा गया, उनके पास गोला-बारूद खत्म हो चुका था। नहीं ! मैं इस तरह की कार्रवाई का बोझ नहीं उठा सकता। मैं हड़ताल ख़त्म कर रहा हूँ।'

'गाँधीजी, आप कांग्रेस पार्टी का सर्वनाश कर देंगे।' वह क्रुद्ध व्यक्ति फुफकारा, — 'अगर आपने हमारे सभी सेनानियों को रोका, तो हमारी आशाओं पर पानी फिर जाएगा। हमें घुटने टेक देने होंगे।'

गाँधीजी ने उठते-उठते कहा, 'मैंने फ़ैसला कर लिया है। हमारे शत्रु भले ही हमारे इस अपमान से खुश हो लें। भले ही इसे हमारी पराजय समझकर वे हमारी खिल्ली उड़ाएँ। मैं अच्छी तरह जानता हूँ कि बर्तानिया सरकार इस बारे में क्या कहेगी। फिर भी मैं ईश्वर के सामने पाप का भागी नहीं होना चाहता। हिन्दूमत का नाम ही सहनशीलता और विनम्रता है।'

उस आदमी ने अधीर होकर अपने हाथ आसमान की तरफ़ उठा दिए।

बड़ी कठिनाई से अपने पर संयम करते हुए वह बोला, 'मैं, जो जन्म से मुसलमान हूँ, क्या मैंने आपसे अल्लाह के नाम पर कुछ कहा ? हम दोनों एक गैर-सांप्रदायिक पार्टी के सेनानी हैं गाँधीजी, आप हमारी इन लड़ाइयों में हिन्दूमत को क्यों घसीट रहे हैं।'

'मैं तुम्हारी बात समझ रहा हूँ,' गाँधीजी धीरे-से बोले, 'हमारे कार्यक्रम की योजना में यह गतिरोध राजनीतिक दृष्टि से भले ही विवेकसम्मत न हो पर ऐसा करना नीतिसम्मत और धर्मसम्मत होगा।'

'आप अगर धर्म को हमारी स्वाधीनता के सवाल से मिलाएँगे तो...' कहते हुए वह क्रुद्ध मुसलमान उठकर खड़ा हो गया।

'हाँ।' – महात्माजी ने दृढ़तापूर्वक कहा। 'अहिंसा का संबंध भारत से है। अगर भारत शस्त्र-प्रयोग के सिद्धांत का समर्थन करे, तो उसकी क्षणिक जीत हो सकती है,

लेकिन मुझे ऐसा करने में गर्व की अनुभूति नहीं होगी। मैं शुद्धि के लिए उपवास आरंभ करूँगा। और मैं कांग्रेस की कार्यसमिति के सदस्यों के नाम गोपनीय पत्र लिखूँगा। हम हड़ताल ख़त्म करेंगे।'

दिल्ली, 9 फरवरी 1922

अंग्रेज़ी सल्तनत के अधीन भारत का वायसराय, अपने कागज़ों पर टकटकी लगाए उलझन में पड़ा था। उसके सामने स्वाधीनता संग्राम में जुटी कांग्रेस पार्टी की गतिविधियों पर पुलिस की रिपोर्टें थीं और साथ ही लंदन से प्राप्त अनेक विज्ञप्तियाँ भी। प्रधानमंत्री ने गाँधी की गिरफ्तारी की माँग की थी और पुलिस रिपोर्ट में बिल्कुल साफ़ लिखा था कि बारदोली का सविनय अवज्ञा आन्दोलन खुद महात्मा गाँधी के अनुरोध पर समाप्त किया गया था। लॉर्ड रीडिंग ने कागज़ पर बहुत देर तक विचार करने के बाद अपने प्रमुख सचिव को बुलाया।

उसने अन्दर आकर पूछा। 'जी श्रीमान ?'

'कांग्रेस के प्रमुख नेता इस समय कहाँ हैं ?'

कागज़ों के ढेर में से एक फाइल निकालते हुए सचिव ने उत्तर दिया, 'जनाब, पूरी रिपोर्ट आपके पास है। प्रमुख सेनानियों में से कई पहले ही जेल में हैं। उनमें मोतीलाल नेहरू और उनके बेटे जवाहरलाल नेहरू भी शामिल हैं। जवाहरलाल अभी युवक है। प्रिंस ऑफ़ वेल्ज़ की भारत यात्रा का बायकाट करने के लिए किए गए आंदोलन में उसकी बड़ी सक्रिय भूमिका थी। वह राष्ट्रवादी पैम्फलेट बाँट रहा था। हमने पिछले साल जब उसे गिरफ़्तार किया तो उसके पिता ने उसके साथ जेल जाने का आग्रह किया था।'

'ठीक, मुझे याद आ गया,' वायसराय ने विषादग्रस्त स्वर में कहा। 'बाप-बेटे दोनों ने मिलकर अपनी गिरफ्तारी को जैसे विजय में बदल लिया था। वे ऐसे जेल गए थे जैसे कोई राजा सिंहासन पर चढ़ रहा हो – सफेद सूती पोशाक, सिर ऊँचा उठाए ... क्या अहंकार था। इलाहाबाद के उन दोनों पंडितों को मैं अभी तक भूला नहीं हूँ।'

मुख्य सचिव ने अपनी बात जारी रखी, 'द *इंडिपेंडेंट* में मुख्य समाचार छपा था, "इलाहाबाद शहर के अमर गौरव के लिए"।'

'और सोचो कि इस बेटे ने हमारे ही देश में शिक्षा पाई थी।' वायसराय क्रोध से चिल्लाया। 'ये गाँधी के चेले, हमने इनमें से कितनों को जेल में डाल दिया है ?'

'अच्छा ... पिछले दिसंबर में बीस हज़ार, जनवरी में दस हज़ार और इस तरह जनाब, कुल मिलाकर तीस हज़ार।'

'चार दिन में, संसद में भारत की स्थिति पर बहस होगी। तब तक गाँधी को ज़रूर गिरफ्तार कर लिया जाना चाहिए।'

'और कुछ ही दिनों में आप होनेवाले युवराज के रिश्ते के भाई लॉर्ड माउंटबेटेन की कु. एडविना के साथ सगाई की खुशियाँ मनाएँगे' – सचिव ने टिप्पणी की।

लॉर्ड रीडिंग ने बात काटते हुए कहा, 'इन दोनों बातों में घालमेल करने की ज़रूरत नहीं है। पहली बात तो यह कि अभी तक सगाई की घोषणा नहीं की गई है, ज़्यादा से ज़्यादा यही हो सकता है कि युवा माउंटबेटेन अभी कुमारी एडविना एशले के जवाब का इंतज़ार कर रहे हों। पर अगर यह बात सच भी हो कि उनकी सगाई वास्तव में हो गई है, तो भी इस बात की खबर हमें नहीं होनी चाहिए।' मुख्य सचिव ने हैरत से कहा, 'पर आपने तो उन दोनों को वायसराय के आवास में ही ठहरा रखा है !'

'पर एक ही छत के नीचे नहीं, मेरे दोस्त। अलग-अलग। वरना लोग क्या कहेंगे ? बस, मैंने तो अपनी आँखें बंद कर ली हैं, युवराज इस रोमांस के पक्ष में हैं, वे भी हमारी ही तरह कुमारी एडविना के फ़ैसले का इंतज़ार कर रहे हैं। उन्होंने तो मुझे यहाँ तक बताया है कि अगर यह शादी हुई तो इस मौके पर वे वर के सहचर की भूमिका निभाएँगे। लेकिन उन्होंने संकेत से यह भी समझा दिया है कि हमें सतर्क रहना चाहिए। इसलिए मेहरबानी करके आप भी सावधानी बरतें और श्रीमान गाँधी के मसले से निबटने के समय आप मेरा ध्यान न बटाएँ।'

सचिव ने फिर टिप्पणी की – 'जनाब, युवराज की उपस्थिति मिस्टर गाँधी की समस्या से असंबद्ध नहीं है। वे बायकाट और सविनय अवज्ञा आन्दोलन आरंभ करने के लिए राजसिंहासन के वारिस की सरकारी यात्रा का फायदा उठा रहे हैं। जब तक सिंहासन के वारिस भारत में हैं, आप शायद किसी बड़े उपद्रव का खतरा उठाना नहीं चाहेंगे।'

'बिल्कुल ठीक। पार्लियामेंट गाँधी के प्रभाव के बारे में कुछ नहीं समझती। और मुझे शायद इसे प्रभाव ही नहीं कहना चाहिए; बल्कि वह तो बहुत बड़ी शक्ति है। उनके मुँह से निकला एक शब्द चारों तरफ़ आग लगा देने के लिए काफ़ी है। और मैं उन्हें गिरफ्तार कर लूँ ? ऐसा कभी नहीं हो सकता।'

'उन्होंने राजा के खिलाफ़ सिर उठाया है, जनाब,' सचिव ने हैरत के साथ जवाब दिया। 'वे बरतानिया हुकूमत की जड़ खोद रहे हैं।'

'मैं असहमत नहीं हूँ,' वायसराय ने हामी भरी। कुछ देर चुप रहकर उन्होंने फिर कहा, 'पर याद रक्खो, जब वे दक्षिण अफ्रीका में थे, तो लड़ाई के लिए उनका जेल जाना काफ़ी हो गया था... मुझे गलती करने के लिए मजबूर किया जाएगा। और इसमें संदेह नहीं कि मैं ऐसा करके अन्याय भी करूँगा।'

सचिव ने टिप्पणी की, 'जहाँ तक मैं देख पा रहा हूँ जनाब, आपकी सहानुभूति

साफ़ है।'

'श्रीमान गाँधी जिन्हें मैं ज्यादा नहीं जानता हूँ, वे एक ईमानदार और शिष्ट व्यक्ति हैं। मैं मानता हूँ कि वे मुझे विचलित करते हैं,' लॉर्ड रीडिंग ने उत्कंठापूर्वक कहा। 'अपना असहयोग आन्दोलन शुरू करने से पहले, उन्होंने मुझे पत्र लिखकर इस बारे में अत्यंत शिष्टतापूर्वक चेतावनी दे दी थी। पर यह सब तुम्हारी समझ में नहीं आएगा। ठीक है। एक महीने बाद, मि. माउंटबेटेन की सगाई होने के बाद गिरफ्तारी कर ली जाएगी।'

सचिव ने फाइलों को व्यवस्थित करते हुए सवाल किया, 'और अगर मिस एशले ने अपने प्रेमी को इँकार कर दिया ?'

वायसराय ने कुछ बल देते हुए उत्तर दिया, 'मैंने कह जो दिया – युवराज के रवाना होने के बाद, और किसी हालत में अभी नहीं।'

दिल्ली, 10 फरवरी 1922

लाल कमखाब के पलंगपोश पर बैठी मिस एडविना एशले बड़े ध्यान से अपनी लंबी टाँगों में पहनी हुई सिल्क की जुराबों को देख रही थी। भारत के पहले के वायसरायों का इस उपनिवेश की जलवायु पर पहले बिल्कुछ ध्यान नहीं गया था। चूँकि भारत की सर्दी और इंगलैंड में गर्मियों की शुरुआत के मौसम में समानता होती है। सिल्क की जुराबें पसीने से उसकी त्वचा से चिपक गई थीं। उसने अपनी चुन्नटदार स्कर्ट उतारी, और एक जुराब को अपने गोरे घुटने के नीचे खिसका दिया। गेटिस पसीने से भीग गया था। उसने बेचैनी से दूसरी जुराब को भी झटककर उतार दिया और उत्तेजित होकर गेटिस का क्लिप खोल दिया।

कपड़े उतारकर वह बिस्तर पर पेट के बल औंधी जा पड़ी। उसने अभी-अभी लुई माउंटबेटेन को 'स्वीकृति' दी थी। कई हफ्तों की इश्कबाजी के बाद उसने माउंटबेटेन को उस मूर्ख महिला से छीन लिया था जिसके प्रति वे पहले आकर्षित हुए थे। उसने उन्मत्त कर देनेवाले अपने नृत्यों में उनका साथ दे-देकर उन्हें इतना अभिभूत कर लिया था कि उन्होंने उसके लिए बे-सिर-पैर की एक घटिया कविता लिख मारी। उसे यह कविता कण्ठस्थ हो गई थी :

हास्यास्पद परिमाप की ओ नारी
नृत्य के प्रति तुम्हारा झुकाव असंगत है
गोकि नृत्यदेवी सा तुम्हारा प्रयांस
विश्व के सभी सजीव वृत्तान्तों से
कहीं आगे है।

इस कविता को सुनकर वह हँस-हँसकर दोहरी हो रही थी और तभी लुई ने उसे अपनी बाँहों में घेर लिया था। वह उसे पाना चाहता था। एडविना सकुचा रही थी। वह बेतरह अमीर थी और लुई के पास फूटी कौड़ी नहीं थी। लुई शाही खानदान से था और वह काब्लेंज के उस यहूदी महाजन की पौत्री-भर थी जो हाल ही में अंग्रेज़ नागरिक हो गया था। क्या वह लाड़-प्यार से बिगड़ी हुई वारिस की चमचमाती ज़िंदगी का अंत कर दे, इश्कबाज़ी छोड़ दे, बच्चे पैदा करे, शिष्टाचार के प्रति समर्पण कर दे ? एडविना तय नहीं कर पा रही थी कि वह राजसी नियति को स्वीकार करने के लिए तैयार है या नहीं। परियों की-सी शालीनता से उसने विवाह के प्रस्ताव से घुमा-फिराकर कन्नी काट ली।

उसके बाद युवराज, लुई माउंटबेटेन को अपने साथ एक सरकारी यात्रा के लिए भारत ले गए। वे यात्रा पर चले ही थे कि एडविना को उनका अभाव खलने लगा। उसने आवेश में आकर अपनी छुट्टियाँ वायसराय की पत्नी के साथ बिताने का निर्णय लिया। वे उसकी माँ की मित्र थीं। यह 'डिकी' से मिलने का अच्छा बहाना था। माउंटबेटेन को यह नाम उनकी दादी रानी विक्टोरिया ने दिया था और अब उन्हें सब इसी नाम से पुकारते थे। भारत में वे दोनों एक-दूसरे के करीब आए। डिकी उसे मुगल बादशाहों के पुराने किलों में घुड़सवारी के लिए ले जाता, उसे शानदार वीरान मकबरे दिखाता और फूहड़ ढंग से चूमता। वे अपने विश्वासपात्र युवराज के कमरे में ग्रामोफोन की धुन पर नाचते हुए, लंबी दोपहरें गुज़ारा करते। उन्होंने 'कालुहा ब्लूज' नामक रिकॉर्ड को बजा-बजाकर घिस डाला था। डिकी ने उसे चुपके से यह बताया था कि मैसूर दरबार के प्रसिद्ध ज्योतिषी प्रोफेसर कुमारस्वामी ने भविष्यवाणी की है कि उसका विवाह जल्दी ही हो जाएगा। आखिर मिस एशले ने लॉर्ड लुई को स्वीकार कर लिया।

वायसराय की पत्नी लेडी रीडिंग ने इस बारे में गंभीर संकोच व्यक्त किया था, 'मेरी प्यारी एडविना, वह उम्र में बहुत छोटा है। शायद ... तुम्हें किसी अपेक्षाकृत बड़े उम्र के व्यक्ति के बारे में सोचना चाहिए, जिसका कोई निश्चित भविष्य भी हो – क्या तुम ऐसा नहीं सोचतीं ?' एडविना इस बात से सहमत नहीं थी। वह बहुत तेज़ थी और वह ठीक समझ रही थी कि वायसराय की पत्नी का असली मतलब क्या था। लेडी रीडिंग को, प्रस्ताव रखनेवाला बहुत गरीब और मंगेतर बहुत अमीर लग रही थी। एडविना को इसकी कोई परवाह नहीं थी। लुई लंबा और बेढंगा था। अपने फूहड़पन के बावजूद बहुत आकर्षक था। उसे लुई अपने उस मित्र और रिश्ते के भाई डेविड की अपेक्षा अधिक आकर्षक लगता था जो बाद में आठवें एडवर्ड के रूप में गद्दी पर बैठनेवाला था। एडविना की तरह डिकी भी जर्मन मूल का था। उसे लगा कि उनका जीवन बेफ्रिकी

और मस्ती से भरा होगा।

मच्छरदानी हवा भरने से फूलकर लहरा रही थी। एडविना ने उसे लहराते हुए पकड़ लिया। सफेद मलमल में लिपटी, खुशी से हँसती हुई वह अपने से फुसफुसाई – 'लेडी माउंटबेटेन, लेडी लुई माउंटबेटेन।'

दिल्ली, 10 फरवरी 1922

मेज़ के चारों तरफ टेलकोट पहने जो युवक इकट्ठे थे वे समवेत स्वर में चिल्लाए – 'हुर्राह'।

लुई माउंटबेटेन का चेहरा खुशी से फक़ पड़ गया। उसने गर्व से अपने साथियों की तरफ देखा विशेष रूप से, अपने प्यारे युवराज डेविड की तरफ़। इंगलैंड के सिंहासन के उत्तराधिकारी डेविड ने पलटकर उसकी तरफ देखा। उसकी नज़र में व्यंग था। मिस एशले ने आखिर अपना निर्णय बता दिया था। उसने युवा लॉर्ड से शादी की स्वीकृति दे दी थी। यह खबर गुप्त रखी गई थी, पर वायसराय-निवास में सबको इसकी जानकारी हो गई थी। उधर जब पार्क के अंत में बने मण्डप में सुन्दरी एडविना सो रही थी, तो इधर उसके मंगेतर के दोस्तों ने बन्द कमरों में अपने ढंग से पार्टी का आयोजन किया था।

शीशम की विराट मेज़ पर एक ही चीज़ थी – नक्काशीदार चाँदी का एक बड़ा जाम।

'डिकी, क्योंकि मैं तुम्हारा सहचर बनूँगा, इसलिए मेरे विचार से पहला आदेश देना मेरा अधिकार है' – युवराज ने कहा, 'शैम्पेन लाई जाए।'

तुरन्त लाल सुनहरी पोशाकों में नौकर अपनी कुहनियाँ ताने, युवकों को सादर एक तरफ करते हुए मेज़ की तरफ लपके। उन्होंने एक-एक करके शैम्पेन की बोतलें जाम में खाली कर दीं। मद्धिम आवाज में उन्हें कायदे से निर्देश दिए जा रहे थे। जाम जल्दी ही भर गया।

'आइए, कृपा करके आप सब लोग पीना शुरू कीजिए। मैं अंत में पिऊँगा। वाजिब यही होगा।'

जाम इतना भारी था कि कई युवकों को उसे साथ मिलकर लकड़हारों की तरह घुरघुराते हुए उठाना पड़ा। उनमें जो सबसे छोटा था उसने अपने सिर को पीछे की तरफ झटका दिया और शैम्पेन उसके सूट पर छलक गई। रँगरेलियाँ शुरू हुईं, जाम धीरे-धीरे हल्का होता गया।

राजकुमार एडवर्ड ने गिनना शुरू किया – 'सढ़सठ, अढ़सठ', उनहत्तर ... आह।

अब मेरी बारी है। जाम को सत्तरवें सज्जन के लिए उठाइए' ... यह कहकर उसने शान से अपने होंठ चाँदी के जाम से लगा दिए।

उसने अपने हिस्से की शैम्पेन पी ली। फिर भी आधा जाम बचा रहा। युवराज ने अपने भाई की तरफ घूमकर कहा, 'प्यारे डिकी, बची हुई शैम्पेन पीने का गौरव मंगेतर का है। यह मेरा आदेश है।'

लुई माउंटबेटेन ने दोनों हाथों में जाम थाम लिया। सत्तर जोड़ी आँखें उस पर विस्मयमुग्ध भाव से टिकी थीं। बड़ी शालीनता से वह उसकी तरफ बढ़ा। उसने धीरे-धीरे लम्बे घूँट भरकर शैम्पेन पी। जब उसने जाम नीचे रखा, तो उसका रंग पहले से ज्यादा पीला पड़ गया था।

'लुई माउंटबेटेन हुर्राह ...। उसने शैम्पेन खत्म कर दी।'

माउंटबेटेन का सिर पीछे की तरफ लटक गया था। वह अपना माथा पकड़े लड़खड़ा रहा था। आँखों के सत्तर जोड़े, चक्कर खाती हुई, हज़ारों उल्काओं में बदल गए थे, सफ़ेद कमीज़ों पर काली टाइयाँ किसी दिव्य गुदड़ी की भूलभुलैयाँ रच रही थीं। उसके बाएँ कान में मक्खी की-सी भनभनाहट लगातार गूँज रही थी, और छत धीरे-धीरे घूमने लगी थी। वह संतुष्ट था। उसे हिचकी आई और वह अपने शाही भाई की स्नेहिल बाँहों में लुढ़क गया।

'अब तुम्हें पता लगा कि तुम्हारी मंगेतर क्यों नहीं आ सकती थी।' कोई आवाज़ सुनाई दी। लगा कि वह आवाज़ सुदूर आकाश के धुँधलके से आ रही है जहाँ देवदूत खिलखिला रहे हैं। 'ईश्वर जाने सुन्दरी एडविना होती तो कैसा व्यवहार करती।'

लखनऊ जेल, 14 फरवरी 1922

मोतीलाल नेहरू एक गंदे पलंग पर अलसाए-से लेटे थे। पलंग जेल की कोठरी की दीवार से जंजीर से बँधा था। वे उठे नहीं। उनके पायताने, उनका बेटा बैठा था। उसने महात्मा गाँधी से तत्काल आए पत्र को सावधानी से तहाया।

मोतीलाल नेहरू क्रुद्ध स्वर में चिल्लाए – 'हमारा महात्मा पागल हो गया है। उसने वह आंदोलन तो रद्द कर ही दिया जिससे हमें विजय हासिल होती; तिस पर वह तुम्हें बहाने लिखकर भेज रहा है।'

युवक जवाहर ने अपने पिता की तरफ छलछलाई आँखों से देखा, पर कोई जवाब नहीं दिया। सुदूर गलियारे में, पहरेदार उन किसानों की तरह चीख रहे थे जो गाँव से गीदड़ों को गला फाड़कर चिल्लाते हुए गालियाँ दे-देकर खदेड़ते हैं।

उसके पिता ने अपनी शॉल लपेटते हुए कहा, 'जवाहर, यह पत्र एक बार फिर ज़रा

धीरे-धीरे पढ़कर सुनाओ।'

बेटे ने पत्र को खोला और ठंडी साँस भरकर पढ़ना शुरू किया :

'मेरी हमदर्दी तुम्हारे साथ है, और मेरा दिल तुम्हारे पिता के लिए विगलित हो उठता है।' मोतीलाल ने कड़वाहट-भरे स्वर में कहा, 'उसके लिए बातें बनाना आसान है, क्योंकि वह आज़ाद है।'

'उन्हें बहुत जल्दी गिरफ़्तार कर लिया जाएगा। और वे कारावास का इंतज़ार अनुष्ठान के रूप में कर रहे हैं।'

'मैंने भी ऐसा ही किया था। अब देखो हम किस तरह फँस गए हैं,' बूढ़े पिता ने शाल को और अच्छी तरह लपेटकर कराहते हुए कहा, 'पुराना जमा किया हुआ पीने का पानी, जर्जर दीवारें, आवारा ज़िंदगी और ये गंदे कपड़े।'

'जिस कष्ट से वे गुज़रे होंगे, मैं उसकी साकार कल्पना कर सकता हूँ। पर मैं भी महसूस करता हूँ कि यह पत्र लिखना ज़रूरी नहीं था। क्योंकि मुझे मालूम है कि पहले आघात के बाद उन्होंने स्थिति को सही-सही समझ लिया होगा।'

मोतीलाल ने झींकते हुए कहा, 'इसके विपरीत, "तुम्हारे" गाँधी के बारे में मुझे कुछ समझ में नहीं आता, क्योंकि उस पर विश्वास करने के लिए मुझे तुमने मजबूर किया था जवाहर। तुम्हीं ने मुझे संन्यासी जीवन जीने के लिए राज़ी किया – बिना गाड़ी के, बिना बिजली और शराब के। मैं शानोशौकत की ज़िंदगी बसर करता था, तुम्हारी बहनें बड़े ठसके से रहती थीं, और तुम्हारे लिए भी वकालत के पेशे में उज्ज्वल भविष्य की सभी संभावनाएँ दिखायी पड़ती थीं। मैंने ज़िंदगी की हर खुशी हासिल की थी और मैंने सबकुछ छोड़ दिया। आखिर क्यों ? इसलिए कि मैं चहारदीवारी में सड़ता रहूँ और उधर तुम्हारा महात्मा शत्रु के सामने समर्पण कर दे ?'

'आप खुद ही मेरे साथ जेल में आना चाहते थे पिताजी,' जवाहरलाल बुदबुदाए।

'तुम्हें याद है मैंने भीड़ के सामने कैसा ओजस्वी भाषण दिया था ?' मोतीलाल ने किंचित मुस्कुराते हुए याद किया। 'कैसी सुहानी सुबह थी।'

'मुझे अच्छी तरह याद है,' सिर हिलाकर जवाहरलाल ने हामी भरी।

'आप भीड़ के सामने बाल्कनी पर खड़े थे, आपने अपनी बाँहें उठाकर उन्हें कितने उत्साह से सम्बोधित किया था, "अपनी पूरी सामर्थ्य-भर मैंने आप लोगों की सेवा की, अब यह मेरा परम सौभाग्य है कि मैं अपनी मातृभूमि की सेवा के लिए अपने इकलौते बेटे के साथ जेल जा रहा हूँ।" इस बात को कोई नहीं भूला है पिताजी, ख़ासकर मैं।'

'वह सब किसलिए आखिर ? अच्छा कहते चलो बेटा, तुम्हारा वह महात्मा और क्या कहता है, मुझे बताओ।'

जवाहरलाल कहते रहे, 'सबसे बड़ी बात यह है कि आप चाहे जो करें, चरखे से

कभी आपका मोह भंग नहीं होना चाहिए। आपको और मुझे कभी इस बात का अफसोस नहीं होना चाहिए कि हम लोगों ने अपनी मातृभूमि के नाम पर रोज इतना सूत काता है ...'

'हाँ !' मोतीलाल ने मजाक उड़ाया। 'बकवास ! और जवाहर, क्या तुम फिर सूत कातना शुरू करोगे ?'

'नहीं,' जवाहरलाल ने कहा। 'गाँधी ने जो किया है उसे माफ नहीं किया जा सकता। मैं अब सूत नहीं कातूँगा ! लड़ाई में हिंसा से आखिर कहाँ तक बचा जा सकता है ? उन्हें यह बात समझनी चाहिए थी, लोगों को माफ करके आगे बढ़ना चाहिए था। उन्हें सिर्फ एक बार अपनी आँखें बंद कर लेनी चाहिए थीं, सिर्फ इस एक छोटी-सी घटना के लिए...'

'चौबीस आदमियों को बेकायदा मार डाला गया, इसलिए साहबजादे, यह छोटी-सी घटना नहीं थी,' मोतीलाल ने सहसा गाँधी के रुख का समर्थन करते हुए कहा।

'जब उस जनरल डायर ने बिना आगाह किए अमृतसर की भीड़ पर गोली चलवा दी थी ? पाँच सौ से ज्यादा ...' जवाहर चिल्लाए । 'खून तो बहेगा ही।'

'शायद, कौन कह सकता है,' बुजुर्गवार बड़बड़ाए। 'बहरहाल, अभी एक वाक्य और है।'

'हमारे समय की नियति है चरखा कातना,' युवक जवाहर ने बात खत्म की और कागज को गिर जाने दिया।

उसके बाद एक लंबी चुप्पी छा गई। दोनों आदमियों ने सिर झुका लिए। दोनों को अपनी बदमिजाजी पर शर्म आ रही थी। जवाहर ने जमीन पर पड़े हुए चरखे को यंत्रवत् उठाया और थके हाथ से सूत कातना शुरू कर दिया।

'तुम्हारा धागा .... जवाहर, तुम अपना धागा थामना भूल गए हो,' मोतीलाल नेहरू ने ठंडी साँस भरकर कहा। 'इससे कोई फर्क नहीं पड़ता। मुझमें आस्था है।'

वह बुजुर्ग चुप था, पर उसे अब भी कुछ कहना बाकी था। कुछ अप्रत्याशित।

'तुम्हें याद है मैंने तुम्हारे बचपन के चित्रों में से एक पर क्या लिख दिया था ? भारत का राजा।'

अहमदाबाद, 10 मार्च 1922

साबरमती आश्रम में, जहाँ मोहनदास करमचंद गाँधी अपने शिष्यों के साथ रहते थे, रात हो गई थी। छोटी-सी चट्टान के तल में नदी इतनी शांत थी कि कोई भी दावे से कह सकता था कि वह सूखी है, जैसी जून की सख्त गर्मी में होती है। जब कोई जानवर

नजर चुराकर वहाँ अपनी प्यास बुझाने आता था, झाड़ियों में उसकी सरसराहट सुनाई पड़ जाती थी। महात्मा की झोंपड़ी के बाहर बैठी महिलाएँ बड़ी उत्सुकता से इंतज़ार कर रही थीं। गाँधी तेल के दीये की रोशनी में चरखा कात रहे थे, और हमेशा की तरह उनका हल्का-फुल्का सामान तैयार रखा था। एक दिन पहले घटना का पूर्वाभास होने पर, उन्होंने सार्वजनिक घोषणा के रूप में ***द यंग इंडिया*** में लेख प्रकाशित किया था। उसका शीर्षक था, 'मैं गिरफ्तार कर लिया गया हूँ'।

दूर से पुलिस की गाड़ी के आने की आवाज आ रही थी; गाँधी की पत्नी कस्तूरबा ने अपना सिर उठाया और साड़ी का पल्ला सिर पर खींच लिया। आवाज़ अचानक रुक गई, ऐसा लगा जैसे पुलिस को समझ में नहीं आ रहा हो कि अब करना क्या है। कुछ ही देर बाद अहाते के कोने में वर्दीवाला एक आदमी प्रकट हुआ। वह पुलिस अफसर था जो अपनी छड़ी बगल में दबाए खट-खट करता सीधा चला आ रहा था।

वह घर के प्रवेश-द्वार पर आकर रुक गया। महात्माजी पहले ही तैयार खड़े उसकी तरफ देख रहे थे।

अफसर ने आदर से पूछा, 'मिस्टर गाँधी ?'

महात्मा ने मुस्कुराते हुए कहा, 'किसान और जुलाहा मोहनदास करमचंद गाँधी, मैं ही गाँधी हूँ।'

'भारत के शहंशाह के प्रतिनिधि, लॉर्ड रीडिंग के हवाले से मैं घोषणा करता हूँ कि आपको गिरफ्तार किया जाता है। सर, जब आप तैयार हो जाएँ तो अपने-आपको पेश कर दें।' अफसर ने जूते खटखटाए और वह तुरंत अँधेरे में गायब हो गया।

'अफसर !' गाँधी ने उसे आवाज़ दी। 'थोड़ा रुक जाइए। मैं एक मिनट में आपके साथ चलता हूँ।'

आश्रम के निवासी महात्मा के चारों तरफ इकट्ठे हो गए थे। गाँधी सीढ़ियों से उतरे और हाथ जोड़कर उनसे अपना प्रिय भजन सुनाने का अनुरोध किया। इस भजन की रचना उनके एक अनुयायी ने उनके लिए की थी। तमाम अवाज़ें – साफ और टूटी हुई, बूढ़ी और जवान, तीखी और भर्राई हुई, अँधेरे में गा उठीं – इतनी शांति से मानो कोई उत्सव मनाया जा रहा हो। बकरियाँ आवाज़ से जाग गईं और एक स्वर में मिमियाने लगीं। जब प्रार्थना खत्म हो गई तो गाँधी ने अपनी आँखें बंद कीं, अपनी पत्नी की बाँह थामी, अपनी घड़ी और झोला पकड़ा और तेजी से कदम बढ़ाकर उस स्तब्ध खड़े अफसर के साथ हो लिए।

उसने शिष्टाचारपूर्वक कहा, 'सर, मैं आपके पीछे रहूँगा।'

'मैं तुम्हें इंतज़ार नहीं कराना चाहता, देर हो रही है।'

अफसर ने गाँधी को हाथ नहीं लगाया। वे उसके साथ बड़ी सहजता से चल रहे

थे। कहा नहीं जा सकता था कि कौन किसको रास्ता दिखा रहा है। कस्तूरबा गाँधी उन दोनों आदमियों के कुछ कदम पीछे चल रही थीं। जब वे लोग दरवाज़े पर पहुँच गए, महात्मा अपने वफादार अनुयायियों की तरफ घूमे।

उन्होंने चिल्लाकर कहा, 'भूलना नहीं ! यदि लोगों ने मेरा नाम लेकर सरकार के खिलाफ आंदोलन किया तो मुझे गहरी ठेस पहुँचेगी।' उनके अनुयायियों ने बिना उत्तर दिए हाथ जोड़ दिए, पर वे बड़ी उत्तेजना से बड़बड़ा रहे थे।

'सर, आपकी पत्नी आपके साथ जा सकती हैं, गेट तक,' अफसर ने कहना शुरू किया।

'धन्यवाद,' महात्मा ने बात काटी। 'आप निश्चिंत रहें, उन्हें मेरे साथ रहने का कोई अफसोस नहीं है। क्यों बा, ठीक है न ?'

कस्तूरबा गाँधी ने बिना कुछ कहे सिर हिलाकर हामी भरी।

जब वे तीनों कार में चढ़ गए, तो अफसर ने पूछा, 'क्या आपको मालूम है सर, कि आप जेल जा रहे हैं ?'

'मुझे इसमें कोई संदेह नहीं है,' गाँधी ने अच्छी तरह मुस्कुराकर उत्तर दिया। 'मेरे अपने देश में ऐसा पहली बार हो रहा है, लेकिन दक्षिण अफ्रीका में मुझे इसकी काफी आदत पड़ चुकी है।'

'आपका मुकदमा एक हफ्ते के अंदर शुरू हो जाएगा। क्या आपके पास कोई अच्छा वकील है ?' अफसर ने सवाल किया।

'मुझे वकील की ज़रूरत नहीं है,' महात्मा ने कहा। 'मैं खुद वकील हूँ। तुमने ज़रूर सुना होगा कि मैं सही माने में विद्रोही हूँ, किसी भी तरह के समझौते का विरोधी।'

अफसर ने आगाह किया, 'आपको कई साल जेल में रहने का खतरा उठाना होगा।'

'मैं कड़ी-से-कड़ी सजा चाहता हूँ,' महात्मा ने कार की पिछली सीट पर आराम से बैठते हुए जवाब दिया। 'और मैं अपराध स्वीकार करूँगा।'

एक

दो जहानों के बीच

बाईस साल बाद

पुणे, यरवदा निवास, 10 फरवरी 1944

ब्रिटिश सैनिक बारजे की छाया में ऊँघ रहे थे। उनके हथियार उनके पैरों के पास पड़े थे। उन्हें मालूम था कि उनका प्रख्यात बंदी भागने की कोशिश नहीं करेगा। जब से उन्होंने 1942 में विश्व-युद्ध के बीच असावधानीवश अंग्रेज़ हमलावर के खिलाफ पूर्ण विद्रोह का आह्वान किया था, तभी से महात्मा गाँधी को आगा ख़ाँ महल में कैद कर दिया गया था। इस बात को दो साल बीत चुके थे। उनकी गिरफ्तारी के अगले ही दिन, उनकी पत्नी कस्तूरबा ने मशाल अपने हाथ में उठा ली थी। परिणामस्वरूप वे भी गिरफ्तार होकर महात्मा के साथ हो गई थीं।

महात्मा ने आखिरी बार 1943 में जो आमरण उपवास किया था, उसके कारण वे अब भी कमजोर थे। अफसोस इस बात का था कि वह उपवास उन्हें अपनी पत्नी के जोर देने पर तोड़ना पड़ा था। उस समय गाँधीजी मौत के इतने करीब पहुँच गए थे कि उनके दाह-संस्कार के लिए जो चंदन की लकड़ी मँगाई गई थी उसका ढेर अब भी पीछे के आँगन में पड़ा था। वहाँ उसे उन ब्राह्मणों ने इकट्ठा करवा दिया था जिन्हें अंग्रेज़ों ने हर स्थिति के लिए तैयार रहने का आदेश दिया था। कमांडेंट से लेकर साधारण सिपाही तक सभी यह जानते थे कि महात्मा बरतानिया साम्राज्य के कानून का आदर करते हैं और उन्होंने अपनी लड़ाई बिना किसी छल-कपट के न्यायपूर्ण ढंग से लड़ी है। उनके भागने का कोई खतरा नहीं था।

लेकिन विश्व के उत्पीड़न ने इंगलैंड को नाजियों के खिलाफ युद्ध के लिए प्रेरित

किया था। चर्चिल के सामने इस समय एक ही लक्ष्य था : रोकना, दृढ़तापूर्वक रोकना– विध्वस्त लंदन पर जर्मन बमबारी को, समुद्र के रास्ते आक्रमण करने के प्रयासों को, नाजियों के भ्रामक प्रस्तावों को और अलग से शांति प्रस्ताव को — सिर्फ रोकना। अपने लोगों से उसने वायदा किया था — पसीने, खून और आँसुओं को बहाने का और इसके साथ विजय का। भारत की स्वाधीनता उस समय प्राथमिक मुद्दा नहीं था। जो भी साम्राज्य की सत्ता के लिए खतरा पैदा करता था, उसे शत्रु समझा जाता था। भले ही वह यशस्वी, वृद्ध और अहिंसक व्यक्ति हो। चर्चिल ने कोई बात स्वीकार नहीं की थी; ज्यादा बड़ी बात यह थी कि वह पूरे मन से अपने पुराने शत्रु गाँधी की मृत्यु की कामना कर रहा था।

महात्मा को उपवास तोड़े एक वर्ष बीत गया था; पर वह अब भी जिंदा था। महल के विशाल खाली कमरों में महात्मा ने अंश-अंश करके अपनी ऊर्जा फिर से अर्जित कर ली थी। जहाँ तक चर्चिल का सवाल था, उसने हाल ही में युवा और तेजस्वी एडमिरल लॉर्ड लुई माउंटबेटेन को दक्षिण-पूर्वी एशियाई सेनाओं का सुप्रीम कमांडर नामजद किया था। लॉर्ड माउंटबेटेन ने दिल्ली में स्थित मुख्यालय में अपना कार्यालय स्थापित किया था। उनके ऊपर उन जापानी सेनाओं का सामना करने का कठिन दायित्व था जो बर्मा में विजयी होकर अब कलकत्ता के लिए खतरा पैदा कर रही थीं।

महात्मा की पहरेदारी करना मुश्किल नहीं था; यह काम काबू में न आनेवाले दादा की निगरानी जैसा था, कि उसे सड़क पर भटककर निकल जाने से रोका जा सके। वृद्ध महाशय बिल्कुल शोर नहीं करते थे, वे बहुत अध्ययन करते थे, किफायती इतने कि काम में लाए हुए लिफाफों पर पेंसिल से लिखते थे। कुछ मिलने आनेवालों से मिलते थे, और अपनी ठेठ तेज चाल से, बाँहें झुलानेवाली शैली में, विशाल पार्क में घूमते थे। उनके पीछे उनकी प्रिय कस्तूरबा रहती थीं। इस समय वे धीरे-धीरे लंबी सीढ़ियों से एक-दूसरे को सहारा दिए उतर रहे थे। कस्तूरबा अपनी सादी सूती साड़ी में थीं, और महात्मा अपनी साफ शफ्फाक शॉल लपेटे थे। उम्र का परिवर्तन उन पर दिखाई नहीं देता था, ऐसी दुबली-पतली कायाएँ। आखिरी सीढ़ी पर पहुँचकर कस्तूरबा को इतनी जोर की खाँसी आई कि उन्हें वहीं बैठना पड़ा।

'तुम्हें ठंड लग गई है बा,' महात्मा कुछ फटकार के-से स्वर में बड़बड़ाए, 'तुम्हारे लिए मिट्टी की पोटली बनानी पड़ेगी।'

'कोई खास बात नहीं है,' वृद्ध महिला ने हाँफते-हाँफते कहा, 'मेरी ब्रांकाइटिस है, चलिए चलें।'

गाँधी ने अपनी पत्नी को सहारा देकर उठाया। उन्होंने दो डग भरे और अपने पति के कंधे पर ढह गईं।

'मैं नहीं चल सकूँगी,' वे फुसफुसाईं। 'लगता है मुझे बुखार है।'

'मेरे उपवास के दौरान तुमने दिन-रात मेरी देखभाल की थी, यह ब्रांकाइटिस तभी से चल रही है।' महात्मा ने बड़े अधिकारपूर्वक उत्तर दिया। 'यह आश्चर्य की बात नहीं है। हम लोग ऊपर चढ़ेंगे, मैं तुम्हारी देखभाल करूँगा। हमें बारी-बारी से एक-दूसरे की देखभाल करनी होगी।'

उन्होंने कसकर उनकी बाँह पकड़ ली। सैनिक उनकी सहायता के लिए दौड़े और सहारा देकर कस्तूरबा को एक-एक सीढ़ी करके ऊपर चढ़ा ले गए। गाँधी के माथे पर बल पड़ गए थे और वे बड़े ध्यान से उनकी खाँसी की खरखराहट और सीत्कार को सुन रहे थे।

दिल्ली, फरीदकोट हाउस, 10 फरवरी 1944

थका देनेवाला एक दिन और बीत चुका था। चीफ कमांडर लॉर्ड लुई माउंटबेटेन, जिन्हें अक्सर लोग 'द सुप्रीमो' कहा करते थे, अपनी चमड़े की आरामकुर्सी में पीछे की ओर पीठ टिकाए विश्राम करने की बड़ी कोशिश कर रहे थे। उन्हें यकीन था कि कुछ ही हफ्तों में मित्र राष्ट्रों की सेनाएँ उस बर्मा को फिर से जीत लेंगी जो जापानियों के हाथ में चला गया था। अभी तक माउंटबेटेन सेनाओं के लिए मेडिकल सहायता की पुनर्व्यवस्था और उनके सैनिक बल को ऊपर उठाने पर जोर दे रहे थे, जो हार के कारण बुरी तरह ध्वस्त हो गया था। उन्हें जल्दी ही बर्मा की सीमा पर स्थित इम्फाल पर हमला करना था। और सब बातों की व्यवस्था की जा चुकी थी, सिवा उस पत्र के जो युद्ध में उनको प्रोत्साहित करने के लिए, सुप्रीमो द्वारा सैनिकों के लिए भेजना था। लेकिन ऐसा लगता था कि अल्पकालीन भारतीय धुँधलके के साथ, मनोव्यथा और आशंकाओं से भरे गहन अकेलेपन ने माउंटबेटेन को घेर लिया था।

माउंटबेटेन ने अपने-आपको बचकाने उत्साह और ऐसे साहस के साथ युद्ध में झोंक दिया था, जो कभी-कभी अंधा होता है। उन्हें अपने दुलारे ध्वसंक जहाज केली पर पराजयों का मुँह देखना पड़ा था। तारपीडों ने पेटे को नुकसान पहुँचाया था और भारी संख्या में जानें गई थीं। 1942 में वह दीपी में किनारे पर नहीं पहुँचा था और इस असफलता की बड़ी चर्चा हुई और इस वजह से उसकी सख्त आलोचना की गई थी। लेकिन उसने अपने-आपको बड़े जोश के साथ उन लोगों के खिलाफ युद्ध में उलझा लिया था जिन्हें (अपने माता-पिता की जन्मभूमि के प्रति आदर की वजह से) वह कभी जर्मन नहीं कह पाता था बल्कि हमेशा नाज़ी कहता था। चर्चिल उसे पसंद करने लगा था। अंततः युद्ध ने इस उतावले युवक को प्रौढ़ बना दिया था। और चर्चिल ने आखिर

उसे उसके योग्य जिम्मेदारी सौंप दी थी।

लंदन से रवाना होते समय सलाह और चेतावनी के बतौर उससे जो बातें कही गई थीं, वह उन्हें हमेशा मन में रखता था : किपलिंग की पंक्ति को याद रखना : और वह समाधि-लेख था : 'यह उस मूर्ख की समाधि है, जिसने पूर्व को धकियाने की कोशिश की थी... ।' उसे जो अत्यावश्यक मशवरे दिए गए थे उनसे उसका सिर भन्ना रहा था, 'दिल्ली में मत रहना, हर कीमत पर दिल्ली से दूर रहना, भारत में दलदल में फँसकर न रह जाना...' 'मेहरबानी से हम तुमसे अनुरोध कर रहे हैं, अपने को जितना बचा सको बचाना'। केली पर सवार रहकर उसने जो युद्ध किए थे उसका दिल अब भी उनकी याद से भरा था। इस सबको साथ लिए युवा एडमिरल लंदन से दिल्ली के लिए रवाना हो गया। उसकी पत्नी एडविना, लंदन में ही रुक गई थी।

तमाम मनमुटाव, शरारतों और अपवादों के बावजूद उसकी शादी को बाईस बरस हो गए थे, और दो उसकी बेटियाँ थीं। युद्ध के शुरू होते ही एडविना पूरे उत्साह के साथ सेंट जॉन एम्बुलेंस वर्सेस कोर्प्स के साथ जुड़ गई थी। वह पूरी तन्मयता के साथ इस काम में लगी थी। एडविना का पुराना प्रेमी जिसका उपनाम बनी था, लॉर्ड लुई की रवानगी के बाद उस पर नजर टिकाए था। लेकिन उसकी भी बारी आ गई और उसे कहीं युद्ध-भूमि के लिए, दक्षिण-पूर्वी एशिया रवाना होना पड़ा।

'दरअसल, मुझे यह खयाल नापसंद नहीं है,' लार्ड लुई ने, हल्की-सी मुस्कुराहट के साथ सोचते हुए कहा। 'मेरा पुराना परिचित प्यारा बनी ... उसकी मौजूदगी से मुझे मदद मिलेगी, भले ही वह दूर से हो।' उसके बाद वह रवाना हो गया। क्या उसे बनी की ज़रूरत अपनी पत्नी की याद दिलाने के लिए थी ? उसकी प्यारी एडविना, सुकुमार और लजीली, काले बालोंवाली देवकन्या, स्वच्छ आँखोंवाली, पीतवर्णा परी जिसे बाँधकर रखना वह नहीं सीख सका। उसकी हिरनी-जैसी भंगिमाएँ कहाँ हैं, विजय की वह प्यारी घड़ी कहाँ थी। यहीं, हाँ यहीं दिल्ली में ही उसने हँसते-हँसते अपना हाथ उसे पकड़ा दिया था; एक पुराने मुगल किले के पास गहराते हुए धुँधलके में लुई ने उसे चूम लिया था। अब, यहाँ वह अकेला अपने हेड क्वार्टर में चिंतनलीन बैठा है, जबकि एडविना लंदन में है !

'कितना संगत है !' वह बोला, '10 फरवरी।'

और अपने डेस्क की तरफ लपककर, उसने एडविना के नाम एक छोटा-सा नोट लिखा : 'बाईस साल पहले हमारी सगाई के दिन के दृश्यों की प्यारी स्मृतियाँ', उसने उसे जोर से पढ़ा। 'यह अच्छा बन पड़ा है।' और अब, संदेश 'ईश्वर करे मेरी प्यारी केली की आत्मा मुझे प्रेरणा दे ...'

'जरा ठहरो और तुम इतिहास बनाओगे।' यह नोट संक्षिप्त था, आवेगपूर्ण था,

शालीन था, साहसी और भव्य था।

संतुष्ट होकर, लॉर्ड लुई ने अपने अर्दली को बुलाया।

लंदन, 11 फरवरी 1944

लेडी एडविना अपनी सुरुचिपूर्ण, काली साटन की ड्रेस पहने चुपचाप बैठी थी, उसकी आँखों में आँसू भरे थे।

'उसने याद रखा।' वह बुदबुदाई, तार उसके हाथ में था। 'मैं तो भूल ही गई थी। यह सच है कि वह दिल्ली में रहता है ... जो भी हो, इसके लिए वह प्रशंसा का पात्र है। मुझे जवाब ज़रूर देना चाहिए।'

उसने अपनी घड़ी की तरफ देखा और अपना होंठ काटा। इस समय उसके पास बिल्कुल वक्त नहीं था। किसी भी मिनट उसे कोई लेने आनेवाला था। उसने एक काला टोप उठाकर, बड़ी ढिठाई से अपने सिर पर जमा लिया। समय हो गया था, एक लंबे कद के अमरीकी ने बड़े सहज ढंग से उसके बड़े रूम के दरवाजे को धकेलकर खोला। उसकी बगल में शैम्पेन की एक बोतल दबी थी।

'तैयार हो गईं डार्लिंग ?' उसने बड़ी प्रसन्नता से पूछा, 'आज तुम कुछ उदास लग रही हो।'

'शायद,' एडविना ने हामी भरी, उसकी पलकें सिकुड़ गईं।

यह बात उसके जैसा अनियमित प्रेमी कैसे समझ सकता था। एडविना का प्यारा वफादार प्रेमी बनी एशिया के लिए रवाना ही हुआ था; जब उसकी भेंट बिलपाले से हुई। बिल, जनरल आइसनहॉवर का अताशी था और नाजियों के कब्जे में जो देश थे, उनके साथ रेडियो की संचार-व्यवस्था का इंचार्ज। बिल को औरतें पसंद थीं और वह उन्हें अमेरिका के संतरों, नींबुओं या स्टॉकिंग्स से पटाया करता था।

उसे एडविना विशेष पसंद थी। बिल ने उसे उसके पसंदीदा परफ्यूम पेश किए थे। युद्ध-काल में उन्हें दुर्लभ खजाना समझा जाता था। उसकी दीप्त और सम्मोहक मुस्कान से एडविना को परेशानी महसूस हुई। जर्मनों की लगातार बमबारी से लंदन तहस-नहस हो गया था। आसन्न आतंक की आशंका होते हुए भी वह साहसपूर्वक जी रहा था। एडविना ने अपने पति को, प्रेमी को, पूरे विश्व को छला था।

'युद्ध चल रहा था; क्या कभी ऐसा दिन आएगा, जब ज़िंदगी झूठ से मुक्त होगी ?'

'हम लोगों के बीच यह उदासी नहीं होगी।' बिल ने आदेश दिया। 'मैं शैम्पेन लाया हूँ। इसे अभी पीना है। तुम क्या सबकुछ बिगाड़ना चाहती हो, नहीं ना ?'

'शैम्पेन,' परेशानी के साथ एडविना बुदबुदाई। 'मुझे ठीक से मालूम नहीं है कि मेरे पास बर्फ की डलियाँ हैं भी या नहीं।'

'मैं इसे बाहर कार्निस पर रख रहा हूँ,' बिल ने खिड़की खोलते हुए कहा, 'अब मुस्कुरा भी दो मेरी जान।'

एडविना ने मुँह फेर लिया।

'तुम्हें खुश करना मैं जानता हूँ, अपना कोट उठाओ डार्लिंग,' उस अमरीकन ने बिस्तर पर से फ़र का कोट उठाते हुए कहा।

'हाँ,' एडविना ने लंबी साँस ली। 'कभी-कभी बहुत न सोचना ही ठीक रहता है।'

अहमदनगर किले की जेल, 18 फरवरी 1944

सूर्य की किरणें जेल की सलाखों से छनकर आनी शुरू हो गई थीं, कहीं दूर औरतें रोज की तरह कुओं पर पानी भरने के लिए गाती हुई जा रही थीं, बाहर टहनियों पर तोते सीटियाँ बजा रहे थे; एक गधा जोर-जोर से रेंकने लगा। भारत जाग रहा था। जेल की आठ नंबर कोठरी में जवाहरलाल नेहरू शीर्षासन करके योगाभ्यास कर रहे थे। रक्त का प्रवाह उनके सिर की तरफ था और उनके कानों में भनभनाहट हो रही थी; फिर भी यह कैदी जीवन के परिचित दृश्यों और आवाज़ों को स्पष्ट देख-सुन सकता था। तोतों का फीका हरा रंग, औरतों के सिर पर ताँबे के घड़े, मोहरा बँधा थूथन के साथ पूँछ उठाए गधा और भारत की सर्दी का कोहरा। वे कुछ नहीं भूले थे, वह उस सबकी कल्पना कर सकते थे। लेकिन उसका फायदा क्या था ? सजा का आठवाँ साल अभी पूरा नहीं हुआ था, उन्हें इस लंबे युद्ध के खत्म होने का इंतजार करना था। फिर ...

'ओह ! ऐसा कब होगा,' बंदी ने पाँव पर खड़े होते हुए सोचा। वह कब इलाहाबाद के आनन्द भवन में लौटेगा ? जहाँ उसकी बेटी और नाती उसका इंतज़ार कर रहे हैं। वह उसी क्षण के लिए जीवित था। अगर महात्मा अब भी जीवित हों, तो उन्हें यह सूचना स्पष्ट रूप से भेजी जानी है कि अब से उनका आध्यात्मिक पुत्र, उनका प्यारा नेहरू, उनके आदेशों का पालन नहीं करेगा। सब खत्म हो गया — ढुलमुल युद्ध-नीति और ब्रिटिश के प्रति सावधान वफादारी, स्वाधीनता के अवसर को लेकर होनेवाली थरथराहट, सब खत्म हो गई : अब चाहे जो मूल्य चुकाना पड़े, जेल से निकलते ही आजादी को तुरंत झपट लेना है और यह बात गाँधी को एकदम स्पष्ट रूप से बता देनी होगी।

जब से युद्ध शुरू हुआ तब से ऐसा लग रहा था कि बापूजी की जमीन छूटती जा

रही है गोकि उन्होंने एकदम निस्संकोच रूप से नाजियों की भर्त्सना की थी और नाजियों और मित्र राष्ट्रों के बीच उनका चुनाव भले ही स्पष्ट रहा हो, लेकिन स्वाधीनता की युद्ध-नीति के बारे में गाँधी के मन में हिचकिचाहट थी — 1942 में उस दिन उन्होंने अपनी लरजती आवाज़ में एक ऐसी माँग की थी जो युद्ध-काल में अनुचित थी। यह माँग थी भारत छोड़ो, वहीं, उसी समय, तत्काल। परिणाम कुछ विशेष नहीं हुआ और नेहरू जेल में पहुँच गए।

खुद अपनी पत्नी के साथ महात्मा भी। और अगर युद्ध समाप्त होने तक गाँधी की मृत्यु हो गई तब ...

नेहरू को कँपकँपी होने लगी थी। ऐसी कल्पना भी दूभर थी, अपनी दुबली-पतली काया के बावजूद गाँधी सख्तजान थे, अमर थे, अभेद्य थे। अचानक जैसे किसी चलचित्र के रूप में, गाँधी के विश्व के वे बिम्ब, जिन्हें फोटोग्राफरों ने अमर बना दिया था, उनकी कल्पना में लौटने लगे। एक तरफ पाँव मोड़े हुए, पढ़ने के लिए गद्दे पर बैठे हुए, साफ़ आवाज़ में, उनका वह भाषण उन्हें याद आने लगा जिसने मन में उत्साह भर दिया था। 1929 में, इलाहाबाद में, उन्होंने सीधे साफ शब्दों में कहा था, 'भाइयो और बहनो, आपको मालूम है कि मैं बनिया हूँ, और आप जानते हैं बनिये पैसा चाहते हैं। आप पूछ सकते हैं : किसलिए ? मैं चाहता हूँ कि उस ईश्वर के बंदों की तरह आप पता लगाएँ कि ग़रीबों के लिए आपके पास कितना है। जितना हो वह आप मुझे दे दें।' बात इतनी सीधी-सी थी कि हर आदमी कुछ न कुछ दे देता था। ऐसे वे तेज चलते हुए, जयजयकार करती भीड़ को अपनी तर्जनी से चेतावनी देते हुए; नंगी छाती, उभरी हुई पसलियाँ, दंतहीन मुस्कान, मोटे होंठोंवाला बड़ा-सा खुला मुँह ... सब याद कर नेहरू की आँखों में आँसू भर आए थे।

'बहुत हो चुका,' वे बड़बड़ाए, 'यह विषाद-भरा चिंतन अब बंद करो, तुम्हें अब अपनी बेटी को पत्र लिखना है।'

नेहरू हमेशा अपने पत्रों पर संख्या डाल देते थे, ताकि यह पता लगाया जा सके कि उन्हें बीच में रोक तो नहीं लिया गया है। तीन हफ्तों से बेटी के पास से उनके लिए कुछ नहीं आया था। इलाहाबाद में शायद ठंड थी। जेल से रिहा होने के बाद से वह वहीं रह रही थी — उस विशाल राजसी भवन में जिसे उसके पिता ने बनवाया था और जिसे आनन्द भवन कहा जाता था। वह भवन सफेद रंग का था। उसके छज्जे नक्काशीदार थे और बुर्जियाँ मुगल शैली की थीं। उसमें बाग और फव्वारे थे। उनकी छोटी-सी बेटी थी इंदिरा, इंदू...

उनकी जिंदगी के कितने साल सलाखों के पीछे ज़ाया हो गए थे ... उन्होंने अपनी पत्नी को ठीक से जाना तक नहीं था। उन्हें उसके साथ स्विट्जरलैंड के सेनेटोरियम

में जाने तक का समय नहीं मिला था जहाँ तपेदिक ने उसकी जान ले ली थी। उन्हें याद आया — उसका चौकोर चेहरा, उसकी पैनी ठोड़ी, गोल शीशे के चश्मे के पीछे उसकी गहरी आँखें, और उसके बाल जिन्हें वह अपनी बेटी की प्रिय वीरांगना जोन ऑफ आर्क की शैली में बाँधे रखती थी।

स्ट्रेचर पर, अस्पताल के पलंग पर पड़ी कमला, जो मृत्यु के निकट आने के समय सहसा उम्र में और छोटी लगने लगी थी। क्या उन्होंने उससे प्यार किया भी था ? कुछ छोटे-मोटे चलताऊ से प्रसंगों ने, जिन्हें वे कभी का भुला चुके थे, उन्हें तब व्यस्त रखा था जब वे जेल में नहीं थे। पर आज क्या उन्हें यह भी याद था कि औरत होती कैसी है ? वे गिनते रहे थे, सात सौ पिचासी दिनों से, उन्होंने किसी महिला को देखा तक नहीं था। वे कैसी लगती थीं ? वे कैसे बोलती थीं ? उन्हें उन किसान-पत्नियों के अलावा जो सिर पर घड़े रखे कुओं की तरफ जाती थीं, यह भी नहीं याद था कि औरतों की चाल कैसी होती है।

नेहरू ने अपना चेहरा अपनी हथेलियों के बीच गाड़ लिया। नहीं, वे गलत नहीं थे। उस भयानक दिन के बाद जब उन्होंने जलियाँवाला बाग में होनेवाले कत्लेआम के खूनी अवशेष देखे थे, उन्होंने झुकना बिल्कुल बंद कर दिया। उनके लिए शत्रु का चेहरा हमेशा के लिए जनरल डायर के चेहरे से अभिन्न हो गया था — इंगलैंड की तरह ठंडा और अपनी बंदूकों की गोलाबारी की तरह सख्त।

यह बात 1919 की है। और उसी दिन से, जवाहरलाल नेहरू ने अंग्रेज़ों को खदेड़ डालने की कसम खा ली थी।

ठंडी साँस लेकर उन्होंने पेन का ढक्कन खोला। इस पत्र का नंबर होगा ... उन्हें खुद भी ठीक से याद नहीं था।

पुणे, यरवदा निवास, 20 फरवरी 1944

कस्तूरबा अपनी चटाई पर गठरी बनी पड़ी थीं। उनकी आँखें बुखार से जल रही थीं। उन्होंने साँस लेने की कोशिश की। रह-रहकर खाँसी उनके सारे बदन को झकझोर देती थी और वे थककर हाँफने लगती थीं। बगल में घुटनों पर बैठे हुए महात्मा उनके सूखे होंठों को गीले कपड़े से पोंछ रहे थे।

दरवाज़ा खुला और हाथ में बैग लिए एक अंग्रेज़ डाक्टर कमरे में दाखिल हुआ। 'ओह ! सर आप आ गए।' गाँधी अधीर-से होते हुए चिल्लाए, 'इनकी तबियत बहुत खराब है, देखिए इनका दम घुट रहा है।'

डाक्टर ने कस्तूरबा को चटाई पर सीधा करके उनके चेहरे की परीक्षा की। उसे

उनके हृदय और फेफड़ों आदि की गति को आले (स्टैथेस्कोप) से सुनने की ज़रूरत नहीं पड़ी। बिना कुछ बोले, गंभीर मुद्रा में उसने अपना बैग खोलकर एक सिरिंज और शीशी निकाली।

'यह क्या है ?' गाँधी ने तीखे स्वर में पूछा।

'सिर्फ पेन्सिलीन, मिस्टर गाँधी। परेशान न हों : दो या तीन शीशियाँ बस और हम इन्हें ठीक कर लेंगे।'

गाँधी ने धीरे-से कहा, 'क्या मैं यह समझूँ कि आप इनको इंजेक्शन देंगे ?'

डाक्टर ने अपनी सिरिंज की तरफ देखा, और कुछ मुस्कुराते हुए कहा, 'उन्हें सुई का चुभना पता भी नहीं लगेगा।'

'सवाल यह नहीं है,' गाँधी ने जवाब दिया। 'मैं इंजेक्शन लगाकर इलाज करने के एकदम खिलाफ हूँ, यह प्राकृतिक नहीं है। और जो प्राकृतिक नहीं है वह मानवता के लिए हितकर नहीं है।'

'क्या ?' डाक्टर चिल्लाया, 'आप इंजेक्शन के लिए मना नहीं करेंगे, क्या आप ऐसा करेंगे ?'

महात्मा ने बिना विचलित हुए उसकी तरफ देखा। डाक्टर ने अपना सिर झुका लिया। सूरज डूब गया था, अँधेरे ने कमरे को घेर करके रात की मधुरता में रोगी के चेहरे को डुबा दिया था।

'सर, आप मेरे साथ बाहर छत पर आएँगे ?' डाक्टर ने बड़ी तत्परता से गाँधी की बाँह पकड़ते हुए कहा।

गाँधीजी उठे और रात के अँधियारे में डाक्टर के पीछे बाहर चले आए। 'मेरे लिए आपको आगाह करना ज़रूरी है मिस्टर गाँधी, पेन्सिलीन के बिना वे नहीं बचेंगी।' डाक्टर फुसफुसाया। 'इसके अलावा आपके बेटे देवदास, इस इलाज पर जोर दे रहे हैं।'

'यह फैसला ईश्वर करेगा, सर ! न आप और न देवदास,' गाँधी ने चुपके से जवाब दिया।

'मिस्टर गाँधी, समझदारी से काम लीजिए, आपकी पत्नी नहीं बचेंगी।'

'अगर ऐसा होता है, तब उनका समय आ गया है।' महात्मा गाँधी ने सख्ती से कहकर साँस खींची।

'यह बेतुकी बात है।' डाक्टर ने कमरे की तरफ बढ़ते हुए जोर से कहा, 'यह उनकी मर्जी पर है।'

'यह ठीक है,' महात्मा ने उनके पीछे जाते हुए कहा, 'हम उनसे पूछ लेते हैं।'

दोनों आदमी कस्तूरबा के बिस्तर के पास घुटनों के बल बैठ गए। उनकी आँखें बंद थीं और वे ज्यादा सहज ढंग से साँस ले रही थीं। गाँधी ने बड़े धीरे-से अपनी पत्नी

का सिर उठाया।

'बा ... सुनो। अगर तुम जीना चाहती हो तो तुम्हें सिरिंज से पेन्सिलीन का एक इंजेक्शन लगवाना होगा। क्या तुम्हें मंजूर है ?'

कस्तूरबा ने बड़ी कठिनाई से आँखें खोलीं।

'सिरिंज से ?' वे बुदबुदाईं, 'आपको तो यह पसंद नहीं है, या है ?'

'इसका फैसला तुम्हीं को करना है, बा,' महात्मा ने उनकी भौंहों को चूमते हुए फुसफुसाकर कहा, 'सिर्फ तुम्हें, प्यारी बा।'

कस्तूरबा को एक बार फिर खाँसी के दौरे ने झकझोर दिया और उनका चेहरा ऐंठ गया। डाक्टर ने उन्हें सहारा देकर बैठाया और उनकी पीठ सहलाने लगा। उसकी आँखों में चिंता झलक आई।

'आप जो भी चाहेंगी वही मेरे लिए मान्य होगा।' कस्तूरबा फुसफुसाईं, 'मैं "नहीं" कहती हूँ।'

अंग्रेज़ डाक्टर ने भयभीत होकर गाँधी की तरफ देखा। महात्मा ने उदासी से उसकी तरफ देखा और उनके गालों पर मोटे-मोटे आँसू ढुलक आए।

अपनी आँखें पोंछते हुए वे बुदबुदाए, 'मैं उसका इलाज कर लूँगा।'

'आपके और बच्चे भी हैं, मिस्टर गाँधी, हैं न ?' डाक्टर ने जोर देकर पूछा। 'आप उन्हें यहाँ बुलवाइए। जल्दी।'

पुणे, यरवदा आवास, 22 फरवरी 1944

कस्तूरबा का सिर अपने पति की गोद में टिका हुआ था। गाँधीजी ने उनका माथा सहलाया, उनकी पसीजती हुई कनपटी को पोंछा, और खाँसी के दौरों के दौरान उन्हें धीरे-से सहारा देकर उठाया। उनका मुँह खुला था, आँखें बंद थीं। उस वृद्ध महिला ने अपने को पति के कोमल हाथों के हवाले कर दिया। थोड़ी-थोड़ी देर के बाद, वे पीतल के लोटे की टोंटी से उनके सूखे होंठों के बीच ज़रा-ज़रा-सा पानी डाल रहे थे।

दूर कमरे के कोने में, गाँधी के सबसे छोटे बेटे देवदास के पास बैठे उनके जेल के अन्य साथी मद्धिम आवाज़ में कस्तूरबा के प्रिय भजन और गीत गा रहे थे।

उनके सबसे बड़े बेटे हरिलाल को कस्तूरबा के बिगड़ते स्वास्थ्य की खबर अंग्रेज़ अधिकारियों ने दे दी थी। वह शाम को वहाँ आ गया था। पर हमेशा की तरह वह नशे में चिल्लाते हुए लड़खड़ा रहा था। कस्तूरबा ने व्यथा से अपना माथा पीट लिया। वे सिसकियाँ भरने लगीं और उनका गला रुँध गया। हरिलाल उसी क्षण वहाँ से चल दिया और तभी से उसकी माँ ने बोलना बंद कर दिया।

कस्तूरबा ने अपने सीने पर हाथ रखकर धीरे-से अपनी साड़ी की तह को जकड़ लिया। उनकी साड़ी पसीने से भीग गई थी। गाँधी ने अपना सिर रूमाल से ढक लिया, उन्हें अपनी बाँहों में ले लिया और अपनी लंबी उँगलियों को उनके हाथों के चारों तरफ कसकर लपेट लिया, मानो उनकी हिफाजत कर रहे हों। कस्तूरबा ने आँखें खोलकर अपने पति को अपने ऊपर झुके हुए देखा। उसके सूजे हुए होंठों में मुस्कुराहट झलक आई। उन्होंने फिर अपनी आँखें बंद कर लीं।

उनकी साँसें और शांत हो गईं। कस्तूरबा को नींद आ गई थी। 'वह जीवित रहेंगी, मैं जानता हूँ,' गाँधी बुदबुदाए। 'वे सब गलत हैं।'

सहसा उन्होंने कान खड़े किए। कस्तूरबा की साँस भारी हो गई थी, उनकी साँस अनियमित रूप से झटके से चल रही थी। बंदियों ने गाना बंद कर दिया।

'बा ! मेरे साथ बनी रहो –' महात्मा ने अनुरोध किया।

मरणशील महिला का मुँह फट गया। उनके जबड़े सिकुड़ गए और उनका ढीला शरीर महात्मा की बाँहों से धीरे-से सरक गया।

बिना हिले, गाँधीजी ने उनके अस्तव्यस्त सफेद बालों को सहलाकर ठीक किया, उनकी साड़ी के पल्ले को सम्हाला, उनके मुँह और मुरझाई हुई पलकों को बंद कर दिया।

महात्मा के सहयोगी बिना बोले पास से हट गए।

वे वैसे ही बैठे रहे। उनकी मृत पत्नी का सिर उनकी गोद में पड़ा था और शरीर अकड़ने लगा था। सुबह, जब डाक्टर कमरे में आया, महात्मा ने सब्र से उसकी तरफ देखा, और बोले, 'अगर मैंने पेन्सिलीन लगाने की अनुमति दे भी दी होती, तो भी वह उन्हें नहीं बचा सकती थी।'

डाक्टर चुप रहा।

'हम लोग बासठ साल इकट्ठे रहे और उन्होंने मेरी गोदी में दम तोड़ दिया। इससे बेहतर और क्या हो सकता था ?' महात्मा ने ऐसे पूछा जैसे वे डाक्टर से अपनी बात का समर्थन चाहते हों।

डाक्टर ने जवाब नहीं दिया।

'मैं उनके बिना अपने जीवन की कल्पना नहीं कर सकता, आप जानते हैं ...' कहते-कहते गाँधी का स्वर टूट गया। उनकी आँखों में आँसू भर आए थे।

डाक्टर एक कदम आगे बढ़ा। अंत्येष्टि के नियम बड़े कठोर थे और उनमें देर करने की गुंजाइश नहीं थी। आँगन में चिता तैयार की जा चुकी थी।

'शांति', गाँधी ने अपनी पत्नी के बर्फ से ठंडे माथे को चूमकर कहा। 'इन्हें ले जाओ।'

पुणे, यरवदा आवास, 6 मई 1944

भारतीयों की एक छोटी-सी घबराई हुई टोली पार्क में चहलकदमी कर रही थी। वे सब खादी पहने थे। उनके बीच में, राजसी ठाठ में जामनी रंग की साड़ी पहने जिस पर चमकते हुए लाल रंग से कढ़ाई की गई थी एक स्थूलकाय महिला थीं। अकेले उन्होंने ही सफेद सूती के नियम की अवमानना की थी। उनके हाथ में एक पार्सल था, और वे उन लोगों को शांत करने की नाकाम कोशिश कर रही थीं।

'बापूजी के स्वतंत्रता दिवस को नष्ट मत करो। क्या तुम सोचते हो कि वे तुम्हारे आंदोलन की प्रशंसा करेंगे। उन्हें शांति की बेहद ज़रूरत है,' उन्होंने उपदेश दिया।

'जब तक वे सामने नहीं आते, हम शांत नहीं हो सकते।' एक युवा ने कहा। उसकी आँखों में उत्तेजना थी, 'किसी को मालूम है कि अंग्रेज कौन-सी चालें चलनेवाले हैं। क्या खुद आपको इसकी कोई जानकारी है, श्रीमती नायडू ?'

'हमारे इस लघु मानव ने बहुत कुछ झेला है। अगर वे उन्हें कुछ समय और रख लेंगे तो इससे कोई दुर्घटना नहीं हो जाएगी।' सरोजिनी के लहजे में संतोष था।

'लेकिन उनकी सेहत श्रीमती नायडू, उनकी सेहत : अंग्रेज़ों की आखिरी रिपोर्ट बहुत खतरनाक है।' टोली के एक दूसरे सदस्य ने उत्तेजित होते हुए कहा।

'यही वजह है कि वे उन्हें रिहा कर रहे हैं।' श्रीमती नायडू ने क्रुद्ध होकर कहा, 'अगर ऐसा नहीं होगा, तो यकीन रखिए, हम लोग यहाँ खड़े उनका इंतजार नहीं करेंगे। वहाँ ...' और उन्होंने अचानक राहत-भरी आवाज़ में जोड़ा, 'वे आ रहे हैं।'

अपनी सफेद शॉल लपेटे महात्मा सबसे ऊपर की सीढ़ी पर प्रकट हुए और उन्होंने धीरे-से अपना हाथ हिलाया। सफेद ड्रेस पहने दो नर्सें उन्हें सहारा दिए थीं और उनके जेल के साथी उनके पीछे थे।

'महात्मा गाँधी की जय ...' समवेत स्वर में उनके साथी चिल्लाए। 'वे जीवित हैं।' गाँधीजी के कदम डगमगा रहे थे। उन्हें सीढ़ियों से उतरने में बहुत देर लगी। अप्रत्याशित ऊर्जा के साथ श्रीमती नायडू उनकी तरफ दौड़ीं और नीचे झुक गईं।

'तो तुम यहाँ हो, मेरी प्रिय श्रीमती नायडू' — अपने हाथ उनकी तरफ बढ़ाते हुए महात्मा ने कहा। 'हमेशा की तरह वफादार ...'

'मेरे प्रिय मिकी माउस,' उन्होंने बड़े प्यार से उत्तर दिया, 'मैं बराबर तुम्हें और अपनी प्रिय कस्तूरबा को याद करती रही हूँ।'

तेजी से एक छाया ने गाँधी के चेहरे के रंग को गाढ़ा कर दिया।

'जो भी होता है, अच्छे के लिए ही होता है,' उन्होंने अपना सिर उठाते हुए कहा, 'और अब हम फिर संघर्ष में डूब जाएँगे।'

'ठहरो ...' श्रीमती नायडू ने हाथ के पार्सल को खोलते हुए कहा। 'हिलना नहीं। मुझे तुम्हें कुछ देना है।' वृद्ध महिला बड़ी औपचारिकता से उनके सामने उछलकर खड़ी हो गईं और लाल मखमल का एक भारी बटुआ उनकी तरफ बढ़ा दिया।

'भारत राष्ट्र के नाम पर,' उन्होंने मजबूत आवाज में कहना शुरू किया, 'मैं आपको यह धन पेश करते हुए बड़े गौरव का अनुभव कर रही हूँ। यह अस्सी लाख रुपया जो आपके लिए जमा किया गया है। हमारे योद्धाओं ने इसमें अपना हृदय उँडेल दिया है।'

गाँधीजी ने उस बटुए की तरफ देखा। उनकी नजर में अविश्वास था।

'इतना रुपया ? मेरे लिए ? पर मुझे तो इसकी ज़रूरत नहीं है।' उन्होंने मृदुता से कहा।

'उन्हें अपने लिए यह करने दो,' वे फुसफुसाईं, 'उन्हें अपने इस उपहार पर बहुत गर्व है।' महात्मा ने हाथ जोड़े और मुस्कुराकर धीरे-से नमस्कार किया।

टोली को संबोधित करते हुए वे जोर से बोले, 'मैं आप सबको धन्यवाद देता हूँ, मैं स्वस्थ और सुरक्षित हूँ। कल मैंने अपनी कैद के दो हजार तीन सौ अड़तीस दिन पूरे किए। यह आखिरी बार होगी, क्योंकि यह युद्ध जल्दी ही खत्म होनेवाला है, और तब हम अंततः आजाद होंगे।'

'एक निहायत असाधारण परिचय ...'

अहमदनगर किले का कारागार, 15 जून 1945

सुबह आठ बजे से कुछ पहले जेलर ने जेल की कोठरी का दरवाज़ा खोलकर भीतर झाँका। उसका बंदी सो रहा था। बड़े आदर-भाव के साथ वह आदमी एक कदम आगे बढ़ा और फिर अपना सिर खुजलाने लगा।

'उन्हें जगाना जरूरी है,' उसने मन में निश्चय करते हुए कहा, 'सर नेहरू ! नेहरू जी ! पंडितजी।'

जवाहरलाल ने आँखें खोलीं। बाहर प्रकाश फैल चुका था। जेल के नीम अँधेरे में पहरेदार की आँखें चमक रही थीं। उसके हाथ पंडित नेहरू का कंधा हिला रहे थे, पर उनमें गुस्ताखी नहीं थी। उसकी आवाज के लहजे में भी कठोरता नहीं थी। नेहरू उठ बैठे, उनके पेट में डर बैठ गया।

'उठिए। मैं आपको आगाह करने आया हूँ ... !' उस आदमी ने कहा।

'लेकिन बजा क्या है ?' नेहरू बुदबुदाए। 'क्या मैं ज्यादा सो गया हूँ ?'

'सर, लगभग आठ बजे हैं,' जेलर ने सीधे होकर जवाब दिया। 'आप तैयार हो जाइए। आपको जल्दी ही रिहा किया जाएगा।'

'क्या ? क्या तुम्हारे पास लिखित आदेश है ?'

'मैंने यह खबर रेडियो पर सुनी है सर,' उस व्यक्ति ने जोर देकर कहा। 'कांग्रेस के सभी नेता आज शिमला में एक कॉन्फ्रेंस के लिए रिहा किए जाएँगे।'

'शिमला ?' नेहरू ने भौंचक्का होकर कहा। 'वह तो वायसराय का ग्रीष्मकालीन आवास है।'

'बिल्कुल ठीक, सर। वायसराय ही आप सबको बुलवा रहा है। इसलिए मैंने सोचा कि उन लोगों में से एक आप भी होंगे, आप और आपके मित्र ...।'

'पर इस वक्त क्यों ?'

'उन्होंने कहा कि लड़ाई खत्म हो गई है। वे भारत को आजाद करना चाहते हैं। इस बारे में बात करने के लिए उन्हें आपकी जरूरत है। आप अच्छी तरह अपने को इसके लिए तैयार कर लें, सर !' पहरेदार ने नेहरू के कंधे थपथपाते हुए कहा।

नेहरू को अपने कानों पर यकीन नहीं हुआ।

आजाद। लेकिन अगर पहरेदार की बात गलत हुई ? अगर उसकी समझ में गलती हुई ? उन्हें इस बारे में हैरान होने का वक्त नहीं मिला। जेल के गलियारे के पत्थर के फर्श पर पदचाप की गूँज सुनाई पड़ने लगी। मुख्य गार्ड ने आकर उन्हें एक पुर्जा थमा दिया। खबर सच थी।

नेहरू जेल की सलाखों से आजाद दिखाई दे रहे थे। सुबह की उमसदार गर्मी घटनी शुरू हो गई थी, वर्षा के पहले बादलों को सूरज ने गुलाबी छींटों से रँग दिया था। दूर देहातों में गायों ने रँभाना शुरू कर दिया था, और वर्षा ऋतु की घोषणा करनेवाले पपीहे ने गला खोलकर कूजना शुरू कर दिया था। नेहरू को अब बाहर निकलना था, जिंदगी को फिर से देखना था।

सिंगापुर, 18 मार्च 1946

अपनी शृंगार मेज के सामने बैठी लेडी माउंटबेटेन ने अपने मुँह के चारों तरफ घिर आई छोटी रेखाओं को ध्यान से देखा। उन्होंने अपने बालों को हल्के हाथ से उठाया, तीन हेयरपिन निकाले और फिर अपने हाथ को ढीला छोड़ दिया।

एडविना बुरी तरह थकी हुई थी। तीन हफ्तों में उसने सिआन और सायगॉन के जेल-शिविरों का दौरा किया था, वहाँ स्वास्थ्य-संबंधी उपलब्ध सुविधाओं की जाँच की थी और फिर दिल्ली में कुछ दिन वायसराय के महल में, रेड क्रास की कॉन्फ्रेंस के सिलसिले में गुजारे थे। वह युद्ध-भूमि के चक्कर लगाती रही थी, सैनिकों और युद्धबंदियों के स्वास्थ्य पर दो वर्षों से नजर रखे थी। आग में जलती हुई दुनिया के बीच दो वर्ष तक

उसने पागल बना देनेवाली यात्राएँ की थीं। ये दो साल दहला देनेवाली यंत्रणा के और उसे सायास भुलाने के साल थे।

1944 के एक सप्ताहांत में जब उसके प्रेमी बनी ने अचानक मोर्चे से वापस लौटकर घोषणा की कि वह शादी कर रहा है तो एडविना की जिंदगी हमेशा के लिए बदल गई थी। अपने युवा अमरीकी प्रेमी के रहते हुए भी एडविना ने स्वयं को परित्यक्ता अनुभव किया और वह बेहद निराश हो गई। उसके जीवन में खालीपन और निराशा व्याप गई। उसने सिर्फ प्रेमी नहीं दूसरा पति खो दिया था। दूसरे यानी लॉर्ड माउंटबेटेन ने जो नाम के लिए उसका पहला पति था, बड़ी उदारता का परिचय दिया। उन्होंने उसे बड़ी बहादुरी से ढाँढस बँधाते हुए पहले की तरह 'माई स्वीट हार्ट' कहकर संबोधित किया। तीसरी सेना के लश्कर के पहुँचने के बाद पेरिस आजाद हो गया और एडविना के सिवा बाकी सबके लिए फिर जिंदगी पहले की तरह शुरू हो गई। सबकुछ भुलाने के लिए ही उसने अपने-आपको समाज-सेवा में पूरी तरह डुबा दिया था।

नाजियों पर मित्र राष्ट्रों की विजय तयशुदा थी, जापान पर गिराए गए एटमबमों ने निर्ममता से शत्रु को मटियामेट कर दिया था लेकिन लड़ाई से हुए जख्म भरने अभी बाकी थे।

डिकी ने पिछली शरत् के बाद सुप्रीम कमांड का मुख्यालय सिंगापुर में स्थापित कर लिया था और वह तब से वहीं रह रहा था। वहीं, 1945 की सितंबर के दक्षिण पूर्वी एशिया की जापानी सेनाओं ने उसके सामने विधिवत हथियार समर्पण किया था। वह सेना जिसमें डेढ़ करोड़ सैनिक थे। लेबर पार्टी की पूरी तरह विजय के बाद लंदन में सरकार बदल गई थी। पुराने शेर चर्चिल ने, नए प्रधानमंत्री क्लीमेंट एटली को अपनी जगह दे दी थी। एशिया की तरह यूरोप में भी इस लड़ाई ने अभावों और तंगहाली की छाप छोड़ी थी। सुप्रीमो को तो सिर्फ सेना के विघटन का संचालन करना था, पर एडविना को, बिना एनेस्थीसिया के ऑपरेशन किए जाने के कारण घायल सैनिकों की चीखें, भूखे बंदियों की खाली आँखें, उनकी भुतही मुद्राएँ और धँसे हुए गालों को थपथपाने पर उनकी फीकी मुस्कानें आज भी याद आ रही थीं।

इसके साथ ही लॉर्ड लुई के पास आ जाने के बाद उसे सुप्रीमो की पत्नी से अपेक्षित सरकारी कर्तव्य भी निबाहने पड़ते थे। अगर हाल में जेल से रिहा होनेवाला कोई भारतीय उनसे मिलने का फैसला करता तो उसे तुरंत ठीक से कपड़े पहनकर अपने बाल बनाकर उसकी अगवानी करनी पड़ती थी, जबकि शाम की धुँधली नमी में पड़े-पड़े स्वप्न देखना कहीं बेहतर होता।

'जल्दी करो डियर,' लॉर्ड लुई माउंटबेटेन ने दरवाजे को धक्के से खोलकर कहा, 'नेहरू मिनट-भर में पहुँचनेवाले हैं। योजना के मुताबिक अगर तुम्हें हमारा स्वागत,

यंग मैन क्रिश्चियन एसोसिएशन में करना है, तो तुम्हें हमसे पहले वहाँ पहुँचना होगा। यह क्लब शहर के दूसरे कोने पर है, तुम्हें अभी तक रवाना हो जाना चाहिए था... अपने बाल अब रहने दो, वे बिल्कुल ठीक लग रहे हैं। हमें चलना चाहिए', उन्होंने बेसब्री से जोड़ा।

'लेकिन ...' एडविना ने जवाब दिया, उसके मुँह में पिन भरे थे, 'अगर वे अभी पहुँच भी जाते हैं, तो क्या वे थोड़ा-सा इंतजार नहीं कर सकते ? तुमने उन्हें मलेशिया में बसे भारतीयों का रहन-सहन देखने के लिए आमंत्रित किया है। पहले तुम उनका हर तरह से सम्मान के साथ लाल कालीन बिछाकर स्वागत करो। लगभग गदर मचाकर, और अब तुम मुझे धकेल रहे हो ? ... इस भारतीय के लिए इतना सब करने की क्या जरूरत है डिकी। आखिर तुम दक्षिण-पूर्वी एशिया के सुप्रीम कमांडर हो।'

'और वे एशियन रिलेशंस कॉन्फ्रेंस के अध्यक्ष हैं, अंतरिम सरकार के प्रभारी।' लॉर्ड लुई ने उत्तेजित होकर कहा, 'तुम्हें मालूम है कि भारत का भविष्य बहुत दूर तक नेहरू पर निर्भर है ? उनके बगैर मुसलमानों के साथ कोई समझौता नहीं हो सकता, भारत में नागरिक शांति नहीं हो सकती। और फिर, यह तो मेरा विचार था। तुम क्या सोचती हो, राज्यप्रमुखों के लिए निर्धारित प्रोटोकोल के साथ मैं उनका स्वागत क्यों करना चाहता था ? इस आदमी की मदद के बगैर लंदन कुछ नहीं कर सकता ... एक घंटे में तुम सिंगापुर में बसे भारतीयों के साथ पूरी औपचारिकता के साथ उनका स्वागत करोगी। मेरे अफसरों का एक बार फिर क्रोध से कंठावरोध हो जाएगा। उन्होंने दुनिया के बदलते रूप को अभी नहीं समझा है' — लॉर्ड लुई पश्चात्ताप के स्वर में कहते रहे।

'इतना उत्तेजित होने की जरूरत नहीं है। उनका काम भी लंदन के बिना नहीं चलेगा।' एडविना ने रुखाई से बात काटी।

'हाँ,' लॉर्ड लुई ने हामी भरी, 'लेकिन नया प्रधानमंत्री चाहता है कि हम भारत छोड़ दें; युद्ध के साथ साम्राज्य का भी अंत हो रहा है, यही वास्तविक स्थिति है। जब लेबर पार्टी को चुना गया तब तो तुमने बड़ी जयजयकार की थी, अब तुम्हें इस भारतीय नेता से मिलकर भी पुलकित होना चाहिए जो अभी जेल से छूटा है ... मैं तुम्हें समझ नहीं पाता, तुम दीन-दुखियों के प्रति इतनी संवेदनशील हो... क्या तुम्हारी तैयारी अभी खत्म नहीं हुई ? मैं नीचे जा रहा हूँ। हम लोग मेरे दफ्तर जाने से पहले, हॉल में मिलेंगे। कोशिश करना कि ऐसी व्यवस्था हो जाए कि वे तुम्हें नहीं देखें।'

'आप कहाँ होंगे ?' एडविना ने अन्यमनस्क भाव से पूछा।

'हॉल में एडविना। होश में आओ।' लॉर्ड लुई ने खीझकर कहा।

यदि किसी अवसर से एडविना का सीधा संबंध नहीं होता था तो वह समय पर नहीं पहुँचती थी। लॉर्ड माउंटबेटेन ने सोचा वह कितनी हठीली, दुस्साध्य और उतावली

है। गोकि युद्ध ने उसके असंख्य विश्वासघातों को कुछ शांत कर दिया था पर उनकी जगह एक छोटी-सी सिस्टर ऑफ चैरिटी ने ले ली थी और उसने आवेगों को वैसे ही सोख लिया था जैसे ब्लॉटिंग पेपर स्याही को सोख लेता है। उसका चरित्र नहीं बदला, वह असह्य है।

एडविना ने समय लगाया। मौसम में बहुत उमस थी, उसके बाल उसकी गर्दन पर चिपक गए थे, उसकी त्वचा में जलन हो रही थी, उसके माथे पर एक बड़ा लाल चकत्ता पड़ गया था। चर्म रोग ? अच्छा ? सिंगापुर के मच्छर बड़े भयानक थे; उसमें शक्ति नहीं रह गई थी। उदासी से उसने उस पुर्जे पर नजर डाली जो सरकारी कार्यक्रम के साथ लगा दिया गया था।

जवाहरलाल नेहरू, उम्र सत्तावन साल, कांग्रेस पार्टी के भूतपूर्व अध्यक्ष ब्रिटिश जेल से 1945 में कुछ महीने पहले रिहा किए गए। लंदन बार के वकील, हैरो और कैम्ब्रिज के भूतपूर्व विद्यार्थी, पंडित। महात्मा के मानस-पुत्र। वे किस सूबे के थे ? यह पुर्जे में नहीं बताया गया था। शायद किसी राज्य से थे ? क्या वास्तव में ये वही नेहरू नहीं हैं जिन्होंने कश्मीर की वर्जित सीमा को लोहे की छड़ से लड़ते हुए, पार करने की कोशिश की थी ? मूलत: वे कश्मीर के थे, इसमें संदेह नहीं है। इन्हीं को ब्रिटिश साम्राज्य के प्रशासन ने 1921 में चार महीने के लिए जेल भेजा था, 1922 में नौ महीने के लिए, 1923, 1930, 1931, 1934, 1940, 1942... सूची इतनी लंबी थी कि अंक उसकी थकी हुई आँखों के सामने नाचने लगे। उसने नेहरू को याद करने की कोशिश की, पर उसकी यादों के पर्दे पर कुछ साफ नहीं उभरा; सिवा एक गाँधी टोपी के जो वे अपने सिर पर नीची करके पहनते थे। वे उत्साही हिन्दुस्तानी थे जो अपना सिर हिला-हिलाकर अंग्रेजी बोलते थे और अंग्रेजी के वर्ण 'आर' का उच्चारण जबान लौटाकर करते थे। वे मित्र थे या शत्रु ? उसे नहीं मालूम था। किसी को इससे ज्यादा कभी नहीं मालूम हुआ।

उसे सीढ़ियों के नीचे आवाजें सुनाई पड़ीं। वे पहुँच गए थे। उसने अपनी गर्दन पर जूड़े को सही जगह जमाने के लिए काँपते हाथ से तीन पिन खोंसे। फिर अपनी माँग के दोनों ओर कंघा फेरा और अपनी फूलोंवाली ड्रेस को सीधा किया जिसमें नमी से सलवटें आ गई थीं। उसके पास अपनी केपलाइन को ठीक बैठाने का समय नहीं बचा था। बहुत गड़बड़ है। अब जल्दी-जल्दी काम समेटना था।

दूसरी तरफ धूम्रपान कक्ष में से खुलनेवाला भारी शीशम का दरवाजा बंद था। एडविना पैर दबाकर सीढ़ियों से उतरकर तेजी से गाड़ी में पहुँच गई। उसके पास वाई एम सी ए पहुँचने के लिए मुश्किल से पंद्रह मिनट बचे थे और केपलाइन उसके सिर पर सही जगह टिक नहीं पा रही थी।

गवर्नमेंट हाउस की सीढ़ियों पर दोनों आदमी सरकारी फोटोग्राफर के सामने मुस्कुराए। सुप्रीम कमांडर ने खाकी वर्दी और आधी बाँहों की कमीज पहन रखी थी। भारतीय अध्यक्ष ने ब्राउन रंग की अचकन पहनी थी। लॉर्ड माउंटबेटेन के कई सैनिक तमगे उनके सीने की शोभा बढ़ा रहे थे जबकि नेहरू की अचकन के तीसरे बटनहोल में एक सुर्ख गुलाब दमक रहा था। अंग्रेज ने ऊँची पाड़ की नौ सेना की टोपी लगा रखी थी, भारतीय ने बंदियों की गाँधी टोपी।

सुप्रीमो की लंबी गाड़ी प्रतीक्षा में खड़ी थी, उस पर क्रोम की पॉलिश हुई थी, नई और चमकदार, उसमें नवीन ढंग के पीछे देखनेवाले शीशे लगे थे और उसकी बड़ी गोलाकार हेड लाइट ऐसी थी जैसे बिल्ली की आँखें। लॉर्ड लुई ने दोस्ताना भाव से अपने बराबर की जगह की तरफ इशारा किया। नेहरू सावधानी से वहाँ बैठ गए ऐसे कि उनकी विलायती पतलून जिसकी एकदम दुरुस्त चुन्नटें अचकन के पल्लों से टकरा रही थीं, मुसने न पाए।

खुली लिमोसीन विशाल दरवाजों तक पहुँची, जहाँ पहरेदारों ने उन्हें सलामी दी। सुप्रीमो ने सैनिक सलामी का प्रत्युत्तर दिया और नेहरू ने अपने जीवन में पहली बार शस्त्र प्रस्तुत करते हुए अंग्रेजों की तरफ हाथ हिलाया।

सुप्रीमो की बगल में बैठकर खुली गाड़ी में सवारी करने का मजा लेते हुए नेहरू ने सोचा कि यह उनकी जीत है जिसे कांग्रेस पार्टी के सदस्य पसंद करेंगे। सरकारी लिमोसीन में यात्रा करने के लिए कहा जाना भविष्य में भारत राष्ट्र को मान्यता देने के बराबर है। जब कार अचानक रुकी तो उस समय नेहरू उस भाषण के बारे में सोच-विचार कर रहे थे जो उन्हें वाई एम सी ए में देना था।

सड़क के दोनों तरफ, नेहरू के समर्थकों और प्रशंसकों की जयजयकार करती हुई भीड़ उनके पहुँचने की प्रतीक्षा कर रही थी। क्लब के बाहर, हाथ में फूलमालाएँ लिए एक छोटा-सा सरकारी झुण्ड तैयार खड़ा था। नेहरू की नजर कांग्रेस पार्टी के प्रतिनिधि चेत्तूर पर पड़ी, जो वहाँ उनसे पहले पहुँच गया था और उन्होंने उसकी तरफ हाथ हिलाया। उसकी बगल में फूलोंवाली ड्रेस पहने एक लंबी महिला खड़ी थी। उसने दस्तानेवाले हाथ से अपनी सफेद केपलाइन को थाम रखा था, इस छरहरी अंग्रेज महिला की त्वचा पारदर्शक थी। ये लेडी माउंटबेटेन थीं।

पहले नेहरू उतरे। एडविना ने एक कदम आगे बढ़ाया। उन्होंने एडविना की आँखों की चमक देखी और देखा उसके माथे पर बैंजनी चकत्ता। उसने नेहरू पर तेजी से नजर दौड़ाई, बंदी की टोपी को पहचाना और उनकी तरफ मुस्कुराना चाहा। लेकिन खुशी से शोर मचाती भीड़ ने अगल-बगल अचानक धावा बोल दिया और नेहरू को घेर लिया, उनके गले में एक के बाद एक मालाओं का अंबार लग गया और वे उनकी

ठोड़ी को छूने लगीं। गेंदे के फूलों के दमघोंटू दबाव के बावजूद भीड़ की रेलपेल को धकियाते हुए नेहरू हँस रहे थे। एडविना हॉल में वापस दौड़ी, वह जितना अपने को बचा सकती थी उसने भरसक बचाया। लॉर्ड लुई उल्लसित भीड़ के बीच खो गए थे।

कागज की पताकाओं और फूलों से सजे हॉल के अंत में दो सिंहासन रखे थे। नेहरू के साथ चलनेवाले अफसरों ने मंच तक रास्ता बनाया और सुप्रीमो यथासंभव उनके पीछे लगे चलते रहे।

'जल्दी, हम लोग बैठ जाएँ,' नेहरू ने फुसफुसाकर कहा, 'अगर हम नहीं बैठे तो उन लोगों का नियंत्रण छूट जाएगा।'

'मेरी पत्नी कहाँ है ?' सुप्रीमो ने धीरे-से पूछा। 'वह बाहर हमारा इंतजार कर रही थी और अब वह कहीं दिखाई नहीं पड़ रही है।'

जैसे ही वे बैठे, लोगों ने चिल्लाकर हुर्राह और जयजयकार से इस अविश्वसनीय दृश्य का स्वागत किया। दक्षिण-पूर्वी एशिया की सेनाओं के सुप्रीम कमांडर, बर्मा के बाइकाउंट महात्मा के आध्यात्मिक उत्तराधिकारी इस नेहरू के साथ पास-पास बैठे हैं, ये नेहरू जिन्हें हॉल ही में जेल से रिहा किया गया है : यह अंग्रेज और यह हिंदुस्तानी — कभी के शत्रु जो अब मित्रों की तरह बैठे हैं। सुप्रीमो की पत्नी को बिना बाँहोंवाली कुर्सी पर बैठने का ही अधिकार था, लेकिन वह खाली पड़ी थी। लेडी माउंटबेटेन दुबारा प्रकट नहीं हुई थीं। काँसे का एक दीपदान प्रज्वलित किए जाने की प्रतीक्षा में एक तरफ खड़ा था। नेहरू उठे और उन्होंने दियासलाई हाथ में ली ... उन्हें पहली तीली सुलगाने का समय भी नहीं मिला : बाहर इकट्ठी भीड़ तमाम रुकावटों को तोड़कर क्लब के भीतर घुस आई थी और अपने नेता का आलिंगन करने के लिए उनकी तरफ तेजी से बढ़ रही थी। वे लोग उन्मत्त होकर नारे लगा रहे थे। युवकों ने पर्दे खींच डाले थे। वे कुर्सियों पर चढ़ गए थे। हर्षोन्माद से शोर मचाते हुए हजारों हाथ हवा में लहरा रहे थे, मालाएँ हाथों में लटकी थीं। बच्चे चीख रहे थे, बूढ़े परेशान थे, औरतें मदद के लिए पुकार रही थीं ... अचानक नेहरू की नजर लेडी माउंटबेटेन पर पड़ी। भीड़ उन्हें निर्ममता से इधर से उधर धकेल रही थी। वे चिल्लाईं, लड़खड़ाईं और भीड़ के समुद्र में खो गईं।

'आपकी पत्नी !' नेहरू चिल्लाए, 'आपकी पत्नी, हमें उनके पास जाना चाहिए।' माउंटबेटेन की बाँह पकड़कर, नेहरू ने जबर्दस्ती भीड़ के बीच कुहनियों से अपने लिए रास्ता बनाते हुए वे उन्हें ढूँढ़ने की कोशिश में भीड़ में धँस गए। आखिर वे दरवाजे तक पहुँच गए। एडविना कहीं नहीं थी। नेहरू ने उचककर देखा पर उन्हें कुछ दिखाई नहीं दिया। माउंटबेटेन ने जमीन पर ढूँढ़ना शुरू किया, उन्हें भय था कि उन्हें पैरों तले कुचली एडविना जमीन पर पड़ी मिलेगी। पर उन्हें भीड़ के पैरों के सिवाय कुछ

नजर नहीं आया। वह भीड़ जो उन्मत्त होकर नाचे जा रही थी।

'डिकी।' हॉल के दूसरे कोने से एक तीखी आवाज सुनाई दी : 'मैं यहाँ हूँ ! मैं ठीक हूँ !' एक मेज तक पहुँचकर एडविना ने उन्हें आवाज लगाई। वह पूरी तरह अस्त-व्यस्त हो गई थी। संघर्ष में उसके बाल खुल गए थे और गाल लाल हो रहे थे। वह अपने कंधे पर सिल्क की फटी हुई बाँह को बैठाने की कोशिश कर रही थी।

दोनों आदमी तेजी से उसकी तरफ दौड़े, नेहरू ने उसकी कमर में हाथ डालकर फुर्ती से उसे जमीन पर खड़ा किया।

उसका चेहरा लाल हो गया था, कंधा उघड़ा था। उसने नेहरू की तरफ देखा और हँस पड़ी। हँसते हुए उसकी आँखों के चारों तरफ की पारदर्शी त्वचा में बारीक झुर्रियाँ पड़ गईं। उसने नेहरू का सहारा लेकर अपनी साँस लौटाई।

'शुक्रिया,' वह हाँफते हुए बुड़बुड़ाई, 'आप जरूर मिस्टर नेहरू होंगे।'

नेहरू ने धीरे अपने को अलग करते हुए कहा, 'एक निहायत असामान्य ढंग का परिचय है ना ?'

भीड़ अब भी बाज नहीं आ रही थी, गलियों में से एक बहुत क्रोधित भीड़ पहले से ही ठसाठस भरे हॉल में घुसने की बेहद कोशिश कर रही थी। वहीं से एक अनियत लेकिन तेज भनभनाहट की आवाज उठी। नेहरू घूम गए : भीड़ अब भी दौड़ रही थी।

'जल्दी करो, ये लोग हमें पाँव तले कुचल देंगे। आइए हम निकल लें।' कहते हुए माउंटबेटेन उन्हें एक अँधेरी जगह ले गए जहाँ खाना पकाने के बर्तन थे। रसोईघर में।

'यहाँ ?' नेहरू ने संकोच से कहा।

'रसोई, क्यों नहीं ?' लॉर्ड लुई ने शांत स्वर में कहा, 'सर, मेरी मदद कीजिए, हम इस मेज को एक तरफ उलट दें तो उससे अच्छी रुकावट हो जाएगी।'

भीड़ पास आती जा रही थी। ठीक मौके पर। मेज के पीछे, नेहरू फुर्ती से एक कुर्सी पर चढ़ गए और उन्होंने अपनी बाँहें फैलाकर कहा, 'भाइयो ! मैं आपके देश से आपके लिए शुभकामनाएँ लाया हूँ।'

उनकी बात पर लोगों ने बड़े उत्साह से तालियाँ बजाईं। उसके बाद सन्नाटा छा गया। अब कोई आगे की तरफ नहीं बढ़ रहा था।

'मैं यहाँ अंतरिम सरकार के प्रतिनिधि की हैसियत से आया हूँ। भाइयो, मैं आपसे कहता हूँ कि स्वराज बहुत करीब है।'

और माउंटबेटेन की तरफ झुककर, उन्होंने धीरे से कहा, 'आप सामने ज्यादा न आइए, सर, मैं आपसे प्रार्थना करता हूँ।'

उन्होंने बात जारी रखी, 'भाइयो ! मैं आपके जोश की वजह समझता हूँ, क्योंकि

हमारा संघर्ष लंबा भी था और कठिन भी। पर अभी हमारी लड़ाई खत्म नहीं हुई है; और अगर हमें रचनात्मक बातचीत करनी है, तो कोई गड़बड़ी नहीं होनी चाहिए। अपने प्यारे महात्मा का उपदेश याद रखिए: सत्य की खोज के लिए एक-दूसरे का सम्मान करना जरूरी है और उसमें हिंसा के लिए जगह नहीं है। जल्दी ही पार्टियों के नेता वायसराय की सत्ता के तहत होनेवाली कॉन्फ्रेंस में मिलेंगे।

ब्रिटिश इंडिया के वायसराय के नाम के उल्लेख पर लोगों ने हूट करना शुरू किया। भीड़ फिर उत्तेजित होने लगी।

'नहीं भाइयो नहीं, नफरत नहीं। लंदन सरकार के साथ बातचीत के बिना हम लोग स्वतंत्र नहीं हो सकते। और सुप्रीमो में मुझे एक ऐसा व्यक्तित्व मिला है जो उन तमाम गुणों से युक्त है जिनकी गणना इंगलैंड शालीनता के लिए करता है। भाइयो, उदारता को नहीं भूलो, गाँधी ने तुम्हें उसकी शिक्षा भी दी है। हमें अपने दुश्मन का आदर जरूर करना चाहिए, विशेषकर तब जब उसका नाम हो लॉर्ड लुई माउंटबेटेन बाइकाउंट ऑफ बर्मा।'

और लॉर्ड लुई का हाथ पकड़कर, उन्होंने उनके लिए तालियाँ बजाने को कहा। 'जय हिंद। स्वतंत्र भारत अमर रहे।' उन्होंने नारा लगाया और उत्साहित भीड़ ने उनके नारे का अनुसरण किया।

धीरे-धीरे करके शांति छा गई।

नेहरू ने अपना माथा पोंछा।

'ब्रेवो, सर,' लॉर्ड लुई ने सहज रूप से कहा। 'मैं वक्ता के रूप में आपकी प्रसिद्धि जानता था और आपने जो कुछ कहा, भले ही वह सब मेरी समझ में न आया हो, पर उसका साक्षी होने से मुझे सचमुच बेहद खुशी हुई है।'

'यह तो कुछ भी नहीं है ! भारत के ग्रामीण क्षेत्रों में बीस साल से भाषण दे-देकर मैं काफी सिद्धहस्त हो गया हूँ।' प्रसन्न होते हुए नेहरू ने कहा। मेज पर चढ़ने में एडविना की मदद करते हुए वे बोले, 'मुझे खुशी है मैडम कि आपके साथ कुछ अप्रिय घटित नहीं हुआ,' उसकी ड्रैस पर चिपके आलू के एक छिलके को हटाते हुए, उन्होंने फिर कहा, 'और आपका हैट ? क्या वह धक्का-मुक्की में खो गया ?'

'कोई बात नहीं,' हँसी का फव्वारा छोड़ते हुए एडविना बोली, 'जब मैं जमीन पर घुटनों के बल चल रही थी, उसी वक्त कहीं गिर गया होगा।'

'या खुदा,' नेहरू मजाक करते हुए बोले, 'क्या बर्मा की किसी बाइकाउंटेस को कभी किसी ने घुटनों के बल चलते देखा है ?'

'जैसा देश वैसा भेस, मिस्टर नेहरू,' उसने शालीनता से कहा, 'और ऐसा मेरे साथ पहली बार नहीं हुआ है।'

एडविना नेहरू की बाँह के सहारे बड़े हॉल में लौट आई, उस भीड़ के बीच जो अब शांत हो गई थी।

ये पंडित अभी तुम्हें धर्म योद्धा के रूप में नहीं जानते' — माउंटबेटेन अपनी वर्दी को झाड़ते हुए बोले। 'हम लोग इन्हें यह दास्तान डिनर के समय सुना सकते हैं, बशर्ते मिस्टर नेहरू आपको यह मंजूर हो ?' उन्होंने यह बात इस लहजे में कही थी कि निमंत्रण अस्वीकार करना मुमकिन नहीं था।

जब वे लोग लौटकर बचीखुची कार पर चढ़े तो लॉर्ड लुई गुस्से से लाल-पीले होते हुए दाँत पीसकर बोले, 'उन सनकी पागलों ने सब तहस-नहस कर दिया, लेकिन मेरे अफसरों ने ऐसा होने कैसे दिया ? किसी अफसर ने व्यवस्था बनाए रखने की जिम्मेदारी नहीं उठाई। न कोई अनुशासन दिखा, न किसी ने हमारा रास्ता साफ रखने के लिए घेरा बनाया। ये तो पागलपन था ! देखा आपने, उन्होंने गाड़ी की क्या गत बनाई है ? सीधी तरफ का कैन्डर पूरी तरह रगड़ गया है, उसे फिर से पेण्ट कराना होगा। ओह ! मैं इन सबको बताता हूँ। इन लोगों ने मेरा उपहास करने के लिए ऐसा किया है, यह बगावत थी।'

एडविना चुप रही। जब डिकी नाराज होता था, तो उसे अपनी भड़ास निक़ालने का मौका देना पड़ता था। और अगर उसे चोटें लग जाती थीं, तो उसे शांत होने में और देर लगती थी।

'लापरवाही, अव्यवस्था, उदासीनता, गदर ! और तुम यहाँ चुपचाप बैठी हो। जाहिर है कि तुम्हें व्यवस्था और अनुशासन की ज़रा भी परवाह नहीं है।'

'मैं सिपाही नहीं हूँ डिकी,' एडविना ने शांत करने की कोशिश की : 'और वाई एम सी ए एक स्वयंसेवी संगठन ही तो है।'

लॉर्ड लुई ने अपना सिर दूसरी तरफ घुमा लिया लेकिन उसके दाँत अब भी जकड़े हुए थे। जब वे गवर्नमेंट हाउस पहुँचे तो उसने दरवाजा जोर से दे मारा और एक-एक छलाँग में चार-चार सीढ़ियाँ फलाँगते हुए अपने दफ्तर में पहुँचकर दरवाजा बंद कर लिया। एडविना ने एक बैरे को बुलाया, अपने पति के लिए एक नीट व्हिस्की का ऑर्डर दिया और चुपचाप उसे लेकर ऊपर चली गई।

'मिस्टर नेहरू प्रसन्न दिखाई पड़ रहे थे, तुम्हें मालूम है,' ड्रिंक उसके पास रखते हुए एडविना ने कहा।

ये बहुत ज्यादा है, मैं इतनी शराब नहीं पीता,' लॉर्ड लुई ग्लास की तरफ देखते हुए भुनभुनाए, 'और तुमने ऐसी बात सोची कैसे ? प्रसन्न नेहरू ? उस बेकाबू भीड़ के साथ, फिर रसोई में भाषण, सब्जी और तंदूर की महक के बीच ? भूल जाओ। उन्होंने जरूर सोचा होगा कि मैं उनका अपमान करना चाहता था। उन्हें नीचा दिखाना

चाहता था। अनर्थ हो गया। और वह फेंडर...'

'उस मशीन के बारे में सोचना बंद करो अब,' एडविना ने साँस खींची, 'मैं तुम्हें बता रही हूँ कि वे संतुष्ट थे, मैंने उन्हें देखा था। वे हँस रहे थे ...।'

लॉर्ड लुई ने ध्यान से एडविना की तरफ देखा और व्हिस्की पीते हुए बात खत्म की। 'हँस रहे थे ! सचमुच ! तुम्हें यकीन है ?'

'डिकी, भारतीय भीड़, उस आदमी को इस सबकी आदत है। अव्यवस्था उन्हें परेशान नहीं करती। बल्कि ऐसी स्थिति में वे अपने वास्तविक रूप में सामने आते हैं। तुमने देखा उन्होंने कैसे उन लोगों को शांत किया... अपने हाथ फैलाकर और सिर्फ दो-एक वाक्यों के सहारे। और फिर वह सब बड़ा अजीब था...।'

'मुझे इसमें कुछ अजीब नहीं लगता,' कुछ क्रोध के-से लहजे में लॉर्ड लुई भुनभुनाए !

'अब छोड़ो भी डिकी ! तुम, रसोई में घिरे हुए मेज के पीछे ?' उसने डिकी का गाल थपथपाते हुए कहा।

शांत होकर, उन्होंने एडविना का हाथ चूमा।

'नेहरू के बारे में हमें जल्दी ही डिनर पर पता लग जाएगा। लोगों की पहचान तुम्हें मुझसे ज्यादा है,' उन्होंने आखिर मुस्कुराते हुए जोड़ा, 'वह आदमी ईमानदार है : उसके जोशीले भाषण ने उन लोगों के दिल को छू लिया। तुम क्या सोचती हो ?'

एडविना ने जवाब नहीं दिया। उसने ऐसा सजीव भाषण कभी नहीं सुना था। नेहरू के होंठों पर शब्द वैसे ही लग रहे थे, जैसा उनके बटनहोल में गुलाब। प्रतिभाशाली, भद्र, उनके शब्दों को सुनकर उसकी इच्छा हो रही थी कि रेशमी पंखुड़ियों को खोलकर फूल के अदृश्य दिल को छू ले। जब वे बोल रहे थे तो उसने उनकी आँखें नहीं देखी थीं, पर वह मन ही मन उनके मांसल होंठों की मुस्कान को देख रही थी। जब उन्होंने उसे उठाया था तो उन क्षणों की उत्तेजना की अदृश थरथराहट को वह फिर से महसूस कर रही थी।

'तुम क्या सोचती हो ?' लॉर्ड लुई ने दोहराया।

'ओह ! नेहरू वाकई निष्कपट हैं, भले ही वे धारा-प्रवाह बोलते हों,' उसने सावधानी बरतते हुए कहा, 'अब बात मेरी समझ में बेहतर आ रही है, उनके साथ आनेवाले दिनों के राज्यप्रमुख के बतौर बर्ताव करने की तुम्हारी प्रवृत्ति।'

'मुझे खुशी है कि वे तुम्हें प्रभावित करते हैं !' लॉर्ड लुई ने कहा। 'और इस बार तुम्हारे खयाल से मेरी बात सही है।'

नेहरू डग भरते हुए अपने कमरे में पहुँचे। उन्होंने सुराही से थोड़ा-सा पानी लेकर

अपने चेहरे पर छींटे मारे। उन्हें माउंटबेटेन अच्छे लगे थे; वह आदमी अब भी युवा था, सीधा स्पष्टवादी चेहरेवाला, निष्कपट और साहसी सैनिक। माउंटबेटेन जैसे आदमी के साथ संवाद संभव था। उसकी पत्नी भी बुरी नहीं थी। ठेठ अंग्रेज, उसकी मुस्कान में दीप्ति थी। उसकी आवाज परियों-जैसी और आँखें ऐसी नीली कि कोई भी उनकी गहराइयों में डूब जाए। लचीली कमर, नाजुक शरीर। खूबसूरत चेहरा, चौकोर पैनी ठोड़ी के साथ कुछ चौकोर-सा मुखमंडल। उन्होंने मलेशिया के बंदी शिविरों में लिए गए कुछ धुँधले-से चित्रों को याद करने की कोशिश की। युद्ध की खाकी पोशाक में लेडी माउंटबेटेन, सिर पर टोपी, होंठों पर दिव्य मुस्कान लिए एक अजीब छोटी-सी सैनिक। समय में पीछे लौटते हुए कुछ और बिंब उभरे, जो उन अंग्रेजी पत्रिकाओं से चुराए गए थे जो कभी-कभी भारत में सर्कुलेट होती थीं और जिनमें फैशनेबल समाज की सभाओं में उपस्थित भद्र लोगों के चित्र छापे जाते थे। उनमें लेडी एडविना मिस्र-शैली की पोशाक पहने, माथे पर सोने का ग्राउंड बीटल लगाए और गुबरैले के पंखों-जैसी बड़ी-बड़ी बाँहों के साथ उभरी।

स्वाधीनता की लड़ाई की उत्साही योद्धा सरोजिनी नायडू भारत में नारीवाद की कट्टर समर्थक और महात्मा गाँधी के महान अनुयायियों में से थीं। वे कभी-कभी सुंदरी एडविना का जिक्र करती थीं। उसकी माँ को वे तब से जानती थीं, जब वे दोनों किशोरियाँ थीं, 'सही अर्थ में सुंदर महिला, पर ऐसा असंभव चरित्र और व्यवहार। तोबा, तोबा।' वे रहस्यात्मक ढंग से कहा करती थीं। श्रीमती नायडू ने इसके आगे कभी कुछ नहीं कहा। लेडी माउंटबेटेन निश्चय ही कभी बड़ी सम्मोहक थीं, पर अब उनकी गोरी चमड़ी पर वे बैंजनी चकत्ते...।

नेहरू ने अपनी टोपी उतारकर बाल गीले किए। बिल्कुल सफेद। छोटे-से शीशे में अपने को देखकर उन्होंने सोचा। उसकी उम्र क्या होगी ? अड़तीस ? पैंतालीस ? इन लंबी, दुबली औरतों के बारे में कोई अंदाज नहीं लगा सकता। बिगड़ी हुई त्वचा, कहीं ट्रॉपिकल गरमी के कारण तो ऐसी नहीं है...।

'इससे क्या फर्क पड़ता है। मेरे पास औरतों की तरफ ताकने का वक्त ही कहाँ है ?' एडविना की तरफ से ध्यान हटाने की कोशिश करते हुए, नेहरू ने अपने से कहा।

फिर उन्होंने चश्मा लगाया, एक सिगरेट सुलगाई और अपने नोट्स पढ़ने शुरू कर दिए। भारत की संक्रमणाकालीन सरकार के सिंगापुर स्थित प्रतिनिधि शेत्तूर ने अच्छा काम किया था और अगर शुरू की धक्कामुक्की और ठेलाठाली को भुलाया जा सके, तो मीटिंग बहुत बुरी नहीं रही थी। उनकी यात्रा का वास्तविक उद्देश्य एक दूसरे मसले को लेकर था। नेहरू चाहते थे कि वे सुप्रीमो को उन भारतीय अफसरों की ओर से

मध्यस्थता करने के लिए कहें जिनकी नियुक्ति नेताजी द्वारा गठित इंडियन नेशनल आर्मी में की गई थी। बड़ा वाहियात काम था : इंगलैंड के प्रति अपनी घृणा के कारण बोस ने उस गोअरिंग के प्रति निष्ठा का संकल्प किया था जिस पर न्यूरमबर्ग की अंतर्राष्ट्रीय अदालत में युद्ध अपराधों और मानवता के खिलाफ किए गए अपराधों के लिए मुकदमा चल रहा था। युद्ध के अंत के करीब बोस रहस्यमय ढंग से एक विमान दुर्घटना में लापता हो गए थे। उनके अफसर बच रहे थे। कांग्रेस ने उन्हें निर्दोष मान लिया था। लंदन और कांग्रेस पार्टी के विचार एक-दूसरे से सर्वथा विरुद्ध थे। लंदन उन पर राजद्रोह के लिए मुकदमा चला रहा था। कांग्रेस उन्हें देशभक्त मान रही थी। उनकी युक्ति हासिल करने के लिए जरूरी था कि गवर्नमेंट हाउस में डिनर के दौरान बातचीत की शुरुआत की जाए।

नेहरू की दृष्टि एक कागज पर पड़ी जो उनके आने से पहले शेत्तूर ने तैयार किया था। सिंगापुर में भारत-सरकार के प्रतिनिधि के नोट में यह खासतौर पर लिखा था कि प्रोटोकोल के प्रभारी अफसर ने कांग्रेस के अध्यक्ष की सवारी के लिए कोई सरकारी गाड़ी देने से इंकार कर दिया था।

'लेकिन सुप्रीमो तो मुझे हर जगह अपनी गाड़ी से ले गए, यह तो और भी अच्छा हुआ।' नेहरू धीरे-से हँसे। 'समय बदल रहा है — कौन सोच सकता था कि एक दिन मैं सुप्रीमो की लिमोसीन में सवारी करूँगा ? यह स्थिति बर्मा में नियुक्त डोरमा स्मिथ नाम के उस अंग्रेज की जैसी नहीं है जो आज भी मेरे साथ भूतपूर्व बंदी का जैसा बर्ताव करता है और मेरा स्वागत करने से इंकार कर देता है। यह माउंटबेटेन कुछ अलग किस्म का है। मेरे खयाल से वह (एडविना) भी...।'

उन्होंने ध्यान से अपनी फाइल में दिए गए बिन्दुओं की परीक्षा की। यह काम आसान नहीं होगा; लंदन का उन बंगाली अफसरों को रिहा करने का कोई इरादा नहीं था जो इतनी जल्दी दुश्मन से समझौता करने के कुसूरवार थे। नेहरू ने जितनी अच्छी तरह से कर सकते थे, उनकी पैरवी करने का जिम्मा लिया था। उन्होंने अपना बैरिस्टरी का पेशा भी, पेशी के समय उनकी पैरवी करने की गरज से फिर अख्तियार कर लिया था, लेकिन सब बेकार था। बंगाल और इंगलैंड के बीच लंबे समय तक, निराश प्रेम से उलझा हुआ गुस्सा बढ़ता रहा, एक लंबी चाहत जो पारस्परिक प्रशंसा और नाराजगी, दोनों से पुष्ट हुई थी। अंग्रेजों का आखिरी समय आ गया था पर उनकी ऐंठ बरकरार थी और इसका कोई अपवाद नहीं था।

'वह महिला अपनी स्वच्छ चमड़ी से महात्मा को प्रसन्न कर लेगी...', नेहरू ने अपना चश्मा उतारते हुए सोचा। 'वह कुछ-कुछ उनकी सुनहरे बालोंवाली अंग्रेज बेटी मेडलीन रूनेड से मिलती है जिसे उन्होंने काफी अप्रत्याशित रूप से बेटी बना लिया

था। बापू के मन की गहराइयों में झाँककर देखा जाए तो पता चलता है कि उन्हें पश्चिम की महिलाएँ नापसंद नहीं हैं।'

वे पैर फैलाकर जमीन पर लेट गए। फिर साँस रोककर उन्होंने पैरों को शीर्षासन के लिए सिर के ऊपर उठाने की कोशिश की, पर ऐसा करने में उन्हें सफलता नहीं मिली। 'यह लो ! मैं थक गया हूँ।'

और वे उठे। उठने में उन्हें पीड़ा हुई और वे अपनी पीठ खुजलाने लगे। 'मुझे चोट लग गई है। मुझे बूढ़े आदमी की तरह चलना पड़ेगा, शायद ठीक उस समय; जब मुझे शानदार दिखाई देना चाहिए। तुम्हें तो अच्छी तरह मालूम है, बहरहाल,' उन्होंने अपने को फटकारा, 'यह आसन बिना तैयारी के नहीं किया जा सकता ... आह ! इसके लिए सबसे अच्छी जगह जेल है। आपके पास समय के सिवा वहाँ और कुछ नहीं होता, और मुझे फिर ऐसा समय अब नहीं मिलेगा।'

उन्होंने मेज पर रखी घड़ी की तरफ देखा और ठंडी साँस ली। उनके पास कुछ देर आराम करने के लिए भी समय नहीं था। वे लेट नहीं हो सकते; सुप्रीमो के साथ ऐसी बेइज्जती नहीं की जा सकती। अपनी जाकेट के तीसरे बटन में उन्होंने जो गहरे रंग का गुलाब लगा लिया था, उसकी पंखुड़ियाँ गायब हो गई थीं, नेहरू हिचकिचाए, उनके हाथ में एक फूल था।

'समझ में नहीं आता, मैं इसे अपने बटनहोल में क्यों लगाता हूँ,' उन्होंने सोचा, 'मैं आज शाम को इसे लगाऊँ या नहीं ? इसे रहने दो। इसे मेरे दिल के पास अपनी छोटी-सी जिंदगी को समाप्त करने दो।'

और फिर उन्होंने अपने बटनहोल में लगे फूल की जगह दूसरा फूल लगा लिया।

डिनर में अभी एक घंटे का समय बाकी था। जैसा कि अक्सर भागदौड़ के हर मौके के बाद होता था, आज भी एडविना को थकान महसूस हो रही थी। उसे भगदड़ के दौरान वास्तव में डर नहीं लगा था; उसे कभी खतरे का एहसास नहीं होता था। लेकिन हर बार परीक्षा की घड़ी बीत जाने के बाद, परिणाम में उसे अपनी अस्तित्वहीनता की अनुभूति होती थी। अचानक एक अजीब-सी थकान अनस्तित्व और गर्व के मिलेजुले एहसास से पैदा होकर उसे एकदम तोड़कर रख देती थी। वह अपने को घसीटकर हेयरपिन निकालने के लिए ड्रेसिंग टेबिल तक पहुँची।

उसने शीशे में अपना लाल चेहरा देखा। उसके माथे का चकत्ता फैलकर गालों तक आ गया था। उसके पसीजे हुए बाल एक तरफ लटके थे और आँखों के नीचे बड़े-बड़े काले घेरे बन गए थे।

'मैंने कल से एक ड्रिंक तक नहीं लिया,' उसने परेशान होकर सोचा, या खुदा,

उस भारतीय पंडित ने क्या सोचा होगा ? मैं तो डरावनी लग रही हूँ। और मेरा सिरदर्द बढ़ना शुरू हो गया है — आज शाम की भीड़ कितनी प्रचंड हो गई थी। क्रोध और उल्लास में आखिर फ़र्क क्या है। उन्होंने अनजाने में ही मुझे कुचलकर रख दिया होता ...।'

उसने एक ऐसे गाँव की कल्पना करने की कोशिश की जिसमें आग लगी हो, उसकी औरतें भयभीत हों, मुँह फाड़े हुए वे आतंक से जड़ होकर रह गई हों, लपटें उठ रही हों, बच्चे आघातों से नीचे गिर पड़े हों, चारों तरफ खून, कुल्हाड़े, चाकू और चीख-पुकार मची हो। लेकिन उसकी कल्पना में लंदन के ऊपर उड़ते बम गिरानेवाले जहाजों की भनभनाहट और फटने से पहले बमों की सीटी की-सी आवाज के अलावा कुछ नहीं आ सका।

ठंडी साँस लेकर उसने अपनी पोशाक उतारकर कपड़ों की आलमारी खोली। एक क्षण सोचकर उसने यांत्रिक ढंग से एक लंबी, सफेद सादी-सी पोशाक निकाली। उसका सिर दर्द बढ़ रहा था। यह डिनर एक दुःस्वप्न की तरह होगा — उसने सोचा।

'यह ढोंग आखिर किसलिए ?' वह अपने बाल बनाती जा रही थी और अपने आप बड़बड़ा रही थी। 'कौन यकीन करेगा कि अभी-अभी एक विश्वयुद्ध समाप्त हुआ है ? क्या सचमुच कोई इस बात का यकीन कर सकता है कि फिर से शांति स्थापित हो गई है ?'

किसी ने दरवाजा खटखटाया। मेजर डोमो ने सूचना दी कि मेहमान तशरीफ ला चुके हैं। दोनों आदमी हॉल में उसका इंतजार कर रहे हैं। उसे वहाँ पहुँचना है।

एडविना ने भारी दरवाजे को धक्के से खोलकर वहाँ प्रवेश किया। लॉर्ड लुई और नेहरू दोनों सोफे पर बैठे थे। मद्धिम रोशनी में दोनों ने नजर घुमाकर उसकी तरफ बड़ी गर्मजोशी से देखा। नेहरू उछलकर खड़े हो गए। उन्होंने दोनों हाथ जोड़कर झुककर उसका अभिवादन किया :

'आपके प्रति सम्मान व्यक्त करते हुए मैं बेहद खुशी का अनुभव कर रहा हूँ।' उन्होंने अतिरिक्त उत्साह के साथ कहा।

एडविना ने कुछ संकोच-सा करते हुए अपने हाथ की उँगलियाँ उनकी तरफ बढ़ा दीं। नेहरू मुस्कुराए, उसका हाथ पकड़कर बड़ी गर्मजोशी से उन्होंने हाथ मिलाया। लेकिन वह सोच रही थी कि क्या वे उसका हाथ चूमेंगे ? ये अभिमानी मेम साहिबाएँ ...

एडविना ने अचानक अपना हाथ खींच लिया जैसे उन्होंने उसका अपमान कर दिया हो।

वह नमस्ते करना भूल गई थी, पर ऐसा कैसे हो सकता था, जबकि भारत की यात्राएँ

करते समय उसने लोगों को इतनी बार नमस्ते की थी।

'माई डियर, मुझे इस बात की इजाज़त दो कि मैं एशियन रिलेशंस कॉन्फ्रेंस के अध्यक्ष, इंडियन कांग्रेस पार्टी के मशहूर नेता से तुम्हारा औपचारिक रूप से परिचय करा दूँ,' लॉर्ड लुई ने गंभीरता से कहा। कुछ ही देर पहले तुम्हारा उनसे परिचय हुआ ही था — कैसी अजीब स्थिति में ! साहस कायम रहने के कारण ही हमें अपना बचाव करने में मदद मिली...।

एक बैरा ट्रे और ड्रिंक्स लेकर भीतर आया। नेहरू ने बिना किसी संकोच के एक गिलास पानी ले लिया।

'जनाब, जैसा आपको मालूम है, हम भारतीयों को भीड़ की आदत है,' नेहरू ने कुछ व्यंग से कहा। 'भारत में इनके उत्साह की कोई सीमा नहीं होती, मैं इन स्थितियों से इसलिए निबट लेता हूँ, क्योंकि मुझे अक्सर इनका सामना करना पड़ा है।'

नेहरू ने बड़े मजे से जबान उलटकर 'र' वर्ण का उच्चारण किया, पर उन्होंने सिर नहीं हिलाया। उनकी अंग्रेजी बेहद शुद्ध थी और उनकी मधुर आवाज में हलका-सा स्त्रियोचित लहजा था। एडविना ने सुखद आश्चर्य से उनके सफेद रंग के ढीले कुरते, रॉ सिल्क की वास्कट, ढीले पाजामे और मोटे पट्टेवाली काली सैंडिलों को देखा और उसे अपनी लंबी पोशाक कुछ अजीब लगने लगी।

'मुसलमानों के साथ स्थिति कैसी है, अध्यक्ष महोदय ?' लॉर्ड लुई ने बात शुरू की।

'खराब है जनाब,' नेहरू ने उदासी के साथ उत्तर दिया। बिहार में दंगे हो चुके हैं, और कलकत्ता और बंबई में भी आग लगी हुई है। खासकर कलकत्ता में। मिस्टर जिन्ना जो अपनी मुस्लिम लीग के साथ भारत के तमाम मुसलमानों का प्रतिनिधित्व करने का दावा करते हैं, वे कांग्रेस के मुसलमानों को उसमें शामिल करने से इंकार करते हैं। वे अपने लिए ऐसे देश का सपना देख रहे हैं जो विशुद्ध हो। उनका पाकिस्तान हिंदुओं के बगैर इस विशुद्धता को प्राप्त करेगा। मिस्टर जिन्ना पागल हो गए हैं।'

'हमने मुस्लिम लीग के नेता से बड़े विस्तार से बातचीत की है मिस्टर नेहरू।' लॉर्ड लुई ने तल्खी से कहा।

नेहरू ने भौंहें चढ़ाकर, माउंटबेटेन की आँखों में आँखें डालकर देखा। 'निश्चित रूप से' उन्होंने दाँत भींचकर कहा, 'उस वक्त हम लोग यानी कांग्रेस के योद्धा, आपकी सरकार के आदेश पर आपके साम्राज्य के जेलखानों में बंद थे। 1942 से, अब तक, चार साल के अच्छे खासे समय के बीच मिस्टर जिन्ना जो स्वतंत्र थे, समझते थे कि उनके पास विशेषाधिकार हैं और लंदन से उन्हें प्रोत्साहन मिल रहा था। इंगलैंड के कारण खून की नदियाँ बहेंगी, जनाब।'

एडविना इस बहस को समझने की कोशिश कर रही थी। लॉर्ड लुई अपने मेहमान

के सहसा क्रोधित हो जाने से हक्का-बक्का हो गए। उन्होंने अपना सिर झुका लिया और अपनी घड़ी से छेड़छाड़ करनी शुरू कर दी। नेहरू का चेहरा गुस्से से थरथरा रहा था। वे अपनी कुर्सी के किनारे पर बैठे थे। भारत और 'राज' के बीच जख्म भरने अभी बाकी थे।

मोहम्मद अली जिन्ना के बारे में एडविना की जानकारी से जो बिंब बनता था वह डबल ब्रेस्ट सूट और मोनोकल पहने, हाथ में छड़ी लिए एक सुरुचिसम्पन्न नेता का था। लंदन के लिए वह एक आदर्श, लेकिन रूखा साझेदार था जिसे चर्चिल उसके पूरी तरह ब्रिटिश मिजाज और एकदम दुरुस्त सूटों के कारण पसंद करते थे। जहाँ तक उसके विरोधी कुरता और वास्कट पहननेवाले इस नेहरू का सवाल था, सदियों की उदासीनता ने उसे मृदु बना दिया था, क्योंकि सोफे पर बैठे हुए उसने आवाज ऊँची नहीं की। वह क्या सचमुच एक महत्वपूर्ण व्यक्ति था ?

'आपने जेल में कितना समय गुजारा, मिस्टर नेहरू ?' एडविना ने अचानक टोक कर पूछा। उसकी साफ आवाज ने सन्नाटे को ऐसे भंग किया, जैसे किसी ने तालाब में कंकड़ फेंक दिया हो। लॉर्ड लुई ने फर्श पर टहलना शुरू कर दिया।

नेहरू ने उसकी तरफ मुँह घुमाकर कुछ आश्चर्यमिश्रित उपेक्षा के भाव से देखा। उसने उनकी तरफ चपल मुस्कान फेंकी।

'नौ साल से कुछ ऊपर मैडम। आठ बार की गिरफ्तारी में, अपनी जिंदगी के एक सौ तीन महीने।'

हे ईश्वर' — एडविना ने आश्चर्य से कहा। 'पर जेल में सारे वक्त कोई क्या करे ?'

'एडविना,' लॉर्ड लुई ने चिढ़कर कहा।

'रहने दीजिए !' नेहरू धीरे-से बोले, 'आपके देशवासी तो यह सवाल पूछने की परवाह भी नहीं करेंगे। मैंने क्या किया ? मैंने एक बड़ी-सी किताब लिखी, मैंने फ्रेंच और फारसी सीखी, मैंने खूब किताबें पढ़ीं... आह ! और इसके अलावा मैडम, मैंने बीस हजार मीटर सूत काता — अपने योद्धा के चरखे पर।'

'सूत काता ? सचमुच।' एडविना ने संकोच से पूछा।

'उस तरह नहीं जिस तरह आपके देश की महिलाएँ कातती हैं मैडम,' नेहरू मुस्कुराए, 'बल्कि अपने महात्मा की तरह। बिना चरखे के तो मैं पागल हो जाता, क्योंकि मुझे नीले आसमान और सूरज की रोशनी से तो महरूम कर दिया गया था।'

लॉर्ड लुई स्थिर खड़े थे। नेहरू का स्वर कोमल हो आया।

'आपने बहुत तकलीफ झेली है', एडविना बोली।

'नहीं', अपना हाथ जैसे आश्वस्त करने की मुद्रा में उसकी तरफ उठाकर नेहरू

बोले, 'गोकि जेल कष्टकर था फिर भी हम जेल को अपना स्वर्ग कहते थे; गाँधी यही चाहते थे। इस कथन में भले ही अतिशयोक्ति थी। लेकिन जेल की अपनी खुशियाँ भी थीं मैडम। मैंने सोचना सीखा, सपने देखने सीखे; मैंने कविताएँ सुनाईं — मैंने भूख और गर्मी झेली, मच्छर और मलेरिया बर्दाश्त किया, लेकिन मैडम, इस सबसे ज्यादा तकलीफ मुझे इस बात की थी कि मैं वह छोटा-सा चंदोवा नहीं देख पाता था जिसे बंदी आसमान कहते थे।'

'आपको कविता का भी शौक है,' एडविना ने प्रशंसा के भाव से कहा, 'और आपने गाँधी के पक्ष में समर्पण कब किया था ?'

नेहरू के चेहरे पर श्यामल छाया आ गई।

उन्होंने गंभीर स्वर में कहा, 'जब बिना किसी कारण एक अंग्रेज अफसर ने निहत्थे आंदोलनकारियों की भीड़ पर गोली चलवा दी थी। आपको याद है मैडम ? 1919 में सैकड़ों लोग मारे गए थे।'

'अमृतसर के जलियाँवाला बाग में ...' एडविना ने याद किया।

'मैं वहाँ कुछ बाद में गया था। मैंने बंदूक से निकली एक गोली उठाई थी, ऐंठे हुए लोहे का एक टुकड़ा, जो अब भी मेरे पास है। दीवारों पर खून के धब्बे अभी तक दिखाई पड़ते हैं। वह बाग ऊँची चहारदीवारी से घिरा था। निकलने का रास्ता ही नहीं था।'

'लेकिन जनरल डायर पर मुकदमा चला था मिस्टर नेहरू,' लॉर्ड माउंटबेटेन बीच में बोले। 'उसे सैनिक-अदालत के सामने पेश किया गया था।'

'और उसका हुआ क्या ? वह मजे से दिन गुजार रहा है; भारत में रहनेवाले अंग्रेजों के चंदे से बँधी पेंशन के सहारे !' नेहरू नाराजगी से बोले। 'आप देख नहीं रहे कि वह आदमी भयानक अपराधी है ? जब मैं अमृतसर से चला तो मैं रात की गाड़ी के एक डिब्बे में सवार हुआ, तब मैंने एक आदमी को इस बात की शेखी बघारते सुना कि उसने देशी लोगों को बंद गली में घेर लिया था। वह अपने-आपको (उसी के शब्दों में); नजीर कायम करने के लिए बधाई दे रहा था। वह इस बात से खुश हो रहा था कि उसने सजा देने के लिए हिंदुस्तानियों को किनारे की पटरियों पर घुटनों के बल रेंगने के लिए मजबूर कर दिया था। किसलिए ? हिंदुस्तानी होने के कारण ? उसने अपनी भावनाएँ छिपाई भी नहीं...।'

'मैं यह स्वीकार करता हूँ ...' लॉर्ड लुई ने कहा।

'... और जब गाड़ी दिल्ली स्टेशन पर पहुँची तो वह आदमी जो जनरल डायर ही था, आराम से गुलाबी धारीवाला पजामा पहने उतरा और कुलियों से गाली-गलौज करने लगा। उसके बाद मैंने एक सेकेंड के लिए भी संकोच नहीं किया; मैं फौरन उस व्यक्ति

के साथ हो गया जिसे टैगोर, पहले ही 'महात्मा' नाम दे चुके थे।'

'आपने ऐसा करके बिल्कुल ठीक किया,' एडविना ने सहज ढंग से कह दिया।

लॉर्ड लुई की त्यौरी चढ़ गई और वे घबराहट में अपनी कुर्सी के हत्थे को थपथपाने लगे। नेहरू के होंठों पर मुस्कुराहट खेलने लगी।

'अब हम जलियाँवाला के बारे में और चर्चा नहीं करेंगे,' नेहरू ने सिगरेट सुलगाते हुए जल्दी से कहा। 'इस समय एक ही खतरा है जिसका कोई अर्थ है। जिस समय हम लोग जेल में थे उस समय जिन्ना और मुस्लिम लीग की साजिशों को खुली छूट देकर इस खतरे को इंगलैंड ने ही भड़काया है।'

लॉर्ड लुई को संकोच होने लगा।

'मिस्टर गाँधी चाहते थे कि हम भारत को फौरन छोड़ दें,' उन्होंने धीमे-से उत्तर दिया। '1942 में उन्होंने कहा : 'भारत छोड़ो' यह अव्यावहारिक बात थी। मिस्टर नेहरू, लड़ाई के बीच ऐसी बातें भड़कानेवाली थीं। लेकिन अब लड़ाई खत्म हो गई है; आपको आपके मित्रों के साथ छोड़ दिया गया है, और कांग्रेस के नेता लोग अब आगे हमारे साथ एक नई विश्व-व्यवस्था कायम करने की दिशा में काम कर सकते हैं। हमारे प्रधानमंत्री नए हैं। आप जानते हैं कि मिस्टर एटली आपके देश की स्वतंत्रता किस कदर चाहते हैं। मुझे यकीन है कि आपके साथ समझौता करके हम लोग भारत छोड़ देंगे।'

'लेकिन विभाजन की लपटों को और भड़काना नहीं चाहिए,' नेहरू ने जोर दिया।

'अब देखिए,' लॉर्ड लुई ने धैर्यपूर्वक कहा, 'आप एक स्वायत्त सरकार के बारे में फिर से बातचीत करना चाहते हैं न ? हम लोग जल्दी ही लॉर्ड वेवल की सदारत में एक राष्ट्रीय कॉन्फ्रेंस का आयोजन करेंगे; मुझे इस बात में बिल्कुल संदेह नहीं है कि वायसराय इस बात की हर चंद कोशिश करेंगे कि यह अच्छी तरह संपन्न हो। लेकिन मिस्टर जिन्ना से समझौता आप लोगों को करना होगा। वह लंदन की जिम्मेदारी नहीं है। महात्मा का इस बारे में क्या कहना है ?'

नेहरू अपनी सिगरेट के धुएँ पर नजर गड़ाए रहे। उत्तर देने में वे संकोच कर रहे थे।

'हाँ,' हमें बताइए कि इस बारे में महात्मा क्या सोचते हैं ?' मुस्कुराते हुए एडविना ने बात में दखल दिया।

नेहरू फौरन उसकी तरफ मुखातिब हुए।

'गाँधीजी हमारे और मुस्लिम लीग के बीच किसी तरह का झगड़ा नहीं चाहते, मैडम।'

'इसका क्या मतलब है नेहरू ?' लॉर्ड लुई परेशानी से बीच में बोल पड़े। 'महात्मा की मदद के बिना...'

'ओह, निश्चिंत रहें ! हमारे महात्मा में अब भी अपनी सारी क्षमताओं का पूरा उपयोग

करने की सामर्थ्य है।' 'सारी क्षमताओं का' उन्होंने अपनी मुस्कुराहट रोककर दोहराया। 'उनमें अदम्य ऊर्जा है, उनके विचारों की ही तरह। ऐसे बिंदु तक जहाँ... ' कहते-कहते नेहरू अचानक रुक गए।

'ओह, तो ऐसा है,' लॉर्ड लुई ने बात पूरी की, 'पर मिस्टर जिन्ना से तो अब उनका कोई संपर्क नहीं है। मेरी बात ठीक है ? उन्हें अपने मतभेदों को दूर करने के लिए राजी करना चाहिए।'

'वह जरूरी नहीं है,' नेहरू ने अपना सिर हिलाते हुए कहा, 'क्योंकि मुस्लिम लीग के साथ मेल-मिलाप करने के लिए गाँधी खुद बहुत उत्सुक हैं। बाधा तो जिन्ना की तरफ से है। वे कोई संवाद नहीं करना चाहते। आपको मालूम है कि इस बात के लिए महात्मा हमेशा तैयार हैं।'

'और उनकी सेहत ?' एडविना ने नम्रता से पूछा।

'अपने पिछले उपवास के बावजूद एकदम स्वस्थ। गाँधीजी तो चढ़ान की तरह हैं। देश को तुष्ट रखने के लिए वे धर्मग्रंथों को साथ लेकर गाँव-गाँव घूमते हैं। ईसा मसीह के उपदेशों को, कुरान को... और भगवद्‌गीता, वह आध्यात्मिक गान। आपको आश्चर्य हो रहा है।'

'हाँ, ऐसा ही है...' एडविना ने कुछ चकराकर कहा। 'मैं सोचती थी कि मैं आपके देश को जानती हूँ मिस्टर नेहरू, लेकिन मुझे उसके बारे में बहुत कुछ सीखना है।'

'कौन जानता है, मैडम ? शायद मुझे आपको कभी अपना देश दिखाने का मौका मिले ? लेकिन मैं उस भारतीय देशभक्त सुभाषचन्द्र बोस के बारे में भी बात करना चाहता हूँ। उनकी सेना के मुस्लिम सैनिकों को अपराधी ठहराने के कारण ही कलकत्ता उत्तेजित हो गया है, और वे दंगे...', उन्होंने माउंटबेटेन की तरफ घूमकर कहा।

'ठहरिए, जनाब,' लॉर्ड माउंटबेटेन बड़े शांत स्वर में बोले। 'आप जानते हैं कि सिवा इस राजद्रोही के उल्लेख के सिवा जिसे आप देशभक्त कहते हैं, मैंने सिंगापुर में आपके कार्यक्रम पर कोई प्रतिबंध नहीं लगाया। डार्लिंग, मेहरबानी करके तुम एक मिनट के लिए हमें अकेला छोड़ दो।'

एडविना बेमन से उठी। महात्मा का बिम्ब सहसा उसके मन में झलका — चिड़िया जैसे सिर के दोनों तरफ खड़े कान, पोपली मुस्कान, साफ धोती और लंबी गठीली टाँगें — ठीक वैसे ही जैसे वे सारी दुनिया में बिखरे अपने असंख्य चित्रों में दिखाई पड़ते हैं। जब नेहरू में उसकी दिलचस्पी पैदा होने लगी थी, ठीक उसी वक्त उससे जाने के लिए क्यों कहा जा रहा है ?

'अच्छा, नेहरू, चली,' उसने सकुचाते हुए कहा, 'मुझे उम्मीद है कि हम लोगों में अच्छी मित्रता हो जाएगी।'

बेशक। क्या मैं आपको एडविना कहकर पुकार सकता हूँ ?' नेहरू ने उत्तर देते हुए सुप्रीमो की तरफ उनकी इजाजत के लिए देखा।

'आप ऐसा कर सकते हैं। हमारे सामने कठिन समय आनेवाला है। मित्रों से ऐसे में हमेशा मदद मिलती है।' लॉर्ड लुई ने कहा। उन्होंने पत्नी की तरफ जो चिड़चिड़ाई नजर फेंकी थी, उस पर परदा डालने की कोशिश कर रहे थे।

एडविना ने हाथ जोड़े और एकदम सीधी होकर उस ढीले कुरतेवाले आदमी के सामने खड़ी हो गई। उन्होंने प्रत्युत्तर में झुककर उस पर गहरी नजर डाली। उनके चेहरे पर बड़ा हार्दिक और अद्भुत भाव था। संगमरमर-जैसा वर्ण और उनके थरथराते होंठों में भावप्रवणता छलक रही थी। लेकिन यह किसान का-सा रूप! एडविना ने सोचा।

अचानक उसकी नजर उनकी अचकन में लगे लाल गुलाब पर पड़ी। रूप-रंग किसान का-सा ? या बुद्धिजीवी का-सा ? एडविना सीढ़ियों पर चढ़ते हुए मन ही मन सोच रही थी कि नेहरू के रूप-रंग की व्याख्या कैसे की जा सकती है ? बेढंगे ? नहीं, उनकी स्वाभाविक मुद्राओं की आलोचना नहीं की जा सकती। भयभीत ? नहीं, क्योंकि वे एक स्वतंत्र व्यक्ति के आत्मविश्वास के साथ बात कर रहे थे। विनम्र ? वे तो उलटे अभिमानी और प्रतिरोधी थे, हाँ, प्रतिरोध से भरे हुए। जेल में कई साल गुजारने के कारण, शायद ?

जेल ! निस्संदेह वही कारण है। उनके अंतरिक्ष में खो जाने की वह मुद्रा ! वह... हाँ, और वह साहस।

'लेकिन उन्हें सुदर्शन नहीं कहा जा सकता, क्योंकि उनके सिर पर बाल नहीं हैं,' एडविना ने अपने बेडरूम में घुसते हुए खेदपूर्वक सोचा। 'सौभाग्य से वह गुलाब तो है।'

जैसे ही उसने दरवाजा बंद किया, सिरदर्द ने उसे फिर धर पकड़ा।

लॉर्ड लुई ने अचानक दरवाजा खोलते हुए कहा, 'माइ डियर, तुम्हें इस बात की जानकारी होनी चाहिए कि नेहरू असली पंडित है। डिनर की मेज पर जाने से पहले तुमसे आकर बात करने के लिए मैं बहाना बनाकर आया हूँ कि मैं कुछ भूल गया। तुम्हें पता है कि पंडित होने का क्या मतलब है, एक बहुत जानकार आदमी, एक विद्वान। तुम उन्हें उनके कुलनाम से बिल्कुल संबोधित नहीं करना। नेहरूजी कहना सरासर पागलपन होगा। चाहो तो तुम उन्हें पंडितजी कह सकती हो। पर नेहरूजी कभी नहीं !'

लॉर्ड लुई अपनी बाँह के बटन गिन रहे थे। वे बड़े सख्त, सतर्क, व्यवस्थित और बेचैन व्यक्ति थे।

'डिकी, कितनी गरमी है — मेरे सिर में भी दर्द है' — एडविना ने कराहकर कहा।

'तुम्हें हमेशा सिर-दर्द रहता है डार्लिंग। और याद रहे तुम नेहरू को उनके पदनाम

से संबोधित करोगी,' लॉर्ड लुई ने फटकारकर कहा।

'लेकिन डिकी, मुझे मालूम है कि पंडित क्या होता है ... और उनका पहला नाम क्या है ?'

'जवारलाल। ठहरो ! नहीं जवाहलाल। मैं ठीक उच्चारण नहीं कर पा रहा हूँ।'

'तुमने क्या कहा ?'

'मुझे चेक करने दो...' अपनी जेब से कागज का एक पुर्जा निकालते हुए वे बोले।

'हर...लाल, एक र और एक ल के साथ जा-वा-हर-लाल। मैं तुम्हें पहला नाम लेने की सलाह नहीं दूँगा। वह तुम्हारे बस का नहीं है।'

'मैं बस उन्हें जवाहर कहूँगी,' एडविना ने उठते हुए कहा।

'इसके अलावा डिनर के बाद कुछ ही देर में वे चले जाएँगे। संभवत: उनसे हमारा फिर मिलना नहीं ही होगा।'

लॉर्ड लुई ने उसे धीरे-से दरवाजे की तरफ धकेला।

'डार्लिंग, ध्यान रखना। इस आदमी को चौंकाना नहीं, हमारे किसी भी भारतीय मित्र को नहीं।'

'मुझ पर कुछ तो भरोसा रखो, डिकी,' एडविना ने रुष्ट होकर कहा। 'एक बात और। वे जिस सुभाषचंद्र बोस के बारे में कह रहे थे, वह वही आदमी तो नहीं है जो गोअरिंग के साथ एकजुट हो गया था और जिसे ये लोग नेताजी कहते हैं ?'

'गोअरिंग के साथ एकजुट होना। यह और भी खराब बात है...' लॉर्ड लुई जोर से बोले। 'वह तो महात्मा का शिष्य था। उसने संयुक्त राज्य की तुलना में थर्ड रीच का साथ दिया, और फिर जापान का और जब हमने उसके साथियों को अपराधी ठहराया तो उसकी जन्मभूमि बंगाल में दंगा हो गया। कम-से-कम कांग्रेस के साथ हमें ऐसी संदिग्ध स्थितियों का सामना तो नहीं करना पड़ा; बूढ़े आदमी में कम-से-कम सही खेमे को चुनने की समझ तो थी — अपनी जेल के अंदर से भी।'

'और नेहरू ?'

'वे अपनी जेल की कोठरी के भीतर से विश्वयुद्ध को बहुत ठीक-ठीक नहीं समझ सके ...' माउंटबेटेन ने उदारतापूर्वक कहा, 'क्या तुम कल्पना कर सकती हो, कि मुकदमे के दौरान उन्होंने खुद उन भारतीय सैनिकों की पैरवी करने की जिद की जो इस मामले में जोखिम में पड़े थे।'

'वे लंदन की वार के वकील हैं न ?'

'जाहिर है। गाँधी की तरह। नेहरू इंगलैंड को खूब जानते हैं। वे भी वहीं पढ़े हैं — कैम्ब्रिज और ऑक्सफ़र्ड में ...। लेकिन किसी दूसरे भारतीय नेता में नेहरू की जैसी जानकारी और काबलियत नहीं है। वह देखने में लगते नहीं हैं, पर वे बहुत हद तक

ब्रिटिश हैं।'

'हाँ,' एडविना ने फौरन रजामंदी जाहिर की, गोकि वह यह नहीं बता सकती थी कि उसे भी ऐसा क्यों महसूस होता है। इस आदमी में कुछ ऐसा है जो बहुत सुपरिचित लगता है। उसके होंठों की मांसलता, उसकी भंगिमाओं की सहजता, उसके नाक-नक्श की बारीकी, उसकी आँखें जो सामनेवाले की आँखों में गहरे डूब जाती हैं — यह सब भारतीय है। लेकिन यह कुछ अतिरिक्त-सा शिष्टाचार, यह नजर न आनेवाली दूरी, यह था इंगलैंड। यह इंगलैंड था या इंगलैंड के विरुद्ध भारतीय विद्रोह ? और नेहरू की ज़िंदगी में महिला कौन थी ?

'मुझे यह आदमी रहस्यमय लगता है,' लॉर्ड माउंटबेटेन ने बात जारी रखी। 'स्नेही, शिष्ट, बुद्धिमान ...।'

'लेकिन उसकी चाहत्व भारत की देन है,' एडविना ने सोचा। उसकी सुरुचि-सम्पन्नता ! उसे उस सीधे-सादे गुलाब का ध्यान आया जो नेहरू के बटनहोल की शोभा बढ़ाता है ... डबल ब्रेस्ट के सूट और साफ वर्दियों में डिकी हमेशा सुरुचिसम्पन्न लगता है, पर उबाऊ ढंग से।

'हाँ, तो फिर तुम आ रही हो ? जाहिर है, कि तुम देरी के लिए क्षमायाचना करोगी।' लॉर्ड लुई ने अपने अलंकरण चेक किए। स्वभावत: कहीं कोई कोर-कसर नहीं थी। एडविना ने अपने बाल सँवारे।

'मुझे बताओ कि उनकी पत्नी कैसी है ?' उसने अचानक पूछा।

'कौन ? हाँ, उनकी एक बेटी है इंदिरा, जिसे वे बहुत प्यार करते हैं; उन दोनों ने लड़ाई का एक हिस्सा जेल में गुजारा और जहाँ तक मेरा खयाल है, उनके दामाद ने भी। जहाँ तक उनकी शादी का सवाल है ... लंबे समय से नेहरू विधुर हैं। मैंने सुना है कि उनकी पत्नी की मृत्यु तपेदिक से हुई थी।'

'अब मेरी समझ में आया,' एडविना बोली।

'क्या समझ में आया ?'

'कुछ नहीं, उनका अकेलापन,' वह बुदबुदाई।

कलकत्ते का खूनी सबक

लंदन, 17 मई 1946

प्रधानमंत्री, क्लीमेंट एटली ने, भारतीय नेताओं से होनेवाली बातचीत के संदर्भ में, संसद

में अपना भाषण खत्म किया।

मार्च और अप्रैल में क्रिप्स मिशन दिल्ली गया था। उसके निश्चित लक्ष्य थे — नए भारत को अपनी स्थिति स्पष्ट करने में मदद करने के लिए सही प्रक्रियाओं की तलाश करना, एक नई संविधान सभा का प्रस्ताव तैयार करना, विभिन्न पार्टियों और धार्मिक समुदायों के बीच मतभेदों को दूर करना और अंततः यह सुनिश्चित करना कि भारत राष्ट्रमंडल में बना रहे। अपनी तरफ से ब्रिटिश सिद्धान्ततः ये मानकर चले थे कि भारत के मुसलमानों का प्रतिनिधित्व सिर्फ मुस्लिम लीग करेगी। इसी निर्णायक मुद्दे पर आकर पिछले साल की ही तरह शिमले में होनेवाली बातचीत अटक गई थी और कोई नतीजा नहीं निकल पाया था। कांग्रेस पार्टी में सभी धर्मों के प्रतिनिधि थे जिनमें मुसलमान भी शामिल थे, जिन्हें मंत्रिमंडल ने नजरअंदाज कर दिया था। मई महीने के शुरू में ही वायसराय लॉर्ड वेवल ने कॉन्फ्रेंस को हार मानते हुए समाप्त कर दिया।

हाउस ऑफ कॉमन्स में हरे चमड़े के बेंच पर बैठे चर्चिल, प्रेस की कतरनों को, नाक पर चश्मा चढ़ाए व्याकुलता से पढ़ रहे थे। उनमें भारतवासियों के प्रति भारत के वायसराय की अपील का मूल पाठ था जिसमें उन्होंने यह आह्वान किया था कि वे खुद अपनी स्वाधीनता की प्रक्रिया और राष्ट्रमंडल में बने रहने के लिए जनमत का चुनाव करें। सरकारी मिशन के चीफ लॉर्ड पेथिक लारेंस की प्रेस-कॉन्फ्रेंस की रिपोर्ट थी जिन्होंने एक महीने तक कांग्रेस पार्टी और मुस्लिम लीग के बीच समझौता कराने की असफल कोशिश की थी। शिमला कॉन्फ्रेंस में अनेक नेता एकत्र किए गए थे जिनमें नेहरू और जिन्ना तो थे ही, सिख समुदाय की ओर से बलदेव सिंह भी शामिल थे। इनमें से किसी ने महात्मा के उपदेशों की परवाह नहीं की थी। अंतरिम सरकार के अध्यक्ष और मुस्लिम लीग के नेता के बीच कोई समझौता संभव नहीं हो सका था। नेहरू और जिन्ना दोनों एक-दूसरे से नफ़रत करते थे और उनमें से कोई झुकने को तैयार नहीं था।

'यहाँ से वहाँ तक असफलता ही असफलता,' चर्चिल अपने आपसे भुनभुनाए। 'जिन्ना और नेहरू में अभी कोई समझौता नहीं हो सकता। नेहरू उस अधनंगे फकीर, अभिशप्त गाँधी के मुँह से निकले हर शब्द को पकड़कर लटक जाते हैं। ओह ! हिंदुस्तान को आजादी तो मिलेगी, लेकिन खून की नदियाँ बहेंगी। जिम्मेदारी हम पर आएगी और वह हमारी होगी भी। हमें स्वाधीनता के लिए दरवाजे अभी नहीं खोलने चाहिए थे।' अब उनके बोलने की बारी थी। उसने तकलीफ से अपने विशाल आकार को उठाया और पूरी खामोशी के माहौल में अपना भाषण आरंभ किया।

'हमारे सामने जो विस्तृत ब्यौरेवार प्रस्ताव हैं उन पर हममें से किसी के लिए भी

विस्तार से टिप्पणी करने की कोशिश करना मूर्खता होगी। प्रधानमंत्री ने इसकी एक प्रति मेरे पास शिष्टाचारवश कल रात को ही भेज दी थी। गोकि मैंने अल्ल सुबह के वक्त इसे ध्यान से पढ़ा था, मैं इस वक्त अपने-आपको किसी बात से बाँधने के लिए तैयार नहीं कर पा रहा हूँ। मैं बहुत सामान्य रूप से ही कुछ टिप्पणी कर सकूँगा।'

कंजर्वेटिव पार्टी के बेंचों से उसके कानों में कुछ अनुमोदन की बड़बड़ाहट सुनाई पड़ी। ठोड़ी उठाए, नीचे से काँपते होंठ के साथ चर्चिल को यह अंदाज हो गया कि इस समय वह जो कुछ भी कहेगा, वह भविष्यवाणी होगी।

'हमारे सामने वास्तविकता यह है, जिसको अभी प्रधानमंत्री ने दोहराया भी है कि किसी प्रकार का समझौता नहीं हुआ है।' अपनी शक्तिशाली आवाज में उन्होंने अपनी बात जारी रखी — 'कोई भी उस लगन और ईमानदारी पर संदेह नहीं करेगा जिससे केन्द्रीय मंत्रिमंडल के मंत्रियों और वायसराय ने भारतीय मतभेद का हल निकालने की जीतोड़ कोशिश की है। उन्होंने जिस उत्साह से काम को अंजाम दिया, वह और किसी साम्राज्य को पाने के लिए किया जाता तो सहज होता, दे देने के लिए नहीं। लेकिन उन्हें सफलता नहीं मिली, गोकि इसमें उनका कोई कसूर नहीं था। इस तथ्य से इस पूरे देश को ही नहीं पूरे विश्व को भारतीय मामलों के बारे में शिक्षा लेनी चाहिए। इस बातचीत के दौरान यह बात पूरी तरह साफ होती चली गई कि लक्ष्य स्वतंत्र उपनिवेश की हैसियत देना नहीं, बल्कि सीधे-सीधे तुरंत स्वाधीनता प्रदान करना था। मैं नहीं कह सकता कि इस सदन ने इस छोटे रास्ते को अपनाने के नतीजों को पूरी तरह समझा है या नहीं। भारत के अल्पसंख्यकों के प्रति भी हमारी कुछ जिम्मेदारी है, खासकर 90 लाख मुसलमानों के प्रति जो भारतीय उप-महाद्वीप की जातियों में सबसे लड़ाकू और विकट जाति है। इसके अलावा 6 करोड़ अछूतों के और भारत की रियासतों के प्रति भी।'

भारतीय मामलों के अवर-सचिव ऑर्थर हेन्डर्सन का लगभग कंठावरोध हो गया। कुछ ही दिन पहले, उन्होंने 1941 में किए गए सर्वेक्षण के आधार पर मुसलमानों की संख्या का निश्चित उल्लेख किया था — सिर्फ 80 लाख। लेकिन जैसे ही वृद्ध नेता ने अपनी बात खत्म की, उसे लगा कि उनकी बात ठीक है। दस लाख इधर या उधर। 'इसके अलावा इस बात से फर्क क्या पड़ता है,' ऑर्थर हेन्डर्सन ने परेशान होकर सोचा, 'वे लोग एक-दूसरे का कत्लेआम करेंगे ही — तब एक, दो, पाँच या दस लाख कम हों या ज्यादा, क्या इससे कोई अंतर पड़ेगा ? उन्होंने तो आपसी मारकाट का सिलसिला शुरू कर ही दिया है।'

महामहिम के विरोध पक्ष के नेता को यह मालूम था कि उन्हें अपने भाषण से कोई लाभ नहीं मिलेगा। क्लीमेंट एटली बरतानिया के भारतीय साम्राज्य का खात्मा करने

के लिए कटिबद्ध है, लेबर सरकार अब पीछे हटनेवाली नहीं है।

कलकत्ता, 16 अगस्त 1946

सुबह का गर्म धुँधलका अभी कुछ-कुछ साफ होना शुरू ही हुआ था जब कमीजों के नीचे हथियार दबाए धूर्तों की छायाओं की पहली टोली ने घरों के किनारे-किनारे पैर दबाकर चलना शुरू कर दिया था। इतनी अल्ल-सुबह सिर्फ कौए जागे थे, जो बड़ी ढिठाई से मैदानों में चारा तलाश रहे थे। शहर के ऊपर दो-तीन चीलें उड़ती दिखाई पड़ रही थीं। चारों तरफ सन्नाटा था। सायबानों के नीचे अपनी दुकानों के प्लेटफार्मों पर दुकानदार नींद में खर्राटे भर रहे थे; कहीं दूर से गर्मी से बेचैन किसी बच्चे के रोने की आवाज बीच-बीच में सुनाई पड़ जाती थी। सूरज उगकर दुनिया पर हमला करने वाला था।

वह भुतहा जुलूस एक नाई की दुकान के सामने रुक गया। गद्दे पर पैर फैलाए एक बूढ़ा आदमी गहरी नींद में सो रहा था। उसका सिर पीछे लटका था। उसके पीछे एक धार्मिक मूर्ति जैसे पहरा दे रही थी। यह मूर्ति विकृत मुखाकृतिवाली विकराल देवी की थी। उसके दाँतों के बीच से काली जिह्वा बाहर लटकी थी और उसने गले में मुंडमाल भी पहन रखी थी।

'वो ! एक वो रहा,' लाल दाढ़ीवाला एक आदमी फुसफुसाया। 'उसने अपने सिर पर अपनी देवी लटका रखी है। वह काफी पैसेवाला भी मालूम होता है। हमें कहीं तो शुरुआत करनी है।'

'एक और भी है, उसकी बगल में,' एक दूसरा आदमी बुदबुदाया। 'इन दोनों के बाद हम और नहीं रुकेंगे। यह सीधे कार्रवाई करने का दिन है, हमारे जिन्ना ने कहा था। मुसलमानों की ताकत दिखाने का दिन। लूटमार की बात अलग है, उसे हमें सिर्फ अपने महान नेता से तय करना है।'

'बूढ़े के पास एक लड़की भी लेटी है।' एक तीसरे आदमी ने दिलचस्पी लेते हुए कहा।

'लड़की जवान है। क्या करें ? शुरू हो जाएँ ?'

'हमें सिगनल का इंतजार करना है,' पहला बोला।

वे सड़क के किनारे की पटरी पर बैठ गए। उगते हुए सूरज से उनकी आँखें चुँधिया रही थीं। शहर के तमाम मंदिरों में से सुबह की प्रार्थना के लिए घंटे-घड़ियाल बजने लगे। मस्जिदें अजब ढंग से खामोश थीं। अचानक, उस विराट नगर में दूर क्षितिज से ढोल पीटने की आवाजें आने लगीं।

ये आवाजें बहरा करनेवाली गड़गड़ाहट से आसमान पर हमला बोलने के लिए उठीं। जोर-जोर से गूँजने के बाद वे गायब हो गईं और फिर गड़गड़ाने लगीं जैसे हवा के झोंके बादलों को खदेड़ रहे हों। एक उग्र कड़कड़ाहट और सहसा कुछ नहीं। दूर से चिल्लाने की आवाजें। ढोल की आवाज करीब आ रही थी। चुपके-चुपके एक छाया गली के कोने में सरक गई; एक पाशविक हाँक, और उसके बाद पीड़ा से कराहती हुई चीख। तीनों मुसलमान उठ खड़े हुए।

बरसात के तूफान की तरह, ढोल करीब और करीब आते गए। उन्होंने शहर पर धावा बोल दिया। 'वो रहे,' पहला मुसलमान बोला, 'और अभी ?'

'अगर तुम पाकिस्तान चाहते हो तो मारो।' दूसरा चिल्लाया। 'अल्लाह-ओ-अकबर' !

'हाँ,' तीसरे ने कहा। 'और हमें साथ ही पैसा लेना नहीं भूलना है। दंगे से मुनाफा होना ही चाहिए।'

बूढ़े नाई ने कुल्हाड़ा सामने देखकर भयभीत आँखें खोलीं। पहले ही वार में वह ढेर हो गया। उन्होंने उसकी बेटी के बाल पकड़कर खींचा। वह चिल्लाना चाहती थी कि उसकी आवाज खून की गड़गड़ाहट में घुट गई। उसका गला काट दिया गया था। उसका बेजान शरीर कीचड़ से भरे गटर में लुढ़क गया। पड़ोसी की छाती को पहले ही ऊपर से नीचे तक चीर दिया गया था और उसकी आँतें बाहर निकल आई थीं। गली के दूसरे कोने पर दुकानदारों ने भीड़ का शोर सुन लिया था। दुष्ट लुटेरों की खून सर्द कर देनेवाली 'अल्लाह-ओ-अकबर' की आवाज। उन्होंने अपने शटर गिरा दिए और मदद के लिए चिल्लाने लगे, पर दंगाइयों ने उन्हें एक-एक करके पकड़ा और सिलसिलेवार ढंग से उनके गले काट डाले। कोई पुलिसवाला सामने नहीं आया। पहली सड़क पर खामोशी का राज था।

एक मृत आदमी की कमीज से अपना कुल्हाड़ा पोंछते हुए वे बोले, 'बहुत बढ़िया। हम लोग पहले लूटेंगे फिर इन दुकानों को आग लगा देंगे। ऊपर से हुक्म हुआ है। हम प्रदर्शन का फायदा उठाएँगे और कोई पीछे नहीं हटेगा। हमें सीधी कार्रवाई के लिए सिर्फ एक दिन मिला है। चलो चलें !'

थोड़ी ही देर में, ध्वस्त दुकानों ने अपनी छोटी-मोटी पूँजी उन लुटेरों को समर्पित कर दी थी; मुखिया ने पैसे गिने और उन्हें ध्यान से एक तरफ रख दिया। गली के कोने पर एक लड़की अपना सिर ढककर सिसक रही थी; एक ही क्षण बाद उसका पेट फाड़ दिया गया और वह मर गई। उसके बाद सड़क में आग लग गई। एक जुलूस मुस्लिम लीग के, हरे-लाल रंगों के बैनर को फहराता हुआ प्रकट हुआ। आग की तरफ दौड़ते हुए प्रदर्शनकारी चिल्लाए, 'लांग लिव पाकिस्तान'। साड़ी पहने एक औरत अपने घर

से बाहर निकली, बाँहें उठाकर वह उन नौजवानों को कोस रही थी और गला फाड़कर चिल्ला रही थी। एक दंगाई उसकी तरफ लपका, जबर्दस्ती उसका सिर उठाया, माथे के बीचोबीच उसकी बिन्दी और माँग के सिंदूर की तरफ देखकर चिल्लाया, 'कर दूँ ?' और जवाब का इंतजार किए बिना उसने उसकी खोपड़ी के टुकड़े कर दिए।

दिल्ली, 17 अगस्त 1946

'हजारों मारे गए।' भयभीत जिन्ना बड़बड़ाए।

मुस्लिम लीग के नेता अपनी रोलन कुर्सी में सीधे बैठे थे। उनके सेक्रेटरी ने आदरपूर्वक उनके सामने कलकत्ते से आए तारों को पेश किया। उन्होंने तपती आँखों और काँपते जबड़ों से उन्हें पढ़ा।

'सड़कों पर लाशों के ढेर लगे हैं ! नदी में लाशें बह रही हैं। डेढ़ लाख लोग शहर छोड़कर भाग चुके हैं।' वे गुस्से से बोले।

उनके लंबे-पतले हाथ समुद्रफेन के सिरेवाले अम्बर के सिगरेट होल्डर से उलझ रहे थे।

'मैंने ऐसा तो नहीं चाहा था।' वे ऊँची आवाज में बोले, 'मेरे साथ धोखा हुआ है।'

'लेकिन सर, मुस्लिम लीग हिंसा का खंडन तो नहीं करती,' सेक्रेटरी ने नम्रता से कहा।

'चुप रहो। तुम्हें मालूम है कि तुम क्या कह रहे हो ?' जिन्ना गुस्से से चिल्लाए। 'मैंने साफ कहा था; व्यवस्था और अनुशासन के साथ। मैंने यह बात चार अगस्त को, "सीधी कार्रवाई के दिन" की घोषणा करते हुए कही थी। क्या मेरी बात साफ नहीं थी ?'

वे अचानक रुक गए। उनके मन में एक बहुत पुरानी बात की अनुगूँज उठी। उनसे उस दृश्य का वर्णन किया गया था। 1922 में, एक दंगे और कुछ मौतों के कारण जब गाँधी ने सामान्य हड़ताल वापस लेने का फैसला किया था उस समय का उनका संतप्त चेहरा। महात्मा ने भी यही कहा था, 'क्या मेरी बात स्पष्ट नहीं थी ?' गाँधी ने सबकुछ रद्द कर दिया था। अब, उनकी बारी थी। कलकत्ते के दंगों में पाँच हजार जानें तो अब तक जा चुकी थीं। बीस हजार से ऊपर लोग जख्मी हुए थे, और अभी तक दंगे खत्म नहीं हुए थे। जिन्ना ने घबराकर सिगरेट सुलगाई।

'अभी यह और है, सर।' सेक्रेटरी ने एक और संदेश बढ़ाते हुए कहा, 'बंगाल की सरकार से आया हुआ नोट।'

'पाँच हजार मारे गए। हिंसा और लूटपाट का उत्सव,' जिन्ना ने मद्धिम आवाज में पढ़ा, 'पर किया क्या जा सकता है ? आखिर क्या किया जा सकता है ?'

'नेहरू ने संदेश भेजा है, सर। वे आप दोनों के दस्तखतों से एक अपील जारी करने का प्रस्ताव काट रहे हैं,' सेक्रेटरी ने धीरे-से जोड़ा।

'आह !' अपनी लंबी टाँगों को फैलाते हुए जिन्ना बोले, 'उन्हें दोनों तरह फायदा है। अगर मैं हाँ कहता हूँ तो लगेगा कि मैं उनके दबाव में आ गया, कहा जाएगा कि मैं आखिर अंतरिम सरकार मंजूर करने के लिए तैयार हो गया हूँ। और अगर मैं इंकार करता हूँ — लेकिन नहीं, मैं मना नहीं कर सकता। ऐसा करने पर मैं पिशाच दिखाई दूँगा और मैं पिशाच नहीं हूँ।'

'हम उनसे क्या कहें, सर ? नेहरू तत्काल जवाब चाहते हैं।'

'नहीं,' जिन्ना ने दृढ़ता से कहा, 'लेकिन उनसे कह दो कि मैं अपना संदेश उसी समय जारी करूँगा जब वे ऐसा करेंगे। लिखो — "जो लोग अक्षय आचरण और लूटमार के गुनहगार हैं, उनके साथ कानूनी सख्ती का बर्ताव किया जाना चाहिए, उन्होंने मुस्लिम लीग के एकदम सुनिश्चित आदेशों का उल्लंघन किया है और उसके दुश्मनों की मदद की है।" बस, इतना काफी है।'

'भाईचारे के बारे में कुछ नहीं ?'

'कांग्रेस के और मेरे, दोनों के कलकत्ता के स्वाधीनता सेनानियों ने, भाई-भाई के बीच लड़ाई के खिलाफ पहले ही एक सामान्य संदेश प्रकाशित कर दिया है। वह काफी है', जिन्ना ने तुनककर कहा।

'और अंतरिम सरकार के बारे में ?'

'मुझे नामंजूर है। मैं अपनी पार्टी की ज्यादतियों की वजह से समर्पण नहीं करूँगा। वे कत्लेआम कर सकते हैं, लेकिन मैं अपने लक्ष्य पर स्थिर हूँ,' जिन्ना ने अपना कोट झाड़ते हुए बड़े ठंडेपन से जवाब दिया। 'गाँधी के समर्थकों की सभाएँ, अंग्रेजों के समझौते, मुझे मीठे जाल में फँसाने के लिए उनके दाँव-पेंच, मुझे इनमें से किसी की जरूरत नहीं है ! हम अपना पाकिस्तान लेके रहेंगे। वरना ये दंगे कभी खत्म नहीं होंगे।'

लंदन, 18 दिसंबर 1946

एक बड़ी मेज के सामने साथ-साथ बैठे माउंटबेटेन दंपति साल के अंत में भेजे जाने वाले उन कार्डों पर दस्तखत कर रहे थे जिन्हें वे साल-दर-साल सारे विश्व में अपने मित्रों को भेजते थे। जब से लॉर्ड लुई सिंगापुर से लौटे थे, तब से शांति काल में भेजे जानेवाला यह पहला कार्ड था।

ये क्रिसमस काड्‌र्स वास्तव में उबाऊ होते हैं।' लॉर्ड लुई ने कहा। 'जल्दी करो एडविना, मैं इन्हें शाम तक खत्म करना चाहता हूँ।'

'डिकी, तुम मेरे लिए बिल्कुल जगह नहीं छोड़ रहे हो ! सिर्फ छोटे-से दस्तखत-भर के लिए जरा-सी जगह,' एडविना ने चिड़चिड़ाकर जवाब दिया।

'शिकायत क्या है ? तुम्हें कम करना पड़ेगा,' वे दूसरी गड्डी शुरू करते हुए बोले।

इतने में टेलीफोन की घंटी बजी। दोनों उसे उठाने के लिए लपके। डिकी वहाँ पहले पहुँच गए; एडविना फिर गुस्से में आकर बैठ गई, टेलीफोन उसके लिए नहीं था। डिकी बड़े आदरपूर्वक बात कर रहे थे, लगभग फुसफुसाकर। कॉल निश्चित रूप से महत्वपूर्ण थी।

'प्रधानमंत्री ने मुझे तुरंत बुलाया है।' उन्होंने कहा। उनका चेहरा तनावपूर्ण था। 'मैं ज्यादा देर नहीं लगाऊँगा।'

एडविना ने आखिर के बचे हुए कार्ड धीरे-धीरे अपना समय लेकर दस्तखत किए। डिकी डाउनिंग स्ट्रीट से लौटे नहीं थे और किसी ने उसके लिए फोन नहीं किया था।

जब तक लॉर्ड माउंटबेटेन लंदन लौटे, युद्ध सचमुच समाप्त हो चुका था। एडविना ने अपने लोक-सेवा के मिशन समाप्त कर दिए थे। हर जगह शांति के कारण बिछड़े प्रेमी मिल गए थे, कामाग्नि भड़क उठी थी, डिकी ने अपने पुराने मित्रों से फिर संबंध जोड़ लिए थे, राख में से अंकुर फूट निकले थे, अगर कहीं भुखमरी थी भी, तो भी लोग शांति के कारण आनन्द के चरम शिखर पर थे। जिंदगी में सिर्फ एडविना की रुचि खत्म हो गई थी। कई साल पूरी तरह समर्पित रहने के बाद, अचानक उसके पास कोई काम नहीं रह गया था। वह उसी तरह निर्णय नहीं कर पा रही थी जैसे सेना से निकाला हुआ सैनिक। पर सैनिक घर तो लौटते हैं, जबकि वह ... !

और उसी समय मालकम सार्जेंट उसके जीवन में आया। वह निदेशक था, सुविख्यात चापलूसों से घिरा ! वह प्रशंसक-महिलाओं से घिरा रहता जो उसका ऑटोग्राफ लेने के लिए क्यू में खड़ी रहती थीं और सड़कों पर उसके नाम की माला जपती घूमती थीं। उसका संगीत इतना भावसंकुल, इतना गतिशील होता कि एलबर्ट हॉल के श्रोता जिनमें शाही दंपति भी शामिल होते थे, अपने आपे में नहीं रह पाते थे और सबकुछ भूलकर कोरस में शरीक हो जाते थे। लेकिन, जिंदगी ने उसके साथ बड़ा कठोर व्यवहार किया। उसकी बेटी की मृत्यु हो गई। उसकी पत्नी ने उससे तलाक माँगा। वह चरम विषाद और पागलपन के बीच झूल रहा था। एडविना ने अपने को उसके चरणों में डाल दिया। वह उसे उतना समय देने लगी जितना उसने महान युद्ध के

कारण अपाहिज हुए किसी व्यक्ति को दिया होता। उस दिन शाम को मालकम नहीं आया था।

डिकी भीतर आया। उसका चेहरा पीला पड़ा था।

'मिस्टर एटली ने क्यों याद किया था ?' एडविना ने बेमन से पूछा।

उसने सहसा जवाब दिया, 'मुझे भारत का वायसराय नियुक्त करने के लिए।'

ताज्जुब से एडविना के हाथ का पेन गिर गया। 'ओह, ईश्वर — तुमने मंजूर कर लिया ?'

उसने पूछा, 'मैं पागल तो नहीं हुआ हूँ !' उसने जोर से कहा। 'साम्राज्य को खत्म करके भारत को बिना खून बहाए स्वाधीनता दिला देना ? वह भी पिछले अगस्त में कलकत्ता में हुए हत्याकांड के बाद ? ऐसे समय में जब बिहार और बंगाल एक-दूसरे के टुकड़े-टुकड़े कर रहे हैं, जब छोटे-से-छोटे गाँव में भी हिंदू मुसलमानों को और मुसलमान हिंदुओं को मार रहे हैं ? असंभव।'

'हाँ, बिल्कुल असंभव। पर हम इस बात को कलकत्ता के दंगों के बाद से बराबर जानते हैं कि इंगलैंड को इंडिया के लिए एक नया वायसराय चाहिए।' एडविना ने बड़े सोचकर कहा।

लॉर्ड लुई ने स्वीकार किया, 'ठीक है, हम ऐसे विश्व में रह रहे हैं जिसमें साम्राज्य गुजरे हुए जमाने की चीज हो गए हैं। यह नई विश्व-व्यवस्था है, लेकिन इसे कायम करना मेरा काम नहीं है। मैं नाविक हूँ, बस बात यहीं खत्म होती है।'

एडविना ने फिर कहा, 'किसी न किसी को तो स्वाधीनता देने के बारे में बातचीत करनी ही होगी। तुमने आखिर कहा क्या ?'

'मैंने कुछ असंभव शर्तें रख दीं,' लॉर्ड लुई गर्व से बोले। 'मैंने इस संदर्भ में संपूर्ण अधिकारों की माँग की है और अपनी सेनाओं को भारत से हटाने की अंतिम तिथि तय करने की शर्त भी लगाई है, मैंने कहा है कि भारत को जून 1948 तक निश्चित रूप से स्वाधीनता दे देनी होगी। मुझे यकीन है कि एटली इन शर्तों को स्वीकार नहीं करेंगे।'

'क्यों नहीं करेंगे ?' एडविना ने सीधे बैठकर कहा।

'अंतिम तिथि। तुम्हारी समझ में नहीं आता कि इसका अर्थ क्या है, एडविना ? और पूर्ण अधिकार आज तक किसी वायसराय को नहीं दिए गए। नहीं, मैं बच निकला। उन्होंने अब तक तो किसी और के बारे में सोचना शुरू भी कर दिया होगा।'

एडविना सोफे पर निढाल हो गई। डिकी को राजनीतिक समझ बिल्कुल नहीं है। एटली यकीनन उसकी तमाम शर्तें मंजूर कर लेंगे। इसका मतलब होगा लंदन और मालकम को छोड़कर फिर भारत जाना, शाही समारोहों से संबंधित तमाम नियमों और कठिनाइयों से गुजरना और सारी स्वतंत्रता और प्रेम का परित्याग करना ...

लॉर्ड लुई ने कुछ मजाक के-से स्वर में कहा, 'यह भी तो है डार्लिंग कि तुम विश्व की आदर्श वायसरीन साबित होगी।'

जिला नोआखाली, बंगाल, 17 दिसंबर 1946

आँखें मिचमिचाते हुए, उस बूढ़े आदमी ने दरवाजे के बीच से उगते हुए सूरज को देखा। दिन की रोशनी केले के सघन गाछ के बीच से पहले ही दिखाई देने लगी थी। महात्मा के अगल-बगल आभा और मनु सोई थीं। गाँधी ने सावधानी से अपना चश्मा ठीक किया और फिर काले बालोंवाले दोनों सिरों को थपथपाया। आभा ने तुरंत आँखें खोल दीं। मुन ने कराहते हुए करवट बदल ली।

गाँधी चुपचाप उठकर घर के बाहर चले गए। रात में कोई घटना नहीं घटी थी; इस गाँव ने जिन्ना के 'सीधी कार्रवाई का दिन' वाले आदेश के बाद होनेवाले दंगे में सैकड़ों जानें ली थीं। और इसी हत्यारे गाँव ने बिना विशेष विरोध किए उनका स्वागत किया था। पूरा नोआखाली जिला 10 अक्तूबर को आग की लपटों में धधक रहा था, और सिर्फ गाँधी जानते थे कि गाँववासियों को कैसे शांत किया जाता है। पूरे दो महीने से वे विध्वस्त गाँवों के बीच यात्रा कर रहे थे और यह गाँव दूसरे गाँवों से बदतर नहीं था। शुरू में, बेशक उन्हें आता देखकर किसान उत्तेजित हो गए थे। लेकिन उन्हीं की तरह निहत्थे, कंगाली की स्थिति में जमीन पर बैठकर महात्मा ने इस समस्या के बारे में नम्रता, लेकिन सरगर्मी के साथ उनसे बातचीत करके उन्हें शांत कर दिया था। उसके बाद गाँधी ने रात उन्हीं की झोंपड़ी में गुजारने की इच्छा प्रकट की। जिस आदमी ने यह प्रस्ताव स्वीकार किया वह झोंपड़ी के बाहर सोया, एक तकलीफदेह कंबल पर पैर फैलाकर। उस रात वहाँ और आक्रमण नहीं हुए। वह रात बिना लाशों के, बिना आग के शांतिपूर्वक बीत गई।

कुछ आगे बढ़कर गाँधी के साथियों को दूसरे घरों में आश्रय मिल गया था। कंधे पर थैला लटकाए, सीमाप्रांत के गाँधी विशालकाय गफ्फ़ार ख़ाँ, अपनी दाढ़ी को सीधा करते हुए इंतजार कर रहे थे।

सब लोग जल्दी ही तैयार होनेवाले थे। ठंडी साँस लेकर गाँधी घर में लौटे और दोनों उनींदी युवा लड़कियों को झकझोरकर जगा दिया। उन्हें शांति स्थापना के मिशन पर दूसरे गाँव जाना था।

कुछ ही देर बाद जुलूस रवाना हो गया। गाँधी सबसे आगे थे हमेशा की तरह सफेद चादर लपेटे, हाथ में लाठी, पाँव में सैंडिल। उनके पीछे-पीछे दोनों लड़कियाँ चल रही थीं, उसके बाद पठान और उसके बाद बाकी की छोटी-सी टुकड़ी। वे एक धान

के खेत के किनारे पहुँचे; काले बादलों के पहाड़ ने सूरज को ढक लिया था। रास्ता उन चमचमाते खेतों के बगल से होकर जा रहा था, जहाँ सर्दी के धान की खेती हो रही थी। सहसा गाँधी जड़ हो गए; भूमि के एक बंजर टुकड़े में शीशे के टूटे हुए नोकदार टुकड़े गड़े थे। उनकी नोंकें सीध में ऊपर थीं। उस कारस्तानी के ऊपर तख्ती लगी थी : 'गाँधी मुर्दाबाद'। और नीचे टेढ़े-मेढ़े अक्षरों में लिखा था : 'प्राकिस्तान को स्वीकार करो'।

वृद्ध ने अपनी छड़ी की नोंक से, एक-एक करके टुकड़ों को एक तरफ कर दिया। जैसे ही उन्होंने अपना रास्ता साफ करना खत्म किया, ऊपर काले आसमान में स्वच्छ बगुलों का एक झुंड उड़ता हुआ निकल गया जैसे तेज हवा से उड़ता हुआ कोई सफेद दुपट्टा हो।

दो

एक सपने की पूर्ति

विश्व का पहला बसंत

दिल्ली, 22 मार्च 1947

श्रीमती नायडू अपनी साड़ी का पल्ला पकड़कर कार में अपने वजन के साथ धँस गईं। उन्हें पहाड़ी पर बने पुराने किले पहुँचने के लिए पंद्रह मिनट का समय चाहिए था। वहाँ उन्हें शामियाना लगते देखना था, यह सुनिश्चित करना था कि खूँटे मजबूत हैं। सजावटी परदों की पकड़ और पुष्प-सज्जा की जाँच करनी थी। सरोजिनी नायडू को पहली एशियन रिलेशंस कॉन्फ्रेंस के आयोजन की जिम्मेदारी सौंपी गई थी। वे उसकी अध्यक्षा भी थीं। पूरे एशिया से, वहाँ जल्दी ही प्रतिनिधि पहुँचनेवाले थे। सरोजिनी ने अपने भाषण के कागज अपने बैग से निकाले, उन्हें ध्यान से पढ़ा और भुनभुनाते हुए उन्हें तहाया।

उन्होंने आदतन अपनी झुमकियाँ टटोलीं, अपने नेकलेस के कुंडे को चैक किया, अपना जूड़ा थपथपाया और अपने हाथ में नील के फूलों से जड़ी गुलाबी रंग की चूड़ियों को करीने से बैठाया। 'अगर महात्मा मुझे इस रूप में देखें,' सोचकर वह मुस्कुराईं। 'वे मेरा मजाक उड़ाएँगे, वैसे ही जैसे वे हमारे जेल में रहने के दौरान करते थे। — यह सोचना कि मैं अपने आभूषणों और कांचीपुरम की साड़ियों के बगैर नहीं रह सकती। पर अब तो हम लगभग आजाद हैं। अब यह वक्त संघर्ष की प्रतीक खादी पहनकर आंदोलन करने का नहीं है।'

वजनी गाड़ी सड़कों के गड्ढों में हिचकोले खाती जा रही थी। इतनी सुबह कोई खास गर्मी नहीं थी। वृद्ध महिला हरे-भरे पेड़ों की चोटियों की तरफ प्रसन्नता से देख

रही थीं।

'नया वायसराय, युवा माउंटबेटेन, इस समय स्विट्जरलैंड के ऊपर या शायद ग्रीस के ऊपर उड़ रहा होगा। वह थोड़ी ही देर बाद पहुँचनेवाला है, कल वह अपने सिंहासन पर बैठेगा, शायद वह भारत का आखिरी वायसराय होगा। अपने हवाई जहाज में वह मेरी मित्र की बेटी, उस छोटी-सी लड़की मॉडी एशले को भी ला रहा है, और एडविना, मैं यकीनन उसे पहचान भी सकूँगी या नहीं, कहा नहीं जा सकता — भला मैं उसकी माँ से पहली बार कब मिली थी ? कोब्लेंज में, 1899 में ? नहीं, शायद और पहले। मॉडी की मृत्यु कोई दस साल बाद हो गई और एक मैं हूँ अभी तक सही-सलामत। यह अजीब बात नहीं है कि हमारी आखिरी वायसरीन ऐसी महिला है, जिसे मैं बचपन में जानती थी। और यहाँ मैं हूँ, बूढ़ी और स्थूलकाय, लेकिन शायद यदि मेरा कुछ सौभाग्य होगा तो मैं अन्ततः भारत को आजाद होता देखूँगी। शायद इसी नए वायसराय के साथ।

नेहरू इसके प्रशंसक हैं। उनका खयाल है कि ये वफादार हैं। हमें समस्या माउंटबेटेन के साथ नहीं, जिन्ना के साथ होगी।

उनके चेहरे पर छाया-सी आ गई। उनकी कल्पना में अपने पुराने मित्र जिन्ना का बिंब उभरा। वे मोहम्मद अली जिन्ना जब जवान थे, उंगलियों के बीच सिगरेट होल्डर दबाए, तीन पीस का शानदार चुस्त-दुरुस्त सूट पहने, सफेद नोंकोंवाले चमड़े के जूते, उनकी सधी हुई लगभग सुरीली आवाज, उनकी ऊँचे दरजे की अंग्रेजी और उनकी सम्मोहक उपस्थिति — वह समय जब वे दोनों भारतीय विद्यार्थियों के रूप में एक साथ लंदन में थे। उन्हें एक ही बात के कारण संकोच होता था कि उन्हें उर्दू नहीं आती थी। सरोजिनी ने ठंडी साँस लेकर कहा, 'यह सच है, जो पाकिस्तान के लिए लड़ रहा है वह मुसलमानों की भाषा तक नहीं बोलता। नेहरू उर्दू बोलते हैं, लेकिन जिन्ना नहीं।

जिन्ना जो आज इतनी दूर हैं कभी बहुत नजदीक थे। जिन्ना जो अपने पीछे की तरफ काढ़े हुए बालों पर बड़ी नफासत से हाथ फेरते थे; जिन्ना जो अपने ऊँचे कद से नीचे झुककर उनके कान में कुछ फुसफुसाकर कहने के लिए अपना एकाक्षी चश्मा उतारते थे, जिन्ना जो जिद्दी थे, जिन्हें कभी थकान नहीं होती थी, जिनकी भावनाएँ भयानक ठंडेपन के नकाब से ढकी रहती थीं; जो फरुन और वैयक्तिक दुर्भाग्य का नकाब था, एक पूरी जिंदगी जो कुहनी से कुहनी भिड़ाकर लड़ते गुजरी, एक ऐसा जीवन जो पवित्रतम और कोमलतम मित्रता से सराबोर था। इसका अंत ऐसे बिंदु पर आकर होना था जब शिमला कॉन्फ्रेंस के बाद गाँधी और जिन्ना के बीच बातचीत टूट गई। वह उन दोनों को एक-दूसरे की बात समझाने में सफल नहीं हो सकी थी, अब उसकी उम्र पक गई थी, जिन्ना की भी। शिमला में वे इतने कमजोर, दुबले लग रहे थे जैसे अपने डबल ब्रेस्ट के सूट में तैर रहे हों। पहली बार ऐसा हुआ कि वे उसकी तरफ देखकर नहीं

मुस्कुराए। और जब उसने अचानक अपने वृहदाकार को हाँफते हुए उनके करीब पाया तो उन्होंने उसकी तरफ कुछ चिंता की-सी मुद्रा में देखकर कहा। 'माई डियर सरोजिनी, तुम्हें अपना खयाल रखना चाहिए।'

उसने प्रत्युत्तर देने के लिए अपने प्रसिद्ध लहजे में जवाब दिया। कुछ ऐसा : 'जब हम लोग जेल में थे, तो हमारे पास अपना खयाल रखने के लिए समय था।' लेकिन वे इस पर भी नहीं मुस्कुराए। उन्होंने उसकी मशहूर साड़ियों की तरफ भी नहीं देखा। वे धनुष की डोर की तरह तने हुए थे। इतने रूखे जैसे पहले कभी नहीं देखे गए। उसने उन्हें बहुत ध्यान से परखा और गरचे उन्होंने उससे कुछ नहीं कहा, पर उसके अंतर्मन ने समझ लिया था कि जिन्ना गंभीर रूप से बीमार हैं। जाहिर है कि वे पुराना किला नहीं आएँगे। उन्होंने एक औपचारिक वक्तव्य में यह बात बड़े तिरस्कारपूर्वक जाहिर कर दी थी कि अपने को एशियाई जनता के नेता दिखाने के कांग्रेस के इस महज छद्म प्रयास में मुस्लिम लीग हिस्सा नहीं लेगी। उन्हें यह मालूम था कि सरोजिनी उसकी अध्यक्षता कर रही हैं। ऐसे असह्य जिन्ना जिन्होंने उसके मन को मोह लिया था, खुद अपने सपनों के भीतर कैद हो गए। क्या वह कभी उनसे मिल पाएगी ? क्या वे महात्मा को चुनने के लिए उसे माफ कर देंगे ? पर क्या यह हो सकता है कि अन्त:करण के रहते वह पाकिस्तान के इस पागलपन का समर्थन करे ?

'कोई और बात सोचो, सरोजिनी ...', उसने सावधानी से होंठ दबाते हुए खुद को फटकारा। 'अपने प्रतिनिधियों के बारे में सोचो। तुम अरब और मिस्री के बीच अंतर कैसे करोगी ? और कज़ाकिस्तान, उज़्बेकिस्तान, किर्गीजिया से आनेवाले प्रतिनिधियों से तुम क्या कहोगी ? अपनी स्मृति की गहराइयों से जिन्ना को निकाल बाहर करो। भूल जाओ, भूल जाओ, प्रौढ़ लड़की, मेरा दिल ...।'

लेकिन युवा जिन्ना का बिंब पिंड नहीं छोड़ रहा था। उसे अपनी बदसूरती की औरों से बेहतर जानकारी थी। एक प्राचीन मेंढक। मोटे होंठ, विराट नाक, पक्का रंग। जिन्ना निस्सन्देह उसके हिसाब से बहुत सुदर्शन थे। लेकिन औरों की तरह उन्होंने भी उसकी चालबाजियों के सामने समर्पण कर दिया था। उसकी चमकदार आँखें, उसकी आवाज का सम्मोहन, उसकी तल्ख विनोद-वृत्ति, और खासकर उसकी बोली की अत्यंत सम्मोहक गीतात्मकता। बोलना, हँसना-हँसाना, गाना उसे यह सब करना खूब आता था। उसे अपनी एक कविता याद आ गई :

हाय री क्रूर नियति
मैं जो तुम्हारे दर्पभरे, उदास अकेलेपन की
खिल्ली उड़ानेवाले उग्र, अंधे, दंतैल

पशुओं को बींध डालती हूँ, वही मैं,
दूर थी तुम्हारी दारुण, चरम आवश्यकता
(के क्षणों) में। तुम्हारे सँकरे विश्रामस्थल के
निकट खड़ी मैं पुकारती हूँ, पुकारती ही
जाती हूँ। तुम मुझे उत्तर नहीं देते। क्या
तुम्हारे मुख पर मिट्टी का बोझ बहुत भारी
हो गया है, या वर्ष-भर लंबी नींद की
चुप्पी इतनी प्यारी है, इतनी अभेद्य,
इतनी गहरी है, कि इस तक नहीं पहुँचती
— दोस्ती, क्षमा या स्मृति की वेदना ?

ये पंक्तियाँ उसने जिन्ना को नहीं, उमर सोमानी नाम के एक और मुसलमान मित्र को लिखी थीं जिसकी मृत्यु हो गई। पर उसकी मृत्यु तो 1926 में ही हो गई थी और जिन्ना अब भी जीवित थे।

पर कविता जिसके लिए लिखी गई थी, वह बदल क्यों गया ? सरोजिनी ने अपने को गंभीरता से लेना शुरू कर दिया था। वह कभी गलती नहीं करती थी। उसे आज मालूम था कि वह जिस मृत्यु का पहले से शोक मना रही थी, वह जिन्ना की ही होनेवाली थी।

पुराने किले की हलके रंग की फसीलें गर्मी के धुँधलके के बीच से पत्थर से निर्मित भोर की तरह उगती मालूम हो रही थीं। झाड़पोंछ लगभग खत्म की जा चुकी थी और व्यवस्था के लिए जिम्मेदार अफसर सक्रिय हो गए थे। लेकिन पीतल के लोटे लिए उलझे बालोंवाले कुछ साधुओं को चटाई बिछाकर बैठने से नहीं रोक सके थे। इनमें से कुछ ने अपने माथे पर पीले रंग से बड़ा सा V का चिह्न बना रखा था, और कुछ ने शिव-भक्तों की तरह तीन लेटी हुई लाइनें खींच रखी थीं। शैव और वैष्णवों के बीच अक्सर झगड़े होते थे। वृद्ध महिला ने उनकी तरफ संदेह की नजर से देखा। गाड़ी एक ऊँचे झरोखेदार दरवाजे के सामने जाकर रुकी। उस पर आसमानी रंग का रोगन किया गया था और स्वागत के लिए चौड़ा रिबन बाँध दिया गया था।

सरोजिनी नायडू ने अपनी सीट से बड़ी तकलीफ से अपने को खींचकर निकाला और वह खँडहरों से घिरे फैले हुए बगीचे की तरफ बढ़ गईं। हवा सफेद और कोहरीली थी। उन्हें लगा कि गर्मी नहीं होगी।

कालीन, गद्दे, कुर्सियाँ सबकुछ तैयार दिखाई पड़ रहा था। कारीगर सफेद तंबू की चुन्नटदार बंदनवारों को आखिरी बार चुस्त-दुरुस्त कर रहे थे, जहाँ पहली पंक्ति में

सामान्य व्यक्तियों के लिए बैठने की व्यवस्था की गई थी — भारी औपनिवेशिक माहोगनी की कुर्सियों की। उन्हीं के सामने माइक्रोफोन लगाए गए थे। तंबू के आखिरी सिरे पर, एशिया का बहुत बड़ा नक्शा लगा था जिसमें पराजित साम्राज्यों की सीमाओं पर निशान लगे थे और उनके ऊपर स्वतंत्र देशों की सीमाओं के। साजिन्दे और गायक एक तरफ दरियों पर पालथी मारे बैठे थे।

जिस आदमी को शामियाना लगाने का काम सौंपा गया था वह हाथ जोड़े उनकी तरफ दौड़ा।

'रास्ते में बैठे ये साधु कौन हैं, तुम्हें मालूम है ?' उन्होंने पूछा।

'नहीं, श्रीमती नायडू,' उस आदमी ने बड़े आदर से कहा, 'ये लोग रात में यहाँ पहुँचे हैं,' और वे हँसते हुए बोलीं, 'भई, ये भी तो एशियाई हैं। और हमने रास्ते की झाड़-पोंछ करके जो सफाई कराई थी, वह इनके बालों के गुच्छों से बराबर हो गई ! बस यह ध्यान रखिए कि ये आपस में लड़ाई-झगड़ा नहीं करें। ओह बिल्ले ! बिल्ले कहाँ हैं ?'

'डिब्बे में मिसेज नायडू,' एक उत्साही युवक ने उत्तर दिया। 'और यह आपका है,' जिस पर उनका नाम लिखा हुआ था, उसने एक विशाल गुलाब की आकृति का बिल्ला उनकी ओर बढ़ा दिया।

सरोजिनी ने अपने सीने पर बीचोंबीच उस बिल्ले को साड़ी पर लगा लिया। 'यह भद्दा लग रहा है,' वे भुनभुनाईं। 'बहुत बुरा लग रहा है। संतुलन गड़बड़ा रहा है, उस हार को दूसरी तरफ टाँग दो और दीपदान ? दीपदान कहाँ है ?'

पीतल का लंबा दीपदान एक कोने में रखा मिला। उसे पालिश करके, दीयों में तेल भरकर बत्तियाँ डाल दी गईं और उसे मंच पर एक तरफ रख दिया गया। समय हो गया था, प्रतिनिधियों की पहली टोली किले के प्रवेश-द्वार पर दिखाई पड़ी। उसका नेतृत्व भारत के उप-प्रधानमंत्री कर रहे थे, उन्होंने लंबी काली अचकन पहन रखी थी। उन्हें हाल ही में यह चरम सम्मान दिया गया था जिसके कारण वे आनेवाले भारत के निर्विरोध नेता हो गए थे।

पहाड़ी के हरे-भरे तल में पैर जमाए खड़ी सरोजिनी नायडू प्रवेश करते हुए प्रतिनिधियों पर प्रसन्नता से नजर गड़ाए थीं। जलेबाह, काफ़तान, केफी, बड़ी अफगानी पगड़ियाँ और भूटान से धारीदार सिल्क के 'गोज', कसे सूट और लहराती हुई अरबी पोशाकें, तिब्बत के लामा, सुरुचि-संपन्न स्यामी, कोरियाई और तुर्क, वियतनामी और चीनी, प्रेसिडेंट्स और राजे, विद्रोही और शासक — पूरा एशिया पुराना किला में प्रवेश कर रहा था। अरब की फड़फड़ाती पोशाकों के विपरीत थी, सोवियत प्रतिनिधियों की सादी वर्दियाँ। महाराजे, क्रान्तिकारियों को छूते हुए निकल रहे थे। आलूबुखारे के रंग

के चोगे पहने और पीले स्कार्फ लपेटे बौद्ध मठवासी, साफ सुबह का समय, शहर पर उड़ते गिद्ध और नीले-से धुँधलके को देखकर मुस्कुरा रहे थे। सरोजिनी ने अनगिनत लोगों से हाथ मिलाया, काले चश्मों में छिपे उच्चाधिकारियों की झुककर अगवानी की, सबके स्वागत में कुछ न कुछ कहा, और सोवियत संघ के प्रतिनिधियों को नेहरू के आदेश के अनुसार अपेक्षाकृत ज्यादा तवज्जो दी। लॉन के दूसरी तरफ पंडितजी भी निष्क्रिय नहीं थे।

एक प्रतिनिधि, जिसने सिर पर पीछे की तरफ छोटी-सी तंग टोपी पहन रखी थी, चुपचाप इंतजार कर रहा था। सरोजिनी ने आँख की कोर से उसकी तरफ देखा। उनके मन में सवाल उठा कि यह गोरे रंग का दढ़ियल आदमी इतने भूरे लोगों के बीच क्या कर रहा है। 'मैडम प्रेसीडेंट, मैं जेरुसलम की हेब्राइक यूनिवर्सिटी का प्रतिनिधि हूँ' — उस आदमी ने श्रद्धापूर्वक कहा।

तत्काल सरोजिनी ने मुँह घुमाया जैसे वे किसी और को ढूँढ़ रही हों।

'फिलिस्तीन के प्रतिनिधि दूर नहीं हैं मैडम,' वह प्रतिनिधि बोला, 'वे आपके ठीक पीछे खड़े हैं।'

'लेकिन कम-से-कम तुम सब लोग तो यहाँ हो।' उन्होंने जोर देकर कहा। 'जबकि मिस्टर जिन्ना ...' उन्होंने अपना वक्तव्य पूरा नहीं किया। यहूदी प्रतिनिधि की अपनी समस्याएँ थीं, और इसके अलावा भारत के अपने मतभेदों को सार्वजनिक रूप से प्रकट करने की जरूरत नहीं थी। सब लोग बैठ गए। सरोजिनी से भी अपना स्थान ग्रहण करने के लिए कहा गया। एक वादक ने तबले पर थाप दी और फिर हथौड़ी लेकर सुर मिलाने लगा। एक ने पुराने ढंग के हारमोनियम की धौंकनी खोली, तीसरे ने सितार के तार छेड़े। तबले की हल्की थाप पर एक स्त्री-कंठ उभरा। गाँधीजी की अनुपस्थिति सबको बहुत खल रही थी। उनके प्रति श्रद्धा व्यक्त करने के लिए उनके प्रिय भजनों, मीराबाई के पदों को चुना गया था।

इसके बाद, रस्म के मुताबिक आनुष्ठानिक दीपदान की सारी बत्तियों को प्रज्ज्वलित करना था। सरोजिनी को यह रीत पसंद थी। गर्म हवा के एक झोंके से उनकी साड़ी का पल्लू उठ गया, पहली ही बत्ती टिमटिमाने लगी पर वृद्ध महिला हवा पर काबू पाना जानती थीं। उन्होंने जल्दी ही अपना काम पूरा कर दिया।

शिकागो रेडियो के गोलाकार माइक्रोफोन के सामने — जो आकार में इतना बड़ा था कि उसके आसपास के बाकियों को सब भूल ही गए — नेहरू ने बोलना शुरू किया। वे धीमी मृदुल आवाज में बोल रहे थे, उसी शीतात्मक लय में जो उनकी खासियत थी। उनका उठा हुआ हाथ जैसे किसी अदृश्य संगीत का संचालन कर रहा था और एक बड़े-से पंखे की भनभनाहट के बीच उनके वाक्य ऐसे प्रवाहित हो रहे थे जैसे किसी साफ

जलधारा में कंकड़िया। लोगों ने तालियाँ बजाईं।

इसके बाद भाषण देने की बारी सरोजिनी की थी। उन्होंने अपने कागज निकाले, उन्हें अपने सामने रखा, उलटे हाथ से उन्हें सपाट किया, उसके बाद, उनकी तरफ देखे बिना उन्होंने अपनी चमकती हुई आँखों से श्रोताओं को बाँध लिया।

'आप लोग सोचते होंगे कि आज इस सम्मानपूर्ण पद के लिए एक औरत का चुनाव क्यों किया गया है। जवाब सीधा-सादा है। भारत ने हमेशा अपनी स्त्रियों को आदर दिया है। जब मैं एशिया के राष्ट्रों के इस अद्‌भुत समागम को देखती हूँ तो भावोद्वेलित हो जाती हूँ, इस हद तक कि मेरी वाणी मूक हो गई है। किसी महिला की बोलती बंद करना आसान नहीं होता। मेरे भाई और नेता और भारत के नायक पंडित जवाहरलाल नेहरू ने जो कुछ कहा जा सकता था वह सब कह दिया और बहुत सुंदर ढंग से कह दिया।

आप लोग ऊँची पहाड़ियों के बीच दर्रों को पार करके आए हैं, रंग-बिरंगे समुद्रों के विस्तृत वक्षस्थल पर तैरकर आए हैं, सुबह और शाम के बादलों पर सवारी करके आए हैं। मैं नहीं जानती कि आपमें से कितने यह समझते हैं कि हम इस समय और यहाँ खड़े हैं, यह सिर्फ एशिया का हृदय नहीं है, बल्कि वह भारत के हृदय का मर्म और केन्द्रस्थल है। यह पुराना किला, यह ऐतिहासिक खँडहर, टूटे हुए मेहराब, ये सब क्या सूचित करते हैं ? ये इतिहास के सबेरे का संकेत करते हैं, तमाम भूले हुए युगों के इतिहास का। ये एक नए युग के सबेरे के प्रतीक हैं जिसकी शुरुआत आज हो रही है।'

उनकी चूड़ियाँ खनखनाईं, उनकी स्वर्णिम आवाज से जैसे सूरज दमकने लगा, उत्तेजना में वह जिन्ना को भूल गईं और साथ ही अपनी कुरूपता को भी ... 'जब वह इस तरह उड़ान भरती हैं तो कितनी सुंदर लगती हैं,' नेहरू सोच रहे थे, 'इस बात का यकीन करना मुश्किल नहीं है कि उसके इस रूप को देखकर बहुत-से आदमी प्रेम करने लगे होंगे।'

'इसलिए, हम विश्व के पहले बसंती समय में हैं,' सरोजिनी ने अपनी आवाज ऊँची करते हुए बात जारी रखी। 'जब चिड़ियाँ गाती हैं, जब सूर्य के दिखाई देते ही जलाशय मुस्कुरा उठते हैं; जब फूल खिलते हैं और नववधुए उन्हें अपने बालों में सजाती हैं और बच्चे उनसे हार पिरोते हैं और जब हम उन सबको याद करते हैं जो हमारे पूर्ववर्ती थे। मैं तुम्हारा आह्वान करती हूँ;' उन्होंने बड़ी गंभीर आवाज में कहा, 'अपनी कक्ष से उठो; मैं तुम्हारा आह्वान करती हूँ, अनन्त बसंत के वैतालिक बनो।'

लगता था जैसे उनके मुँह से निकलनेवाले हर शब्द को प्रतिनिधियों का समूह बड़े ध्यान से सुन रहा था : 'आइए हम सितारों की ओर बढ़ें,' उन्होंने अपनी स्थूल बाँहों को राजसी अंदाज में उठाते हुए कहा। चिड़ियों ने कहा, "तुम चाँद को क्यों पुकारते

हो ?" हम चाँद को पुकारते नहीं, हम उसे आकाश से तोड़ लाते हैं और उसे एशिया की आजादी के मुकुट पर धारण करते हैं।'

उन्होंने अपनी बाँहें नीचे कर लीं, उन्हें सेल्यूट किया और तालियों की गड़गड़ाहट के बीच अपना सिर उठाया। नेहरू मुस्कुराए; वह सरोजिनी के अब तक के भाषणों में सर्वोत्तम भाषण था।

पैन एशियाटिक कॉन्फ्रेंस के अंत में, एक सप्ताह के भीतर युवा और प्रतिभाशाली कपिला मलिक को लाल किले के दीवाने खास में नृत्य करना था, उसे पहले मणिपुरी का एकल नृत्य प्रस्तुत करने के बाद, दूसरे नर्तकों के साथ एक बैले करना था। और वह वहीं बैठी थी। उसकी चमकती हुई काली आँखों में ताजगी और निरीहता का भाव था। सरोजिनी नायडू के मुँह से निकले हर शब्द को वह भावों से सराबोर होकर बड़ी उत्कटता से सुन रही थी।

जैसे ही श्रीमती सरोजिनी नायडू ने अपना स्थान ग्रहण किया, प्रतिनिधियों के भाषण आरंभ हो गए। नए वायसराय का जहाज दोपहर के शुरू में उतरनेवाला था। इस समय वे संभवत: बगदाद के ऊपर उड़ रहे थे या शायद वे तेहरान के ऊपर पहुँच चुके होंगे।

पागलखाना

दिल्ली, पालम हवाई अड्डा, 22 मार्च 1947

हवाई जहाज के डैनों के नीचे सफेद छतें, लाल दीवारें और आम के गहरे रंग के झुरमुट दिखाई पड़ने लगे।

'हम पहुँच गए,' लॉर्ड लुई ने कहा, 'तुम इन गुम्बदों को पहचानती हो ?'

'मकबरे,' एडविना अच्छी तरह देखने के लिए सिर झुकाते हुए बोली, 'पिछले साल मुझे बताया गया था कि गिनती में ये कितने हैं; दो सौ से ज्यादा।'

'और वह रहा, मुझे लगता है कि वह महल है, हमारा। जिस वायसराय निवास में हम 1922 में ठहरे थे यह वैसा बिल्कुल नहीं है। यह बड़ी आलीशान इमारत है, उससे सैकड़ों गुना बड़ी। तुम्हें वह नीला गुम्बद दिखाई पड़ा ?'

'शायद हमारा मकबरा,' एडविना खिलखिलाकर हंसते हुए बोली। 'अब हमारा भारतीय आख्यान शुरू होगा; मैं इससे बहुत पुलकित हूँ, यह मैं नहीं कह सकती।'

'तब चुप रहो,' वे अपनी बेटी पर नजर डालते हुए बोले।

'पर यह शहर अब भी एक उपवन है !' एडविना तुरंत बोली, देखो पेड़ फूल रहे हैं ...।'

हवाई जहाज ने सूखी धरती का स्पर्श किया। जब वह उतरा तो एडविना को विरल घास पर चोंच खोले एक हक्का-बक्का कौवा दिखाई पड़ा।

गर्मी की लहरों से तपती सड़क पर, एडविना को लाल वर्दियाँ दिखाई पड़ गई थीं, चुन्नटदार पगड़ियाँ और घाघरे पहने सैनिकगण, चमकते हुए पीतल का बैंड, और फोटोग्राफरों की पूरी सेना। एक बैंड, एक सैन्य-दल, प्रेस के लोग और लाल कालीन। उन्होंने जल्दी से अपनी बेटी पेमेला की पोशाक पर ध्यान दिया, उसकी सफेद केपलाइन की स्थिति को, फिर यांत्रिक ढंग से उन्होंने उसके बालों को देखा, उसके हैट के किनारे को सीधा किया और उसके दस्ताने खींचकर सही किए।

दरवाजा जैसे भट्टी में खुला। एडविना ने हवा की पूर्वपरिचित गंध को पहचान लिया था, शहद और धुएँ, लोबान और गोबर की मिली-जुली गंध को। सीढ़ी सामने लाई गई। लॉर्ड लुई उतरकर सावधान मुद्रा में खड़े हो गए।

सीढ़ी के नीचे लॉर्ड वेवल फील्ड मार्शल की वर्दी पहने खड़े थे।

भारत में ऐसा विश्वास किया जाता है कि काना राजा हमेशा राजवंश के अंत की घोषणा करता है। लॉर्ड वेवल की एक ही आँख थी। यदि इस चुप्पा सैनिक ने भारतीय नेताओं का सम्मान हासिल कर लिया था, और दिल्ली के लोग उसकी तरफ आस लगाए देख रहे थे, तो सिर्फ इसलिए कि उनके लिए एक आँख के न होने का अर्थ था आक्रमणकारियों का रुख्सत होना। आर्चीवाल्ड पर्सीवल वेवल को ऊपर से आदेश के बिना बातचीत करने का अधिकार नहीं था। वह असफल हो गया था और अब वापस जा रहा था। लॉर्ड लुई के मन में उसके लिए करुणा उमड़ आई।

एडविना ने वेवल की पत्नी को पहचान लिया। वह उसे दो वर्ष पहले रेड क्रॉस की कॉन्फ्रेंस के दौरान शिमला में मिली थी। लेडी वेवल ने तिनकों का हैट लगा रखा था। उनके ब्लाउज के कॉलर पर ऑर्चिड का एक फूल टँका था। उन्होंने कुहनियों तक लंबे सफेद दस्ताने पहन रखे थे। लेडी वेवल पहले की ही तरह बुजुर्गाना ढंग से मुस्कुराईं। धूल-भरी आँधी को झेलते हुए कुछ दूर बने रहे। उनकी बगल में मोटे गोल शीशे का चश्मा लगाए, लंबी कसी हुई अचकन पहने एक स्थूलकाय व्यक्ति खड़ा था। लॉर्ड लुई आगे बढ़े, एडविना ने उन लोगों को हाथ मिलाते देखा। उसने सीढ़ियों से उतरना शुरू किया। नेहरू ने निगाह उठाकर उसकी तरफ देखा और तेजी से आगे बढ़ गए।

'योर एक्सिलेंसी आप बहुत थकी तो नहीं हैं ?' उन्होंने उसकी बाँह पकड़ते हुए पूछा। 'मेरे साथ आइए। आपसे दुबारा मिलकर बहुत खुशी हो रही है। शायद आप पानी

पीना चाहेंगी। ओह ! हमारे हवाई अड्डे पर बहुत तामझाम तो नहीं है, लेकिन कम-से-कम पानी ठंडा होगा।'

उनके मांसल होंठ अब भी थरथरा रहे थे, और आँखें खुशी से चमक रही थीं।

'आपके खाविंद के पास खड़े हुए व्यक्ति लियाकत अली खाँ हैं, योर हाइनेस। वे मुस्लिम लीग के प्रवक्ता हैं,' उन्होंने स्थूलकाय व्यक्ति की तरफ इशारा करते हुए कहा। ये आपकी बेटी है ?' उन्होंने एडविना के पीछे देखकर पूछा।

पेमेला,' एडविना ने अपनी बेटी को आगे खींचते हुए धीरे-से कहा ताकि नेहरू उससे हाथ मिला सकें।

पेमेला ने नम्रता से सिर हिलाया और नेहरू के पीछे उस संकोची-सी युवती की तरफ देखा जो उनकी तरफ बढ़ रही थी।

एडविना ने नीली सिल्क की साड़ी में उस दुबली छाया को आगे बढ़ते नहीं देखा था जिसके दुबले हाथों में गुलाब और रजनीगंधा का लंबा हार था, जिसमें गेंदे के फूल भी गुँथे थे।

'भारतीय फूल मैडम। क्या आप अपना सिर थोड़ा-सा झुकाने की कृपा करेंगी ?' नेहरू ने धीरे-से एडविना के कान में कहा।

उस भारतीय युवती ने शरमाते हुए हार एडविना के गले में डाल दिया। ऐसा करते हुए वह कुछ बुदबुदा रही थी पर उसके शब्द समझ में नहीं आ रहे थे। उसके बाद वह दोनों हाथ जोड़कर इतना नीचे झुक गई कि उसके काले तेल-भरे बालों के बीच की सफ़ेद माँग के सिवा और कुछ दिखाई नहीं दिया।

'जरा जल्दी करिए मैडम,' नेहरू अधीर होकर बोले, 'वायसराय को सेनाओं का निरीक्षण करना है।'

गर्मी से बेहाल एडविना ने आदेश का पालन किया। गेंदे के फूलों की कड़वी-सी गंध से उसके माथे पर बल पड़ गए। नेहरू लेडी वेवल के प्रति शिष्टाचार बरतने के लिए पहले ही उसे छोड़कर चले गए थे। रॉयल मेरीन की रेजीमेंट का कैप्टेन आदेश दे रहा था, बैंड ने 'गॉड सेव द किंग' की धुन बजाना शुरू कर दिया। लॉर्ड लुई अपने पूर्ववर्ती की बगल में यूनियन जैक के सामने निश्चल खड़े हुए, हमेशा की तरह बुत-जैसे लग रहे थे।

लेकिन, झोंपड़ी में पानी ठंडा लग रहा था और छोटे आम बहुत पके हुए थे। पुरुष हॉल के एक कोने में बैठ गए और एक बैरा महिलाओं को कुछ दूर पर रखे हुए सोफे की तरफ ले गया।

'योर हाइनेस को पानी के बारे में सावधानी बरतनी चाहिए,' लेडी वेवल ने कहा।

'मुझे पता नहीं लगा कि उसे छाना और उबाला गया है या नहीं। आम भी

मैडम ...'

'आम ?' एडविना ने पूछा। 'उन्हें दो टुकड़ों में काटकर खोला जा सकता है, और खाते समय होंठों को उसके छिलके को स्पर्श नहीं करना चाहिए। मैं भारत को कुछ-कुछ जानती हूँ मैडम, आपको धन्यवाद। आपको वह काम याद है जो हमने शिमला में किया था ?' उन्होंने प्रफुल्लता से उस दमकती मुस्कान के साथ पूछा जिसमें वे देवी लगने लगती थीं।

'ईश्वर न करे कि मैं आपकी भारत-यात्राओं को भूल जाऊँ,' लेडी वेवल ने उलझन के कारण लाल होते हुए कहा। 'मुझे यकीन है कि आप यहाँ की व्यवस्था को अद्‌भुत ढंग से सँभाल लेंगी।'

तिनके का हैट पहने वह वृद्ध महिला इतने प्यारे ढंग से मुस्कुराईं कि एडविना को राहत महसूस हुई।

'लेकिन तुम पानी के बारे में सावधान रहोगी, है न ?' लेडी वेवल ने मातृवत् जोर दिया। एडविना ने एक आम काटकर गूदे को बड़ी तत्परता से काटा।

'मुझे एक नेपकिन पकड़ा दीजिए मैडम,' फल को खाकर वह धाराप्रवाह बोलती रही, 'ओह ! अब मुझे अपनी ड्रेस बदलनी होगी। क्या आपने मेरा डस्ट-शीट बैग देखा है ? क्या मैं आपके लिए एक आम काट दूँ ? वे बहुत अच्छे हैं। पानी के लिए, मैं चैक कर लेती हूँ। डियर पंडितजी !' उसने बड़ी शालीनता से पुकारा।

लेडी वेवल देखती रहीं। नेहरू पुरुषों की टोली से अलग होकर सोफे की तरफ आए।

'क्या आपको मालूम है कि यह पानी ठीक है ?'

'पानी ? ओह !' उन्होंने लेडी वेवल की तरफ नजर डालकर कहा, 'बेशक।'

'और पंडितजी आपने अपने बटनहोल के गुलाब का क्या किया ?'

नेहरू ने उसकी तरफ नासमझी के-से भाव से देखते हुए कमीज की तरफ आँखें झुकाईं।

'मेरा गुलाब ?'

'सिंगापुर में।'

'ओह !' वे अपना सिर ठोकते हुए बोले, 'मैं भूल गया था।'

'वह आप पर बहुत अच्छा लगता था,' एडविना ने मुस्कुराकर जवाब दिया।

'प्रशंसा के लिए शुक्रिया। माफी चाहता हूँ ... '

वे तेजी से चल दिए।

एडविना ने अपना गिलास उठाते हुए कहा, 'असल में ऐसा है ...',

देख रही हूँ कि योर हाइनेस उप-प्रधान मंत्री को पहले से ही अच्छी तरह जानती

हैं', लेडी वेवल ने हल्की-सी आह भरके टिप्पणी की।

'किसे ?' एडविना ने भावशून्यता से कहा। 'ओह ! मिस्टर नेहरू। एक साल से ज्यादा हो गया जब हमने सिंगापुर में उनका स्वागत किया था। उस समय वे सिर्फ एशियन रिलेशंस कॉन्फ्रेंस के अध्यक्ष थे। मुझे उनके नामजद किए जाने से बहुत खुशी हुई थी। गोकि इसमें कोई ताज्जुब की बात नहीं थी। वे कितने आकर्षक हैं न ?'

'इस बात को बहुत वक्त नहीं हुआ है, जब वे जेल में थे, योर हाइनेस,' लेडी वेवल कहती रहीं। 'युद्ध पूरी तरह खत्म हो गया, और हर बात बदल गई। हमारे बस में जो कुछ था हमने किया,' उन्होंने काँपती हुई आवाज में कहा, 'लेकिन हिंदुस्तानी एक-दूसरे की हत्या कर रहे हैं। हमारे बाद वे लोग एक-दूसरे की और हत्या करेंगे। इंगलैंड इनके अंतर्मन में बैठी इस घृणा के खिलाफ कुछ नहीं कर सकता; यह हमारी जिम्मेदारी नहीं है। मेरे खाविंद ने पिछली शिमला कॉन्फ्रेंस को बचाने की बहुत कोशिश की, लेकिन सब व्यर्थ हुआ ...'

लेडी वेवल अपने ऊपर और नियंत्रण नहीं रख सकीं।

'भारत केवल साम्राज्य के कारण ही अखंड रहा। अब साम्राज्य का फैशन नहीं रहा और जो सब हमने इकट्ठा किया था, वह टूट-बिखर रहा है। हम कुछ नहीं कर सके। तुम्हें भी असहायता की यह भयंकर अनुभूति होगी; तुम लोग नेहरू को कुछ अलग नजर से देखो। सौभाग्य से, हम आखिर जा रहे हैं।'

'यह सच है,' एडविना ने रूखी आवाज में बात काटी, 'उप-प्रधानमंत्री बड़े असाधारण व्यक्ति हैं जिनके बिना मेरे खाविंद यह मिशन पूरा नहीं कर सकते थे,' उसने सीखे हुए सबक को शब्दशः दुहरा दिया। 'लेकिन मुझे मालूम है कि लॉर्ड वेवल ने असंभव को साधने का प्रयास किया, इसके अलावा हर तरफ के भारतीय नेताओं ने उनको सम्मान दिया है, क्या यह सही नहीं है ?' उसने सौजन्य से जोड़ा।

लेडी वेवल ने ठंडी साँस ली।

'मेरा डस्ट-शीट, बैग दिखाई नहीं पड़ रहा है,' एडविना धीमे-से बोली। 'ओह ! वह रहा ! उसे बहुत करीने रख दिया गया है, अच्छा है।'

और फिर उसने पुरुषों की तरफ देखा।

लाल रंग के फटीचर पर्दों से सजा वह छोटा-सा कमरा पगड़ीधारी अफसरों से भरा था जिन्होंने काली लंबी दाढ़ियाँ रख रखी थीं। उच्चाधिकारी सफेद कपड़े पहने थे। सब लोग इतने गुपचुप ढंग से बात कर रहे थे मानो वे किसी अस्पताल में हों। परेशान-से नेहरू ने अपनी घड़ी देखी।

'क्षमा कीजिए मैडम, चलने का समय हो गया,' उन्होंने एडविना से कहा।

'हे ईश्वर !' एडविना परेशान होकर बोली, 'लेकिन मुझे जुलूस के लिए अपनी

पोशाक बदलनी है ! वहाँ, मेरा खयाल है दरवाजे के पीछे ?'

और, अपने बैग को झपटकर वह गायब हो गई। पीठ के पीछे हाथ रखे हुए, नेहरू अजब तरह से लेडी वेवल की तरफ देखकर मुस्कुराए और कमरे में चहलकदमी करने लगे। एडविना जल्दी ही फिर से प्रकट हुई। सफेद पोशाक में वह दमक रही थी, उसकी सम्मोहक केपलाइन पर सफेद डेज़ी के फूल कढ़े हुए थे। नेहरू ने प्रशंसा के भाव से उसकी तरफ देखा और अपनी बाँह बढ़ाकर उन्हें बाहर ले गए। लॉर्ड लुई उनके साथ हो लिए और वे तीनों एकसाथ आगे बढ़े।

कुटीर के सामने की रेत को सच्चे फूलों से सजाया गया था। यहाँ गुलाबी पंखुड़ियों से 'वेलकम' लिखा गया था। एडविना को शाही-गाड़ी में चढ़ने के लिए उस सजावट के ऊपर से चलकर जाना पड़ा। बड़े-बड़े धूल-धूसरित पेड़ों के नीचे लान्सर्स रेजीमेंट इंतजार कर रही थी। झंडों, बरछों और दस्तानेबंद मुट्ठियों की सेना, धूल-भरी दोपहर में चमकती वर्दियों का खामोश जत्था। सुनहरे और लाल कपड़ों में एक बैरा पायदान के सामने खड़ा था। एक सख्त आदेश मिलने पर लांसर्स की टुकड़ी बंद गाड़ी के चारों तरफ तैनात हो गई।

लॉर्ड और लेडी वेवल ने इंतजार किया कि पहले लॉर्ड माउंटबेटेन काली गाड़ी में अपना स्थान ग्रहण कर लें, फिर वे हिचकिचाते हुए अपनी गाड़ी की तरफ गए। ऐसा पहले कभी नहीं हुआ था कि पुराने और नए दो वायसराय दिल्ली में मिले हों। सामान्यत: नए वायसराय के पहुँचने से पहले पुराना वायसराय रुख्सत हो जाता था। इसलिए, इस तरह की असाधारण स्थितियों के लिए कोई नयाचारी व्यवस्था मौजूद नहीं थी। नए वायसराय की बेटी के लिए लिमोसीन की अलग व्यवस्था थी। लॉर्ड और लेडी माउंटबेटेन सजी हुई बग्घी में चढ़ गए और छ: घोड़े कोचवान के इशारे पर उसे तेज दुलकी चाल से ले चले।

लॉर्ड लुई ने बाँह के इशारे से पेड़ों की छाया में बने एक विशाल दरवाजे को दिखाते हुए कहा, 'वह रहा हुमायूँ का मकबरा, अभागा सुल्तान, जो मेरी जानकारी के अनुसार खगोलशास्त्री और अफीमची था।' "दिल्ली के आखिरी सुल्तान ने यहीं दफनाए जाने की ख्वाहिश जाहिर की थी। यहाँ पोलो का मैदान भी था। जब 1922 में युवराज की हैसियत से डेविड यहाँ सरकारी दौरे पर आया था तो मैं यहीं उसके साथ पोलो खेलता था। हम दोनों ही बड़े खराब खिलाड़ी थे।" जैसे-जैसे वे इन स्थलों को पार कर रहे थे माउंटबेटेन को याद आ रही थी। लेकिन एडविना हाथ में अपना हार लिए, सिर्फ काले घोड़ों को हाँफते हुए कोचवान की पीठ की तरफ देख रही थी और अलग-अलग चेहरोंवाले उन आदमी-औरतों को देख रही थी जो रेत के प्रभामंडल में धीरे-धीरे ऐसे चले जा रहे थे जैसे कोई अदृश्य शक्ति उन्हें धकेल रही हो। अभी-अभी वे सिर घुमाकर

भारत के अंतिम वायसराय की सवारी को जाते हुए देख लेते थे।

कुछ देर के बाद, घोड़ों की टापों की साफ आवाज और सहसा आकाश में ऊँचे उड़ती हुई चील की चीख के अलावा कुछ सुनाई नहीं पड़ रहा था। भीड़ अब भी विशाल महल के रास्ते पर पीली पड़ी घास पर मृदु-मंथर गति से चली जा रही थी। उनमें न आवेग था न विरोध, केवल मामूली-सी जिज्ञासा थी। एक रिक्शावाला जुलूस के ठीक किनारे पर अचानक रुक गया और अपनी सवारी को थामने के लिए जोर से घुरघुराया। धक्के से, सीट पर बैठी एक स्थूलकाय महिला चिल्लाती हुई उलट गई; एक बच्चा अचानक बग्घी के सामने आ गया और उसके नीचे आने से बाल-बाल बचा। एडविना ने मुँह पर अपना हाथ रख लिया। बीच-बीच में गोरे चेहरे नजर आ जाते थे। कुछ तमाशबीन, कुछ अंग्रेज आदमी-औरतें, प्रेस फोटोग्राफर, जो आते थे और तेजी से गायब हो जाते थे, मानो उस दुर्गम प्रवाह में पिघल गए हों।

'क्या तुम्हें विरोध प्रदर्शनों की उम्मीद है ?' एडविना ने पूछा। 'भारत में कुछ नहीं कहा जा सकता,' लॉर्ड लुई ने सपाट उत्तर दिया, 'पुलिस ने हर चीज चेक कर ली है, लेकिन हम किसी भी पागल की कृपा के मोहताज हैं। दिल्ली में स्थिति बदतर होती जा रही है और दंगे बिजली की तरह टूट पड़ते हैं। हम लोग लगभग आ पहुँचे हैं।' बग्घी घूमकर विशाल दरवाजे के बीच से गुजरी।

बलुआ पत्थर की गुलाबी सीढ़ियों के शिखर पर तुरही बजी। गहरे नीले रंग की वर्दियाँ, पीले और नीली स्याही के रंग के साफे लगाए शाही रेजीमेंट के गॉर्ड बग्घी की तरफ बढ़े और धीमी तीनताला गति से वायसराय के जुलूस के साथ अपार्टमेंट तक गए। एक-एक सीढ़ी करके एडविना लाल पत्थर की सीढ़ियों पर चढ़ी। खामोशी सिर्फ बीच-बीच में उसके भारी जूतों की एड़ियों की लय से बाधित हो रही थी।

सबकुछ अच्छी तरह सम्पन्न हो गया। सिर्फ अगले दिन भारत के आखिरी वायसराय की ताजपोशी बाकी थी। इसके अलावा भारत से रवाना होने से पहले लॉर्ड वेवल के साथ एक साक्षात्कार और उनके कार्यभार का समापन।

'भला कौन कह सकता था कि एक दिन हम ऐसी स्थिति में होंगे,' माउंटबेटेन ने बात शुरू की। 'आपको मालूम है कि मुझे राजतंत्र के सर्वोच्च अधिकारियों से इस साक्षात्कार का अधिकार देने के लिए पैरवी करनी पड़ी ? ऐसा लगता है कि इस तरह की मुलाकात पहले कभी नहीं हुई।'

'यह, मीलॉर्ड,' वेवल ने संकोच से जवाब दिया। 'मुझे अपने पूर्ववर्ती लॉर्ड लिनलिथगो से बात करने का सौभाग्य नहीं मिला, गोकि ऐसा होता तो वायसराय के रूप में अपने दस साल के अनुभव के आधार पर उन्होंने मुझे यकीनन अच्छी सलाह दी होती। दरअसल, मुझे पूरा यकीन नहीं है कि वे मेरी मदद कर सकते थे ... क्योंकि मुझे दिखाई नहीं

देता कि आज भारत के वायसराय की मदद कैसे की जा सकती है। मैं अपने रेडियो के भाषण में एक शब्द भी अपनी वास्तविक अनुभूतियों के बारे में नहीं कहूँगा; क्योंकि अगर मैंने ईमानदारी से काम लिया, तो सबसे पहले आपको निराशा होगी।'

माउंटबेटेन ने बूढ़े मार्शल की उदासी को महसूस किया और ठंडी साँस ली। लेकिन यह जरूरी था कि वेवल उसे वास्तविक स्थिति के बारे में संकेत दे। माउंटबेटेन मन ही मन सोच रहे थे कि उन्हें न तो शिमला कॉन्फ्रेंस की असफलता की बात उठानी चाहिए और न ही भारत की स्वाधीनता के लिए क्लीमेंट एटली द्वारा निश्चित की गई 1948 की अंतिम तिथि की। वे उनसे सबसे पहले आदमियों के बारे में पूछेंगे।

'क्या आपको मालूम है कि मैंने कांग्रेस और मुस्लिम लीग के बीच सहयोग के बारे में, किंग जॉर्ज से क्या कहा था ?' थोड़ी देर खामोश रहने के बाद लॉर्ड वेवल ने कहा। 'इससे मुझे अपने बचपन के एक गोरखधंधे की याद आ गई। शीशे के ढक्कनवाले एक डिब्बे में तीन-चार अलग-अलग रंगों की गोलियाँ होती थीं। डिब्बे को धीरे-धीरे हिलाकर इन्हें अपने-अपने बाड़े में पहुँचाना होता था। जैसे ही लगता, कि उनमें से एक गोली भीतर जानेवाली है, बची हुई गोलियों में से कुछ या बाकी सारी बाहर निकल भागती थीं।'

'लेकिन आप इन लोगों को अच्छी तरह जानते हैं', लॉर्ड माउंटबेटेन बोले।

'क्या आप पार्टियों के नेताओं की बात कर रहे हैं ? मैं नेहरू और जिन्ना को जानता हूँ जिनके बीच किसी तरह समझौता नहीं हो सकता। आप भी तो नेहरू को जानते हैं — स्वप्नदर्शी, भावुक और इतनी गहराई तक समाजवादी कि स्पेन के गृहयुद्ध में रिपब्लिकंस का समर्थन करने के लिए वहाँ तक जा पहुँचे थे। जहाँ तक जिन्ना का सवाल है वह दुराग्रही और स्वेच्छाचारी है। आप जानते हैं कि उसमें आकर्षण की कमी नहीं है, लेकिन वह तिरस्कार के साथ बात करता है, सुल्तान की तरह व्यवहार करता है और गरचे उसके पास सुल्तान का साज-सामान नहीं है पर आत्मा उसी की है। उसकी भावनाएँ प्रकट नहीं होतीं, हर बात भीतर ही रहती है। वह बेहद जिद्दी है, एक आमूल आदर्शवादी ... ।'

'नेहरू भी तो वही है,' माउंटबेटेन ने टिप्पणी की।

'हाँ, लेकिन वह धर्मान्ध नहीं है। दुर्भाग्य यह है कि जिन्ना की धर्मान्धता ने मुस्लिम जनता पर विजय पा ली है। और हम उन्हें उनके स्वप्न से वंचित कैसे कर सकते हैं ? जिन्ना नहीं मानेगा, उसकी घृणा बहुत प्रबल है। और कांग्रेस ने हिंदू बहुसंख्यावाले प्रदेशों को जीत लिया है, जबकि लीग ने, जहाँ मुसलमानों का प्रभुत्व है वहाँ पूरी तरह बाजी मार ली है। मुझे कोई हल नजर नहीं आता, बिल्कुल नहीं।'

'और महात्मा गाँधी ने आपसे क्या कहा है ?'

'मैं उनसे दो बार मिला हूँ। पहली बार कलकत्ता में, जब वे बंगाल गए थे। और दूसरी बार शिमला में, उस प्रसिद्ध कॉन्फ्रेंस में जिसे ... भला .... भारतीय नेताओं ने असफल कर दिया। ओह ! गाँधी अच्छा बोलते हैं, और खूब विस्तार से; वे कभी चुप नहीं होते। वे ऐसे व्यक्ति हैं जो कोई ठोस प्रस्ताव सामने नहीं रखते और आपको टालते रहते हैं। मैं अक्सर ताज्जुब करता हूँ कि उनकी जितनी खुशामद की जाती है क्या वे उसके लायक हैं ?'

'लेकिन यहाँ, इस भवन में, आप उनसे आखिरी बार कब मिले थे ?'

'मुझे यहाँ उनका स्वागत करने का अधिकार नहीं दिया गया था। सरकार ने ...'

'अधिकार ? आपका कहना है कि इसके लिए आपको सरकार से अधिकार माँगने की जरूरत थी ?'

'आप यह कल्पना नहीं कर सकते कि मैं उनसे मशविरा किए बगैर ऐसा नहीं कर सकता था'। विचलित हुए लॉर्ड वेवल बोले। वे लोग यह नहीं चाहते थे कि मैं सरकारी तौर पर गाँधी का स्वागत करूँ। क्या हाल ही में चर्चिल ने जो कहा था, आपको उनके शब्द याद हैं ?'

' "अधनंगा फकीर" ? या शायद "कि भारतीय लोग जंगली हैं और उनका धर्म भी जंगली है !" उन्होंने यह ऐयरी से कहा था न ?' लॉर्ड लुई ने उद्धृत किया, '1942 में, है न ?'

'हाँ, मुझे यह बात स्वीकार करनी होगी कि कभी-कभी गाँधी के बारे में मुझे ऐसा लगता है कि वो, मैं किन शब्दों में कहूँ, कि वो धूर्त हैं। लेकिन मेरी व्यक्तिगत राय की कोई खास अहमियत नहीं है। उसको अहम् होने की इजाजत नहीं दी जाती है। आप मेरी जगह होते तो क्या करते ?'

माउंटबेटेन ने सोचा कि वे गाँधी का स्वागत कर लेते और रिपोर्ट बाद में भेजते। पर मार्शल बहुत आज्ञाकारी था।

'यह मेरा सौभाग्य है कि मेरी स्थिति स्पष्ट रूप से ज्यादा मजबूत है, क्योंकि मेरे खयाल से सरकार के किसी सदस्य के मन में कोई भ्रम नहीं है। मैं यह पद नहीं चाहता था और सब इस बात को जानते हैं,' माउंटबेटेन ने कहा।

'और आपके लिए उनसे मशविरा करना जरूरी नहीं है।' लॉर्ड वेवल ने जोड़ा, 'आपने स्वाधीनता के लिए अंतिम तिथि तय करने के सिद्धांत पर भी बात कर ली है, जून 1948 ....।'

'इसके बगैर कोई भारतीय हमारी ईमानदारी पर यकीन नहीं करेगा और हम इस मामले में आगे नहीं बढ़ सकेंगे,' माउंटबेटेन ने बात काटी।

'मैं जानता हूँ,' वेवल ने फिर कहा। 'आपने अपने फैसले के बारे में सोच-विचार कर लिया है ? क्या आपको इस बात का बोध है कि एक वर्ष का समय बहुत कम है ?'

'लेकिन जब मैं भारतीय नेताओं से मिलूँगा, उन्हें भी यह जानकारी होगी कि हम लोग जल्दी ही रुख्सत हो जाएँगे। तात्कालिकता से उनमें समझदारी पैदा होगी और हल अपने आप सामने आएँगे।'

वेवल उठ खड़े हुए और उन्होंने नजर गड़ाकर माउंटबेटेन की तरफ देखा।

'सर, मुझे सिर्फ दो हल दिखाई पड़े। पहले को मैंने नाम दिया "ऑपरेशन मैड हाउस।" हम एक-एक प्रदेश करके भारत से वापस हो जाएँ। शुरुआत औरतों और बच्चों से हो, उसके बाद प्रशासक और नागरिक, और आखिर में सेना। अगर ऐसा न करना चाहें तो दूसरा हल यह है, हम भारत में अपनी सेना और सुदृढ़ता को बढ़ा दें और पंद्रह साल तक और शासन करने की तैयारी करें।'

'पर यह तो पागलपन है !' माउंटबेटेन ने सोचा, वे भयभीत हो गए। 'हमारे कूच करने के बाद कितनी मौतें होंगी ? लगता है कि वेवल की बुद्धि भ्रष्ट हो गई है।'

'आपको लगता है कि मेरा दिमाग ठिकाने नहीं है,' वेवल की मुस्कुराहट में उदासी थी। 'यकीन रखिए, कोई सरकार इन दोनों में से कोई हल स्वीकार नहीं करेगी। मेरा ऑपरेशन मैड हाउस तो असंभव है, पर आप देखेंगे कि आपको उसे लागू करने के लिए मजबूर होना पड़ेगा। बड़ी हताशा की स्थिति है, है न ?'

'बल्कि निराशाजनक, सर', माउंटबेटेन ने कहा।

'नहीं, रोशनी नहीं है', वेवल धीरे-से बुदबुदाए। वे फिर से बैठ गए, 'मुझे निकलने का कोई रास्ता दिखाई नहीं देता।'

'मुझे सबसे पहले गाँधी से मिलना होगा,' वेवल के कथन पर चिंतन करते हुए माउंटबेटेन ने सोचा। वे अभी बिहार में ही होंगे। मैं उनके लिए परसों अपना प्राइवेट जहाज भेजकर उन्हें वापस दिल्ली बुलवा लूँगा।'

राज का आखिरी राज्याभिषेक

दिल्ली, 23 मार्च 1947

बूढ़ा फोटोग्राफर, अपनी पीठ के पीछे हाथ रखे, उस तिपाई के पास जहाँ उसके कैमरे

इंतजार कर रहे थे। समारोह के लिए उच्चाधिकारियों के आने के पहले सरकारी फोटोग्राफी सेशन के लिए एक ही घंटा बचा था, जल्दबाजी के लिए। नए वायसराय की ख्याति पहले से ही थी। एक एडमिरल, एक नायक जिसे युद्ध-काल में सेनाओं को आदेश देने की आदत हो, वह निश्चल कैसे रह सकता है ? काश ! वह उतना ही उम्रदराज होता जितने लॉर्ड वेवल थे, काश ! वाइसरीन का अंदाज भी वैसा दादीयानां होता। लेकिन नहीं। दो पुतले। उच्चतम अभिजात वर्ग के दो दंभी; शाही खानदान में सबसे व्यावहारिक। भारत में वायसराय भवन में ऐसी बात पहले कभी नहीं देखी गई थी।

'देखो डिकी !' एक उल्लसित आवाज ने कहा, 'छतें कितनी शानदार हैं।'

संगमरमरी कमखाब की खुले गोल कंधों की पोशाक में एक परी ने सहसा 'दरबार हॉल' में प्रवेश किया। उसके दस्तानेवाले हाथों में से एक में ब्रेस्लेट था और एक लंबा दुपट्टा उसके सीने पर पड़ा था। प्रशंसा से फोटोग्राफर का मुँह फटा रह गया। उसकी आँखें छत पर नाचते हुए हाथियों के जुलूस की तरफ उठी थीं। उसने देखा ही नहीं कि वहाँ उपस्थित एक आदमी चुपचाप उसकी तरफ देख रहा है।

वह संगमरमर के फर्श पर बिल्कुल नि:शब्द जैसे फिसलती चली जा रही थी, और उसके ब्रेस्लेट के हीरे, हिरन की चमड़ी के दस्ताने के ऊपर झिलमिला रहे थे। उसके पीछे-पीछे नौकरों की एक टोली चुपचाप उस पर गंभीरता से नजर गड़ाए आ रही थी।

'डिकी !' परी ने अपने ब्रेस्लेट को हाथ से बंद करने का प्रयत्न करते हुए अधीरता से पुकारा — 'मुझसे यह ठीक नहीं हो रहा। आखिर तुम कर क्या रहे हो ? तुम अभी आओगे भी या नहीं ? यह शायद इस भारी लबादे की वजह से बंद करने में दिक्कत हो रही है। शायद वह हमेशा की तरह अपने तमगों को देख-परख रहा होगा। ओह, इस ब्रेस्लेट को बंद करना नामुमकिन !'

अचानक, उसकी नजर उस बूढ़े, भौंचक्के खड़े हुए फोटोग्राफर पर पड़ी।

'ओह ! सर मैंने आपको पहले नहीं देखा। क्या आप मेहरबानी से इस ब्रेस्लेट को बंद कर देंगे ?' उसने एक मुस्कान झलकाकर अपनी कलाई आगे बढ़ाकर पूछा, 'यह मुकुट भी, इसका कुंडा भी बंद करना है, मेरा खयाल है यह मजबूती से नहीं बैठा है', उसने आगे कहा। फोटोग्राफर अनाड़ीपन से उसके आदेशों का पालन करने लगा।

वह घुटनों के बल बैठ गई। उसके ऊपर झुका हुआ वह वृद्ध सज्जन मुकुट से जूझने लगा। मुकुट तुरंत गिर पड़ा। एक नौकर आगे बढ़ा लेकिन परी ने, बड़ी तेजी से उसे उठाकर अपने सिर पर रख लिया।

उसने सीधे होते हुए कहा, 'जाहिर है, कि यह अच्छी तरह नहीं जमा है। मुझे समारोह से पहले इसे पिन लगाकर जमाना है। फोटोग्राफर के लिए तो ऐसे ही काम चल जाएगा,

है न ? मुझे कहाँ बैठना होगा ? वहाँ लाल सिंहासन पर ?'

जब बलुआ पत्थर पर पैरों की आहट सुनाई पड़ी तब तक वह अपनी कमखाब की पोशाक की लंबी फैली हुई चुन्नटों को ठीक करते हुए बैठ गई थी। समूर और मखमल के घटाटोप के साथ वायसराय ने प्रवेश किया।

'मैं वायसराय के रूप में शानदार नहीं लगता ?' उन्होंने बड़े शान से चक्कर लेते हुए कहा।

'सोलह आने,' परी ने लंबी साँस लेकर जवाब दिया। 'खासकर फुँदने,' उसने उन भारी सुनहले फुँदनों की तरफ अपनी ठोढ़ी से इशारा करके कहा जिनसे उनके लबादे को बाँधा गया था। 'नहीं डिकी, मैं तो सिर्फ छेड़ रही थी। तुमने तो जन्म ही इस लबादे के लिए लिया है। मैं कैसी लग रही हूँ ?'

वायसराय ने जवाब नहीं दिया, लेकिन उसकी तरफ जाकर उन्होंने अपना घुटना झुका दिया। 'हमारी स्वतंत्रता के आखिरी क्षण। तुम कभी इससे ज्यादा सुंदर नहीं लगोगी। फोटोग्राफर कहाँ है ? जल्दी कीजिए मिस्टर, मेहरबानी करके।'

वे अपनी पत्नी के पीछे एक पैर को थोड़ा-सा मोड़कर कुछ ऊँचाई पर खड़े हो गए। फोटोग्राफर ने लैम्पों की तरफ लपककर रुपहली पोशाक की छाया पर रोशनी को व्यवस्थित किया। फिर औपचारिक ढंग से शाही दंपति के पास जाकर उसने लबादे की चुन्नटों को एक-एक करके ठीक बैठाया। उसने अभी किसी ऐसे युवा दंपति को साम्राज्य के ठाठ-बाट को इस तरह धारण किए नहीं देखा था।

अनुष्ठान शुरू होनेवाला था। दरबार के प्रवेश-द्वार से लगे हुए गलियारे में शाही दंपति तैयार हो रहे थे। एडविना ने अपने होंठों को चबाया ताकि वे और मांसल लगें। लॉर्ड लुई ने अपने चमकी लगे कोट को खींचा और भारी मखमल के केप को ठीक बैठाया।

फिर, सहसा वह एडविना का हाथ उठाकर अपने होंठों तक ले गया। ये शाही पहरेदार इतने विशाल हैं कि स्वीटहार्ट मैं तुम्हें देख नहीं सकूँगा।' साफाधारी सैनिकों के बीच खड़े होते हुए उसने कहा, 'हमें चलना चाहिए।'

विशाल हॉल में एक गूँज उठी, गलियारा बहुत लंबा नहीं था, लेकिन निरावेग पहरेदारों की शानदार त्रिपदी मार्च में बाधा न पड़े इसके लिए छोटे-छोटे, धीमे कदम रखना जरूरी था। उन्हें प्रवेश करता देखकर दर्शक एकदम निश्चल हो गए।

लाल चबूतरे पर दोनों सिंहासनों से चार डिग्री की दूरी पर लॉर्ड लुई हलके-से ऐसे घूमे कि उनका समूरी लबादा शुरू की सीढ़ियों पर फैल गया। एडविना ने अपने हाथीदाँती कमखाब की भारी साटन की चुन्नटों को अद्भूत शालीनता से सीट पर गिर जाने दिया। बिना सिर हिलाए उसने एकत्र सम्माननीय लोगों के समूह पर अपनी नजर घुमाई। वहाँ महाराजा लोग सबसे अलग दिखाई पड़ रहे थे — अपने शाही अलंकारों

से सजे-धजे, मोतियों और कलंगियों से लैस, उनके भव्य हीरों के क्रॉस उनके सीने पर शोभित थे। वे तमाम भारतीय शासक जिन्होंने ताज के प्रति वफादार रहने का वचन दिया था, वहाँ उपस्थित थे। वे उस अनुष्ठान के प्रति वफादार थे जिसका आविष्कार ब्रिटिश साम्राज्य ने उनकी राजसी ठाटबाट की अभिरुचि को पूरा करने के लिए किया था। अपनी भूरी पड़ी त्वचा और हल्के रंग की आँखोंवाले अंग्रेज भी पहली ही नजर में देखे जा सकते थे, सफेद वर्दियों में सैनिक, हल्के रंग की पतलूनों पर काले चोगे पहने जज लोग। बाकी के सफेद टोपियाँ और सादे भारतीय सूट पहने कांग्रेस के स्वाधीनता सेनानी।

'क्या योर एक्सिलेंसी अपने-आपको सीधा रख सकेंगे ?' उसने भावावेश में सुझाव दिया।

'लेकिन मैं तो सीधा ही हूँ,' लॉर्ड लुई ने उत्तर दिया।

'मेरा मतलब है दोनों पाँव मिलाकर,' बूढ़े ने हकलाते हुए कहा।

'ताकि मैं तना हुआ सिपाही लगूँ ?' लॉर्ड लुई बोले।

'लेकिन ...'

'करो-करो !' वायसराय ने प्रस्तावित मुद्रा बनाए बिना अधीरता से कहा।

परी ने अपने बँधे हुए हाथों को बड़ी शालीनता से कुर्सी की दायीं तरफ रखा और फोटोग्राफर के बटन दबाने की प्रतीक्षा करने लगी। फोटोग्राफर ने लेंस पर आँस लगाकर दो युवा और सुन्दर शासकों का आदर्श चित्र बनाया। स्वप्निल आँखें, एक हाथ फुँदनों पर, दूसरे में लापरवाही से एक सफेद दस्ताना पकड़े, पैर आगे की तरफ लापरवाही से मुड़ा हुआ — भारत का बीसवाँ वायसराय युवा सिने-सितारे की तरह लग रहा था।

'अब तुम, अकेली,' कुछ शॉट ले लेने के बाद लॉर्ड लुई ने कहा, 'बहुत सारी तस्वीरें खींच लीजिए, जनाब, वायसरीन आपके पूरे ध्यान की पात्र हैं। एडविना, तुम्हारी घुंडियाँ... कंधे से कुछ नीचे ढलक गई हैं।'

'ये इसी तरह रहती हैं,' परी ने हठपूर्वक कहा, 'फीते के बक्सुए से नीचे। जब आप तैयार हो जाएँ, सर....।'

परी ने शालीनता से बर्फीले कागज की-सी मुस्कान धारण कर ली।

'आपने खत्म कर लिया, सर,' कुछ मिनट के बाद उसने बिना हिले पूछा।

'मैं थक गई हूँ। डिकी, अब तुम्हारी बारी है।'

और सहसा, उसका सम्मोहक रूप शिथिल हो गया, उसके कंधे जरा-से झुक गए। अपने को धीरे-धीरे सीधा करके, वह परी एक स्त्री हो गई। उसकी मुस्कान गायब हो गई और तिरछी रोशनी में उसकी नाक कुछ बड़ी लगने लगी।

'पहले तुम प्रवेश करोगे ?' उसने मुकुट उतारते हुए अपने पति ने पूछा।

'गाड्र्स के बाद। तुम मेरे पीछे चलोगी। तब सब लोग खड़े हो जाएँगे। मैं सिंहासन की तरफ बढ़ूँगा; तुम बैठ जाओगी। मैं खड़ा रहूँगा। फिर जनरल मुखतार, सर पेट्रिक स्पेन्स, मेरे पास आएँगे। जब मैं शपथ ग्रहण करूँगा, उस समय तुम खड़ी हो जाओगी।'

'मुझे मालूम है, लेकिन ...'

'जब मैं बोलना शुरू करूँगा, तुम फिर बैठ जाओगी, क्योंकि मैं उस समय भाषण दूँगा। जाहिर है, ऐसा पहले कभी नहीं किया गया। अजीब बात है, जब भी मैं कोई बात करने का निर्णय लेता हूँ, कोई न कोई मुझे बताता है कि ऐसा पहले कभी नहीं किया गया। अच्छा, लेकिन यह आज किया जाएगा। भाषण बेहद अच्छा है। अपने ढंग का पहला और आखिरी। आह ! सर,' उसने फोटोग्राफर की तरफ मुँह घुमाते हुए कहा। 'तुम्हें अनुष्ठान के समय अपनी जगह मालूम है : ऊपर गैलरी में, प्रेस और कैमरा के पास।'

'मुझे सूचना दे दी गई है, योर एक्सिलेंसी,' फोटोग्राफर सादर बोला। 'ऐसा भी पहले कभी नहीं किया गया ?'

'तुमने कुछ सुना, एडविना ?' लॉर्ड लुई हँसते हुए बोले।

लेकिन परी उनकी बात सुन ही नहीं रही थी; वह अपने कूल्हे के सहारे मुकुट पकड़े हुए जैसे कुएँ के पानी से भरा कोई जार हो।

पहली पंक्ति में नेहरू बैठे थे। वे गंभीर दिखाई पड़ रहे थे। जिन्ना अनुपस्थित थे।

धीरे-से, सामान्य मुख्तारी लॉर्ड लुई के पास पहुँचा। उन्होंने अपना दायाँ हाथ उठाकर वफादारी की शपथ ली। जैसे ही माउंटबेटेन ने समाप्त किया, बत्तियों को जगमगाते और दर्शकों को बहरा कर देनेवाली आवाज के साथ तोपें गरज उठीं। गर्जना और अनंतता की इकतीस सलामियाँ ! खामोशी फिर लौट आई।

दर्शकों में जो पुराने सदस्य थे, वे समारोह की समाप्ति के लिए अपने को तैयार कर ही रहे थे कि लॉर्ड लुई ने एक कदम आगे बढ़कर अपना भाषण शुरू कर दिया। ऐसे समारोहों के पुराने जाने-पहचाने महाराजाओं ने हैरत से एक-दूसरे की तरफ देखा। ऊपर की गैलरी में आराम से बैठे रिपोर्टरों ने अपने कैमरे ठीक किए।

'योर एक्सिलेंसीज़, मैजेस्टीज, मिस्टर प्रोक्योरर जनरल, देवियो और सज्जनो,' लॉर्ड लुई ने आश्वस्त स्वर में कहना आरंभ किया। 'यह वायसराय का भार जो मैंने आज सँभाला है, हमेशा का-सा नहीं है ...'

कांग्रेसी भारतीय घबराए। नेहरू अपने हाथ पीठ के पीछे रखकर हल्के-से मुस्कुराए।

'महामहिम की सरकार ने जून 1948 तक सत्ता के हस्तान्तरण का फैसला किया

है।' युवा वायसराय ने कहना जारी रखा, 'और चूँकि नई संवैधानिक व्यवस्था करनी जरूरी होगी और प्रशासन संबंधी बहुत से जटिल प्रश्नों का हल ढूँढ़ना होगा। इस सबको लागू करने में समय लगेगा। इसका मतलब है कि अगले कुछ महीनों के भीतर हल निकालना जरूरी होगा। मैं यकीन करता हूँ कि मेरी ही तरह, हर भारतीय राजनीतिक नेता हमारे सामने जो काम है उसकी तात्कालिकता महसूस करता है। मुझे उम्मीद है कि मैं जल्दी ही उनसे गुप्त राय-मशविरा करूँगा और मुझसे उनकी जितनी मदद हो सकेगी, करूँगा। इस बीच हर ऐसे शब्द और कर्म से बचने के लिए जिससे आगे और कड़वाहट बढ़े या मासूम जानें जाएँ, हममें से हर व्यक्ति को जो हमसे बन पड़े, वह करना चाहिए ...।'

'लेकिन ये नेक बातें तो जिन्ना से कही जानी चाहिए,' नेहरू ने सोचा।

'वे जिन्ना की अनुपस्थिति में उन्हीं को संबोधित कर रहे हैं।' और उन्होंने एडविना की आँखों की तरफ देखा। उसने अपनी सबसे शालीन मुस्कान उन्हें अर्पित कर दी।

एक क्षण के लिए नेहरू का ध्यान बँटा। उनकी बगल में रेशम की सरसराहट के साथ एक हाँफती हुई महिला पहली पंक्ति में सरक आई। ज़री के फूलों की कढ़ाईवाली पन्ने के रंग की बनारसी साड़ी पहने, आभूषण छनकाती हुई सरोजिनी नायडू भारत की वायसरीन की तरफ देखकर बड़ी सतर्कता से मुस्कुराईं और अपने हाथ से हल्का-सा इशारा किया।

'मिसेज नायडू', एडविना ने सोचा। 'क्या ये वही हैं ? चश्मे के बिना मुझे वे ठीक से दिखाई नहीं पड़ रहीं — कितनी बूढ़ी और मोटी हो गई हैं ये ... अब भी बेढंगी। वे योद्धा की तरह लगती हैं।'

उधर वायसराय का भाषण जारी था। 'लॉर्ड वेवल का उत्तराधिकारी होना आसान नहीं होगा, जिन्होंने आपके लिए इतना कुछ किया है।'

'तो ये हैं हमारे रोमांटिक नेता।' सरोजिनी ने शाही दंपति की तरफ देखते हुए सोचा। 'ये इससे अधिक सम्मोहक हो ही नहीं सकते थे। ये एकदम दुरुस्त लग रहे हैं और महिला का रूप तो किसी परी-कथा की नायिका की याद दिलाता है। अब इन्हें देखकर इनकी माँ का खयाल नहीं आता, लेकिन इनमें घुमाव कम है। अपने ढंग की महिला। लेकिन बहुत प्यारी।' अचानक किसी दुर्दग्य प्रेरणा से, सरोजिनी ने अपने पड़ोसी की तरफ घूमकर देखा। नेहरू के होंठों पर एक सम्मोहक मुस्कान खेल रही थी। वे भारत की वायसरीन के खयाल में डूबे हुए थे।

'नहीं, ओह नहीं ! जवाहर, ऐसा नहीं ... मैं तुम्हारे चेहरे के इस भाव को जानती हूँ, मैं इसे देख रही हूँ ...' भयभीत सरोजिनी ने सोचा, और उन्होंने नेहरू को इतनी जोर से चिकोटी काटी कि वे अपने सपने से जाग उठे। पर नेहरू को कुछ महसूस

नहीं हुआ। उनकी आँखें उतनी प्रशंसा-भाव से अब वायसराय पर जमी थीं।

'मैं निश्चित रूप से कह सकती हूँ, कि वह एक साथ इन दोनों के प्रेम में पड़ गए हैं,' सरोजिनी ने कुछ शांत होकर सोचा, 'चपल हृदय, इन्हें सुधारा नहीं जा सकता। नेहरू बदल नहीं सकते। मैं कमसिन नहीं हूँ। मैंने बहुत कुछ देखा है। जवाहर, तुम्हें सावधान रहना चाहिए। ये दोनों अभी भी हमारे स्वामी हैं — सावधान रहना।' सरोजिनी अपने मन को नेहरू पर केंद्रित किए सोच रही थीं। नेहरू ने अपना सिर उनकी तरफ घुमाकर मृदुल स्वर में कहा, 'ये लोग कितने शानदार और युवा हैं। इन्हें पाना हमारा सौभाग्य है।'

'निःसंदेह ... तुमने इन्हें पहले ही अपने पक्ष में कर लिया है। और जिन्ना अपना मौका चूक गए हैं,' भारी मन से सरोजिनी ने मन ही मन सोचा, 'वह कभी नेहरू की बराबरी नहीं कर सकेंगे। जिन्ना कुंठित होंगे और पाकिस्तान बनेगा ...'

'... मेरे मन में मुझे अपने काम की कठिनाई के बारे में कोई भ्रम नहीं है,' लॉर्ड लुई कह रहे थे, 'मुझे अधिक से अधिक संख्या में लोगों की अधिक से अधिक सद्भावना की जरूरत पड़ेगी। आज मैं भारत से उसी सद्भाव की माँग कर रहा हूँ।'

कुछ मद्धिम-सी तालियाँ बजीं; क्योंकि जिस वायसराय का अभिषेक हुआ हो, चुप रहना उसकी अपने प्रति जिम्मेदारी थी, और ऐसी स्थिति के लिए कोई नयाचार तय नहीं किया गया था।

लॉर्ड लुई ने भीड़ की तरफ देखा, उनके साझीदार उनके सामने थे। राजे और पंडित, अफसर और लड़ाके, हिंदू, मुसलमान, सिख, आदमी और औरतें जिनको निश्चित रूप से मालूम था कि भविष्य में उन्हें कभी ऐसा नजारा देखने को नहीं मिलेगा। वे खयालों में अपने पराजित मित्र चर्चिल के पास उड़कर पहुँच गए, जो अपनी तमाम बदमिजाजी और रूढ़ प्रकृति के रहते इस क्षण से नफरत करेगा। लेकिन गर्व से भरे मन से इस बिम्ब को एक तरफ हटाकर वे नेहरू की तरफ षड्यंत्रकारी ढंग से मुस्कुराए।

गाँधी और जिन्ना के सिवा, बाकी सभी नेता मौजूद थे।

महाराजे बिना पलक झपकाए दरवाजे की तरफ बढ़ गए। उनमें जीवित देवताओं की-सी तेजस्वी सहजता थी। जवाहरातों ये युक्त वे भयंकर और गंभीर दोनों लग रहे थे। अंग्रेज अफसर तब तक सावधान खड़े रहे जब तक वायसरीन को अपनी बाँह पर थामे वायसराय ने सिंहासन की सीढ़ियों से उतरने की सहमति नहीं दे दी। एक अव्यवस्थित जुलूस बगीचे की तरफ रवाना हो गया। लेकिन कांग्रेस के सदस्य उस क्षण की गंभीरता को भंग करने के लिए अपने को तैयार नहीं कर सके। उनकी आश्चर्यचकित आँखों में भय और आशा का मित्र भाव झलक रहा था।

'बिना टालमटोल किए वे सीधे मूल मुद्दे पर आ गए,' नेहरू बोले, 'वे उदार हृदयवाले

अभिमानी सिपाही हैं'।

'लेकिन कांग्रेस !' सरोजिनी भुनभुनाईं । 'अपनी दूरी बनाए रखना, जवाहर। कम से कम तब तक, जब तक कि उनके गुण-दोष न पता लग जाएँ। दोनों के। खासकर उसके (एडविना के)। मैं उसे लंबे अरसे से जानती हूँ। बड़ी फँसानेवाली, लेकिन उसमें नैतिकता का बोध बहुत कम है।'

'सचमुच ?' नेहरू ने जिज्ञासु भाव से पूछा, 'तुम इस समय ये क्या-क्या गप उड़ा रही हो ?'

ऐसा सुनने में आया है कि दक्षिणी समुद्रों में जब वे स्कूटर पर सवार हुईं तो सारा चालक दल ....।'

'हाँ ! तो क्या हुआ चालक दल को ?' नेहरू ने चिढ़कर बात बीच में काटी।

'उसने एक-एक करके सभी नाविकों के साथ ...' सरोजिनी ने फुसफुसाकर कहा।

पर नेहरू ऐसे बन गए जैसे उन्होंने सुना ही नहीं। वे अपने करीबी लोगों को एक तरफ हटाकर शाही दम्पति की तरफ अपने लिए रास्ता बना रहे थे, जैसे कोई प्यासा जीव उनके साथ होने की जल्दबाजी में हो।

'जवाहर, सारे अखबारों ने इसके बारे में लिखा था,' सरोजिनी ने उधर बढ़ती नेहरू की पीठ से चिल्लाकर कहा।

जैसे ही सिंहासन कक्ष में जाने कब से लगी हुई वैस्ट मिनिस्टर घड़ी में ठीक बारह का घंटा बजा, फौव्वारों की तरफ दरवाजे खोल दिए गए।

'बहुत भीड़ है। हीरों-जड़ी इस भीड़ में मैं तो वायसरीन की तरफ नहीं दौडूँगी', सरोजिनी ने सोचा, 'मैं अलग से मुलाकात की प्रतीक्षा करूँगी। नेहरू तो बहुत भोले हैं।'

दिल्ली, 30 मार्च 1947

इस बार उसने रेशमी सफेद रंग की कांचीपुरम की साड़ी पहनी थी। उसका बॉर्डर सिंदूरी और सुनहरा था। उसके कानों में सोने की तीन गोलियाँ बुरी तरह झूल रही थीं। सरोजिनी को बहुत इंतजार नहीं करना पड़ा। ताजपोशी के अगले ही दिन उन्हें वायसराय और लेडी लुई की तरफ से महल के बगीचों में आयोजित स्वागत-समारोह का निमंत्रण मिला। यह समारोह एशियन रिलेशंस कॉन्फ्रेंस के प्रतिनिधियों और विधानसभा के सदस्यों के सम्मान में आयोजित किया गया था। यह सम्मिलन सिद्धांत रूप में, भविष्य के भारत की नियति का फैसला करने के लिए किया गया था।

'अच्छी शुरुआत है,' उन्होंने सोचा। 'लेडी वेवल ने इतने सारे भारतीयों को एक

साथ आमंत्रित करने की हिम्मत अभी नहीं की होती। अब तक यहाँ केवल महाराजाओं का ही स्वागत होता था।'

उनके चारों तरफ प्रतिनिधि टोलियाँ हिचकिचाती हुई-सी उतर रही थीं, जैसे एशिया के प्रतिनिधियों को शत्रु-क्षेत्र में अपने पाँव रखने में संकोच हो रहा हो। 'जल्दी चलना चाहिए।' उन्होंने सोचा। 'अपनी इस विनम्रता से हम कैसे लगते हैं ? हम डरे हुए लगते हैं !'

और वे दुलकी चाल से उस बगीचे की तरफ चल दीं जिसे उन्होंने पहले कभी नहीं देखा था। लॉन पर हर तरफ छाते और हल्के रंग के चँदोवे लगा दिए गए थे। अपने लाल बलुआ पत्थर के हौजों में फव्वारे छूट रहे थे और लाल वर्दियों में बैरे मिठाइयों से भरी चाँदी की थालियाँ लिए एक से दूसरी मेज की तरफ दौड़ रहे थे। सरोजिनी ने अपनी ख़ास पसंदीदा बादाम और पिस्ते की बर्फियों की तरफ तिरछी नजर डाली। 'एडविना के इंतजाम को पूरे अंक मिलने चाहिए,' उन्होंने सोचा, 'लेकिन उसे इतनी अच्छी राय किसने दी होगी ?'

एक तरफ अपने वाद्य-यंत्रों के सुर मिलाता हुआ एक बैंड खड़ा था। प्रमुख निदेशक हाथ में डंडा थामे इंतजार कर रहा था। आमंत्रित मेहमान गुलाब की झाड़ियों और पेड़ों के आसपास फैल गए थे।

नेहरू भी वहाँ थे। उन्होंने परम्परागत जूतियाँ पहन रखी थीं।

उन्होंने मुस्कुराते हुए पूछा, 'तुमने देखा ? एक भी महाराजा नहीं है। न कोई कलगी है, न प्रदर्शन के लिए तलवार और न कोई जवाहरात।'

'सिवाय, मेरे,' वृद्ध महिला ने अपने कानों की तरफ इशारा करते हुए कहा। सहसा वाद्यों ने गॉड सेव द किंग बजाना शुरू कर दिया, बैरे निश्चल खड़े हो गए। घबराए हुए प्रतिनिधि खामोश हो गए। शाही दम्पति बगीचे में दाखिल हुए। 'इस बार मैं उनके पास जाऊँगी,' सरोजिनी ने फैसला किया। 'इसके अलावा मैं कॉन्फ्रेंस की अध्यक्ष भी तो हूँ।' और वे गर्व से पगडंडी के बीच में चल दीं।

गहरे रंग के सूट में वायसराय कुछ कदम आगे रुक गए और अपने प्रेस अताशी की बात सुनने के लिए झुके। अताशी ने उनके कान में धीरे-से संक्षेप में कुछ कहा। इसी बीच लंबी फूलोंवाली पोशाक में वायसरीन ने, भारतीय महिला को ऊपर से नीचे तक विनम्र उपेक्षा के अंदाज में देखा।

'मैं जानती हूँ ...' सरोजिनी ने गुस्से से सोचा, 'यह मेरी उपेक्षा कर रही है। मॉडी की बेटी मेरा अपमान कर रही है।'

'मैडम प्रेसीडेंट। आपका स्वागत है,' वायसराय ने ज़रा बड़ी-सी मुस्कान से सरोजिनी का अभिवादन करते हुए कहना शुरू किया, 'मुझे इस बात की विशेष प्रसन्नता

है कि हमने जो पहला सम्मेलन आमंत्रित किया है वह आपसी कॉन्फ्रेंस में प्रतिनिधियों के लिए है।'

'आपका धन्यवाद, योर एक्सिलेंसी,' एडविना की तरफ देखती हुई सरोजिनी धीरे से बोलीं, 'मेरा खयाल है वायसरीन मुझे नहीं पहचानतीं', उन्होंने चिढ़कर जोड़ा।

'एडविना, डार्लिंग, ये मिसेज नायडू हैं,' लॉर्ड लुई ने अपनी पत्नी को धीरे-से आगे की तरफ धकेलते हुए कहा।

एडविना के नेत्र विस्फारित हो गए, उसके चेहरे पर मुस्कान की चमक आ गई और उसने अपनी बाँहें फैला दीं।

'मिसेज नायडू, माइ गॉड...' उसने उन्हें चूमते हुए कहा।

'पर तुमने मुझे तब नहीं देखा था ?' वृद्ध महिला ने अविश्वास-भरे स्वर में पूछा।

'इस बात से आप मुझसे नाराज न हों,' एडविना ने उनके कान में धीरे-से कहा। 'मैं इतनी मायोपिक हूँ कि अपने चश्मे के बगैर अब किसी को नहीं पहचान पाती।'

सरोजिनी का क्रोध सहसा गायब हो गया। उन्होंने वायसरीन की तरफ देखा। पास से देखने पर एडविना की नजर वैसी ही खोई-खोई-सी थी, जैसी मॉडी की।

'अब मैं तुममें फिर से तुम्हारी माँ की छाया देख रही हूँ मेरी बच्ची। तुम्हें मालूम है, है न ? कि मैं उन्हें कितना प्यार करती थी ?'

'हाँ, मिसेज नायडू, मैं भूली नहीं हूँ,' एडविना ने कहा, 'पर एक अरसा गुजर गया।'

'और अब तुम हमारी आखिरी वायसरीन होगी, मैं कितनी खुश हूँ। मुझे यह बताओ, मेरी प्यारी बच्ची ! तुम्हें हमारे इतने सारे लोगों को आमंत्रित करने का खयाल कैसे आया ? तुम्हारे बगीचे में ये इतने सारे विद्रोही ...।'

'यह खयाल मेरा ही था,' एडविना ने फुर्ती से जवाब दिया। 'एक साल में यह भवन तो आपका ही होगा, तो इंतजार किस बात का है ?'

'ओह !' सरोजिनी से साँस खींची, 'यह अच्छा है।'

'मैंने आदेश दे दिए हैं कि हर बार जितने अंग्रेज बुलाए जाएँ, उतने ही हिंदुस्तानी जरूर आमंत्रित किए जाएँ,' एडविना ने बात जारी रखी।

'यह बहुत अच्छा होगा,' सरोजिनी ने अपने पूर्वाग्रहों को भूलकर दोहराया। 'लेकिन आपके हमवतन तो बड़े क्रुद्ध होंगे। अभी भी ऐसी बहुत-सी जगहें हैं जहाँ यह भयानक नोटिस लगा रहता है : "भारतीयों के लिए प्रवेश वर्जित है"।'

'हमारी ब्रिटिश प्रजा के लिए बहुत बुरा होगा।' एडविना हँसी। 'अब से ये लॉन भारत की सम्पत्ति होंगे, इसलिए हम लोग खाने के लिए जो कुछ परोसते हैं मैंने इसमें भी कटौती कर दी है। जब इस देश में भुखमरी है तो हम खाने में अति नहीं कर सकते।'

ब्रास बैंड घर की स्मृति जगानेवाली धुनें बजा रहा था; भारतीय मेहमानों ने अन्ततः

बगीचे की सीटों पर बैठने की हिम्मत कर ली थी। और वे अपनी मिठाई को खाते हुए मद्धिम आवाज में अनुशासित बच्चों की तरह बात कर रहे थे।

'उनकी तरफ देखो,' सरोजिनी ने धीरे-से कहा, उनकी आँखों में आँसू थे। 'बहुत आम लोगों ने आज से पहले यहाँ प्रवेश भी किया होगा। और इनमें से कितने ऐसे हैं जो अभी आपकी जेलों से बाहर आए हैं ... ये बहुत अच्छा दिन है, मेरी बच्ची !'

महात्मा के असंख्य रूप

दिल्ली, 31 मार्च 1947

एडविना बड़ी देर तक बारजे का मुआयना करती रही। इंगलैंड के शहंशाह और महारानी के चित्र प्रवेश-द्वार पर ऊँची मेज पर, उनकी दोनों बेटियों के चित्र और मेज पर बाइबिल, फूलदानों में फूल, ईश्वर की कृपा से भवन की गुलाब-वाटिका में अभी भी कुछ कलियाँ बाकी थीं — नेपकिन ट्रे में, बेकार पिस्ते की बर्फी रुपहले कागज से ढकी हुई, इलायचियाँ प्लेट में, सुपारी के कुछ टुकड़े — इस बारे में मिली सूचना गलत थी। गृह प्रबंधक के अनुसार गाँधी को सुपारी खानी थी, नेहरू के अनुसार बिल्कुल नहीं। एडविना ने हाथ बढ़ाया, सकुचाई, छोटे चूरे के-से टुकड़े को उठाया और उन्हें वापस रख दिया।

'ठीक है। मैं इन्हें छोड़ देती हूँ। मैं पता लगाऊँगी,' उसने वहाँ आखिरी बार हर चीज की तरफ देखा। 'कुछ भी हो, वृद्ध महोदय वही करेंगे जो उन्हें अच्छा लगेगा।'

वह अपनी स्कर्ट को ठीक-ठाक करके बैठ गई। स्टेज तैयार था। सहसा उसके दिमाग में एक बेतुकी याद आई : उसका गिरगिट। छोटा-सा सामान्य जीव, गोलाकार कोमल आँखें, वह उसे एक बार यात्रा के बीच में एक एशियाई बाजार में मिल गया था और उसने बिना सोचे-समझे उसे 'गाँधी' नाम दे दिया था। हे भगवान — वह बिना अपने गिरगिट का ध्यान किए महात्मा की आँखों से आँखें मिलाने का साहस कैसे करेगी ?

उसने गहरी साँस ली, अपनी आँखें बंद कीं और एक बार फिर वृद्ध पुरुष के बिम्ब का आह्वान करने लगी। मशहूर चित्र — नोआखाली जिले में पद-यात्रा करते हुए, हाथ में लाठी, कंधे पर लहराती शॉल। 1931 में अरब सागर के तट पर एक मुट्ठी नमक उठाने के लिए झुककर ब्रिटिश राज के उस कानून का उल्लंघन करते हुए जिसके अनुसार नमक बनाने का अधिकार उन्होंने सिर्फ अपने पास रखा था। इस साधारण-सी

मुद्रा से उस सबसे बड़े विद्रोह का सिगनल देते हुए जिसका सामना ब्रिटिश साम्राज्य को करना पड़ा। पहली लंदन कॉन्फ्रेंस के दौरान, ब्रिटिश उच्चाधिकारियों के बीच संकोचशील मुद्रा, किंतु आत्मविश्वासपूर्ण दृष्टि। पूरे दाँतों पर बड़ा-सा मुँह फाड़े खुलकर हँसते हुए। इंगलैंड की सर्दी में, घुटना धोती के बाहर निकले पैरों के कारण सर्दी से काँपते हुए, बरमिंघम के मजदूरों के क्षेत्रों में अपनी सफेद बकरी के साथ। एक तरफ घुटने मोड़कर चरखा कातते हुए, जाली बनाने की सुई पर झुका उनका गंजा सिर, उनके मोटे होंठों पर छोटी-सी मूँछ की छाया। पपड़ीदार चमड़ी के उस सम्मोहक रेंगनेवाले जीव (गिरगिट) के बिम्ब से भिन्न वह लाठी, वह शॉल, गोलाकार स्टील के फ्रेम का चश्मा, मशहूर पोपली मुस्कान ... वह विनम्रता, वह भव्यता। उनके आस-पास महिलाएँ, सूती ओढ़नियों में सुकुमार माताओं के ढाँचे ...

एडविना ठंडी साँस लेकर तेजी से लंबे गलियारों से बाहर निकली जहाँ लाल-सुनहरी वर्दियों में बैरा लोग खामोशी से चल रहे थे। एक विराटाकार गार्ड ने बिना पलक झपकाए संगमरमर पर अपने फरसे से आवाज की। दूसरी तरफ से लॉर्ड लुई आ रहे थे।

'डार्लिंग, तुम्हें नमस्ते मालूम है — हाथ जोड़कर अभिवादन का भारतीय तरीका। आदर से करना, भूलना नहीं,' उन्होंने कान में कहा, 'वे आ गए हैं।'

सीढ़ियों के नीचे उस लिमोसीन के पास खड़े होकर, जो उन्हें भवन तक लेकर आई थी, वृद्ध व्यक्ति ने धूप के कारण चुँधियाती आँखों से ऊपर उनकी तरफ देखा। एक दुबला और गंजा ठिगना-सा वृद्ध आदमी, सफेद शॉल में लिपटा हुआ, नंगे पाँव, हाथ में लाठी, एक दुबली-सी युवा लड़की के कंधे का सहारा लिए हुए जो उन्हीं का जैसा चश्मा पहने हुए थी। एकदम अपने चित्रों-जैसे। एडविना काँपने लगी।

'लेकिन उनकी मदद करना जरूरी है, वे कभी नहीं चढ़ सकेंगे, वे कितने कमजोर हैं, कितने दुबले ...' उसने सोचा और तेजी से सीढ़ियाँ उतर गई।

लेकिन महात्मा ने पैर जमाकर सीढ़ियाँ चढ़ना पहले ही शुरू कर दिया था।

उनका हाथ उनकी पोती के कंधे पर था। एक सहज मुद्रा में, एडविना ने अपने हाथ उनकी तरफ बढ़ा दिए, जिन्हें महात्मा ने मुस्कुराकर रोक दिया।

'योर एक्सिलेंसी, मुझे इजाजत दें कि मैं आपके प्रति अपना आदर प्रकट कर सकूँ', उन्होंने बचकानी आवाज में कहा, और धूप में उनका चश्मा चमकने लगा। 'कुछ कदम और, और मैं आपके बराबर पहुँच जाऊँगा।' उन्होंने मुस्कान के साथ जोड़ा, जिससे उनके टूटे दाँत प्रकट हो गए।

'नमस्ते।' ओह, वह नमस्ते करना भूल गई थी। शर्म से स्तब्ध होकर एडविना ने अपने हाथ जोड़ लिए और वृद्ध पुरुष का इंतजार करने लगी, जो अब भी मुस्कुरा रहे थे। जब वे उसके करीब पहुँच गए, तो उन्होंने भी दोनों हाथ जोड़कर जल्दी से

कहा, 'नमस्ते, नमस्ते, योर एक्सिलेंसी। मेरे देश में आपका स्वागत है।' उसके बाद उन्होंने अपनी दीप्तिमय आँखें एडविना की आँखों में डाल दीं। वायसरीन की स्मृति में क्षण-भर के लिए एक गिरगिट की छाया तैरी और गायब हो गई।

लॉर्ड लुई उतरकर नीचे आए, और वृद्ध पुरुष जिनके हाथ अब भी जुड़े थे, उनकी तरफ औपचारिक रूप से घूम गए।

'मुझे भारत के अंतिम वायसराय का अभिवादन करने की इजाजत दें, योर एक्सिलेंसी ! आखिरी, पर सबसे पराक्रमी।' वे कहते रहे। उनकी मुस्कान और फैल गई थी।

'आइए, सर,' वायसराय ने आदरपूर्वक कहा। 'मौसम बहुत गर्म है, हमें यहाँ देर नहीं लगानी चाहिए।'

'ओह, योर एक्सिलेंसी,' महात्मा ने शरारतपूर्वक कहा। 'मुझे ये सीढ़ियाँ जबानी याद हैं, और जब मैं इन पर पहली बार चढ़ा था, आपके काफी दिन पहले विदा हो गए पूर्ववर्ती वायसराय आपकी तरह मिलनसार नहीं थे। मुझे इजाज़त दें कि मैं वापसी के लिए हवाई यात्रा का प्रस्ताव करने के लिए आपका शुक्रिया अदा करूँ। मैंने अपने भारत में वापस आने के बाद से बराबर थर्ड क्लास में सफर किया है, 1915 से।'

अचानक, वे लड़खड़ाए, एडविना ने आगे दौड़कर उनकी बाँह पकड़ ली।

'आपका शुक्रिया, मैडम। मैं भूल गया था कि ये सीढ़ियाँ कितनी बड़ी हैं। यह सच है कि मुझे पूर्ववर्ती वायसराय के द्वारा स्वागत करने का सम्मान नहीं दिया गया था और जब पहली बार इन सीढ़ियों से मैंने अपना परिचय किया, तब मैं तीस साल छोटा था ...', वे नटखट अंदाज में बोले।

'बापूजी,' वह मृदुता से बोली।

'मैंने ऐसी सम्मोहक वायसरीन कभी नहीं देखी,' गाँधी ने उसकी तरफ ध्यान से देखते हुए कहा, 'तुमसे किसने कहा कि मुझे बापूजी कहा जाता है ?'

'उप-प्रधान मंत्री ने,' एडविना ने छोटी लड़की की तरह लजाते हुए कहा।

'उनके जैसा कोई दूसरा नहीं हो सकता। मिस्टर नेहरू तो भारत के रत्न हैं, योर हाइनेस, भारत-रत्न ... आइए हम चलें मैडम,' साँस लेकर उन्होंने कहा, 'मैं आपको इंतजार नहीं करवाना चाहता। ओह ! मैंने अपनी पोती मनु को अभी आपसे नहीं मिलाया। क्या वह बगीचे में घूम सकती है ?'

'निश्चय,' लॉर्ड लुई ने गर्मजोशी से जवाब दिया।

लेकिन मनु ने आँखें झुका लीं और वह हिली नहीं।

'बगीचा तुम्हारा है,' लॉर्ड लुई ने उस युवती की ओर घूमकर कहा। 'यह भवन भी। यह सब तुम्हारा है, हम तो सिर्फ न्यासी हैं। हम तो यह आपको लौटाने आए हैं।'

उन्होंने मनमोहक मुस्कान के साथ जोड़ा।

'धन्यवाद !' महात्मा बुदबुदाए। 'जाओ मनु, भारत के उपवन में जाओ।'

उन्होंने आखिर की चंद सीढ़ियाँ आश्चर्यजनक गति से तय कर लीं। करीब आने पर वे लंबे और ओजस्वी लगे, पर उन्हें जो अत्यधिक थकान हो गई थी, उसे वे छिपा नहीं सके। जब वे खंभों के नीचे प्रांगण में पहुँच गए तो उन्होंने उस पर ऐसी चमकती हुई नजर टिकाई कि एडविना वहीं की वहीं रुक गई, समय भी। तब, सम्मोहन को तोड़ने के लिए महात्मा ने उसकी तरफ मुस्कुराना शुरू कर दिया और अपना सिर झुकाए तेजी से आगे चल दिए। भवन में उनकी कोई दिलचस्पी नहीं थी।

जब वे लोग बारजे पर पहुँच गए, गाँधी एक बेंत की कुर्सी में धँसकर बैठने के बजाय किनारे पर बड़े खतरनाक ढंग से बैठ गए। बैरा ट्रे लेकर सामने आया।

'चाय,' उसने कहा, बेहतरीन चाय ! क्या आप थोड़ा-सा सादा पानी पीना चाहेंगे ?'

एडविना को पानी का खयाल नहीं रहा था।

'मैं अपने होंठों से इसे छू लूँगा,' उन्होंने खामोशी के बाद कहा। 'आपके आने की खुशी में।'

जैसी उम्मीद थी, उन्होंने मिठाई मना कर दी और सुपारी को हाथ तक नहीं लगाया। इसके बजाय उन्होंने ध्यान से एक छोटा-सा पीतल का कटोरा निकाला, जिसमें ऊपर से कलई होती थी, एक पुराना काँटा जो स्टील के तार से मरम्मत किया गया था और एक बंद मर्तबान, जिसे उन्होंने खोला।

'मेरी गुस्ताखी माफ करें मैडम,' वे कहकर मुस्कुराए, 'इन खाने की चीजों से, जो निस्संदेह उत्तम हैं, मैं अपनी आदतों को तरजीह देता हूँ और अपने दही को, जो हमारी माँ-गाय का उपहार है। हम हमेशा बहुत ज्यादा खाते हैं,' उन्होंने खेदपूर्वक जोड़ा।

उसके बाद उन्होंने कटोरे में दही डाला। और काँटे का इस्तेमाल करते हुए, उस बने हुए सफेद घोल को निगल लिया।

'मैंने इस कटोरे को दक्षिण अफ्रीका के अपनी जेल से साथ ले लिया था,' उन्होंने खाते-खाते काँटे को हवा में उठाए हुए बीच में ही कहा, 'क्या आप थोड़ा-सा मेरा दही लेंगे ?' उन्होंने अपना कटोरा उनकी तरफ बढ़ाया।

मुश्किल से अपनी परेशानी छिपाते हुए लॉर्ड लुई ने इंकार कर दिया। लेकिन एडविना ने चाँदी का चम्मच उठाकर उसे महात्मा के कटोरे में डुबा दिया। वह स्वाद में खट्टा और ताजा, थोड़ा मलाईदार था और उसमें दही की तेज गंध आ रही थी।

'आपको पसंद आया ?' वृद्ध पुरुष ने मजाक उड़ाते हुए पूछा।

'जी हाँ,' एडविना ने नम्रता से कहा। 'बहुत बढ़िया है।'

'गाँवों में जाइए, आपको यह हर जगह मिलेगा,' वे प्रसन्न मुद्रा में बोले।

सम्मोहित, एडविना ने सोचा कि वास्तव में वह स्थिति कितनी अजीब है और उसे यह महसूस करके अचम्भा हुआ कि वह उसके प्रति पूरी तरह उदासीन है। सुपारी और दही का आखिर क्या महत्व था ? अपना नाश्ता खत्म करने के बाद गाँधीजी ने सावधानी से अपनी मूँछ को पोंछा और ठंडी साँस ली।

'योर हाइनेस को निस्संदेह उस संघर्ष की प्रकृति की जानकारी है जिसकी वजह से कांग्रेस और लीग एक-दूसरे के खिलाफ खड़ी हैं। उन दोनों के बीच समझौते के लिए हर मुमकिन उपाय किया जाना चाहिए,' उन्होंने बात शुरू की।

'आपने नोआखली में जिस असाधारण साहस का परिचय दिया था सर, मैं उसके बारे में जानता हूँ। गाँवों में आपकी कार्रवाई ने अहिंसा के कारगर तरीके को बड़े शानदार रूप में प्रकट किया है ... निस्संदेह आपके देशवासियों ने आपको महान आत्मा की जो श्रेष्ठ पदवी दी है उसका औचित्य सिद्ध होता है,' लॉर्ड लुई ने थोड़ा-सा आगे झुककर कहा।

वृद्ध महाशय ने अपनी लंबी उँगलियों को खोलकर अपना हाथ उठाया। 'अहिंसा, योर हाइनेस ...। पार्टियों ने उसे भूलना शुरू कर दिया है। कांग्रेस के मेरे मित्र इतने लंबे संघर्ष से थक गए हैं, जेल में उनके आखिरी सालों ने उनका धीरज खो दिया है। मैं अब आपसे राजनीतिक समझौते की माँग करूँगा।'

'लंदन इसमें क्या कर सकता है, सर ?' लॉर्ड लुई ने पूछा।

'ओह ! भारत की तकदीर का फैसला लंदन में नहीं होगा, योर हाइनेस ! वह यहाँ होगा दिल्ली में। मुझे यह बताया गया है कि श्रीमान एटली ने आपको इस बात का पूरा अधिकार दिया है कि आप अगले साल जून से पहले भारत को आजादी की दिशा में ले जाएँ। क्या आपको सम्पूर्ण अधिकार नहीं है ?'

'यह सही है, सर ! पर मुझे मुसलमानों और दूसरे लोगों के बीच मध्यस्थता करने का कोई रास्ता नजर नहीं आ रहा है,' वायसराय ने सतर्कता से उत्तर दिया।

गाँधी का चश्मा झिलमिलाया, और उनके हाथ काँपने लगे। उन्होंने काफी देर तक अपना सिर झुकाए रखा, और जब उसे ऊपर उठाया, तो उनकी आँखें आँसुओं से चमक रही थीं।

'योर हाइनेस, मेरे कितने बच्चे कलकत्ता में मारे गए। बंगाल में कितने मुसलमानों का कत्लेआम हुआ। बिहार में कितनी जिंदा हिन्दू औरतों को कुँओं में फेंक दिया गया। मैंने भाई-भाई को नफरत से एक-दूसरे से लड़ते हुए देखा है, और यह तब तक नहीं रुकेगा जब तक हम उनके बीच समझौता कराने का प्रयास नहीं करेंगे ... समझौता करना जरूरी है।'

'आप मिस्टर जिन्ना को मुझसे बेहतर जानते हैं, सर,' लॉर्ड लुई ने सावधानी से कहा।

'निश्चित रूप से।' गाँधी ने ठंडी साँस ली, 'तीस साल से ऊपर से जानता हूँ। वे दुर्दमनीय और चालाक आदमी हैं, इतने जिद्दी कि यकीन नहीं किया जा सकता। उनमें चोट खाई आत्माओं का-सा साहस है। मैं उन्हें खूब समझता हूँ ...'

'लेकिन वे मिली-जुली सरकार में शामिल नहीं होना चाहते। आप नहीं जानते कि वे कांग्रेस के साथ हर तरह के समझौते को नामंजूर कर रहे हैं।'

'मिस्टर जिन्ना का अपना अहंकार है, योर हाइनेस ! लेकिन मैं जानता हूँ कि उन्हें कैसे राजी किया जा सकता है। उन्हें भारत सरकार में प्रधानमंत्री का पद चाहिए,' गाँधी ने जोर देकर कहा।

'जिन्ना,' माउंटबेटेन ने सन्न होकर पूछा।

'मोहम्मद अली जिन्ना, हाँ,' महात्मा ने जोर देकर कहा।

'मिस्टर नेहरू कभी स्वीकार नहीं करेंगे,' लॉर्ड लुई ने कहा।

'मैं उन्हें कायल करूँगा,' महात्मा ने धीमी आवाज में कहा। 'उन्हें स्वीकार करना पड़ेगा, वरना भारत नष्ट हो जाएगा, हम उसे गँवा देंगे, योर हाइनेस ! लीग अपने पाकिस्तान के लिए और झगड़ा करेगी; वक्त की कमी के कारण आप आखिर समर्पण कर देंगे और ...' उस बूढ़े आदमी ने अपना सिर थाम लिया।

'फिर हजारों नहीं, लाखों लोग मारे जाएँगे, योर एक्सिलेंसी, लाखों।'

'क्या ऐसा तय है ?' एडविना ने धीरे-से पूछा।

'मैडम, भारत के हर गाँव में आपको एक मंदिर दिखाई पड़ेगा और सड़क के दूसरे कोने पर एक मस्जिद। मेरे देश को आप किस तरह बाँटना चाहते हैं ? छः लाख भारतीय गाँव कैसे बाँटे जा सकते हैं ? क्या आप कल्पना कर सकते हैं कि सारे मुसलमानों को इकट्ठा करके उनकी जन्मभूमि से दूर भेजा जा सकता है ? सदियों से वे हिन्दुओं के अपने भाइयों के साथ रहते आए हैं; कोई वजह नहीं है कि वे अब एक-दूसरे से नफरत करने लगें। उन्हें ऐसा करने के लिए मजबूर किया गया है।'

'लेकिन वे लोग तो पूरे देश में एक-दूसरे की हत्या कर रहे हैं, सर,' लॉर्ड लुई ने धीरे-से कहा। 'सिर्फ बंगाल और बिहार में ही नहीं; बल्कि मेरी मेज पर जो भयानक रिपोर्ट पड़ी है, उससे ऐसा लगता है कि हर शहर में, हर गाँव में, हिन्दू मुसलमानों की हत्या कर रहे हैं, मुसलमान हिन्दुओं का कत्लेआम कर रहे हैं, लखनऊ में, आपके अपने क्षेत्र राजकोट में, बिहार में, यह लगातार रहा है ...'

बिहार का नाम सुनकर, गाँधी ने अपने हाथ हवा में उठा दिए। 'बिहार में, निस्संदेह, बेचारा बिहार ... पर दक्षिण में नहीं ! हर जगह नहीं ! अगर आपने हमारी भारतमाता

का विभाजन कर दिया तो और बुरा होगा,' भयभीत से वे वृद्ध जोर से बोले। 'इस अनर्थ को बचाने की हरसंभव कोशिश की जानी चाहिए। पूरा भारत, अखंड रूप में भारत स्वतंत्र होना चाहिए — विभाजित देश के रूप में नहीं, जिसको दोनों तरफ से काट दिया गया हो ? यह अपराध आप नहीं करें। हिंसा के लिए दरवाज़े नहीं खोलें।'

'क्या आप हमारी मदद करेंगे ?' एडविना ने विगलित होकर पूछा।

'मैडम, मैं इंगलैंड की मदद के बिना कुछ नहीं कर सकता,' वृद्ध व्यक्ति ने सहजता से कहा। 'मैंने आपके लगभग सभी पूर्ववर्तियों से संघर्ष किया है, मैंने वफ़ादारी से अपनी पूरी जिंदगी स्वाधीनता के नाम पर अर्पित कर दी और अब मैं साम्राज्य के आखिरी वायसराय से मदद माँगने के लिए तैयार हूँ। मुझे इसमें कोई शर्म नहीं है। आप ही हैं जो मेरी मदद करेंगी।' उन्होंने एडविना की तरफ ताकते हुए कहा।

'मैं ? पर कैसे ?' उसने अचम्भे से पूछा।

'महिलाएँ यह बात समझती हैं। हिंसा के हर कण दूर करने पड़ेंगे। हर कण, रोज़, बिना थके। भाग्य कुछ नहीं है, और जब कोई किसी निःशस्त्र गाँव में हाथ फैलाए जाता है, तो उस संघर्ष में जीत उसकी होती है। क्योंकि यह तो संघर्ष है ! शब्दों से और देवताओं की मदद से चमत्कार गढ़े जा सकते हैं, सिर्फ समय की जरूरत है। और आपकी सरकार हमें वही नहीं दे रही है, योर एक्सिलेंसी,' उन्होंने लॉर्ड लुई की तरफ घूमते हुए क्रुद्ध आवाज़ में कहा। 'हमारे लिए समय बढ़वा लीजिए ... ताकि मैं नेहरू को कायल कर सकूँ।'

'भारत के रत्न को, आपने कहा था ...' उद्विग्नता से सोचते हुए लॉर्ड लुई ने कहा। 'आप उन्हें भारत-रत्न क्यों कहते हैं ?'

ऐसा सिर्फ उनके पहले नाम की वजह से नहीं है,' गाँधी बोले, 'क्योंकि जवाहर का अर्थ रत्न है, योर एक्सिलेंसी, आपको यह मालूम होना चाहिए। उन्हें इसलिए यह नाम दिया गया है कि वे सबसे कुलीन और सबसे अधिक साहसी हैं। सबसे अधिक बुद्धिमान, ओह, वे कितने बुद्धिमान हैं ! लेकिन ...।'

वृद्ध महोदय ने अपना वाक्य अधूरा छोड़ दिया।

'लेकिन, क्या ?' एडविना ने ज़ोर देकर पूछा।

'लेकिन, मैडम, मिस्टर जिन्ना और वो दोनों बहुत अभिमानी हैं। नेहरू वायसरांय की मदद नहीं माँगेंगे। मैंने माँग ली। मैं अपने को सिर्फ हिन्दू नहीं महसूस करता। सारे हिन्दुस्तानी, मुस्लिम, पारसी, सिख, जैन, ईसाई, यहूदी — सब मेरे बच्चे हैं...। खासकर मुसलमान।'

वृद्ध आदमी ने अपनी आँखें झुका लीं।

वे लोग कितने गरीब हैं। कितने साधनहीन। यह कत्लेआम होगा।' उन्होंने माउंटबेटेन की तरफ सोद्देश्य देखते हुए कहा।

'मैं जितनी जल्दी हो सकेगा मिस्टर जिन्ना से मिलूँगा,' वायसराय ने तुरंत जवाब दिया।

'उस आदमी ने बहुत तकलीफ़ उठाई है, योर एक्सिलेंसी, आप यह न भूलें कि उसका अपमान नहीं किया जाना चाहिए, चाहे जो हो,' वृद्ध धीरे-से बोले।

'क्या आप मेरे दफ़्तर में आना चाहेंगे ?' लॉर्ड लुई ने प्रस्ताव किया, 'आप ही वे कड़ी हैं जो इन दोनों को आपस में जोड़ सकती है। हम लोग एक साथ बैठकर इस दिशा में काम कर सकते हैं।'

'क्या आप अहिंसा में विश्वास करते हैं, योर एक्सिलेंसी ?' वृद्ध महोदय ने सहसा पूछा।

लॉर्ड लुई कुछ सकुचाए। लेकिन महात्मा से झूठ बोलना सम्भव नहीं था।

'मैं एक सिपाही हूँ, सर, आप यह जानते हैं। नहीं, मैं अहिंसा में विश्वास नहीं करता। हिटलर को हराने में हमारी मदद अहिंसा ने नहीं की थी।'

'मुझे इस बात से आश्चर्य नहीं हुआ,' गाँधी मुस्कुराए। 'और क्या आप ईश्वर में विश्वास करते हैं ?'

'हाँ।' लॉर्ड लुई ने मज़बूती से जवाब दिया। 'मैं अपने अन्त:करण के आदेशों पर भी विश्वास करता हूँ। वही मेरे व्यवहार का नियमन करते हैं।'

'तो आइए हम लोग अपनी मीटिंग शुरू करें,' गाँधी ने उठते हुए कहा।

उन्होंने तीन डग भरे और फिर एडविना के उठने का इंतज़ार करने लगे। फिर एकदम अनजाने ही उन्होंने उसके कंधे पर अपना हाथ रख दिया और इस तरह सहारा लेकर, वे सलामी देते हुए पहरेदारों के सामने से निकल गए।

उन्हें डिकी के दफ़्तर में छोड़ने के बाद, एडविना को सहसा बहुत अकेला लगने लगा। उसने देखा कि नन्हीं मनु बगीचे में पेड़ों के झुरमुटों के बीच सोच-सोचकर कदम रख रही थी और लाल रंग की वर्दी में एक सेवक उसके पीछे-पीछे सतर्कता से चल रहा था। कोई यह सोच भी कैसे सकता था कि जब बंगाल में रात को ये लोग साथ-साथ सोए थे तो महात्मा ने इस बच्ची का फायदा उठाया होगा। और भारतीयों के बीच ऐसा आदमी कौन हो सकता है जिसके नीच दिमाग ने ऐसी अश्लीलताओं की कल्पना की होगी ? उस छोटी लड़की ने सिर घुमाकर भवन की तरफ देखा; उसके गंभीर चेहरे पर किशोरावस्था के उल्लास का कोई चिह्न नहीं था। 'वह टहल रही है, लेकिन वह दौड़ती नहीं,' एडविना ने सोचा। ईश्वर ही जानता था इन उदास आँखों ने नोआखाली में क्या देखा होगा। इतनी छोटी, जिसके भाग्य में अपने अतिरिक्त रूप से प्रसिद्ध दादा

के पैरों की मालिश करना ही है ...'

और सहसा उसे महसूस हुआ कि उसके कूल्हों में नृत्य-पिशाच सिर उठा रहा है। पुराना पिशाच, जो युद्धकाल में इतने वर्षों तक सोता रहा था, वापस लौट आया है, ठीक उस क्षण जब महात्मा ...।

'जाने दो ! वृद्ध महोदय की बात गलत है, और मैं संतई के लिए नहीं बनी हूँ,' उसने ज़ोर से कहा। 'मैं ? उनकी मदद करूँ ? मैं सहर्ष उन्हें अपने कंधे का सहारा दूँगी। लेकिन चारों तरफ घूम-घूमकर हिंसा के हर कण को बीनकर निकालना ? क्या वे मुझे वैसी ही पागल अंग्रेज औरतों में से एक समझते हैं जो ब्रह्मचर्य का व्रत लेती हैं और साड़ी पहनती हैं ?'

उसने बड़ी फुर्ती से एक पैर पर चकरी ली और दोलन-कुर्सी में निढाल होकर गिर गई; गर्मी बहुत थी। गाँधीजी के एक भी झुर्री नहीं थी। सूरज को उसे धीरे-धीरे तपाने दो। बर्दाश्त करने की कोशिश करो, यही परीक्षा होगी; बेईमानी नहीं। लाखों भारतीय रोज सूरज को कैसे बर्दाश्त करते हैं ? 'यह ठीक नहीं है,' उसने सोचा। 'मैं जब भी चाहूँ अपने भवन की ठंडक में लौट सकती हूँ। जब मैं चाहूँ ...।'

एक छोटी-सी सक्रियता ने उसे उसकी जड़ता से बाहर निकाल लिया। मनु भवन की तरफ दौड़ी आ रही थी। उसकी आँखें महात्मा पर टिकी थीं। वे चलने के लिए तैयार हो रहे थे। पहली मीटिंग खत्म हो गई थी।

'मुझे अब चलने की इजाज़त दें,' उन्होंने हाथ जोड़ते हुए कहा। 'यह प्रार्थना का समय है। मेरी प्रतीक्षा हो रही होगी — मेरे बच्चे मेरा इंतज़ार कर रहे हैं। और ईश्वर भी,' उन्होंने फिर से मुस्कुराते हुए जोड़ा। 'मैडम, आप एक बार फिर मेरी ज़रा-सी मदद करेंगी,' उन्होंने एडविना की तरफ घूमते हुए पूछा।

और जवाब का इंतज़ार किए बिना, उन्होंने अपना हाथ बढ़ाकर एडविना के कंधे पर रख दिया।

'बापूजी, एह ? मुझे इस नाम से पुकारने का विचार अच्छा है,' उन्होंने अपनी बचकानी आवाज में कहा। 'मैं उम्मीद करूँ कि योर हाइनेस मेरे देश का दौरा करेंगी ? मैं आपको सुझाव देना चाहता हूँ कि आप एक गाँव से शुरुआत करें। गाँव कौन-सा हो, इससे कोई फर्क नहीं पड़ता। वहीं आपको भारत की आत्मा के दर्शन होंगे।'

जब वे सीढ़ी के नीचे पहुँच गए, तो महात्मा घूम गए। उन्होंने एक हाथ को आँख पर छाया करने के लिए रखा और दूसरे का इस्तेमाल हिलाकर अलविदा करने के लिए किया। अलंकृत कलंगी लगाए जो सेवक लिमोसीन के दरवाज़े को पूरा खोले खड़ा था, उससे उन्हें मिलिट्री सैल्यूट दिए बगैर नहीं रहा गया। महात्मा ने औपचारिक रूप से अपने दोनों हाथ जोड़कर उसे ऐसे प्रणाम किया, मानो वह राजा हो।

वायसरीन का गाँव

दिल्ली, पहली अप्रैल 1947

'एक गाँव,' एडविना ने सोचा। 'वे ठीक कह रहे हैं। मैं जब यहाँ आ रही थी तो कई गाँवों के बीच से गुजरी तो थी, लेकिन मैंने किसी का दौरा नहीं किया। मुझे गाँव मिलेगा कहाँ ? अच्छा ! जरूरत सिर्फ गाड़ी उठाकर शहर से बाहर जाने की है।'

उसने एक सफेद पोशाक निकाली, सकुचाई, उसे वापस कपड़ों की अलमारी में रख दिया और फिर रेत के रंग का एक पहनावा निकाल लिया। पच्चड़ लगी फीतेवाली सैंडिलें, कंधे पर झोला डालकर वह तैयार हो गई। निजी सचिव के दफ्तर के सामने से गुजरते हुए, उसने संक्षेप में उसे सूचित किया कि वह ड्राइव के लिए जा रही है और तेज़ी से चल दी, सेक्रेटरी को इतना समय भी नहीं मिला कि उससे यह पूछ ले कि वह रास्ता कौन-सा लेगी ?

सही बात तो यह थी कि उसे कोई अंदाज़ ही नहीं था। आसपास के इलाकों के नक्शे पर अकस्मात उसकी नज़र जिस नाम 'गुड़गाँव' पर पड़ गई थी, उसने वही ले दिया।

जब शहर पीछे छूट गया, तो उसने खाकी कैनवस के सिले हुए तम्बू देखे। और वे परिवार जो सड़क के किनारे बैठे थे, पेड़ों की टहनियों पर धुले कपड़े सूख रहे थे और अस्थायी चूल्हों पर काले पड़े हुए बर्तनों में खाना खदक रहा था। अपने पुट्ठों पर बैठे सिपाही दूर से उन पर नज़र रखे थे। माताएँ अपने नंग-धड़ंग बच्चों को साबुन लगा रही थीं, ज़मीन पर बैठे आदमी खाली निगाहों से सड़क को ताक रहे थे, लड़कियाँ अपने बालों में हल्के हाथ से तेल चुपड़ रही थीं। बच्चे झुके कानोंवाली बकरियों के साथ इधर-उधर भटक रहे थे, और छोटे-छोटे काले सूअर बुझी हुई आग के चारों तरफ अपनी थूथनी धँसा रहे थे। औरतें लाल लहंगे और हलके पीले रंग की ओढ़नियाँ पहने थीं, उनमें बड़े-बड़े चाँदी के लटकन सिले थे; आदमियों के सिर पर गुलाबी रंग के बड़े-बड़े पगड़ थे जिनमें से कभी-कभी कोई सिरा खुलकर एक तरफ लटक जाता था। इन किसानों की ऐंठी हुई मूँछों और चमकदार आँखों से शालीनता टपक रही थी।

'क्या सौन्दर्य है,' एडविना ने सोचा, 'फिर भी मैं यह कैसे सोच सकती हूँ ? ये लोग इतने मुसीबतज़दा हैं। क्या ब्रिटिश इंडिया की तमाम मेमसाहिबाएँ, सम्मोहित होने पर ऐसे ही अपराध-बोध से ग्रस्त महसूस करती थीं।'

'कौन हैं ये लोग ?' एडविना ने विचलित होकर पूछा।

'ये लोग राजस्थान से आते हैं, योर हाइनेस !'

'क्या तुम भी वहीं के हो ?'

'मैं पंजाबी हूँ, योर हाइनेस,' शोफ़र ने कुछ गर्व के साथ घोषणा की — 'लुधियाना से।'

'तो तुम सिख हो ?'

शोफ़र चुप रहा।

'तुम सिख हो, है न ?' एडविना ने विश्वासपूर्वक कहा।

'योर हाइनेस, मैं हिन्दू हूँ। सब पंजाबी सिख नहीं होते ...।'

एडविना ने होंठ काटा। उसे अभी ठीक-ठीक समझ में नहीं आता।

'गुड़गाँव, योर हाइनेस,' शोफ़र ने रफ़्तार धीमी करते हुए कहा।

लेकिन, अपनी उपनिवेशी इमारतों और बिजली के तारों के साथ, गुड़गाँव एक बड़ा उपनगर बन चुका था। वह गाँव बिल्कुल नहीं रह गया था।

'आगे चलो,' एडविना ने आदेश दिया। 'हमें गुड़गाँव के आगे जाना है।'

शोफ़र आगे बढ़ा और उसका रास्ता एक विराट बैलगाड़ी ने रोक लिया। उसे सफेद बैल खींच रहे थे, उसमें इतना सामान भरा था, जो बाहर निकला पड़ा था। दूसरी तरफ से एक ऊँट दूसरी गाड़ी को खींचे ला रहा था। उसके आजू-बाजू भेड़ों को एक बच्चा झुंड में एकत्र करने की कोशिश कर रहा था। शोफ़र ने हॉर्न दबाया और उसे बजाता चला गया।

'हे ईश्वर, ज़ाहिर है, तुम कुछ नहीं कर सकते,' एडविना ने निरुत्साह होकर कहा।

'कुछ ही देर की बात है, योर हाइनेस,' शोफ़र ने अविचलित रहकर जवाब दिया।

अचानक, बैलगाड़ी को निचाई पर उतरने की जगह मिल गई, ऊँट बड़ी शान से एक तरफ हो गया, और झुंड इतना-भर छितर गया कि उन्हें उस बीच से निकलने-भर की जगह मिल गई। सड़क खाली हो गई थी।

'और अब, योर हाइनेस ?' शोफ़र ने आदरपूर्वक पूछा।

'मैं एक गाँव देखना चाहती हूँ,' एडविना ने हिचकिचाते हुए कहा, 'कोई गाँव।'

शोफ़र ने निश्चयपूर्वक एक कच्चा रास्ता पकड़ा। चारों तरफ से हिचकोले खाती हुई एडविना को दूर एक तालाब दिखाई पड़ा। बड़े पेड़, एक झोंपड़ी, और एक मोड़ घूमकर एक खेड़ा। शोफ़र ने तालाब के पास गाड़ी रोक दी। एडविना उतर गई।

पानी में फूले हुए लिली के फूलों के बीच, भैंसों के आत्मतुष्ट सिर उठे हुए थे। वे सूरज की रोशनी में आँखें मिचमिचा रही थीं। शान्त जल में से उनकी थूथन बाहर निकली थीं। तालाब के बाहर खड़ी गायें अपनी बारी की इंतजार में थीं, कुछ सलेटी रंग की चिड़ियाँ उनकी पीठ पर टिकी थीं; कौवे उनके पास चारा तलाश रहे थे। वह

जगह इतनी शान्त थी कि एडविना को लगा कि वह दूसरी दुनिया में है। साम्राज्य की राजधानी से कुछ ही किलोमीटर दूर, विशाल भारग्रस्त शहर से दो कदम हटकर, ये स्वर्गीय तालाब जिसमें भैंसें नहा रही हैं ...

वह कुछ कदम चली, उस कुएँ को देखा जहाँ महिलाएँ सिर पर पीतल के घड़े थामे आपस में बात कर रही थीं, उनके घेरदार लहँगे उनके कूल्हों पर इकट्ठे थे। उन्होंने उसे देखा, चुप हो गईं, और एक आँख खुली छोड़कर चुपके से अपने चेहरों पर घूँघट खींच लिए। एडविना रुक गई। वे उसको देखने लगीं। औरतों के झुंड से एक नंगा बच्चा अपने को छुड़ाकर एडविना की तरफ़ दौड़ा। वह उसे उत्सुकता से परखता रहा; फिर थैले के पट्टे को खींचकर उसने मेमसाहिब के कंधे से सरका लिया और इस पुरस्कार को लेकर भाग निकला। औरतें चिल्लाने लगीं। उनमें से एक किशोरी जिसने धूल-धूसरित सफ़ेद साड़ी पहन रखी थी, उस बदमाश के पीछे दौड़ी। एडविना ने एक कदम और बढ़ाया, महिलाएँ पास आ गईं। वे सब एक साथ बोल रही थीं, अपनी उंगलियों से एक छोटे-से रास्ते की तरफ इशारा कर रही थीं, और बीच-बीच में अपनी दृढ़ आँखों और संकोचशील हँसी की झलक दिखा देती थीं। एक शब्द अक्सर दोहराया जा रहा था अंग्रेज़, अंग्रेज़। जल्दी ही उन्मुक्त मुद्राओं से उन्होंने एडविना को अपने गाँव में प्रवेश करने के लिए आमंत्रित किया।

वह घरों के भीतर गई, लेकिन वह उनके चारों तरफ खड़ी अजीब-सी छोटी-छोटी झोंपड़ियों में नहीं घुसी। लगता था कि उनकी दीवारें काली मिट्टी की पंखड़ियों और भूसे से बनी हैं। फिर वे उसे एक छोटे-से सफेदी किए हुए मंदिर में ले गईं, जहाँ एक बाँस के खंभे पर लाल सूती कपड़े की झंडी फहरा रही थी। इस खंभे के ठीक पीछे एक लोहे का प्रतीक था। बटे हुए तसमों से बुने दीवाननुमा चार पायों के एक ऊँचे पलंग ने कुर्सी का काम किया। उसके लकड़ी के पायों की छाया में एक पीला कुत्ता सो रहा था। मक्खियों के हमले से उसका सफ़ेद पेट काँप रहा था।

मानो जादू से, ताँबे की एक ट्रे में, कुल्हड़ों में बनी चाय आ गई। एडविना हिचकिचाई। यह पानी उबला हुआ होगा ? छना हुआ होगा ? नहीं, उसे स्वीकार नहीं करना चाहिए। वह हाथ में लाल रंग के छोटे-से कुल्हड़ को अपनी उंगलियों में बराबर घुमा रही थी। महिलाएँ अपनी मुस्कान से उसे प्रोत्साहित कर रही थीं। उसे महात्मा की बात याद आई। तेजी से एडविना ने अपने भय पर काबू पाकर, कुल्हड़ को होंठों से लगा लिया। दूध और चीनी मिली हुई चाय, जिसमें मिट्टी की सोंधी गंध बसी थी ऐसा पेय था जिसकी उस गाँव से खूब संगति थी। महिलाएँ बड़े उल्लास से चहचहाने लगीं। उनकी बात समझ में भले ही न आई हो, लेकिन यह जाहिर था कि वे इस घटना से बहुत प्रसन्न थीं।

उनकी बातचीत का अर्थ एडविना की समझ में नहीं आया। वह उनके सूती दुपट्टों पर टँके रुपहले सितारों को, शीशे की कढ़ाई के छोटे ब्लाउज़ों को, और लाल बड़े हाथीदाँत के उन कड़ों को जो उन्होंने कलाई में पहन रखे थे, ध्यान से देखने लगी। उनमें से एक का ध्यान एडविना की नज़र पर गया और उसने अपने हाथ से वह जेवर उतारकर एडविना की तरफ बढ़ा दिया। वह कड़ा उस गोरी महिला के हाथ में चढ़ नहीं रहा था। गाँववासी दबे मुँह हँस रहे थे। जिसका कंगन था उसने उंगलियाँ दबाकर उसे पहनाने की कोशिश की पर सफलता नहीं मिली। हारकर, एडविना ने कंगन लौटा दिया। सफ़ेद कपड़ों में एक वृद्ध महिला ने कुछ आपत्ति प्रकट की जिससे पूरी तरह असहमति जाहिर होती थी। अपने कंधे उचकाकर महिलाओं ने कटु मुद्राओं से उत्तर दिया, फिर धीरे-धीरे वे चुप हो गईं। पेड़ों के नीचे थोड़ी दूर चलकर एक महिला उन्हें दूर से देख रही थी। उसका चेहरा घूँघट से ढका था। एडविना ने मुस्कुराकर उसकी तरफ दोस्ताना ढंग से हाथ हिलाया। लेकिन गाँव की महिलाएँ ऐसे चिल्लाने लगीं जैसे उस अनजान चेहरेवाली सकुचाई-सी छाया ने अनजाने में कोई गुनाह कर दिया हो। क्या वह स्त्री चरित्रहीन है ? वेश्या है ? एडविना को बाइबिल की मेडलीन याद आ गई। वह उसके पास जाने के लिए उठी पर वह छाया उठकर भागी और गायब हो गई। ग्रामीण महिलाएँ शांत हो गईं, सिर्फ़ उनकी क्रुद्ध नज़रों में उनके आक्रोश की अनुगूँज बनी रही।

शोफ़र दूर से यह दृश्य देख रहा था। एडविना ने इशारे से उसे बुलाया लेकिन उसने सिर हिलाकर इंकार कर दिया।

उसे वे लोग सब घरों के भीतर ले गईं। उसने जमीन पर करीने से लगाए गए सब तरह के बर्तन देखे — काले पड़े टीन के बासन, मिट्टी की रँगी हुई हाँडियाँ, बड़ा-सा कड़ाहा, और बिना खमीरी आटे की रोटी बनाने के लिए तवा। उसे खिड़कियों के कोने में बने सब घरेलू आलों के सामने सिर झुकाना पड़ा। उन्हें हर कांस्य मूर्ति को, हर उन रहस्यमय देवताओं को नमस्ते करनी पड़ी जिनके चेहरे समय के साथ धुँधले पड़ गए थे। जिन पर कुछ पत्तियों, अगरबत्ती और फल का चढ़ावा चढ़ा हुआ था। उन छोटे-छोटे देवताओं ने जैसे अपनी धातु की आँखों से, कृपापूर्वक नाना अस्त्र को घुमाते हुए उनका जायजा लिया। एडविना को यह स्थिति एकसाथ हास्यास्पद और अभिभूत करनेवाली महसूस हुई। कभी उन्हें बैठाकर वे मनोविनोद और स्नेह के भाव से देखती थीं। महिलाएँ उसकी गोरी त्वचा और स्कर्ट के कपड़े को हाथ मारकर आश्चर्य के भाव से देख रही थीं। वे अब भी 'अंग्रेज' शब्द को दोहरा रही थीं कुछ ऐसे कि वह सुनने में फटकार या भर्त्सना का बोध कराता था। उन्होंने एडविना को पीने के लिए शोरबा दिया और अन्न के दाने जो उन्होंने उसी चिंता के भाव से चबा लिए जो हर गोरे आदमी

को देसी चीज़ों को सामने पाकर होती है। पर पानी को उन्होंने जितना सम्भव हो सकता था उतनी विनम्रता से हटा दिया। और जब उन्होंने सबकुछ देखभाल लिया, तो महिलाएँ उन्हें मवेशियों को दिखाने के लिए कुछ देर और रोक रखना चाहती थीं।

एक बाँसों के झुरमुट के दूसरी तरफ मिट्टी की दीवारों के काफी घर फैले हुए थे, इसके अलावा कुछ और घर गाँव के दूसरे हिस्से के सामने भी थे। एडविना को एक कुआँ दिखाई पड़ा। उसने पास जाकर उसमें झुककर झाँका। महिलाएँ अचानक कुछ कहने लगीं। उसमें भय और आश्चर्य का मिलाजुला भाव था, हो सकता है कुछ क्रोध भी रहा हो, उसने ठीक-ठीक नहीं समझा। उन्होंने मज़बूती से बाँह पकड़कर एडविना को खींचा और एक तरफ हटा दिया।

एडविना विदा लेना चाहती थीं। ग्रामीण महिलाओं की आँखों में उदासी छा गई। एडविना ने शोफ़र की तरफ इशारा किया गाड़ी के लिए और दूर स्थित नगर में जाने के लिए संकेत किया। वे उसकी तरफ देख रही थीं और उनके चेहरों की मुस्कान फीकी पड़ गई थी। एडविना ने हाथ जोड़कर महिलाओं से विदा ली। उन लोगों के बुड़बुड़ाने की आवाज में विनम्र शिकायत का-सा स्वर था। जब वह गाड़ी तक पहुँची तो वह नंगा बच्चा फिर प्रकट हुआ। उसकी माँ उसे धकेलकर लाई थी। उसके हाथ में वह थैला था जिसे एडविना अब तक भूल चुकी थी। इस शैतान बच्चे के अलावा उसकी मुलाकात एक भी पुरुष से नहीं हुई थी।

मोड़ने की गरज़ से गाड़ी सड़क पर कुछ दूर गाँव के दूसरे हिस्से की तरफ बढ़ी तो एडविना को एक छोटी-सी मस्जिद दिखाई पड़ी। उसके नक्काशीवाले दरवाज़े पर हरा रंग पोत दिया गया था। एडविना ने देखा कि सफ़ेद टोपी पहने एक बूढ़े आदमी ने दरवाज़े को चौपट खोल दिया। अपने हाथ को सीने पर रखने से पहले माथे तक ले जाकर विनम्रता से उसने कहा, 'सलाम'। एडविना की समझ में नहीं आ रहा था कि वह क्या करे। उसने ज़रा-सा सिर हिलाया। मस्जिद के बिल्कुल पास बैठा एक मोची अपने चमड़े को पीट रहा था। एक महिला का चेहरा, जिसका सिर कढ़े हुए सूती दुपट्टे से ढका था, एक मकान के दरवाजे में प्रकट हुआ और उतनी ही तेज़ी से गायब हो गया। एक घंटा बड़ी तेजी से बीत गया था। इस जगह से अब चलना ज़रूरी था।

जब उसने सिर घुमाकर गाँव की तरफ देखा, तो तालाब के किनारे पर उसे एक बगुला नज़र आया, जो तेजी से खेतों की तरफ़ उड़ गया।

लॉर्ड लुई पलंग पर पसर गए थे। वे इतने थके हुए थे कि कपड़े उतारने की हिम्मत भी नहीं जुटा पा रहे थे।

'माई गॉड, डार्लिंग। गर्मी ने मुझे कभी इतना परेशान नहीं किया जितनी परेशानी मुझे दोपहर के वक्त में बातचीत करने में हो रही है,' उन्होंने लंबी साँस ली। 'वातानुकूल की नई व्यवस्था कल से हो जाएगी। भयानक गर्मी है, है न ?'

क्या उसे भी गाँव में गर्मी लगी थी ? उसने तो इस बारे में सोचा तक नहीं था।

'डिकी, मैं आज एक गाँव देखने गयी थी।' उसने उत्साह से कहा।

लॉर्ड लुई ने भौंहें चढ़ाईं।

'गाँव ? पर तुम्हारे साथ कौन गया था ?'

'कोई नहीं, बल्कि यूँ कहिए, मेरा शोफ़र, मोहन।'

'क्या तुम पागल हो गई हो ? बिना अंगरक्षकों के, बिना अनुरक्षक के ...। तुम ऐसा नहीं कर सकतीं ...।'

'डार्लिंग, कुछ नहीं हुआ। वह पल्ली गाँव था, एक मामूली-सा पल्ली गाँव, दिल्ली से कुछ ही मील दूर। मुझे उस गाँव का नाम तक नहीं मालूम। अगर तुम चाहो, तो मैं तुम्हें वहाँ ले जा सकती हूँ।'

'क्या तुम्हें लगता है कि मेरे पास इसके लिए समय है ?' लॉर्ड लुई भुनभुनाए। 'तुम्हें वहाँ मुसलमान दिखाई दिए ?'

'एक छोटी-सी मस्जिद के सामने एक बूढ़ा, एक मोची ... और एक सेकेंड के लिए एक महिला, जो तेज़ी से परदे में हो गई।'

'तो, बाकी लोग हिन्दू थे ?'

'हाँ, बेशक।'

'लगता है तुम्हें इस गाँव के बारे में कुछ विशेष जानकारी नहीं है, एडविना डियर। सुनकर ऐसा लगता है कि वहाँ तुम्हारी मुलाकात, मस्जिद की दहलीज पर खड़े सिर्फ एक बूढ़े मुसलमान से हुई है।'

ऐसा बिल्कुल नहीं है। मैंने वहाँ की औरतों के साथ चाय पी, और एक बच्चा देखा। वहाँ का तालाब इतना सुंदर था, डिकी, सो ...'

'सोल ऑफ़ इंडिया (भारत की आत्मा) हैं न ? तुमने गाँधी से सलाह ली थी ?'

लॉर्ड लुई ने सही अंदाज़ लगाया था।

'एडविना डियर, भविष्य में अगर तुम्हें गाँव देखने जाना है, तो मेहरबानी करके तुम मुझे पहले सावधान कर दिया करो। तुमने मेरे सेक्रेटरी से जिक्र ज़रूर किया था, लेकिन इतनी जल्दी में कि वह मुझे बिल्कुल नहीं बता सका कि तुम कहाँ गई हो। कोई भी धर्मान्ध व्यक्ति हिन्दू, मुसलमान या सिख, तुम्हारी हत्या कर सकता है।'

'क्या अगली बार तुम मुझे ठगों के बारे में या इसी तरह की दूसरी डरावनी कहानियाँ

सुनाओगे ? 19वीं शताब्दी के अंग्रेजों ने उस तरह के रहस्यात्मक गलाघोंटू जाति के लोगों के बारे में जो डरावनी कहानियाँ गढ़ ली थीं, क्या तुम ईमानदारी से उनका यकीन करते हो ?' उसने रुखाई से पूछा।

लॉर्ड लुई ने अपनी पत्नी की कलाइयाँ थाम लीं।

'मुझे तुम्हारी चिंता है डार्लिंग ! हमारा अपने प्रति यह फ़र्ज़ बनता है कि हम एक को दूसरे से वंचित न कर दें। हमने आपसी रज़ामंदी से एक-दूसरे को बहुत स्वतंत्रता बख्शी है, पर गायब हो जाने की नहीं, अलग-अलग अपनी हत्या कराने की नहीं, और...' 'ओह ! उपदेश,' एडविना ने ठंडे स्वर में बात काट दी।

'चुप रहो।' वे चिल्लाए। 'मैं तुम्हारे षड्यंत्र बर्दाश्त करता रहा और मैंने ईर्ष्या नहीं की। तुमने अपनी सारी लालसाएँ पूरी की हैं !'

'और तुमने अपनी,' एडविना भी अवज्ञा के स्वर में चिल्लाई। 'क्या मुझे तुम्हारी प्रिय मित्र वायोलेन की याद दिलानी पड़ेगी।'

'तुम्हारी हिम्मत कैसे पड़ी यह कहने की ? तुमने हर व्यक्ति को लेकर मेरे साथ धोखा किया और मुझे वायोलेन के बारे में इजाज़त दी थी। तुम्हें तो वह पसंद थी। पर फिर भी, तुमने क्या किया ? तुमने पूरे एक साल के लिए उसे मुझसे छीन लिया। उस पूरे साल के दौरान मैं अकेला था, दुखी था और तुम दोनों यात्रा पर निकल गई थीं, स्वास्थ्य केंद्रों में, सैर के लिए, हर जगह, सिवा उन जगहों के, जहाँ मैं होता था। तुम दोनों के बीच क्या घटित हुआ, यह सवाल तो मैं अपने-आपसे पूछना ही नहीं चाहता।'

'और तुम ? तुभने वैसी ही कोशिश बनी के साथ की,' एडविना ने बड़ी तल्खी से जवाब दिया। 'इस बात से इंकार न करना वरना मैं कुछ तोड़ डालूँगी।'

एक क्षण के लिए सन्नाटा हो गया। एडविना ने नफरत-भरी आँखों से डिकी की तरफ देखा। उसने एडविना की तरफ पीठ मोड़ ली थी।

'तुम भूल गई हो मुझे क्या सुनना पड़ा था,' लुई ने स्वर धीमा करके कहा, 'एडविना माउंटबेटेन, मेरी पत्नी, एक नाविक की प्रेमिका !'

'मैं तुमसे पहले ही कह चुकी हूँ डिकी, कि यह सच नहीं है,' उसने रूखेपन से उत्तर दिया। 'स्कूनर पर कुछ नहीं हुआ था, या बहुत थोड़ा...'

'सचमुच !' लुई ने उसे कंधे से पकड़कर कहा, 'और तुम चाहती हो कि मैं तुम्हारा यकीन कर लूँ ...।'

एडविना ने अवज्ञा के भाव से उसकी तरफ देखा। 'तुम जो चाहो उसका विश्वास करो, माई डियर ! तुम्हें ऐसा नहीं लगता कि हमारे पास करने के लिए बेहतर चीजें हैं। मैं इन आपसी झगड़ों से तंग आ गई हूँ; इसके अलावा, वह सब हमारा अतीत है। हमने एक समझौता किया था। हम दोनों इकट्ठे युद्ध के बीच से गुजरे हैं, ड़िकी,' उसने

थकान के स्वर में कहा।

लॉर्ड लुई ने अपने हाथ हटाकर अपनी पत्नी को मुक्त कर दिया, जैसे अपने अतीत को अपने पीछे धकेल रहे हों।

'तुम ठीक कह रही हो,' लुई को यह कहने के लिए प्रयास करना पड़ा। 'मुझे माफ कर दो, पर मैं तुम्हें जानता हूँ, तुम्हें खतरे उठाने का शौक है एडविना। मैं सचमुच इस बात का यकीन करना चाहता हूँ कि तुमने एक ऐसी शांत जगह ढूँढ़कर निकाल ली है, जहाँ दंगे का कोई खतरा नहीं है। लेकिन दंगे के अलावा भी बहुत कुछ हो सकता है। डाँवाडोल स्थितियों में कुछ भी हो सकता है। भारत में भी सारी दुनिया की तरह ऐसे डाकू भरे पड़े हैं जो गाँवों पर आक्रमण करते हैं।'

'मैं इस गाँव का पता लगाकर इसे तुम्हें दिखाऊँगी,' एडविना ने हठपूर्वक घोषणा की। 'और तुम्हें पता लगेगा कि तुम्हारा डर व्यर्थ है। मैंने जो कुछ वहाँ देखा है मैं चाहती हूँ कि कोई मुझे उसकी व्याख्या करके समझाए। उस मंदिर का देवता और वह पलंग, और फिर ...'

लॉर्ड लुई ने पीठ फेर ली और सोने की तैयारी करने लगे।

'डिकी ! पूरी ड्रेस पहनकर मत सो जाना। जैसे मैं अब यहाँ हूँ ही नहीं। कितनी चिढ़ पैदा करता है डिकी...'

एडविना ने अर्दली के लिए घंटी बजाई और अपने कमरे की तरफ रवाना हो गई। 'मैं पंडित से पूछूँगी या महात्मा से। पर वे लौटेंगे कब ?' उसने अपने बाल खोलते हुए सोचा — 'मैं दूसरे गाँव भी देखूँगी ...'

दिल्ली, 2 अप्रैल 1947

नेहरू तेजी से दफ्तर के बाहर हो गए। उनकी आँखें गुस्से से भरी थीं।

'आप मुझसे जो चाहते हैं वह नामुमकिन है, सर। कांग्रेस स्वीकार नहीं कर सकती कि हम पद मुस्लिम लीग को दे दें। चुनाव हमने जीते थे और आप चाहते हैं कि हम उससे होनेवाले लाभ से हाथ धो लें।'

'सोचो नेहरू ! क्या तुम भारत को दो टुकड़ों में बाँटना पसंद करोगे ?'

'ओह !' नेहरू ने आक्रोश से कहा। 'देश इन झगड़ों से तंग आ गया है। मुझे अपने मित्रों से सलाह करनी होगी।'

'यह सही है, अपने मित्रों से मिल लो। लेकिन निर्धारित तिथि को याद रखना।'

'योर हाइनेस, यहाँ अपने पहुँचने के बाद से ही आप मुझे बराबर अंतिम तिथि की याद दिलाते रहे हैं; फिर भी इस मामले में आपने सही अर्थ में कोई प्रगति नहीं की है।

इतना कुछ होने के बाद भी क्या हमारा असफल होना जरूरी है ?'

नेहरू संत्रस्त दिखाई दे रहे थे। उन्होंने दोनों हाथों में अपना सिर थाम लिया और गलियारे में रखे स्टूल पर धम-से बैठ गए।

'उठो नेहरू,' माउंटबेटेन ने स्नेहपूर्वक उनकी बाँह पकड़कर उठाया, 'आराम करो, हम सब न सोने के कारण परेशान हैं और मैं शर्त लगा सकता हूँ कि तुम थकान से गिरे जा रहे हो। चलो, हम चलकर वायसरीन से मिलते हैं जिसके दिमाग में यह बात बैठी हुई है कि उसे तुमसे गाँवों के बारे में सवाल करने हैं।'

नेहरू ने सिर उठाकर पूछा, 'गाँवों के बारे में ?'

'मेरी पत्नी कल साहसिक दौरे पर निकली और एक गाँव में पहुँच गई जिसका नाम भी उन्हें मालूम नहीं है,' लॉर्ड लुई ने रुखाई से कहा। 'आओ, अब हम चलते हैं। इन सवालों से तुम्हारा ध्यान बँटेगा।' एडविना पढ़ रही थी। लाइब्रेरी का दरवाजा खुला और दोनों आदमी बिना आवाज किए भीतर दाखिल हो गए।

'मेरा खयाल है कि यह पुस्तक भारत के बारे में है ?' लॉर्ड लुई ने स्नेहपूर्वक कहा। देखें ... मेरी बात सही थी। "मदर इंडिया" — एक क्लासिक रचना।'

'एक भद्दी किताब,' नेहरू ने तल्खी से कहा, 'उस कैथरीन मेयो पर मानहानि का दावा कर देना चाहिए। हम लोगों की व्याख्या हमेशा से गंदे बंदर, आत्मारहित और हृदयहीन जंगली कहकर की गई है — जातीय भाव से लिखी गई रचना है।'

'आराम से बैठिए, प्लीज,' लॉर्ड लुई ने बड़ी-सी हत्थे वाली कुर्सी में बैठते हुए कहा। 'एडविना, उसे छोड़ दो, मैं अपने मित्र को तुम्हारे सुपुर्द कर रहा हूँ, जो गाँवों से संबंधित तुम्हारे सभी सवालों का जवाब देंगे।'

उन्होंने बारी-बारी से दोनों की तरफ देखा। गुस्से से अभी तक काँपते हुए नेहरू अपनी बाँहें मोड़कर एक कुर्सी पर बैठ गए। एडविना ने अपना चश्मा उतार लिया और संकोच से निगाहें नीची कर लीं।

'वह एक छोटा-सा गाँव था जो गुड़गाँव से बहुत दूर नहीं था। दायीं तरफ एक रेतीली सड़क से लगा हुआ' — एडविना ने नम्रता से कहना शुरू किया।

'गुड़गाँव के पास ? मैं नहीं जानता आप किस गाँव की बात कर रही हैं।' नेहरू बोले।

'एक गाँव जिसमें तालाब है !' एडविना ने खुलासा किया। 'और एक मंदिर और एक छोटी-सी मस्जिद भी, जिसका दरवाजा हरे रंग का है। दूसरे तमाम गाँवों-जैसा ही एक गाँव, पंडितजी।'

'ऐसे सैकड़ों-हजारों गाँव हैं मैंडम, जो तुम्हारे इस वर्णन के अनुरूप होंगे,' नेहरू ने प्रसन्नता से कहा। 'इसके बजाय आप मुझे यह बताइए कि आप जानना क्या चाहती

हैं ?'

'वह मंदिर। मैं यह जानना चाहती थी कि उस मंदिर का देवता कौन था। मुझे मूर्ति को पहचानने में सफलता नहीं मिली।'

'और यह मंदिर कैसा था ?'

'सफेद, सादा-सा, बहुत छोटा, उसमें बाँस का एक बड़ा-सा खम्भा था ...'

'ओह, और एक लाल झंडी ? और एक धातु का था त्रिशूल ?'

'हाँ, एक लाल पताका, बैल, कुछ काली-सी पड़ी हुई, आप समझे ...'

'निस्संदेह वह शिव-मंदिर होगा,' नेहरू बोले। 'तुमने त्रिशूल जरूर देखा होगा।'

'त्रिशूल ? हाँ बेशक, मैंने देखा था ! मैं उसे फूल समझी थी।'

'और मंदिर के अंदर लिंगम होता है।'

'लिंगम,' एडविना कुछ सोचते हुए बुदबुदाई। 'मैंने उसे नहीं देखा।'

'पर मुझे यकीन है। तुम्हें उसके अस्तित्व की जानकारी तो है।' नेहरू ने सीधे उनकी तरफ देखा।

'मुझे मालूम है कि कामोत्तेजक वस्तु किसकी प्रतीक है,' एडविना ने कहा। उसका चेहरा कुछ गुलाबी-सा हो गया।

'जिसे आप कामोत्तेजक जड़ वस्तु कहती हैं, वह स्वयं जीवन का प्रतीक है मैडम !' नेहरू ने उत्तर दिया। 'इसे दूध और शहद से स्नान कराया जाता है, इसके अलावा इसकी सत्ता अपने पूरक ... के बिना।'

'मुझे मालूम है,' एडविना ने बात काट दी। 'तो, मंदिर में, अगर मैं वापस जाऊँ ...।'

'आप वहाँ अकेली वापस नहीं जाएँगी ! मैं आपके साथ चलूँगा। मैं आपको लिंगम दिखाऊँगा।'

'मिस्टर वाइस प्राइम मिनिस्टर, मंदिर की बात बहुत हो गई,' एडविना ने तैश में आकर कहा। 'इसके बजाय हम पलंग की बात करें।'

'ठीक है ! हम पलंग की बात करते हैं, मैडम,' नेहरू ने मुस्कुराहट छिपाते हुए कहा, 'उस पलंग में क्या था ?'

एडविना ने अपना होंठ काटा। इस शैतान आदमी ने उसे घेर लिया था।

'इस पलंग में चार पाए और निवाड़ थी।'

'ओह ! यह तो बड़ी सामान्य बात है। हम उसे चारपाई कहते हैं। यह सिर्फ ज़रा-सा बड़ा पलंग होता है। और क्या ?'

'मुझे ध्यान नहीं, हाँ घरों के पास झोंपड़ियाँ मिट्टी में, साथ में मिट्टी की पंखड़ियाँ ...'

वे कोठार होते हैं, और उपले (पंखडियाँ) गोबर और भूसों को मिलाकर बनाए जाते हैं। औरतें गोबर मिलाकर इस पर थाप देती हैं और उनके हाथ के छापे से उपले बन जाते हैं।'

'ओह !' एडविना आश्चर्य से बोली, 'मुझे अब याद आया। यह बात मुझे 1922 में बताई गई थी। उनके हाथों से ... सच ?'

वे लोग इससे कंडे भी बनाते हैं जो सर्दी में ईंधन के काम आते हैं। जैसा आप देख रही हैं, गाय का कोई अंग बेकार नहीं किया जाता। गाय के सभी तत्वों से मिलाकर एक पवित्र पेय भी बनाया जाता है — उसकी बात हम बाद में करेंगे। आपने और क्या देखा, मैडम ?'

'और कोई खास चीज नहीं,' एडविना कुछ घबराहट के साथ बोली। 'वह सिर्फ एक हिंदुस्तानी गाँव था, इतना ही।'

'आपकी आत्मा बहुत सुंदर है,' 'नेहरू ने धीमे-से कहा, 'और मैं देख रहा हूँ कि इस गाँव ने आपके लिए मेरे देश के दरवाजे खोल दिए हैं।'

'मिस्टर वाइस प्राइम मिनिस्टर, क्या आप सिगार लेंगे ?' लॉर्ड लुई की आवाज सुनाई दी, 'एडविना डियर, अगर तुम्हें और सवाल नहीं करने हैं तो ...।'

एडविना मुस्कुराई।

'मैं अपनी विदेशी सुलभ जिज्ञासा के कारण उपहासास्पद हो जाती हूँ, पंडितजी।'

'आप कुछ और गाँवों को देखें, ताकि मैं आपके सवालों का जवाब देता रहूँ। मैं ऐसा करने से तंग नहीं आऊँगा। क्या आप मुझे इजाजत देंगी कि मैं आपको आपके नाम से संबोधित करूँ, जैसा मैंने सिंगापुर में किया था ?'

क्या वे मजाक कर रहे थे ? लेकिन उनकी आँखों में अब हँसी नहीं थी। क्या उन्होंने उसकी बात को गंभीरता से लिया था ?

वह उठ खड़ी हुई। नेहरू भी खड़े हो गए। बात वहीं खत्म हो गई।

दिल्ली, 3 अप्रैल 1947

महात्मा वायसराय के साथ अपनी दैनंदिन की मुलाकात के सिलसिले में आ पहुँचे थे। वे लोग अपने वातानुकूलित दफ्तर में घुस ही रहे थे कि उनकी नजर एडविना पर पड़ी और वे रुक गए। उन्होंने हाथ जोड़े और उनके चेहरे पर दीप्त मुस्कान फैल गई। एडविना ने उनके करीब जाकर आदरपूर्वक उनकी बाँह को स्पर्श किया।

'बापूजी,' संकोच के साथ एडविना ने कहा, 'जब आपकी बातचीत खत्म हो जाए, तो आप आकर मेरे साथ चाय पी लें। आपके सुझाव के अनुसार मैं एक गाँव को देखने

गई थी,' उसने उन्हें विश्वासपूर्वक बताया।

वृद्ध महाशय ने अपना चश्मा उतारा और उसे धोती के किनारे से पोंछा। फिर उन्होंने मनोविनोद की मुद्रा में एडविना की तरफ देखा।

'सच ? तुमने ऐसा कर डाला ? मुझे यकीन है, तुम बिल्कुल अकेली गई होगी।'

'हाँ !' उसने बहुत उल्लसित होकर कहा। और वह ... वह ...'

'पूरी तरह शांत था ?' गाँधीजी बोले। 'ये वही लोग हैं, जिन पर किसी दिन खून सवार हो जाता है।'

'मैं चाहती हूँ कि आप मुझे यह बताएँ कि उन्हें रोकने के लिए आप क्या करते हैं। मिस्टर गाँधी।'

'हे राम !' वृद्ध महोदय अपने हाथ जोड़कर बोले, 'काश, मैं उनको इसकी शुरुआत करने से ही रोक पाता — लेकिन मैं आऊँगा योर हाइनेस, थोड़ी देर के लिए।'

शांत खड़ा बैरा दरवाजे से महात्मा के जाने का इंतजार कर रहा था। गाँधी की नजर उस पर पड़ी और किनारे से अपनी धोती को पकड़कर, वे तेजी से आगे बढ़ गए।

एडविना को थोड़ी देर इंतजार करना था। उसने अपने चारों तरफ रखी उन अनगिनत चीजों पर नजर डाली, जिनसे वह हॉल भरा था। कांस्य-मूर्तियाँ जिनकी अनेक बाँहें और स्थिर आँखें थीं। दीवार पर लटकती हुई चित्रकारी जिनमें घेरदार लहँगे पहने अलौकिक स्त्रियाँ श्याम-वर्ण पुरुषों के चारों ओर नृत्य कर रही थीं। इन पुरुषों ने सिर पर सोने के मोरपंखी मुकुट पहन रखे थे। हल्के रंग के पत्थरों में तराशे हुए सिर थे, उनके चेहरे पर स्थिर मुस्कान जैसी किताबों में दिखाई पड़ती है, गांधार, उसने सोचा — एक ऐसा शब्द जो सहज विस्मृति के स्थिर कुंड में से उभरा। गहरे रंग की लकड़ी के विशाल चेहरे जो निश्चित रूप से अफ्रीकी थे। उन्होंने जंगली आभूषण पहन रखे थे। पर वे अफ्रीकी थे या दक्षिण भारत में बने थे ? लाल फूल-पत्तियों के ज़रदोज़ी की मोटी कढ़ाई के पंखे, दीवारों पर टँगे थे। एक ऐसा संसार जिसके बारे में उसे कोई जानकारी नहीं थी और जो अपनी पूरी सामर्थ्य से उसे आकर्षित करता था।

इंगलैंड का एकमात्र चिह्न दीवारों पर लटकी शेर की खालें थीं जिनमें खाली शीशे की आँखें लगी थीं और उनके चारों तरफ सावधानी से फैल्ट का बॉर्डर लगा दिया गया था।

एक नि:श्वास लेकर, उसने मूर्तियों को ध्यान से देखना शुरू कर दिया। यह जिसके हाथ में बल्लम है और बाल बिखरे हुए, या वह, जिसकी आकृति विचित्र है। ऊपर से चीलें तक दो में विभाजित — आधा पुरुष, आधी स्त्री, नितम्ब एक तरफ से गोलाकार और दूसरी तरफ कड़ा। वह आखिर, हाथी के सिरवाले देवता का नाम याद करने में

सफल हो गई और उसने कांस्य मूर्ति की हल्की-सी मुड़ी हुई सूँड़ को सहलाते हुए दोहराया—'गणेश, गणेश,' मानो स्थूलकाय अलौकिक हाथी उसे धीरे-से उत्तर देगा, लेकिन देवता हठपूर्वक खामोश रहा। वह बड़ी देर तक एक ऐसे देवता को ताकती रही जो एक पूरे वृक्ष के बीच द्रुतगति से नाच रहे थे। उनकी चार भुजाएँ काल्पनिक संगीत की लय पर बड़े सुचारु रूप से फैली थीं। चूँकि इस देवता ने भी उसकी तरफ देखकर मुस्कुराने की कृपा नहीं की, इसलिए वह भी ऊँघने लगी।

दरवाजा कुछ चरमराता हुआ-सा खुला। दरवाजे पर महात्मा खड़े थे।

'ओह ! मैंने आपको जगा दिया, मैडम,' उन्होंने साफ आवाज में कहा।

'बिल्कुल नहीं ! मैं आपका इंतजार कर रही थी। मैं आपके देवताओं को बुलवाने की कोशिश कर रही थी,' एडविना ने कहा, 'मेहरबानी से आप ठहरिए।'

वे एक हत्थेवाली कुर्सी के किनारे पर बैठ गए, घुटने जोड़कर और आँखें क्रमशः अधिक गंभीर होती जा रही थीं।

'भारत के सभी देवताओं का मूल्य एक है, उन्हें चाहे जो नाम दिया गया हो,' वे बोले। उन्होंने फिर काँपते हुए अपनी शॉल को नीचे सीने पर खींच लिया। उन्होंने अपना सिर झुकाया और उनके चेहरे का रंग धूसर हो गया। एडविना चौंक गई और उसे भय लगने लगा : वह कहीं ठीक उसकी आँखों के साए में ही तो दम नहीं तोड़ देंगे !

'मिस्टर गाँधी। आप ठीक तो हैं ?' वह बोली।

'उस दफ्तर में बहुत ठंड थी, मुझे इसकी आदत नहीं है,' वृद्ध महाशय ने गुनगुनाकर कहा।

वातानुकूलन ! आधुनिकीकरण की अपनी झख में डिकी ने इस यशस्वी के नंगे बदन का खयाल भी नहीं किया। यह व्यवहार एकदम डिकी के स्वभाव के अनुरूप है। उछलकर एडविना सोफे की तरफ गई। वह मोटे ऊन का एक पुलोवर ले आई थी।

महात्मा कुर्सी में नीचे तक धँस गए और उन्होंने अपनी शॉल को अपने गंजे सिर पर ऐसे लपेट लिया कि उनकी मूँछों और चश्मे के सिवा कुछ दिखाई नहीं पड़ रहा था। उन्हें बिना छेड़े एडविना ने स्वेटर उनके कंधों पर ऐसे उढ़ा दिया कि उसकी बाँहें उनके पैरों तक लटकती रहीं। वह उनके सामने घुटनों के बल बैठी उनके पैरों को रगड़कर गरम करने की असफल कोशिश कर रही थी।

'लीजिए, बापूजी, आपको गर्माई आ जाएगी। गर्म-गर्म चाय का प्याला।'

'मैं गरम पानी पीना चाहूँगा,' गाँधी धीरे-से बोले। 'शुक्रिया। अब मुझे बताइए आप कौन-से गाँव में गई थीं।'

'मुझे नहीं मालूम। मिस्टर नेहरू भी ठीक पता नहीं लगा सके। एक छोटा-सा

गाँव था, गुड़गाँव से जरा-सा आगे बढ़कर। मुझे यह पता लग गया है कि वहाँ एक शिव मंदिर है और मैंने एक मस्जिद भी देखी थी; मेरे खयाल से वहाँ मुझे गाँव का एकमात्र आदमी मिला था।'

'पर आपने औरतें तो निश्चय ही देखी थीं। यही सबसे महत्वपूर्ण बात है।' गाँधी ने उसे आश्वस्त किया। 'भारत की औरतें अमूल्य हैं, योर एक्सिलेंसी। क्या उन्होंने आपका ठीक से स्वागत किया था ? ओह, मुझे आपके चेहरे से मालूम हो गया कि ऐसा ही हुआ था। मुझे ताज्जुब नहीं है। पर बताइए, आपने विधवाएँ भी जरूर देखी होंगी ?'

'विधवाएँ ?' एडविना ने आश्चर्य से पूछा। 'अरे हाँ, मेरा खयाल है कि मैंने दो महिलाओं को सफेद साड़ी पहने देखा। एक वृद्धा और दूसरी — लेकिन नहीं, यह असंभव है। दूसरी पंद्रह साल की भी नहीं होगी।'

गाँधी ने हृदय-विदारक साँस ली।

'यही ! मैं वही बात सुनने से डरता था। योर एक्सिलेंसी, ये ऐसी भयानक प्रथा है जिसके खिलाफ मैं वर्षों से संघर्ष कर रहा हूँ; बच्चों की शादी कर दी जाती है और अगर पति की मृत्यु हो जाती है, तो लड़की जो अभी बच्ची होती है, सारी उम्र साड़ी पहनकर विधवापन का भयानक बोझ ढोती है। सोचिए ! अच्छा खाना नहीं, आभूषण नहीं, मसाले नहीं, यहाँ तक कि नमक भी नहीं। पूरा अस्तित्व ही दुखों और गुलामी से भरा। अगर वह पंद्रह साल की लड़की सफेद साड़ी पहने थी, तो उसका अंत हो गया।'

'पर वे अब अपने मृत पतियों की चिताओं पर जिंदा तो नहीं जलाई जातीं।'

'ओह नहीं !' महात्मा ने बीच में टोका। 'आपने उस प्रथा पर प्रतिबंध लगा दिया था — एक शताब्दी से भी अधिक समय हो गया, आपको मालूम ही होगा।'

एडविना ने सिर हिलाया।

'लेकिन उनकी तकदीर मरने से बेहतर नहीं है,' गाँधी कहते रहे, 'मैं कभी इस विषय पर अपनी भावनाएँ प्रकट किए बगैर नहीं रहता। और शायद आपने एक कुआँ देखा होगा ?' उन्होंने फिर ठंडी साँस लेकर कहा।

'हाँ, बिल्कुल ठीक है,' एडविना बोली। 'जब मैं पानी को देखने के लिए झुकी तो औरतों में बड़ी तीव्र प्रतिक्रिया हुई।'

'वह ब्राह्मणों का कुआँ है, जो सिर्फ उनके लिए आरक्षित है,' गाँधी बुदबुदाए। 'यह सोचना कि मेरे देश में, ब्राह्मण अछूतों के साथ साझा पानी पीने से इंकार करते हैं। कितने शर्म की बात है।' इस पर खामोशी छा गई; वृद्ध महाशय ने अपना चश्मा उतारकर उसे पोंछा और वापस उदासी के भाव से अपनी नाक पर टिका लिया।

'वे कुएँ,' वे बड़बड़ाए। 'कभी-कभी, जब औरतों को लगता है कि उनके अनादर

की इंतहा हो गई है, वे इन कुँओं में डूब मरती हैं। हमारे गाँवों में ये हमेशा औरतों के आत्महत्या-स्थल रहे हैं। और दंगों और भय के इस माहौल में, वे सहज रूप से सबसे निर्मम परंपराओं की तरफ लौट जाती हैं। आप जानना चाहती हैं कि मैं गाँवों में क्या करता हूँ ? तो सुनिए ! मैं पैदल नोआखली पहुँचा। हम चार-पाँच साथी थे, जिनमें मेरे प्रिय गफ्फार खाँ भी शामिल थे। वे विराट विनम्र पठान और मेरी पोतियाँ थीं। हम लोगों ने घरों में घुसकर पूछा कि हमें रात के समय कौन जगह देगा। जिसने ऐसा करना स्वीकार किया, उससे हमने कहा कि अगर वह हिन्दू है तो सबकी पहरेदारी के लिए वह किसी मुसलमान को ढूँढे और अगर वह मुसलमान है तो इस काम के लिए वह किसी हिन्दू को राजी करे। उसके बाद हमने एक साथ मिलकर प्रार्थना की और गाँव में शांति रही। बस इतना ही।'

'बस इतना ही। पर आपको सताया तो गया, आपके चलने के रास्ते में टूटा काँच गाड़ा गया। आपको आगे बढ़ने से रोकने के लिए पेड़ों और टहनियों से अवरोध बनाए गए, यहाँ तक कि ...'

एडविना कहते-कहते रुक गई।

'उन्होंने मैला भी फैलाया, हाँ।' गाँधी ने कोमल स्वर में कहा। 'यह महत्वपूर्ण नहीं है।' और अपना सिर उठाकर, वे एक गीत गुनगुनाने लगे।

जब उन्होंने समाप्त कर लिया, तो बोले, 'मेरा प्रिय गान। इसकी रचना गुरुदेव ने की थी। शब्द बहुत सरल हैं : "अगर कोई तुम्हारे आह्वान का उत्तर नहीं देता तो अकेले चलो। अकेले चलो"।' वृद्ध महाशय की आँखें चमक रही थीं। वे चुप हो गए और फिर मुस्कुराए। 'अच्छी जिंदगी बिताने के लिए, सिर्फ कुछ सिद्धांतों का पालन करना जरूरी होता है।' उन्होंने कहा। 'मुझे यकीन है कि आप बहुत ज्यादा खाती हैं। प्रोटीन और लीपिड्स के लिए गिरियाँ, मेवा, फल, दही, और एक ताजा फल, यह मेरा भोजन होता है। और मैंने एक कसम खाई थी, इसलिए बकरी का दूध, गोकि दूध कामोत्तेजक होता है,' उन्होंने संकोच से जोड़ा। 'और इसके अलावा उपवास तो है ही,' वे कहते रहे।

'लेकिन सिर्फ दंगे खत्म कराने के लिए।'

'ओह ! लेकिन मैं आमरण अनशन की बात नहीं कर रहा हूँ', उन्होंने जैसे बात को बर्खास्त करते हुए कहा। 'नहीं, मैं विशेष अवसरों पर किए जानेवाले उपवास की बात कर रहा हूँ। जब आप बहुत परेशान हों। जब आपको बुखार हो। जब आप दुखी हों। यदि आपके किसी प्रियजन का बिछोह हो जाए। और तब भी, जब आप बहुत प्रसन्न हों ...।'

'बहुत प्रसन्न ! लेकिन क्यों ?'

'प्रसन्नता का अंत क्यों करना चाहिए ? नहीं न ?'

वृद्ध महाशय ने मुड़े हुए लंबे पाँव पसारे और अपने झोले में से एक प्याज निकाली। 'योर एक्सिलेंसी, मैं बहुत अधिक प्रसन्नता के खतरे किसी और समय बताऊँगा। आप मुझे क्षमा करें कि मैं आपसे विदा ले रहा हूँ, लेकिन समय पल-पल करके बीत रहा है। वह गाँव — गुड़गाँव के आगे, आपने कहा था ? मेरा वहाँ जाना जरूरी है।' और वे चलने के लिए तैयार हो गए।

'बापू, मेरी समझ में नहीं आ रहा कि मैं कैसे आपको धन्यवाद दूँ,' दरवाजे की तरफ लपकती हुई एडविना हकलाने लगी। वृद्ध महोदय ने हाथ उठाकर धीरे-से उसके गालों को थपथपाया।

'मेरी प्यारी बच्ची — मेरा मतलब है, योर एक्सिलेंसी। मुझे लग रहा है कि हम लोगों के बीच अच्छी पटेगी। प्रवेशद्वार के दालान तक आप मेरे साथ चलें, चलेंगी ?'

जब वह गाँधी की बाँह थाम रही थी, नेहरू सहसा वायसराय के दफ्तर से बाहर आए।

'आप अभी यहीं हैं, बापू !' उन्होंने आश्चर्य से कहा, 'मैंने सोचा कि आप काफी पहले चले गए थे।'

'कुसूर मेरा है,' एडविना ने दखल दी। 'मैंने ही मिस्टर गाँधी को रोक लिया था ताकि वे मुझे कुछ बातें समझा सकें।'

'मैडम, हमारे महात्मा इंगलैंड की महिलाओं से घिरे हुए जीवन बिताते हैं। वे महिलाएँ उनकी सर्वोत्तम अनुयायी हैं। उन्होंने एक अंग्रेज एडमिरल की बेटी को गोद ले लिया है।' कहकर नेहरू हँसे।

'हाँ,' एडविना बोली, 'मेडलीन स्लेड, मुझे मालूम है। बकरी के साथ अखबारों में छपी तस्वीरें मुझे याद हैं। ये वही लड़की है न जो आपके साथ लंदन गई थी और जिसे आपने मीराबू नाम दिया था, वही है न ?'

'मीराबू नहीं (मीराबेन) योर हाइनेस। उस राजकुमारी की तरह जिसने लॉर्ड कृष्ण के प्रति अपने प्रेम के गीत गाते हुए अपने जीवन का अंत गरीबी में किया।' गाँधी ने उसकी तरफ ध्यान से देखते हुए स्पष्ट किया। 'मीराबेन मेरी बेटी है, मेरी प्यारी बेटियों में से एक।'

'एडविनाजी, सावधान रहिएगा,' नेहरू ने बहुत धीरे-से कहा। 'वे आपको एक नई मीरा, एक संन्यासी बना देंगे।'

'उनका मजाक मत बनाइए,' एडविना ने प्रार्थना की। 'मुझे मिस्टर गाँधी से बहुत कुछ सीखना है'।

वृद्ध महाशय उसकी तरफ देखकर हल्के से मुस्कुराए।

'अब चलें, मेरे बच्चो। समय समाप्त हो रहा है। मुझे प्रवेश-द्वार की तरफ ले चलो।'

माउंटबेटेन सहसा अपने दफ्तर से बाहर निकल आए।

'माई डियर, तुम मिस्टर गाँधी का बहुत समय लेती हो।'

'कोई बात नहीं,' महात्मा ने उत्तर दिया। 'महिलाओं से बात करना मेरे जीवन का प्रिय शगल है। इस संदर्भ में — क्या मैं आपसे कुछ सहायता माँग सकता हूँ ? कांग्रेस की एक बहुत महत्वपूर्ण सदस्य सरोजिनी नायडू बड़ी साहसी महिला हैं। उन्हें आप निश्चित रूप से पहले से ही जानते हैं। वे जिन्ना की पुरानी मित्र हैं। मैं चाहता हूँ कि आप उनसे मुलाकात करें। मिसेज नायडू बहुत बड़ी कवयित्री हैं — भारत की बुलबुल।' गाँधी बोले, 'उनसे मिलिए सर, वे आपको जिन्ना के बारे में और सबसे बेहतर जानकारी दे सकेंगी।'

वे धीरे-धीरे आगे बढ़े, कमजोरी का ढोंग करते हुए, जिसे उनके मजबूत कदम झूठा सिद्ध कर रहे थे। उन्होंने दोनों तरफ लोगों को सहारा देने दिया। लॉर्ड लुई उनके पीछे चल रहे थे।

'क्या आप मेरी शाम की प्रार्थना सभा में आएँगी ?' उन्होंने सहसा एडविना से पूछा। उसने खामोशी से सिर हिला दिया।

उन्होंने भवन की दहलीज पार की। अचानक उन पर सूरज की रोशनी पड़ी। गाँधी ने अपनी आँखें हल्के से मिचमिचाईं। एडविना और नेहरू अलग हो गए।

'ठहरिए,' — माउंटबेटेन ने कहा, 'मैं फोटोग्राफर को बुला रहा हूँ।'

उन्होंने जल्दी से एक गार्ड के कान में धीरे-से कहा। उसने एड़ियाँ जोर से खटकाईं और फौरन रवाना हो गया।

लॉर्ड लुई आगे बढ़कर गाँधी की बगल में खड़े हो गए। फोटोग्राफर कैमरा सहित दौड़ता हुआ आ गया।

'लुई सुल्तान, एडविना सुल्ताना, वजीर और फकीर,' बापूजी बड़ी गंभीरता से बोले।

नेहरू ने एडविना की तरफ देखा और ठठाकर हँस पड़े। लॉर्ड लुई का ध्यान फोटोग्राफर पर था, इसलिए उन्होंने मजाक नहीं सुना। लेकिन एडविना ने अपने दोनों हाथों से कसकर मुट्ठी बाँध ली ताकि वह हँसी पर काबू पा सकें। गाँधी ने प्रसन्न होकर अपनी प्रसिद्ध पोपली मुस्कान प्रकट कर दी। कैमरे के क्लिक करने की आवाज सबको सुनाई पड़ी।

'पर, याद रखिए, जब आदमी बहुत प्रसन्न हो, तो उसके साथ ही उपवास भी करना चाहिए,' गाँधी ने नेहरू की तरफ घूमते हुए एक उंगली उठाकर कहा।

'मैं शर्त लगाता हूँ योर हाइनेस कि हमारे महात्मा ने आपकी पत्नी को उपवास का पाठ पढ़ाया है', नेहरू बोले। उनकी हँसी अब भी नहीं रुकी थी।

फोटोग्राफर ने जोर से इशारा किया, उसका फोटोग्राफ बिगड़ गया था। वह चिल्लाया — 'मिस्टर गाँधी दिखाई नहीं दे रहे थे।'

'और अच्छा है,' महात्मा ने कहा। 'चित्र में आप लोगों को ही होना चाहिए। आप तीनों भारत का भविष्य हैं, जबकि मैं ...'

आकाश ने लाल पत्थर को सुनहला रँग दिया। तोतों ने अपनी बेधती हुई चहचहाट से हवा में गहरे रंग की रेखाएँ खींच दी थीं। दूर से प्रार्थना के स्वर सुनाई पड़ रहे थे। लॉर्ड लुई का मन ऐसे उल्लास से भरकर मुस्कुराया, जिसे वे ठीक-ठीक समझ नहीं पा रहे थे। पीठ पर अपने दोनों हाथ रखे नेहरू का गला अभी तक हँसी से रुँध रहा था, उनके पास खड़ी एडविना के भीतर एक अनिर्वचनीय शांति भर गई थी। लगता था जैसे काल वहीं स्थिर हो गया है।

'मित्रो, मुझे देर हो जाएगी,' महात्मा ने अन्ततः लंबी साँस लेकर कहा, 'मुझे इजाजत दो कि मैं इस जादुई लम्हे का अंत करूँ।'

और वे अपनी धोती पकड़कर सीढ़ियों से उतर गए।

'देखा वे कैसे हैं,' नेहरू ने धीरे-से कहा। उनकी आँखें महात्मा का पीछा कर रही थीं। 'उनका बच्चों-जैसा उल्लास। कभी-कभी वे मुझे शरीर में दौड़ते हुए रक्त का एहसास भी भुला देते हैं, और ...।'

'शऽऽ ...' एडविना ने मृदु स्वर में कहा, 'खामोशी को भंग मत कीजिए।'

महात्मा प्रतीक्षा करती हुई लिमोसीन में चढ़ गए। आकाश में अँधेरा होने लगा और एडविना को सहसा सर्दी लगने लगी। वह बिना हिले बोली, 'उनके बगैर हम क्या करेंगे ?'

'मिस्टर नेहरू, मैं आपसे कहना भूल गया कि लंदन में सरकार एक सुयोग्य वकील की तलाश में है,' लॉर्ड लुई ने सहसा कहा, जैसे वे किसी स्वप्न से जागे हों।

'वकील ? पर किसलिए ?' नेहरू ने अनमने भाव से पूछा।

'अगर विभाजन अनिवार्य हो जाय तो सीमाओं के सम्भावित खाके का अध्ययन करने के लिए,' लॉर्ड माउंटबेटेन ने खखारते हुए उत्तर दिया।

नेहरू ने सिर लटका लिया।

'ओह राम,' वे बुदबुदाए। 'बशर्ते कि महात्मा को इस बारे में कोई जानकारी न हो।'

दिल्ली, 4 अप्रैल 1947

छोटे-से हॉल में सीधे खड़े मेजर विलियम्स ने हल्के से अपनी एड़ियाँ खटकाईं। वायसरीन ने अपनी हल्के रंग की स्कर्ट की हल्की-सी सरसराहट की आवाज करते हुए तभी प्रवेश किया था।

'माफ कीजिए, मेजर, मैंने आपको इंतजार कराया। मैं आपको परेशान नहीं करना चाहती थी, लेकिन वायसराय ...'

'मैं आपका अनुचर हूँ, योर एक्सिलेंसी,' मेजर ने सिर झुकाकर कहा। 'योर एक्सिलेंसी, आप गुड़गाँव के पास के गाँव के बारे में जानना चाहती थीं। क्या यह सही है ?'

एडविना ठंडी साँस भरकर बैठ गई। उसे क्या सबकुछ मालूम नहीं था ? वह सवाल किस तरह पैदा करे ताकि इस वृद्ध सैनिक को अशिष्ट न लगे ?

'मैंने नक्शे पर नजर डाली,' वे बिना प्रतीक्षा किए बोले। 'इस गाँव में हिंदू और मुसलमान दोनों हैं। उसमें एक शिव मंदिर है और दूसरे कोने पर एक मस्जिद है। मंदिर में देखा जा सकता है ...'

वे 'सावधान' मुद्रा में खड़े धीरे-धीरे बोल रहे थे। वे अपनी मूँछ को चबाते जा रहे थे, जिसमें अब भी गिनती के लाल बाल बाकी थे। एडविना उनकी बात ऐसे ही सुन रही थी। अचानक उसने देखा कि वे खड़े थे।

'लेकिन, आप मेहरबानी करके बैठ जाइए,' उसने एक कुर्सी की तरफ इशारा करके कहा।

'गाँव के लोग कई जातियों में बँटे हैं; उनमें से निश्चित रूप से आपने ब्राह्मणों को नहीं देखा होगा; अगर आपकी नजर उन पर पड़ जाती तो वे भ्रष्ट हो जाते,' मेजर अपनी बात कहते रहे, मानो उन्होंने एडविना की बात सुनी ही नहीं हो। 'और कुछ आगे चलकर अछूतों के घर हैं, ये जाति के अंदर नहीं आते। योर एक्सिलेंसी की निगाह इन पर जरूर पड़ी होगी।'

एडविना ने कान देना शुरू किया या नहीं, उसने तो कुछ नहीं देखा, अछूत ?

'सारे घर एक जैसे दिखाई पड़ रहे थे मेजर,' उसने उत्तर दिया। 'गाँव की औरतों ने मुझे सारा गाँव दिखाया था।'

'पूरा गाँव ?' मेजर ने पूछा।

'पूरा नहीं, कुछ गलियाँ — हाँ, यह सच है कि उन्होंने मुझे दो-एक बार उलटा लौटाया।'

'तो यह बात है'। मेजर ने कहा।

एडविना को सहसा वह खामोश छाया याद आई जिसे उन महिलाओं ने खदेड़ दिया था। 'आप मुझे बताएँगे कि क्या गाँवों में वेश्याएँ होती हैं ?'

'वेश्याएँ ?' मेजर ने धीरे-से दोहराया। 'मेरे खयाल में नहीं, आप क्यों पूछ रही हैं ?'

'दूसरी औरतों की जैसी ही एक महिला कुछ दूर पर दिखाई दी। गाँव की औरतों ने उसे पास नहीं फटकने दिया। मेरी समझ में नहीं आया कि उसने उनका क्या बिगाड़ा था।'

'निश्चित रूप से अछूत होगी, योर हाइनेस। और कोई वजह नहीं होगी। उन्होंने जरूर सोचा होगा कि वह उनके कुँओं से पानी लेना चाहती है और इसकी इजाजत नहीं है। इस देश में पानी बहुत मूल्यवान है, योर हाइनेस।'

'और अछूत मनुष्य नहीं है — कम से कम हिन्दुओं की नजर में नहीं।' मेजर ने घुमाकर बात जोड़ दी।

'क्या महात्मा उन्हें हरिजन नहीं कहते ?' एडविना ने चिढ़कर पूछा।

'बेशक, मिस्टर गाँधी उन्हें "हरिजन" कहते हैं,' मेजर बुदबुदाया।

'तब ?'

'मिस्टर गाँधी व्यवस्था को बदलने की कोशिश कर रहे हैं, योर हाइनेस। लेकिन किसी अछूत का धर्म-परिवर्तन नहीं किया जा सकता और वह इस बात को जानता है। अगर ब्रह्मांड में आगे कुछ और नहीं लिखा होगा तो सारा समाज उसके दोषों के कारण भ्रष्ट होगा। मिस्टर गाँधी कुछ नहीं कर सकेंगे !' उसने अप्रत्याशित उत्साह से कहा।

'क्या मतलब है तुम्हारा ?' एडविना ने तल्खी से पूछा।

'पुराने खयालवालों की दृष्टि में, मिस्टर गाँधी एक तरह के विधर्मी हैं,' उसने एडविना के सवाल का जवाब दिए बगैर कहा।

'और आपकी दृष्टि में ?'

मेजर ने छत की तरफ देखा।

'लेकिन तुम्हारी नजर में, मेजर,' एडविना ने अपनी बात पर जोर दिया।

'ओह मैं, मैडम, मैं किस गिनती में हूँ। मैंने तीस साल तक भारत में नौकरी की है इसलिए मैं यहाँ के निवासियों को इस तरह समझता हूँ जैसे मैं उन्हीं में से एक हूँ', उसने कहा।

'मेजर, हम लोग इस देश को छोड़ देंगे, यह तुम जानते हो,' एडविना ने कहना शुरू किया।

'शायद, योर हाइनेस,' उसने कुछ रुककर कहा, 'शायद।'

'शायद से तुम्हारा क्या मतलब है ? यह निश्चित है,' एडविना ने रुखाई से जवाब

दिया।

'योर हाइनेस, आप भारत को नहीं जानतीं। हमारे बगैर, इसका अस्तित्व ही नहीं रहेगा। यही शब्द लेडी वेवल ने कहे थे। यही चर्चिल ने।'

'मेजर, यह देश आजाद होना चाहता है,' वह बोली।

मेजर ने अपनी मूँछ मरोड़ी।

'हिन्दुओं के लिए आजादी का क्या अर्थ है ? उनके लिए उसका अस्तित्व ही नहीं है। अस्तित्व सिर्फ धर्म का है, सांसारिक व्यवस्था का है। नहीं, उन्हें आजादी की जरूरत नहीं है मैडम। उन्हें चाहिए सिर्फ पेट-भर अन्न और शांति।'

'तुम सिर्फ हिन्दुओं की बात कर रहे हो, मेजर। मुसलमान के बारे में क्या खयाल है तुम्हारा ? वे लगभग सभी वही लोग हैं जो अछूत थे और उन्होंने धर्म-परिवर्तन कर लिया था। सिखों की भी यही स्थिति है — जाटों को छोड़कर, जो कुलीन परिवार के थे।' मेजर ने जोश से कहा, 'नहीं मैडम, भारत हिन्दू है। आपने अभी तक आरती देखी या नहीं योर हाइनेस ? और प्रात:कालीन प्रार्थना ?'

एडविना ने टालने की मुद्रा बनाई।

'आरती ? नहीं, मेरा खयाल है मैंने नहीं देखी।' उसने प्रयास करके कहा।

'शाम का प्रसाद। एक दीया जिसे पुजारी घंटियों की आवाज के साथ मूर्ति के सामने घुमाता है। अगर आप चाहें, तो हम लोग यहीं दिल्ली में हनुमान मंदिर जा सकते हैं।' मेजर ने उत्साहपूर्वक कहा। 'और बरसात के बाद, शरत के पूरे महीने, यहाँ दशहरे का महान त्यौहार मनाया जाएगा।'

'निश्चित रूप से,' एडविना ने उठते हुए कहा, 'निश्चित रूप से मेजर। मैं अब इतने अच्छे पाठ के लिए आपका शुक्रिया अदा करूँ ?'

मेजर ने आदरपूर्वक अपनी एड़ियाँ खटकाईं, पर वह वहाँ से हिला नहीं।

'क्या योर हाइनेस को इस हॉल में रखी हुई मूर्तियों के मूल्य की जानकारी है ?' उसने उत्साह से कहा, 'देखिए लॉर्ड शिवा प्रलय का नृत्य करते हुए, और वह, वह भी उन्हीं की मूर्ति है, पुरुष और स्त्री की दुहरी भूमिका अर्धनारीश्वर के रूप में; और वह अपने सिंह पर सवार दुर्गा, बंगाल की महान देवी।' मेजर ने एक कदम आगे बढ़ाकर प्रोटोकॉल की उपेक्षा करते हुए एक भयानक देवी के चरणों का स्पर्श किया जिसके भयंकर दाँत थे और जीभ बाहर निकली हुई थी। 'यह, योर हाइनेस काली है, सबसे कोमल और सबसे कठोर। संरक्षण करनेवाली मातृदेवी,' उसने सम्मान के स्वर में कहा।

एडविना ने उस बूढ़े सैनिक की तरफ देखा। वह जैसे दिवास्वप्न में खोया हुआ था। एड़विना को उसमें बाधा देने का साहस नहीं था।

'काली, हमारी माँ ...' वह कहता रहा जैसे वह साष्टांग प्रणाम करनेवाला हो।

'मेजर,' एडविना ने धीरे-से कहा।

उसमें कोई प्रतिक्रिया नहीं हुई।

'मेजर विलियम्स।' उन्होंने कुछ जोर से दोहराया।

वह बूढ़ा आदमी घूमा, जैसे किसी ने झकझोर दिया हो।

'योर हाइनेस, क्षमा करें। मेरे पास घर में कुछ ऐसी मूर्तियाँ हैं। लेकिन इस खजाने से उनका कोई मुकाबला नहीं। मैं क्षमा चाहता हूँ ... मैं ...।'

और वह हल्के से सैल्यूट करके, तनी हुई मुद्रा में चला गया।

'बरसात के बाद — किसका महान त्यौहार, क्या नाम लिया था उसने ?' एडविना ध्यान से याद करने की कोशिश कर रही थी। 'यह आदमी सपने में जीता है, बरसात के बाद तो शायद हम लोग यहाँ होंगे ही नहीं। भारत आजाद होगा और निस्संदेह हम लोग दब ... दस्स ... का महान त्यौहार। मुझे ठीक से मालूम भी नहीं, वह किसकी बात कर रहा था।'

बरसात के बाद, वे चले जाएँगे। क्या यह संभव था कि वहाँ उनकी रिहाइश सिर्फ गर्मी-भर हो ? इतनी जल्दी ?

तीन

हुमायूँ के मकबरे की खामोशी

हठीले मिस्टर जिन्ना

नई दिल्ली, 5 अप्रैल 1947

मुस्लिम लीग के नेता को नई दिल्ली के रास्तों से एक गाड़ी धीमी रफ्तार से वायसराय के निवास की तरफ ले जा रही थी। जिन्ना ने वायसराय का निमंत्रण स्वीकार करने से पहले इस बात की इंतजार की थी कि वे महात्मा से मुलाकात कर लें। वे उनसे सबसे अंत में बात करना चाहते थे।

मोहम्मद अली जिन्ना ने अपनी पतलून की चुन्नट को चेक किया। 'नया वायसराय भी लॉर्ड वेवेल की तरह सिपाही था; इसलिए दलीलों की कठिनाई के बारे में उसका रवैया खुला होगा। लेकिन उसकी आयु — सिर्फ सैंतालिस साल।

'इंगलैंड ने पूरे अधिकार एक एडमिरल को दे दिए हैं, जो निस्संदेह प्रतिभाशाली है, पर भारतीय मामलों के बारे में जानकारी नहीं के बराबर है। इसका मतलब है कि सत्ता का नियंत्रण शिथिल हो चला है। वह शुरू से ही बहुत अडिग रहेगा, माउंटबेटेन को उसकी माँगों के बारे में सूचना बिल्कुल साफ होनी चाहिए और समझौते की गुंजाइश के बारे में भी। इसमें किसी रूप में झुकना संभव नहीं है।

'नेहरू माउंटबेटेन को सिंगापुर से जानते हैं, नेहरू ने हवाई अड्डे पर उनका स्वागत किया था, नेहरू ताजपोशी की रस्म के समय उपस्थित थे और इस बात में कोई शक नहीं कि नेहरू ने अपनी दिखावटी भावनाओं से, अपनी वक्तृत्व-क्षमता से और उस प्रौढ़ व्यक्ति ने बेठिकाने आवेगों से पहले ही माउंटबेटेन का मन जीत लिया होगा। माउंटबेटेन ने गाँधी को छः बार बुलाया है। वह बूढ़ा कपटी, अपनी हमेशा की पोशाक

में मिलने पहुँचा होगा, लगभग नंगा, लाठी लिए और वही पुराने ढंग का चश्मा लगाए, संतई के पूरे तामझाम को लटकाए — ओह ! यह खयाल कितना उत्तेजक है ! अगर महात्मा अंग्रेजों से बातचीत करते वक्त औरों की तरह कपड़े नहीं पहन सकते — सूट, जूते और टाई; तो क्या उन्हें शिष्टता का पाठ पढ़ाना जरूरी नहीं है ? नहीं, वह बूढ़ा आदमी जोर देकर हिंदुस्तानी दिखाई देना चाहता है। हिंदुस्तानी ? बूढ़ा मोहनदास सिर्फ हिन्दू था और कुछ नहीं।

'अगर माउंटबेटेन जैसा मैंने सुना है, अपनी वर्दी के काट को सबसे ज्यादा महत्व प्रदान करता है, तो मुझे देखकर उसे ताज्जुब होगा। मुझे उसके साथ अच्छे संबंध बनाने में सफलता जरूर हासिल करनी चाहिए। वह बहुत ईमानदार, निष्कपट और बहादुर इंसान है। हाँ, हम लोग एक ही ढाँचे से बने हैं, इसलिए मुझे परेशान होने की कोई वजह नहीं है,' जिन्ना ने अपने रेशमी जेबी रूमाल को ज़रा-सा टाँकते हुए सोचा।

गाड़ी अहाते में पहुँच गई। मुस्लिम लीग का नेता इस सावधानी से उतरा कि उसके सफेद जूते मैले न हों।

'फैशन की मूर्ति,' उसे देखकर एडविना धीरे-से बोली। 'इसके बाल बर्फ की तरह सफेद हैं, यह लंबा कितना है !'

'अब चुप भी रहो, डार्लिंग। फोटोग्राफर तैयार है ? हम एक क्षण भी ज़ाया किए बगैर उन्हें बारजे पर ले जाएँगे। अच्छी तरह मुस्कुराती रहना,' लॉर्ड लुई ने बिना होंठ हिलाए सावधान किया।

सीढ़ियों पर चढ़ता हुआ वह आदमी उतना ही बूढ़ा लग रहा था जितने महात्मा, उन्हीं की तरह वह इतना दुबला लग रहा था कि हवा का ज़रा-सा तेज झोंका उसे धराशायी कर सकता था और महात्मा की ही तरह, उसके लंबे कमजोर शरीर से अदम्य ऊर्जा प्रकट हो रही थी, जैसे कोई रुकी हुई ज्वाला हो। लॉर्ड लुई ने अपना हाथ बढ़ाया और फिर एडविना को आगे कर दिया। जिन्ना का तनाव अचानक गायब हो गया।

'दूधिया त्वचा,' उसने पल-भर को सोचा। 'इतनी गोरी महिला, इतनी आकर्षक, उतनी ही पारदर्शी जैसे मेरी रुटी, जब वह जिंदा थी। मेरी बीवी मेरा मृत प्रेम। उसकी मुस्कुराहट भी ऐसी ही पैनी थी। कुछ भी हो, मेरा यह भाव प्रकट नहीं होना चाहिए।'

उसके हाथ काँपने लगे; उसने दोनों हाथों से मुट्ठी बाँध ली। जहर से उसके फेफड़े सुलगने लगे। उसने हल्के से सिर हिलाकर एडविना का अभिवादन किया और वायसराय के पीछे भवन में दाखिल हो गया।

फोटोग्राफर लॉन में इंतजार कर रहा था। लॉर्ड लुई ने जिन्ना को अपने और अपनी बीवी के बीच जगह दी, लेकिन जिन्ना मुस्कुराना जानते ही नहीं थे। अपने भावहीन

चेहरे के साथ उन्होंने अपना हाथ अपनी जेब में धँसा लिया और एडविना की खुली बाँह उनकी आस्तीन से टकराने लगी।

'आखिर आपसे मिलकर कितनी खुशी हो रही है, मिस्टर जिन्ना,' उसने मुस्कुराते हुए कहा। 'हम बहुत दिनों से आपका इंतजार कर रहे हैं ...।'

जिन्ना में कोई हरकत नहीं हुई। उसके पास व्यंगोक्तियों से भरा हुआ, छोटे-छोटे भाषणों का एक स्थायी खजाना था, पुराने समय के शिष्टाचार से युक्त जिसे वह कभी बखूबी सूत्रबद्ध करना जानता था, पर अब वह सब भूल गया था; भावनाओं के ढलने से अशक्त-सा वह गुमसुम बना रहा। उसे इस महिला की आँख से आँख नहीं मिलानी चाहिए।

फिर उसने अपने सम्मान में कही गई छोटी-सी प्रशंसा-भरी बात याद की। गुलाब और काँटेवाली बात — हाँ। फोटोग्राफर अभी भी अपने काम में लगा था। सरकारी फोटो में वायसरीन को ब्रिटिश रिवाज के मुताबिक दोनों पुरुषों के बीच दिखाया जाएगा। और इस बात का ध्यान किए बिना कि वह एडविना और उसके पति के बीच में खड़ा है, जिन्ना ने बड़े साहस से अपनी सूक्ति में डुबकी लगाई। बिना सोचे-समझे उसने कहा, 'दो काँटों के बीच एक गुलाब।'

माउंटबेटेन दम्पति ने एक-दूसरे की तरफ देखा। वे आश्चर्यचकित थे।

'वह गुलाब आप हैं, मिस्टर जिन्ना ?' एडविना ने धृष्टता से पूछा। 'और तब मैं काटा हुई ?' प्रशंसा अपमान में बदल चुकी थी। जिन्ना ने अपने होंठ सिकोड़ लिए।

'गुलाब ने जगह बदल ली, उसे बीच में होना चाहिए था,' वह संकोच से बुड़बुड़ाए।

'बहुत अच्छा।' लॉर्ड लुई ने हस्तक्षेप किया। 'मेरा प्रस्ताव है कि पूरी गुलाब-झाड़ी अब हमारी बैठक के लिए प्रस्थान करे। जहाँ तक काँटों का सवाल है, उन्हें मैं देख लूँगा, है न डियरेस्ट ?'

वे लोग सख्त खामोशी के साथ वायसराय के दफ्तर की तरफ चले। लॉर्ड लुई ने एडविना को इशारा किया। उसने विनम्रता से विदा माँग ली।

'तो मिस्टर जिन्ना, आखिर वह क्षण आ ही गया कि हम लोग एक-दूसरे से परिचित हो जाएँ,' लॉर्ड लुई ने मुस्कुराते हुए बात शुरू की।

जिन्ना ने अपनी रुपहली भौंहें उठाईं। लॉर्ड वेवल ने उसके साथ वैयक्तिक संबंध करने की चिंता कभी नहीं की थी। उसने जवाब नहीं दिया।

बड़ी मिलनसारी से लॉर्ड लुई बोले, 'मैं समझता हूँ, ज्यादा गंभीर ढंग के सवालों पर बात करने से पहले, हमें यह जान लेना चाहिए कि हमारी स्थिति क्या है ?'

'योर एक्सिलेंसी, हिंदुस्तान के वायसराय हैं और मैं मुस्लिम लीग का नेता हूँ,' जिन्ना

ने बर्फानी शिष्टाचार से जवाब दिया। 'मैं, और मैं अकेला, भारत के मुसलमानों का प्रतिनिधित्व करता हूँ। इससे पहले कि भारत के मुसलमान पाकिस्तान में एकजुट हो जाएँ, मेरे पास कहने के लिए और कुछ नहीं बचता।'

'यह जानने के लिए मुझे आपसे मिलने की जरूरत नहीं थी, मिस्टर जिन्ना।' लॉर्ड लुई ने हँसते हुए जवाब दिया, 'पर मैं आपको यह बता सकता हूँ कि जब आप कांग्रेस के बड़े कट्टर सदस्य थे और हिंदू और मुसलमानों की एकता में सरगर्मी से यकीन करते थे, मैं उस समय भी आपके देश में था।'

'यह कब की बात है ?' जिन्ना ने ठंडे स्वर में पूछा।

'1922 की।'

जिन्ना अपनी कुर्सी में छटपटाने लगा। माउंटबेटेन के शब्दों ने पुरानी यादें ताजा कर दीं जो अच्छी नहीं थीं।

'सर,' उसने रुखाई से जवाब दिया, 'कांग्रेस जिस तरह की हिंदू तानाशाही को स्थापित करने की कोशिश कर रही थी, उसकी प्रकृति की समझ मुझे 1937 में आई। उसके बाद से मुझे कोई संकोच नहीं रहा। मैं यहाँ अपने देश पाकिस्तान के भूगोल के बारे में बात करने आया हूँ। पी फॉर पंजाब, ए फॉर अफगान का उत्तर-पश्चिमी सीमांत, के फॉर कश्मीर, एस फॉर सिंध, और तान फॉर बलूचिस्तान। पा-कि-स्तान,' बूढ़े महाशय ने जोर देकर कहा। 'पूर्व में बंगाल की बहुसंख्यक जनता को बिना भुलाए।'

'मिस्टर जिन्ना, आप मेहरबानी करके इस बात को समझ लें कि मैं तब तक पाकिस्तान के बारे में बात नहीं करना चाहता, जब तक मुझे इस बात का यकीन नहीं हो जाए कि कोई दूसरा हल नहीं है। आप जैसा प्रतिष्ठित व्यक्ति, इतना विख्यात मुसलमान एक बार कांग्रेस पार्टी की अध्यक्षता करता है और उसके बाद मुस्लिम लीग के प्रति निष्ठा की कसमें खाने लगता है, आखिर कैसे ? मैं इस बात को समझना चाहता हूँ।'

'यह समय बर्बाद करना होगा,' जिन्ना ने आपत्ति की। 'हमारे पास करने के लिए बेहतर काम हैं।'

'क्या आप ऐसा समझते हैं ?'

'निश्चित रूप से,' जिन्ना ने कहा, उसकी आँखें चमक रही थीं, 'अगर आप खून बहना बंद करना चाहते हैं तो एकमात्र हल है पाकिस्तान।'

'लेकिन, सर, पाकिस्तान का यह विचार तो आपका है ! आप, जो हिन्दुओं, सिखों, पारसियों के साथ खड़े रहकर लड़ते रहे।'

'पारसी' शब्द सुनते ही जिन्ना का चेहरा ऐंठने लगा; उन्होंने अपनी जेब से रूमाल निकालकर अपनी कनपटियों को संकोच के साथ थपथपाया।

'पाकिस्तान का विचार लंदन में रहमत अली नाम के एक शायर के दिमाग में आया

था। मैंने इस विचार को आगे बढ़ाने से ही विनम्रतापूर्वक संतोष कर लिया। और मैंने ऐसा करने का अधिकार किसी से छीना नहीं है। हिंदुस्तान के मुसलमानों ने मुझ पर इतबार किया है।'

'लेकिन कांग्रेस में भी तो मुसलमान हैं ...'

जिन्ना ने माउंटबेटेन के कथन को अपना हाथ हिलाकर खारिज कर दिया।

'उदाहरण के लिए मौलान आजाद को लीजिए, या गफ़्फ़ार ख़ाँ ...' लॉर्ड लुई ने फिर कहा।

' "डायरेक्ट एक्शन डे" को याद कीजिए सर', जिन्ना ने नरमी से कहा। 'कलकत्ते में, पिछले साल पाँच हजार बेकार मौतें।'

'इसको कोई कैसे भूल सकता है ? आपने ऐसा ...'

लॉर्ड लुई कहते-कहते रुक गए। उन्हें जिन्ना को विरोधी बनाने के बारे में सावधान रहना चाहिए।

'बेशक, आपने अपनी ताकत का प्रदर्शन किया,' उन्होंने रंग बदलकर फिर बात शुरू की। 'लेकिन आप मुझसे अपने बारे में बात करें, मैं लीग में शामिल होने के आपके फैसले का कारण जानने को उत्सुक हूँ।'

'यह जरूरी नहीं है,' जिन्ना ने कहा।

'लेकिन, मिस्टर जिन्ना, हम इस बखेड़े को सुलझाना कैसे शुरू करें ?' लॉर्ड लुई उत्तेजित होकर बोले।

जिन्ना ने उत्तर दिया, 'पाकिस्तान की परिभाषा के साथ, सर, बंगाल और पंजाब में काफी मुसलमान हैं जिनका मेरे देश के साथ जुड़ना उचित होगा; गैर प्रस्तावों का यह जरूरी मुद्दा है।'

'और आप हिंदुओं का क्या करेंगे ? निश्चित रूप से उनकी संख्या कम है, लेकिन आपका उनके साथ क्या करने का इरादा है ?'

'इस्लाम सहनशीलता में विश्वास करता है, सर। उनके साथ हिन्दुओं के शासन में रहनेवाले मुसलमानों की तुलना में कहीं बेहतर सलूक होगा।' जिन्ना ने कहा।

'मैं इस अवस्था में ही इस बात पर जोर देना चाहता हूँ, कि मैं भारत के बँटवारे की बात नहीं करूँगा। मुझे साफ बताइए। आपके और मिस्टर गाँधी के बीच मतभेद किस बात को लेकर है ?'

'सर, मैं उन्हें लंबे समय से जानता हूँ। उनकी लोकप्रियता एक स्वार्थी और षड्यंत्रकारी दिमाग के ऊपर की परत है।'

'स्वार्थी, और महात्मा ?' लॉर्ड लुई अविश्वास से बोले।

'मैं देख रहा हूँ कि वायसराय पहले ही इस हिन्दू प्रचारक के अकाट्य सम्मोहन

के शिकार हो चुके हैं।' जिन्ना ने कटुता के साथ कहा। 'मुझे ताज्जुब नहीं हुआ। वह लोगों को जिस सम्मोहन के जाल में फँसाते हैं मैं उसे जानता हूँ। भारत के बारे में उनके भाषणों के कारण ही मुसलमान इतने दिन तक असमंजस में पड़े रहे हैं।'

'मिस्टर जिन्ना ...' लॉर्ड लुई ने, खोए हुए-से सुर में कहा, 'आप इस बात पर कैसे जोर दे सकते हैं कि गाँधी हिंदुओं का पक्ष लेते हैं। उन्होंने कलकत्ता के मुसलमानों का कितनी बहादुरी से समर्थन किया था ?'

'और बिहार के हिंदुओं का !' जिन्ना ने रुखाई से जवाब दिया। 'नहीं, सर नहीं, मैं अब महात्मा के बारे में, मेरा मतलब है मिस्टर गाँधी के बारे में और बात नहीं करना चाहूँगा। हमें जोड़नेवाले पुल नष्ट हो चुके हैं।'

'और अगर मैं आपसे उन्हें फिर बनाने के लिए कहूँ ?'

'इसका एकमात्र हल पाकिस्तान है, सर,' जिन्ना ने दोहराया। उनकी आँखें छत पर जमी थीं। 'आपने हिंदुस्तान में मुसलमानों पर होनेवाले अत्याचारों के बारे में नहीं सोचा। उन्हें अपने धर्म का पालन करने की आजादी भी नहीं है, मस्जिदों में सुअर भेजे जाते हैं, हिन्दुओं के आडम्बरपूर्ण त्यौहार रमजान के मौके पर मनाए जाते हैं। हिंदुओं को जुम्मे की नमाज के वक्त ढोल पीटने में खूब सुख मिलता है। हिन्दुओं और मुसलमानों के बीच कोई साझेदारी नहीं है। बिल्कुल नहीं है।'

'और नेहरू के बारे में आपका क्या खयाल है ?'

जिन्ना ने लॉर्ड लुई की तरफ दया-भाव से देखा। यह युवक बहुत जल्दी प्रभावित हो जाता है। इसे पहले ही अखंड भारत के विचार से बहका लिया गया है। इसे इतिहास का पाठ पढ़ाना जरूरी है। ऐसे आदमी के लिए भारत के मुसलमानों का क्या महत्व हो सकता है जो न उनके शानदार अतीत के बारे में कुछ जानता है न भयंकर पतन के बारे में ? ओह ! यह बात एकदम साफ है ! वायसराय कांग्रेसी नेताओं — गाँधी और नेहरू के हाथ की कठपुतली-भर है। ऐसा आदमी जिसे सहज प्रभावित किया जा सकता है।

'मैं नेहरू के बारे में क्या सोचता हूँ ...?' उसने धीरे-से कहा। 'यही कि वे उन कॉलिजों में से किसी में ज्यादा बेहतर महसूस करेंगे जहाँ उन्होंने साहित्य पढ़ा है। वह स्वप्नदर्शी हैं। वह बेपैंदे का लोटा हैं। वह सब दिशाओं में घूम सकता है, चक्कर खा सकता है, वह भी तेजी से, यह मैं मानता हूँ। लेकिन उसमें राजनेता की कोई विशेषता नहीं है।'

'आप कठोर हो रहे हैं,' लॉर्ड लुई ने टिप्पणी की।

'मैं उनके साथ न्याय कर रहा हूँ, सर,' जिन्ना ने हल्के से मुस्कुराकर कहा। 'आप नहीं जानते कि कश्मीरी ब्राह्मण कैसा होता है। आधुनिकता के नाज-नखरों

के आवरण में अहंकार, उनका वर्तमान समाजवाद-प्रेम-समाजवाद, सर ! क्या वह इस समय भी समस्या है ? और आपको विश्वास है कि वह मुस्लिम माँगों के सामने झुकेंगे ? कभी नहीं । वे बेहद पश्चिमी हैं।'

'माई गॉड, सर, पर आप खुद ही जो पोशाक पहनते हैं उसमें कुछ भी मुस्लिम नहीं है,' लॉर्ड लुई ने हँसते हुए कहा।

जिन्ना ने अपनी वास्कट से सफेद जेड का सिगरेट-होल्डर निकाला और एक सिगरेट सुलगाई।

उन्होंने धीरे-से कश खींचते हुए कहा, 'ऐसा हो सकता है, लेकिन यह पोशक भी तो आपकी ही है सर, इसके नीचे मेरा दिल सिर्फ पाकिस्तान के लिए धड़कता है। क्या आपने कभी अपने देश के लिए संघर्ष नहीं किया ?'

'अपने पूरे देश के लिए, सिर्फ अपने देश के लिए नहीं। मैंने नाज़ीवाद के खिलाफ संघर्ष किया, वह बिल्कुल अलग बात थी,' लॉर्ड लुई ने उत्तर दिया।

'वेल, मैं हिन्दू आततायी के खिलाफ लड़ रहा हूँ। मैं खून बहने की परवाह भी नहीं करता, सर,' उन्होंने वायसराय की तरफ उत्तेजना से देखते हुए कहा। 'क्या मैं खून का प्यासा तानाशाह लगता हूँ ? मेरी तरफ देखिए, क्या आपको यकीन है कि मैं किसी भी कीमत पर हिन्दुओं का कत्लेआम कराना चाहता हूँ ?'

'नहीं, सर, आप तानाशाह नहीं हैं,' लॉर्ड लुई ने समर्थन किया। 'लेकिन तब आप यह बँटवारा क्यों चाहते हैं ? इसका नतीजा वही कत्लेआम होंगे जो आप नहीं चाहते ...'।

'इसके खिलाफ,' जिन्मा ने सहसा उत्तेजित होकर कहा, 'हम लोग अलग होकर, अपनी विरासत का बँटवारा कर लेंगे, और हम दुनिया में सबसे अच्छे दोस्त होंगे, अपने अलग-अलग घरों में। ज्यादा आसान क्या है ? शल्य-चिकित्सा द्वारा ऑपरेशन; जिसमें फोड़ा काटकर निकाल दिया जाता है, तकलीफ तो होती है लेकिन जिस्म तंदुरुस्त हो जाता है। मैं कोई और प्रस्ताव नहीं कर रहा हूँ। मुझे यकीन है कि एक बार पाकिस्तान को मान लिया जाए तो नेहरू के साथ मेरे संबंध बहुत अच्छे होंगे। महात्मा तक के साथ भी ...।'

'क्या आपको यह मालूम है कि उन्होंने सुझाव दिया था कि आपको स्वतंत्र भारत की सरकार का प्रधान बना दिया जाए ?' लॉर्ड लुई ने कठोरता से बात काटी।

जिन्ना ने सिगरेट का एक कश लेकर आँखें बंद कर लीं।

'कौन ? गाँधी ? मुझे, प्रधानमंत्री ? आपका मतलब है मंत्री, निस्संदेह ? उन्होंने कुछ दिन पहले मेरे सामने भी यह प्रस्ताव रखा था, मैंने इंकार कर दिया।'

'नहीं, मिस्टर जिन्ना, आपने ठीक सुना था, प्रधानमंत्री। हिन्दू आपके फैसलों का

पालन करेंगे।'

जिन्ना का चेहरा सोच से सिकुड़ गया। उनका दिल बुरी तरह धड़क रहा था। उनका दिमाग उलझन में था। एक ऐसा पद दिया जाने की बात थी, जो उन्होंने ख्वाब में भी नहीं सोचा था — वह, एक मुसलमान, हिन्दुस्तान के प्रधान के पद पर ? और ऐसा करके अपने लोगों को धोखा देना ? या हथियार डालने के लिए राजी होना ?

'बूढ़ा घाघ,' वह बुड़बुड़ाए। 'यह उनकी आखिरी चाल है सर। मुझे नहीं मालूम कि इस प्रस्ताव के पीछे क्या चाल है, सर ...'

'क्या आप इस पर गौर करना चाहेंगे ?' लॉर्ड लुई ने पूछा।

'मेरा खयाल नहीं है कि मैं ऐसा करना चाहूँगा,' उस लंबे व्यक्ति ने धीरे-से कहा, लगभग अपने से, 'क्या मेरे पास ऐसा करने की क्षमता है ?'

'आप सौ साल जिएँगे,' लॉर्ड लुई ने बड़े सौहार्द्र से आश्वस्त किया।

'भविष्य के बारे में क्या कहा जा सकता है, सर ?' जिन्ना ऐसे फुसफुसाए कि उनकी आवाज भी ठीक से सुनाई नहीं पड़ रही थी। 'मैं पाकिस्तान देखे बिना मरना नहीं चाहता।' उन्होंने अपने दिल पर हाथ रखकर सख्ती से कहा।

'पाकिस्तान की बात करने से पहले, मेरे प्रस्ताव पर गौर कीजिए।'

'आपका मतलब है, मिस्टर गाँधी के,' जिन्ना ने धीरे-से संशोधन किया। 'मैं क्या सोचता हूँ, क्या आप चाहते हैं मैं आपको बता दूँ ? नेहरू को कभी मंजूर नहीं होगा।'

'पर अगर वे कर लेते हैं ?'

'वे नहीं कर सकते, सर,' जिन्ना ने सम्मोहक मुस्कान के साथ उत्तर दिया। कहते हुए उनके खुदरे दाँत दिखाई पड़े, 'और समय बीता जा रहा है।'

लॉर्ड लुई उस हॉल में पहुँचकर फट पड़े जहाँ एडविना बैठकर पढ़ते हुए उनका इंतजार कर रही थी।

'हे ईश्वर ! अब तक मुझे यकीन था कि मैं अपने मिशन में कामयाब हो जाऊँगा, पर अब मैं समझ गया हूँ कि यह असंभव है !' उन्होंने आरामकुर्सी में बैठते हुए कहा।

'वह किसी बात के लिए राज़ी नहीं होगा, है न ?' एडविना ने अपनी किताब बिना रखे कहा।

'कोई कैसे जान सकता है ? यह आदमी बड़ा हठी है। वह पाकिस्तान का सपना छोड़ने को तैयार नहीं है। तीन पीस सूट पहने, नजाकत से उँगलियों के बीच अपना सिगरेट-होल्डर थामे भावहीन यह आदमी रहस्यमय बना रहता है।'

'मुझे यकीन नहीं आता कि तुम उसे मोह नहीं सके,' एडविना ने अपनी आँखें

उठाए बगैर कहा। 'तुमने तो उस कोबरा को भी मोह लिया था जो तुम्हें डसने की तैयारी कर रहा था।'

'पर कोबरा सजीव तो होता है; जबकि जिन्ना तो इतना ठंडा आदमी है ... नहीं, माई डियर ! मैं नहीं जानता कि मैं यह बखेड़ा हल कर पाऊँगा या नहीं। तुम्हारा उसके बारे में क्या खयाल है ?'

'कमजोर, डिकी,' एडविना ने एक पन्ना पलटते हुए कहा। 'यह बूढ़ा आदमी, इतना लम्बा जो अपने को इतना तना हुआ रखता है, वह जितना लगता है उतना अप्रभावित रहनेवाला आदमी नहीं हो सकता ?'

'मैं चाहता हूँ कि तुम्हारी बात सही हो डार्लिंग,' लॉर्ड लुई ने कहा। 'उसने मुझे थका डाला। यहाँ', उन्होंने सहसा उठते हुए कहा, 'उस कम्बख्त किताब को छोड़ दो और मेरे साथ आओ। पैमी कहाँ है ?'

'मुझे नहीं मालूम। मेरा खयाल है वह शहर गई है,' एडविना ने इत्मीनान से जवाब दिया। 'तुम मुझे कहाँ ले जा रहे हो ?'

'मैंने कुछ नहीं सोचा। इससे कोई फ़र्क नहीं पड़ता। मुझे ताज़ा हवा की ज़रूरत है।' उन्होंने उसे पकड़कर ऊपर उठाते हुए कहा।

गाड़ी फैले हुए बगीचों को पीछे छोड़ती जा रही थी। पहले मोड़ पर शोफ़र हिचकिचाया।

'किधर चलूँ, योर हाइनेस ?'

'लोदी गार्डन की तरफ़ ... नहीं ! हुमायूँ के मकबरे की तरफ़,' लॉर्ड लुई ने अन्तःप्रेरणा से फैसला किया। 'वहाँ शान्ति मिलेगी,' उन्होंने कहा और फिर उनका ध्यान शाम की तरफ लौट गया। 'जिन्ना ने गाँधी के प्रस्ताव को एकदम ठुकराया नहीं है ... क्या नेहरू अस्वीकार कर देंगे ? नामुमकिन, उनका दिल बहुत बड़ा है। अगर गाँधी उनसे कहेंगे तो वे मना नहीं कर सकते। यही ठीक है, गाँधी को अपने आत्म-पुत्र के खिलाफ खड़ा करना ज़रूरी है। बहरहाल, मुझे इस समय इस सोच में नहीं पड़ना चाहिए। इस शैतान आदमी ने मेरे हाथ उखाड़कर रख दिए।'

शोफ़र कच्ची सड़क के सामने रुक गया। पहला दरवाजा कुछ दूरी पर था। लॉर्ड लुई और उनकी पत्नी खँडहर होती दीवारों के सामने से गुज़रकर ऊँची सीढ़ियों पर पहुँचे, काला चोगा पहने एक बूढ़े मुसलमान ने उनका अभिनंदन किया। अपने हाथ को दिल तक ऊँचे ले जाकर वह बुदबुदाया — सलाम; उसके बाद बड़ी कठिनाई से वह चलकर लकड़ी के वज़नी दोलन दरवाज़े तक पहुँचा। रास्ते में इतना अँधेरा था कि एडविना का पाँव एक बार गलत पड़ गया; बूढ़े ने अगला दरवाजा धकेलकर खोल

दिया। अँधेरे के दूसरी तरफ़, चौंधियानेवाली रोशनी में, गुलाबी पत्थर की विशाल कब्र सहसा प्रकट हो गई। उसकी चमक के कारण एडविना को आँखों के आगे हाथ की ओट लेनी पड़ी।

खामोशी से अभिभूत, वे अडिग खड़े थे। आँखों को चुंधियानेवाली सफ़ेदी का वह गुम्बद; जिस पर कबूतरों ने धावा बोल रखा था, धीरे-धीरे नज़र आने लगा। उन्होंने लाल पत्थर पर सफ़ेद संगमरमर की नक्काशी देखी, और फिर हरे रंग की गुलाबवट रचना, और आखिर में कब्र की बगलवाली तरफ़ घुमावदार शैली में लिखा हुआ अल्लाह का नाम, जो आसानी से दिखाई नहीं पड़ता था। सुनहरे रंग के खम्भे की चोटी पर एक चील अपने पंखों को तोल रही थी।

'कितनी शान्ति है ...' एडविना ने धीरे-से कहा।

'शानदार ....' लॉर्ड लुई बोले। 'यह कब्र सचमुच शहंशाह की शान के अनुरूप है।'

अचानक, एक तीखी पुकार ने बाग की चुप्पी को चीरकर रख दिया, एक नीची दीवार के ऊपर एक मोर का घमंड से उठा हुआ सिर प्रकट हुआ; उसके बाद, अवज्ञा की मुद्रा में उसने एक के बाद दूसरा पैर रखकर अपनी लंबी पूँछ को उठाकर क्षितिज का जायज़ा लिया। उस पक्षी ने उन लोगों की तरफ़ देखा, फिर अपनी नीली कलँगी को दो-तीन बार बेतरतीब गति से घुमाया, जैसे उन्हें वह अपने अधिकार क्षेत्र में किसी तरह का खतरा नहीं समझ रहा हो। उसके बाद पंखों के फड़फड़ाने की ज़ोरदार आवाज़ करते हुए उसने भारी उड़ान भरी।

'इस जगह का राजा,' एडविना ने हँसकर कहा। 'हमने उसे बाधा दी।'

'भारत का प्रतीक, माई डियर, उसे यहाँ आश्वस्त महसूस करने का पूरा हक है। पर देखो, असली स्वामी तो कहीं और हैं।'

और उन्होंने एक बड़े नीम के पेड़ की तरफ़ इशारा किया। उसकी एक तरफ़ बिल्कुल सूखी थी। उसकी नंगी शाखाओं पर इकट्ठे बैठे, मकबरे के गिद्ध पहरा दे रहे थे।

'ओह ! मुझे वे चिड़ियाँ पसंद नहीं हैं,' एडविना ने जुगुप्सा से कहा।

'आओ,' डिकी हँसते हुए बोले, 'हम उधर चलकर उस हौज के किनारे बैठें।'

लॉन कस्तूरा और गौरैया चिड़ियों से भरा पड़ा था। वे चारों तरफ़ फुदक रही थीं। एक हड़बड़ाया-सा हुदहुद उन्मत्त होकर घास के बीच में चोंच मार रहा था। उस विशाल मकबरे की छाया में छोटे-छोटे पक्षियों का यह संसार अच्छी तरह बसा था।

देखो, वे हमसे कितना मिलते हैं,' एडविना ने अचानक कहा। वे चोंच चलाते हैं, नाराज़ होते हैं, कभी-कभी उड़ भी जाते हैं; और मकबरे और दिन की रोशनी के

सिवा, उनके चारों तरफ़ कुछ नहीं बदलता।'

'जो अब ढल रही है,' लॉर्ड लुई ने टिप्पणी की, 'सुनो, मुअज़्ज़िन की आवाज़ — मस्जिद पास ही में है। एक क्षण में आसमान लाल हो जाएगा। अपनी बाँबियों में से साँप निकल आएँगे और हम अंधकार में डूब जाएँगे। क्या तुम्हें लगता है कि नेहरू अपनी जगह जिन्ना को देने को तैयार हो जाएँगे ?'

'डिकी, हम इस समय बात न करें ...' एडविना ने परेशान होकर जवाब दिया। 'यह बगीचा तुम्हारे सवालों को हूट कर रहा है।'

'तुम सही कह रही हो, स्वीटहार्ट,' लॉर्ड लुई ने स्वीकार किया, 'मैं सोच रहा हूँ कि जो शहंशाह यहाँ आराम कर रहा है, उसने इसके बारे में क्या कहा होता। ओह ! वह लड़ाई में जख्मी होकर नहीं मरा। यह सोचना कि अपनी वेधशाला की सीढ़ियों से नीचे आते हुए गिरकर उसने अपनी गर्दन तोड़ ली थी ... हाँ, तो उसने क्या कहा होता ?'

'उसी से पूछो, डिकी,' कब्र की तरफ़ इशारा करते हुए एडविना बोली, 'आखिर मुसलमानों की नियति के बारे के एक मुगल शहंशाह की बात भी तो सुनी जानी चाहिए।'

लॉर्ड लुई ने अपने हाथों को मेगाफ़ोन की शक्ल में जोड़ते हुए कहा, 'अगर आप मेरी आवाज सुन रहे हैं तो शहंशाह हुमायूँ जवाब दें ! क्या मिस्टर जिन्ना हिन्दुस्तान के प्रधानमंत्री बनेंगे ?'

गौरैयाँ स्थिर बैठी रहीं और हुदहुद उड़ गया। आवाज़ से व्याकुल होकर, एक गिद्ध ने अपने विशाल डैने फैलाए।

'तुम मुझसे बहुत मूर्खतापूर्ण बातें कराती हो, डार्लिंग,' लॉर्ड लुई बोले। 'और यह शहंशाह बहुत खामोश है। तुम्हें मालूम है जिन्ना नेहरू को क्या कहता है ? पीटर पैन ! उसे वे बेहद अंग्रेज लगते हैं।'

'अंग्रेज,' एडविना ने रोष से कहा। 'कितनी झूठी बात है ! और अपने सूटों और स्पैट्स के साथ यह बात कहने की हिम्मत जिन्ना ने की भी कैसे ?'

'वह नेहरू से तहेदिल से नफ़रत करता है। इसी वजह से उसका खयाल है कि नेहरू पद छोड़ने से इंकार कर देंगे।'

'पर नेहरू खुद इस बात को कांग्रेस के सामने कैसे रख सकते हैं ? वे यह बात कैसे समझाएँगे कि उनका बड़ा दुश्मन उनकी जगह लेने के लिए चुना गया है ? अगर चाहें तो भी नेहरू ऐसा नहीं कर सकते।' एडविना ने ज़ोर देकर कहा।

'तो तुम यकीन करती हो कि जिन्ना ही कांग्रेस का सबसे बड़ा दुश्मन है,' लॉर्ड लुई ने टिप्पणी की। 'मैं सोचता था कि वह तो लंदन है ...।'

'मुझे मत बताओ कि तुम्हारी पसंद क्या है, डिकी, मुझे तुम पर यकीन नहीं होता,' एडविना ने कहा। 'तुम भी, तुम्हारे मन में भी जिन्ना की तुलना में नेहरू के लिए ज्यादा इज्जत है।'

'यह सच है,' लॉर्ड लुई ने चुपचाप सहमति जताई। 'मुझसे तटस्थ रहने के लिए कहा गया है, मैं मानता हूँ कि यह असंभव है। पर मुझे किसी भी कीमत पर इस मिस्टर जिन्ना को राज़ी करना है। अगर ऐसा नहीं होता, तो बँटवारे की बात सोचते ही मेरे रोंगटे खड़े होने लगते हैं ... चलो, हमें यहाँ अँधेरा होने के बाद नहीं ठहरना चाहिए।'

धुँधलके की छायाओं ने आधे मकबरे को निगल लिया था। गुम्बद के पास सूर्य की आखिरी किरणें ठहरी हुई थीं। नीली घास को चिड़ियाँ खाली कर गई थीं; और गिद्धों की आखिरी टोली शोर मचाती हुई अपने बसेरों की तरफ़ लौट गई। एक-दूसरे से सटे हुए लॉर्ड लुई और उनकी पत्नी ने अँधेरी गलियों के बीच टोहते हुए रास्ता पार किया। अचानक, हल्की-सी सरसराहट के साथ एक लम्बा काला साँप लॉर्ड लुई के सामने फिसल आया और गायब हो गया।

'कोबरा,' एडविना ने उँगली के इशारे से कहा। 'यकीनन वह कोबरा था।'

'मैं यकीन से कह सकता हूँ, कि मैंने उसे डरा दिया। मुझे अब विश्वास हो गया है कि चीज़ें तुम्हें ठीक दिखाई देती हैं; और मैं इन पवित्र जीवों को डराना जानता हूँ,' लॉर्ड लुई हँसते हुए बोले। 'भारत के नेताओं के बारे में मैं ठीक यही बात नहीं कह सकता हूँ।'

'डिकी, रात हो गई है,' एडविना ने याद दिलाया। 'हमें चलना है, अब तुम्हारे सामने गौरैया भी नहीं दिखाई देगी।'

'रोशनी नहीं है,' लॉर्ड लुई ने कहा। 'वेवल ठीक कहते थे। मुझे काम से बचने का कोई तरीका भी नहीं दिखाई देता। और शहंशाह बिल्कुल मिस्टर जिन्ना का-सा बर्ताव कर रहे हैं। वे कोई उत्तर ही नहीं देते।'

भारत की बुलबुल

दिल्ली, 10 अप्रैल 1947

वायसराय के मंत्रिमंडल के निदेशक, लॉर्ड इस्मे, वायसराय-भवन के मुख्य द्वार के सामने

वृद्ध महिला के सम्मान में उनकी प्रतीक्षा में खड़े थे। वे सिर ऊँचा उठाए, ताकि वहाँ के दृश्य का कुछ भी अनदेखा न रह जाए, तेज़ रफ़्तार से चल रही थीं।

'तो यह भवन ऐसा बना हुआ है,' सरोजिनी ने सोचा, 'मैं तो इसे देखते हुए कभी नहीं थक सकती। यह सोच कि 1922 से जब से इसका निर्माण हुआ है, इससे हमें वंचित रखा गया है ... और जब मैं सोचती हूँ कि यह जल्दी ही हमारा होगा ... यदि ईश्वर ने चाहा और यदि जिन्ना कोई बखेड़ा न खड़ा कर दें।'

वे सँभलके कदम नहीं रख रही थीं, इसलिए एक कंकड़ी से ठोकर खाकर वे लड़खड़ाईं। लॉर्ड इस्मे ने आगे लपककर उनकी बाँह थाम ली।

'बाल-बाल बची, सर,' उन्होंने उसी फैली हुई मुस्कान से कहा जिससे वे लोगों के हृदय तत्काल जीत लेती थीं। 'एक छोटी-सी बात के कारण यह मुलाकात वायसराय के हाथ से निकल जाती।'

'वे आपका इंतज़ार कर रहे हैं,' लॉर्ड इस्मे ने जवाब दिया, 'उन्हें इस मीटिंग से बड़ी उम्मीदें हैं।'

'ओह ! मुझ जैसी वृद्ध महिला से वे क्या उम्मीद कर सकते हैं ?' उन्होंने साड़ी का पल्ला कंधे पर डालते हुए, अवज्ञा के भाव से कहा।

'तजुर्बा, मैडम, और फिर आप लंबे समय से अपने देश के नेताओं को जानती हैं।'

'हम कह सकते हैं, हमेशा से, सर,' उन्होंने उत्तर दिया। 'सिर्फ़ महात्मा ही उम्र में मुझसे बड़े हैं।'

लम्बे गलियारे में चलते हुए सरोजिनी एक-एक पहरेदार को ताकने से अपने को नहीं रोक सकीं। 'इनमें से एक ने भी अपनी आँखें नहीं झुकाईं। किसी का ध्यान वृद्ध भारतीय महिला की तरफ़ नहीं है, गोकि ये भी उतने ही भारतीय हैं, जितनी मैं।' उनकी खोजी आँखों ने कँगूरों को, भालों को, संगमरमर की जड़ाई के काम को, भैंस की चमड़ी से बने दस्तानों को, ध्यान से चुन्नट डली पगड़ियों को देखा; पर उनके प्रति कहीं कोई प्रतिक्रिया नहीं हुई सिवा उनकी अपनी काँच की चूड़ियों की हल्की-सी छनकार के।

गलियारे में मोड़ पर एडविना उनके इंतज़ार में खड़ी थी।

'आपने मुझे बहुत इज्ज़त दी, मैडम,' वृद्धा ने अभिवादन करने के लिए दोनों हाथ जोड़कर कहा।

'डियर मिसेज़ नायडू ...' तेजी से रास्ता दिखाते हुए एडविना ने जवाब दिया, 'हमें मालूम है कि इस देश के लिए आपका कितना महत्व है।'

'सच ?' सरोजिनी हकलाईं।

'भारत की बुलबुल, मैंने ठीक कहा न ?'

श्रीमती नायडू रुक गईं; उनका साँस फूल गया। इस युवा वायसरीन की चाल बड़ी

तेज़ है।

'आपने क्या कहा था ? पर सिर्फ़ मिस्टर गाँधी मुझे इस नाम से पुकारते हैं।' उन्होंने कहा।

'और उन्होंने ही मुझे आपके बारे में बताया था,' एडविना ने मुस्कुराते हुए उत्तर दिया। 'क्या मैंने कोई गलत बात कह दी ?'

'नहीं, नहीं,' सरोजिनी उनके साथ कदम मिलाते हुए बोलीं।

'गाँधी इसे पसंद करते हैं। जहाँ तक नेहरू का सवाल है ... उनके बारे में न सोचना ही ठीक होगा। मुझे इस लड़की से जानना चाहिए। यह आम तरह की अंग्रेज महिला नहीं है, पूरी तरह मेम साहब। और मानना पड़ेगा कि वह सुंदर है ... इसमें कोई संदेह नहीं। कुल मिलाकर सौन्दर्य बड़ा सुविधाजनक होता है,' वृद्ध महिला पैर घसीटते हुए चल रही थीं और सोच रही थीं।

वे हॉल में पहुँच गईं।

लॉर्ड लुई ने फैली हुई मुस्कान के साथ उनकी तरफ़ हाथ बढ़ाया।

'मिसेज़ नायडू, भारत की बुलबुल।'

सरोजिनी की हँसी का फौव्वारा छूट गया। वे पूरी तरह अभिभूत थीं।

'निश्चित रूप से, सर, बात फैल गई है। ...'

उन्होंने अपने को एक आरामकुर्सी में ढीला छोड़ दिया। ये युवा लोग बड़े प्यारे हैं। 'आपको मालूम है,' उन्होंने बात जारी रखी, 'भारत में बुलबुलें नहीं होतीं ? गाँधी को मेरी साधारण कविताएँ पसंद आ गईं, उन्होंने इस उपनाम की खोज कर ली। मैं नहीं जानती कि क्यों, पर यह मेरे साथ चिपक गया। मेरा इससे कोई लेना-देना नहीं है।'

'लेकिन, अगर बुलबुलें नहीं हैं ?' ... एडविना ने कुतूहल से पूछा।

'असल में अंग्रेजी का नाइटिंगेल इतना सुन्दर शब्द है, रात से जड़ा हुआ, सितारों से ढका हुआ; कि वह उन्हें अच्छा लगा। मुझे भी शब्द अच्छा लगता है; मुझे यह शेक्सपियर की याद दिलाता है, यह नाइटिंगेल है, लेकिन नहीं, वह लार्क (क्रोंच) है, माई लव ...'

मुग्ध होकर एडविना उस वृद्ध महिला को अधिकारपूर्वक रोमियो 'और जूलियट का आह्वान करते सुन रही थीं; एक खट्टी-मीठी आवाज़, गहन बलाघातों के साथ, आम की-सी आवाज़।

'दुर्भाग्य यह है,' सरोजिनी ने हँसते हुए कहा, 'कि हमारे बापू हिंदी अच्छी तरह नहीं बोलते। पर इससे कोई फ़र्क नहीं पड़ता। अगर वे चीनी भाषा भी बोलें, तो भी

भारतीयों को उत्तेजित कर देंगे। आप उनसे मिले हैं, हैं न ?'

'हाँ।' एडविना ने उत्साहपूर्वक कहा। 'उनके सम्मोहन से बचा नहीं जा सकता।'

'सम्मोहन, एकदम सही शब्द है। और बहुत दुखी, जैसे आज हम सभी अपने गरीब हिन्दुस्तान में दुखी हैं। आप मुझसे मिलना चाहते थे, सर,' उन्होंने लॉर्ड लुई की तरफ़ घूमकर अपनी बात जारी रखी।

'मुझे मालूम हुआ है कि आप मिस्टर जिन्ना को अच्छी तरह जानती थीं, मैडम।'

वृद्ध महिला ने आँखें झुका लीं और अपनी चूड़ियों से खिलवाड़ करने लगीं।

'मुझे मालूम था कि वह मुझसे इस बारे में पूछेंगे,' सरोजिनी ने अपने-आपसे कहा।

'मैं क्या कहूँ ? इनकी समझ में नहीं आएगा। ये उन्हें पसंद नहीं करेंगे। जिन्ना में अब मिलनसारी नहीं रही। लेकिन अगर अब भी कोई मौका है, सिर्फ़ एक मौका ...।'

लॉर्ड लुई और उनकी पत्नी ने एक-दूसरे की तरफ़ रेखा। श्रीमती नायडू विचारों में खोई हुई थीं। जो लॉर्ड लुई ने कहा था, वह उन्होंने सुना भी या नहीं ?

'मैं आपसे ... के बारे में बात ...' लॉर्ड लुई ने बात फिर उठाई।

'माफ़ कीजिए,' सरोजिनी ने अपना सिर उठाते हुए कहा। 'आप तो जिन्ना से मिल चुके हैं, हैं न ?'

'पिछले हफ़्ते, मैडम। मिस्टर जिन्ना मुझसे बहुत खुलकर नहीं मिले। वे वही तर्क दुहराते हैं, और हम लोगों की बात एक इंच भी आगे नहीं बढ़ती। वे अपना मुस्लिम देश चाहते हैं और जब मैं उनसे अंग्रेजी मुसलमानों का जिक्र करता हूँ, तो वे जवाब देने की मेहरबानी नहीं करते।'

'योर एक्सिलेंसी,' सरोजिनी ने गंभीरता से बात शुरू की, 'जिस जिन्ना को एक ज़माने में मैं जानती थी वह कांग्रेस का स्वाधीनता सेनानी था, एक ऐसा युवक जिसका उत्साह और चुम्बकीय आकर्षण समान्य लोगों जैसा नहीं था। वह हिन्दू और मुसलमानों के बीच एकता का कट्टर समर्थक था। और मुझे यकीन नहीं आता कि उस महान ज्वाला का लेशमात्र अंश भी उसके हृदय में बाकी नहीं रहा है।'

उनकी आँखों में पीड़ा भर गई थी।

'नहीं, मुझे इसका यकीन नहीं होता ...' उन्होंने दोहराया।

'आपको उनका पक्ष मालूम है,' लॉर्ड लुई ने तीखेपन से कहा।

वृद्ध महिला ने हताशा से अपने हाथ उठा दिए।

'आपको इस अविश्वसनीय ढंग से उलटने के कारण मालूम हैं ?' लॉर्ड लुई ने बात जारी रखी।

'आह ! काश मैं ठीक-ठीक जानती, तो मैं उसे संशोधित करने के लिए सबकुछ करती,' सरोजिनी बोलीं। 'यह रातोंरात में नहीं हुआ। उसने दुःख भोगा है, उसने आपको ईंट पर ईंट जमाकर, दीवार के भीतर बंद कर लिया है।'

'आप कहती हैं कि उसने दुःख झेला है। मिस्टर गाँधी भी यही कहते हैं,' लॉर्ड लुई कुतूहल से बोले। 'दुख झेला है, कैसे ?'

'तुम बहुत युवा हो, वायसराय,' सरोजिनी ने सोचा। 'जिंदगी ने तुम्हें सबकुछ दिया है, और तुम्हारे साथ एक पत्नी भी है। तुम नहीं जानते, दुख झेलना क्या होता है।'

'मैं आपको कुछ नहीं बता सकती,' सरोजिनी ने कहा।

'क्या यह दुख निजी प्रकार का था ?' एडविना ने तथ्यात्मक जानकारी चाही।

सरोजिनी ने अपने को दिक्कत से घुमाया और एडविना की तरफ देखा।

'फिर कभी सही,' लॉर्ड लुई ने जल्दी में बात काटी, 'आप मिस्टर नेहरू को भी जानती हैं, मैडम, जानती हैं न ?'

'1917 से सर,' सरोजिनी ने कहा। उसे विषय बदलने में खुशी हुई। 'वे उद्देश्य के प्रति हमेशा ईमानदार रहे हैं। लेकिन, मुझे नहीं लगता कि मैं आपको कोई ऐसी बात बता सकूँगी जो आप पहले से नहीं जानते।'

'हमें सभी बातें नहीं मालूम,' एडविना बोली।

'आप उनकी बेटी को जानते हैं, जानते हैं न ? वही उनका एकमात्र प्रेम है।' सरोजिनी ने जानबूझकर एडविना की तरफ देखकर कहा। 'जब वे जेल में थे तो वे दोनों लगभग रोज़ एक-दूसरे को लिखते थे। बाप और बेटी के बीच ऐसा लगाव विरल होता है। उनके बीच में कोई औरत कभी नहीं आई ...'

'लेकिन इंदिरा नेहरू का विवाह तो इस दूसरे मिस्टर गाँधी से हुआ है जो पारसी है,' लॉर्ड लुई बोले।

'और वह नन्हे राजीव की माँ भी है। ठीक है, पर हिन्दुस्तान में तो सब एक छत के नीचे रहते हैं, और युवती इंदिरा तो अपने पिता की जिदंगी में साझीदार है। जेल के भीतर-बाहर इतने साल गुजारने के कारण, उन्हें यह मौका ही नहीं मिला कि वे एक सामान्य भारतीय पारिवारिक जीवन की सामान्य खुशियों का आनंद उठा सकें। पर इन ब्यौरों से आपको क्या मदद मिलेगी ?'

'हर बात का महत्त्व होता है मैडम,' लॉर्ड लुई ने उत्तर दिया। 'छोटी-से-छोटी बात से हमें समझौता कराने में मदद मिल सकती है। लेकिन चूँकि आप मिस्टर जिन्ना के बारे में बात ही नहीं करना चाहती हैं तो ...'

'मैं आपसे महात्मा के बारे में बात कर सकती हूँ,' सरोजिनी ने मदद देने की गरज़ से कहा। 'मैं आपको हमारी पहली मुलाकात के बारे में बताऊँ ? वह ... हे ईश्वर !

लदंन में हुई थी, पहले विश्वयुद्ध से पहले दिन। वे तभी दक्षिणी अफ्रीका से वहाँ आए थे। जनरल साइमन पर विजय प्राप्त करने के कारण बड़े उत्साह में थे। जनरल को भारतीय समुदाय के अधिकारों को मान्यता देने के लिए मजबूर होना पड़ा था। मैं उनका घर ढूँढ़ती हुई कैंसिंगटन में भटक रही थी — पुराने जीर्ण-शीर्ण घरों की दु:साध्य सीढ़ियाँ चढ़ती हुई। आखिर वे मुझे एक दरवाज़े से दिखाई पड़े : एक छोटा-सा आदमी जिसका सिर मुँडा हुआ था। वे एक कैदी के कम्बल पर बैठे एक लकड़ी के कटोरे में से कुचले हुए टमाटर और जैतून के तेल का भीषण मिश्रण खा रहे थे। वह बर्तन निश्चित रूप से उनके जेल के दिनों का था।'

सरोजिनी की आँखें याद से इतनी चमक रही थीं कि एडविना के हाथ से वह छोटी प्रतिमा गिर गई जिसे वह उलट-पुलट रही थी।

'तब आपने क्या किया ?' लॉर्ड लुई ने धीमे से पूछा।

'मैं ऐसा ठहाका लगाकर हँसी कि उन्होंने आँखें उठाकर मेरी तरफ़ देखा और मुस्कुराए : "आह ! तुम मिसेज़ नायडू हो ! दुनिया में दूसरा कौन है जो मुझ पर इस तरह हँस सकता है ? आओ, मेरे साथ खाना खाओ"।'

'उन्होंने मेरे सामने भी ऐसा ही प्रस्ताव रखा था,' एडविना ने कहा, 'पर वह दही था।'

'मुझे सुनकर ताज्जुब नहीं हुआ !' सरोजिनी बोलीं। 'वह लघु मानव कुछ भी कर सकता है। उनके सूप को चखने के ख़याल मात्र से, मेरे रोंगटे खड़े हो गए। 'नहीं, धन्यवाद,' मैं फुफकारी, 'क्या भयानक ख़याल है। उसी क्षण हमारी मित्रता पर मोहर लग गई। और मैंने आगे के तीस वर्ष तक अपने को स्वतंत्र भारत की सेवा में भरती पाया।'

लॉर्ड लुई और उनकी पत्नी ने एक-दूसरे की तरफ देखा : मिसेज़ नायडू अब खुलना शुरू कर रही थीं।

'आप उनकी पत्नी को भी जानती थीं,' एडविना ने उन्हें नम्रता से उकसाया।

'हम तीनों यरवदा में जेल में एक साथ थे, मैडम ! लेकिन जब निमोनिया से उनकी मृत्यु हुई, मुझे रिहा किया जा चुका था ...।'

यादों के लौटने पर मिसेज़ नायडू विषण्ण होने लगीं। एडविना कुछ कहनेवाली थी लेकिन लॉर्ड लुई ने उसे चुप रहने का संकेत कर दिया।

'जो हो,' सरोजिनी ने अपने आँसू रोकते हुए कहा, 'वे शहीद हो गईं। उनकी आत्मा दुर्दमनीय थी।'

'उनका नाम क्या था ?' एडविना ने पूछा।

'कस्तूरबा। उनका जीवन बहुत सहज नहीं रहा, उनके पति बड़े टेढ़े आदमी हैं। वे कभी अपने किशोर जीवन के झगडों की चर्चा नहीं करती थीं। पर सोचिए, उनकी

शादी तेरह वर्ष की उम्र में हो गई थी।'

'महात्मा किसी के जीवन को निश्चिंत नहीं रहने देते,' लॉर्ड लुई ने मुस्कुराकर कहा।

'आप लोग उनकी सुरक्षा की व्यवस्था कैसे करते हैं ? मसलन, जब वे थर्ड क्लास में सफ़र करते हैं ?'

'ओह !' हँसी से दोहरे होते हुए सरोजिनी ने कहा। 'आप कल्पना नहीं कर सकते। आप सोचते हैं कि जब उन्हें सब तरफ से खतरा हो, उस समय हम उन्हें बिल्कुल अकेला छोड़ सकते हैं ? हर बार जब वे बाहर जाते हैं, तो हमें अपनी पार्टी के कार्यकर्ताओं को अछूतों का वेश बदलवाकर उनकी जानकारी के बगैर उनके डिब्बे में सवार करना पड़ता है। है न कल्पनातीत हँसने लायक स्थिति ! और दिल्ली में, जब वे गंदी बस्तियों में, अछूतों की कॉलोनी के ठीक बीचोंबीच रहने की ज़िद करते हैं, तो हमारे सैकड़ों पार्टी-सदस्य पड़ोस के घरों में रहते हैं। उन्हें कभी इस बात का शक नहीं हुआ। उनके गरीबी के व्रत की रक्षा करना कांग्रेस को कितना महँगा पड़ा है, माइ डियर लॉर्ड लुई, आपको कोई अंदाज़ नहीं है।'

वे तीनों दिल खोलकर हँस रहे थे। इसी बीच एक अफ़सर ने आकर लॉर्ड माउंटबेटेन के कान में कुछ कहा। वायसराय माफ़ी माँगकर चले गए।

एडविना की हँसी रुकने में नहीं आ रही थी, प्रसन्न मन से सरोजिनी ने उसका हाथ पकड़ा और उसकी तरफ़ झुक गईं।

'माइ डियर चाइल्ड, जिन्ना के बारे में तुम्हारा अंदाज़ सही था,' उन्होंने उसे विश्वास में लेकर कहा। 'औरतें इस तरह की मनोव्यथा को बेहतर भाँपती हैं। उसने एक पारसी किशोरी से शादी की थी। उसकी त्वचा चँद्रमा की-सी कांति लिए थी, जैसी अमूमन पारसी औरतों की होती है। ऐसा दूधिया रंग था उसका। नाम था रुटी; वह सोलह वर्ष की थी और जिन्ना की उम्र चालीस से ऊपर थी। न तो मैंने ऐसा प्रेम-दीवाना दूसरा आदमी देखा और न ही ऐसी सुन्दरी। उत्तेजना के लिए पराकाष्ठा, लेडी एडविना : पारदर्शी मलमल की साड़ियाँ, या ज़री की पोशाकें जिनमें वह सर्पिणी की तरह फिसल जाती थी। और फिर वह उसे छोड़ गई।'

'तो यही जिन्ना की पेचीदगी का सूत्र है,' एडविना ने कहा। 'मैंने इस बात पर विश्वास नहीं किया होता।'

'माइ डियर, यही अकेला सूत्र नहीं है। बात इससे भी बदतर है। उसकी मौत जिन्ना को छोड़ने के एक वर्ष बाद हुई। जो बात मैं तुम्हें बताउँगी वह अविश्वसनीय दिखाई पड़ सकती है : वह एक साधु के प्रभाव में आ गई थी और नशीली दवाएँ लिया करती थी।'

'यह असंभव तो नहीं है,' एडविना ने कहा।

'बम्बई में सबकुछ संभव है,' सरोजिनी ने ठंडी साँस ली। 'रुटी गंभीर रूप से बीमार थी। उसे मॉरफ़ीन की जरूरत थी; आपको बताया जाएगा कि उसकी मौत बीमारी से हुई। पर मुझे यकीन नहीं है कि यह सच है। जिन्ना कभी ठीक नहीं हुए। और बात इतनी ही नहीं है।'

'आप मुझे और क्या बतानेवाली हैं ? क्या वह उनको धोखा दे रही थी ?'

'ओह ! माइ डियर लेडी लुई ... यह नहीं, इससे भी ज़्यादा। जिन्ना के उससे एक बेटी हुई। उसने एक जन्मना पारसी ईसाई नेविल वाडिया से शादी की। तब तक जिन्ना वैसे कट्टर हो गए थे जैसे वे अब हैं; उन्होंने उसके पति को मुसलमान न होने के कारण माफ़ नहीं किया। उसकी बेटी ने जवाब दिया : 'अब्बा, हिन्दुस्तान में लाखों मुसलमान लड़कियाँ थीं। आपने उनमें से किसी एक से शादी क्यों नहीं की ? बाप-बेटी के बीच सारे संबंध टूट गए।'

'लेकिन मिस्टर जिन्ना के पास है कौन ? आपने अब तक जो कुछ बताया, उसमें तो मुझे सिर्फ मातम और राख दिखाई देती है, मिसेज़ नायडू !'

'उनकी बहन फ़ातिमा अब भी उनके साथ है। वही उनकी जिंदगी की साझेदार है,' सरोजिनी ने हल्की मुस्कान के साथ बात खत्म की।

'कितनी अविश्वसनीय कहानी है,' एडविना ने धीरे से कहा।

'बिल्कुल नहीं,' सरोजिनी ने तल्खी से कहा। 'अविश्वसनीय ? अगर आप यह जानतीं ... जब संसार के लोग हमें देखते हैं, तो वे यह मान लेते हैं, कि स्वाधीनता सेनानी होने की वजह से हम लोग भी महात्मा का-सा प्रशंसनीय संयम बरतते हैं। पर, माइ डियर चाइल्ड, जब हम लोग महीनों के एकाकीपन के बाद जेलों से बाहर आए, तो हम लोगों ने पूरी स्वच्छंदता से अपने को प्रेम के हवाले कर दिया। हमारी स्वाधीनता की लड़ाई में, दो बार के कारावास के बीच न जाने कितने मनोविकार पैदा हुए। हम लोगों ने कितने आवेश से एक-दूसरे का आलिंगन किया, जैसे हमारे लिए आनेवाले कल का अस्तित्व ही न हो। हमारी रातें बिजली की चमक की तरह थीं, और दिन बरसात की तरह। मनोवेगों की प्रबल आँधियों ने हमें अपनी इच्छा से झुका लिया और हम सबकुछ भूल गए : लड़ाइयाँ, सत्य, स्वाधीनता, यहाँ तक कि भारत। रिहा होने के बाद हमारी हालत वर्षा से पहले झुलसी हुई धरती-जैसी थी, हम प्यासे मर रहे थे। हमें पानी की ज़रूरत थी, आलिंगनों और चुम्बनों का सजीव पानी। ... और तब, हम लोग फिर पकड़ लिए गए; हम फिर जेल लौटे, ब्रह्मचर्य की एक अवधि गुज़ारने के लिए। जिंदगी... माइ डियर, जिंदगी इतनी शक्तिशाली थी !'

वृद्ध महिला रुक गईं, उनका साँस फूल गया।

'मैं यह सब तुम्हें क्यों बता रही हूँ ? यह इतनी पुरानी बातें हैं। मैं आवेग में बह

जाती हूँ,' वे अपना माथा पोंछते हुए बोलीं।

'आप किसी बात के लिए पछताइए नहीं, श्रीमती नायडू,' एडविना ने उनके कंधे पर अपना हाथ रखते हुए कहा। 'आपको कितना सहना पड़ा, मैं नहीं जानती थी।'

'पर यह किसी को मालूम नहीं है ...' वृद्धा कराहीं। 'और जब हम आज़ाद हो जाएँगे, तो हमारी इतिहास की किताबों में, हमारी प्रेम-कहानियाँ दर्ज नहीं होंगी। हमें अपनी लड़ाई जारी रखने की ताकत इन्हीं से मिली; लेकिन ये लुप्त हो जाएँगी। हमारी याद में भाषण दिए जाएँगे; हमारी तस्वीरों के नीचे हार रखें जाएँगे, अगरबत्तियाँ जलाई जाएँगी और सम्मान अर्पित किए जाएँगे। लेकिन हमारी आवेग-भरी रातों में से कुछ नहीं बचेगा,' सरोजिनी ने अपने कंगन छनकाते हुए कहा।

'जब आप "हम" कहती हैं मिसेज नायडू, तो आप अपने बारे में भी कह रही हैं, है ना ?' एडविना ने संकोच से पूछा।

'मैं क्या इतनी बूढ़ी हूँ ?' सरोजिनी ने रोष से पूछा। 'महात्मा और उनकी टोली के अलावा, हम सब इन धाराओं से गुज़रे हैं।'

'और, मिस्टर नेहरू ?' एडविना ने आवाज नीची करके जोड़ा।

'जब वह उनका नाम लेती है तो उसकी आवाज में वह लहजा ...' बिना जवाब दिए सरोजिनी सोच रही थीं। 'अगर वह सचमुच जानना चाहती है तो मैं उसे बताऊँगी कि उससे मुलाकात से पहले नेहरू किससे प्रेम करते थे। मेरी अपनी बेटी पद्मजा। क्या मैं इस गोरी चमड़ीवाली को यह इजाज़त दूँगी कि वह नेहरू को मेरी अपनी संतान से चुरा ले ?'

'आप उनसे खुद ही पूछ लें लेडी एडविना,' सरोजिनी ने जानबूझकर जवाब दिया। 'अपनी पत्नी की मृत्यु के बाद, नेहरू बड़े भावावेग के साथ एक युवती से प्रेम करते थे ... वह काफ़ी सुन्दर थी। मैं उसे बहुत अच्छी तरह जानती थी। जहाँ तक जिन्ना का सवाल है, मुझे लगा कि उसकी तकलीफ़ों के बारे में आपको बताना ज़रूरी है, आप इस बारे में वायसराय से बात करेंगी। जहाँ तक नेहरू का सवाल है, इसका कोई महत्त्व नहीं है।'

बुजुर्गों का सम्मेलन

दिल्ली, 15 अप्रैल 1947

महीनों के अलगाव के बाद जिन्ना आखिर गाँधी से उसी झोंपड़ी में मिलने के लिए राज़ी

हो गए जो उन्होंने भंगी कॉलोनी में अछूतों के क्वार्टरों के बीच रहने के लिए चुनी थी। उन्होंने 1946 से एक-दूसरे को नहीं देखा था।

हमेशा की तरह, जिन्ना आरामकुर्सी में बैठे; कांग्रेस के कार्यकर्ताओं की तरह देसी ढंग से जमीन पर बैठना उन्हें कभी सहन नहीं हुआ। 'यह निरंतर ढोंग,' उन्होंने सोचा, 'मैं अपने को नीचे नहीं गिराऊँगा, खासकर मोहनदास गाँधी के सामने।'

उनके पैरों तले, एक तरफ़ पैर मोड़े, नंगे धड़ के साथ माहत्मा चरखा कातने में व्यस्त थे। मुलाकात कठिन होने जा रही थी, और वृद्ध महाशय ने अपनी उँगलियों की पोर में बटी हुई पूनी के धागे से अपनी आँखें नहीं हटाईं।

'माइ डियर जिन्ना,' उन्होंने बड़े धीमे शुरू किया, 'मुझे मालूम है कि वायसराय ने आपको मेरे प्रस्ताव की सूचना दे दी है। क्या आपको अखंड भारत का प्रधानमंत्री होना मंजूर है ?'

'और मैं जानता हूँ कि नेहरू ने साफ़ इनकार कर दिया है,' जिन्ना ने कहा। 'क्या आपमें मुझसे यह कहने की हिम्मत है कि मैं गलत कह रहा हूँ ?'

'आप नेहरू की आवेगशीलता जानते हैं,' महात्मा ने संतई मुद्रा में कहा, 'और मैं कभी झूठ नहीं बोलता। उन्होंने इनकार कर दिया, यह ठीक है।'

'और आप उन्हें राज़ी करने के लिए, जो कुछ कर सकते थे, आपने सब किया,' जिन्ना ने बात जारी रखी।

'मैंने उनके पाँव तक पकड़े,' महात्मा मुस्कुराए।

'ठीक है ! तो बात यहीं खत्म हुई। आपने फिर मुझे यहाँ क्यों बुलवाया ? नेहरू की रज़ामंदी के बगैर हम इस बात को आगे बढ़ा ही नहीं सकते।'

दे अपना मन बदल भी तो सकते हैं,' महात्मा ने ज़ोर दिया। ऐसा मेरे साथ भी हो चुका है ... और तुम्हारे साथ भी, माइ डियर जिन्ना !'

'मैं 1937 से बिल्कुल अडिग हूँ,' जिन्ना ने गर्व से कहा। 'मैं ऐसे हिंदुस्तान का प्रधानमंत्री नहीं हो सकता जिसकी अवधारणा अन्याय पर टिकी हो; मैं हिन्दुओं के दमन की मंजूरी नहीं दे सकता। आप बड़े अड़ियल हैं मोहनदास, पर इस बार आपकी जीत नहीं होगी। आपको सच्चाई स्वीकार करनी होगी। मैं अपना पाकिस्तान लेकर रहूँगा।'

'यह ठीक है,' गाँधी ने जल्दी से जवाब दिया, 'मैं उस वक्त तुम्हारी बात नहीं काटना चाहता जब तुम उत्तेजना में हो। मैं कभी उम्मीद नहीं छोड़ता। मेरे अपने तरीके हैं।'

'क्या आप मेरे खिलाफ और नेहरू के खिलाफ आमरण अनशन करेंगे ?'

'क्यों नहीं ?' गाँधी ने पहली बार आँख उठाकर कहा।

जिन्ना भीतर ही भीतर काँप उठे; गाँधी वाकई इस भयावह इथियार का इस्तेमाल कर सकते हैं जो कभी नाकामयाब नहीं हुआ। नेहरू को मानना पड़ेगा ...

'मेरी बात सुनो, मोहनदास !' उन्होंने शान्त स्वर में कहा। 'मान लो कि तुमने अपनी इच्छा पूरी कर ली और नेहरू तुम्हारी बात मानने को राज़ी हो गए। मान लो कि अपनी तरफ से मैं भी मान गया। क्या तुम सोच़ते हो कि मैं अपने निराश मुसलमान भाइयों को रोक सकूँगा ? वे अब मेरी बात नहीं सुनेंगे और पागलों की तरह हिंदुओं के घरों पर टूट पडेंगे। हिन्दू भी ऐसा ही करेंगे और हिंदुस्तान की तारीख में होनेवाले सबसे बड़े कत्लेआम की जिम्मेदारी तुम पर होगी।'

'तुमने ठीक उस होनी की व्याख्या की है जो बँटवारे के दिन होनेवाली है,' गाँधी ने कहा। 'अगर उन्हें चुनाव के लिए मजबूर किया जाएगा तो वे और ज़्यादा पागल हो जाएँगे, और फिर उन्हें कोई नहीं रोक सकेगा। हम दोनों तकरीबन बराबर की उम्र के हैं, दोनों काफ़ी बूढ़े हैं; हम मनुष्य की मानसिकता को समझते हैं। तुम्हें यह हक नहीं है कि लोगों को इस खतरे में डालो, जिन्ना !'

'पर आप देख रहे हैं कि वे फैसला कर चुके हैं। क्या लोकतंत्र का कोई महत्त्व नहीं है ? ये दोनों समुदाय एक-दूसरे को सह नहीं सकते ...।'

'इसके बजाय यह कहो कि तुम इन्हें एक-दूसरे के खिलाफ भड़काने के लिए जो कुछ कर सकते थे, वह सब तुमने किया है,' महात्मा जोर से बोले।

'नहीं मोहनदास, मैंने सिर्फ़ उनकी बातें सुनी हैं,' जिन्ना ने धीरे से जवाब दिया। 'अल्लाह के नाम पर, जिसका आह्वान तुम भी करते हो, बातों को सीधे देखो। ज़िम्मेदारी न मेरी है, न नेहरू की। इस स्थिति में दो ऐसे समुदायों के साथ जो एकसाथ रहने से नफ़रत करते हैं, जबरदस्ती करके, तुम ज़हर ही घोल सकते हो।'

'तुमने अल्लाह का नाम लिया है,' गाँधी दुखी होकर धीरे से बोले, 'लेकिन तुम उसमें विश्वास नहीं करते ... बहरहाल, अगर तुम यह पद स्वीकार कर लो ...'

'मेरा प्रस्ताव है कि हम एक संयुक्त वक्तव्य जारी करें, आप और मैं, हिंदुओं और मुसलमानों दोनों के नाम, जिसमें उनसे आपसी सद्भाव की अपील की जाए,' जिन्ना ने बात काटकर कहा। 'मैं भी उनका मुकाबला करने से डरता हूँ; एक ही अपील के नीचे, हम दोनों के दस्तखत उन्हें कायल कर लेंगे।'

'यह सच है,' महात्मा ने सब्र करते हुए कहा।

'मैंने एक छोटा-सा मसौदा तैयार किया है,' जिन्ना ने जेब से एक कागज़ निकालते हुए कहा।

'आह !' उसकी तरफ उदासी से देखते हुए महात्मा ने कहा। 'तुमने इस बात का अंदाज पहले ही लगा लिया था।'

'क्या आपको लगता है कि मैं अब भी आपको नहीं जानता ?'

'यह कहना ज्यादा ठीक होगा कि हम दोनों एक-दूसरे को बखूबी जानते हैं,' महात्मा

ने लम्बी साँस खींची। 'हम दोनों इतने सालों से एक-दूसरे से झगड़ते रहे हैं।'

'क्या आप ये भूल गए कि हम दोनों का जन्म गुजरात के एक ही इलाके में हुआ था, क्या आप राजकोट को भूल गए, क्या आपको याद है कि अपने बचपन में हमने एक ही समुद्र को जाना है ? मेरा मसौदा पढ़कर देखिए !'

गाँधी ने चश्मा लगाकर वह दस्तावेज ले लिया।

'यह ठीक है,' जिन्ना का काग़ज़ लौटाते हुए वे बोले।

'आप इसमें कोई संशोधन नहीं कर रहे हैं ?' जिन्ना ने चिढ़कर कहा।

'नहीं,' अपने चरखे को फिर चालू करते हुए महात्मा बोले। 'मैं इस पर दस्तखत कर दूँगा, लेकिन मैंने अपने विचार का त्याग नहीं किया है।'

इस्लाम की तरह हरा

पेशावर, 21 अप्रैल 1947

वायसराय ने अफ़ग़ानिस्तान की सीमा के निकट, रेगिस्तान की पहाड़ियों में भारत के सीमांतों का निरीक्षण करने का फैसला किया था। पुलिस की रिपोर्टों के अनुसार मुस्लिम लीग ने वहाँ काफ़ी समर्थक इकट्ठे कर लिए थे। उन्हें गफ़्फ़ार ख़ाँ के शान्ति के संदेश को भुलवाने में वह सफल हो गई थी, और वह अपने को गंभीर अशान्ति पैदा करने के लिए तैयार कर रही थी।

उत्तर-पश्चिम सीमा प्रांत के गवर्नर सर ऑलफ़ केरो ने लॉर्ड माउंटबेटेन को, पहुँचने के बाद, वहाँ की स्थिति से अवगत करा दिया था। खून की प्यासी, बहुत बड़ी भीड़ शहर के दरवाजे पर इकट्ठी थी। वे मुस्लिम लीग का सैनिक दस्ता थे। चूँकि वायसराय ने वहाँ आकर, अपने-आपको उनको पेश करने का अनुग्रह किया था इसलिए उन लोगों ने उन पर दबाव डालने का निश्चय कर रखा था।

'और ये लोग पठान है; लड़ाकू हैं,' केरो ने बताया था, 'नीचे से ऊपर तक हथियार बंद।'

पहले दिन शाम को उन्होंने गवर्नमेंट हाउस के बगीचों पर हमला किया था; और खिड़कियों से गोलियाँ चलाईं थी; कोई ज़ख्मी नहीं हुआ था। उनकी संख्या पुलिसवालों से ज़्यादा थी। भीड़ बहुत विशाल थी, और स्थिति काबू के बाहर थी। प्रदर्शनकारियों ने चेतावनी दी थी कि चाहे जो हो जाए वे गवर्नमेंट हाउस तक मार्च करेंगे।

लॉर्ड लुई ने कुछ परेशान-से होकर पूछा था, 'आपका क्या सुझाव है, सर !'

'अगर योर एक्सिलेंसी उनसे मिलने के लिए बिना अनुरक्षकों के आगे बढ़ेंगे, तो हमारे पास उनके क्रोध को छितराने का एक मौका रहेगा। हमारे पास दंगे को सम्हालने के साधन नहीं हैं ...' सर केरो ने बिना पलक झपकाए कहा।

'मैं भी जाऊँगी,' एडविना ने तत्काल कहा।

'लेकिन खतरा बहुत है, लेडी लुई,' सर केरो बोले। 'हम आपकी रक्षा नहीं कर सकते।'

'कोई बात नहीं,' एडविना ने कहा। 'मैं वायसराय के साथ जाऊँगी। हमारी बेटी यहीं रहेगी।' आवाज के लहजे में किसी जवाब की गुंजाइश नहीं थी; सर केरो उनसे मतभेद रखने के लिए मजबूर थे।

'एडविना, तुम यहीं रुकोगी,' लॉर्ड लुई ने बड़े अधिकारपूर्ण स्वर में हस्तक्षेप किया।

'वाकई ?' एडविना ने अपनी खाकी वर्दी को सीधा करते हुए कहा, 'और आप मुझे कब से आदेश देने लगे हैं ?'

'हम लोग फौरन प्रस्थान करेंगे,' लॉर्ड लुई हथियार डालकर बोले। 'तुम तैयार हो एडविना ? मेरा ख़याल है कि इस काम के लिए तुम्हें अपनी पोशाक बदलने की ज़रूरत नहीं है।' सर केरो ने उन दोनों की तरफ़ प्रशंसा के भाव से देखा : दोनों हरे रंग की युद्ध की वेशभूषा में थे। एक ने उठी हुई सैनिक टोपी लगा रखी थी, और दूसरी ने बाँकी टोपी के साथ कंधे पर झोला लटका रखा था। जीपों के इंजन स्टार्ट हुए। उन्हें बहुत दूर नहीं जाना था।

उन्हें चिल्लाने और शोर मचाने की आवाजें सुनाई दे रही थीं : 'पाकिस्तान जिंदाबाद ! लांग लिव पाकिस्तान !' हज़ारों आवाज़ें पागलपन से चिल्ला रही थीं। जीपें एक ऊँचे पुश्ते के नीचे, जहाँ से नज़र नहीं आ रहा था, रेल की पटरियों की बगल में रुक गईं; प्रदर्शनकारी दूसरी तरफ़ थे और चिल्लाने की आवाज़ें ज़्यादा-से-ज़्यादा ऊँची होती जा रही थीं।

माउंटबेटेन ने अपनी पत्नी की तरफ घूमकर उसका हाथ थाम लिया।

'चलो चलते हैं,' वे बुदबुदाए। 'और अगर वे गोली चलाना शुरू कर दें, तो मुँह के बल लेट जाना।'

और उन्होंने एडविना को सहारा देकर ढलान पर चढ़ाया।

उनके अचानक सामने आ जाने से भीड़ एक क्षण के लिए चुप हो गई। डूबते हुए सूरज ने सहसा उन्हें ढक लिया। एडविना ने हाथ से आँखों पर छाया की। भूरे सिरों और मुस्लिम लीग के रंगों के हरे कपड़ों में एक महातरंग, सफेद अर्धचन्द्र के चिह्न वाले प्रतिबंधित झंडों की उठी हुई लहर, रोष-भरे समुद्र की तरह थरथरा रही थी; फिर

चिल्लाने की आवाज़ दुगुनी हो गई। पुश्ते के नीचे, सूरज के सामने खड़े सर केरो को सिर्फ़ दो कमजोर छायाकृतियाँ दिखाई दे रही थीं, जिन्हें उस क्रुद्ध भीड़ से अब कोई नहीं बचा सकता था। 'इन्हें बड़ी आसानी से गोली का निशाना बना लिया जाएगा,' वह सोच रहा था और अपने क्रीम रंग के हैट को घबराकर अपने ऊपर झल रहा था।

लॉर्ड लुई ने एडविना का हाथ थामकर अपनी बाँह उठाई।

फिर, वही मनहूस खामोशी, उसके बाद शांति भंग करनेवाली बड़बड़ाहट। एक ज़ोर की आवाज़ ने खामोशी तोड़ी, नारा अब भी वही था : 'पाकिस्तान जिंदाबाद !' रोष से भरी एक और आवाज़। उसके बाद एक और, कम ज़ोरदार। उसके बाद, सहसा जैसे तूफ़ान के बाद की शान्ति, सब लोग खामोश हो गए। सर केरो ने पुलिसवालों को इशारा किया; उन्होंने अपनी बन्दूकें तान लीं।

किसी संकेत के प्रत्युत्तर की तरह आवाज़ें फिर बुलंद हो गईं। लॉर्ड लुई ने अपनी पत्नी के हाथ को और कसकर जकड़ लिया, 'उनकी तरफ़ मेरे साथ हाथ हिलाओ,' वे बोले। 'रुकना मत ...'

अचानक, उन्होंने कुछ सुना जो उनके नाम-जैसा था और उनकी समझ में आ गया कि नारे बदल गए हैं। 'पाकिस्तान जिंदाबाद' कहने के बजाय प्रदर्शनकारी 'माउंटबेटेन जिंदाबाद' का नारा लगा रहे थे। वे दम्पति अपने हाथ उठाए, सूरज की रोशनी के नीचे बहुत देर खड़े रहे, और सर केरो ने समझा कि भीड़ किसी चमत्कार से शान्त हो गई है।

आखिर वे उस प्लेटफॉर्म से हटे तो माउंटबेटेन दम्पति दमक रहे थे और उनकी विजय हुई थी।

'हाँ तो, सर केरो,' लॉर्ड लुई ने कहा, 'उस वक्त वे कितने लोग होंगे ?

'जहाँ तक मेरा अनुमान है, एक लाख या उससे ज़्यादा,' सर केरो अपने माथे को थपथपा रहा था। 'योर एक्सिलेंसी ने अपनी बर्मी वर्दी पहने रहकर ठीक किया,' उसने लॉर्ड माउंटबेटेन से हाथ मिलाते हुए जोड़ा।

'मेरी वर्दी ? उसमें ऐसी क्या खासियत है ?' भौंचक्का होकर लार्ड लुई ने पूछा।

'यह हरा है सर ! पाकिस्तान के झंडे की तरह, और इस्लाम की तरह,' सर केरो ने कहा।

चार

विश्वासघात

मित्रों का सप्ताहान्त

शिमला, 6 मई 1947

गाड़ियों की लम्बी कतार ने घुमावदार सड़कों पर रास्ता तय करके यात्रा समाप्त की। उनके इंजन बेतरह गरम हो गए थे। एक के बाद एक, बिल्कुल एक-जैसी सूखी पहाड़ियों के विस्तार पर, दूर-दूर पेड़ खड़े थे। कभी-कभी उतराई के साथ लगी हुई सड़क पर, सूखी लकड़ी के बोझ से झुका कोई किसान नज़र आ जाता था। न कोई चिड़िया, न बंदर, सिर्फ़ पीले पड़े जंगलात और सड़क पर अंधे मोड़।

'हम लोग कितनी देर में पहुँचेंगे,' एडविना ने अपने नम बालों के बीच उँगलियाँ डालते हुए झींखकर पूछा, 'मुझसे अब बर्दाश्त नहीं होता... क्या अभी दूरी काफ़ी है ?'

'मुझे जहाँ तक याद है, पहले बहुत हरियाली होती थी,' लॉर्ड लुई बोले। 'हिमालय का यह रास्ता बीस साल में बदल गया है, किसानों ने जंगल काट डाले हैं। हम लोग कसौली से ज़रा-सा आगे निकले हैं, अब हम एक और घाटी में दाखिल होंगे।'

लेकिन अगले मोड़ पर सिर्फ़ राख से सलेटी रंग की सुइयोंवाले शंकुवृक्ष दिखाई पड़े जिनसे फ़र्न के लच्छे लटक रहे थे। सहसा शोफ़र ने सामने के शीशे से देखकर उँगली के इशारे से कहा, 'वह रहा, योर हाइनेस, शिमला।'

लहराते धुँधलके के बीच से देख पाने के लिए आँखें मिचमिचाना ज़रूरी था। क्षितिज पर शिमला कुछ गहरे से रंग के धब्बे की तरह दिखाई पड़ रहा था। 'माइ गॉड, वह तो पृथ्वी का दूसरा सिरा है।' एडविना बोली, 'हमें तो वहाँ पहुँचने में घंटों लगेंगे।'

'योर हाइनेस, आपकी इजाज़त से मैं बताना चाहता हूँ कि यहाँ से सड़क तेज़ी से

ऊँचाई तय करती है। खैराघाट के बाद हम जल्दी वहाँ पहुँच जाएँगे।'

शोफ़र ने खड़ी चढ़ाई पर इंजन को गिअर बदलकर चढ़ाया। एक छोटे-से दर्रे के उस तरफ़ अचानक पूरा प्राकृतिक दृश्य बदल गया। जहाँ तक नज़र जाती थी, क्षितिज पर छोटी-छोटी घाटियाँ धब्बों की तरह दिखाई पड़ रही थीं। एडविना ने तेज़ी से खिड़की का शीशा गिराया; ठंडी हवा में हल्की-सी खुनक थी। उसी समय एक बंदर झुरमुट से झूलता हुआ आया और गाड़ी के हुड पर बैठ गया। उसकी आँखों में चौकसी का भाव था। लगा जैसे वे स्वर्ग के दरवाज़े का पहरा दे रहा हो।

सबसे पहले कैथीड्रल का शिखर दिखाई पड़ा। उसके बाद विला, पगडंडियों के किनारे करीने से पेड़ों की कतारें लगी थीं, लॉन थे और बैठकर नज़ारे का आनन्द लेने के लिए बैंचें पड़ी थीं। आखिर दुकानों के साथ वह शानदार पथ, जो मॉल कहलाता है। किनारों की पटरियों पर इकट्ठे पदयात्री हाथ में पकड़े यूनियन जैक और अपने तिनकों के हैटों को लहरा रहे थे।

'हम इंगलैंड में हैं,' एडविना ने धीरे से कहा। 'यह अविश्वसनीय है। मुझे सिर्फ़ गोरे चेहरे नज़र आ रहे हैं। इनमें एक भी हिंदुस्तानी नहीं है।'

'मॉल पर देसी पोशाकों में लोगों के आने पर इतने लम्बे समय तक रोक लगी रही है कि हिंदुस्तानियों को इसकी अब भी आदत नहीं पड़ी है। वे अब भी यहाँ आने की हिम्मत नहीं करते,' लॉर्ड लुई ने जवाब दिया।

'पर तुमने तो वह सब बदल दिया था, डिकी, क्या यह सही नहीं है ?'

'हर बात में वक्त लगता है। बहरहाल, जब तीन दिन में नेहरू और मेनन यहाँ आ जाएँगे, तो मॉल पर कम-से-कम दो हिंदुस्तानी तो होंगे। अपने बाल ठीक कर लो डार्लिंग,' उन्होंने पसीने से भीगी उसकी लटों पर नज़र डालते हुए कहा। 'तुम्हारे बाल खुले जा रहे हैं।'

शिमला, 9 मई 1947

नेहरू गाड़ी में ऊँघ गए थे। कृष्ण मेनन ने अपने को झटका, अपने घुँघराले बालों को सीधा किया, और अपने पास बैठे नेहरू की बाँह पकड़कर हिलाया।

'जवाहर, उठो, हम मॉल पर पहुँच गए हैं।'

'मैं बहुत थक गया हूँ,' नेहरू एक आँख खोलकर भुनभुनाए। 'इसके अलावा मुझे शिमला अच्छा नहीं लगता, इसके साथ मेरी कटु स्मृतियाँ जुड़ी हैं। और अब देखना माउंटबेटेन मुझे फिर गलत नाम से पुकारेंगे। कभी जवार कभी जवारला, बिचारा...'

'तुम्हारे जो जी में आए, करो। जब हम लोग वायसराय के निवास पर पहुँचेंगे, तो तुम फ़ोटोग्राफ़रों के सामने उल्लू लगोगे,' मेनन ने ज़ोर से हँसते हुए कहा।

जुलूस विशाल गेट से दाखिल होकर पार्क से गुज़रा। लॉन पर बैरों की सेना लाल वर्दियाँ पहने इंतज़ार कर रही थी।

'जवाहर, हम पहुँच गए हैं। ज़रा अपनी तरफ़ देखो... कोट के बटन बंद करो।'

नेहरू ने जम्हाई लेते हुए बटन बंद कर लिए, बातचीत में न जाने कितनी रातें बग़ैर सोए गुज़ारनी पड़ेंगी ? और स्वाधीनता के बाद ? नींद के झोंकों के बीच-बीच में वे अपनी बाकी की जिंदगी की कल्पना करते जा रहे थे। उन्हें ये विचार असह्य लग रहे थे। उन्हें अपनी अचकन में सिंगापुर की तरह लाल गुलाब लगाना चाहिए था।

'एडविना को वह अच्छा लगता,' उन्होंने दूर खड़ी एडविना की तरफ़ देखते हुए सोचा।

वह दूर अपने दोनों हाथों को एक-दूसरे का सहारा दिए इस तरह खड़ी थी जैसे अपनी बाँहों में किसी अदृश्य बच्चे को झुला रही हो।

एडविना कैसे इतनी चुस्त-दुरुस्त रहती है ? क्या उसे और सबकी तरह पसीना नहीं आता ? सिंगापुर में उस एक हादसे के बाद, उन्होंने कभी उसके बालों को अस्तव्यस्त या उसकी पोशाक को मुसे हुए नहीं देखा था।

उन्होंने अपना कॉलर ऊपर की तरफ़ उलटा, टोपी को ठीक किया और कंधे सीधे कर लिए। 'कुछ महीनों के भीतर जब वे खुद शिमला आएँगे तो इस तरह सावधान खड़े होने की बारी उनकी होगी,' नेहरू ने लॉर्ड लुई की तरफ़ देखकर सोचा। वे एकदम चुस्त, सीधे सीढ़ियों पर खड़े थे। आनेवाले समय में यह शानोशौकत, यह सम्मान उनको समर्पित किया जाएगा। उन्हें शायद अपनी पीठ के पीछे दोनों हाथ बाँधकर खड़े होने की आदत को छोड़ना सीखना पड़ेगा। उनके पास में उनकी बेटी इंदिरा सादी-सी साड़ी में खड़ी रहा करेगी। और एडविना तब तक रुख्सत हो जाएगी।

लॉन के कोने में दोलन कुर्सी पर बैठे हुए लॉर्ड लुई को तरुणाई का एहसास हो रहा था। यहाँ की हवा ठंडी थी, सूरज की धूप आक्रामक नहीं थी, और चारों तरफ़ फैली बर्फ़ की अदृश्य चमक हर चीज़ पर मँडराती महसूस होती थी। नेहरू और मेनन पूरी तरह विश्राम की मुद्रा में थे, एडविना मुस्करा रही थी और उस विशाल निवास पर गोधूलि की गुलाबी छायाएँ पड़ रही थीं।

'डियर नेहरू, मुझे बताओ कि तुम्हें कैसा लग रहा है ? मुझे उम्मीद है कि लॉर्ड वेवल की उस विकट कॉन्फ्रेंस के बाद, इस बार शिमला में रहने की बेहतर स्मृतियाँ

तुम्हारे मन में रहेंगी।'

'अगर सत्ता का स्थानान्तरण इतना करीब न होता, तो मैं प्रसन्न आदमी होता,' नेहरू ने कहा। 'आप यादगार रिहायश की बात कह रहे हैं, सर। मुझे लगता है कि मैं एक मित्र के घर में हूँ। नहीं, मित्रों के घर में हूँ।' उन्होंने एडविना की तरफ़ मुस्कुराते हुए अपने को सही किया। 'हम लोग लगभग कल्पना कर सकते थे कि हम अपने बचपन की यादें ताज़ा करनेवाले हैं, क्रिकेट के खेल, हमारी शुरू की घुड़सवारियाँ... बशर्ते हमारे सामने अब भी यह बाल्कन योजना नहीं होती।'

'क्या लॉर्ड इस्मे ने आपको लंदन की टिप्पणियाँ बता दी हैं ?' मेनन ने बात मुद्दे पर केंद्रित करते हुए कहा।

'हाँ... छोटी-मोटी पुनर्व्यवस्थाओं के बारे में।'

'बंगाल के बारे में कुछ नहीं ?' नेहरू ने परेशानी से पूछा।

लॉर्ड लुई ने जवाब नहीं दिया। बाल्कन योजना में बंगाल को अलग कर दिया गया था; उसके पास विकल्प था — भारत या पाकिस्तान में से किसी के साथ मिलने या फिर स्वतंत्र हो जाने का। बंगाल नेहरू की तिजोरी में नहीं आनेवाला था। ज़ाहिर था कि नेहरू और कृष्ण मेनन में से किसी को — क्षेत्रीय बँटवारे की व्यवस्था की जानकारी नहीं थी।

'और पंजाब ?' नेहरू ने बात जारी रखी। 'क्योंकि आप जानते हैं कि पंजाब तो देश का अन्नभंडार है।'

पंजाब के लिए भी शर्तें ठीक वही थीं जो बंगाल के लिए थीं। लॉर्ड लुई का गला सूखने लगा। अगर नेहरू ने हाथ में आने पर इस योजना को स्वीकार नहीं किया तो क्या होगा ? अगर उन्होंने इसे सार्वजनिक रूप से अस्वीकार कर दिया तब क्या होगा ? उन्हें निश्चित ब्यौरों में नहीं जाना चाहिए।

'माई डियर नेहरू, तुमने सिद्धांततः मुझे रज़ामंदी दे दी थी। अगर तुम्हें मुझ पर भरोसा नहीं है, तो हम बाजी अभी हार चुके।'

'...नहीं, रजवाड़ों की बात भी शामिल की जाए,' मेनन धीरे से बोले, 'तो हमें उस दिशा में भी कोई साफ़ संकेत नहीं मिल रहा है। मान लीजिए लंदन उन्हें भी चुनाव के लिए स्वतंत्र छोड़ देता है...?'

बाल्कन योजना में ठीक यही प्रस्ताव किया गया था। लॉर्ड लुई सोच रहे थे कि उन्होंने क्यों इतनी जल्दबाज़ी करके लॉर्ड इस्मे को अपनी मूल योजना को ऐसा कहकर स्वीकार कराने के लिए भेज दिया कि उन्होंने सब उपस्थित पार्टियों की रज़ामंदी हासिल कर ली है। उनकी इच्छा सिर्फ़ गति तेज़ करने की थी, और...

'माइ डियर एडविना, क्या तुम हमारे मित्र के लिए गुलाब का फूल मँगवा सकती

हो ? मुझे सिंगापुरवाला गुलाब याद आ रहा है,' उन्होंने हल्के ढंग से कहा। 'तुम चिंता न करो नेहरू। जैसे ही इस्मे लंदन से लौटेंगे, आपको योजना मिल जाएगी।'

एडविना उठकर कनखियों से तीनों आदमियों को देखती हुई गुलाब के पौधों को देखने चल दी। यह स्थिति बिगड़ती जा रही है, वह सोच रही थी, मानो नेहरू को अपनी अचकन के लिए गुलाब की परवाह है। डिकी ने अपराध-बोध से ग्रस्त एक लड़के का-सा अंदाज़ अख्तियार कर लिया था, जिसे वह खूब जानती थी; अब उसने क्या कर डाला।

'और अगर यह योजना कांग्रेस को पसंद नहीं आई,' नेहरू ने साफ़ पूछा। 'आपने इस बारे में कुछ नहीं कहा।'

'एकदम ठीक। क्योंकि मैं इस बारे में कुछ कहना चाहता ही नहीं। आप लोग मेरे मेहमान हैं, अगर मैं आपको बहुत कुछ बता देता हूँ तो मिस्टर जिन्ना मुझ पर भेद-भाव बरतने का सही आरोप लगाएँगे।'

इस तर्क में दम था। माउंटबेटेन ने अधिक खुलकर राहत की साँस ली, लेकिन वातावरण बदल गया था। जब नेहरू उत्सुक हो रहे थे तो उन्होंने जो रूप अख्तियार किया था उसे लॉर्ड लुई समझते थे, अब उनका मुँह लटक गया था, उनकी चमकदार आँखों में अँधेरा-सा छा गया था और वे दोनों हाथ बाँधे अपनी उँगलियाँ चटका रहे थे। मेनन की बात कुछ दूसरी थी : वे हमेशा घबराए रहते थे।

'एडविना डार्लिंग, तुम्हें गुलाब मिला ?' लॉर्ड लुई ने वातावरण को सहज बनाने के ख़याल से ज़ोर से आवाज़ लगाई।

'बहुत अँधेरा हो गया है, मुझे कुछ नज़र नहीं आ रहा जवाहर, आइ एम सॉरी,' एडविना ने अपने हाथ उनके कंधे पर रखकर कहा।

नेहरू मुस्कुराए, 'इसकी कोई ज़रूरत नहीं है एडविना। गुलाब के बग़ैर मेरा काम चल जाएगा। तुम्हें मालूम है कि मैं हमेशा गुलाब नहीं लगाता।'

लॉर्ड लुई चिंता में डूब गए। यह कम्बख़्त गुप्त योजना नेहरू की भावनाओं को गहरी ठेस पहुँचाएगी। जब उन्हें इसकी अंतर्वस्तु का पता लगेगा, तो वे फट पड़ेंगे। पंजाब और बंगाल हिंदुस्तान से कटकर अलग हो जाएँ ... नेहरू इसे कभी स्वीकार नहीं करेंगे। सहसा, उन्होंने एक फैसला किया। 'नेहरू, मेरे साथ आओ,' उन्होंने आदेश दिया। 'एडविना हमारे मित्र मेनन का साथ देंगी, है न ?'

नेहरू ने माउंटबेटेन की तरफ ताज्जुब से देखा और बिना कोई सवाल पूछे उनके पीछे हो लिए। डिकी को कभी-कभी अन्त:प्रेरणा और भावना के ऐसे झोंके आते थे जिन पर उसे खुद ताज्जुब होता था।

जब वे दफ़्तर में पहुँच गए तो लॉर्ड लुई ने रोशनी जलाई, अपनी तिजोरी खोलकर एक फाइल निकाली और बिना एक शब्द कहे उसे नेहरू के हाथ में थमा दिया।

'यह क्या है ?' नेहरू ने पूछा, 'जिन्ना की कोई गुप्त योजना ?'

'यह मेरी योजना है, मेरे दोस्त। हमारी।'

'लेकिन एक क्षण पहले तुम नहीं चाहते थे...'

'क्या मैं कहूँ कि मैंने अपना विचार बदल दिया। मैं तुम्हारी मित्रता की बहुत कद्र करता हूँ जवारला। मुझे शायद यह फाइल तुम्हें नहीं दिखानी चाहिए लेकिन इसकी ज़िम्मेदारी मैं ले लूँगा।'

नेहरू के चेहरे पर चमक आ गई। उन्होंने फाइल हाथ में ली और देर तक उसकी तरफ़ देखते रहे। एक गहरी भावना ने उन्हें उद्वेलित कर दिया; स्वाधीन भारत का नक्शा देखनेवाले वे पहले हिंदुस्तानी होंगे।

'आइ थैंक यू सर,' उन्होंने अपना हाथ हिलाते हुए कहा। उनकी आँखों में आँसू आ गए। 'मैं आपकी इस सद्भावना को कभी नहीं भूलूँगा। मैं समझता हूँ, यह बात हमारे बीच ही रहेगी ?'

लॉर्ड लुई ने बहुत विचलित होकर नेहरू के कंधे पकड़ लिए।

'तुम्हारे पास इसको जाँचने के, और एक दोस्त के नाते अपनी भावना मुझे बताने के लिए पूरी रात है। तुम जानते हो कि मैं तुम्हारी रज़ामंदी के बगैर हिंदुस्तान के बारे में कोई फैसला नहीं कर सकता। तुम्हें मेरी पसंद की जानकारी है जवारला। इसका फायदा न उठाना। वफ़ादारी निबाहना। लंदन इस दस्तावेज़ को मंजूर करने की प्रक्रिया में है।'

'मुझे आप पर पूरा भरोसा है,' नेहरू बोले, 'अगर आप मुझे इजाज़त दें, तो मैं ऊपर अपने कमरे में जाकर इस योजना पर नज़र डाल लूँ।'

'डिनर के बाद। वरना एडविना को बहुत निराशा होगी,' लॉर्ड लुई ने हँसते हुए कहा। 'मैं जानता हूँ कि इस योजना को देखने के लिए तुम्हारी उँगलियों में उत्तेजना हो रही है, लेकिन तुम इंतज़ार कर सकते हो — मित्रता की खातिर।'

'मित्रता के नाम पर, सर, जैसा आप चाहें,' नेहरू ने कहा।

और आन्तरिक आवेग के एक क्षण में उन्होंने वायसराय को गले लगा लिया।

जब वे कमरे से जाने को तैयार हुए तो नेहरू ने कहा, 'अगर आपकी इजाज़त हो तो, सर, सिर्फ एक बात और, मेरा नाम जवाहरलाल है, जवारला नहीं।'

अपने कमरे में जब वे अकेले पहुँच गए, तो नेहरू ने बाल्कन योजना की फाइल उठाई। पच्चीस साल संघर्ष करने के बाद, अब वह अपने देश को खोलकर देखनेवाले हैं। साथ ही पाकिस्तान के नक्शे को भी। उन्होंने सैकड़ों बार हिंदुस्तान के ऐसे नक्शे की कल्पना

करने की कोशिश की थी जिसके पश्चिम में लाहौर और पूर्व में ढाका न हो, पर बार-बार उनके दिमाग पर एक ही बिम्ब हावी रहकर उभरता था। उस रूप में विभाजित हिंदुस्तान जिस रूप में जिन्ना ने चाहा था : एक बड़े से त्रिकोण के बीच में एक पतली-सी धारी; जिसके दक्षिण में एक अनिश्चित-सा क्षेत्र, जो निज़ाम हैदराबाद के इलाकों से खंडित है। इससे एक अखंड हिंदुस्तान नहीं बनता। और रजवाड़ों के बगैर कोई हिंदुस्तान नहीं बनता। और फिर लाहौर और ढाका के बगैर वह कैसा होगा ?

महात्मा ने जो कहा था उसमें सचाई थी। विभाजन को एक भद्दी भूल की शक्ल में हमारे ऊपर लादा जा रहा था। नेहरू ने फाइल को घृणा के भाव से सहलाया : उसी में वह राक्षस छिपा बैठा था जिसे उन्होंने जन्म का प्रमाण-पत्र दे दिया था।

'सिद्धांत रूप में रज़ामंदी,' वे बुदबुदाए। 'डिकी भारत को बचाना चाहते हैं, वे उदार हृदय व्यक्ति हैं जो जिन्ना को पसंद नहीं करते और जो मेरे मित्र हैं। सिद्धांत रूप में रज़ामंदी; पर संशोधन तो हमेशा किए जा सकते हैं। अब इसे देखना शुरू करना चाहिए।'

पर उन्हें बकसुआ खोलने में हिचक क्यों हो रही है ? साधारण-सा काम है... उन्हें बदतरीन आशंका का भय क्यों सता रहा है ? डिनर तो बहुत सुखद था। एडविना अपने सर्वोत्तम रूप में थी और डिकी, वे भी कितने सौहार्द से व्यवहार कर रहे थे। निस्संदेह, गाँधी की अपनी परेशानी उन पर संदेह का कारण थी। लेकिन एक बार फाइल खुल जाए, वे खुद नक्शा देख लें, और फिर वस्तुस्थिति खुद ही सामने आ जाएगी। इस गुनाह में वे भी साझीदार होंगे। और जब गाँधी उन्हें मिलेंगे, वे वृद्ध महोदय अपनी मासूम, भर्त्सना-भरी दृष्टि उन पर टिका देंगे। उनकी आँखें अदृश्य आँसुओं से लबरेज़ होंगी। क्या यह हो सकता है, वे भी आखिर क्रुद्ध ही हो जाएँ ?

दक्षिणी अफ्रीकावाले अपने दिनों के बाद, गाँधी ने अपने को कभी बहाव में नहीं आने दिया, कभी नहीं। चालीस वर्षों का आत्मसंयम और आत्माधिकार। जो कुछ भी घटित होता रहा, पीड़ित महात्मा ही होते रहे। और नेहरू, उनके बेटे, वे भी उस पीड़ा से उन्हें मुक्त नहीं कर सके।

'मैं ठीक कह रहा हूँ। हमें ऐसी अनुकूल स्थिति कभी नहीं मिलेगी। अगर मैं बँटवारे के प्रस्ताव से इंकार कर दूँ, तो भविष्य में डिकी जैसे अच्छे साझीदार से मेरा सामना नहीं होगा। मैंने इस योजना पर अपनी सहमति देकर अच्छा ही किया।' नेहरू ने अपने को आश्वस्त किया।

निश्चयपूर्वक उन्होंने बकसुआ खोला। शुरुआत एक ऐसे राजनीतिक फ़ार्मूले से हुई जिसका कोई अर्थ नहीं था। नक्शा, नक्शा कहाँ था ? उन्होंने बेतहाशा पन्ने पलटने शुरू किए। उनका दिल बैठ गया।

एक-एक पन्ना करके उन्होंने फिर से शुरू किया। और सहसा, सच्चाई से उनका सामना हुआ। रजवाड़े अपने भाग्य का फैसला खुद करेंगे। मजमून में यह नहीं था कि उन्हें आज़ादी हासिल करने का हक होगा या नहीं, लेकिन यह बात साफ़ थी।

भयभीत नेहरू, अपना सिर थामकर बैठ गए। उन्हें राज का नक्शा जबानी याद था। अंग्रेजों के प्रशासन में आनेवाले प्रान्तों का खाका वे बिना सोचे खींच सकते थे। माउंटबेटेन की योजना के अनुसार यही भविष्य का भारत था। वह देश नहीं था, वह सीमाओं का, कटे हुए हिस्सों और बिखरे हुए टुकड़ों का खत्ता था। रजवाड़ों की राजभक्ति और महाराजाओं के साथ ठोस संबंधों ने ब्रिटिश शासन और साम्राज्य की स्थापना को संभव बनाया था। रजवाड़ों के बिना, भारत का कोई अर्थ नहीं था। इस योजना का मतलब था उनके स्वप्नों की हत्या की सूचना।

'और बंगाल ?' उन्होंने क्रुद्ध होकर सोचा। 'मेरी नज़र में कलकत्ते के बारे में कुछ नहीं आया... और पंजाब ? तब कम-से-कम हमारे बगल के इलाके सुरक्षित रहेंगे।' उन्होंने उत्तेजना के साथ पढ़ा। पंजाब भी स्वाधीनता का चुनाव कर सकता है। और बंगाल भी।

और भारत, सिर्फ़ कुछ बचे हुए टुकड़े।

क्रुद्ध नेहरू ने आखिरी पन्ने को मसोस दिया और उछलकर खड़े हो गए।

'मैंने बच्चे की तरह धोखा खाया। माउंटबेटेन, मित्र ? पर जवाहर, तुमने इस बकवास का यकीन कैसे कर लिया ? शत्रु कभी बदलता नहीं है, और डिकी भी तो अंग्रेज है अंग्रेज।' वे मेज़ पर घूँसा मारकर चिल्लाए।

वे उसका वध कर देंगे। वहीं, उसके शाही निवास में, वे रानी विक्टोरिया के नाती का नामोनिशान मिटाकर भारत का बदला ले लेंगे। तीन छलाँगों में वे उसके दरवाज़े पर पहुँचकर, धड़धड़ाते हुए अंदर घुसेंगे और उसकी गर्दन मरोड़ देंगे। एडविना की भी, वह नखरेबाज़ औरत जिसने किसी के आदेश पर उन पर मोहिनी डाली और उनके साथ धोखा किया। घृणित औरत। आह ! यह उनकी अपनी गलती थी। उन्होंने क्यों हमेशा अपने दिल का भरोसा किया ? सुधर नहीं सकनेवाले आदर्शवादी ! उपनिवेशवादी युग के अंत के समय उन्होंने दो अलग जातियों के बीच मित्रता पर भरोसा किया। उन्होंने इन दोनों पर भरोसा कर लिया, वे इंगलैंड के बारे में भूल गए, इससे भी बदतर बात यह कि वे डिकी की वंश-परंपरा भुला बैठे — विक्टोरिया का वंशज, और उनका मित्र ? वे कितने मूर्ख साबित हुए।

एक झलक में, उन्होंने अपने-आपको देखा, हथकड़ियाँ पहने राजद्रोह के गुनहगार, विजेता जिन्ना और निराश गाँधी। लेकिन उन्हें धैर्य से काम लेना चाहिए। उन्होंने सिद्धांत रूप में स्वीकृति दी थी। वे बिना मुँह काला किए उससे कैसे पीछे हट सकते

हैं ?

आक्रोश का दौरा गुज़र गया। कुछ शान्त होकर वे अपनी मेज़ पर बैठे और कागज़-पेंसिल लेकर इस असंभव नक्शे की रूपरेखा बनाई।

कश्मीर-जैसे गुड़ीमुड़ी होकर बैठी बिल्ली का सिर अफ़गानिस्तान की तरफ़ घूम गया हो; वृहद आकार के चिनार और ताल, उन पर तिरते बगीचे, सफ़ेद नीलकंठ; पंजाब से सिंध तक की पट्टी, खेतों के बीच से जाती नहरें, सिख गुरुद्वारों के चमकते हुए गुम्बद, साहसी चेहरोंवाली महिलाएँ, बहादुर किसानों के शरीर पर नीचे लटकती कृपाणें, गेहूँ, गेहूँ की सुनहली बालें, राजपूताना, रेगिस्तान और गुलाबी महल, ऊँटों की मंथर चाल, कुँए, त्यौहार, काले सींगोंवाले नागौर के विशालकाय बैल। अपने स्कूल और विस्तृत सूफ़ी दरगाह के साथ बीचोंबीच अजमेर का ब्रिटिश क्षेत्र। गुजरात की जागीरें, महात्मा का जातीय प्रदेश पोरबंदर जहाँ उनका जन्म हुआ था, और कुछ ऊपर चलकर कच्छ, लाल हंसावरों की उड़ान के नीचे झिलमिलाता नमक-क्षेत्र। महाराष्ट्र और बम्बई की पट्टी। उनकी पेंसिल डाँडी के रास्ते पर आकर रुकी। डाँडी यात्रा के विस्तार को रेखांकित करते हुए दक्षिण के रजवाड़ों की तरफ़ घूम गई। गोवा पर पुर्तगाल का अधिकार था। चार टुकड़ों में बँटे भारत के ठीक बीचोंबीच अपनी बहुसंख्यक, मुसलमान आबादी के साथ हैदराबाद क्षेत्र, ठीक मैसूर और कोचीन राज्यों के ऊपर, पाम के पेड़ और रुके जल के क्षेत्र, सर्पाकृति नौकाएँ और पानी की दौड़ प्रतियोगिताएँ, और वहीं ट्रावनकोर का छोटा-सा राज्य। पूर्व की तरफ़ मद्रास जो सिवा फ्रांसीसियों की वाणिज्य चौकी से उड़ीसा तक फैला अखंड इलाका था। मद्रास के दक्षिण में थे पांडिचेरी और करिकल– वे भी फ्रांसीसियों के अधिकार में थे। इसके बाद बंगाल और कलकत्ता और आसाम, चाय की खेती, और फिर सिक्किम और मणिपुर के दो राज्य। उत्तर-पूर्व में भूटान। संयुक्त प्रान्त और बिहार। वहाँ पूर्वी राज्यों की जागीरें कायम थीं।

उन्होंने भारत के रूप में बचे हुए इलाके को अलगाया। मद्रास और उड़ीसा को छोड़कर कोई प्रदेश जैसा का तैसा नहीं बचा था।

कलकत्ता गया... राज का सबसे सुंदर शहर, सबसे सुसंस्कृत, जिसने सबसे गंभीर और सर्जनशील मानस को जन्म दिया, वह सब गया ? उद्योग, आधुनिक भारत का भविष्य कलकत्ता — साँस और सोच एकसाथ। भारत में असली आंदोलन की शुरुआत तो महात्मा से बहुत पहले वहीं हुई थी, जब लॉर्ड कर्ज़न ने 1905 में बंगाल को विभाजित करने की कोशिश की थी, कलकत्ता में सर्वोत्तम नेता दलदल में से धान की तरह उछलकर खड़े हो गए थे। बादलों के सामने दर्पण की तरह जहाँ जंगली बत्तखें उड़ान भरती थीं, हंस और परमहंस — वह महानतम व्यक्तित्व।

नेहरू अपने बिस्तर पर ढह गए, उनका पूरा शरीर सिसकियों से काँप रहा था।

उसके बाद वे हाँफने लगे। उन्होंने कष्ट से उठकर अपने मुँह पर पानी के छींटे मारे। मेनन को सूचना देनी थी।

'कृष्णा', उन्होंने मेनन को कंधा हिलाकर पुकारा।

मेनन तुरंत उठ बैठे। नेहरू की आँखें लाल थीं और चेहरा ऐंठा हुआ।

'क्या बजा है ? बापू ? कोई हमला ? बोलो जवाहर...।'

'नहीं। अंग्रेज़ों की योजना।'

'तुमने उसे देखा है ?' मेनन ने उठकर बैठते हुए पूछा।

'कल शाम माउंटबेटेन् ने उसे मुझे दिया था। वह तो सर्वनाश है। हमारे साथ धोखा हुआ है।' उन्होंने धीमे से कहा।

मेनन ने अपना चश्मा टटोलना शुरू किया।

'मुझे दिखाओ, तुम्हारे पास नक्शा है ?'

'मैंने अभी एक घंटा लगाकर नक्शा बनाया है। देखो।'

मेनन सीधे बैठ गए। नक्शा देखकर उन्होंने नेहरू की तरफ़ देखा। मेनन स्तब्ध हो गए।

'जवाहर, हमने इस चीथड़े के लिए अपनी रज़ामंदी दी थी। ये चूहे। इन्होंने हमारे साथ बेईमानी की है।'

'अब न बंगाल होगा, न पंजाब,' नेहरू बोले, 'महाराजे स्वतंत्र, कलकत्ता भारत से बाहर एक स्वतंत्र राज्य की राजधानी। हमें संघर्ष की ओर वापस लौटना होगा। गाँधी को सावधान करना होगा। सार्वजनिक हड़ताल का आह्वान करना होगा। फिर से सविनय अवज्ञा आंदोलन शुरू करना पड़ेगा।'

'यही होगा, हाँ,' मेनन बुदबुदाए, 'और जब हमें जेलों में भर दिया जाएगा, तब जिन्ना एक लम्बे-चौड़े पूरे पाकिस्तान का निर्माण कर लेगा। देखो जवाहर...' मेनन ने एक क्षण रुककर सोचा।

'क्या मेनन ने इस योजना को यह कहकर प्रसारित कर दिया कि हम सिद्धांतत: मान गए हैं ?'

'तुम अच्छी तरह जानते हो कि उसने ऐसा कर दिया है।'

'और मान लो कि हम यह कहें कि उसने हमें कुछ नहीं बताया ?'

'ऐसा करके हम कैसे लगेंगे ?' नेहरू गुस्से से चीखे, 'कि कांग्रेस के नेताओं ने लॉर्ड माउंटबेटेन के विश्वासघात और अपनी मूर्खता को सार्वजनिक बनाने का फैसला किया,' वे कड़वाहट भरकर बोले।

मेनन खड़े हो गए थे, और अपने सिर पर मुक्के मारते हुए, इधर से उधर टहल रहे थे। 'साँप, साम्राज्यवाद अपने पूरे वैभव के साथ। ये हमें हाथ से ऐसे ही नहीं जाने

देंगे। हमें हथियार निकालने होंगे, जवाहर।'

'नहीं,' नेहरू चिल्लाए। 'पहले ही बहुत खून-खराबा हो चुका है।'

उनके सामने, बिहार में बच्चों के कत्लेआम का भयानक बिम्ब फिर से लौट आया। वह औरत, जिसकी पुतली आँख से बाहर लटकी हुई थी, जिसकी गोद में खून से लथपथ बच्चे का पेट फाड़ दिया गया था। वह हक्का-बक्का बूढ़ा, जिसके हाथ काट दिए गए थे। सीधे-सादे शब्दों से उन्हें शांत करते हुए हाथ में लाठी लिए, नफ़रत के रास्तों पर दृढ़ संकल्प के साथ पैदल चलते हुए, नोआखाली में बापू। उन्होंने हाथों से अपनी आँखें ढँक लीं।

'नहीं,' उन्होंने कोमलता से कहा, 'उन्हें, अभी, जब तक लॉर्ड इस्मे लंदन में है, इंकार करने की धमकी देनी होगी। उनके पाँव उखड़ जाएँगे और हम नए सिरे से बातचीत शुरू कर सकेंगे।'

'तुम्हें अब भी उस पर भरोसा है, जवाहरलाल ?' मेनन तेज़ हुए। 'मैं इसी वक्त इस घर को छोड़कर जा रहा हूँ। इसके अलावा, इस छैले के घर में रहना कोई गवारा कैसे कर सकता है ?'

'तुम जानते हो कि यह बात लोगों का ध्यान आकर्षित किए बिना नहीं रहेगी,' नेहरू ने धीमे से कहा। 'वायसराय और कांग्रेस पार्टी के बीच इस झगड़े की जानकारी सबको होगी। जिन्ना इसका फायदा उठाएगा और मारकाट फिर शुरू हो जाएगी। हमें इस बात का हक नहीं है कृष्णा। नहीं, मैं उन्हें इस बारे में लिखूँगा।'

'लेकिन फिर, एक सख्त ख़त, ठीक है ?'

नेहरू ने एक कागज़ उठाया और उस पर बिना कलम रोके लगातार लिखते चले गए। फिर उन्होंने उसे मेनन को पकड़ा दिया। उनकी आँखों में चमक थी।

'तुमने यह क्यों लिखा कि तुम परेशान हो ?' मेनन ने पूछा।

'क्योंकि यह सच है,' नेहरू ने दृढ़ता से जवाब दिया। 'उस पर मत सोचो। सबसे महत्त्वपूर्ण बात आखिर में है, पढ़ो। हमारा इस बारे में जो दृष्टिकोण रहा है, यह पूरा रुख उससे एकदम अलग है। और इससे भारत की जो तस्वीर उभरी है, वह मुझे भयभीत करती है। वास्तव में अब तक हमने जो बहुत कुछ किया उसकी जड़ खोदकर और केबिनेट मिशन स्कीम और उसके बाद होनेवाले परिणामों को एक तरफ हटाकर एक बिल्कुल नई तस्वीर पेश की गई है। यह तस्वीर तोड़-फोड़ और संघर्ष की, अव्यवस्था की तस्वीर है और दुःख की बात है कि यह भारत और बर्तानिया के बीच खराब होते हुए संबंधों की तस्वीर है। ठीक है ? मुझे जानकारी है कि माउंटबेटेन भारत को राष्ट्रमंडल में रखने के लिए प्रतिबद्ध हैं। वह इस लक्ष्य को सिद्ध करने के लिए सब कुछ करने को तैयार हैं। सिर्फ़ यही प्रभावी धमकी हो सकती है। मैं एक बैरा को जगाने

जा रहा हूँ, जो इस पत्र को उनके दरवाजे के भीतर सरका देगा, जब वह उठेंगे, उन्हें यह पत्र मिल जाएगा। फिर वह पीछे हट जाएगा।'

'यह संभव है,' मेनन ने स्वीकार किया। 'लेकिन जवाहर, मैं तुमसे बिनती करता हूँ, माउंटबेटेन दंपति से और समझौते नहीं। तुम बहुत ईमानदार हो, बहुत भावुक। मुझे उम्मीद है कि अब तुमने सबक सीख लिया है।'

'हाँ,' नेहरू ने ठंडी साँस ली, 'हाँ, यह सही है।'

बगीचे में शत्रु

लॉर्ड लुई उस कमरे में धड़धड़ाते हुए घुसे, जहाँ एडविना सो रही थी।

'एडविना उठो, मुझे तुम्हारी ज़रूरत है,' उन्होंने पायताने की तरफ़ बैठते हुए कहा।

'इस वक्त ?' एडविना घुरघुराई, उसकी नाक तकिए में धँसी थी। 'सूरज अभी उगा ही है ...'

'कोई बात नहीं। उठ जाओ। मैं तुम्हारे लिए सुबह-सुबह चाय की जगह कॉफ़ी का ऑर्डर दे दूँ। मेरे खयाल से तुम्हें उसकी ज़रूरत पड़ेगी।'

'क्या हो गया ?'

'नेहरू ने बातचीत बंद कर दी,' लॉर्ड लुई बोले। 'यहाँ, यह बम का गोला है।' और उन्होंने उसे नेहरू की चिट्ठी पकड़ा दी।

अपनी कोहनी के बल उठकर, एडविना ने तेज़ी से पत्र पर नज़र डाली। डिकी ठीक कह रहे थे। वह सचमुच असहमति का पत्र था। उन्होंने लिखा था कि 'बाल्कन योजना को कांग्रेस पार्टी कड़वाहट से ग्रहण करके एकदम अस्वीकार कर देगी।' और कांग्रेस पार्टी का अर्थ है नेहरू।

'मेरी समझ में नहीं आता, डिकी। कल ही शाम को तो वे इतने सहज थे, इतना भरोसा कर रहे थे ... वे तुमसे पूरी तरह सहमत थे।' एडविना ने सहसा, उठकर बैठते हुए कहा।

'पर कल शाम तक उन्हें इस योजना की अंतर्वस्तु की जानकारी नहीं थी,' लॉर्ड लुई बोले।

'क्या ? उन्हें नहीं मालूम था ? तुमने उन्हें दिखाया नहीं था ? लेकिन योजना तो लंदन भी पहुँच चुकी है।'

लॉर्ड लुई कुछ संकोच की-सी मुद्रा में चादर की सलवटें सीधी करने लगे।

'डिकी ! तुम मुझसे यह न कहना कि तुमने इस्मे को एक ऐसी योजना साथ लेकर जाने दिया जिसकी जानकारी भारतीय नेताओं को नहीं थी।'

'बस हो गया,' लॉर्ड लुई ने कहा। 'जो भी हो, मैंने कल शाम उसे नेहरू को दिखाने का फैसला किया। वह यह शिकायत तो नहीं कर सकता कि उसे जानकारी नहीं थी।'

'पर वे बातचीत बंद कर रहे हैं,' एडविना ने क्रुद्ध होकर कहा। 'बहुत खूब। अब तुम करोगे क्या ?'

लॉर्ड लुई ने उसका हाथ थामा। 'तुम्हें सफ़ेद झण्डा देकर दूत के रूप में भेजूँगा। उसकी बेहतर भावनाओं से अपील करने।'

'मैं ?' एडविना ने रोष से पूछा। 'और अगर लंदन को इस बात का पता चला ?'

'बहुत बुरा होगा ! वह तुम्हारी बात सुनेगा। जाओ, उससे अभी जाकर मिलो।'

'अभी ? इस वक्त ? तुम पागल हो गए हो डिकी। तुम यह उम्मीद कैसे करते हो कि वह मेरी बात सुनेंगे खासकर जब इन मामलों में मेरा कोई दखल नहीं है ?'

लॉर्ड लुई कुछ देर उसके चेहरे की तरफ़ ध्यान से देखते रहे।

आखिर उन्होंने जवाब दिया, 'क्योंकि वे तुम्हें बहुत पसंद करते हैं, डार्लिंग।'

एडविना ने चादर अपनी ठोढ़ी तक खींच ली। क्या नेहरू उससे प्रेम करते हैं ? यह सच नहीं है। यह हो नहीं सकता। इस बारे में सोचते हुए, उसका चेहरा लाल हो गया। उसने सोचा 'कितने आराम से लुई ने कह दिया, कि नेहरू मुझे पसंद करते हैं।'

'नहीं,' वह ज़ोर से बोली। 'डिकी, उनकी नज़रों में मैं मेमसाहब हूँ। वे मुझे कैसे चाह सकते हैं ?'

'मैं यह नहीं कह रहा हूँ स्वीटहार्ट कि वे तुमसे प्रेम करते हैं; मैं सिर्फ़ कह रहा हूँ कि वे तुम्हें पसंद करते हैं, ये दोनों बातें एक नहीं हैं। हमारा दोस्त एक लाइलाज रोमांटिक व्यक्ति है। आखिर जेल में इतने साल ...।'

'आह ! बेशक,' उसने ठंडी साँस ली, उसका मन अचानक भारी हो आया।

'अगर यह सिर्फ़ अच्छी दोस्ती है, तो इससे मुझे भी फ़ायदा होगा,' लॉर्ड लुई कहते गए। 'तुमने उनकी चिट्ठी पढ़ी है, यह एक क्रुद्ध आदमी ने लिखी है, जो मेरी बात नहीं सुनेगा। मैंने बिना जाने उन्हें चोट पहुँचाई है; उन्हें लगता है कि उन्हें धोखा दिया गया है। मैं तुमसे मिन्नत करता हूँ डार्लिंग, मेरी मदद करो,' वे विनती करने लगे।

'तुमने अपनी योजना प्रस्तुत कैसे की थी ?'

'मैंने यह समझा दिया था कि इसे भारतीय नेताओं का अनुमोदन मिल चुका है। सिद्धांत रूप में समझौता। और नेहरू ने इसे लगभग स्वीकृति दे दी है।'

'लगभग ! कितनी निर्लज्जता है डिकी ! और लंदन ने इस कहानी पर यकीन कर

लिया !'

'समय बीता जा रहा था, मैंने थोड़ी-सी ज़्यादती कर दी, बस इतना ही ... इसके अलावा, मंत्रिमंडल ने पहले मसौदे में बहुत संशोधन किया है। तुम उन्हें बस एक-दो दिन रोक लो, एडविना। मैं इससे ज़्यादा और कुछ नहीं माँगूँगा। कल्पना करो अगर वे चले गए, और उन्होंने एक वक्तव्य प्रकाशित कर दिया ... सब नष्ट हो जाएगा। भारत और मेरा कैरियर, मेरी इज़्ज़त, एडविना।'

'इन्हें सिर्फ़ अपनी इज़्ज़त, अपने कैरियर की चिंता है,' बिस्तर से सुस्ती से बाहर आते हुए एडविना सोच रही थी। 'और भारत। क्या इन्हें उसकी परवाह है भी ?'

'मैं कपड़े पहन लूँ,' उसने लुई की तरफ़ पीठ घुमाते हुए कहा।

लॉर्ड लुई ने उसके कंधे को चूमा और चले गए।

डिकी की इज़्ज़त, डिकी का कैरियर, वह बालों को ब्रश करते हुए सोच रही थी। वह सबसे पहले अपनी चिंता करता है, दुनिया के केंद्र में अपने को स्थापित करते हुए, वह दूसरे के विचारों की प्रतीक्षा भी नहीं कर सकता। भावशून्य और दंभी। और उसकी जल्दबाज़ी। उसने जून 1948 को अंतिम तिथि तय की थी, और यहाँ अब उसे और भी जल्दी पड़ी है। वास्तव में उसे भारतीय नेताओं को अपनी स्थिति मज़बूत करने और अपने लक्ष्यों को ठोस रूप देने के लिए और समय देना चाहिए था।

अब वह नेहरू से कैसे बात करे ?

जवाहर उसे पसंद करते हैं ? क्योंकि वे उसकी आँखों में देर तक गहरी नज़र से देखते रहे थे ? पर ऐसा तो उन्होंने डिकी के साथ भी किया था। क्योंकि उसने उन्हें हँसाया था ? पर यह तो पर्याप्त नहीं है। क्योंकि उसके करीब वे बहुत उत्फुल्ल रहते हैं ? पर ऐसा वे डिकी के साथ भी करते हैं।

'नहीं,' उसने फैसला किया, 'डिकी के साथ उन्हें काम करना होता है। मेरे साथ, वे विश्राम कर सकते हैं।'

उसका ब्रश सहसा उसके हाथ से फिसल गया। डिकी सही थे।

'तो,' उसने शीशे से कहा। 'हम इस मामले को सुलझा लेंगे, शान्ति से, *का-आम-ली,*' उसने उठते हुए दोहराया।

लेकिन नहाते समय उसके हाथ काँप रहे थे, जब उसने कपड़े पहने, तो पोशाक जैसे सरकने से इंकार कर रही थी, सैंडिलों के बकसुए बंद नहीं हो रहे थे; गरज़ कि कोई उसकी बात नहीं मान रहा था। उसे डर लग रहा था।

लेडी माउंटबेटेन को भय से नफ़रत थी। अपने को डपटते हुए उसने चेहरे पर पाउडर लगाया, और शत्रु का सामना करने के लिए तेज़ी से सीढ़ियाँ उतर गई।

बगीचे में बैठा हुआ वह शत्रु फूलों के बीच स्वप्न देख रहा था।

एडविना नेहरू के पास पहुँची। उसे निस्संकोच अपना काम करना चाहिए। उसने अपनी आँखें बंद कीं और हाथ नेहरू के कंधे पर रख दिए।

'आह ! तुम हो,' उन्होंने घूमकर ठंडेपन से कहा।

मुस्कान की छाया भी न थी और न ही वे उसका अभिवादन करने के लिए उठे थे। उनका मुँह लटका हुआ था; उनकी आँखों के चारों तरफ़ के घेरे कुछ और बढ़ गए थे। एडविना बहुत दुखी महसूस कर रही थी।

'डिकी ने मुझे कल रात के बारे में बताया। आपको यह योजना पसंद नहीं है, पंडितजी।' नेहरू के चेहरे का रंग और गहरा गया।

'मैंने इस मामले में अपनी भावनाएँ वायसराय को लिखकर दे दी हैं,' मैडम।'

'मैडम ! मुझे आपसे यह संबोधन सुनने की आदत नहीं है, मिस्टर नेहरू। लेकिन अगर आपके पास क्रोध में बह जाने का कारण है तो ...'

'मैं अपने को बहने नहीं दे रहा हूँ।' उन्होंने गुस्से से कहा। 'आपको नहीं मालूम कि इस योजना की माँगें क्या हैं।'

'क्या हम कम-से-कम मित्रों की तरह बात भी नहीं कर सकते,' उसने विनती की।

'मैंने अपने देश में एक ऐसे आदमी का स्वागत किया जिस पर मुझे भरोसा था,' नेहरू ने कड़वाहट से उत्तर दिया। 'मैंने उस पर विश्वास किया, मैंने हमेशा उसके साथ मित्रवत् व्यवहार किया, और मैंने भोलेपन में यह विश्वास कर लिया कि वह मित्र है। मैं भूल गया कि वह तो भारत का वायसराय है, योर हाइनेस।'

नेहरू की कुर्सी के पीछे खड़ी एडविना को एक बार फिर लगा कि उसके हाथ काँपने लगे हैं। वह क्या कहती ? नेहरू ठीक कह रहे थे।

'कब तुमने चुप साध लिया,' उन्होंने विजेता की तरह कहा।

'डिकी की योजना से मेरा कोई सरोकार नहीं है,' वह धीरे से बोली। 'तुम्हें मुझे जिम्मेदार ठहराने का कोई हक नहीं है। क्या मैंने तुम्हें ठेस पहुँचाई है, जवाहर ?'

वे उछलकर खड़े हो गए और उसकी बाँहें थाम लीं।

'तुम ? ओह नहीं। लेकिन तुम उसकी बीवी हो और अंग्रेज़ मेमसाहब हो, एडविना,' उन्होंने यह बात इतने उदास होकर कही कि एडविना को भय लगने लगा।

उस पर रोक लगानी चाहिए। ताकि वह इसी तरह चालू नहीं रहे।

'पहले तो मैं पूरी तरह अंग्रेज़ नहीं हूँ,' वह चीखी। 'मेरे दादा जर्मन थे।'

'क्या इससे योजना में परिवर्तन हो जाता है ?' वे घुरघुराए।

'इसमें मेरा कुसूर है ? अगर तुम चाहो तो अपना विद्वेष डिकी के लिए सुरक्षित रखो। पर कम-से-कम मुझे बख्श दो,' उसने अनुनय की।

ऐसे शब्द इसके मुँह से कैसे निकल रहे हैं ? ये, एडविना एशले, बर्मा की वाइ काउंटेस, एक भारतीय की मित्रता की भीख कैसे माँग सकती है ? और ये इतनी तीखी आवाज में क्यों बोल रही है ?

नेहरू ने उसे और करीब से थामा और उसकी आँखों की गहराई में झाँककर देखा।

ये खेल बंद करो। तुम्हें उन्होंने भेजा है, है न ?' उन्होंने अचानक पूछा।

'हाँ।'

वे चाहते हैं कि मैं अपनी नामंजूरी वापस ले लूँ।'

'नहीं,' वह बोली, 'सिर्फ फिर से बातचीत शुरू कर लो। कुछ भी असम्भव नहीं है, जवाहर ! वह बहुत निराश है।'

'और वह खुद क्यों नहीं आते ?'

'क्योंकि ...'

वह रुक गई। यह अकेला सवाल था जिसका सच्चा जवाब नहीं दिया जा सकता था।

'क्योंकि उनका खयाल था कि तुम मेरी बात सुन लोगे,' उसने साहसपूर्वक कहा।

'तुम्हारी बात सुनूँगा। और तुम क्यों ?' नेहरू ने नश्तर चुभाया। 'वह तुम्हें इस्तेमाल करते हैं और तुम उन्हें ऐसा करने देती हो। लेकिन तुम तो रानी हो, जबकि वे ...' उन्होंने बात वहीं छोड़ दी।

'तुम डिकी की तुलना में बेहतर व्यवहार के लायक हो,' उन्होंने अपनी उँगलियों के पोरों से उसके होंठ सहलाते हुए ठंडी साँस ली।

हाँफते हुए एडविना ने अपने चारों तरफ़ कुर्सी के लिए नज़र दौड़ाई। उसे लगा जैसे वह कोई पत्थर है जिसे गहरे कुँए में फेंक दिया गया है। 'माइ गॉड, मेरी मदद करो ...,' अपनी मुट्ठियाँ भींचकर उसने सोचा। 'यह स्वप्न ही रहे। मैं इस आदमी से प्रेम नहीं कर सकती। इससे नहीं, मैं नहीं, मैं नहीं कर सकती ...।'

सिर नीचे झुकाए, नेहरू इधर से उधर, उधर से इधर टहल रहे थे। उन्होंने क्या कर डाला ? मुँह से निकले हुए शब्दों को वे कैसे लौटा सकते थे ? उन पर भावना हावी हो गई। अनंत काल के लिए यह गौरवर्णा स्त्री, उसके होंठों पर उनकी उँगलियाँ, और वे खुद, कहीं उसके साथ, दुनिया की किसी जगह से परे। नहीं। सिर्फ़ एक उन्निद्र रात, थकान का एक दौरा, हृदय के गढ़े में वह मदोन्मत्त बदर ... उन्होंने लम्बी साँस ली और अपने पर काबू पा लिया।

'मैं तुम्हें यह योजना दिखाता हूँ,' वे बोले। 'तुम समझ जाओगी।' और उसके पास बैठकर, उन्होंने बाल्कन योजना का वह भयानक नक्शा अपनी जेब से निकाला।

देखो ! रजवाड़े जैसे हैं वैसे ही रहेंगे, एक तरफ़ और दूसरी तरफ़ पाकिस्तान।

हमारे पास बंगाल और पंजाब में से भी कोई नहीं है। देखो बचता क्या है, देखो !'

एडविना ने कागज़ को दूर हटा दिया।

'पंडितजी, मेरे लिए फैसला करना ठीक नहीं है ...,' वह कमज़ोर आवाज़ में बोली। 'मेरी तबियत ठीक नहीं है।'

'मेरी मदद करो,' वे बुदबुदाए, 'मेरी भी वही हालत है जो तुम्हारी है। मैं सोया नहीं हूँ और मैं ... अगर तुम्हारे मन में मेरे लिए ज़रा भी स्नेह है, तो मेरी डी, इस नक्शे को देखो।'

एडविना ने नक्शे पर नज़र डाली और उसे कुछ बिखरे हुए काले धब्बे नज़र आए।

'मेरी समझ में नहीं आया,' वह बोली, 'भारत कहाँ है ?'

'यहाँ, और वहाँ भी,' नेहरू बिखरे हुए धब्बों पर अपनी उँगली घुमाते हुए बोले, 'और वहाँ ... मुझे बताओ, क्या यह एक देश है ?'

'नहीं,' उसने धीमे से कहा।

नेहरू ने कागज़ को तहा दिया।

'जाकर वायसराय से कह दो कि मैं फिर से बातचीत करने को तैयार हूँ। नहीं, अब एक शब्द भी नहीं बोलना, मेरी डी। मुझे देखकर मुस्कुराओ,' उन्होंने उसके होंठों पर फिर उँगली रखकर कहा।

और नेहरू की उँगली उसकी मुस्कान को महसूस करने के लिए वहीं टिकी रही।

'तुम मुस्कुरा नहीं रही हो,' उन्होंने आगे झुकते हुए कहा। 'अच्छा ...।' वे उसके इतने करीब थे कि वह उनकी आँखों में समा गई। उँगली उसके होंठों से हटकर उसकी त्वचा को थपथपाने लगी।

'अब जाओ, मेरी जान, मेरी रानी,' उन्होंने फुसफुसाकर कहा।

एडविना लॉन के उस पार दौड़ी। उसका सिर भन्ना रहा था और पाँव अजब ढंग से हल्का महसूस कर रहे थे। उन्होंने उसे 'माई डी,' 'माई क्वीन' कहा था, इसका क्या मतलब था ? धीरे-धीरे ... वह अच्छी तरह जानती थी कि आवेग की ज्वाला को कितनी आसानी से बुझाया जा सकता है। उसे इंतज़ार करना होगा। इस मामले पर सावधानी से सोचना होगा, लेकिन बाद में।

पर कब ? क्या वह यकीन कर सकती है कि वह 'बाद में' कभी आएगा, और क्या उसका दिल, उसके आदेश पर, तुरंत तेज़ी से धड़कना बंद कर देगा ?

अपने दिल पर अपना हाथ दबाकर वह बोली, 'धड़कना बंद करो। मुझे तुम पर

अब और यकीन नहीं रहा, तुमने मुझे बहुत तड़पाया है। तुम्हें मालूम है कि यह असंभव है, असंभव, वे नहीं, अब नहीं, कभी नहीं।'

भावावेग में वह सबसे नीचे की सीढ़ी पर बैठ गई। धीरे से, गंभीरता से उसने अपने होंठों को एक उँगली से छुआ। उसकी तर्जनी की कोर से उसके होंठों का मांस इतनी तेज़ी से फड़कने लगा कि उनमें पीड़ा हुई। 'मैं पागल हूँ', उसने सोचा। 'यह थकान है या भारत। मुझे अब कुछ पता नहीं लगता, इसका कोई अर्थ नहीं, अब और शब्द नहीं ....' लेकिन वह तर्जनी से अपने होंठों को सहलाती रही। 'डिकी की बात सही नहीं थी,' उसने मस्ती से सोचा। 'उसने प्रेम नहीं किया, उसे कभी पता नहीं लगा ...'

डिकी। वह इंतज़ार कर रहा था। वह सीढ़ियों पर दौड़ी, एक बार में दो सीढ़ियाँ फलाँगती हुई। वह बाहर ही था।

'वह मान गया है,' उसने हाँफते हुए कहा। 'वह अब भी बगीचे में है। जाओ, उससे बात कर लो।'

'सच ?' बड़ी खुली मुस्कान के साथ लॉर्ड लुई बोले। 'मैं कितना खुश हूँ, डार्लिंग। मुझे लगा था कि मैंने उसकी मित्रता खो दी। अगर तुम न होतीं, माई स्वीट हार्ट...' उसने एडविना को बाँहों में ले लिया।

'मैंने तुमसे कहा था न कि वह तुम्हारी बात सुनेगा। मैं तुम्हारे बिना कुछ नहीं कर पाता।'

'तुम देर से इंतज़ार कर रहे थे, डिकी ?' एडविना ने अपने को छुड़ाते हुए पूछा।

'थोड़ी देर से। मैं अधीर हो रहा था।'

'लेकिन तुमने मुझे सीढ़ी के नीचे देखा था ... तुमने कुछ कहा क्यों नहीं ?'

उन्होंने उसकी तरफ़ शान्ति से देखा।

'तुम अपने विचारों में खोई थीं, माई डियर। मैं तुम्हें बाधा नहीं देना चाहता था। ऐसे अवसर बहुत नहीं आते जब हमें मुस्कुराने का मौका मिलता हो। माफ़ी चाहता हूँ। मुझे नेहरू के साथ ठीक करने के लिए भागना होगा।

अपने बेडरूम की खिड़की से एडविना को नेहरू दिखाई दे रहे थे। वे घबराए हुए लॉन में इधर से उधर टहल रहे थे। उनके दोनों हाथ पीठ के पीछे बँधे थे। माउंटबेटेन उनके पास लपककर पहुँचे और उनकी तरफ़ हाथ बढ़ाया जो नेहरू ने नहीं मिलाया, फिर परेशान मुद्राओं से, नेहरू ने वह कागज़ का पन्ना दिखाया जिस पर उन्होंने नक्शा बनाया था। तत्काल, वे दोनों पास-पास बैठ गए, और बातें करते रहे। तूफ़ान गुज़र गया था।

'आह ! यह बहुत बेवकूफ़ी की बात है।' एडविना ने अपनी पेटी खींचते हुए ज़ोर से कहा।

'क्या बहुत बेवकूफ़ी है, डियर ?' लॉर्ड लुई ने दरवाज़ा धक्के से खोलते हुए पूछा। 'मैं यह घोषणा करने आया हूँ कि हमने बातचीत फिर से शुरू कर दी है।'

'किस शर्त पर ?' उसने ठंडेपन से पूछा।

'हम लोग एक और योजना बनाएँगे। वे कुछ देर के लिए आराम करने गए हैं और हम लोग दो घंटे में फिर बातचीत शुरू करेंगे।' लॉर्ड लुई ने अपनी हथेलियाँ आपस में रगड़ते हुए कहा। 'चिंता मत करो, लंदन को मैं सम्हाल लूँगा।'

'तुम्हारे बारे में मैं खुद को परेशान करूँ ? बिल्कुल नहीं।'

'पर तुमने अब तक मुझे यह नहीं बताया कि बहुत बेवकूफ़ी की बात क्या थी ?' लॉर्ड लुई ने ज़ोर दिया।

'मेरी पेटी टूट गई,' वह बोली, 'निस्संदेह मेरे सीढ़ियाँ चढ़ते समय। मुझे मेहरबानी करके अकेला छोड़ दो, डिकी — मुझे इस भयंकर मकान से नफ़रत है। मुझे इतनी नींद आ रही है !'

वे धीरे-से दरवाज़ा बंद करके चले गए।

एक दिन माउंटबेटेन ने सोचा कि उन्हें यह समझने की कोशिश करनी चाहिए कि आखिर उन्हें ईर्ष्या क्यों नहीं होती। उन्होंने देखा था कि वह सीढ़ियों के नीचे कैसे अपने होंठों को सहला रही थी, उन्होंने नेहरू की बेचैनी भी देखी थी और उनका स्पष्ट उल्लास भी ...। ऐसा लगता था जैसे उन पर धूमकेतु उतर आया हो,' वे सोच रहे थे। 'और मुझे ज़रा भी बुरा नहीं लगता। यह बात सहज नहीं है। मैं भी प्रेम करना चाहूँगा। मेरे साथ ऐसा ...से ... कब से ... मुझे याद नहीं आता।'

क्या उन्होंने कभी धूमकेतु का प्रभामंडल देखा है ? जब वे एडविना से शादी करना चाहते थे, क्या उस समय भी उन्होंने भावविभोरता की वह यातना महसूस की थी जैसी उन्होंने इन लोगों के चेहरों में देखी ? नहीं, एडविना एकदम उनके जीवन में आई, और हमेशा के लिए टिक गई बावजूद अपनी झखों के, अपनी तरंग और प्रेम संबंधों के, अपनी मूर्खता और पलायन के दौरों के। वह उनकी पत्नी थी, इसमें बहस की गुंजाइश नहीं थी। उनकी प्रकृति आवेगमय प्रेम करने की नहीं थी। यह उनका कुसूर नहीं था।

जहाँ तक नेहरू का सवाल है, उन्होंने जीवन भरपूर जिया था, एडविना की तरह।

उन्होंने बगीचे में डिनर खाया। एक साथ, उन्होंने गोधूलि की ताज़गी का आनंद लिया। वे खामोश रहे।

'लगभग आधी रात हो गई है, मेरे दोस्तो,' लॉर्ड लुई ने अचानक अपनी घड़ी की

तरफ़ देखकर कहा।

'मैं अंदर जा रहा हूँ। एडविना, माई डियर, बहुत देर मत रुकना, तुम सुबह थकी हुई थीं और हमें कल सुबह जल्दी रवाना होना है। क्या तुम भी चलोगे, मेनन ?'

वह चीमड़ तेज आँखोंवाला मेनन चौंका। वही क्यों, नेहरू क्यों नहीं ? क्या वायसराय उससे कुछ कहना चाहते हैं ? अनिश्चय से वह उठा, एडविना से बिदा ली और लॉर्ड लुई के साथ हो लिया। वे स्नेहपूर्वक उसकी बाँह थामकर अंदर ले गए। एडविना नेहरू के साथ अकेली रह गई।

नेहरू ने मुस्कान रोकी, डिकी की चालबाज़ियाँ उनकी नज़र से छिपी नहीं थीं। भयभीत एडविना अपनी कुर्सी में दबक गई और जानबूझकर दूसरी तरफ़ देखने लगी।

बेलबूटों में पंखों के फड़फड़ाने की हल्की-सी आवाज़ सुनाई पड़ रही थी। बीच-बीच में, उल्लुओं या बंदरों में से किसी के घुघुआने से खामोशी टूट जाती थी, और कहीं दूर से सीटी की अस्पष्ट-सी आवाज़ रात की चमक को आबाद कर देती थी। नेहरू ने शून्य में अपना हाथ फैलाया।

'भारत में, मंगल ग्रह बहुत सुंदर होते हैं,' वे बोले।

'बहुत,' एडविना की आवाज़ घुट गई।

'हमने अपनी बातचीत फिर शुरू कर दी है,' नेहरू ने मृदुल आवाज़ में बात जारी रखी।

'मुझे मालूम है। मुझे इससे बहुत खुशी हो रही है।'

'बंगाल का विभाजन होगा और पंजाब का भी। कलकत्ता हमारे पास रहेगा। वायसराय एक नई योजना तैयार कर रहे हैं।'

'यह अच्छा है। और लंदन इस बारे में क्या कहेगा ?' एडविना ने प्रयास करके पूछा।

'लॉर्ड लुई इसे खास महत्व नहीं देते दिखाई पड़ रहे हैं, उनका खयाल है कि वे ये बात उन लोगों को समझा सकेंगे, कैसे ? यह मैं नहीं जानता।'

'ओह, आप जानते हैं पंडितजी, डिकी हार नहीं माननेवाला आशावादी है,' उसने हल्की-सी उसाँस लेकर कहा।

'यह उसके लिए सुविधाजनक है, हैं न ?' नेहरू उदासीन-से स्वर में बोले।

'हाँ,' एडविना ने स्वीकार किया। 'वे असफल होना नहीं जानते।'

स्तम्भित-सी एडविना इंतज़ार कर रही थी। किस बात का ? उसे नहीं मालूम था — कि रात और गहरी हो जाए, कि वे उसका हाथ थाम लें, कि वे बिना कुछ कहे चले जाएँ, कि वह जैसे किसी जादू से गायब हो जाएँ — पर वे क्या सोच रहे हैं ?

'मुझे अब बेहतर महसूस हो रहा है,' नेहरू बुदबुदाए। 'मुझे तूफ़ान के बाद की

क्षणिक शांति पसंद है, जब आप सिर्फ़ साँस लेते हैं, आप किसी के बारे में नहीं सोचते हैं, ठीक है न ?'

दूर कहीं एक टहनी चटकी। एडविना सिहरने लगी।

'तुम इतनी उदास क्यों हो ?' नेहरू ने आकाश की तरफ ताकते हुए पूछा।

'कोई वजह नहीं है।'

'मुझे बताओ,' नेहरू ने ज़िद की। 'क्या मुझे जानने का हक़ नहीं है ?'

वेल, हिअर यू आर — मैं कहीं और होना चाहती हूँ।' उत्तेजित होकर एडविना ने जवाब दिया। 'तुम नहीं जानते मैं कौन हूँ, नेहरू... मुझे संत नहीं समझना। मैं जानती हूँ अपनी मशहूर हिम्मत को, अपनी नि:स्वार्थ गतिविधियों को, कैदियों के कैम्पों में अपनी पागल भागदौड़ को ... मैं अपने संसार को धोखा देती हूँ। और मैं अक्सर दूसरी बातों के सपने देखती हूँ, अगर तुम जान जाओगे तो तुम्हें डर लगेगा। मैं एक रात कहीं और गुज़ारना चाहती हूँ। न्यू यॉर्क में, उदाहरण के लिए पेरिस में, विअना में, कहाँ — इससे कोई फ़र्क नहीं पड़ता। यह सब बहुत बोझिल है। मुझे नाचे हुए कितना समय बीत गया ...'

'नाचे हुए ?' नेहरू बोले, वे हक्का-बक्का थे।

'मुझे नाचने से प्रेम है,' वह क्रुद्ध होकर बोली। 'तुम्हें मालूम नहीं था ? क्या तुम्हें किसी ने कुछ नहीं बताया ? मुझे दुचित्तेपन की हद तक नाचते चले जाना अच्छा लगता है। यह सब जानते हैं। समझे, आप मुझे बिल्कुल नहीं जानते। क्या आप नाचना जानते हैं पंडितजी ?'

नेहरू की हँसी का फव्वारा छूट पड़ा।

'क्या तुम्हें लगता है कि मेरे पास इसके लिए समय था ? कोई जेल में तो नहीं नाचता।'

'ओह ! बस करिए ... क्या हम किसी और विषय पर बातचीत नहीं कर सकते ? और जब आप लंदन में थे। क्या आपने कभी कोशिश नहीं की ?'

'शायद,' वे धीमे से बोले। 'इस बात को इतने साल हो गए, इतना लम्बा समय ...'

'लेकिन मेरे लिए नहीं ! मैं यहाँ रह नहीं रही हूँ, मेरा दम घुट रहा है ...'

नेहरू उसकी तरफ़ झुके और धीरे से उसकी बाँह थाम ली।

'कहती रहो, मेरी डी, शांत हो जाओ। गुस्से के ये दौरे तुम पर अच्छे नहीं लगते। हम सब कठिन ज़िंदगियाँ जीते हैं। क्या तुम्हें नाचना सचमुच इतना पसंद है ?'

'ओह !' वह धीरे-से बोली, 'उसके लिए मर जाने की हद तक।'

'एक दूसरे समय में, बहुत दिन पहले की बात है,' नेहरू ने धीमी आवाज़ में कहना

शुरू किया, 'मैं एक युवा अंग्रेज़ आदमी था। मैं हल्के रंग के सूट और धारीदार टाइयाँ पहनता था; साथ ही कलफ लगा कॉलर, और एक सोने की चेन पहनता था जो मेरी वास्कट के तीसरे बटन से संलग्न रहती थी। और मैं डिकी की तरह नरम हैट लगाता था। मैं स्टाकिंग, कढ़े हुए जम्पर और मखमल की जॉकी टोपी में छोटा राजा लगता था। मैं लेसवाली झालरें पहनता था, यहाँ तक कि मेरे पास घाघरे के साथ एक स्कॉट पोशाक भी थी। मैं ड्रेस-कोट और नाविकों के हैट भी पहना करता था। मेरा एक निजी आइरिश अध्यापक था, जिसका नाम था फ़र्डिनेंड ब्रुक्स। वह मुझे लीविस कैरल, मार्क ट्वेन और कल्पना करो, किपलिंग भी पढ़ाता था। भारत में पहनावे में सुरुचिसम्पन्नता के दो मॉडल थे — मेरे पिता और मोहम्मद अली जिन्ना। देखो, तुम्हारे इंगलैंड का कुछ भी ऐसा नहीं है जो मेरे लिए एकदम विदेशी हो। मुझे अपने इन सूटों को अपने भारतीय कपड़ों से बदलने में कुछ समय लगा; लेकिन जब महात्मा ने बिहार में नील की साझा-खेती करनेवालों के पक्ष में अपनी पहली लड़ाई शुरू की और वे अपनी धोती और लाठी लेकर जंगल में धँस गए, तो मुझे शर्म आई। मैं अपनी जड़ों की तरफ वापस लौटा और अब मैं इस रूप में हूँ। माई डियर डी, मैंने एक वक्त *फॉक्स ट्रॉट* तक नाचने की कोशिश की थी।

एडविना ने अपनी बाँह छुड़ाई और उछलकर खड़ी हो गई।

'यह बहुत विचित्र है। आप, *द फॉक्स ट्रॉट*। मुझे इसका ज़रा भी यकीन नहीं है। आप मेरा मज़ाक बना रहे हैं। मैं जा रही हूँ।' उसने सहसा कहा, 'गुडनाइट।'

नेहरू खड़े हो गए। क्या वे उसे रोक लें ?

पर इसका कोई नतीजा नहीं निकलेगा। धीरे-से वे फिर बैठ गए। उन्होंने अपना हाथ खोला और अपनी उँगलियों को देखने लगे। सिर्फ़ समय ही बताएगा।

दिल्ली, 30 मई 1947

जिस जल्दबाज़ी में युवा वायसराय ने बाल्कन योजना तैयार कर ली थी उससे इस्मे की कोशिशों के बावजूद, लंदन की सरकार घायल नहीं हुई थी। नेहरू की नाराज़गी की अफवाह फैल गई थी, और माउंटबेटेन को अपनी सफ़ाई देने के लिए लंदन बुला भेजा गया था। वे एडविना के साथ वहाँ गए, उन्होंने एक-एक मुद्दे पर क्रम से बातचीत की, उन्होंने अपनी सारी वक्तृता की क्षमता और सम्मोहन का प्रयोग किया। आखिर वे बाज़ी जीत गए। बाल्कन योजना को वृद्ध चर्चिल के आशीर्वाद सहित मंजूरी मिल गई।

लेकिन नेहरू को इस उतार-चढ़ाव की कोई जानकारी नहीं थी। वायसराय

ने उन्हें सूचना दी थी कि वे लौटते ही उनसे मुलाकात करेंगे। चिंताग्रस्त मन से, कांग्रेस का वह नेता अपने से सवाल कर रहा था कि कहीं ऐसा तो नहीं कि एक बार फिर इस अनन्त ढीलमढाल के कारण स्वाधीनता उनसे बचकर निकल जाए। नेहरू भवन के एक हॉल में आगे-पीछे चक्कर लगाते हुए, लंदन के फैसले का इंतज़ार कर रहे थे।

सहसा, तनी हुई मुस्कान लिए, एडविना दाखिल हुई। उन्होंने शिमला-यात्रा के बाद एक-दूसरे को नहीं देखा था। पाँच हफ़्ते गुज़र गए थे। वह थोड़े से समय के लिए लंदन का चक्कर लगा आई थी। ब्रिटिश वायसरीन के दंभी दिमाग में क्या चल रहा था ?

उन्होंने टहलना रोककर उस पर एक नज़र फेंकी। एडविना ने सिर नवाया। वे उसी तरह खड़े रहे, एक गूँगी अनुभूति की कैद में, एडविना ने कोशिश करके एक आरामकुर्सी की किनार को सीधा किया। आखिर उसने साहसपूर्वक उनसे आँख मिलाई और बोलने का फैसला किया।

'पंडितजी,' उसने अतिरिक्त नम्रता से कहा, 'आपने यहाँ आने की मेहरबानी की। डिकी का सुझाव था कि जैसे ही हम लंदन से लौटें, मैं आपका स्वागत करूँ। वे कुछ मामलों को सुलझा रहे हैं, उन्हें बहुत देर नहीं होगी।'

'मुझे बताया गया था कि वे भयंकर स्थिति में लंदन के लिए रवाना हो गए। तुम भी बस उसके साथ गायब हो गईं; और तब से मुझे तुम्हारी कोई खबर नहीं मिली,' नेहरू ने कहा। 'यह यात्रा क्यों ? मुझे उम्मीद है कि नई योजना को कोई खतरा नहीं है। लेकिन मैं तुम्हें उबा रहा हूँ।'

'इन्हें यह भी याद नहीं कि हम लोगों के बीच शिमला में क्या घटित हुआ था,' एडविना ने सोचा, 'इनके चेहरे पर सिर्फ़ चिंता दिखाई पड़ रही है। इन्होंने और सब कुछ पोंछकर साफ कर दिया, जाहिर है जहाँ तक इनका सवाल है, शिमला में कुछ खास घटित नहीं हुआ। मैं राहत महसूस कर रही हूँ। वे क्या कह रहे थे ? बाल्कन योजना ?'

काफ़ी देर की खामोशी के बाद वह बुदबुदाई, 'योजना, हाँ, हाँ, मंत्रिमंडल को शिमला की घटना की सूचना दे दी गई। डिकी को खुद वहाँ जाकर अपने किए हुए की सफ़ाई देने की सलाह मैंने ही दी थी; मेरा अंदाज है कि वे लोग तुम्हारे साथ झगड़े का ब्यौरा चाहते थे।'

'तुम्हारा अंदाज है,' नेहरू ने प्रत्युत्तर दिया, 'सीधे कहो कि तुम्हें मालूम है, जैसे

मुझे मालूम है। बाल्कन योजना को इंकार किया जा सकता था। अगर वायसराय अस्वीकृति लेकर लौटे हैं, तो हमारी स्वाधीनता पाँच साल, हो सकता है शायद दस साल, पीछे धकेल दी जाएगी।'

'पंडितजी, आप डिकी को और उसकी कायल करने की क्षमता को जानते हैं। आप बैठ क्यों नहीं जाते ?'

'ये कितनी ठंडी है,' नेहरू ने सोचा। 'इसकी आँखों में कोई भाव नहीं है। इसने अपने ऊपर फिर से नियंत्रण कर लिया होगा। मेरे लिए बहुत बुरा होगा। लेकिन तब, मेरे पास एकतरफ़ा भावनाओं की चिंता करने के लिए समय नहीं है।'

'माइ डियर लेडी लुई,' नेहरू ने बैठते हुए कहा, 'अब सबकुछ लंदन के हाथ में है। डिकी ... मेरा मतलब है वायसराय, अब स्थिति पर वायसराय का अधिकार नहीं रह गया है। चर्चिल का, जो हमसे बहुत घृणा करता है, क्या कहना था इस बारे में ?'

'मिस्टर चर्चिल डिकी को बहुत पसंद करते हैं,' एडविना ने तल्खी से प्रत्युत्तर दिया। 'वे उसे बहुत पहले से जानते हैं, उन्होंने युद्ध के दौरान उसे अपने पहले मिशन सौंपे थे, और उसके साथ ही एशिया के सुप्रीम कमांडर का पद भी। नहीं, चर्चिल ने उसकी प्रगति में कोई बाधा नहीं डाली, मैं तुम्हें यकीन दिलाती हूँ। मैं भी, चर्चिल को अच्छी तरह जानती हूँ। जब मैं छोटी थी, मैंने अपनी छुट्टियाँ समुद्र के किनारे उनके साथ बिताई थीं। और इसके अलावा, वह इस समय सिर्फ विरोधी दल का नेता है।'

'तुम कितनी भोली हो,' नेहरू ने थोड़ा-सा मुस्कुराकर कहा, 'तुम्हारी नज़र में भारत का भाग्य सिर्फ़ दोस्तियों और नफरतों पर निर्भर है, किसी और बात पर नहीं। जिन्ना मुझे पसंद नहीं करते, मैं यही भाव उन्हें लौटा देता हूँ, चर्चिल डिकी को पसंद करते हैं जो जिन्ना को पसंद नहीं करते। तुमने चर्चिल के साथ रेत के महल बनाए हैं, और इस बात के लिए इतना काफ़ी है। तुम्हें राजनीति का कोई अंदाज़ भी है या नहीं, माइ डियर लेडी लुई ?'

'मुझे इस नाम से मत पुकारो,' एडविना ने बात काट दी, 'तमाम लोगों में से कम-से-कम तुम नहीं।'

'मेरी रानी नाराज़ होने लगी है,' नेहरू ने कहा, 'ऐसा दूसरी बार हुआ है।'

'और तुम किसे पहली बार समझते हो ?' उसने कटुता से प्रत्युत्तर दिया।

'क्या तुम्हें याद दिलाना सचमुच ज़रूरी है ?' नेहरू मद्धिम स्वर में बुदबुदाए, 'शिमला में।'

एडविना चुपचाप लजा गई।

'अच्छा, क्योंकि मैंने तुम्हें छेड़कर नाराज़ कर दिया है, इसलिए हम राजनीति की

चर्चा करें,' नेहरू ने उसके हाथ थामते हुए कहा।

अपने हाथों को ज़ोर से पीछे खींचकर वह बोली, 'सचमुच, तुम यकीन करते हो कि इतिहास की गति में दोस्तियों और नफ़रतों का कोई असर नहीं पड़ता ?'

नेहरू अपनी आरामकुर्सी में पसर गए और उसकी तरफ़ देर तक देखते रहे। एक भवन के हॉल में इस पारभासी त्वचावाली मेमसाहब के साथ यह जानते हुए कि वह भारत की वायसरीन है, बात करना कितना अजीब था। और कितना मधुर था अपने ऊपर नियंत्रण न करना। उनके मन में इस औरत के प्रति प्रबल चाहत उन्हें उसकी तरफ़ खींचने लगी। वह फिर एक फूलोंवाली पोशाक और फन्नीदार सैंडिलें पहने थी। यह चिरयुवा लड़की का-सा सम्मोहन। वह सहज नहीं थी। उसके सवालों से झूठ का आभास हो रहा था। डिकी ने इस बार कौन-सी महत्त्वपूर्ण जिम्मेदारी इसे सौंपी है ?

'तुम मेरी तरफ़ इस तरह क्यों देख रहे हो ? मेरे साथ क्या कुछ गड़बड़ हो गई,' एडविना ने लजाते हुए और अपने बालों को आत्मसजग होकर सुव्यवस्थित करते हुए कहा।

'मैं सोच रहा था कि डिकी ने संसार की सबसे सुन्दर स्त्री से शादी की है। देखो, मैं अपने विषय से कितना भटक गया था।'

'बस करो,' उसने रुखाई से कहा। 'तुम मेरे सवाल का जवाब नहीं दे रहे हो।'

'मैं कभी-कभी जवाब देते-देते थक जाता हूँ।' नेहरू ने आँखें बंद करके ठंडी खाँस ली, 'और सोचते हुए। और दौड़-दौड़कर एक पार्टी या दूसरी पार्टी से बातचीत करते हुए। अपने से सवाल करते हुए कि अगला दंगा कब शुरू होगा। मैं सिर्फ़ अपनी बेटी के साथ कुछ राहत के क्षण गुज़ार सकता था, पर अब उसका रुझान राजनीति की तरफ़ अपने पिता से भी ज़्यादा हो गया है।'

'क्षमा कीजिए ... मैं मूर्खता कर रही थी। आप किस बारे में बात करना चाहते हैं ? महात्मा के प्रति अपने प्रेम के बारे में ?'

'और अगर मैं बात ही न करूँ तो, मेरी डी,' नेहरू बुदबुदाए, उनकी आँखें अधखुली थीं। 'तुम्हारे साथ एक क्षण के लिए बिना कुछ कहे, दो मित्रों की तरह, जो एक-दूसरे से अक्सर मिलते हैं, इसलिए नहीं कि वे लगातार शब्दों को दलते रहें, हमेशा शब्दों को ...'

एडविना धीरे-से उठी और अपने हाथ उनके कंधों पर रख दिए।

बेचारे जवाहर, कितने थके हुए हो। अब हम और बात न करें। मुझे भी यह अच्छा लगेगा। मैं कुछ नाश्ता मँगाती हूँ। तुमने अभी तक कुछ खाया भी तो नहीं।'

'नहीं ! ठहरो,' उन्होंने उसका हाथ पकड़कर कहा। 'मुझे सिर्फ़ तुम्हारी उपस्थिति

का कण चाहिए। और वह खामोशी जिसके हम साझी हैं। उसके बाद, मैं तुम्हारे सवाल का जवाब दूँगा ...।'

उन्होंने जिस हाथ को आखिर पकड़ लिया था उसे छोड़ा नहीं। उन्होंने उसे दबाया नहीं, चूमा भी नहीं। वह हाथ वे ऐसे पकड़े रहे जैसे कोई बच्चा अँधेरे में अपनी माँ का हाथ थामे रखता है, सिर्फ ऐसे सीधे सहज रूप में। इस बार एडविना ने भी हाथ नहीं खींचा और वह उनके पीछे इतने करीब खड़ी रही कि उसकी साँस से उनकी कनपटियों के सफेद बालों में हलचल मच जाए। क्या वे ऐसे बैठे-बैठे ही निंदिया जाएँगे ? 'उन्हें सो जाने दिया जाए,' एडविना ने बड़ी कोमलता से सोचा। 'वे मुझ पर इतना भरोसा करते हैं कि मैं उनके सोते हुए उन पर निगरानी रखूँ। उन्हें आराम की तलाश है, आराम कभी मिला ही नहीं। मैं उन्हें आराम दे सकती हूँ, मैं ...' और उसने अपना मन अपने हाथ पर, उसे गरम करने पर केंद्रित कर दिया।

नेहरू को नींद आ गई। उन्हें बीच-बीच में नदियों और विराट पीपल के पेड़ों के सपने आते रहे; उन्होंने एक बार फिर अपने बचपन के शहर के बीच से गंगा को बहते देखा। आसमान की स्वच्छता, पानी का प्रवाह, घंटों की अनुगूँजें, पूजा की गुनगुनाहट सबने उन्हें शांति दी; माथे पर भस्म लगाए पुजारियों के मुसे-तुसे गमछे हवा में लहरा रहे थे। फिसलनी सीढ़ियों पर औरतें अपने गीले बालों को निचोड़कर सुखा रही थीं। एक काला भैंसा थूथनी बाहर निकाले तिनकों जैसे पलकों के साए में शान्त आँखों से उनकी तरफ़ देख रहा था। सहसा रात हो गई, पत्तों के दौनों में रखे दीये नदी के प्रवाह में बह आए। वे हल्के होने के कारण लुढ़क रहे थे। अवगुंठन की तरह उन्हें पूरी तरह शांति ने ढाँप लिया। 'शान्ति' वे नींद में बड़बड़ाए 'योग चित्तवृत्ति निरोधः' एडविना सुनने के लिए उन पर झुक गई और नेहरू के सुन्न हाथ से उसका हाथ छूट गया। नेहरू थरथराए।

'लेकिन तुम तो खड़ी हो,' वे आँखें खोलते हुए बोले, 'मैं बहुत स्वार्थी हूँ; आओ।' उन्होंने दुबारा उसका हाथ पकड़कर कहा, 'बैठो, तुमने अपने सवाल से मुझे अशांत कर दिया था।'

'मैंने ?' एडविना ने विरोध किया। 'मैंने तो इतना ही कहा था कि गाँधी के लिए तुम्हारा प्यार ...'

'सही,' उन्होंने ठंडी साँस ली। 'मैं तुमसे जो कहने जा रहा हूँ वह तुम्हें अच्छा नहीं लगेगा। कभी-कभी बापू कुछ ... वे अनंत व्याख्याएँ, सब मामलों में उनका शालीन लहजा, जिन्ना के सामने उनका घिघियाना। ये सब मुझे बिल्कुल माफ़िक नहीं आता।

भड़की हुई घोषणाएँ, फिर बहाने, सफ़ाइयाँ, दीनता ... मैं संत नहीं हूँ, मेरा आत्माभिमान है।'

'ज्यादा तुम्हारे मिजाज़ की तरह,' एडविना ने कहा।

'नाम से कोई फ़र्क नहीं पड़ता, मेरी डी। मैंने बापू से अलग होने के बारे में सैकड़ों बार सोचा है। पहली बार, यह ... मुझे याद आया, मैं 1943 में जेल में था। मैंने अपने से वायदा किया था कि इस बार रिहा होने पर मैं उनसे बचूँगा, उनसे आगे मिलूँगा भी नहीं। उनका ज़माना गुज़र चुका है और अब हमारे कुछ कर गुज़रने का वक्त आ गया है; तुम समझीं ? और फिर 1946 में ...'

'तुम्हारी हिम्मत नहीं थी, थी हिम्मत ?'

'नहीं ! लेकिन साथ ही यह भी सही है कि हमें जिस कड़ी ने कभी जोड़ा था उसका नियंत्रण अब बाकी नहीं रहा था। मेरे मन में उनके लिए एक बेटे-जैसी श्रद्धा है, पर मैं अब उनकी सलाह पर नहीं चलता। बापू को ऐतिहासिक क्षण की समझ नहीं है, वे अपने पिछड़े हुए विचारों पर डटे रहते हैं। अपने अशोभन कामों से ...'

'तुम इस पर विश्वास नहीं कर सकते,' एडविना ने विरोध किया, 'तुम भावावेश में बोल रहे हो।'

'लेकिन मैं इस बारे में किससे बात कर सकता हूँ ?' नेहरू बोले ... 'तुम्हें मालूम है कि वे अब भी सब बातों को खतरे में डाल सकते हैं ? मैं जानता हूँ कि उनका इरादा माउंटबेटेन योजना की भर्त्सना करने का है। उनका अपनी प्रार्थना-सभा में थोड़े से शब्द कह देना काफ़ी है। वे आमरण अनशन भी शुरू कर सकते हैं। उस स्थिति में हमें योजना को त्याग देना होगा, और स्वाधीनता पाने की हमारी उम्मीद लम्बे समय के लिए टल जाएगी — क्या तुम समझती हो कि विभाजन को मैं प्रसन्न मन से स्वीकार कर रहा हूँ ?'

'आपको ऐसा नहीं कहना चाहिए,' एडविना ने अपना हाथ खींचते हुए कहा, 'आप मुझे दुखी कर रहे हैं पंडितजी।'

नेहरू ने माफ़ी नहीं माँगी। वे जो कुछ कहें उसे सुनते रहना इस औरत की अनंत नियति हो गई थी। उसने इसके लिए रज़ामंदी दी थी; अब यह स्थिति मान ली गई थी।

'बापू का प्रेम व्यर्थ है,' वे कहते रहे, 'अगर लंदन ने उसकी योजना को स्वीकार कर लिया, तो डिकी स्वाधीनता की तिथि की घोषणा कर देंगे। हमारे पास सिर्फ छः महीने होंगे।'

'इतना कम ?' वह बोली, 'अब से जून 1948 के बीच एक पूरा साल बाकी है !'

'छः महीने। राष्ट्रमंडल को स्वीकार करने के लिए मैंने यह शर्त लगा दी थी,' नेहरू ने लम्बी साँस ली। 'तुम्हारे पति अपने शासनादेश के अंत तक गवर्नर जनरल रहेंगे। '47 के अंत तक भारत आज़ाद हो जाएगा।'

'पाकिस्तान भी,' एडविना ने जोड़ा।

'हाँ,' नेहरू बुड़बुड़ाए। 'और हम सब इस घटना की लहर में बह जाएँगे। जिन्ना, नेहरू, यहाँ तक कि वृद्ध गाँधी, किसी से भी क्या फ़र्क पड़ता है ? सिर्फ़ समय बताएगा। महात्मा का एकतावाद यहीं खत्म हो जाएगा।'

'तुम देखना, तुम्हें उनकी बहुत ज़रूरत पड़ेगी।' एडविना ने धीरे-से भारी मन से कहा।

'वृद्ध महाशय ने अभी, तुम बाकी लोगों से बात खत्म नहीं की है।'

'जिद्दी, क्यों नहीं हैं वे ? नेहरू ने आख़िर हँसते हुए कहा।

'हठीले,' उसने मुस्कुराहट के साथ उत्तर दिया, 'और ऐसे बहुत मौके आएँगे जब वे उसे व्यक्त करके दिखाएँगे।'

नेहरू उसकी तरफ़ झुके और उन्होंने खामोशी से उसका गाल सहलाया।

'अब तुम्हारी तबियत कुछ बेहतर है ?' एडविना ने कोमलता से पूछा।

गाँधी : माउंटबेटेन के विरोध में

दिल्ली, 31 मई 1947

डिकी लंदन से लौट आए थे। उनके चेहरे पर तनावपूर्ण सैनिक ज़िम्मेदारी का भाव था जिसे एडविना बहुत अच्छी तरह जानती थी। लटका हुआ मुँह, सिर ऊँचा किए, उनकी आँखों में एक चमक, होंठ — थके हुए पर विजेता नायक जैसे। उन्हें नेहरू को दुबारा आश्वस्त करने में विशेष समय नहीं लगा; बाल्कन योजना अपने अंत की ओर निर्ममता से बढ़ रही थी — सोच-समझकर गढ़ी गई उस मशीन की तरह जिसे कोई नहीं रोक सकता था। वायसराय शाम तक नहीं खुले, जब तक उनके हाथ अपनी प्रिय श्रोता एडविना के सामने अपने विजयोल्लास को प्रकट करने का अवसर नहीं आया।

लेकिन वह सोच में खोई हुई थी।

'माई डियर, यह सम्पूर्ण विजय है। नेहरू भी उतने ही संतुष्ट हैं जितने दूसरे लोग।'

आरामकुर्सी में ढहते हुए वे बोले, 'जब मैं सोचता हूँ कि लंदन में चर्चिल तक ने मेरी योजना को मंजूरी दे दी।'

'तुमने मुझे बताया नहीं कि तुमने उन्हें कायल कैसे किया ?' एडविना ने उनके उत्साह में भागीदारी के लिए अपने ऊपर जबर करते हुए कहा।

'बच्चों के खेल की तरह ! मैंने उन्हें यह फ़ायदा दिखाया कि भारत और पाकिस्तान दोनों देश राष्ट्रमंडल में बने रहेंगे। चर्चिल जिन्ना के संकोच की बात सुनकर सन्न रह गए — वे उसे अच्छी तरह जानते हैं, और उन्होंने उसके पास निजी संदेश भेजा ... जहाँ तक नेहरू की मौन सहमति का सवाल था, वृद्ध महाशय को उसके एक शब्द पर भी यकीन नहीं आया। वे कांग्रेसी समाजवादियों से नफ़रत करते हैं। सारी बातें उनकी उम्मीद के खिलाफ़ हो रही थीं, जिन्ना ने इंकार कर दिया और नेहरू ने मंजूर कर लिया। पर मेरे पास नेहरू का पत्र था ...'

'ओह !' एडविना ने गुस्से से कहा, 'तो तुमने जान-बूझकर इसका फ़ायदा उठाया।'

'नहीं ! नेहरू ने आखिर में इस बात को मंजूर कर लिया था — इस शर्त पर कि स्वाधीनता इस साल के ख़त्म होने से पहले दे दी जाएगी।'

'उन्होंने मुझसे कहा था कि यह पागलपन है।'

'हमें तेज़ी से कार्रवाई करनी होगी, डियर, वैसे ही जैसे उड़ान भरने से पहले हवाई जहाज में होती है। अगर हमने रफ़्तार धीमी की तो अनर्थ हो जाएगा। मैं हिंदुस्तान और पाकिस्तान का पहला गवर्नर जनरल बनूँगा। तुम्हें मालूम है कि टोरियों की दक्षिण शाखा दावा कर रही है कि मैं कम्यूनिस्ट हूँ ?' उन्होंने हँसते हुए जोड़ा।

'संक्षेप में, तुमने बाजी मार ली,' एडविना ने सोचते हुए कहा, 'या कम-से-कम तुम ऐसा यकीन कर रहे हो कि तुम्हारी जीत हुई है। और अब ?'

'दो दिन में, 2 जून को मैं कांग्रेस और लीग के नेताओं से मिलूँगा। मैं उन्हें योजना की एक प्रति दूँगा। उनके पास उसे मंजूर करने के लिए अगली शाम तक का समय होगा। उसके अगले दिन मैं प्रेस कॉन्फ्रेन्स बुलाऊँगा। उसके बाद हम लोग, भारत की जनता के नाम आकाशवाणी से चार भाषण प्रसारित करने के लिए जाएँगे।'

'चार ? तुम और बाकी कौन ?'

'नेहरू, जिन्ना और सिख प्रतिनिधि बलदेव सिंह।'

'और महात्मा ?' एडविना ने पूछा।

वे उस दिन वहाँ नहीं होंगे। 2 जून को भी नहीं।'

'ईश्वर तुम्हारी रक्षा करे !' वह बोली। 'नेहरू कह रहे थे कि वे एक सार्वजनिक अपील करना चाहते हैं।'

दिल्ली, 4 जून 1947

संसद का पटल वायसराय की प्रेस कॉन्फ्रेंस के लिए खचाखच भरा था। उपरली गैलरियों के सँकरे बेंचों पर भारतीय ठुसे पड़े थे और यह यकीन करना मुश्किल था कि वे सब-के-सब पत्रकार हैं। तनी हुई गर्दनें, चमकती आँखें, अक्सर उठी बाँहें, और होंठों पर हज़ारों सवाल लिए उन लोगों ने वायसराय के लम्बे भाषण को फिर भी बिना विशेष अव्यवस्था के सुना था। हर व्यक्ति ने इस बात पर टिप्पणी की थी कि लॉर्ड माउंटबेटेन बिना नोट्स की सहायता लिए बड़े शानदार सहज ढंग से बोले थे, कोई बात उन्हें उखाड़ नहीं सकी थी। और हर जवाब वे दर्शकों की पहली पंक्ति पर डालकर देते थे जहाँ तीन मुख्य नेता — जिन्ना, नेहरू और बलदेव सिंह बैठे थे।

2 जून को, जैसा फ़ैसला किया गया था, लॉर्ड लुई ने एक मीटिंग बुलाई। उन्होंने जैसे-तैसे समझौते की व्यवस्था कर ली थी। जिन्ना के बारे में कोई पूर्वानुमान नहीं किया जा सकता था, उन्होंने कहा था कि उन्हें मुस्लीम लीग से बात करनी होगी। लेकिन अपने संकोच के बावजूद, उन्होंने भी आखिर स्वीकृति दे दी थी। तीन जून को, हर नेता को उस फाइल की एक प्रति मिल गई जिसमें विभाजन की प्रशासनिक शर्तों का खुलासा था। वायसराय ने उनकी आँखों में उस व्यथा को पढ़ लिया था जिसने उन सबको जकड़ लिया।

उस दिन तक महात्मा ने अपनी राय कायम नहीं की थी। नक्काशीदार लकड़ी के दो स्तभों के बीच बने आले की कार्निस पर हाथ टिकाए अकेले सीधे खड़े वायसराय ने अपने-आपसे कहा कि अगर किस्मत ज़रा-सा साथ दे तो वे बदतरीन स्थिति से बच सकते हैं। उन्होंने कुशलता से नीति तय की थी : कोई भी समस्या उठाई जाती तो वे एक ही उत्तर देते कि अब से भारतीय अपने भाग्य के विधाता हैं, अब कोई निर्णय करना उनका काम नहीं है। उनके दायीं तरफ वल्लभभाई पटेल थे। उनका हाथ जाँघ पर था, उत्तरीय लापरवाही से कंधे पर पड़ा हुआ था और वे युद्धंदेही की मुद्रा में दर्शकों की तरफ़ देख रहे थे। बीच-बीच में लॉर्ड लुई एक नज़र उस पहले मंच पर डाल लेते थे जहाँ एडविना और पैमी बैठी थीं। कई पत्रकार बोल चुके थे; सिर्फ महात्मा के छोटे बेटे, देवदास गाँधी खामोश बैठे थे।

और फिर वे खड़े हो गए।

'क्या योर एक्सिलेंसी महात्मा की रजामंदी को शामिल कर सकते हैं ?' देवदास गाँधी ने बुलंद आवाज़ में प्रश्न किया।

'उन्होंने अब तक कोई विरोध प्रकट नहीं किया,' लॉर्ड लुई ने सावधानी से जवाब दिया।

'क्या आप सोचते हैं कि वे ऐसा कर सकते हैं ?' एक और आवाज़ उठी।

'मैं ऐसा नहीं समझता,' लॉर्ड लुई ने विश्वास के साथ उत्तर दिया।

'आप जानते हैं कि महात्मा हिन्दुस्तान के विभाजन के खिलाफ़ हैं,' देवदास गाँधी ने बात जारी रखी। 'आप मुस्लिम आबादियों का फिर से समूहीकरण कैसे करेंगे ? वह तो हर जगह हैं।'

'हर बार आप मुझसे पूछते हैं कि क्या मैं आपके किसी सवाल का फैसला करूँगा। मैं कहता हूँ "नहीं"। अगर आप वही सवाल किसी दूसरी या तीसरी तरह से पूछेंगे, मैं फिर भी वही जवाब दूँगा "नहीं"। जब मैं कहता हूँ कि आपको खुद अपना मन बनाना है, तो मैं यह बात पूरी ईमानदारी से कहता हूँ,' लॉर्ड लुई ने राहत के स्वर में उत्तर दिया।

आँख तरेरते हुए, देवदास गाँधी बैठ गए।

'हिज़ एक्सिलेंसी कितने दिनों तक हिज़ एक्सिलेंसी बने रहेंगे और उसके बाद कब गवर्नर जनरल हो जाएँगे ?' अचानक एक तीखी आवाज़ ने सवाल दिया।

हॉल में कुछ शोरगुल हुआ।

'क्या आप ज़्यादा निश्चित भाषा में अपनी बात रखेंगे ?' माउंटबेटेन ने बात टाली।

'योर एक्सिलेंसी, गवर्नर जनरल की पदवी कब ग्रहण कर लेंगे ?' ऊँची आवाज़ ने फिर कहा। इस बार, प्रश्न एकदम साफ़ था। उनसे स्वाधीनता की तारीख पूछी जा रही थी। और वह तय नहीं की गई थी। आवेग में, माउंटबेटेन ने जवाब देने का फैसला किया।

उन्हें याद था कि दो जून की बैठक में पंद्रह अगस्त का जिक्र आया था, जिस पर नेहरू और जिन्ना दोनों सहमत थे। पंद्रह अगस्त या पंद्रह अक्टूबर, उन्हें ठीक याद नहीं था।

'यह बड़ा संकोच में डालनेवाला सवाल है,' उन्होंने कहा। 'मैं सोचता हूँ कि सत्ता का हस्तान्तरण पंद्रह अगस्त के आसपास हो सकता है।'

1947 की पंद्रह अगस्त ! शब्द उनके मुख से ऐसे निकल रहे थे जैसे पुराकथाओं की राजकुमारी के मुख से मेंढक गिर रहे हों। जाने किस दुष्ट आत्मा ने उनके कानों में यह मूर्खता फुसफुसा दी थी ? पंद्रह अगस्त; दो सांसारिक शब्द, किसी भी और तारीख की तरह की एक तारीख, निरपवाद — भारत को बाँटने के लिए इकहत्तर दिन ! लॉर्ड लुई को लगा जैसे उनकी रीढ़ में कोई सरसराहट उतर गई हो।

अचानक, उन्हें याद आया कि उन्होंने एशिया में पंद्रह अगस्त को कमांड लिया था। उन्होंने अपनी घबराहट पर, दर्शकों पर एक शासकाना नज़र फेंककर परदा डाला।

जिन्ना की आँखें पहले से कहीं ज़्यादा धँसी हुई थीं। खाँसी से उनका कलेजा फटा जा रहा था। संत्रस्त नेहरू अपने होंठ चबा रहे थे; बलदेव सिंह अपना सिर खुजला

रहे थे। लॉर्ड इस्मे माउंटबेटेन के ठीक नीचे बैठे थे। माउंटबेटेन ने उन्हें फुसफुसाते हुए साफ सुना, 'हम यह व्यवस्था कभी नहीं कर पाएँगे।'

मंच पर बैठी एडविना ने अपना हाथ अपने मुँह पर रखा हुआ था। श्रोता खामोश थे। और माउंटबेटेन की आँखें अनजाने में देवदास गाँधी की सतेज आँखों से मिल गईं।

प्रेस कॉन्फ्रेंस खत्म हो गई। एडविना बाहर निकलते हुए नेहरू से टकरा गईं।

'माउंटबेटेन का दिमाग खराब हो गया है। पंद्रह अगस्त ? मुझे यकीन नहीं आता।' नेहरू बोले।

'तुम्हारे अब भी यह समझ में नहीं आया है कि डिकी जल्दबाज आदमी है,' उसने जवाब दिया, 'जो होना था वह हो गया पंडितजी'।

एडविना मंच के बाहर जाने के दरवाजे पर लॉर्ड लुई के साथ हो ली।

'तुम्हारे ऊपर कौन हावी हो गया था ?' उसने उन पर सवाल फेंका।

'अब हमें जल्दी कार्रवाई करनी है। मेरे पास दोनों पार्टियों की रजामंदी है।'

'फिर ! तुम्हारे होंठों पर एक ही शब्द रहता है, रफ़्तार ! और गाँधीजी क्या कहेंगे ?' वह तेजी से बोली।

'उन्हें जल्दी मालूम हो जाएगा। मैं कल ही उनका स्वागत करूँगा,' लॉर्ड लुई ने चिढ़कर कहा।

दिल्ली, 5 जून 1947

महात्मा ने वायसराय को सावधान कर दिया था कि वे अपनी सार्वजनिक प्रार्थना-सभा नहीं छोड़ेंगे। मुलाकात इसलिए एक घंटे से कम समय में खत्म होनी चाहिए।

माउंटबेटेन चिंता में थे। उनकी सूचना के सारे स्रोत इस बारे में एकमत थे कि गाँधी अपने सार्वजनिक प्रार्थना के समय का उपयोग, भारत के बँटवारे की योजना की निंदा के लिए करेंगे। गाँधी ने समर्पण नहीं किया था, कांग्रेस को न चाहते हुए भी जबरन योजना से मुकरना होगा, सबकुछ नए सिरे से फिर शुरू करना पड़ेगा। लंदन में जो सम्मान उन पर लाद दिया गया था वह जाता रहेगा; भारत में भी उनकी प्रतिष्ठा पर बट्टा लगेगा, और उनके आत्मविश्वास की अपूरणीय क्षति होगी।

यह नहीं होगा। बुढ़ऊ से सख़्ती से बात करनी होगी; सचाई से उनका सामना कराना होगा। उन्हें बातचीत करके यह बताना होगा कि स्वाधीनता देने का वायदा करके उसमें देर करने का नतीजा होगा अनिवार्य कत्लेआम और अव्यवस्था। उन्हें बताना होगा कि ऐसी स्थिति में जिन्ना निश्चित रूप से एक और सीधी कार्रवाई के दिन की घोषणा करेंगे और वे कलकत्ता की सड़कों पर, दिल्ली में चाँदनी चौक के जनप्रिय इलाके

में, बम्बई में, लाहौर में सब जगह दंगाइयों को खुला छोड़ देंगे। उन्हें अवश्य ही...।

लेकिन महात्मा के साथ कितना भी औचित्य ठहराया जाए, कुछ कारगर नहीं होगा, माउंटबेटेन अपने-आपको उस जल्दबाजी के लिए कोसने लगे जो गाँधी के पहुँचने की घोषणा के बाद उन पर तारी हो गई थी।

एडविना ने गाँधीजी से पहले प्रवेश किया। वह निस्तेज लग रही थी। लॉर्ड लुई ने देखा कि महात्मा ने उसकी पत्नी के कंधे का सहारा नहीं लिया। उनके हाथ उनकी सफ़ेद चादर पर बँधे हुए थे, चेहरा झुका था और वे धीमी गति से आ रहे थे। और जब वे आरामकुर्सी के किनारे पर बैठे तो हमेशा की-सी मिलनसारी के साथ माउंटबेटेन को नमस्कार करने के बजाय वे खामोश रहे। एडविना तेज़ी से खिसक गई।

'डियर मिस्टर गाँधी,' माउंटबेटेन ने गला साफ़ करते हुए कहा, 'मुझे मालूम है कि आपके पास समय कम है। हम लोग बात शुरू करें।'

गाँधी ने सिर उठाया और लॉर्ड लुई ने देखा कि उनके चेहरे पर मुर्दनी छाई थी। उनकी आँखों की चमक गायब थी। बाकी थी सिर्फ असह्य वेदना।

'सर !' बेहद विगलित लॉर्ड लुई पुकार उठे 'मैं आपसे प्रार्थना करता हूँ, अपने पर काबू रखें ... मैं आपको इस तरह कष्ट पाते नहीं देख सकता।'

'यह अपराध है, योर हाइनेस, घोर अपराध... आप भारत की हत्या कर रहे हैं।' महात्मा ने कराहते हुए कहा।

'बिल्कुल नहीं,' लॉर्ड लुई ने उनकी बात का विरोध किया। 'आप जानते हैं कि मैंने कांग्रेस और लीग के बीच समझौता कराया है।'

'तुमने अपने लिए समझौता किया है,' गाँधी बुदबुदाए। उन्होंने माउंटबेटेन की तरफ़ ऐसी नज़र डाली जिसमें तिरस्कार का भाव था, 'मैं अपने से समझौता नहीं करता। तुम्हें समर्पण नहीं करना चाहिए था।'

'मिस्टर गाँधी, मुझे एक मिशन सौंपा गया था, एक अंतिम तिथि, और उस सबसे ज्यादा एक निरंकुश माँग। आपकी ही तरह, मैं भी विभाजित भारत के खयाल को नहीं सह पाता; मुझे इसके खतरों की भी जानकारी है। पर मेरी जगह आप होते तो क्या करते ?'

'आप हमें छोड़ जाइए, सर,' यह कहते हुए गाँधी की आँखों की चमक लौटनी शुरू हो गई। 'हमें हमारे भाग्य पर छोड़ दिया, हम आग और तलवार की राह से गुजरेंगे, पर वह हमारा शोधन करेगी। आप सर्वाधिकार कांग्रेस को सौंप दीजिए। भगवान हमारे शासकों की रक्षा करेगा।'

'आप जिन्ना को दंगे भड़काने के लिए छोड़ देंगे। आप पाकिस्तान की तुलना में अव्यवस्था का चुनाव कर रहे हैं,' लॉर्ड लुई बोले।

'लेकिन पाकिस्तान को जन्म देकर भी तो अव्यवस्था फैलेगी, सर। आप फिर भी यंत्रणा से नहीं बच सकते। क्या आपको दिखाई नहीं देता कि सीधे छोड़कर जाने से इंगलैंड को कितना फ़ायदा होगा ? भारत को छोड़कर जाने के बाद आप पर कोई जिम्मेदारी नहीं रहेगी, अपना बोझ हम खुद अपने कंधों पर उठाएँगे।'

'मिस्टर गाँधी, क्या आप यह सिफ़ारिश कर रहे हैं कि हम पलायन कर जाएँ ?'

'नहीं ! मैं अपनी माँ के शरीर के टुकड़े-टुकड़े नहीं कराना चाहता। आप चले जाइए, मैं आपसे भीख माँगता हूँ।'

वृद्ध सज्जन रो रहे थे।

'लेकिन, कांग्रेस तो अपनी रजामंदी दे चुकी है, मिस्टर गाँधी। ऐसे में मैं क्या कर सकता हूँ ?' माउंटबेटेन ने धीरे-से कहा।

'ओह ! मैं जानता हूँ,' महात्मा सुबक रहे थे, 'मैंने आपसे नेहरू के अहंकार की चर्चा की थी, और वे अकेले नहीं हैं, पटेल, मेनन, उन सबने मुझे त्याग दिया है ... वे लोग अब मेरी बात नहीं सुनते।'

'अब आप ऐसी स्थिति में क्या करेंगे ?' लॉर्ड लुई ने परेशानी के साथ पूछा।

गाँधी ने उनकी तरफ बड़ी संजीदगी से देखा और कोई जवाब नहीं दिया।

'मिस्टर गाँधी, आप इस घंटे-भर में, प्रार्थना-सभा में क्या करेंगे ?'

'आप अच्छी तरह जानते हैं,' गाँधी ने बुदबुदाकर कहा।

'आप ऐसा न करें,' कातर होकर लॉर्ड लुई ने विनय की।

'यह मेरा फ़र्ज है, सर,' महात्मा ने गंभीर स्वर में कहा। 'कम-से-कम मेरे पास यह हथियार तो है।'

माउंटबेटेन सहसा खड़े हो गए और खिड़की तक गए। आसमान का रंग गहराने लगा था और समय उनके हाथ से उँगलियों के बीच से रेत की तरह फिसला जा रहा था।

उन्होंने वृद्ध महोदय की तरफ़ लौटकर कहा, 'मिस्टर गाँधी, यह योजना तो आपकी इच्छा के अनुसार है।'

महात्मा ने उनकी तरफ़ ऐसे देखा जैसे उनकी बात समझ नहीं पा रहे हों।

'बेशक, आप चाहते थे कि भारतीय खुद अपने भाग्य का फैसला करें। तो अगर हम इस योजना को कार्यान्वित करते हैं तो ठीक यही होगा। सभाएँ खुद फ़ैसला करेंगी कि उन्हें भारत के साथ जुड़ना है या पाकिस्तान के। फ़र्ज कीजिए उन सबका झुकाव भारत की तरफ़ होता है, तो विभाजन का सवाल ही कहाँ उठेगा। वे लोग इस योजना को "माउंटबेटेन योजना" गलती से कहते हैं; इसे तो गाँधी योजना कहा जाना चाहिए।'

महात्मा ने बड़ी करुणा-भरी दृष्टि से भारत के वायसराय को देखा। माउंटबेटेन

उन्हें इतने उत्साह से कायल करना चाह रहे थे; वे इतनी गंभीरता से उनकी रजामंदी चाहते थे कि वृद्ध महाशय से रहा नहीं गया।

'माई डियर लॉर्ड लुई, क्या आप सचमुच सोचते हैं कि मैं इस बकवास पर यकीन करता हूँ।'

'आपका क्या मतलब है ? लेकिन मैं आपको भरोसा दिलाता हूँ ...' लॉर्ड लुई ने चकराकर विरोध किया।

'मुझे बेवकूफ मत समझो। गोकि मैं इस बात के लिए आपका कृतज्ञ हूँ कि आपने मेरे अभिमान को बनाए रखा'... महात्मा ने बात जारी रखी।

भारी मन से माउंटबेटेन ने गाँधीजी की दृढ़ता देखी। उनके पास अब सिवा सीधे उनके हृदय पर चोट करने के अलावा कोई चारा नहीं बचा था।

'बहुत से हिंदू भी आपके खिलाफ़ हैं,' वे ऐसे बुदबुदाए कि लगभग सुनाई नहीं पड़ा।

पर महात्मा काँप उठे।

वे लोग आपका अनुसरण नहीं करेंगे। आप फिर उन्हें संतुष्ट करने की क्षमता भी खो देंगे,' लॉर्ड लुई ने और आश्वस्त लहजे में अपनी बात जारी रखी।

'क्या आप सचमुच ऐसा समझते हैं ? क्या वे सब मेरे विरुद्ध हैं ?' गाँधी ने लम्बा गँठीला हाथ उठाकर पूछा।

'मैं ऐसः ही समझता हूँ, सर,' उन्होंने संजीदगी से जवाब दिया।

गाँधी सिर झुकाकर स्तब्ध हो गए।

'और मैं भी ऐसा ही सोचता हूँ योर हाइनेस।' कुछ ठहरकर वे बोले। 'मैं उनके लिए पिता-समान था और अब वे मुझसे मुँह मोड़ रहे हैं।'

वे जैसे हैं वैसे ही आप उन्हें स्वीकार करें, वे एक बार फिर आपका अनुसरण करेंगे,' लॉर्ड लुई ने ज़ोर देकर कहा। 'अभी कुछ नहीं बिगड़ा है और ...'

महात्मा धीरे-से खड़े हो गए।

'क्षमा करें, सर ! मुझे अब जाना ही होगा।'

और उनकी तरफ़ नज़र डाले बिना, वे चल दिए।

माउंटबेटेन उन्हें जाते हुए देखते रहे। दस मिनट में सबकुछ खत्म हो जाएगा। या तो महात्मा विभाजन की इजाज़त दे देंगे, वरना ...।

पाँच

नया सवेरा

वायसराय का मान-मर्दन

नई दिल्ली, 1 जुलाई 1947

'यह नामुमकिन होता जा रहा है।' उत्तेजित लॉर्ड लुई, अपनी डेस्क पर से एक एशट्रे उठाकर बोले।

एडविना ने सतर्कता से कमरे में झाँका। जब से डिकी को बाल्कन योजना का औचित्य सिद्ध करने के लिए लंदन बुलाया गया, इस बात के बावजूद कि उन्होंने बड़ी सफलता से इस काम को अंजाम दिया, उनकी बदमिजाज़ी काफ़ी बढ़ गई थी।

'डिकी,' उसने निर्णायक स्वर में कहा, 'मैंने पूरे दिन तुमसे मुलाकात नहीं की और अब तुम गुस्से से भरे चीख-पुकार मचाए हो। अगर मैंने कमरे में कदम रख दिया होता तो तुम शर्तिया वह एशट्रे दीवार पर दे मारते।'

'मुझे रोज नेहरू के यहाँ से एक खत मिलता है जिसमें विभाजन के लिए मुझसे मध्यस्थता करने के लिए कहा जाता है। और जब नेहरू नहीं लिखते तो जिन्ना ऐसा करते हैं, ऐसा लगता है जैसे उन्होंने एक-दूसरे को ऐसा करने के लिए संदेश भेजा हो। कल उत्तर-पश्चिमी सीमांत का मामला था, कल पंजाब में सिंचाई तंत्र की बात होगी ... मेरा अंत इन्हीं बातों में होगा।'

'रोज, सचमुच डिकी ?' एडविना ने व्यंग से पूछा।

वे कहते रहे, 'ओह ! मैं समझता हूँ कि वे सब आतंकित हैं, लेकिन आखिर उन्होंने ही ऐसा चाहा था। उन्हें सर रेडक्लिफ़ से जाकर बात करनी चाहिए। हमने उस ईमानदार आदमी को मध्यस्थ नियुक्त किया था। वह सम्माननीय वकील जो भारत को नहीं जानता,

जो भवन में रहता तक नहीं है, जिसे मैं सोच-समझकर दूर से ही नमस्कार करता हूँ, और जिस पर वे पक्षपात का शक नहीं कर सकते ... ईश्वर कसम, वे जाकर उससे मिलें।'

वे सचमुच देश के बारे में कुछ नहीं जानते, डिकी,' एडविना ने ध्यान दिलाया।

'बिल्कुल ठीक। इसीलिए वे निष्पक्ष रहेंगे।'

'पर तुम जानते हो कि हमारे भारतीय मित्र कितने संवेदनशील हैं ... उनसे असंभव बात की उम्मीद नहीं करो,' एडविना लगातार अनुनय करती रही। 'उनकी मदद करो।'

'नहीं, रेडक्लिफ़ ही सीमाएँ खींचेंगे, मैं इसमें नहीं उलझूँगा। ज़िद मत करो।'

'ओह ! मैं जिद नहीं कर रही हूँ,' एडविना ने नाराज़ होकर जवाब दिया। 'तुम्हें मालूम है कि मिस्टर जिन्ना आ पहुँचे हैं ?'

'लेकिन तुमने तो यह खबर नहीं दी ?' माउंटबेटेन झटके से बोले।

वे चुपचाप हॉल में इंतजार कर रहे हैं। आज वे कुछ कृपालु लग रहे हैं।'

'सचमुच ?' लॉर्ड लुई भुनभुनाए। 'उन्हें आज मुझसे पाकिस्तान के गवर्नर जनरल का आदेश पत्र स्वीकार करने के लिए कहना है। मैं इस सरकारी प्रार्थना के लिए 11 जून से इंतजार कर रहा हूँ।'

'ओह, तो यह बात है,' एडविना ने कहा। 'खैर ! वे मुस्कुरा रहे हैं।'

लॉर्ड लुई कमरे से चले गए। उन्होंने जोर से दरवाज़ा बंद किया। हॉल में घुसने से पहले, अपने को सम्हालने के लिए वे ज़रा-सा रुके।

जिन्ना अपने बेंत के सहारे खड़े होकर उनका इंतज़ार कर रहे थे। उनकी पार्टी का एक आदमी बड़ी सावधानी और आदर के साथ उनके पास खड़ा था।

'गुड मॉर्निंग, मिस्टर जिन्ना। आखिर आपसे मिलकर मुझे खुशी हुई,' लॉर्ड माउंटबेटेन ने जबरन सौहार्द प्रकट करते हुए कहा।

'लेकिन फैसला तो यही हुआ था, योर एक्सिलेंसी,' वृद्ध महाशय ने शालीनता से कहा, 'मैंने अपने एक लेफ्टिनेंट मिस्टर चौधरी मोहम्मद अली को अपने साथ लाने की छूट ले ली। मुझे यकीन है कि वे बाधक नहीं होंगे।'

'आप जिसके साथ चाहें आने के लिए स्वतंत्र हैं, मिस्टर जिन्ना। मेहरबानी करके बैठिए।' लॉर्ड माउंटबेटेन ने कहा। वे अपने मेहमान की मुस्कुराहट के सामने हथियार डाल चुके थे।

'क्या वह किसी को मेरे अपमान का साक्षी बनाना चाहते हैं ? मुझे यह बात बिल्कुल पसंद नहीं है ...' वायसराय ने सोचा।

जिन्ना ने मोहम्मद अली की तरफ गुरूर से देखा, फिर भवन में पहले से नियमित रूप से आनेवालों की तरह, वे एक विशाल आरामकुर्सी में अपनी पतलून की चुन्नटों

को सीधा करके अच्छी तरह जम गए। उन्होंने बात शुरू की, 'योर एक्सिलेंसी, मैं आपको पाकिस्तान के गवर्नर जनरल के बारे में अपने फैसले की सूचना देने आया हूँ। आप मेहरबानी से, जमा ख़ातिर रखें कि यह निर्णय किसी भी रूप में आपकी अवमानना का संकेत नहीं है।'

'जवाब में इनकार है,' माउंटबेटेन ने सोचा। 'यह मुझे गवर्नर जनरल नहीं बनाना चाहता। पर फिर इसने इसका नाम प्रस्तावित करने का फैसला किया है ?'

'मुझे इस बारे में कोई संदेह नहीं है, सर। आपके मन में किसका नाम है ?'

'वास्तव में अपना ही। मैं गवर्नर जनरल रहूँगा,' जिन्ना ने मुस्कुराते हुए कहा।

लॉर्ड लुई ने आश्चर्यचकित होकर पूछा, 'आप प्रधानमंत्री नहीं होंगे ? लेकिन सबसे महत्वपूर्ण पद तो वही है। आप सत्ता में नहीं होंगे ?'

'योर एक्सिलेंसी, अपने पद से, मैं ही सलाह दूँगा और दूसरे लोग उस पर कार्रवाई करेंगे,' जिन्ना ने बड़ी शान्ति से कहा।

'यह बात तो बेतुकी है ! नेहरू ने अपने लाभ की बात कहीं बेहतर समझ ली है।' लॉर्ड लुई चिढ़कर बोले।

जिन्ना के चेहरे पर शिकन आ गई; माउंटबेटेन ने अपने होंठ काटे। देर बहुत हो चुकी थी।

'भारत के लिए उन्हें क्या चाहिए इसका फैसला नेहरू कर सकते हैं; अगर वे आपको गवर्नर जनरल बनाए रखकर ब्रिटिश अभिभावकता रखना चाहते हैं, तो यह उनका देखना है,' जिन्ना ने ठंडेपन से जवाब दिया।

'चाहे जो हो, गुस्सा नहीं करना है,' लॉर्ड लुई ने मन-ही-मन सोचा। 'शांत रहो। ये तुम्हें उत्तेजित कर रहा है; लेकिन पहल तुम्हें नहीं करनी है।'

'लेकिन सर, अगर मैं दोनों का गवर्नर जनरल नहीं होता, तो इससे जो खतरा पैदा होगा, आप उसे समझ रहे हैं ?'

'मुझे कोई खतरा नहीं दिखाई देता...' जिन्ना ने ठंडे स्वर में कहा।

'आपको मिलनेवाले सारे फ़ायदे ख़त्म हो जाएँगे। मैंने दोनों देशों के बीच आर्थिक बँटवारे की शर्तों के बारे में मध्यस्थता की होती। मैं एकदम निष्पक्ष रहता। क्या आपको अंदाजा है कि आपको इस बात की कितनी कीमत चुकानी होगी ?'

'ओह, योर एक्सिलेंसी,' जिन्ना ने उदासी से कहा, 'मुझे सम्पत्ति की शक्ल में कई करोड़ रुपए का नुकसान हो सकता है। मैं इसके लिए तैयार हूँ।'

'आपको इसका मूल्य अपनी सारी सम्पत्ति और पाकिस्तान का भविष्य दाँव पर लगाकर चुकाना होगा।' लॉर्ड माउंटबेटेन ने क्रुद्ध होकर कहा।

और सहसा उठकर, वे गुस्से में दरवाज़ा ज़ोर से बंद करते हुए हॉल से निकल गए।

जिन्ना ने काँपते हाथों से सिगरेट सुलगाई, और चौधरी मोहम्मद अली की तरफ़ देखा जो क्रोध से उबल रहे थे। वृद्ध नेता को इस बात का अंदाज तो था कि कुछ मुश्किल पेश आएगी पर उन्होंने यह कल्पना नहीं की थी कि वायसराय इतना नाराज़ हो जाएँगे। दरअसल, माउंटबेटेन ने मामले को उनके लिए बहुत सीधा-सरल बना दिया था। पहली बार लॉर्ड लुई को नीचा देखना पड़ा था। उत्तेजित होकर माउंटबेटेन ने फैसले को अंतिम रूप दे दिया था। अपमान इतना स्पष्ट था कि अनदेखा नहीं किया जा सकता था। जिन्ना मुस्कुरा रहे थे, उन्हें वृद्ध चर्चिल का खयाल आया, वह कम-से-कम समर्थ राजनेता तो था, शायद कुछ चिड़चिड़ा भी, लेकिन आदर करने लायक। वह नज़ीर के सवाल पर इस तरह फट नहीं पड़ता।

'क्या अभद्र व्यवहार है।' उन्होंने सोचा। 'इस माउंटबेटेन को देखकर मुझे नेहरू की याद आती है। इन दोनों में समानता है; दोनों समान रूप से भावुक हैं। इन्हें सौदेबाजी करनी भी नहीं आती। अपने देशों के भविष्य के योग्य नहीं हैं ये लोग। कितना असभ्य व्यवहार ! और उनकी आवाज़ में कैसा तिरस्कार था...।'

'अब क्या होगा ?' उनके साथी ने चिंतित होकर पूछा।

'उनका संतुलन बिगड़ गया, बस और क्या ?' जिन्ना ने धीरे से कहा। 'उन्होंने अपमानित महसूस किया होगा। इससे मुझे कोई मतलब नहीं।'

'उन्होंने आपको परेशान किया, आप पर आक्षेप लगाया... यह बहुत बुरी बात है।'

वे मुझे पसंद नहीं करते,' जिन्ना ने कहा। 'उन्होंने अपनी बीवी की तरह हमेशा नेहरू को ज़्यादा पसंद किया है, जो अब हमेशा नेहरू के साथ रहती है...'

'क्या आप यह इशारा कर रहे हैं कि लेडी लुई और नेहरू के बीच कोई संबंध हैं ?'

'मैं कोई इशारा नहीं कर रहा हूँ, मैं अनुमान कर रहा हूँ,' वृद्ध नेता ने बड़े जीवंत स्वर में कहा। वे हमेशा हिंदुओं का पक्ष लेती हैं। वे महात्मा से भी नियमित रूप से मिलती हैं। वे किसी की तरफ़ नहीं हैं। पर औरतें, तुम जानते हो...।'

'अब आप क्या करेंगे ? वायसराय अब भी बहुत नुकसान पहुँचा सकते हैं,' मोहम्मद अली परेशान होकर बोले।

'उलटा, वे ऐसा कुछ नहीं करेंगे। बहरहाल, मेरा इरादा उन्हें संयुक्त सुरक्षा समिति का अध्यक्ष बनाए रखने का है। यही समिति हमारे और हिंदुस्तान के बीच कड़ी रहेगी।' जिन्ना बोले। 'इससे वे संतुष्ट हो जाएँगे।'

'तो ?' जब लॉर्ड लुई फिर प्रकट हुए तो एडविना ने पूछा।

'मैंने सही अंदाज़ लगाया था। वह महत्त्वाकांक्षा के सबसे बदतर रूप से ग्रस्त है। वह ये पद खुद सम्हालना चाहता है,' लॉर्ड लुई भुनभुनाए। 'उसने मुझे सीधे बर्ख़ास्त कर दिया।'

एडविना सन्न रह गई। डिकी के लिए इससे बड़ा अपमान नहीं हो सकता था। एकमात्र ऐसी बात जो उनकी अवमानना कर सकती थी। एक ऐसी बात जिससे उनका कभी सामना नहीं हुआ था। वे इसे बर्दाश्त नहीं कर पाएँगे।

'और अब ?' उसने धीमे से पूछा।

'या तो मैं भारत के गवर्नर जनरल का पद स्वीकार कर लूँ और हमेशा के लिए पक्षपात का दोषी ठहराया जाऊँ, या मैं कांग्रेस के नेताओं का परित्याग कर दूँ ... दोनों विकल्प अप्रिय हैं। इस स्थिति का कोई सम्मानजनक हल नहीं है।'

'यह सच है,' एडविना ने आहत होकर कहा। 'तुम उसे अपना मन बदलने के लिए तैयार नहीं कर सके, ऐसा कैसे हुआ ?'

'मैं समझता हूँ ... हाँ, मेरा खयाल है कि मैंने संयम इसलिए खो दिया क्योंकि मैं बहुत थका हुआ था।' लॉर्ड लुई बुदबुदाए। 'मैं बहुत तेज़ी से चलना चाहता था; मैं बहुत आश्वस्त था ... अब मुझे किसी बात का भरोसा नहीं है डार्लिंग।'

इतनी आसानी से अपनी गलतियाँ कबूल करने के लिए डिंकी को बिल्कुल मजबूर होना ज़रूरी रहता था। एडविना ने अपनी मुट्ठियाँ बाँधीं, गहरा साँस लिया और उनके करीब पहुँची।

'तुम ऐसी स्थिति में नहीं हो डिकी कि ये निर्णय अपने-आप कर सको। इसके अलावा यह बहुत बड़ी ज़िम्मेदारी है। क्या तुमने अपनी टीम से सलाह-मशविरा कर लिया है ?'

'उनका सुझाव है कि मैं भारत के गवर्नर जनरल का पद स्वीकार कर लूँ, ताकि कम-से-कम एक डोमिनियन को तो बचाया जा सके,' लॉर्ड लुई ने जवाब दिया। 'लेकिन मैं अपमान से नहीं बच सकता।'

'तो सिर ऊँचा किए, 15 अगस्त को रवाना हो जाओ।' एडविना ने सहसा कहा। 'हम इस सबसे पिंड छुड़ा लें।'

'क्या तुम कल्पना कर सकती हो कि नेहरू को इससे कैसा लगेगा ? जैसे उनके मुँह पर थप्पड़ पड़ा हो।' लॉर्ड लुई ने कहा।

'लेकिन कम-से-कम कोई तुम्हें दोष नहीं दे सकता,' एडविना ने तल्खी से कहा। 'तुम्हारे लिए आत्म-भर्त्सना की कोई वजह नहीं होगी।'

'मैं तो अब भी जिन्ना के लिए चीज़ों को बर्बाद करने के लिए अपनी भर्त्सना करता

हूँ,' लॉर्ड लुई बड़बड़ाए। 'एडविना, मुझसे अब और बर्दाश्त नहीं होता, मैं फौरन जाना चाहता हूँ।'

'मैंने सही सोचा था कि वह इसे अच्छी तरह नहीं ले सकेगा,' एडविना ने माउंटबेटेन का हाथ पकड़ते हुए सोचा। 'अगर उससे कहा गया तो वह प्रस्ताव स्वीकार कर लेगा। बेचारा डिकी। उसके आत्मसम्मान को कौन बचा सकता है ?'

'और अगर तुम लंदन से पूछो ?' उसने डिकी का माथा चूमते हुए कहा।

'मैं ऐसा कर चुका हूँ। इस्मे फौरन प्रस्थान करनेवाले हैं,' उन्होंने उत्तर दिया। वे प्रधानमंत्री से मेरी दूरदर्शिता के अभाव और गलतियों का बढ़ा-चढ़ाकर वर्णन करेंगे। मुझे जिन्ना की स्वीकृति की गारंटी नहीं देनी चाहिए थी। अब ...'

'अब, अपनी प्यारी बेटी के साथ घुड़सवारी के लिए जाओ,' उसने उन्हें जबर्दस्ती उठाते हुए कहा।

'और मैं नेहरू को सावधान करूँगी,' उसने मन-ही-मन सोचा।

दिल्ली, 5 जुलाई 1947

सब लोग इस मामले में उलझ गए। क्लीमेंट एटली के नेतृत्व में मंत्रिमंडल, चर्चिल जिसे इस्मे ने सूचना दी थी; किंग जॉर्ज, जिन्होंने अपने रिश्ते के भाई को भारत के गवर्नर जनरल का पद स्वीकार करने की सलाह दी। वी.पी. मेनन जिसे खुद डिकी ने अपने निकटतम भारतीय कार्यकर्त्ता के रूप में नियुक्त किया था, लगभग डिकी के पाँवों में लेट गया, 'सिर्फ़ एक आदमी, जो नए भारत को सम्हाल सकता है, वह आप हैं योर एक्सिलेंसी,' उसने ज़ोर देकर कहा। 'अगर आप अलग हो गए तो सबकुछ खत्म हो जाएगा, क्योंकि दोनों पक्षों में हरेक व्यक्ति आप पर भरोसा करता है।' मेनन ने यह और जोड़ दिया कि नेहरू नर्वस ब्रेकडाउन की स्थिति तक पहुँच गए हैं, और बाकी सब पागलों-जैसा व्यवहार कर रहे हैं। लेकिन डिकी कुछ सुनना नहीं चाहते थे; उन्हें रोज़ क्रोध के दौरे पड़ते थे; और उन्होंने सबकी राय मानने से इनकार कर दिया था। ब्रिटिश राज का आखिरी वायसराय आज़ाद हिंदुस्ताम का गवर्नर जनरल नहीं होगा। और उस समय दोनों देशों के आज़ाद होने में सिर्फ़ एक महीना बाकी था।

एडविना ने एक पत्र उठाया जिसे वह अभी तक सौ बार पढ़ चुकी थी। नेहरू ने प्रस्ताव किया था कि वह गाँधी की प्रार्थना-सभा में उनसे मिले — अछूत कॉलोनी की उस बदहाल कुटीर में जो उन्होंने रहने के लिए चुनी थी। क्या वह बिना डिकी को बताए वहाँ जा सकती थी ? क्या वह उनके निर्णय पर ज़ोर देने में कोई योगदान कर सकती थी ? क्या उसने पहले ही डिकी को कांग्रेस और भारत के पक्ष में बहुत

अधिक प्रभावित नहीं किया था ? जिन्ना ने उसके भीतर जो भावनाएँ जगाई थीं वह उन्हें छिपाने में कभी सफल नहीं हुई थी; उसका ठंडापन, मिलने पर उससे बचने की कोशिश, उसका बनावटी शिष्टाचार, और वह अगाध तिरस्कार जो वह उस पर लाद देता था ...।

पर उसे बहुत कुछ मालूम हो चुका था। हिंदू-मुसलमानों के बीच धार्मिक वैमनस्य में सिखों का खतरा और जुड़ गया था; जब से उन्हें यह पता लगा था कि उनका पंजाब बीच से बाँट दिया जाएगा; सिखों ने अपनी शूरवीरता की परम्परा को फिर जीवित कर लिया था, उन्हें इस बात का भय था कि अमृतसर का स्वर्ण मंदिर पाकिस्तान के कब्जे में न चला जाय, और उन्होंने अपनी धार्मिक परंपरा के अनुरूप फिर हथियार उठा लिए थे। उनके सरकारी प्रतिनिधि के संदेशों का कोई असर नहीं हो रहा था और हर रोज़ लूटपाट और हत्या का कार्यक्रम पूरा होता था। स्थिति पर ब्रिटिश सैनिकों का नियंत्रण खत्म हो चुका था। एडविना को चलते-फिरते जो खबरें सुनाई पड़ती थीं वह उन्हें दिमाग से निकालने की कोशिश करती थी : फिरोजपुर में तीन महिलाओं पर बलात्कार के बाद उनकी हत्या कर दी गई; गुरदासपुर के एक जिले को आग लगा दी गई; तीन बच्चों की आँतें निकाल दी गईं। एक बोरे में कटे हुए सिर एक बैरक के सामने फेंक दिए गए — लेकिन ये बिम्ब उसके ऊपर नैराश्य की सीमा तक हावी रहते थे।

'गो टू हैल, डिकी,' उसने नेहरू के संदेश को तहाते हुए कहा। 'मुझे तुम्हारे मूड की परवाह नहीं है। लोगों की ज़िंदगियों की तुलना में उनका मूल्य बहुत कम है। और चूँकि हर आदमी यह सोच रहा है कि इस लड़ाई का नेतृत्व तुम्हें करना चाहिए, मैं तुम्हें खुद उन लोगों को बचाने के लिए मजबूर करूँगी।'

उसकी कार इंतज़ार में खड़ी थी। उसे नई दिल्ली के बाहर निकलकर बस्तियों में प्रवेश करना था। 'अछूतों की बस्ती,' सोचते हुए एडविना का दम घुटने लगा। 'वह भयंकर रूप से बदबूदार और गंदी होगी। बरसात अभी शुरू नहीं हुई है, गर्मी के कारण हर चीज़ और बदतर हो जाएगी...' उसने अपने बैग में चेक किया कि उसका रूमाल वहाँ है या नहीं और अपने दाँत भींच लिए। उसे शर्म आने लगी। आखिर यह युद्ध के समय के बर्मा से तो बदतर नहीं हो सकता।

कार गली में नहीं घुस सकती थी; एडविना उतर पड़ी। नंगे बच्चों की भीड़ ने उसे घेर लिया और चिल्ल-पों मचाते हुए उसके साथ घर तक पहुँचे। अनुयायी वहाँ शांतिपूर्वक बैठे हुए, प्रार्थना के घंटे की राह देख रहे थे। छतों पर शैतान बच्चे तमाशा देख रहे थे। उनकी आँखें चमक रही थीं, और वे हाल ही में उठाए हरे फलों को चूस रहे थे। एक गँदले नाले के पास काली बकरियाँ उछल-कूद रही थीं। लगभग हर जगह

शाम के खाने के लिए, खुले में बड़े-बड़े चूल्हों पर रोटियाँ सिक रही थीं। छोटे दुकानदार संतरे के स्वादवाली मिठाइयाँ और सफ़ाई से काटे हुए आम के कतले बेच रहे थे। बीच-बीच में चिकनाई और तलने की महक लहर उठती थी, एक तेज़ और दमघोंटू गंध जिसे औरतें पत्तों के पंखों से झलकर एक तरफ़ कर देती थीं। 'न उदासी है न गंदगी... अगर हर तरफ़ मक्खियाँ और न होतीं ! और सर्वत्र विद्यमान कौए,' उनमें से एक को दो कदम आगे पड़े गोबर के ढेर में धृष्टता से चोंच मारते देखकर, एडविना ने सोचा।

अचानक, अनुयायियों के बीच सफ़ेद गाँधी टोपी लगाए ज़मीन पर बैठा एक आदमी घूमा। नेहरू ! एडविना को अपने भीतर बेलगाम खुशी उदित होती महसूस हुई, 'तो आखिर वे यहाँ हैं,' उसने सोचा। उसकी आँखें भर आई थीं। वह उन्हें आवाज़ लगाने वाली थी, पर उसने अपने को रोक लिया और लम्बे डग भरती उनकी तरफ़ चल दी।

'तो आखिर तुम आ गईं,' उसे देखकर वे बोले।

वही शब्द, वही भावनाएँ।

और वे उसे उस कमरे में साथ ले गए जहाँ महात्मा मेहमानों से मिल रहे थे।

वे ज़मीन पर पैर एक तरफ़ मोड़े बैठे थे। उनकी नाक पर चश्मा था, और वे ध्यान से कुछ कागज़ पढ़ रहे थे।

'बापूजी, हमारी मित्र आई हैं,' नेहरू ने उनके पास बैठते हुए, हल्के से कहा।

'यहाँ इनका स्वागत है,' गाँधीजी निगाह उठाकर मुस्कुराए। 'डियर लेडी लुई, मैं यह कहने की हिम्मत नहीं कर सकता कि आप नीचे बैठ जाएँ, आप देख रही हैं कि यहाँ कुर्सी नहीं है। पर उसका इलाज किया जा सकता है,' उन्होंने नेहरू की तरफ़ झुकते हुए जोड़ा।

'आप ऐसा कुछ नहीं कीजिए, बापू,' एडविना ने जल्दी से फर्श पर बैठते हुए कहा, 'मैं ऐसे ठीक हूँ।'

गाँधी ने आराम से अपने कागज़ इकट्ठे किए और उसके चेहरे पर नज़र डाली जैसे किसी बात का पता लगाना चाह रहे हों।

'तुम्हारी आत्मा बेचैन है,' उन्होंने कहा, 'मुझे यह साफ़ दिखाई दे रहा है। क्या यह सच है कि हमारे वायसराय हमारे गवर्नर जनरल होने से इनकार करने की हठ कर रहे हैं ?'

एडविना ने खामोशी से सिर हिलाया।

'यह बड़ी परेशानी की बात है,' वृद्ध महाशय बोले, 'उन्हें कांग्रेस का विश्वास प्राप्त है, क्यों नेहरू ? और वे उसे नामंजूर कर रहे हैं ?'

एडविना ने सिर झुका लिया।

'नेहरू ने मुझे यह भी बताया है कि वे अपनी कोशिश में नाकामयाब हो गए। क्या

यह सच है ?'

'लॉर्ड लुई की समझ में नहीं आ रहा है कि वे क्या करें, बापू,' एडविना ने कहा। 'वायसराय को डर है कि अगर वे स्वीकार करते हैं, तो ऐसा लगेगा कि वे एक पार्टी के साथ पक्षपात कर रहे हैं, उन्हें डर है कि इस बात के लिए उनकी भर्त्सना होगी।'

'मैं समझता हूँ,' महात्मा ने कहा। 'मैं बहुत अच्छी तरह समझता हूँ। यह ऐसी स्थिति है जिसकी मुझे जानकारी है, और निस्संदेह इससे आत्मा बेतरह घायल होती है। वे जरूर कष्ट पा रहे होंगे।'

एडविना को जवाब देने में संकोच हुआ।

'आप उन्हें जानते हैं बापू, उनका हृदय बड़ा उदात्त है,' नेहरू बोले।

'और वह उदात्त हृदय, उनसे क्या कहता है ? क्या आपको मालूम है, माई डियर लेडी लुई ?' महात्मा ने कहना जारी रखा।

'उनका आत्मसम्मान आहत हुआ है, बापू,' सहसा उसने उत्तर दिया। 'यह बात आप अच्छी तरह जानते हैं। जहाँ तक उनके हृदय का सवाल है, वे अपना चुनाव कर चुके हैं।'

'क्या वे उतने ही गर्वित हैं जैसे मेरे कुछ दूसरे मित्र ?' गाँधी ने नेहरू की तरफ़ मुस्कुराते हुए शरारत से पूछा। 'क्या मैं उनसे पैरवी करने के लिए उनके पाँव पकड़ूँ ? मेरा कोई आत्माभिमान नहीं है। और मेरा खयाल है कि भारत को उनकी ज़रूरत है। मैं जाकर उनसे मिलूँगा। लेकिन आप दोनों याद रखिए, सारे भारत को लॉर्ड माउंटबेटेन की ज़रूरत है। मैं पाकिस्तान की वजह से भी जाऊँगा — जिसका जन्म आपकी जल्दबाज़ी से हुआ है। मैं मुसलमानों की रक्षा करने के लिए जाऊँगा और इसलिए कि तुम्हारे पागलपन की कोई सीमा नहीं है। और अन्ततः मैं इसलिए जाऊँगा कि लॉर्ड लुई दुखी हैं; क्योंकि भले ही वे वायसराय हों, उन्हें सहानुभूति की ज़रूरत है। अब, कृपा करके मेरी बेटियों को बुलाइए।'

दोनों युवा लड़कियाँ उनके अगल-बगल आकर खड़ी हो गईं। उन्हें उनके साथ उस सँकरे से सफ़ेद गद्दे तक जाना था जो दरवाज़े के सामने बिछा था। ज़मीन पर बैठे उनके अनुयायी, चमकती आँखों से उनकी राह देख रहे थे; कुछ लोग घरों की छतों पर टिके थे, कुछ पीछे जड़ पत्थरों की तरह खड़े थे। काले बादलों को बेधकर सूरज की एक पीली किरण चमक रही थी, जिसके कारण सूखी गरमी और भी असह्य हो रही थी — जलती हुई निराशा का सूरज। महात्मा के प्रकट होते ही उत्साह-भरी बुदबुदाहट से उनका स्वागत हुआ और महिलाओं ने उन्हें दण्डवत प्रणाम किया।

'उन्होंने हमेशा संत की तरह व्यवहार कराने से इंकार किया,' नेहरू धीरे से बोले।

'पर अपनी इच्छा के बावजूद, वे संत हैं,' एडविना ने कहा।

'इधर से आओ, वे बोलेंगे,' चिंतित मुद्रा में रास्ता दिखाते हुए नेहरू बोले। 'मुझे उम्मीद है कि आज सब ठीक-ठाक गुजर जाए।'

'नमस्ते... मैं आपसे पूछता हूँ कि अगर मैं कुरान से कुछ आयतें पढ़ूँ तो क्या यह आपको मंजूर होगा,' वृद्ध महोदय की स्पष्ट आवाज़ सुनाई दी।

एडविना काँप गई; नेहरू ने हल्के हाथ के स्पर्श से उसे आश्वस्त किया।

तनावपूर्ण खामोशी के बीच कोई चिल्लाया, 'नहीं।'

'यह इस हफ़्ते में तीसरी बार हुआ है,' नेहरू ने धीमे से कहा। 'उन्हें पत्र मिले हैं जिनमें उन्हें "मोहम्मद गाँधी" कहा गया है।'

'नहीं किसने कहा ? आप कौन हैं ? क्या आप अपनी आपत्ति का कारण बताने की कृपा करेंगे।' धीमी आवाज़ ने कहना जारी रखा।

'मुसलमानों का नाश हो। उन्होंने हिंदुस्तान को धोखा दिया।' वह अदृश्य व्यक्ति चिल्लाया।

'और आप बाकी लोग, आप लोग चुप हैं,' गाँधी निरुद्वेग बोलते रहे। 'क्या आपके मन में उस व्यक्ति के प्रति कोई दुर्भाव है जो कुरान को अस्वीकार कर रहा है ?'

'नहीं, नहीं,' पहली पंक्ति में बैठे कई लोग बोले।

'मैं अपनी बात उस व्यक्ति से कह रहा हूँ जो स्वीकार नहीं करता। अगर मैं इन आयतों को आपके सामने पढ़ूँ तो क्या आप हिंसक विरोध करेंगे ?'

दर्शकों की पिछली पंक्तियों में कुछ शोर-सा हुआ। कुछ उत्तेजना-सी दिखाई पड़ी लेकिन फिर वह व्यक्ति चुप हो गया था।

'तो, अब मैं शुरू कर रहा हूँ। उर्दू में ईश्वर का नाम लेना पाप कैसे हो सकता है ? आपमें से जो उसमें विश्वास करते हैं, वे सहनशीलता और प्रार्थना की शरण लेते हैं, क्योंकि ईश्वर उनका साथ देता है जिनमें सहनशीलता होती है। जो ईश्वर के दिखाए मार्ग पर चलते हैं वे कभी मरते नहीं, वे अमर हो जाते हैं इसमें कोई संदेह नहीं...'

'उनकी जीत हुई,' नेहरू ने राहत की साँस लेते हुए धीरे से कहा। 'एक दिन इन आंदोलनकर्ताओं में से कोई उनके हृदय में छुरा भोंक देगा।'

दिल्ली, 6 जुलाई 1947

गाँधी अगले ही दिन जा पहुँचे। जब एडविना ने उनका स्वागत किया, तो उन्होंने शरारती मुद्रा बनाकर उसे नमस्कार किया और उसके हाथ को स्नेहपूर्वक थपथपाया।

'नमस्ते, माई डियर लेडी लुई, आपने देखा कि मैं आ गया...।'

उसके बाद वे गलियारे में उत्साहपूर्वक चल दिए।

जब वे अपनी हमेशा वाली आरामकुर्सी में बैठ गए, तो उन्होंने अपनी उँगलियाँ आपस में गूँथ लीं और चश्मे के ऊपर से लॉर्ड लुई की तरफ़ देखा। माउंटबेटेन का मुँह लटका था; उनके ऊपर के होंठ में ज़रा-सा कम्पन हुआ, उनका वजन गिर गया था। लेकिन उनकी आँखें आशा से चमक रही थीं। 'हमें शुरू करना चाहिए।' गाँधी ने अपने से कहा, ऐसा करना बहुत कठिन न होगा। जख्म जल्दी भर जाएँगे।'

'योर एक्सिलेंसी, आपने गवर्नर जनरल होना स्वीकार कर लिया है, है न ?' उन्होंने अत्यधिक विनम्रता से बात शुरू की।

'नहीं।' भौंचक्के माउंटबेटेन ने उगल दिया।

बेधती आँखों से गाँधी ने दखल दिया, 'लेकिन निश्चय ही आप भारत के विभाजन के दुख को और नहीं बढ़ाएँगे। अगर आपने हमारा परित्याग कर दिया, तो हम एक-दूसरे को मारकर खत्म कर देंगे।'

'आप अतिरिक्त निराशावाद से दुखी हैं मिस्टर गाँधी। विभाजन बड़ी शान्ति से चल रहा है। पंजाब में थोड़ी-सी अव्यवस्था के अलावा...'

'थोड़ी-सी अव्यवस्था,' महात्मा ने कराहते हुए कहा, 'तो क्या मैं अकेला हूँ जिसे इस बात की आशंका है कि जल्दी ही इस पूरे देश में भयंकर खून की नदियाँ बहेंगी ? क्योंकि ऐसा होकर रहेगा...' उन्होंने आह भरते हुए जोड़ा, 'योर एक्सिलेंसी, मैं बड़ी निष्ठा से आपसे यह पद स्वीकार करने के लिए कहने आया हूँ।'

लॉर्ड लुई को अपना संकल्प डगमगाता-सा लगा। उनकी आँखों में आँसू आ गए, क्या इस वृद्ध योद्धा के लिए ब्रिटिश एडमिरल के सामने इस तरह झुकना ज़रूरी था ? उनका दिल तेज़ी से धड़क रहा था। 'मैं अभी भी वायसराय हूँ, आखिर मुझे हो क्या गया है,' उन्होंने अपने को ऐसा सोचने के लिए मजबूर किया, 'और यह छोटा-सा आदमी मेरे देश के साथ आधी शताब्दी से लड़ रहा है।' लेकिन वे अपनी मुस्कुराहट रोक नहीं सके, और वे वृद्ध पुरुष को आलिंगन करने के लिए लगभग दौड़ पड़े।

'आप निस्संदेह स्वीकार करेंगे,' गाँधी ने गंभीरता से कहा।

'निस्संदेह,' लॉर्ड लुई ने उत्तर दिया। 'वास्तव में, मैंने कुछ ही देर पहले निर्णय ले लिया था, और...'

'मुझे इसमें ज़रा भी संदेह नहीं है, योर एक्सिलेंसी,' गाँधी मुस्कुराए। 'तो,' उन्होंने अचानक कहा, 'क्योंकि इस बात का फ़ैसला अब हो गया है, मैं आपसे दो-तीन छोटी-छोटी बातों के बारे में बात करना चाहूँगा।'

लॉर्ड लुई को चिंता होने लगी। जब महात्मा 'छोटी बातों' के बारे में कहते हैं, तो वे हमेशा बड़ी दूर की कौड़ी होती है।

'सबसे पहले मैं आपसे उस व्यक्ति के बारे में बात करूँगा जिसे इस पद को ग्रहण

करते देखने की मेरी हार्दिक इच्छा थी जो आपने अभी-अभी स्वीकार किया है।'

'माफ़ कीजिए ?' माउंटबेटेन ने हैरान होकर कहा।

'इस समय, वक्त के तकाज़े ने इसे असंभव कर दिया है,' गाँधी कहते रहे, 'लेकिन, शायद एक दिन ऐसा आएगा जब भारत को एक उपयुक्त राज्याध्यक्ष मिलेगा — यानी एक हरिजन लड़की।'

'एक अछूत ?' लॉर्ड लुई चकराए।

'ईश्वर की एक संतान, सर। बीस साल की, जिसे रद्दी काम करने की आदत हो, जिसके हाथ भले ही गंदे हों लेकिन हृदय जो शुद्ध और निर्विकार हो। स्फटिक जैसा,' उन्होंने उत्साह से कहा।

'यह बड़ा प्रशंसनीय विचार है लेकिन क्या आपको लगता है कि भारत इसके लिए तैयार है ?' माउंटबेटेन ने पूछा।

'भारत ने इस पर बहुत विचार नहीं किया है,' महात्मा ने स्वीकार किया। 'लेकिन वे एक दिन याद करेंगे कि मैंने कभी इसकी माँग की थी; शायद इसमें बीस-तीस वर्ष लगें, मैं नहीं जानता सर कि तब तक हम लोग ज़िन्दा भी होंगे या नहीं।'

'हम लोग इसे देखेंगे, मिस्टर गाँधी। दूसरी बात क्या थी ?'

'यह भवन बहुत बड़ा है,' कहते हुए महात्मा ने लम्बी साँस ली। 'हर बार जब मैं आपसे मिलने आता हूँ, और इन अनन्त गलियारों से गुज़रता हूँ और इन तमाम खाली पड़े हुए कमरों को देखता हूँ, तो मैं अपने-आपसे कहता हूँ कि इस पूरे भवन को एक आदमी पर ज़ाया करना कितना बेतुका है।'

'इस बात में, मैं आपके साथ सहमत होने को विवश हूँ,' माउंटबेटेन ने हँसते हुए जवाब दिया, 'मुझे भी यह असंगत लगता है।'

'है ना ?' महात्मा ने आँख मिचकाकर कहा। 'तो, अगर हम इस बात पर सहमत हैं, तो आप क्यों नहीं नई दिल्ली की वीथियों में से किसी एक में बने सुन्दर और शानदार स्तम्भोंवाले औपनिवेशिक बँगले में जाकर रहते ? आपके पास तब भी बहुत जगह होगी और हम लोग इसे अस्पताल में बदल देंगे।'

'आप मज़ाक कर रहे हैं,' लॉर्ड लुई बोले।

महात्मा ने अपनी आवाज़ ज़रा-सी ऊँची करके बात जारी रखी, 'क्योंकि जब तक आप वायसराय हैं, तब तक आपकी रहने की शैली पर टिप्पणी करना मेरा काम नहीं है, लेकिन जब आप गवर्नर जनरल हो जाएँगे तो आप उन करोड़ों भारतीय नागरिकों के प्रति जवाबदेह होंगे जिनके आप सरकारी प्रतिनिधि हो जाएँगे। आदर्श कायम कीजिए। जाकर बँगले में रहिए, माँग कीजिए कि घरेलू कामों के लिए आपको कोई सहायक न दिए जाएँ और नए सिरे से इतिहास लिखिए।'

'सर,' माउंटबेटेन ने अपनी हँसी रोकने का प्रयत्न करते हुए कहा, 'मैं आपकी भावना को समझता हूँ। आपकी नज़र में यह भवन उस अतीत का प्रतीक है जो जल्दी ही समाप्त होनेवाला है।'

'यह उन करोड़ों किसानों के खिलाफ़ अपराध है, जो बिना बिजली-पानी के, बिना इस कृत्रिम रूप से ठंडा करनेवाली मशीन के, बिना इस तमाम साज़ो-सामान के कच्ची झोंपड़ियों में रहते हैं। आपको सिर्फ़ निर्णय लेना है, बस...।'

'मिस्टर गाँधी, चाहे जो हो, मैं 1948 में जून के बाद यहाँ नहीं रहूँगा,' माउंटबेटेन ने घोषणा की, 'तब और अब के बीच, यह स्थानान्तरण महँगा भी पड़ेगा और इसमें समय भी बर्बाद होगा।'

'ओह ! यह सच है। मैंने इस बारे में नहीं सोचा था।'

'यह काम मेरे उत्तराधिकारी का, उस पहले हिंदुस्तानी का होगा जिसकी नियुक्ति इस पद पर होगी कि वह इस भवन को अस्पताल में बदल दे; वह चाहे तो बगीचे में गौशाला भी बना सकता है,' लॉर्ड लुई बोले, 'औद्योगिक दुनिया के बारे में मैं आपके विचार जानता हूँ; आप उसे पसंद नहीं करते।'

'सर, ये हमारे पुराने औज़ार, हल और चरखा ही हैं, जिनसे हमारी परंपराओं को संतुलन और समझदारी मिली है। लोग एकसाथ बहुत कुछ चाहते हैं। कारें, रेडियो, फूँकने के लिए मशीनें और हवा... और न जाने क्या ? उन्हें कभी संतोष नहीं होगा। मनुष्य कभी आराम से नहीं बैठता, उसकी अपेक्षा बढ़ती ही जाती है... यह सब फ़िज़ूलखर्ची ...'

'डियर मिस्टर गाँधी, हमारे सामने ज़्यादा ज़रूरी काम हैं,' लॉर्ड लुई ने, गाँधी की इस भटकन को बंद करने के खयाल से उत्तर दिया। 'मुझे भी एक अनुरोध करना है। अगर कलेकत्ता दंगों का शिकार हो गया तो यह मेरा दुर्भाग्य होगा...'

'हाय !' गाँधी बोले।

'इससे बचा जा सकता है, आपको इसके लिए धन्यवाद। आपने तो यह पहले ही साबित कर दिया कि एक अकेला आदमी खून-खराबा रोक सकता है। आप कलकत्ता जाएँगे।'

'मेरा वहाँ जाने का इरादा नहीं है,' गाँधी ने विरोध किया।

'मेरा निश्चित इरादा है कि स्वाधीनता दिवस पर आप राजधानी में रहें,' माउंटबेटेन ने कहना शुरू किया, 'लेकिन...'

'बिल्कुल नहीं।' गाँधीजी ने टोका, 'मैं यहाँ कतई नहीं रहूँगा।'

माउंटबेटेन पूरी तरह चकरा गए। महात्मा 15 अगस्त को दिल्ली में नहीं रहेंगे ? यह कल्पना भी नहीं की जा सकती। क्या वे अपने लोगों को अपने को देखने

की ख़ुशी से वंचित रखना चाहते हैं ?

'मैं नोआखाली जाऊँगा, अपने ग्रामीण मित्रों के घरों में,' गाँधी दृढ़ता से कहते रहे। 'वहाँ, और कहीं नहीं, मैं रात-दिन उपवास और प्रार्थना करते बिताऊँगा। आप मुझसे यह उम्मीद तो नहीं करते थे कि मैं इस अभागे दिन को ख़ुशी मनाकर गुज़ारूँ, क्या ऐसा है ?'

'मिस्टर गाँधी, मैं क्या कह सकता हूँ...' लॉर्ड लुई ने समर्पण के भाव से ठंडी साँस ली।

'एक गाँव में उपवास और, प्रार्थना करते हुए,' महात्मा ने हठपूर्वक कहा। 'वे सभी समझ जाएँगे।'

'आप यह काम कलकत्ता में करें,' माउंटबेटेन ने अनुनय की।

'नहीं,' गाँधी ने क्रुद्ध होकर कहा, 'अब मुझे चलना होगा।'

और वे उछलकर खड़े हो गए। उनकी आँखों में क्रोध भरा था।

'मिस्टर गाँधी, ठहरिए...,' माउंटबेटेन ने पुकारा।

'क्या आप इंगलैंड के सामने मदद के लिए घिघियाने के लिए मुझे मजबूर करेंगे, क्या आपने मेरा काफ़ी अनादर नहीं कर लिया।' वृद्ध महोदय पीड़ित होकर बुदबुदाए।

आखिरी तैयारियाँ

लाहौर में, गहरे नीले रंग की चाँदी की कलगी-लगी पगड़ियाँ पहने, बगल में धमकी-भरे अंदाज में किरपानें लटकाए, सिखों के मुखिया चोरी-छिपे एक आधुनिक होटल में मिलते थे। सर रेडक्लिफ़ की अध्यक्षता में गठित कमीशन के नतीजों की जानकारी अभी नहीं हुई थी, लेकिन इस बात में कोई संदेह नहीं था कि लाहौर पाकिस्तान में जाएगा, जबकि अमृतसर भारत में रहेगा। लाहौर पंजाब का सबसे खूबसूरत शहर था, लेकिन अमृतसर स्वर्ण मंदिर का संरक्षक और सिख मत का हृदयदेश था। पंजाब को एक तरफ़ हिंदुओं के और दूसरी तरफ मुसलमानों के आशीर्वाद से दो टुकड़ों में चीरकर रख दिया जाएगा। अंतिम गुरू ने जो धार्मिक निर्देश छोड़े थे, उनके अनुसार सिखों के लिए अपने मत की रक्षा करना अनिवार्य था। भले ही इसके लिए हथियारों का प्रयोग ज़रूरी हो। जो लोग पहले ही छिपे हुए थे, उनके लिए ज़रूरत एक ज्वलंत प्रश्न बन गई थी।

कई महीनों से, सिख चुपचाप गुरुद्वारों में असला इकट्ठा कर रहे थे जहाँ पुलिस का प्रवेश वर्जित था। सिखों के शरण-स्थल, सुंदर सफेद गुरुद्वारों के पवित्र कुओं के

उदर में पूरे साज-सामान से लैस असला छिपा था। एक नेता प्रकट हुआ, वह लहराती दाढ़ीवाला एक पुराना अध्यापक था, जिसे इसी कारण 'मास्टर' कहा जाता था। मास्टर तारा सिंह लँगड़े थे, वे चाँदी के मूठवाली एक लम्बी छड़ी का बड़ी शान से सहारा लिए रहते थे। वे बड़े उत्साही देशभक्त थे। मार्च के महीने में वे मुस्लिम लीग की सितारेवाली हरी पताका को अपनी किरपान के एक वार से धराशायी करने के कारण प्रसिद्ध हो गए थे। यद्यपि सिख मत का उद्भव हिन्दू धर्म और इस्लाम के संधिस्थल पर हुआ था, यद्यपि सहनशीलता के प्रतीक विनयी गुरु नानक पर उनकी मृत्यु के बाद मुसलमानों का उतना ही दावा हो सकता था जितना हिन्दुओं का लेकिन अगर दोनों के बीच शत्रु का चुनाव करना होता, तो इसके मुसलमान होने की ही अधिक सम्भावना थी। मास्टर तारा सिंह सिखों के नियम खालसा के पुनर्ग्रहण का उपदेश देते थे।

कुछ समय बाद, एक हिन्दू राष्ट्रवादी संगठन, राष्ट्रीय स्वयंसेवक संघ जिसकी स्थापना अनुशासन और प्रार्थना के माध्यम से हिन्दूवाद को पुनर्जीवित करने के लिए 1925 में की गई थी, मास्टर तारा सिंह के गुट से जुड़ गया। सिखों और हिन्दुओं के सर्वाधिक अतिवादी गुट एकजुट हो गए। सिखों ने उन रेलगाड़ियों को उड़ा देने का फैसला किया जो सम्पत्ति को पाकिस्तान ले जानेवाली थीं। सम्पत्ति में पुरुष-सम्पत्ति शामिल थी। जहाँ तक आर एस एस का सवाल था उसने कराची में बम-विस्फोट करने और जिन्ना की हत्या करने की योजना बनाई। तय था कि जब वे खुली गाड़ी में भारत के भावी गवर्नर जनरल के साथ पहली बार सरकारी जुलूस में निकलेंगे, यह योजना उसी दौरान कार्यान्वित की जाएगी।

ब्रिटिश खुफिया पुलिस ने इस षड्यंत्र का पता लगा लिया और लॉर्ड लुई को यह सूचना दे दी। उन्होंने जिन्ना और उसके भावी प्रधानमंत्री, लियाकत अली ख़ाँ को बुलवा भेजा। सिखों के धार्मिक नेताओं को गिरफ़्तार करना असंभव था। वे गुरुद्वारों के पवित्र परिसर में अपने शस्त्रों के साथ मज़बूती से छिपे बैठे थे। कोई वहाँ घुसने का साहस नहीं कर सकता था। न सेना जो पहले ही दो देशों के घोषित विभाजन से पैदा होने वाली मुसीबतों का पहले ही शिकार हो चुकी थी और न ही पुलिस। सिख अजेय दिखाई पड़ रहे थे। लियाकत अली ख़ाँ ने अपने को अशक्त घोषित कर दिया था; उसके पास हस्तक्षेप करने का भी अधिकार नहीं था; आख़िर अमृतसर को भारत का हिस्सा होना था, पाकिस्तान का नहीं। लॉर्ड लुई ने ऐलान कर दिया कि पुलिस कार्रवाई कराने का न उनका इरादा था और न ही उनके पास साधन थे। वह खतरनाक भी साबित हो सकता था। स्थिति पूरी तरह बंद गली जैसी हो गई थी।

जिन्ना ने ठंडी साँस ली और अपनी आँखें बंद कर लीं, अब किस्मत ही फैसला करेगी।

लॉर्ड माउंटबेटेन तो सरकारी कार्यक्रम का पालन करेंगे, जैसा फैसला किया गया था, वे कराची में पाकिस्तान के नेता के साथ रहेंगे। उन्होंने बिना विचलित हुए इसकी पुष्टि की।

इस दौरान, पंजाब में असला इकट्ठा किया जाता रहा।

विधिवेत्ता रेडक्लिफ़ का काम समाप्त होनेवाला था। वे औरों की अपेक्षा इस बात को बेहतर जानते थे, कि विभाजन से, जिसकी ज़िम्मेदारी न्यायिक रूप से उन्हीं की थी, कितना आक्रोश पैदा होगा। वायसराय ने उनके अलावा काम करने के लिए जिन हिन्दू और मुसलमान निर्धारकों को नियुक्त किया था, उनमें सीमाओं के बारे में रज़ामंदी नहीं हो रही थी। जब उन्होंने धर्मों, रीति-रिवाजों, पवित्र स्थानों जैसे तमाम दूसरे मानदंडों को समाप्त कर लिया तब आखिर सर रेडक्लिफ़ ने दोनों देशों के आर्थिक संतुलन को ध्यान में रखते हुए भूमि का बँटवारा कर दिया। इनमें से कोई चीज़ ऐसी नहीं थी जिससे परिवारों को छितराने से बचाया जा सके; कहीं-कहीं तो यह सीमा घर और खत्ते को, दीवार और बगीचे को बीच से काटती चली गई थी। रेडक्लिफ़ ने अपना काम लगभग समाप्त कर लिया था; तर्क और स्पष्टता का तकाज़ा था कि विभाजन के निर्णय दोनों भावी सरकारों को बता दिए जायँ।

लेकिन लॉर्ड लुई हिचकिचा रहे थे।

किसी ने कहा कि रेडक्लिफ़ के काम को सार्वजनिक बनाने से, सेनाओं को जो बेहद नाजुक इलाके हैं, वहाँ भेजना संभव होगा। दूसरे का कहना था कि इतनी हिंसा फैलेगी कि स्वाधीनता की घोषणा करना व्यावहारिक दृष्टि से असंभव हो जाएगा। तब यह काम 14 तारीख की शाम को उस समय किया जाय जब लोग, स्वाधीनता-सुख के भ्रम में हों, तीसरे का सुझाव था।

लॉर्ड लुई की कुछ समझ में नहीं आ रहा था, 14 की शाम उन्हें बहुत करीब लग रही थी। और उन्होंने जो हमेशा जल्दबाज़ी में रहते थे, टालमटोल करना शुरू किया। ठीक उसी दिन उन्होंने फैसला किया कि वे दोनों नेताओं को उनके देशों के सरकारी नक्शे 16 अगस्त को स्वाधीनता के एक दिन बाद देंगे। स्वाधीनता की घोषणा आँख मूँदकर कर दी जाएगी।

जैसी उम्मीद थी, अफवाहें छनकर बाहर फैलने लगीं। महात्मा के जीहुज़ूरिया पटेल को पता लगा कि उत्तरी बंगाल की सीमा पर चटगाँव का पहाड़ी क्षेत्र, पाकिस्तान के हिस्से में आएगा। वहाँ मुख्य रूप से बौद्धों की अनध्यात्मवादी जनजातियों की आबादी थी तो पाकिस्तान क्यों ? बल्लभभाई पटेल जो अभी तक शिला की तरह ठोस और खामोश

थे, फूट पड़े और उन्होंने माउंटबेटेन को अत्यन्त उग्र पत्र लिखा। उन्होंने पहली बार अपनी भावनाओं को पूरी कठोरता और कटुता के साथ व्यक्त किया था।

लॉर्ड लुई पर जैसे वज्रपात हुआ, 'एक आदमी जिसे मैं सही माने में राजनेता मानता था,' वे कलपने लगे, 'जिसके दोनों पाँव मज़बूती से जमीन पर जमे थे, एक प्रतिष्ठित व्यक्ति जिसकी जबान ही इकरारनामा थी, वह औरों की तरह उन्मादग्रस्त हो गया।'

उन्होंने 15 अगस्त की काल्पनिक तस्वीर खड़ी करनी शुरू की : नेहरू के द्वारा समारोहों का बायकाट, आर एस एस एस द्वारा जिन्ना की हत्या, और डिकी, यानी खुद उनका बम से चूर-चूर होना। शक्तिहीन महात्मा की एक और उपवास के बाद मृत्यु, यह आखिरी उपवास जो उनके दुखी जीवन का अंत कर देगा। मास्टर तारा सिंह की भयावह तलवार की छाया में स्वाधीन पंजाब। आर एस एस एस के उग्रवादियों के नेतृत्व में एक हिंदू साम्राज्य। सारे संसार पर खून के फव्वारे छोड़ता हुआ टुकड़े-टुकड़े होकर छितराता हुआ भारत... उनके मन में रोज़ ये विचार व्हिस्की के एक-दो पैग के साथ घुमड़ते और फिर उनके पास इस सबके बारे में सोचने का और समय ही नहीं बचता। लेकिन क्योंकि वे बहुत शराब नहीं पीते थे इसलिए उनके ऊपर छाई भयंकर खुमारी अस्तव्यस्त रूप में आसन्न खतरों की याद दिलाती रहती है, जो हर हालत में अपरिहार्य थे।

'यह फौजी कार्रवाई की तरह नहीं है,' वे सोचने लगे, 'नॉर्मंडी में 6 जून 1944 की तरह, उस दिन डी-डे था, हम लोग तटों पर उतर रहे थे... हमें राइन पार करनी बाकी थी। भारत में तो ऐसा लगता है जैसे 15 अगस्त से पहले राइन पार करनी हो। 15 अगस्त 1947 के बाद युद्धोपरान्त समस्याएँ हमें उतनी ही बड़ी लगेंगी जितनी कि वे यूरोप में थीं। शत्रु के पास हमेशा एक और वार सुरक्षित रहता है।'

लेकिन यहाँ शत्रु नाज़ी नहीं थे, शत्रु कहीं नहीं था और सब जगह था और चाकू जमा किए जा रहे थे।

18 जुलाई को वायसराय और लॉर्ड लुई ने बहुत चुन-चुनकर अपनी शादी की रजत जयंती के उपलक्ष्य में 90 मेहमानों को आमंत्रित किया। गाँधी नहीं आए, लेकिन उन्होंने वायसरीन के नाम एक बड़ा प्यारा-सा खत भेजा जिसमें उन्हें 'मेरी प्यारी बहन' कहकर संबोधित किया गया था।

जिन्ना परिवार उपस्थित था, जिन्ना मॉर्निंग कोट पहने और सलेटी साटन की टाई लगाए, बेहद पीले लग रहे थे, उनकी बाँह में बाँह डाले उनकी बहन फ़ातिमा थीं, कठोर फ़ाख्ता की तरह। वे अपने भाई की ही तरह सादी और रिसती हुई-सी थीं। वैसी

ही अभिभूत करनेवाली शान थी उनकी। महाराजाओं को कुछ ही दिन बाद औपचारिक रूप से यह तय करने के लिए मिलना था कि वे पाकिस्तान के साथ रहेंगे या भारत के। आज उन लोगों ने गर्मी के रेशमी मलमल के कपड़े पहनकर पगड़ियाँ लगा रखी थीं। ब्रिटिश साम्राज्य के बाकी बचे हुए सम्मानित लोग, और कुछ राजनयिक, जिनमें एक नवागंतुक अमरीकन भी था, इस मौके पर उपस्थित थे।

नेहरू ने हमेशा के जैसे कपड़े पहने थे, वे मौत की तरह उदास दिखाई दे रहे थे।

'तुम्हें क्या हो गया है ?' एडविना ने उनका स्वागत करते हुए धीमे से पूछा। 'मैंने अक्सर तुम्हें गुस्से में देखा है, कभी-कभी मैंने तुम्हें भावावेग से परेशान भी देखा है, पर ऐसा भारी चेहरा कभी नहीं देखा।'

उन्होंने निगाह दूसरी ओर घुमाकर हल्के से उसकी बाँह दबाई। फिर वे सिर झुकाए खामोशी से चल दिए; वह उन्हें जाता हुआ देखती रही और देखा कि वे जाकर एक तरफ़ बैठ गए। आखिरी मेहमान आ रहे थे, जिनका उसे इंतज़ार करके स्वागत करना था। जैसे ही यह काम खत्म हुआ, वह दौड़कर नेहरू के पास पहुँच गई।

उसने हल्के से उनके कंधे पर हाथ रखकर कहा, 'जवाहर... तुम इतने विषादग्रस्त क्यों हो ? आओ मेरे साथ बैठो।'

'मुझे अकेला छोड़ दो,' उन्होंने रुखाई से अपने को छुड़ाते हुए कहा, 'जब पंजाब के गाँव आग में धधक रहे हों, मुझे यहाँ आना ही नहीं चाहिए था। उन शाम के गाउनों की तरफ देखो, वे समारोही साड़ियाँ, वर्दियाँ, रोशनी और अब नर्तक। स्वाधीनता से एक महीने पहले ही और सबकुछ टूट-बिखर रहा है...।'

'जब तुम प्रधानमंत्री हो और तुम्हारा दिल भारी हो, तुम्हें भी सार्वजनिक रूप से साहस का दिखावा करना पड़ेगा,' उसने तीखेपन से उत्तर दिया। 'यह ऐसा समारोह है जिसके बारे में तुम्हें कुछ नहीं मालूम।' उसने अपनी एड़ियों पर घूमते हुए जोड़ा।

'ठहरो...,' उन्होंने उसे रोकते हुए कहा। 'तुम्हें नहीं मालूम...'

वे सहसा थकी हुई मुद्रा में रुक गए।

'क्या ?' उसने टोका। 'हमारी रजत जयंती आपको परेशान कर रही है ?'

हे राम,' नेहरू ने ठंडी साँस ली, 'मैं उसके बारे में तो सोच भी नहीं रहा था। मैं तो यह सोच रहा था कि बापू का डर बेबुनियाद नहीं साबित होगा। अब बहुत देर हो चुकी है, मेरी डी... और यह बारिश जो कभी आती ही नहीं, यह लेट मानसून। मुझे तुम्हारी बेतरह ज़रूरत पड़ेगी।'

वह उनके पास खामोश होकर बैठ गई। चबूतरे पर पहले नगाड़े की आवाज़ आई।

एक नारी-कंठ उभरा, गंभीर और मृदुल।

'पंडितजी, मुझे अपनी जगह पर जाना होगा।' वह बुदबुदाई, 'डिकी मेरा इंतज़ार कर रहे हैं।'

'मुझे भी,' उन्होंने साँस ली। 'पर मुझे तुम्हें भेंट करने के लिए नृत्य नहीं है। सिवा पीड़ा के कुछ नहीं है, माइ डियरेस्ट'।

नर्तकियों के गुलाबी लहँगों के चक्कर काटने पर मुस्कुराते हुए, लॉर्ड लुई ने अपने बगीचे पर गर्व से नजर डाली। अँधेरे में हज़ारों दीये धीमा प्रकाश बिखरा रहे थे। मेहमान इधर-उधर घूम रहे थे। अतीत और भविष्य के राजकुमार, महाराज जो अब भी अपने तेज से दमक रहे थे, और अपनी खादी की पोशाकों में कांग्रेस के योद्धा। उन्होंने एडविना को नेहरू की बगल से उठते देखा, वह उनकी तरफ उसी तरह लपकती आ रही थी। जिसने उनकी नज़र को बेंडरबिल्ट नौका पर बाँध लिया था और जब वह पास आई तो उसके चेहरे पर वही दीप्त मुस्कान थी जो उन्हें अब भी विचलित कर देती थी। वह एक ऐसी महिला की तरफ़ बढ़ी जिसका चेहरा गंभीर था। उसने काले रंग की कढ़ाई की सफ़ेद साड़ी पहन रखी थी। राजकुमारी अमृत कौर, एक राजा और स्वतंत्रता सेनानी की बेटी थीं, और स्वतन्त्र भारत की स्वास्थ्य मंत्री होने जा रही थीं। जब एडविना कुछ हफ़्ते पहले लंदन में थोड़े-से समय के लिए ठहरी थी, तब उसने सीपी के दो डिब्बे खरीदे थे, एक फ़ातिमा जिन्ना के लिए और दूसरा अमृत कौर के लिए। दोनों लम्बी छाया-मूर्तियाँ रात में घूम रही थीं, हिन्दुस्तानी महिला के सिर से साड़ी का पल्लू सरक गया और वे दोनों बहनें-सी लगने लगीं। उनकी छायाएँ इतनी समान थीं, वे अपनी गर्दनें एक ही ढंग से सीधी रखती थीं, उनकी कमर भी एक-जैसी सीधी थी और वे दोनों समान रूप से विनम्र थीं।

'कितनी शानदार पार्टी है, है न नेहरू ?' लॉर्ड लुई ने उल्लसित होकर पूछा।

नेहरू ने कंधे उचकाए। निस्संदेह, कोई क्रान्ति कभी इतने ज़्यादा शिष्टाचार से सम्पन्न नहीं हुई थी। खतरों का इतना कम हिसाब कभी नहीं लगाया गया था जितना वायसराय की रजत जयंती की उस शाम को।

ज्योतिषियों ने इकट्ठा होकर उनके सामने एक गंभीर दलील पेश की थी। उनकी गणना के अनुसार, 15 अगस्त शुभ दिन था। वह दिन अशुभ था तो नेहरू इस तथ्य की उपेक्षा नहीं कर सकते थे। यह चौंधियाता हुआ वायसराय, यह प्रतापी युवक इस बात को नहीं समझ सकता कि आखिर तारीख बदलने की क्या जरूरत है।

क्या वह उत्साही दरबारियों के बीच एक राजा की तरह व्यवहार नहीं कर रहा है, मानो शासन का कभी अंत ही नहीं होगा।

25 जुलाई को राजाओं की सभा वायसराय के तत्त्वावधान में पूरी राजसी शान-शौकत के साथ मिली। लॉर्ड लुई ने दोनों देशों की मदद करने के लिए उन्हें एकत्र होने के लिए कायल करने का जिम्मा उठाया। जुड़ने से उनका लाभ होगा, उनके विशेष अधिकारों का आदर किया जाएगा और उनकी सम्पत्ति को यथावत रहने दिया जाएगा। दूसरी ओर यदि उन्होंने केन्द्र सरकार के अधिमिलन संबंधी अधिनियम पर हस्ताक्षर नहीं किए तो उन्हें किसी बात की गारंटी नहीं दे सकेंगे। कुछ महाराजाओं को ज्यादा फुसलाने की जरूरत पड़ी। इनमें सबसे अनिच्छुक कश्मीर के महाराजा थे। वह राज्य जहाँ नेहरू परिवार का जन्म हुआ था। हैदराबाद के निज़ाम, जो दक्षिण भारत के एक बहुसंख्यक मुस्लिम आबादीवाले राज्य के शासक थे, और जिन्हें फ्रांसीसियों की मदद थी, पूरी स्वाधीनता का स्वप्न देख रहे थे; तीन-चार छोटे-मोटे राजाओं के यही बात समझ में नहीं आई थी कि इस पूरे प्रसंग में दाँव पर क्या लगा है। लेकिन उन्हें कायल करना मुश्किल नहीं होगा। इसलिए और भी नहीं क्योंकि एडविना एक-एक करके उनकी महारानियों के साथ उनका स्वागत कर रही थी, कम-से-कम तब वे पर्दे के बाहर रहती थीं और ये राजा लोग अपने आधुनिक होने में गर्व का अनुभव करते थे और अपनी रानियों को अंग्रेजों के साथ चाय पीने के लिए भेजते थे। इन सब बातों से मदद मिलने की उम्मीद थी।

उसी शाम को जिन्ना अपनी बहन के साथ डिनर पर आए। मुस्लिम लीग का नेता स्थिति में सुधार करना चाहता था; वे लगातार ऐसी कहानियाँ याद करके सुनाते रहे जो उन्हें मनोरंजक लगती थीं और जिन्हें सुनकर एडविना को उबासी आने लगी। उसे जिन्ना और भी अधिक महत्वोन्मादी लगा। वृद्ध महाशय एडविना की उदासीनता को भाँपकर अपेक्षा से जल्दी रुख्सत हो गए। अगले दिन शाम के खाने पर साझेदारी के लिए नेहरू की बारी थी। वे अपनी बहन, अपनी बेटी इंदिरा और दामाद फ़ीरोज़ गाँधी के साथ आए। वह लगभग पारिवारिक डिनर हो गया।

जब एडविना ऐसे कामों में व्यस्त नहीं रहती थी, जिन्हें वह बेकार समझती थी, तो वह स्वास्थ्य सेवाओं और संगठनों का आयोजन करने का प्रयास करती थी। साथ ही बच्चों, असहायों, रोगियों और बीमारों के लिए सहायता जुटाने का। गाँधी और नेहरू के पूर्वाभास मिलने पर उसने आखिरी समय नर्सों के प्रशिक्षण के लिए कानून पास कराने के मामले में खुद हस्तक्षेप किया। इस कानून को तैयार करने की प्रक्रिया 1943 से

चल रही थी, लेकिन मामलों को आगे बढ़ाने में शिथिलता के कारण यह प्रसंग भी हमेशा की तरह झमेले में पड़ गया था। राजकुमारी अमृत कौर ने इस उद्योग में उसकी उस समय मदद की जब वह लगभग असफल हो गया था; एडविना ने नेहरू की मदद माँगी और कानून पास हो गया। कम-से-कम वायसरीन उन घटनाओं के लिए तैयार थीं जिनके बारे में वह चिंता करने की परवाह नहीं करती थीं और जिन्हें वह अस्पष्ट ढंग से 'परिणाम' कहा करती थीं।

डिकी का दफ़्तर इतना ज़्यादा ठंडा रहता था कि उसमें घुसने के लिए फ़र या स्वेटर पहनना लगभग ज़रूरी हो जाता था।

एडविना को ठंडी और बर्फीली हवा से नफ़रत थी, उसे उन दिनों के डिकी से नफ़रत थी जो मध्ययुगीन सामंत की तरह व्यवहार करता था। वे हर बात का फैसला अपने भारतीय मित्रों की परेशानी की या मुस्लिम लीग के नेताओं की नाराज़गी की परवाह किए बिना, आदतन तिरस्कार भाव से किया करते थे। वे किसी प्रकार की आलोचना स्वीकार नहीं करते थे और अपनी पत्नी के साथ नौकर की तरह पेश आते थे। उस ग्लेशियर के सिवा जहाँ डिकी ने हैडक्वार्टर के चीफ़ की भूमिका अंजाम दी थी, भारत गर्मी से बेहाल उस मानसून की प्रतीक्षा कर रहा था जो नहीं ही आया। मानो ज्योतिषियों की भविष्यवाणियाँ, बादलों और बारिश को रोके रखकर, इस संकट को खुद अपनी घोषणा करने की इजाज़त दे रही थीं।

कुछ ही दिन बाकी रह गए थे। पंजाब की सीमा के दोनों तरफ़, हिन्दू और मुसलमान अपने गाँवों को छोड़कर भटकते हुए सड़कों पर आ गए थे। हिन्दुओं ने अपने-आपको जहाँ टिका लिया था वही पहला शरणार्थी कैम्प बना, महात्मा ने माँग की कि उन्हें नेहरू के साथ वहाँ ले जाया जाए। वहाँ बत्तीस हज़ार अभागी आत्माएँ सूरज के नीचे पड़ी थीं, धूल से उनका साँस घुट रहा था, कोई सुविधा नहीं थी। सिर्फ़ कम होते जा रहे पानी को ढोकर लाने के लिए गिनती के जेरीकेन मुहैया थे। तहाया हुआ गीला कपड़ा सिर पर रखे, गाँधी ने पूरा दिन पाखाने खुदवाते हुए बिताया। उन्हें इसकी धुन थी। उन्होंने एक झोंपड़ी में अस्थाई डिस्पेंसरी बनाई, जिसमें जख्मों की मरहमपट्टी के लिए थोड़ी-सी मिट्टी और पट्टियाँ थीं। वे वहाँ रोते रहे। जब वे उस गाड़ी में चढ़े जो उन्हें दिल्ली वापस लानेवाली थी तो थकान से बेहाल गाँधी को नींद आ गई। नेहरू धीरे-धीरे उनके पाँव में मालिश करते रहे।

गाँधी नोआखाली जाने के लिए अपना सामान बाँध चुके थे। उन्होंने बंगाल के इस गाँव

का चुनाव तब किया था, जब बंगाली मुस्लिम नेता सुहरावर्दी ने उनसे सहायता माँगी थी। सिर्फ़ महात्मा ही स्वतंत्रता दिवस को कलकत्ता के मुसलमानों की रक्षा कर सकते थे। सुहरावर्दी यह प्रार्थना करनेवाले दूसरे व्यक्ति थे; पहल लॉर्ड माउंटबेटेन ने की थी, जिसे गाँधी ने इनकार कर दिया था।

गांधी ने बाद में मंजूरी दे दी लेकिन दो शर्तों पर : हिन्दुओं की सुरक्षा की गारंटी और शहर की सबसे गंदी बस्ती में रात-दिन उनके साथ सुहरावर्दी की मौजूदगी। सुहरावर्दी वेश्याओं का प्रशंसक था और बढ़िया भोजन का शौकीन। लोगों को यह संदेह था कि दंगाइयों का वह गिरोह उसी के नियंत्रण में था जो जिन्ना द्वारा आरम्भ किए गए डाइरेक्ट ऐक्शन के दौरान पाँच हज़ार लोगों की हत्या के लिए जिम्मेदार थे।

सुहरावर्दी ने दोनों शर्तें निस्संकोच मान लीं। बदले में गाँधी ने उनसे कहलवा दिया कि वे उनकी प्रार्थना को स्वीकार कर लेंगे। वह प्रार्थना जिसके लिए उन्होंने वायसराय को इनकार कर दिया था, सहसा एक पश्चातापी मुसलमान नेता के कहने पर स्वीकार कर ली।

भारत से हमेशा के लिए रवाना होने से पहले जिन्ना अपनी बीवी रुटी की मजार पर श्रद्धांजलि अर्पित करने गए। उसके बाद, पहली बार तिनकों के रंग की शेरवानी और अस्तरखानी टोपी पहनकर उन्होंने कराची के लिए उड़ान ली, जो उनकी भविष्य की राजधानी थी; वहाँ जाकर उन्हें **क़ायदे आज़म** का शानदार खिताब हासिल करना था। जब उनका जहाज़ कराची में उतर रहा था, उस दिन 1947 की 6 अगस्त थी। मैदान में सफेद पोशाकों का समुद्र उमड़ रहा था। भावी पाकिस्तान।

वे एक बख्तरबंद गाड़ी में बैठे जिसे फूलों के हारों ने विजय-रथ में बदल दिया था, उन पर राजाओं के योग्य मंच की ओट थी, काले कपड़े पहने तीन सुरक्षा गार्ड पीछे खड़े थे और उनकी पतली गर्दन में लम्बा हार सुशोभित था। क़ायदे आज़म जिन्ना ने अंधाधुंध जयजयकार की आवाजों के बीच कराची में प्रवेश किया। उनके साथ, सफ़ेद घोड़े पर दुलकी चाल से मुस्लिम पगड़ी पहने एक मूँछधारी स्थूलकाय सिपाही चल रहा था जो गर्व के साथ भीड़ को रोकता जा रहा था।

जिन्ना ने भीड़ को, सिपाही को, चाँद-सितारे के चिह्न से अंकित हरे झंडों को देखा और देखा गैरिक आसमान को और उन चीलों को जो उनके सिर पर मँडरा रही थीं और एकबारगी उन्हें अपने सितारों पर यकीन नहीं हुआ। उन्हें तमाम उम्मीदों के खिलाफ सफलता मिली थी। हफ़्ते-भर में पाकिस्तान एक वास्तविकता हो जाएगा, और वो, मोहम्मद अली जिन्ना — जो हिन्दू और मुसलमानों के बीच एकता के भूतपूर्व

राजदूत थे, इसके एकमात्र जन्मदाता थे।

14 अगस्त, कराची : पाकिस्तान का जन्म

15 अगस्त, नई दिल्ली : भारत का जन्म

क़ायदे आज़म की विजय

कराची, 14 अगस्त 1947

घबराए हुए कर्नल बर्नी ने वायसराय की तरफ़ झुककर उनके कान में फुसफुसाकर कहा, 'मैं आपको बताना जरूरी समझता हूँ, सर,' उसने विचित्र ढंग से बात शुरू की, 'कि कराची की सड़कें कुछ दिन पहले क़ायदे आज़म के पहुँचने के समय भीड़ से फटी पड़ रही थीं। एक वास्तविक मानव-समुद्र .... ।'

'एकदम ठीक,' लॉर्ड लुई ने सुरुचि से अपना माथा पोंछते हुए कहा। 'मुझे खुशी हुई। अगर जिन्ना का स्वागत ठंडेपन से होता, उससे यह बेहतर है।'

'स्वाभाविक है, सर। लेकिन इस प्रसंग में ..... आपको लाने के लिए, मैंने हवाई अड्डेवाली सड़क पर ध्यान किया कि आज अपेक्षाकृत कम आदमी थे।'

'कम थे ?' माउंटबेटेन ने अपने कफ़ खींचते हुए पूछा।

'सच बात तो यह है, सर, कि मैंने मुख्य रूप से अपनी सेना को ही देखा। यानी, मेरे कहने का मतलब है भारत की भूतपूर्व सेना को।' उसने कुछ, उलझन से कहा।

'मुझे कोई ताज्जुब नहीं हुआ। एडविना क्या तुम आ रही हो ?' माउंटबेटेन एक तरफ़ के दरवाजे को खटखटाते हुए चिल्लाए। 'यहाँ दमघोंट गर्मी है। जल्दी करो।'

'इतने वायसरीन तैयार होने में व्यस्त हैं, सर, मेरा आपको कुछ बड़ी अप्रिय बातों के बारे में सूचना देना ज़रूरी है जिसे मैं नहीं चाहता कि वे सुनें,' कर्नल बर्नी ने दबी-सी आवाज में कहा।

लॉर्ड लुई ने उसकी तरफ़ ध्यान से देखा, फिर वे उसकी बाँह थामकर उसे एक तरफ़ ले गए।

'हमने गवर्नर जनरल के ख़िलाफ़ एक षड्यंत्र का पता लगाया है, सर,' कर्नल बर्नी ने आहिस्ता से कहा।

'जुलूस के दौरान जिन्ना की गाड़ी पर बम का फेंका जाना ? यही बात है ?' माउंटबेटेन ने पूछा।

'यस सर,' सीधे खड़े होकर बर्नी ने कहा।

'मुझे इसके बारे में दिल्ली में बताया गया था,' माउंटबेटेन बोले। 'मास्टर तारा सिंह के सिख हिन्दू आतंकवादियों के साथ मिलकर।'

'एकदम यही, सर। पुलिस का कहना है कि वे असमर्थ हैं।'

'मैं यह पहले से जानता हूँ,' लॉर्ड लुई बोले। 'महान नेता क़ायदे आज़म का इस बारे में क्या कहना है ?'

'उन्होंने मुझे आप तक यह संदेश पहुँचाने का जिम्मा दिया है, सर। जहाँ तक उनका ताल्लुक है वे बनाए गए कार्यक्रम का पालन करने के लिए पूरी तरह तैयार हैं, बशर्ते वायसराय उनकी बगल में रहने के लिए तैयार हों,' कर्नल ने जोर देकर कहा।

'हम लोग इसलिए खुली लिमोसीन में बमों के आक्रमण की छाया में अगल-बगल बैठेंगे,' माउंटबेटेन मुस्कुराकर बोले। 'डियर जिन्ना। तुरंत जाकर क़ायदे आज़म को बता दो कि उन्हें प्रोग्राम में रत्ती-भर परिवर्तन नहीं करना है।'

'लेकिन, सर !' बर्नी हैरत से बोला।

'जाओ ! मैं चीज़ों की इस प्रकार व्यवस्था करूँगा कि वायसरीन दूसरी गाड़ी में सफ़र करें। चाहे जो हो, उन्हें कुछ पता नहीं लगना चाहिए। और अब, आप रुख्सत हों,' माउंटबेटेन ने ऐसे लहजे में कहा जिसमें जवाब की कोई गुंजाइश नहीं थी।

'जैसा आपका हुकुम, सर,' बर्नी ने अपनी एड़ियाँ खटकाकर कहा।

'अच्छा, अगर आज मरना ज़रूरी है, तो देखेंगे,' माउंटबेटेन ने अपने-आपसे कहा। 'फिर, चाहे जो हो, मुझे नहीं लगता कि अब मैं पीछे कैसे हट सकता हूँ। जिन्ना को दूसरी बार मेरा अपमान करके बहुत खुशी होगी। जुलूस रद्द कर दिया जाएगा और इस बात पर बड़ी एहतियात के साथ ज़ोर दिया जाएगा कि वायसराय खतरे का सामना नहीं करना चाहते थे ... इसके अलावा वे खुद ही गवर्नर जनरल बनना चाहते थे, ये कुछ विचित्र होगा कि वे मुझे मेरी मौत तक घसीटकर ले जाएँ। मैं एडविना को बताता हूँ ...।'

आखिर एडविना प्रकट हुई, अपने चिपके हुए सफ़ेद गाउन में वह हमेशा से ज़्यादा दुबली दिखाई पड़ रही थी। उसने हैट हाथ में थाम रखा था।

'देखो, मैं तैयार हो गई। सिर्फ़ हैट बाकी है। तुम्हें यह पसन्द है ?'

'हाँ,' माउंटबेटेन ने उसकी तरफ़ बिना देखे कहा। 'उसे पहन लो और अब हमें चलना है, कार्यक्रम बहुत बदल गया है।'

एडविना ने बड़ी नज़ाकत से सफ़ेद पत्तियोंवाला हैट अपने घुँघराले बालों पर रखा

और मुस्कुरा दी।

'इस तरह, डिकी ?'

'वाह, स्वप्नदर्शन जैसा,' लॉर्ड लुई ने प्रशंसा-भाव से कहा, 'तुम्हारा दुपट्टा इस हल्के रंग की ड्रेस के साथ खूब फब रहा है। चलो अब चलें।'

विशाल खुली हुई लिमोसीन ने, गवर्नर जनरल, महान नेता, पाकिस्तान के जन्मदाता मोहम्मद अली जिन्ना के भवन की दिशा में यात्रा शुरू की। बर्नी की बात सही थी : ब्रिटिश वर्दी में सैनिकों की पंक्ति के पीछे — जो एक बार भारतीय सेना के विभाजित होने के बाद पाकिस्तानी हो गए थे, बहुत मामूली-सी भीड़ उदासीन भाव से खड़ी, सफ़ेद कपड़ों में चमचमाते इन दो व्यक्तियों की तरफ़ देख रही थी। इनमें से एक अपना हाथ हिला रही थी, और दूसरे उन रेजिमेंटों के सेल्यूट का प्रत्युत्तर देते जा रहे थे जो शस्त्र प्रस्तुत कर रहे थे। सिर्फ कैप्टनों की तेज आवाज़ और उठी हुई राइफलों के क्लिक करने की आवाज़, गाड़ी के इंजन की धीमी घरघराहट के साथ सुनाई पड़ रही थी। वे पहुँचनेवाले थे।

जिन्ना ने फ़र की टोपी पहन रखी थी, जिससे उनका रूप बदला नज़र आने लगा था। और एक बार फिर उन्होंने लम्बी काली शेरवानी के साथ चूड़ीदार पाजामा पहन लिया था। वे मुस्कुरा नहीं रहे थे। उनकी आँखों में गहरी छायाएँ थीं और चेहरा एकदम भावहीन। उन्होंने वायसराय का हाथ दबाकर उनका अभिवादन किया। 'मृत्यु के कगार पर बैठा आदमी,' माउंटबेटेन ने मन में सोचा।

भोज लगातार चलता रहा, इस्लामी भारत के परम्परागत भोजन परोसे गए थे और वे इस बात पर जोर देना नहीं भूले कि बिरयानी का तरीका हैदराबादी सुलतान के राज्य का है जो अभी स्वतंत्र है और जिसमें अब भी बहुसंख्यक मुसलमान आबादी है, उनके रिकार्ड के लिए यह भी उल्लेख किया गया कि दम देकर पकाई गई भेड़ यानी **रान** — लखनऊ से है, जो विभाजन के बाद स्थायी रूप से भारत में है। सारे सुरुचि-सम्पन्न मेहमान ब्रिटिश भारत की सम्मानित मुस्लिम आबादी के लोग थे। लॉर्ड लुई को जिन्ना की बहन और लियाकत अली ख़ाँ की शानदार पत्नी बेगम राना के बीच बैठाया गया। बेगम ने सफेद मलमल की पारदर्शी साड़ी पहन रखी थी। डिकी की हँसी की आवाज़ सुनकर एडविना ने सोचा कि वह बड़े प्यारे मूड में है।

घनी भौंहों के नीचे धँसी क़ायदे आज़म की सख्त आँखें घबराहट के साथ इस बातचीत पर ध्यान लगाए थीं। इंगलैंड के साथ पाकिस्तान के संबंध किसी हालत में बिगड़ने नहीं चाहिए। सरकारी भाषण का समय आ गया था। जिन्ना ने खड़े होकर दावत की लम्बी मेज़ का जायजा लिया।

'योर एक्सिलेंसी, योर हाइनेस, देवियो और सज्जनो, मुझे हिज़ मेजेस्टी द किंग

की सलामती का यह जाम पेश करते हुए बेहद प्रसन्नता हो रही है — यहाँ योर एक्सिलेंसी लॉर्ड माउंटबेटेन से मैं कहना चाहूँगा, कि 3 जून की योजना में जो नीति और सिद्धांत तय किए गए थे, उन्हें पूरे दिल से कार्यान्वित करने के लिए हमारे मन में आपके प्रति बेहद प्रशंसा का भाव है। पाकिस्तान और हिन्दुस्तान आपको हमेशा याद रखेंगे...'

'प्रोटोकॉल ने मुझे सावधान नहीं किया,' लॉर्ड लुई ने परेशान होकर सोचा। 'मुझे सरकारी प्रत्युत्तर में संशोधन करना होगा।'

कर्नल बर्नी सतर्कता से वायसराय के पास पहुँचे; एडविना दूर से उन्हें जिज्ञासा के भाव से देख रही थी।

'तुमने गवर्नर जनरल को मेरा संदेश दे दिया था ?' लॉर्ड लुई ने जल्दी से पूछा।

'यस सर, उन्होंने आपको धन्यवाद दिया है और आपको यह बताने के लिए कहा है कि वे बेहद सम्मानित महसूस कर रहे हैं। वे खुली गाड़ी पर जोर दे रहे हैं।' बर्नी ने फुसफुसाकर बताया।

माउंटबेटेन ने सिर्फ़ 'आह !' कहकर पूछा, 'तुमने गवर्नर जनरल की बहन और वायसरीन के लिए दूसरी गाड़ी का इंतज़ाम किया है ? जो लोग हमला करने की योजना बना रहे हैं, उनकी कोई खबर नहीं है, एक शब्द नहीं ...'

एडविना उनके पीछे खड़ी थी।

ये घुसपुस क्या है डिकी ? तुम मेरे बारे में बात कर रहे थे ...'

'तुम मेरी जासूसी कर रही हो।' डिकी ने कहा, 'मुझे ऐसी हरकत से बहुत चिढ़ है। हम लोग जुलूस के इंतजाम के बारे में बात कर रहे थे। सच माइ डियर, यह असह्य हो जाता है।' उन्होंने उसका ध्यान बँटाने के लिए जल्दी से कहा।

एडविना ने जवाब नहीं दिया।

'डिकी,' वह बुदबुदाई, 'तुम किसी हमले का जिक्र कर रहे थे। मैं गाड़ी में तुम्हारे साथ जाऊँगी।'

'सवाल ही नहीं उठता, माई डियर,' लॉर्ड लुई ने धीमी आवाज़ में जवाब दिया।

'तुम मुझे रोक नहीं सकते,' उसने अपना मुँह घुमाकर बात जारी रखी।

'ओह यस, मैं रोकूँगा,' उन्होंने साँस ली, 'रोल्स रायस इतनी बड़ी नहीं है। तुम इस तरह फ़ातिमा जिन्ना का अपमान नहीं कर सकतीं।'

'तो मैं कल्पना नहीं कर रही थी, डिकी ?' उसने उनका हाथ पकड़कर कहा, 'तुम्हें किसी षड्यंत्र की जानकारी हुई है।'

'मेरी समझ में नहीं आता कि हम दोनों बम से उड़ाए जाने के लिए इतने आतुर क्यों हैं ? क्या तुम समझती हो कि अपनी इस मूर्खतापूर्ण ज़िद से मेरी मदद कर रही

हो ?'

'मैं तुम्हारे साथ जाऊँगी,' एडविना ने फिर ज़िद की।

'बस, बहुत हो गया,' वे अपना हाथ छुड़ाते हुए बरस पड़े। 'मेरे कामों में अड़चनें मत डालो। तुम्हारा शोफ़र रोल्स के बहुत पीछे गाड़ी चलाएगा। यह मेरा हुक्म है एडविना, और तुम इसका पालन करोगी।'

'नहीं, मैं पालन नहीं करूँगी।' एडविना ने सोचा। 'मैं तुम्हें अकेले इस खतरे का सामना करने के लिए नहीं छोड़ूँगी। तुम, जिन्ना के साथ, जिसे तुम नापसन्द करते हो, अपनी आखिरी सहयात्री के रूप में ... कभी नहीं।'

लॉर्ड लुई ने देखा कि वह अशांत होकर अपना दस्ताना चबा रही है। वह गाड़ी को तेज करा सकती है .... बिना सावधान किए आखिरी क्षण में गाड़ी पर चढ़ सकती है। वह कुछ भी कर सकती है और वह बिना सोचे ऐसा करेगी, उन्होंने निराश मन से सोचा और अपनी बाँह अपनी जिद्दी बीवी के कंधे पर रख दी।

'डिकी, मैं तुमसे प्रार्थना करती हूँ, मुझे अपने साथ आने की इजाज़त दे दो ...'

'नो, डार्लिंग,' वे बड़ी नरमी से बोले।

जिन्ना ने वायसराय को रोल्स में चढ़ने के लिए इशारा किया। एडविना ने देखा कि डिकी उसकी तरफ मुस्कुराने के लिए घूमे। फ़ातिमा जिन्ना, उस गाड़ी में बैठने के लिए अपनी बारी का इंतजार कर रही थीं जिसमें उन्हें एडविना के साथ जाना था। एडविना बंद लिमोसीन में चढ़ गई और उसने जल्दी से खिड़की का शीशा नीचे उतार लिया। जुलूस कराची की सड़कों पर रवाना हो गया।

'उसने चुनौती का सामना किया,' जिन्ना ने लक्ष्य किया, 'बहादुर आदमी। क्या हमारी मौत होनेवाली है ? हाँ, बेशक। षड्यंत्र सोच-समझकर बनाया गया है, सिखों को तो मेरी मौत से बहुत फायदा होगा, हाँ, उग्रवादी हिंदुओं को और भी ज्यादा फ़ायदा होगा। पुलिस ने अब तक उनमें से एक को भी नहीं पकड़ा है, और हम लोग खुले में जा रहे हैं। मैं गाड़ी की रफ़्तार तेज करा सकता था ... लेकिन हमें बहुत सँकरी सड़कों से होकर गुज़रना है, वहाँ आगे बढ़ने के रास्ते में भीड़ बहुत घनी होगी। आक्रमणकारियों के लिए यह बच्चों का खेल होगा। रास्ते पर, कोई भी व्यक्ति, किसी खिड़की से या किसी बिजली के खंभे से ही, या फिर कोई मजबूत बाँहोंवाला लम्बा आदमी इस काम को अंजाम दे सकता है। जो हो, हर बात पहले से देख ली गई है। यह कल्पना करना कि पाकिस्तान मेरे साथ मर जाएगा, कि वे उसकी पैदाइश को रोक सकते हैं, उनकी नासमझी है। स्वाधीनता की घोषणा की जा चुकी है; मैंने अपना काम पूरा कर दिया है। मैं अब मर

सकता हूँ, लियाकत अली ख़ाँ जानते हैं कि उनको क्या करना है। बम की आग से आहत होकर एक झटके में खत्म होना ज्यादा आसान होगा। डाक्टर ने मुझे यह ठीक-ठीक नहीं बताया है कि मेरी ज़िंदगी के कितने दिन बाकी हैं; वह कुछ महीनों की बात कर रहा था। हर शाम मुझे अपने चकनाचूर फेफड़ों का एहसास होता है, साँस न आने का, और हर रात मेरा दम कुछ और घुट जाता है। वक्त बहुत जल्दी पूरा होनेवाला है। मैं जानता हूँ कि मुझे क्या उम्मीद करनी चाहिए, मेरी मौत साँस घुटने से होगी, रेत पर मछली की तरह, गला सूखा और दिल फटा हुआ ... मैं इस जुलूस को रद्द कर सकता था, बंद गाड़ी माँग सकता था, रास्ता बदल सकता था, मैं और भी कुछ कर सकता था पर मैं इम्तहान में पड़ना चाहता था, पाकिस्तान की पैदाइश के दिन एक हमले से मौत ! या अल्लाह ! क्या स्थायी शान होगी। अगर मैं अपने बिस्तर में उस बिच्छू का शिकार होकर मर गया जो मेरे सीने को कुतर रहा है तो मैं राज्य का एक आधुनिक अध्यक्ष-भर रह जाऊँगा, नेहरू की तरह सामान्य नेता .... और ये, वायसराय जो मेरे पुराने हिन्दू दुश्मन का इतना मुरीद है,' उन्होंने रहस्यमय माउंटबेटेन पर अपनी नज़र दौड़ाकर खुद से कहा, 'इसने क्यों मौत में मेरा साझीदार होना मंजूर किया ? यह जवान है, खूबसूरत है, सबकुछ इसके अनुकूल हो रहा है, वह *फ़्लीट एडमिरल* और *सी लॉर्ड* होना चाहता था, उस सबको एक ऐसे आदमी की संगत में टुकड़े होकर खत्म कर देना ? अगर यह मान भी लिया जाए कि उसे मुझसे नफ़रत नहीं है ? यह मेरा एक और वहम है ? मैंने कभी इस बात का यकीन नहीं किया कि मैं पाकिस्तान को देखने के लिए ज़िंदा रहूँगा और मैं यहाँ हूँ, मैं क़ायदे आज़म, मैंने सोचा था कि यह लुई माउंटबेटेन, मुझे रोकने का आखिर कोई-न-कोई तरीका निकाल लेगा, और उसने कुछ नहीं किया। ओह ! मैं बहुत दुष्ट हूँ, मैं किसी को पसंद नहीं करता। उसका जयजयकार होता है, उसके सम्मान में दावतें होती हैं; लोग उसके एहसानमंद हैं, और मैं .... आखिर मैंने अपने साथ इस जवान आदमी की मौत क्यों चाही ?'

लॉर्ड लुई, जिनकी तेज नज़रें बिजली के खंभों और मकानों को बारीकी से जाँच रही थीं, भीड़ के जयजयकार के बदले खुलकर मुस्कुरा रहे थे, और इतनी लापरवाही से हाथ हिला रहे थे, जैसे वे धमकी के बारे में सबकुछ भूल गए हों।

ये जिन्ना। हमेशा की तरह निष्प्राण,' वे सोच रहे थे, 'लेकिन साहसी। इस बूढ़े में हिम्मत की कमी नहीं है; एक लापरवाह वकील से यह व्यवहार ताज्जुब पैदा करने वाला है। गाँधी ने मुझे सावधान किया था कि जिन्ना कांग्रेस के मिथ्या निरूपण जैसा निरर्थक नहीं है; हमेशा की तरह वे सही थे... गाँधी, अगर तुम ऐसी स्थिति में, मेरी

अंतिम यात्रा के समय मेरी तरफ़ होते तो क्या कहते ? तुम मुझे देखकर मुस्कुराते और नियति की अनिवार्यता पर एक बार फिर कोई धार्मिक प्रवचन करते... लेकिन, इस बात को निश्चित रूप से कैसे कहा जा सकता है कि वे लोग यंह बम फेंकेंगे। यह युद्ध है, जो 1945 में, याल्टा में विश्व के विभाजन के साथ खत्म नहीं हुआ, बस इतना ही। उन तीन महाशक्तियों ने समझा कि ब्लैक सी के तट पर उन्होंने पूरी दुनिया की किस्मत का फैसला कर दिया है। जब उन्होंने अपनी कॉन्फ्रेंस की, उस समय तक दूसरा विश्वयुद्ध समाप्त भी नहीं हुआ था ... लेकिन चर्चिल, स्टॉलिन और रूज़वेल्ट कत्लेआम को बंद नहीं कर सके ... युद्ध जारी रहता है ... वह मूर्ख ज्योतिषी मुझसे क्या कह रहा था ? कि मेरी जिंदगी का ख़ात्मा एक विस्फोट के कारण होगा ? क्या वह वक्त आ गया है ? वो, वह आदमी शॉल से अपनी बाँहें ढँके हुए ? या वह जिसने बगल में एक पैकेट दबा रखा है ? जो भी हो, मैं कुछ कर तो सकता ही नहीं, अगर मेरी मौत हो जाती है, तो नेहरू को दूसरा गवर्नर जनरल ढूँढ़ना होगा, लेकिन कल आधी रात को, भारत कुछ कम स्वतंत्र नहीं होगा। एडविना... वह सुरक्षित रहेगी, बशर्ते वह मेरे आदेश का पालन करे। अगर मैं पीछे मुड़कर देखूँ ? नहीं, अगर मैंने ऐसा किया तो वह घबरा जाएगी। अगर कहीं मुझे कोई प्रक्षेपास्त्र नज़र आए, तो मैं जिन्ना को पकड़ सकता हूँ, और हम लोग पेट के बल लेटकर अनहोनी से बच सकेंगे। मुझे युद्ध की खूब आदत है। मैं नज़र रखे हूँ, जिसका कोई नतीजा नहीं निकलनेवाला। ज़ाहिर है कि सब इस बात पर निर्भर रहेगा कि बम कितना शक्तिशाली है। अगर एडविना ने मेरे आदेश का उल्लंघन किया तो वे दोनों भी उड़ा दी जाएँगी। तो, उसे भी मरने दो ! यह उसका फ़र्ज है। सम्राट जॉर्ज को तो प्रकट रूप से आँसू बहाने का अधिकार भी नहीं होगा; डेविड, मेरे बचपन का दोस्त, मेरा प्यारा डेविड, जिसे मैंने उसके गद्दी त्यागने के बाद देखा तक नहीं; क्या वे लोग उसे इंगलैंड लौटने का अधिकार देंगे, भले ही वॉलिस सिम्पसन के बगैर... हमारी बेटियाँ ? हमेशा के लिए खत्म हो गईं ? पाकिस्तान जिंदाबाद। वे सब चिल्ला रहे हैं पाकिस्तान जिंदाबाद, हाँ, हम, जो इसके जन्म के माध्यम हैं, हम अपनी आँतें और दिमाग इसके ऊपर चारों तरफ़ छितरा देंगे। आह, जिन्ना, ज़िद्दी बूढ़े आदमी, तुम्हारे पास तो खोने के लिए और कुछ नहीं बचा है। अगर मैं इससे जिंदा बचकर निकल आया तो मैं तुम्हें माफ़ नहीं करूँगा। अगर ऐसा हुआ,' उन्होंने भावों के विस्तार में सोचा, 'मैं अपनी बेटी के बच्चों से इस यात्रा का ज़िक्र करूँगा... एडविना हमेशा की तरह मेरा मज़ाक बनाएगी। क्या ऐसा लगता है कि मैं एक शान्तिप्रिय नाना बनूँगा, जिसकी मौत शान्ति से अपने बिस्तर में होगी ? कोई है जो उस बॉलकनी पर सरककर चढ़ रहा है... नहीं। वह चिल्ला रहा है। वे कितने खुश हैं। अगर मेरी मौत ज़रूरी हो, तो भी मैंने यह लड़ाई जीत ली है। वे आज़ाद हैं। मुसलमान

और हिन्दू, स्वतंत्र, मेरी कृपा से। मैं मर सकता हूँ। मैंने अपने हिस्से का यश पा लिया है।'

एडविना ने शोफ़र के कंधे को ज़ोर से थपथपाया।

'मैंने तुमसे तेज़ चलने के लिए कहा था !' वह चिल्लाई।

'मुझे ऑर्डर मिले हैं मेमसाहब,' घबराकर शोफ़र हकलाने लगा।

'हम लोगों को देर नहीं हुई है,' फ़ातिमा जिन्ना ने एतराज़ किया। 'तुम रोल्स के पीछे-पीछे इतनी करीब होकर क्यों चलना चाहती हो ?'

'ऐसे ही... ओह! मुझे नहीं पता।' एडविना ने उत्तेजित होकर कहा। 'मुझे लम्बे-लम्बे दूर तक फैले हुए जुलूस अच्छे नहीं लगते। लगता है कभी खत्म ही न होंगे।'

'क्या आपको डर लग रहा है ?' फ़ातिमा ने व्यंगपूर्वक पूछा।

'डर और मुझे ?' एडविना ज़ोर से बोली, 'बिल्कुल नहीं। मुझे कभी डर नहीं लगता।'

'फिर भी आप डरी हुई दिखाई दे रही हैं मैडम, देखिए ये शांत मुसलमान हैं, ये आपको ज़रा-सा भी नुकसान नहीं पहुँचाना चाहते। वे प्रसन्न हैं, और वे सिर्फ़ चिल्ला रहे हैं, "पाकिस्तान ज़िंदाबाद"।'

'मुझे यह मालूम है, शुक्रिया।' एडविना ने तीखेपन से कहा।

'शान्त मुसलमान।' उसने सोचा। 'और इन्हीं हमेशा की विनम्र भेड़ों में से कोई अपने हाथ में बम लिए है। इन्हें कुछ नहीं मालूम; इन्हें बताना भी बेकार है। डिकी मेरी तरफ़ देखने के लिए घूम नहीं रहे हैं। वे कभी इतने दुरुस्त नहीं रहते जितने किसी आपातस्थिति में। हमारी ज़ाया हुई ज़िन्दगियाँ, लड़ाई से पहले वे हिंसक और निरर्थक झगड़े, हमारे बीच वह कठोर और गुप्त तलाक, मेरा खाली रेगिस्तान जैसा हृदय, और अपने सिरदर्दों और आवेग के उफ़ानों के साथ मेरा यह बुढ़ाता शरीर — मैं मरना नहीं चाहती। वे अपना हाथ हिला रहे हैं। वे मुस्कुरा रहे हैं। यकीनन वे मुस्कुरा रहे हैं। वे जानते हैं कि जनता के बीच कैसे मुस्कुराया जाता है। जिन्ना खामोश हैं। लेकिन, अगर उन दोनों को हमले के खतरे की जानकारी है तो क्यों, क्यों ?'

'हम पहुँचनेवाले हैं, लेडी लुई,' फ़ातिमा जिन्ना ने उनके हाथ को छूते हुए कहा।

एडविना चौंककर उछल पड़ी।

'अभी ?' उसे सहसा लगा, कि उसके दिल में सन्नाटा हो गया है। उसने अपनी गुद्दी को कुशन के सहारे टिकाया और गहरी साँस ली।

'आप थक गई हैं मैडम, यह साफ़ दिखाई पड़ रहा है,' आत्मीयता से उनकी बाँह

थामकर फ़ातिमा जिन्ना ने कहा।

'मैं आपकी देखभाल करूँगी, क्योंकि दिल्ली लौटने के बाद आपका दिन आधी रात तक खत्म नहीं होगा।'

जुलूस के आगे चल रही रोल्स दरवाज़ों के सामने से निकल गई। माउंटबेटेन ने मुस्कुराना बंद करके राहत की साँस ली। अचानक, उन्हें महसूस हुआ कि कोई चीज़ हल्के से उनका घुटना सहला रही है। वह यह देखकर हैरान रह गए कि वह जिन्ना का दुबला हाथ था। उन जिन्ना का जो उनकी तरफ सहारे से ऐसे झुक आए थे जैसे कोई पिता अपने बच्चे का सहारा लिए हो।

'ईश्वर का शुक्र है, सर, कि मैं आपको जीवित वापस ले आया हूँ,' बूढ़े आदमी ने दीप्त मुस्कान के साथ कहा।

विगलित होकर माउंटबेटेन ने उस बूढ़े पारदर्शी हाथ को थामकर उसे देर तक दबाए रखा। 'मैं इस बात का कभी यकीन नहीं करता। जिन्ना मुझे लेकर परेशान थे।'

'मुझे यह बात ज़्यादा महत्त्वपूर्ण लगती है कि आप जीवित बने रहें, मिस्टर गवर्नर जनरल। बिना अपने जन्मदाता पिता के, पाकिस्तान का क्या होगा ?' माउंटबेटेन ने उत्साह से कहा।

जिन्ना की मुस्कान हवा के झोंके में मोमबत्ती की तरह टिमटिमाई, और बुझ गई — 'पाकिस्तान के लिए मेरे बगैर काम चलाना सीख लेना ज़रूरी होगा,' उन्होंने सोचा।

'दिल्ली के लिए जल्दी रवाना हो जाइए, माइ डियर लॉर्ड लुई, हिन्दुस्तान आपका इंतजार कर रहा है,' उन्होंने नरमी से कहा, 'और वहाँ आपको कोई खतरा नहीं होगा, क्योंकि लोगों को यह मालूम है कि आप उनसे प्यार करते हैं। आपने ही उनका चुनाव किया है।'

एडविना इंजनों का शोर कम होने का इंतज़ार करती रही। लॉर्ड लुई ने कनखी से उसकी तरफ़ देखा, वह पीली पड़ गई थी, उसकी आँखें निस्तेज थीं, आघात से सुन्न उसने कहा, 'डिकी ! खुदा का शुक्र है; मैं इतनी डरी हुई थी।'

'मालूम नहीं उन्होंने कुछ किया क्यों नहीं। शायद मुझे जिन्ना की बगल में देखकर उन्होंने इरादा बदल दिया,' वे हँसते हुए बोले।

'हमेशा की तरह निरर्थक,' एडविना ने उनके कान में ज़ोर से कहा, 'फ़ातिमा जिन्ना को कुछ नहीं मालूम था। मुझे लग रहा था कि मैं परेशानी से मर जाऊँगी, डिकी। महान नेता का क्या हाल था ?'

'तुम्हें यकीन नहीं आएगा डार्लिंग, जब हम वापस पहुँचे तो उसने अपना हाथ मेरे घुटने पर रखकर मुझे जिंदा वापस ले आने के लिए अपने को बधाई दी।'

'घुटने पर, जिन्ना ने, और तुमने क्या कहा ?'

'और क्या कहता ? यही कहा कि असल में मैं उसे जिंदा वापस लाया हूँ।'

ऐसे मौके पर ? मुझे तुम्हारा यकीन नहीं होता,' एडविना बोली।

'तुम ठीक कह रही हो, मैंने ऐसा कहा नहीं, लेकिन मैं यह कहानी ऐसे ही सुनाया करूँगा,' लॉर्ड लुई चुनौती-भरी मुद्रा में बोले। 'यह नहीं कहा जाएगा कि स्वतंत्र भारत के गवर्नर जनरल ने, एक भावुक क्षण के प्रति समर्पण कर दिया, नेहरू मुझे माफ़ नहीं करेंगे।'

वे बड़ी घबराहट में होंगे,' एडविना बोली। वे लोग आधी रात का इंतज़ार कर रहे हैं ... और मिसेज नायडू, क्या वे हमें मिलेंगी ?'

वे आज लखनऊ के गवर्नर का पद ग्रहण कर रही हैं, और अपने को अपनी पहली जिम्मेदारी को अंजाम देने के लिए तैयार कर रही हैं, और वह है आवास से यूनियन जैक को उतारना। मैंने कहा है कि वे उसे मेरे लिए सहेजकर रख दें। मैं उसे किंग जॉर्ज को पेश करूँगा। 1857 में लखनऊ की घेराबंदीवाला झंडा ...' उन्होंने उदास होकर कहा।

छह

भारत, मेरी माँ जिसके घर पर बर्फ़ की छत है

महान आशाएँ

लखनऊ, 14 अगस्त 1947

बगीचे बरसात का इंतज़ार कर रहे थे, सूखी घास तिनकों-जैसी हो गई थी, और पेड़ों पर थोड़ी-सी धूल-भरी पत्तियाँ ही बाकी थीं। 1857 के सिपाही-विद्रोह के बाद लखनऊ आवास के जिन खँडहरों को बड़ी निष्ठा के साथ सुरक्षित रखा गया था, उनके शिखर पर फहराते यूनियन जैक के उतरने में कुछ ही घंटे बाकी थे।

सरोजिनी की सबसे बढ़िया साड़ी का ज़री से कढ़ा हुआ पल्ला हवा में लहरा रहा था। 'मैं इसका उपयोग अपने आँसू रोकने के लिए नहीं कर सकूँगी,' वे झल्लाईं, 'और वे बहते हुए बहुत बुरे लगेंगे। वे एक महिला को उत्तरप्रदेश की पहली गवर्नर बनाना चाहते थे, तो उन्हें आँसू तो झेलने ही पड़ेंगे। मैं यहाँ एकदम सीधा खड़ी रहूँगी, वे लोग ब्रिटिश झंडा हमेशा के लिए ले जाएँगे और मैं अपना झंडा ऊपर चढ़ता देखूँगी... यहीं हमारा पहला सैनिक-विद्रोह हुआ था, यहीं पहली बार हमारे सिपाहियों ने ब्रिटिश साम्राज्यवाद की अवमानना की थी। वे सारे ब्रिटिश लोग चूहेदानी की तरह वहाँ घेर लिए गए थे, महिलाएँ और निर्जीव बच्चे, और हमारे बागी सिपाहियों ने उनकी गर्दनें काट दी थीं... ए मेरे दिल, उस सबके बारे में नहीं सोचो, तुम रोना शुरू कर दोगे। यहाँ सब ठीक-ठाक है, अब गवर्नर हाउस की तरफ़ लौटना चाहिए। वहाँ कुछ काम बाकी हैं।'

धूल से बचाने के लिए अपनी साड़ी को इकट्ठा करती हुई सरोजिनी कूदकर गाड़ी

पर चढ़ गईं। रात घिरने लगी थी।

'पर मैंने यह पद क्यों स्वीकार किया,' वे भुनभुनाईं। 'मेरी अब समझ में नहीं आ रहा है कि मैंने अपने-आपको इस झमेले में फँसा लिया। मेरे, बड़े जिगरी दोस्त बिधान राय इसे चाहते थे, फिर उनकी दिलचस्पी इसमें नहीं रही। उन्होंने उत्तरप्रदेश के गवर्नर का पद स्वीकार किया था, और मुझसे वादा किया था कि मुझे उनकी जगह ज्यादा से ज्यादा कुछ ही दिन रहना होगा, और मेरे लिए लखनऊ में बहुत दिन रहना ज़रूरी नहीं होगा... और अब देखो ! वे आए नहीं और मैं गवर्नर बन बैठी। मैंने कांग्रेस वालों से कोई बात छिपाई नहीं, मैंने उन्हें आगाह कर दिया था, "तुम लोग एक जंगली चिड़िया को सोने के पिंजरे में कैद कर रहे हो।" वे हँस पड़े। मैं हमेशा उन्हें हँसाती रहती हूँ। बहरहाल, कुछ ही महीने में बिधान राय संयुक्त राष्ट्र से लौट आएँगे, मैं आज़ाद हो जाऊँगी। इस बीच ऐ वृद्ध कन्या, काम में जुट जाओ।'

वे हाँफती, काँखती भवन में आँधी की तरह दाखिल हुईं और तुरंत उनके मंत्रिमंडल ने उन्हें घेर लिया।

'गानेवाले आ गए हैं ?' उन्होंने पूछा।

'और लगभग सभी लोग आ गए हैं मिसेज़ नायडू, बस बौद्ध और ईसाई लोगों को आना है।'

'सिख भी तो ? उन सबकी ठीक से खातिर करना। उन्हें चाय देना न भूल जाना। ओह, क्या जैन मेहमानों के लिए खाने की सूची चेक कर ली गई है ? ध्यान रखना...'

'वहाँ सब तैयार है। लेकिन हमें एक ईसाई मेहमान को लेकर समस्या हो रही है मिसेज़ नायडू। वे यूरोपियन पोशाक में आने की ज़िद कर रहे हैं।'

'मैंने पहले ही मना कर दिया है,' उन्होंने डाँटा। 'आज के दिन कोई यूरोपियन पोशाक नहीं। खासकर लखनऊ में। इसके अलावा ड्रेस कोड निमंत्रण पत्र पर छपा हुआ है : क्या पढ़ना नहीं जानते ?'

'लेकिन मैडम, ये सज्जन ऐंग्लो-इंडियन हैं, उनका कहना है कि उनके पास भारतीय पोशाक है ही नहीं...'

'उनके लिए एक कुरता-पाजामा मँगाओ। वह मैं उन्हें भेंट कर दूँगी। अब, मेहरबानी करके, इस मामले में कोई बहस नहीं होगी। गाने के प्रोग्राम का क्या हुआ ?'

'जैसा आपने सुझाव दिया था, मैडम। हर धर्म के लिए लगभग दस मिनट, जैसा आप जानती हैं सिख कुछ थोड़ा-सा ज़्यादा वक्त ले सकते हैं। हिन्दू रामायण का एक अंश गाना चाहेंगे।'

'नहीं,' वे बोलीं, 'मुझे टैगोर की कविताएँ ज़्यादा पसंद हैं। उनसे कहो, महात्मा की प्रिय कविता "एकला चलो," प्रस्तुत करें और मीराबाई के भजन, जो उन्हें इतने प्रिय लगते हैं,' कहते-कहते, गाँधीजी के बारे में सोचते हुए उनकी आँखें भर आईं।

'यह ख़याल कि मैं आज़ादी के मौके पर बापू से इतनी दूर रहूँगी,' वे सोच रही थीं। 'माई डियर मिकी माउस, जो कलकत्ता में बैठे सोच में पड़े हैं और जो स्वाधीनता के समारोहों के बारे में कुछ सुनना तक नहीं चाहते... फिर भी, अपने तमाम संकोच के बाद आखिर वे कलकत्ता पहुँच ही गए। वे नोआखाली जाना चाहते थे, पर उन्हें मिला कलकत्ता। मैं इसमें उनका दोष नहीं मानती। अगर कलकत्ते में आग लगती है तो कोई उसके बारे में कुछ नहीं कर सकता। मेरी समझ में नहीं आ रहा कि जब आधी रात का घंटा बजेगा, तब वे क्या करेंगे... वे शायद गहरी नींद में सो रहे होंगे। मैं नहीं, ईश्वर ही जानता है कि यह भोज कब जाकर समाप्त होगा। मुझे गैर-धार्मिक गानों का विचार अच्छा लगता है, उनको सुनकर मुझे अच्छा लगेगा।'

'अब क्या करना बाकी रह गया है ?' उन्होंने भारी मन से पूछा।

'आनेवाले प्रतिनिधिमंडलों का स्वागत करना होगा,' उनके सेक्रेटरी ने उत्तर दिया।

'अभी से ? माइ गॉड !' उन्होंने अपने-आपको सीधा करते हुए कहा।

कलकत्ता, 14 अगस्त 1947

महात्मा ने उपवास रखकर सारे दिन प्रार्थना की थी। चारों तरफ़ बैठे उनके अनुयायियों ने भजन गाए थे। सुहरावर्दी उनके पास से उठा नहीं था, उसने खुद भी उपवास करना शुरू कर दिया था। शहर में एकदम शान्ति थी, भीड़-भरे मंदिरों की छतों पर रोशनी कर दी गई थी। गवर्नर का भवन मेहमानों से कुलबुला रहा था, सड़कें बंगालियों से उफन रही थीं। वे बड़े प्रसन्नमन चारों तरफ़ घूम रहे थे। लेकिन वहाँ न धमकियाँ थीं, न दमन, कुछ नहीं। महात्मा ने बेलियाघाटा रोड में हयादरी हवेली को रहने के लिए चुना था। इस बदहाल कॉलोनी में अदृश्य रहते हुए भी महात्मा ने, कलकत्ता की उसके पिशाचों से रक्षा की थी।

दिन ढलने पर वहाँ युवकों और लहराती साड़ियाँ पहने छरहरी लड़कियों का एक जुलूस पहुँचा। वे लोग बड़ी मज़बूती से एक-दूसरे का हाथ पकड़े हुए थे, मुसलमान और हिन्दू एकसाथ। महात्मा उन्हें देखकर प्रसन्न हुए और उन्होंने उदास संजीदा भाव से उनका स्वागत किया था। जब सूरज डूब गया, उन्हें लगा कि सोने का समय हो गया है। धीरे-धीरे युवा लोग हट गए और उन्होंने चटाई के कोने पर रखे सख्त तकिए

पर अपना सिर रख दिया।

'क्या यह खलबली मेरे भीतर ही भीतर मची हुई है या मैं सही सोच रहा हूँ कि कल सबसे बुरा होनेवाला है,' उन्होंने सोचा। 'मैं यह लड़ाई हार गया, पाकिस्तान का जन्म हो गया, मेरी माँ की देह के टुकड़े कर दिए गए। यह कटाई इतने निश्चित और साफ़ ढंग से की गई, वार इतना तेज़ था कि जख्म अभी खुला नहीं है... लेकिन खून बहना शुरू होनेवाला है। मेरी माँ पहले से ही रो रही है। शहर फिर भी बहुत शांत है, और ये बच्चे इतने स्नेही हैं ! और मिस्टर सुहरावर्दी ! वह मुसलमान होकर भी, हमारी तरह रात-दिन उपवास कर रहा है, उसे रमज़ान के नियमों की परवाह नहीं है। वह जिससे सब घृणा करते हैं और डरते हैं, यदि उसने मुझसे प्रार्थना नहीं की होती, तो मैं कभी कलकत्ता नहीं आता। मान लो, मेरा इस तरह चिंता करना गलत है। मान लो, यह आवेग विभाजन के साथ शांत हो जाएँगे। मेरे सबसे प्रिय मित्र मुझसे ऐसा ही कहते हैं। क्या उन्होंने मेरे साथ धोखा किया, या फिर वे मुझसे ज़्यादा कुशाग्र बुद्धिवाले हैं। नहीं, मैं जानता हूँ कि मैं सही हूँ। मैं सड़ते हुए मांस की तरह घृणा को सूँघ लेता हूँ, मेरे नथुने बेहद संवेदनशील हैं। मैं गलत नहीं हूँ। वे लोग अंधे हैं। पटेल, जिसने दक्षिण अफ्रीका से लौटने पर बम्बई में मेरा सबसे पहले स्वागत किया था, वह हमेशा इतना विनीत रहनेवाला बल्लभभाई आज कैसा कठोर हो गया है... और नेहरू, मेरा सबसे प्रिय बेटा, जो मेरी बात तक सुनने से इनकार करता है ? मेरा जवाहर, मेरा कटे कोनोंवाला बहुमूल्य रत्न... जब मैंने उसे पहले-पहल जाना था वह एक उत्साही बुद्धू से ज़्यादा कुछ नहीं था। मुझे याद है, वह राजनीतिज्ञ के भविष्य के लिए तैयार था... ओह, वह कितना बदल गया है — अच्छे के लिए, मेरे सारे बच्चों में वह सबसे शालीन है, सबसे गंभीर है। हाथ की बुनी खादी पहनता है, कभी अहिंसा के नियम को नहीं तोड़ता, बिना विरोध के अपने को गिरफ़्तार करा लेता है... निरपवाद रूप से। लेकिन पुराने स्वामियों का सम्मोहन दुर्निवार है। इसके अलावा जब हमारे वायसराय अहंकारी सम्मान्य व्यक्ति हुआ करते थे, तब शत्रु की पहचान आसान थी; लेकिन इस उत्साही और उदार युवा माउंटबेटेन के साथ, मैं मानता हूँ कि, हर बात बदल गई है। मुझे लॉर्ड लुई अच्छा लगा, उसका दिल बहुत बड़ा है, लेकिन नेहरू और जिन्ना के बीच उसने भी आत्मसमर्पण कर दिया, वह भी... बहुत जल्दबाज़। वे लोग स्वाधीनता के लोभ का संवरण नहीं कर सके... लेकिन क्या ? स्वाधीनता, एक प्रलोभन ? मोहनदास, क्या तुम इसी स्वाधीनता के लिए पिछले लगभग चालीस वर्षों से संघर्ष नहीं कर रहे थे ? स्वाधीनता अपने पर तोल रही है, वह उड़ान भरनेवाली है, वह पाँच घंटे में पहुँच रही है, वह दिल्ली में वायसराय-भवन के शिखर पर उतरेगी; पाँच घंटे में, लखनऊ में, मेरी बुलबुल देश का सबसे पुराना

ब्रिटिश झंडा उतारकर उसकी जगह भारतीय झंडा फहरा देगी। और तुम अब उसे नहीं चाहते ? तुम अलग होना चाहते हो ? यह स्वाधीनता वह पक्षी नहीं है जिसकी तुम्हें चाहत थी; यह वह बेदाग पंखोंवाला सुंदर हंस नहीं है जिसका तुमने सपना देखा था, बल्कि एक चपड़-चपड़ करनेवाला अव्यवस्थित कौवा है। फिर भी यह आखिर है तो स्वाधीनता ही। राम की शरण में सोने से पहले, सिर्फ़ एक मिनट के लिए ही सही, खुशी मना लो...।' आँखें बंद किए, वृद्ध महाशय ने मुस्कुराने की कोशिश की और बेचैनी से करवट बदल ली।

'तुम्हारे मुस्कुराने का कोई कारण नहीं है मोहनदास ? तुम अपने को इस हद तक मजबूर नहीं कर सकते... इसलिए तैयार हो जाओ, क्योंकि नफ़रत भी तैयारी कर रही है और मेहनत कर रही है... तुम्हें अभी तक नहीं मालूम कि हिन्दुस्तान का कौन-सा हिस्सा टुकड़े-टुकड़े होनेवाला है पर तुम्हें यकीन है, है न ? इस वक्त भी एक जलता हुआ घर है, भयभीत बच्चे हैं जो बाहर नहीं निकल पाते हैं, उठे हुए चाकू हैं, आँखें जिनसे खून टपक रहा है। चिल्लाते और रोते हुए... कल वे तुम्हें आवाज़ देंगे, अपनी लाठी उठाओ, और शायद फिर उपवास करो। तुम ऐसा करना चाहते हो, है न ? तुम शान्ति के लिए अनशन करते हुए ही मरना चाहोगे ? कम-से-कम वह कष्ट उठाने लायक बात है। यह बूढ़ी काया जिसे तुमने इतनी मेहनत से प्रशिक्षित किया है, अभी तक अपने अंतिम छोर तक नहीं पहुँची है। यह शान्ति की रक्षा के लिए सार्वजनिक रूप से मौत को गले लगा सकती है। यह अब भी सेवा के लायक है...' नींद की गोद में जाते हुए महात्मा मुस्कुरा रहे थे।

दिल्ली, 14 अगस्त 1947

'दस मिनट के अंदर, डिकी,' एडविना ने अपनी घड़ी की तरफ़ देखते हुए धीरे से कहा। 'घड़ी धीमी चल रही है। अभी आधी रात होने में बीस मिनट तक भी नहीं पहुँची है।'

'मैं जानता हूँ,' लॉर्ड लुई बोले। 'काश ! बरसात शुरू हो जाए।'

'लेकिन शहर में शोर सुनाई दे रहा है,' उसने उल्लसित होकर कहा, 'वे इंतज़ार कर रहे हैं, वे तैयार हैं... मैंने परिवारों को पटाखे लिए बाज़ार से लौटते देखा है, और किशोर जनता शहर में पहले से ही झंडे लिए घूम रही है। होटल, घर — हर जगह रोशनी की गई है... छतों पर लाखों की तादाद में छोटी मोमबत्तियाँ, बिजली के बल्बों की लड़ियाँ हर जगह, पाम के पेड़ों तक पर टँगी हैं। कितने अफ़सोस की बात है कि हम लोग इस ठंडे दफ़्तर में कैद हैं।'

'तुम्हें मालूम है कि संविधान सभा अपना कार्य बंद करेगी और नेहरू को सभाध्यक्ष के साथ यहीं सरकारी समारोह के संचालन का अधिकार देगी। मैं सुबह एक बजे गवर्नर जनरल का दायित्व ग्रहण करूँगा।' माउंटबेटेन ने लम्बी साँस ली।

'वाह ! यह अद्‌भुत होगा। तुम यही चाहते थे न ?' एडविना बोली। 'तुम्हें अपमानित होने का भय सता रहा था, अब तुम्हें ारत के द्वारा स्वीकार किये जाने का भारी सम्मान मिलेगा।'

'माइ डियर, अब तुम कुछ क्षण खामोशी से मनन करके एक युग के खत्म होने का शोक मनाने के लिए दे दो... मैं अभी तक ऐसा कर नहीं पाया हूँ। मुझे वक्त ही नहीं मिला। साम्राज्य के अब सिर्फ सात मिनट बाकी हैं, एडविना। उसे सम्मान देने के लिए सिर्फ़ सात मिनट, अधिक नहीं।'

'तुम भावुक हो रहे हो, डिकी। लेकिन तुम कामयाब हो गए। तुम्हारा पहला मिशन खत्म हो रहा है और एक दूसरा जो इतना ही आह्लादक है, शुरू होनेवाला है... तुमने अभी-अभी एक असम्भव कार्य सम्पन्न किया है, एक बहादुरी का काम।'

'असम्भव कहना सही है पर जहाँ तक बहादुरी का सवाल है, वह अभी आगे की बात है।' वे वहीं बैठे रहे, दोनों, खामोश और निरर्थक।

'अब पाँच मिनट,' लॉर्ड लुई ने खामोशी के बीच कहा। 'शंख बजाने के लिए आदमी तैयार हो रहा है। एक क्षण में संसद भवन में एक नई आवाज़ गूँजेगी...।'

ऐसी आवाज़ जो तीन हज़ार साल पुरानी है।' एडविना ने संशोधन किया।

'इस बात का कोई खास महत्त्व नहीं है,' लॉर्ड लुई रुखाई से बोले। 'चार मिनट।'

'नेहरू की आँखों में आँसू होंगे,' एडविना ने स्वप्निल-सी आवाज़ में कहा।

'नेहरू को अभी पता लगा है कि लाहौर के पुराने हिस्से धधक रहे हैं।' लॉर्ड लुई कड़वाहट से सोच रहे थे, 'उन्होंने मुझे संदेश भेजा है। उनका दिल धड़क रहा होगा और उनका गला अवरुद्ध होगा। जब पुरानेवाला हिन्दुस्तान अभी से जलना शुरू हो गया हो, तो क्या वे भाषण भी दे सकेंगे ? क्या हमने उन्हें रेज़र ब्लेड से अलग करके सही काम किया है ?'

और तभी जयजयकार शुरू हो गई — पटाखे, तुरही, शोर और उत्तेजना का सैलाब, और इस सारे शोर-शराबे के ऊपर एक अकेला नारा : जय हिन्द !

'आधी रात,' एडविना खड़े होते हुए बुदबुदाई, 'हिन्दुस्तान का जन्म हो गया, डिकी।'

'भारत, राष्ट्रमंडल में तुम्हारा स्वागत है,' लॉर्ड लुई ने मुस्कुराकर कहा। 'राज का समय गुज़र गया। वृद्ध चर्चिल कोनियाक की चुस्की लेते हुए अतीत के गौरव की स्मृतियों को विरह-भाव से याद कर रहे होंगे। हमें अब सिर्फ़ नेहरू का इंतज़ार है।'

'और बरसात का भी डिकी...' एडविना ने सोचते हुए कहा।

आधी रात के बारह बजे

'लम्बा अरसा हुआ हमने नियति से कुछ तय किया था, और अब हमारे लिए अपनी प्रतिज्ञा को पूरा करने का वक्त आ गया है, पूरी तरह और पूरी मात्रा में ही नहीं, बल्कि बड़े सारगर्भित रूप में। आधी रात को जब बारह का घंटा बजेगा, जब दुनिया सो रही होगी, भारत जाग उठेगा ज़िंदगी और स्वाधीनता के नाम पर,' नेहरू ने खड़ी हुई सभा को संबोधित करते हुए कहा।

'ओह, स्वाधीन राष्ट्रों की दुनिया, हम अपनी स्वाधीनता के इस अवसर पर, भविष्य में तुम्हारी स्वाधीनता के लिए प्रार्थना करते हैं। हमारा संघर्ष तो बहुत सालों तक चलता रहनेवाला ऐसा महाकाव्यात्मक संघर्ष था जिसे बहुत-सी जानों का मूल्य चुकाना पड़ा। यह संघर्ष एक नाटकीय संघर्ष था। यह लाखों की संख्या में मुख्यतः गुमनाम बहादुर नायकों का संघर्ष था...' सरोजिनी ने लखनऊ में घोषणा की।

'निश्चित दिन आ पहुँचा है, वह दिन जो नियति ने तय किया था। लम्बी नींद और संघर्ष के बाद भारत उठ खड़ा हुआ है — जाग्रत, मुक्त, सजीव और स्वाधीन। विश्व के राष्ट्रों और लोगों को हम अपनी शुभकामनाएँ भेजते हैं और प्रतिज्ञा करते हैं कि शांति, स्वतंत्रता और लोकतंत्र को आगे बढ़ाने में हम उनके साथ सहयोग करेंगे। आज के दिन, हमारे मन में सबसे पहले इस स्वाधीनता के निर्माता हमारे राष्ट्रपिता का ख़याल आता है, जिन्होंने भारत की प्राचीन आत्मा के अवतार के रूप में स्वाधीनता की मशाल को उठाए रखा और हमारे चारों तरफ़ जो अँधेरा छाया था उसे आलोकित किया...' नेहरू दिल्ली में कहते चले, और सभा रोने लगी।

'अपने दुखों की कुल्हिया में से आज हमारा पुनर्जन्म हुआ है। विश्व के राष्ट्रो, मैं अपनी भारत माता के नाम पर तुम्हारा अभिनंदन करती हूँ। मेरी माता जिसके घर की छत बर्फ़ की है। जिसकी दीवारें जीवित समुद्र हैं, जिसके दरवाज़े हमेशा आपके लिए खुले हैं... मैं पूरे विश्व को इस भारत की स्वतंत्रता प्रदान करती हूँ। वह भारत जिसे न कोई अतीत में नष्ट कर सका और जिसका भविष्य भी अविनाशी है। वही विश्व को चरम शांति का मार्ग दिखाएगा।' सरोजिनी लखनऊ में अपनी बाँहें आकाश की ओर उठाए कह रही थीं।

अदृश्य सीमा के दोनों ओर स्थित पंजाबी घरों की शांति नष्ट हो चुकी थी। उन्होंने जल्दी-जल्दी अपने बिछावन, काले पड़े हुए बर्तन, मिट्टी के भाँडे, जेवर के डिब्बे और हल समेटे। मवेशियों को गाड़ी के पहियों से बाँधकर उन्होंने अपनी चारपाइयाँ गाड़ी

पर लाद दीं। हिन्दू पाकिस्तान छोड़ने की तैयारी कर रहे थे और मुसलमान भारत से रुख़्सत हो रहे थे। और धारा के बीच में फँसे निराश सिख उस दुनिया को ढहते हुए देख रहे थे जिसे बनाने में उन्होंने इतनी शताब्दियाँ लगाई थीं। यह भी ठीक से नहीं पता लगता था कि हिंदुओं और मुसलमानों में से कभी कौन, उनके सफ़ेद गुम्बदोंवाले गुरुद्वारों को आग लगा देता था। वे गुरुद्वारे जो ग्रंथों में महानतम सिखों के पवित्र *ग्रंथ साहिब* की शरणभूमि थे। पाँच नदियों के इस प्रदेश में, जहाँ पॉपलर के लम्बे पेड़ खड़े थे, जो गेहूँ के उपजाऊ खेतों की भूमि थी, जहाँ की औरतों की आँखों में से साहस झाँकता था, जहाँ की जिंदगी इतनी कोमल और गीत इतने श्रुति मधुर थे, पंजाब के उस स्वर्ग में रात्रि का प्रकोप सिखों के हृदय तक पहुँच गया था। और बरसात का कहीं पता नहीं था। किसका आह्वान करना ज़रूरी था ? पंथ की शुरुआत करनेवाले गुरुओं में से पहले स्नेही गुरु नानक का या उस अंतिम गुरु का जिसने उन्हें अनन्त संघर्ष के लिए हथियार थमाए थे ? स्वाधीनता की इस रात में किसे उठाना ज़रूरी था, *ग्रंथ* को या पवित्र तलवार को ? क्या अपने अस्तित्व की रक्षा के लिए शस्त्रों के खुलने का स्वागत करना या हत्या करना ज़रूरी हो गया था ?

दो बजे तड़के कलकत्ता के एक घर में गाँधीजी जागे। उनका शरीर अकड़ रहा था और आँखें अभी भी भारी थीं, उन्होंने यंत्रवत अपना चश्मा लगाया और स्वाधीन भारत की पहली प्रार्थना की।

हे अर्जुन ! सृष्टियों का आदि, अंत और मध्य भी मैं ही हूँ, विद्याओं में अध्यात्म विद्या, और जो विवाद करते हैं, उनमें वाद मैं ही हूँ।

मैं सबका नाश करनेवाला हूँ, और भविष्य में होनेवालों की उत्पत्ति का कारण भी मैं ही हूँ, स्त्रियों में कीर्ति, श्री, वाणी, स्मृति, मेधा, धृति और क्षमा हूँ।

छल करनेवालों में मैं जुवा और तेजस्वी पुरुषों में तेज हूँ, मैं विजय हूँ, मैं ही प्रयत्न हूँ और सात्विकों का सात्विक भाव हूँ।

गृहस्थ को कोई बाधा न हो, इसलिए धीमे स्वर में गाकर जब उन्होंने प्रार्थना समाप्त कर ली, तो उन्होंने अपनी आँखें मलीं और धीरे-धीरे अपनी धुँधलाई पलकों को खोलने का प्रयास किया।

हे ईश्वर, मैं उस योद्धा की तरह हूँ, जो लड़ाई शुरू होने से पहले ही पीठ दिखा देता है, मैं भयभीत हूँ, मैं उस अनिच्छुक सैनिक की तरह हूँ जिसे तुमने ज़बरदस्ती संघर्ष में धकेल दिया है और जो तुम पर यकीन नहीं करता, मैं भयभीत हूँ। मैं उसी की तरह तर्क करता हूँ, और उसी की तरह संदेह करता हूँ। मैं पूछता हूँ : हत्या की

माँग करनेवाले तुम कौन होते हो ? मैं भयभीत हूँ। बागडोर उठाने के लिए कमर कसने से पहले मैं शक्ति की माँग करता हूँ, इससे पहले कि स्वाधीनता लहू बहाए, मैं तुमसे न्याय की माँग करता हूँ। हे ईश्वर, मुझे भय से मुक्ति दो, यह तुम्हारे उपयुक्त नहीं है। अगर तुम पाँसे का खेल हो, तो भाग्य का विधान बदल दो, अगर तुम वाणी हो तो कायल होने में मेरी सहायता करो। और अगर तुम निश्चित रूप से मृत्यु हो, तो तुम्हारा स्वागत है, क्योंकि तुम्हारे इस रूप से मुझे भय नहीं लगता।

केसरिया, सफ़ेद और हरा

दिल्ली, 15 अगस्त 1947

अपने लोगों से घिरे हुए माउंटबेटेन नेहरू की इंतज़ार में थे। रात के बारह बजकर बीस मिनट पर नेहरू संविधान सभा के अध्यक्ष राजेंद्र प्रसाद के साथ आए।

'मिस्टर प्राइम मिनिस्टर, मैं आपको हार्दिक बधाई देता हूँ,' लॉर्ड माउंटबेटेन ने अपनी बाँहें फैलाकर कहा।

'भारत आज़ाद है, सर, आप अब वायसराय नहीं रहे,' नेहरू ने उनसे हाथ मिलाते हुए उत्तर दिया। 'आप हमारे आने का कारण जानते हैं।'

लॉर्ड लुई ने सिर हिलाया।

'सर, संविधान सभा के नाम पर,' अध्यक्ष ने कुछ अटपटे से लहजे में शुरू किया, 'मुझे गौरव है... नहीं। मेरा मतलब है सम्मान... कि मैं प्रस्ताव, आपसे प्रस्ताव करूँ...' 'कि आप स्वतंत्र भारत का पहला गवर्नर जनरल होना स्वीकार करें' — जोड़कर नेहरू ने उनको इस स्थिति से उबारा।

'मुझे आपका प्रस्ताव स्वीकार है, मिस्टर प्रेसिडेंट,' लॉर्ड लुई ने राजेंद्र प्रसाद की तरफ घूमकर कहा। 'आप लोग मेरे उत्तर की सूचना असेम्बली को दे सकते हैं। और अब, सज्जनो, हम इस शाम के उपलक्ष्य में खुशी मनाएँ।'

सब लोग अब सहज दिखाई पड़ रहे थे, जैसे चित्र खिंचने के बाद, ओढ़ी हुई मुस्कुराहटों की जगह सहज मुस्कानें ले लेती हैं। तभी जैसे किसी जादू से संगीत बजने लगा, भीतर के हर्षजन्य कोलाहल और सड़कों के कोलाहल में संगति बैठ गई।

एडविना भीतर से निकलकर नेहरू के पास पहुँची।

'पंडितजी, अब आपको मुबारकबाद देने की मेरी बारी है,' उसने धीमे से कहा।

'आप यहीं हैं ?' उन्होंने प्रश्न किया।

'आप रो रहे थे,' एडविना ने लक्ष्य किया। 'आप थके हुए हैं।'

'खामोश रहो, मेरी डी,' उसका हाथ दबाते हुए वे फुसफुसाकर बोले। 'क्या मेरी थकान इतनी दूर तक दिखाई दे रही है ? ज्यादा ज़ोर से मत बोलो, अब मुझे थकने का कोई हक नहीं है।'

लॉर्ड लुई उन्हें ध्यान से देखते रहे; उनमें उल्लास की सजीवता नहीं थी। दोनों के चेहरे पर एक असह्य पीड़ा दिखाई पड़ रही थी।

'नेहरू, मुझे जल्दी बताओ, तुम्हें लाहौर से कुछ और खबरें मिली हैं ?' डिकी ने उनके पास आकर धीमे स्वर में पूछा।

'नहीं। लेकिन कलकत्ता में सब शान्त है।'

'लघु मानव को सफलता मिल गई...' लॉर्ड लुई ने कहा, 'विश्वास नहीं होता। देखते जाओ... सबकुछ ठीक-ठाक चलेगा।'

'लाहौर सीमा पर है, डिकी,' नेहरू ने नीची आवाज़ में कहा। 'मेरी समझ में नहीं आ रहा कि आतंक पर कैसे काबू पाया जाए।'

'लाहौर को जिन्ना पर छोड़ो। उससे अब तुम्हारा कोई वास्ता नहीं है,' माउंटबेटेन बुदबुदाए। 'उसके बजाय हमारे अपने पहले दिन की चिंता करो।'

'हम पर पहले ही उसका असर हो गया है। हम भी बहुत चैन की नींद नहीं सो सकेंगे।'

'न आज, न बाद में,' लॉर्ड लुई ने कहा। 'लेकिन, माइ डियर प्रधानमंत्री ! मैंने आराम करने के लिए जल्दी ही शिमला जाने का विचार नहीं छोड़ा है।'

'ओह !' नेहरू ने चौंककर कहा। 'इतनी जल्दी...?'

'मैं यह नहीं कहलवाना चाहता कि तुम किसी दबाव में सरकार चला रहे हो। परसों तक विभाजन के निर्णय तुम्हें बता दिए जाएँगे और तुम्हें हर स्थिति को सम्हालने की पूरी आज़ादी होगी,' लॉर्ड लुई ने दृढ़ता से कहा।

'लेकिन कल तो हम स्वाधीनता के सूरज के साझीदार होंगे।'

इसी समय बिजली की एक कड़क से उनकी आँखें चौंधियाँ गईं, गरजते हुए बादल उमड़ने लगे और अचानक तूफ़ान फट पड़ा।

'बरसात !' नेहरू ने बुदबुदाकर कहा। 'शुभ हो...!'

दिल्ली, 15 अगस्त 1947

सारी रात, शहर पर वर्षा होती रही; सारी रात, जिस भीड़ को उत्तेजना के कारण नींद

नहीं आ रही थी, सड़कों पर नाचती रही। वे एक साथ स्वाधीनता की शुरुआत और बरसात के आ पहुँचने की खुशी, दोहरा उत्सव मना रहे थे। सुबह तक युवा लोगों की टोलियाँ सड़कों पर बाँहों में बाँहें डाले मँडरा रही थीं। लड़के-लड़कियाँ, जाति, धर्म और रीति-रिवाज़, सबके रहते भी आपस में गले मिलते; मिठाइयाँ बाँटते और एक-दूसरे से चिल्ला-चिल्लाकर कहते घूम रहे थे : 'आजाद ! हम आज़ाद हैं। उनके भीगे बदन किसी जादुई आर्द्रता से जीवंत हो उठे थे, कोई भी पुरानी बात कहकर वे एक-दूसरे को गले लगा लेते, फूलों के हार फेंकते, झंडे और छतरियाँ लहराते। छतों पर बिजलियाँ चमक रही थीं और आसमान की गर्जना ऐसी लग रही थी कि जैसे कहीं दूर से कृपालु देवताओं के हँसने की आवाज़ आ रही हो। किसान अपनी अस्तव्यस्त पगड़ियाँ लपेटे आश्चर्यचकित आँखों से धीरे-धीरे पेड़ों की छाया में चल रहे थे। वे अपने गाँव के मंदिरों से बड़ी रोशनी से जगमगाती इमारतों को आँखें फाड़कर देख रहे थे। मैदानों में बैठे हुए वे गाड़ियों के घुरघुराने की आवाजें सुन रहे थे और सावधानी से पेट्रोल की गंध को सूँघने की कोशिश कर रहे थे।

लॉर्ड लुई तो अपने बिस्तर पर ढहकर नींद में ऐसे गर्क हुए जैसे किसी ने बत्ती बुझा दी हो। लेकिन बाहर के शोरगुल से उत्तेजित एडविना की नींद आँखों से उड़ गई थी। सुबह, डिकी को भारत की पहली सरकार में शपथ लेनी थी। उसी दरबार हॉल में उसी भव्य स्थल पर जहाँ पाँच महीने पहले वायसराय के रूप में उनकी ताजपोशी हुई थी। सिंहासन वही था, समारोह में भी कोई परिवर्तन नहीं होना था। डिकी को एक बार फिर अलंकारों के पुंज से सज्जित वर्दी पहननी होगी। एडविना को भी अपने सिर पर पहले की ही तरह भारी मुकुट का संतुलन बैठाना होगा। पर इस बार विनीत भाव से दर्शकों की पहली पंक्ति में खड़े नहीं होंगे; वे भारत के प्रधानमंत्री की नई हैसियत में डिकी के बराबर खड़े होंगे।

डिकी बेहद गहरी नींद में थे। जो भी उनकी बात सुनने को तैयार होता था वे उस हर व्यक्ति को बताया करते थे कि एक सच्चे नेता को कम-से-कम छः घंटे सोना चाहिए, कभी इससे कम नहीं। और एडविना अपने से पूछा करती थी कि वह कौन-सी अदृश्य शक्ति है जो उनके लिए इस सैनिक आदेश का पालन संभव बनाती है; वह ऐसा नहीं कर पाती थी। ऑपटेलिडॉन, नेम्ब्यूटल, उसने सब आज़माके देखा। पर कोई लाभ नहीं, इंसोमनिया की यातना उसे हर रात सहनी पड़ती थी, सिवा इस रात के।

पूरी स्पीड पर चलते हुए छत के पंखे की पंखुड़ियाँ, उसकी पसीने से भीगी गर्दन पर कुनकुनी हवा फेंकती थीं। हर रात वह सिर तक चादर खींचकर उसे अपने ऊपर

लपेट लेती थी; फिर गर्मी से दम घुटता था तो वह अपने को ऐसे मुक्त करती जैसे कोई जानवर जाल में फँसा हो। हर रात सिवा इस रात के ऐसा होता था।

जानवरों की आवाज़ों से हर रात उसे दहशत लगती थी — कोई बंदर जो चीख कर एक शाखा से दूसरी शाखा पर छलाँग लगाता था, कोई चिड़िया जो सहसा जाग उठती थी, या किसी भटकती गाय के रँभाने की आवाज़ — एडविना की हर रात दुःस्वप्नों में गुज़रती थी। मगर यह रात ...

वह अपने पर और जब्त नहीं कर सकी, वह नंगे पाँव खिड़की की तरफ दौड़ी, और मच्छरों की चिन्ता किए बिना उसे खोल दिया।

उसे लगा जैसे उसके कान पवित्र शंखों में बदल गए हों, जैसे सड़कों पर गाते हुए घूमने के लिए अपने से बाहर निकल रही हो। एडविना धड़कते दिल से भारत की महान जागृति को सुन रही थी। सूरज जल्दी उगेगा और इस अद्‌भुत जागरण का अंत कर देगा ... डिकी गहरी नींद में मृत्यु की-सी निश्चलता से सो रहे थे। उसने अपने को जीवित महसूस किया।

अगस्त की तेज़ रोशनी की पहली किरण ने कमरे में प्रवेश किया, और उसकी छाया एडविना के कमखाब की लम्बी पोशाक पर पड़कर झिलमिलाने लगी। पोशाक सहेजकर उसकी कपड़ों की आलमारी में टाँग दी गई थी और उसकी अजब ढंग से खाली बाँहें एडविना का इंतज़ार कर रही थीं। उसे पार्लियामेंट में होनेवाले शपथ ग्रहण समारोह में उसे पहनना था। दूसरी पोशाक जो हल्की और चुस्त थी उसे अपराह्न पाँच बजे, राजपथ पर तिरंगा फहराने के अवसर पर पहननी थी। सरकारी अंदाजे के अनुसार, वहाँ नए भारत के तीस हजार नागरिकों के इकट्ठे होने की उम्मीद थी। डिकी ने उसे सावधान कर दिया था कि वह दिन बड़ा कठिन होगा।

दिल्ली, 15 अगस्त 1947, अपराह्न 4 बजे

लाल और सुनहले रंगों से अलंकृत काली बग्घी के आगे हवा में झंडियाँ फड़फड़ाते चार दस्ते फैल गए। मोटी-मोटी छितरी बूँदों के अलावा, ईश्वर जाने बारिश कहाँ रुक गई थी ! कहीं दूर हलचल की अस्पष्ट-सी आवाज सुनाई पड़ रही थी। लेकिन भवन के अहाते में, घोड़ों के हिनहिनाने के अलावा, सिर्फ कैप्टनों के औपचारिक आदेशों की अनुगूँज सुनाई पड़ रही थी। शाही तामझाम के पीछे पीतल के बैंड ने खामोशी से चलना शुरू कर दिया था।

एक विशाल गद्देदार सीट पर बैठे हुए लॉर्ड लुई ने अपने दाँत भींचे। उनके पास मोतियों से सजी-धजी सफ़ेद पोशाक पहने, और सिर में फूल लगाए बैठी उनकी पत्नी

को कराची का, और खुली गाड़ी का ख़याल आ गया और उन्होंने लॉर्ड लुई का हाथ थाम लिया।

जैसे ही वे लाल बलुआ पत्थर के भवन से बाहर निकले, उनकी नज़र हो-हल्ला करती उस भारी भीड़ पर पड़ी जो उनका इंतज़ार कर रही थी। वे लोग हर जगह थे। लॉन में ठसाठस भरे और पेड़ों पर बैठे। रास्ते फैल गए, हर घुड़सवार मज़बूती से अपना बल्लम थामे था।

'हम लोग कभी इन्हें पार करके नहीं पहुँच सकेंगे,' लॉर्ड लुई ने सोचा। 'यह स्थिति तो बेकाबू है। अगर हम आगे बढ़े भी तो भी नेहरू को कहाँ ढूँढ़ेंगे ?'

बग्घी शुरू की पंक्तियों के पास पहुँची, जयजयकार करती हुई आवाज़ें अब साफ़ सुनाई दे रही थीं। 'जय हिंद ! आज़ाद, साहब ! आज़ाद, मेमसाहब !'

एडविना सहज हो गई।

'वे लोग विरोधी नहीं हैं ... वे सिर्फ़ यह चिल्ला रहे हैं कि वे आज़ाद हो गए हैं, डिकी।'

'मुझे उनकी आवाज़ें सुनाई पड़ रही हैं,' लॉर्ड लुई बोले। 'पर हम अभी तो पहुँचे भी नहीं हैं, माइ डियर, देखो !'

पहले दस्ते की चाल धीमी हो गई थी, भीड़ ने उसका रास्ता रोक लिया था, घोड़े हिनहिनाने लगे, उनमें से एक पीछे हटा। एक संक्षिप्त-सा आदेश चिल्लाकर दिया गया, भीड़ ने रास्ता छोड़ दिया और जुलूस एक बार फिर मंथर चाल से चल पड़ा।

'हम लोग ग्रैंड-स्टैंड तक नहीं पहुँच पाएँगे,' लॉर्ड लुई मुनमुनाए, 'और हम पहले ही फँसे हैं। हम समय से नहीं पहुँचेंगे।'

घुड़सवारों के भाले लहराने लगे, अफसर भीड़ को भगाने के लिए चिल्लाए, लेकिन बड़े उल्लास से उसकी उपेक्षा कर दी गई। भीड़ की धक्कमधक्का के बीच से जैसे-तैसे बग्घी ने रास्ता बनाया। नाममात्र की जगहों पर जो लॉन का प्रेत-भर लग रही थीं, घेरे टूटे उपेक्षित पड़े थे। गिरे हुए डंडों के कारण घोड़ों के लिए निकलना मुश्किल हो गया।

कटघरों और मंच पर भीड़ ने हमला बोल दिया था, और बग्घी वहाँ पूरी तरह फँस गई थी। एडविना ने अपनी आँखों पर हाथों की छाया की और नेहरू की अस्पष्ट-सी सफ़ेद आकृति को ढूँढ़ लिया। भीड़ बढ़ती ही जा रही थी, उसकी उत्तेजना बढ़ती जा रही थी और वह अब भी उतनी ही आनंदविभोर थी। औरतें गोदी में बच्चे थामे खुशी से ठोकरें खा रही थीं : उनमें से अचानक एक बड़े भयंकर रूप से चीखी — वह पहियों के नीचे आते-आते बची ... माउंटबेटेन ने झुककर उसे और बच्चे को बग्घी में उठा लिया।

हक्का-बक्का होकर उस औरत ने अपने बच्चे को कसकर चिपका लिया और सहमी हुई आँखें उठाकर धन्यवाद देने में हकलाने लगी। वह बहुत छोटी उम्र की थी। नारंगी और गुलाबी रंग की साड़ी पहने वह काँप रही थी। एडविना उसकी तरफ़ देखकर मुस्कुराई और उसने बच्चे का सिर सहलाना चाहा, लेकिन उसने तत्काल अपनी साड़ी का पल्लू अपने चेहरे पर खींच लिया। घबराकर उसने अपने नंगे पाँव कुछ इस तरह मोड़े कि उसकी पाजेब के घुँघरू धीमी आवाज़ में खनखना गए। बग्घी को पास से निकलते देखकर भीड़ ने एक साथ गवर्नर की टोपी, उनकी पत्नी के मुकुट और घूँघट में युवती का जयजयकार किया।

अचानक भीड़ लहर की तरह उमड़ी, झंझा के विराट झोंके के नीचे लड़खड़ाते हुए, पंजों के बल खड़े होकर विस्फारित नेत्रों से, चारों तरफ़ से धकियाए जाते हुए, इस मानव-दलदल ने गवर्नर जनरल के जुलूस का अभिनन्दन प्रशंसात्मक बुदबुदाहट से किया। दस्ते निश्चल खड़े हो गए।

'हम अब आगे नहीं बढ़ रहे हैं,' लॉर्ड लुई ने कहा। 'मुझे नेहरू ग्रैंड स्टैंड पर दिखाई दे रहे हैं। वे हमारी तरफ़ इशारे कर रहे हैं ... और हम लोग उतरकर पैदल भी आगे नहीं जा सकेंगे ! तो। हमें कुछ करना होगा।'

वे एकदम सीधे खड़े हो गए। बग्घी उनकी इस हरकत से झूल गई। उन्होंने अपने मुँह पर दोनों हाथों से गोलाकार बनाया, 'नेहरू ! हमारा रास्ता बंद है। क्या आपको सुनाई दे रहा है ?' वे कोलाहल के बीच चिल्लाए।

मंच पर खड़ी क्षीण आकृति ने ज़ोर-ज़ोर से हाथ हिलाया।

'झंडा फहरा दो !' माउंटबेटेन ने चीखकर कहा।

'और संगीत ?' दूर से नेहरू ने चिल्लाकर पूछा।

'बैंड यहाँ से आगे नहीं बढ़ सकता ! कार्य सम्पन्न कर दो !'

एडविना ने खड़े होकर अपने पति का हाथ थाम लिया। नेहरू ने अपनी बाँह उठाई। सिली हुई तहों के बीच से स्वच्छता से धीरे-धीरे भारत के रंग ऊपर उठे — केसरिया, सफेद और हरा।

अनियत गति से झंडा ऊपर पहुँच गया। वह पूरी तरह से फहर भी नहीं पाया था कि आवाज़ें फूट पड़ीं, जन्म के उल्लास की आवाज़ की तरह : *जय हिन्द ! पंडित नेहरू की जय ! महात्मा गाँधी की जय !*

सिर ऊँचा किए, नेहरू भयंकर खुशी से अभिभूत थे।

एडविना ने डिकी का हाथ दबाया और डिकी ने अपने आँसू छिपाने के लिए उसका हाथ चूम लिया। सैनिक झंडे को बंदूकों की सलामी दे रहे थे।

युवती ने घूँघट उठाकर और डरते-डरते सावधानी से आँख उठाई, लड़के ने रोना

शुरू कर दिया। झंडा खम्भे से लिपटकर स्थिर हो गया।

घने बादलों को धकेलतीं हुई झंझा फिर उठी, एक गहरी नीली पट्टी ने आकाश को चीर दिया, और झंडे की तहें खुल गईं। वह फिर सजीव हो गया। उसी क्षण वह उड़ गया, नाजुक और चमचमाता हुआ, अधर में लटका हुआ इन्द्रधनुष का एक टुकड़ा।

भीड़ साँस रोके, खामोश खड़ी थी। तभी एक नया नारा हवा में गूँज उठा : *पंडित डिकी की जय*। लॉर्ड लुई मुस्कुराने लगे, वे लोग उनकी जयजयकार कर रहे थे। भीड़ ने कोरस में नारा लगाना शुरू किया, जल्दी ही एक और आवाज़ फूटी : *लेडी माउंटबेटेन की जय*। जल्दी ही उन दोनों के नाम एक साथ झंडे की तरह फहराने लगे, इन्द्रधनुष धीरे-धीरे मंद पड़ गया। हाथ में हाथ लिए, एक साथ खुशी में शरीक होकर, आँखों में आँसू भरे, लॉर्ड और लेडी माउंटबेटेन, उल्लासपूर्वक उन रंगों को देख रहे थे जो अब आकाश की नीलिमा में लहरा रहे थे : केसरिया, सफ़ेद और हरा।

कलकत्ता, 15 अगस्त 1947

मैंशन हाउस में चटाई पर बैठे हुए महात्मा ने सारे दिन उपवास और प्रार्थना करने का फैसला किया था।

बी.बी.सी. के उन पत्रकारों से जो उनकी टिप्पणी पर ज़ोर दे रहे थे, उन्होंने इतना ही कहा : आपको यह भूल जाना चाहिए कि मैं अंग्रेजी बोलता हूँ। और जब एक बंगाली राजदूत औपचारिक रूप से भारत सरकार का संदेश लेकर वहाँ आया, उन्होंने इनकार में अपना हाथ उठा दिया, जो काग़ज़ का पुर्जा उनकी तरफ बढ़ाया गया था उसकी उपेक्षा की, अपना सिर हिलाकर उन्होंने आक्रामकता का संकेत देते हुए घोषणा की : बिल्कुल कोई संदेश नहीं ! अगर वह बुरी खबर है, तो बहुत बुरा है !

प्रार्थनाओं के बीच में वे अपनी परेशानी को टालने के लिए पत्र लिखते थे, स्वाधीनता का यह पहला दिन उनके जीवन का बहुत भयानक दिन था।

नई दिल्ली, 16 अगस्त 1947, आधी रात के कुछ देर बाद

रात हो गई थी, स्वाधीनता की दूसरी रात। मुगलों के पुराने लाल किले की दीवारों के पास भीड़ इकट्ठी हो गई थी। इसकी लाल पत्थर की दीवारें ऐसी मालूम होती थीं जैसे हाल ही में बनी हों। वहाँ ऊबड़खाबड़ धूल-भरी ज़मीन की पटरियों पर, थूथन बँधे हुए हिमालय के उदास आँखोंवाले भालू ढोल की ताल पर नाचते थे, मुँह पर फैली मुस्कान लिए कलाबाज़ योगी अपने गालों को पतले सुओं से छेदते थे। छोटी-छोटी टोकरियों में कुंडली मारे नाग,

बीन की आवाज़ पर अपने मारक फन उठा लेते थे, और जादूगर, काली चादर के नीचे लेटे अपने कलाकार साथियों को छिपे बाँसों के सहारे जमीन से तीन फुट ऊपर चतुराई से झुलाते थे। शहर शांत हो गया था; अब दिल बहलाने का, दावतें उड़ाने का समय था; किसान, खच्चरों से खींचे जानेवाले इक्कों में लौट गए थे।

थका मन और भरा हृदय लिए, नेहरू आखिर आराम करने चले गए।

वे उस शानदार क्षण को कभी नहीं भुला पाएँगे जब हज़ारों भारतीय नागरिकों ने झंडे के साथ उनके नाम की जयजयकार की थी, जब भी कभी वे इंद्रधनुष को देखेंगे उन्हें उस इंद्रधनुष की याद आए बिना नहीं रहेगी जिसे हितैषी ईश्वर ने बादलों के आरपार भारत के आकाश पर छा दिया था। और उन्हें कभी वह सघन, पाशव अनुभूति नहीं भूलेगी जिसने उन्हें उस समय जकड़ लिया था जब झंडा आखिर खुल गया था।

उन्हें अपनी गाड़ी पर वापस लौटना था लेकिन उन्हें तो सिर्फ़ भीड़ में डुबकी लगानी थी, वहाँ खो जाना था और अपने को उसके बीच डुबो देना था। एडविना ने दूर से सफ़ेद दस्तानेवाला हाथ बढ़ाया था, जिसे उँगलियों के पोरों से उन्होंने हल्के से वैसे ही पकड़ना चाहा होता, जैसे आदम ने अपनी हौवा को, शिव ने अपनी पार्वती को पकड़ा होगा।

फिर, ईश्वर जाने कैसे, वे मंच से कूद पड़े। मानवीय दीवारों को फाँदते हुए, पीठों और कंधों पर चढ़कर, भीड़ पर सवारी करके वे शाही बग्घी तक जा पहुँचे।

एडविना, डिकी और वे, तीनों सफेद कपड़े पहने हुए, तीनों अपने पाँव पर खड़े हुए, आँखें झंडे पर जमी हुईं। बीच-बीच में वे एडविना की तरफ़ स्नेहभरी नज़र डालने का लोभ संवरण नहीं कर पाते थे।

नारंगी साड़ीवाली भारतीय लड़की ने पहले प्रधानमंत्री के काले जूतों पर अचंभे से भरी नज़र डाली, फिर उसने अपना सिर उठाकर उन्हें जिज्ञासा-भरी आँखों से परखा, और फिर आँखें चुराकर कठोर आवाज़ में नारा लगाया — *पंडितजी की जय*। पुरानी व्यवस्था एक झटके में बदल गई थी, भारत के झंडे के नीचे युवा शक्ति की विजय हुई थी, एक झटके से उस भारतीय युवती ने अपने श्याम रंग के बच्चे को ऐसे ऊपर उठाया जैसे वह आशा के अवतार पंडित को कोई उपहार दे रही हो। नेहरू की नज़र बच्चे पर थी और उन्हें लगा कि गर्व से उनकी छाती फूल गई है। आगे जो भी हुआ लगता था जैसे असम्भव घटित हो रहा है। जहाँ तक कल का सवाल है ...

अगले दिन, नए गवर्नर जनरल ने उन्हें नई सीमाओं का ब्यौरा थमा दिया, जिसकी तब तक उन्हें जानकारी नहीं थी, लियाकत अली ख़ाँ के साथ भी उन्हें यही करना था जो खासकर इसी उद्देश्य से कराची से आए थे। दिन इतनी हलचल में बीता कि नेहरू

को इस बारे में सोचने का समय भी नहीं मिला, लेकिन जब अंत में वे अकेले रह गए, तो खुशियाँ मनाती भीड़ के साथ उन्होंने जिस दमघोंटू उल्लास को बाँटा था वह थोड़ा-थोड़ा करके गायब हो गया और उसकी जगह उदास आशंका ने ले ली। कुल मिलाकर उन्हें नई सीमाओं की जानकारी थी। लेकिन न वे और न लियाकत अली ऐसे 'आश्चर्यों' से बच पाए थे, जो ऊपर से बड़े तुच्छ दिखाई पड़ते थे, लेकिन उनमें झगड़ा पैदा करने की सम्भावना से नेहरू भयभीत थे। बर्तानवी न्यायिक माननीय सर रेडक्लिफ़ जिन पर यह नक्शे बनाने की जिम्मेदारी थी, वे सारी दलीलों की उपेक्षा करके, लगभग अकेले यह काम करते रहे थे। उन्होंने पंजाब का विभाजन, एक रहस्यमय प्रतिमान के आधार पर खुद ही कर लिया था। नेहरू को जब यह पता लगा, उस समय बहुत देर हो चुकी थी। लाहौर में होनेवाली मुसीबत इसका अकाट्य प्रमाण थी। बहुत-से हिन्दू पाकिस्तान छोड़ना चाहते थे और बड़ी संख्या में मुसलमान हिंदुस्तान से भाग जाना चाहते थे। इन भागते हुए लोगों को सिखों के देश पंजाब के बीच से होकर जाना था। कुलीन और साहसी योद्धा होने के साथ सिखों का अनुमान नहीं लगाया जा सकता था।

वे लोग बहादुर किसान थे, आनंदपूर्वक जीने से उनका गहरा लगाव था। इसके लिए उनकी अभिरुचि सीधी और सहज थी। वह हिन्दुओं के तप-संयम और मुसलमानों के कठमुल्लेपन दोनों से कोसों दूर थी। सिखों के गाँव से ज़्यादा शान्त कोई दूसरी जगह नहीं थी। वे पुस्तक *ग्रंथ साहिब*, अपने गुरु और अपने ईश्वर के पंथ से सद्भावपूर्वक बँधे थे और दान और न्याय के प्रति समर्पित थे। शायद वे शान्त बने रहें। लेकिन नेहरू के भीतर एक अनियंत्रित बेचैनी उठ रही थी। भारत के इतिहास में अक्सर सिखों में प्रेरणा, अन्तः से संघर्ष की इच्छा फिर से पैदा होती रही है; और जो योद्धा धर्म उन्हें विरासत में मिला है, वह उन्हें लड़ने पर मजबूर करता रहा है। अगर उनके एक भी सफ़ेद गुरुद्वारे को आग लगाई गई, अगर उनकी एक भी स्त्री के साथ दुर्व्यवहार हुआ तो युद्ध होगा। तब, छोटे से छोटा बच्चा, वह कितना भी शान्त हो, उसकी आँखों में उल्लास भरा हो, वह जंगली जानवर के रूप में परिवर्तित होकर उस नाम को सार्थक करेगा जो उन सबको उनके अंतिम गुरु ने दिया था : **सिंह**।

कुछ करना नहीं था, सिवाय पंजाब के नक्शे का इंतज़ार करने के। गहरी साँस लेने, मांसपेशियों को ढीला छोड़ने, हड्डियों को सीधा करने और दिमाग को सन्नाटे से भरने के अलावा कुछ नहीं।

गवर्नर जनरल के भवन में सब लोग एक साथ सो गए। हज़ारों बैरे जिन्होंने पहले हजारों भारतीय बच्चों को चाय पिलाई थी, और फिर शाम के स्वागत समारोह में आमंत्रित

सैकड़ों सरकारी अफ़सरों की आवभगत की थी, थकान से ढेर हो गए। अपने बेडरूम में, माउंटबेटेन, बड़ी कोमलता से एक-दूसरे के आगोश में बँधे थे, मिशन कामयाब हो गया था।

एक मेज़ पर संदेशों का ढेर लगा था। थके हुए लॉर्ड लुई ने बैठकर उनकी मुहरें तोड़ना शुरू किया। एडविना इतनी खुश थी कि अपने कंधों पर हाथ रखकर एक अदृश्य साथी की तरफ़ मुँह करके उसने अकेले नाचना शुरू कर दिया।

'सुनो डार्लिंग, हमारे वफ़ादार लेफ़्टिनेंट, इस्मे ने क्या लिखा है,' माउंटबेटेन बोले। 'मुझे अब भी यकीन नहीं होता कि तुम इसे खींच ले गए। यह आधुनिक युग में तुम्हारी और एडविना की सबसे बड़ी व्यक्तिगत जीत है — एक बड़ी लड़ाई या एक बड़ा अभियान जीतने से भी ज़्यादा बड़ी । मैं यह स्वीकार करना चाहता हूँ कि जब मैं अपनी मर्ज़ी से टीम में शामिल हुआ था तो मुझे बहुत उम्मीद नहीं थी कि तुम यह कठिन काम कर सकोगे पर इस बात के बारे में मुझे पूरा यकीन था कि इस संसार में **कोई दूसरा नहीं** है जो यह दायित्व पूरा कर सके। उसने 'कोई दूसरा नहीं;' को रेखांकित किया है, कितना अच्छा है ...'

एडविना बिना उत्तर दिए मुस्कुराई और उसी तरह चक्कर काटती रही।

'एटली का तार ... लाओ देखें : इस दिन के लिए तुम्हें मेरा हार्दिक धन्यवाद ; इस दिन एक असाधारण रूप से कठिन काम सफलतापूर्वक पूरा किया गया है। हर मुश्किल का सामना करने में लगातार व्यक्त कौशल आश्चर्यजनक है ... तुम अब और नहीं सुन रही हो, डार्लिंग !'

'मैं तुमसे बात कर रहा हूँ, माइ डियर ... तुमने मेरी बात नहीं सुनी ?'

सपने में खोई-सी एडविना ने जवाब नहीं दिया।

लॉर्ड लुई ने ठंडी साँस लेकर एक और तार खोला।

'जैसा अनुमान था, डार्लिंग, मेरी पदोन्नति अर्ल ऑफ़ बर्मा के रूप में कर दी गई है, अब तुम काउंटेस हो गई हो।'

'बहुत बढ़िया,' एडविना ने अपने लम्बे साटन के दस्तानों के बटन खोलते हुए रुखाई से जवाब दिया, 'तुम जो ऐसे सम्मानों पर मुग्ध रहते हो इससे ज़रूर संतुष्ट होगे।'

लॉर्ड लुई ने कंधे उचकाए। उन्होंने शान्ति से कहा, 'डार्लिंग, मैं जानता हूँ तुम इन अलंकरणों से चिढ़ती हो, लेकिन आज के दिन के सौन्दर्य को खराब मत करो ... क्या मैं तुम्हारे लिए ज़रा-सी कोमलता के लायक भी नहीं हूँ, सिर्फ़ इस शाम के लिए ?'

एडविना ने गहरी साँस ली, अपने बाल झकझोरे और अपने हाथ अपने पति के कंधों पर रख दिए।

'मुझे माफ़ कर दो डिकी,' उसने धीमे से कहा, 'मुझे कुछ होश नहीं कि मैं अब क्या कह रही हूँ ...'

'तुम आज बहुत सुन्दर लग रही थीं,' उसे अपनी तरफ घुमाते हुए डिकी ने कहा, 'वह कान्तिमय भाव, हमारे पहले बॉल के समय ... तुमने ग्रीक शैली के बाल बनाए थे, घुँघराले बालों की सज्जा जैसे भेड़ चरानेवाली हो।'

'और तुम ऐसे लग रहे थे कि जैसे हमेशा वर्दी में ही रहते हो,' उसने कोमल होते हुए कहा। 'देखो डिकी, ये अभिजात वर्ग की बेतुकी पदवियाँ, यह मूर्खतापूर्ण आडम्बर जो तुम्हें ताज की ओर से मिलता है और सबकुछ बिगाड़ देता है। इससे मुझे चिढ़ होती है ... वे तुम्हें अर्ल बना रहे हैं क्योंकि तुमने एक राष्ट्र को जन्म देने में मदद की।'

'यह सम्मान हम दोनों के संयुक्त प्रयास के लिए दिया गया है, माइ डियर।'

'ओह ! चुप रहो !' उसने खिड़की की तरफ़ दौड़ते हुए कहा। 'जैसे कि हमने खुद स्वतंत्रता के लिए किए गए इस संघर्ष का नेतृत्व किया हो। उनके बारे में सोचो, जो बाहर हैं, और जिन्होंने हमारे खिलाफ़ लगभग एक शताब्दी तक संघर्ष किया।'

'बशर्ते वे अब आपस में न लड़ें,' लॉर्ड लुई ने दाँतों के ही बीच में यह बात बुदबुदाई।

सात

घाव

नेहरू के लिए सिखों का उपहार

दिल्ली, 16 अगस्त 1947, 5 बजे सायंकाल

लॉर्ड लुई ने लम्बी साँस ली। उन्होंने अपनी अच्छी तरह लगाई गई फाइलों की तरफ़ देखा, उस टेलीफोन की तरफ़ देखा जो लगता था कि बजने के ही इंतज़ार में है और तटस्थ भाव से अपने दफ़्तर में एक सिरे से दूसरी ओर टहलने लगे।

'हमारे पास अब भी संयुक्त सुरक्षा समिति और पंजाब सीमा दल है। पचास हज़ार आदमी,' उन्होंने मुट्ठी कसकर सोचा, 'वे लोग सफल होंगे। मुझे भी सफलता मिलेगी। मुझे यह कत्लेआम रोकना होगा, निश्चय ही रोकना होगा ... '

उन्होंने अपना हाथ टेलीफोन की तरफ़ बढ़ाया और फिर खींच लिया। 'यह अब तुम्हारा काम नहीं है लुई माउंटबेटेन। तुम अब इसके इंचार्ज नहीं हो। शान्त रहो। बुलावे का इंतज़ार करो। इंतज़ार करो ...' उन्होंने धीरे से हाथों में सिर थामकर दोहराया।

उन्हें अपनी पत्नी के पैरों की तेज़ आहट सुनाई पड़ी और वे अचानक सीधे बैठ गए।

'वह कितना अद्‌भुत था ! ...' एडविना घुरघुराई और एक आरामकुर्सी में धम से बैठ गई। 'मैं इसे कभी नहीं भूलूँगी। तुम भी नहीं भूलोगे, है न ?'

'कतई नहीं,' लॉर्ड लुई ने गला साफ़ करते हुए उत्तर दिया।

'ओह ! क्या उत्साहहीनता है !' एडविना ने आसमान की तरफ हाथ उठा दिए।

'एडविना ! ...'

'तुमने एडविना को स्वाधीनता के इस एक दिन की हीरोइन नहीं बना दिया ? क्या आज वह स्त्रियों में सबसे खुश नहीं है ?' उसने मुस्कुराकर कहा।

'अगर मैं तुम्हें बताऊँ ... तो क्या तुम इस तरह खुश रह सकोगी ?'

उसने उनके चेहरे पर आँखें जमा दीं।

'बताओ !'

'ऑचिनलेक का अभी-अभी लाहौर से फोन आया है,' लॉर्ड लुई ने धीरे से कहा।

'... और वहाँ चारों तरफ़ आग लगी है,' एडविना तीखे सुर में बाली, 'मुझे मालूम है, जवाहर ने मुझे बता दिया है।'

'डार्लिंग,' लॉर्ड लुई बोले। 'नहीं, तुम्हें कुछ नहीं मालूम। आग लगना तो कुछ नहीं है। वहाँ के गाँवों में सिख मुसलमान औरतों को नंगा करके उनके साथ बलात्कार कर रहे हैं, और ... से उनके पेट फाड़कर आँतें निकालने से पहले उन्हें बाहर बिना कपड़ों के घुमा रहे हैं।'

'बस करो !' एडविना चीखी। 'यह झूठ है ...'

'हाँ ! अपनी किरपानों से। मुसलमान सिखों को उनके मंदिरों में इकट्ठा करके उनको आग लगा रहे हैं। हिन्दू बूढ़े सिखों को पकड़कर, उनकी दाढ़ियों को पेट्रोल में डुबाकर और ...।'

एडविना ने सिर झुका लिया, उसकी आँखों में आँसू भरे थे।

'तुम्हारी खुशी एकदम अस्थायी थी, माइ डियर,' लॉर्ड लुई ने ठंडी साँस ली। 'मैंने तुम्हें पहले ही आगाह किया था। पंजाब में अभी-अभी गृह-युद्ध शुरू हो गया है।'

'अब तुम क्या करोगे, डिकी ?'

'जो भारत के प्रधानमंत्री चाहेंगे, मेरी जवाबदेही तो उन्हीं के प्रति है,' लॉर्ड लुई ने सख्ती से जवाब दिया। 'जब तक मुझे अपने आखिरी इक्के, पंजाब सीमा दल का इस्तेमाल करने की इजाज़त नहीं दी जाती। वह अभी तक दो देशों में नहीं बँटा है।'

'मैं तुमसे प्रार्थना करती हूँ, तुम जल्दी ऐसा कर लो।'

'याद रखो, दोनों प्रधानमंत्रियों को अभी पूरी तरह इस बात की जानकारी नहीं है कि विभाजन में उनके हिस्से में क्या आया है ?' लॉर्ड लुई रूखे स्वर में बोले। 'आज दोपहर को दो बजे, जब मैंने उन्हें उनके मुहरबंद लिफ़ाफे थमाए, मैं तब जिम्मेदार नेताओं से बातचीत कर रहा था; दो मिनट बाद वे गुस्से से पागल होकर जा चुके थे। पटेल इसलिए क्योंकि भारत के हाथ से चटगाँव का पहाड़ी इलाका निकल गया था और लियाकत ख़ाँ गुरदासपुर निकल जाने की वजह से।'

'और नेहरू ?' एडविना ने तेज़ी से बात काटी।

'अब पाँच बजे हैं, मैं उन्हें वक्त दे रहा हूँ ताकि वे खबरों की जानकारी हासिल

कर लें।'

'उनके पास इससे पहले जानकारी पाने का कोई ज़रिया नहीं था ?' एडविना ने पूछा।

लॉर्ड लुई ने टेलीफोन की तरफ संकोच से नज़र डाली ... किसी ने दरवाज़ा खटखटाया।

'हाँ, कौन है ?' लॉर्ड लुई ने चिल्लाकर पूछा।

'इस्मे, सर,' प्रथम सेक्रेटरी ने दरवाज़ा खोलते हुए कहा। 'प्रधानमंत्री अपने घर से बोल रहे हैं।'

'टेलीफ़ोन अंदर दे दो,' लॉर्ड लुई ने रुखाई से कहा।

'देखा,' एडविना ने साँस लेकर कहा, 'उन्होंने बहुत देर नहीं लगाई ...।'

लॉर्ड लुई ने टेलीफोन का चोंगा उठाया।

'माइ डियर प्राइम मिनिस्टर,' वे प्यार से बोले। 'ओह ! भयानक ... एक भी नहीं ? आज ही सुबह ? लेकिन तब यह पहले से तय कर लिया गया था ? क्या ? तुम्हारे लिए तोहफ़ा ? जवारला, मैं तुमसे बिनती करता हूँ, शांत हो जाओ। मेरा कहने का मतलब है ... माफ़ करना। मैंने बिल्कुल नहीं सोचा था ... नहीं, अब फौरन कार्रवाई करनी होगी। ओह, तुम तुरंत जा रहे हो। तुम्हारे पास हवाई जहाज है ? क्योंकि इसके बगैर ... अच्छा है। तुम ठीक कह रहे हो। क्या मैं तुम्हारे साथ चलूँ ? नहीं ? मैं समझता हूँ। मुझे इसका यकीन है, मिस्टर प्राइम मिनिस्टर ! ज़ाहिर है। हम तुम्हारे बारे में ही सोचते रहेंगे। हाँ, वह यहीं है। मैं उसे बता दूँगा। मुझे खबर देते रहना ... स्वभावतः जवारला, मेरा मतलब मिस्टर प्राइम मिनिस्टर।'

लॉर्ड लुई ने टेलीफोन वापस रख दिया और जेब से रूमाल निकालकर अपने चेहरे पर फिराया।

'डिकी ...' एडविना धीमे से बोली।

'अभी-अभी एक ट्रेन अमृतसर पहुँची है। सारी गाड़ी ऐसे यात्रियों से भरी है, जिनके गले काट दिए गए हैं। कुछ के सिर उतार दिए गए हैं। उन्होंने मुझे यह भी बताया ...'

लॉर्ड लुई उठे और खिड़की की तरफ़ चल दिए, कमरे में अँधेरा छा रहा था।

'स्वाधीनता की दूसरी रात माइ डियर ! ट्रेन के पहले डिब्बे में, उन अपराधियों ने लिख दिया था, "स्वाधीनता के उपलक्ष्य में नेहरू के लिए तोहफ़ा"।'

'लेकिन कौन ?' एडविना पीली पड़ते हुए बड़बड़ाई।

'तलवारें, एडविना, सिखों की किरपानें। उनका अपना घर नहीं रहा। उसके दो टुकड़े हो गए।'

'तो, वे इसलिए इंसानों को काट रहे हैं ? पाकिस्तान में कितने हिन्दू हैं ?'

'शायद चार, पाँच, छः लाख, मुझे मालूम नहीं।'

'और पंजाब के भारतवाले हिस्से में, कितने मुसलमान होंगे ?'

'लगभग इतने ही,' लॉर्ड लुई ने लम्बी साँस ली। 'मैं अपमानित खड़ा हूँ, डार्लिंग ! मेरी जीत एक ही दिन में खत्म हो गई।'

'तुम्हारी जीत ? ओह ! डिकी, बस करो,' एडविना गुस्से से बोली। 'जैसे बस महत्त्व इसी बात का है। नेहरू वहाँ जाने के लिए रवाना हो गए ?'

'हाँ, लियाकत अली ख़ाँ के साथ। उन्होंने मुझसे सुरक्षा समिति की बैठक बुलाने के लिए कहा है।'

'अच्छा,' उसने भी उठते हुए कहा, 'मैं अमृत कौर से बात करूँगी। अब चूँकि वे स्वास्थ्य मंत्री हैं, वहाँ जाना उनका फ़र्ज़ है, मैं उनके साथ जाऊँगी।'

'दो महिलाएँ ? तुम पागल हो गई हो। तुम अपनी सुरक्षा कैसे करोगी ?'

एडविना कमरे की देहरी पर खड़ी होकर पीछे घूमी।

'मैं नहीं जानती, डिकी !'

उसने दरवाज़ा ज़ोर से बंद कर दिया।

'मुझे उससे अमृतसर की गाड़ी के बारे में बात नहीं करनी चाहिए थी। वह बहुत संवेदनशील है ...' लॉर्ड लुई ने सोचा।

धीरे से काग़ज़-कलम उठाकर उन्होंने एक खत लिखना शुरू किया।

'माइ डार्लिंग, मैंने भारत के मामले में सही हल तलाश करने में मेरी मदद करने के लिए कितने लोगों को धन्यवाद के पत्र लिखे, लेकिन अभी तक मैंने उस व्यक्ति को नहीं लिखा जिसने मेरी सबसे ज़्यादा मदद की थी। प्रधानमंत्री से मिले तार को मैं संलग्न कर रहा हूँ। उन्हें इस संबंध में जो भूमिका तुमने अदा की उसके बारे में कोई भ्रम नहीं है। यह तार मेरी इस भूल का निवारण करने में मेरी मदद करेगा, इतिहास में निश्चित रूप से कोई ऐसा पति नहीं हुआ जिसे यह सम्मान मिला हो कि वह प्रधानमंत्री से प्राप्त प्रशंसा के तार को अपनी पत्नी को संप्रेषित करे। मैं इसका अपवाद हूँ और मुझे इस बात का गर्व है। मैं तुम्हारे प्रति हृदय से इस बात के लिए शुक्रगुज़ार हूँ कि तुमने कई मामलों में, जिनमें मैं पटरी से उतर सकता था, ऐसा न होने देने में मेरी मदद की। मेरी प्रिया, तुम्हें मेरा हार्दिक धन्यवाद।'

उन्होंने एटली का तार खोला, आखिरी पंक्ति फिर से देखी और मुस्कुराए। बधाई संदेश के अंत में लेबर पार्टी के प्रधानमंत्री ने लिखा था, 'इस संदेश में मैं एडविना, इस्मे और उन दूसरे लोगों को भी शामिल कर रहा हूँ जिन्होंने मदद की।'

पंजाब, 17 अगस्त 1947

मुँह लटकाए,, नेहरू ने अपनी कसी मुट्ठी के पीछे अपने होंठ काटे। कार अँधेरे में धीमी गति से चल रही थी, उनकी बगल में लियाकत अली ख़ाँ का सिर लुढ़का था, वे हल्के खर्राटे ले रहे थे।

दूर कहीं आग की लपटें ऐसे चमक रही थीं जैसे तिनकों का ढेर जल रहा हो। नींद में सोए गाँव ऐसे लग रहे थे जैसे बेचैनी के कंबल में लिपटे हों, बीच-बीच में कोई छाया चोरी-छिपे किसी झाड़ी से निकलकर घर की तरफ़ लपकती थी। परिवार रातभर के लिए पुश्ते पर रुक गए थे, एक बैलगाड़ी धकेलके किनारे कर दी गई थी। वह एक गड्ढे के किनारे खड़ी थी। बीच-बीच में अँधेरे को चीरती हुई किसी बच्चे के रोने की आवाज़ सुनाई पड़ती थी, और उसके बाद औरतों के फुसफुसाने की आवाज़ें — हमेशा एक क्षीण काया खड़ी पहरा देती थी। आग के सिवा, सब शांत दिखाई पड़ रहा था।

अचानक कार ने झटका खाया और पाकिस्तान के प्रधानमंत्री जाग गए।

'मैं सो कैसे गया ?' उन्होंने उठकर अपनी भारी-भरकम काया को सीट में व्यवस्थित करते हुए कहा। 'समय क्या हो गया ?'

'लगभग पाँच बजे हैं,' नेहरू ने कहा। 'हम पहुँचने ही वाले हैं।'

'आपने खुद पलक भी नहीं झपकाई,' लियाकत अली ख़ाँ शिकायत की-सी आवाज़ में बोल उठे। 'आपका मेरी बनिस्बत अपने ऊपर बेहतर नियंत्रण है। यह तो भयानक है, नेहरू ! हम लोग क्या करेंगे ?'

नेहरू ने आँसू छिपाने के लिए चेहरा घुमा लिया।

'वह बच्चा जिसका पेट चाक कर दिया गया, वे औरतें जिन्हें कुएँ में फेंक दिया गया,' लियाकत अली ख़ाँ बड़बड़ा रहे थे, 'औरतों की चीखें, जिनके बच्चों के दो टुकड़े कर दिए गए थे ... खून की, हर जगह झुलसे हुए मांस की, कैसी गंध थी ! ... क्या ये सब हमारे लोग हैं, जवाहर ? खुदा के बंदे, ये राक्षस ?'

'मैं आपसे मिन्नत करता हूँ, अब इन सब बातों का और ज़िक्र न करें। हम लोग अपनी ताकत ज़ाया न करें,' नेहरू बोले। 'मैं थक गया हूँ और मुझे ही उन लोगों को शांत करना है, आपको नहीं। मेरी मदद दीजिए।'

'माफ़ कीजिए,' स्थूलकाय लियाकत बुदबुदाए। 'बात इतनी है कि आखिर यह तकलीफ़ कैसे सही जाए ? इसलिए मैं बात करके अपना दिल हलका कर रहा था। हमने कितनी तादाद में लाशें देखी हैं, जख्म देखे हैं, दिल दहला देनेवाले किस्से सुने हैं ! ... शब्द मेरे बोझ को हल्का कर देते हैं।'

'अगर तुम हल्का (लाइट) ही होना चाहते हो,' नेहरू ने पूरब दिशा की तरफ़ इशारा करते हुए कहा, 'तो सूरज उगने में अब देर नहीं है। तुम्हें यह सोचने के लिए काफ़ी वक्त मिलेगा कि नया दिन क्या लेकर आएगा।'

'क्योंकि तुम सोचते हो कि ...'

'मैं कुछ नहीं सोचता !' नेहरू ने तल्खी से बात काटी। 'मैं अब कुछ नहीं सोचता ! हमने तो स्वर्गों की कामना की थी और हमें नरक मिल गया।'

'गाड़ी रोको !' उन्होंने शोफ़र से चिल्लाकर कहा।

नेहरू ने गाड़ी का दरवाज़ा इतनी जोर से बंद किया कि भोर के सन्नाटे को उसने अपनी गूँज से चीर दिया। दोनों प्रधानमंत्रियों की गाड़ी के पीछे सैनिक जीपों की रफ़्तार धीमी हो गई। मशीनगनें साथ लिए सिपाही उतर पड़े। लगता था कि गाँव अभी सो रहा है।

घरों की छतों पर सवेरे की रोशनी आई ही थी कि तालाब पर बगुलों ने गुलाबी छायाओं के ऊपर पहले ही उड़ना शुरू कर दिया। वे गेहूँ की नरम कच्ची बालों पर धावा बोलने जा रहे थे। कीचड़ में पड़ी भैंसों ने अपने सिर उठाए और कुछ दूर पर, सिर पर पीतल का घड़ा उठाए एक स्त्री दिखाई पड़ी। जुलूस पर नज़र पड़ते ही वह घड़ा फेंककर भागी।

'जाओ,' नेहरू ने कप्तान को आदेश दिया। 'उन्हें ढूँढ़कर पानी के किनारे आम के पेड़ के नीचे इकट्ठा करो। मैं उन्हें यहाँ तुरंत इकट्ठा चाहता हूँ, बिना बतंगड़ बनाए।'

लियाकत अली ख़ाँ हाँफते हुए उनके साथ हो लिए। नेहरू ने खड़े होकर, हाथ पीठ पर बाँधे गाँव का जायज़ा लिया।

'वो, बाड़ के पीछे गुरुद्वारा छिपा है,' उन्होंने कहा, 'मुझे यकीन है कि यहीं उन्होंने अपने हथियार इकट्ठे किए होंगे।'

'और मुसलमानों का गाँव जिसे वे जलाना चाहते हैं ?'

'आपके पीछे। वहाँ मस्जिद की छोटी-सी मीनार दिखाई पड़ रही है।'

'आप जिस एक गाँव को बचाने की कोशिश कर रहे हैं, उसके बदले आज रात को कितने और कत्ल किए जाएँगे !' लियाकत अली ख़ाँ कराहकर बोले।

सिपाही घरों से बाहर निकल आए। वे अपनी बन्दूकों के कुन्दों से गाँव के लोगों को धकेलते ला रहे थे। आधे सोए हुए, टेढ़ी पगड़ियाँ, अस्थिर आँखें, और अस्तव्यस्त दाढ़ियाँ, उन लोगों ने बिना चिल्लाए अनमना-सा विरोध किया। जो उम्र में छोटे थे उन्हें इतना समय भी नहीं मिला था कि वे अपने कमर तक लटक आए लम्बे काले बालों को बाँध लें। उन्होंने जामनी मखमल की मियानों में रखी अपनी किरपानों को

कसकर अपनी छाती से लगा रखा था। औरतें अपने खाविन्दों को पकड़े विरोध कर रही थीं लेकिन वे उन्हें आगे धकेलते हुए ला रहे थे। नेहरू ने अपने मुँह पर अपनी मुट्ठी रख ली।

जब वे सब आम के पेड़ के नीचे बैठ गए तो नेहरू ने लियाकत अली ख़ाँ की बाँह थामी और तालाब की तरफ बढ़े। सिपाहियों ने सिखों को एक जगह इकट्ठा करके अपनी मशीनगनें उनकी तरफ़ तान दीं।

बड़ी देर तक भारत के प्रधानमंत्री इन लोगों की खूँखार आँखों में देखते रहे। अभी भी आधे सोए हुए वे उनकी तरफ खामोशी से भय और क्रोध के मिले-जुले भाव से देख रहे थे। उन्होंने आगे बढ़कर अपनी हथेलियों को अपनी पीठ के पीछे कसकर एक-दूसरे पर दबाया।

'तुम सब सुनो !' वे चिल्लाए। 'मुझे खबर मिली है कि तुम पड़ोस के गाँव पर इसलिए हमला करनेवाले हो क्योंकि वह मुसलमानों का गाँव है ...'

जवाब में विरोधी हल्ला होने लगा। नेहरू ने अपना एक हाथ छुड़ाया, और उसे तत्काल फिर जकड़ लिया, उनके होंठ थरथराए।

'खामोश हो जाओ ! मैं एक लफ्ज़ सुनना नहीं चाहता। ये मुसलमान तुम्हारे भाई हैं, मैं तुम्हारा प्रधानमंत्री हूँ, सभी हिन्दुस्तानियों का हूँ, और मैं तुमसे यह कहना चाहता हूँ। अगर इन मुसलमानों में से एक भी, तुम मेरी बात सुन रहे हो, एक भी ... अगर तुमने एक को भी छूने की हिम्मत की, तो मैं तुम्हें कल इसी तरह यहाँ इकट्ठा करूँगा, इस पेड़ के नीचे, और मैं तुम सबको फाँसी पर चढ़वा दूँगा। तुम सबको।'

उन लोगों की आँखें आश्चर्य से फटी रह गईं।

'इतनी ही बात है !' नेहरू चिल्लाए, 'तुम अपनी तलवारें यहीं नीचे रख दो। तुम्हें उन्हें पास रखने की मनाही है, तुम उनका अपमान करते हो। चलो।'

एक बूढ़े आदमी ने खड़े होकर अपनी तलवार ज़मीन पर फेंक दी। फिर दूसरे ने, तीसरे ने। देखते ही देखते नेहरू के कदमों में तलवारों का ढेर लग गया। सिर्फ़ एक बहुत जवान आदमी जिसकी आँखों में खून उतर आया था, छाती पर हाथ बाँधे स्थिर खड़ा रहा।

'अच्छा ?' नेहरू ने सिपाहियों से कहा।

एक सिपाही ने अपनी मशीनगन से उसकी तरफ़ निशाना लगाया। उस युवक ने म्यान से तलवार खींच ली और चिल्लाते हुए उसे ऊँचा उठाकर घुमाया, 'मुसलमानों को मौत।'

खामोशी छा गई।

नेहरू उस युवक की तरफ दौड़े और उसकी बाँह मरोड़ दी। वह किशोर पीड़ा

से चिल्लाया और तलवार उसके हाथ से छूट गई।

'मुझे बताओ तुम उनको क्यों कत्ल करना चाहते हो। बताओ मुझे !' नेहरू बिना उसकी बाँह छोड़े चिल्लाए।

वे मेरी ज़मीन चुरा रहे हैं !' किशोर ने रोकर जवाब दिया। 'मुझे बताया गया है कि वे हमारी माँओं को मार रहे हैं। बहनों पर बलात्कार कर रहे हैं। तुम हमारे नए नेता हो और तुम्हें कुछ नहीं मालूम ?'

'बेचारा, बेवकूफ़ कहीं का !' नेहरू ने उसकी बाँह छोड़कर डाँटा, 'क्या तुमसे जो कहा जाता है, तुम उस सब पर यकीन कर लेते हो ? तुम्हें यह तो मालूम है कि तुम्हारे पहले गुरू कौन थे ? नानक, जो अपने भाइयों के बीच मेलजोल चाहते थे। तुम जानते हो, लेकिन तुम भूल गए हो।'

किशोर ने आँखें नीची कर लीं।

वे लोग आम के नीचे झुंड में खामोश बैठे रहे।

'तुम सब मेरी बात सुन रहे हो ?' नेहरू उनसे चिल्लाकर बोले। 'मैं कसम खाता हूँ, कि मैं कल तुम सबको फाँसी चढ़वा दूँगा।'

और उन्होंने अचानक उनकी तरफ पीठ फेर दी।

'चलिए, अब हमें और नहीं रुकना चाहिए,' उन्होंने पाकिस्तानी प्रधानमंत्री से कहा, जो कुछ दूर पर खड़े थे।

वे चुपचाप गाड़ी में चढ़ गए। जुलूस रवाना हो गया, वे लोग अपने तालाब के किनारे सन्न खड़े थे।

'क्या आप समझते हैं कि वे आपकी बात मानेंगे ?' लियाकत अली ने पूछा।

'मुझे उम्मीद है,' कहकर नेहरू ने ठंडी साँस ली।

'क्या जो कुछ आपने उनसे कहा है, आप सचमुच वह करने को तैयार हैं ?'

'इस पर आप शक न करें।' नेहरू बड़े क्रुद्ध होकर बोले।

'आप ? अहिंसक ? आप, जवाहर ?'

नेहरू ने उन हाथों की तरफ़ देखा जिन्हें उन्होंने इतनी सख्ती से बाँध रखा था।

'मेरे पास कोई दूसरा रास्ता नहीं है,' वे बोले।

'मैं आपकी भर्त्सना नहीं कर रहा था, जवाहर, लेकिन गाँधीजी इसे पसंद नहीं करेंगे, और ...'

'क्या आप सोचते हैं कि मैं इस बात को नहीं जानता ?' नेहरू ने तीखी नज़र से उनकी तरफ़ देखते हुए बात काटी। 'मैं उनकी तरह नहीं हूँ; मैं प्रधानमंत्री हूँ।'

लियाकत अली ख़ाँ खामोश थे। कांग्रेस पार्टी की तरह मुस्लिम लीग ने कभी हिंसा से बचाव नहीं किया था; वह कभी-कभी ज़रूरी होती है, बात इतनी-सी ही थी।

सुबह की रोशनी ने सड़क पर चलते हुए शरणार्थियों को आलोकित कर दिया, खाली आँखों से वे जीपों और सशस्त्र सैनिकों के जुलूस को इस धुँधली-सी आशा से देख रहे थे कि वे लोग उनकी सुरक्षा करेंगे।

एडविना : मनोव्यथा में

दिल्ली, 29 अगस्त 1947

अपना चश्मा लगाए, एडविना बार-बार अपने नोट्स पढ़ रही थी। उसके पास नेहरू को अपनी योजना समझाने के लिए आधा घंटा-भर था; जहाँ तक डिकी का सवाल था, उसे भी इसे उसी समय सुनना था।

उसने अपने गालों पर हाथ लगाया, धूप से जलकर उसकी खाल बड़ी बुरी तरह खिंच रही थी। उसके बाएँ टखने पर एक गहरा, लम्बा सॉट अभी-अभी ठीक होने लगा था; और उसने अपनी बाँहों पर भी और चोटें देखी थीं।

'मैंने इस बार कुछ ज़रूरत से ज़्यादा कर दिया,' उसने सोचा। 'मुझे तो यह भी नहीं मालूम कि यह हुआ कब। अभियान के समय तो मुझे कुछ भी महसूस नहीं हुआ। कम-से-कम, अब मुझे सिरदर्द तो नहीं है ...'

दरवाजे से डिकी धड़धड़ाते हुए घुसे, उनके पीछे नेहरू थे, जो परेशान दिख रहे थे।

'ओह ! पंडितजी, आप पहुँच भी गए ?' चश्मा उतारते हुए वह बोली। 'मैं तैयार हूँ।'

'हमें बहुत कम समय मिलेगा,' उन्होंने उसका हाथ चूमकर कहा। 'तुम बहुत थकी तो नहीं हो ? मैं अमृत से मिला था, वह थकी दिखाई पड़ रही है, और तुम ?'

'इसका कोई महत्त्व नहीं है,' एडविना ने उत्तर दिया। 'ऐसी परिस्थितियों में, थकान के बारे में सोचने का वक्त नहीं होता। मैंने आपके लिए कुछ नोट्स तैयार किए हैं, मैं कार में उनके बारे में विस्तार से बताऊँगी।'

'लेकिन तुम हमारे साथ नहीं चलोगी,' डिकी ने सख्ती से बात काटी। 'नेहरू और मुझे बात करनी है।'

जब वह गाड़ी में चढ़ रही थी, नेहरू की नज़र सॉट पर पड़ी और उन्होंने त्यौरी चढ़ाई। 'तुम्हारे पैर में क्या हो गया ?'

'वह ? सच कहती हूँ, मुझे नहीं पता,' उसने जवाब दिया। 'मेरा ख़याल है कि एक बच्चे ने अनजाने में एक कँटीली टहनी मेरे पास से खींची थी। और जिन्हें मैंने अपनी बाँहों में उठा रखा था, उनसे मेरी बाँहें छिल गईं ... देखिए।'

नेहरू ने उसका हाथ थामकर हल्के से दबाया।

'अच्छा !' उसने अपना चश्मा लगाते हुए कहा। 'आपको मालूम है कि अमृत और मैं पाँच कैम्पों में गए, या कहें पाँच शरणार्थी शिविरों में, क्योंकि वे अभी भी कैम्प नहीं हैं, हाय ! अम्बाला में एक मुस्लिम कैंप, लाहौर में हिंदू और सिख केन्द्र, सियालकोट का सरकारी अस्पताल, और गुजराँवाला केंद्र, वह तो कीचड़ का समुद्र है पंडितजी, भयानक है !'

'मैं मानसून को तो नहीं रोक सकता,' नेहरू बड़बड़ाए।

'नहीं ! लेकिन हम बड़ी तादाद में पुआल तो फैला सकते हैं। हम लोग क्रम से चलें। इन काग़ज़ों में आपको, एमरजेंसी दवाखानों की सूची मिलेगी, पहले आप इसे अपने लाहौर के संवाददाता को संप्रेषित करें। सियालकोट के अस्पताल में कीटनाशक दवाई नहीं है, और उसके अलावा भी एक भी दवाई नहीं है, इस समय तुरंत एंटिसेप्टिक ऐस्पिरीन, खाँसी-जुकाम की दवाइयाँ, कुनीन, पानी के लिए डिसइंफ़ेकटेंट और बच्चों के लिए दूध भेजना है। ओह ! और बेहोशी की दवाएँ, उन्होंने उसके बगैर ही ऑपरेशन करना शुरू कर दिया है। मैंने मौके पर ही दस-दस की टोली में स्वयंसेवकों की टीमें भरती करनी शुरू कर दी हैं। इन टोलियों पर एक सौ शरणार्थियों की ऊपरी देखभाल, खिलाने-पिलाने और उन्हें टॉयलेट ले जाने का जिम्मा होगा।

'टॉयलेट ? तुम्हें मिले वहाँ ?' नेहरू ने भौंचक्के होकर पूछा।

एडविना ने आह भरकर अपना चश्मा उतारा।

'पंडितजी, मुझे चारों तरफ़ तबाही के सिवा कुछ नहीं मिला। अम्बाला में वे लोग खुले में सोते हैं, और बारिश से उनके बचाव का कोई साधन नहीं है, गुजराँवाला में फचफच करती कीचड़ बिस्तर, मेज़ और टॉयलेट का काम देती है। अगर स्वयंसेवकों ने हस्तक्षेप न किया होता तो टायफ़स उन सबकी जान ले लेता। वे डायरिया और मलेरिया के चंगुल में आ ही गए हैं, और बच्चे पेचिश से मर रहे हैं। लाहौर में कुछ और स्वयंसेवक तलाश कीजिए और उन्हें सिखों और हिन्दुओं की देखभाल पर लगाइए।'

'लेकिन टॉयलेट ?'

'स्वयंसेवक थोड़ी दूर पर पाखाने खोद रहे हैं, शरणार्थियों को उन्हें इस्तेमाल करने के लिए मजबूर करना पड़ता है। आप कल्पना नहीं कर सकते — उनके गंदे ओढ़नों पर पाखाने और उल्टियों का मिश्रण, पेशाब की धाराएँ, जिनमें बच्चे रेंगते हैं ... कुछ करना बहुत ज़रूरी है।'

'इसके अलावा ?'

वे कागज़ पर खाते हैं, जो मोटा नहीं होता। दाल-चावल बरबाद होते हैं। अमृत ने आदेश दे दिया है कि कागज़ के बजाय पत्तलें काम में लाई जाएँ। स्टील की प्लेटें, गिलास, प्याले जो कुछ बन पड़े, वहाँ भिजवाओ। उन्हें कम्बलों की भी ज़रूरत है, वे बड़ी जल्दी भीग जाते हैं और फिर सूखते नहीं हैं, हवा में बहुत नमी है। और ...।'

'अमृत को यह सब मालूम नहीं है ?' नेहरू ने रुखाई से बात काटी।

'उन्होंने आदेश दे दिए हैं। लेकिन, पंडितजी, प्रधनमंत्री तो आप हैं ... वे उससे हामी भर लेते हैं, लेकिन दहशत के कारण सब अस्तव्यस्त हो जाता है और कोई बात आगे नहीं बढ़ पाती। और जो लोग लाहौर में हैं, उनके लिए कैम्प की व्यवस्था लियाकत अली ख़ाँ को करनी चाहिए, उनसे कह दीजिए।'

'तुम्हें मालूम है कि शरणार्थियों ने दिल्ली में पहुँचना शुरू कर दिया है ?'

'आपको अच्छी तरह सुरक्षित स्थान चाहिए, यदि संभव हो तो ऊँचाई पर, ताकि पानी बहकर निकल जाए; लॉन हों तो बेहतर होगा, देखें ... पुराना किला ?'

'मैंने उसके बारे में सोचा था, वह काफी नहीं होगा। हुमायूँ के मकबरे के चारों तरफ़वाले बगीचे ?'

वे दीवारों से घिरे हैं, मकबरा चारों तरफ अच्छी तरह आड़ में बने छोटे-छोटे आलों से घिरा है — हाँ,' उसने हामी भरी। 'क्या इन कैम्पों पर सिपाहियों का पहरा रहेगा ?'

'स्वभावतः,' नेहरू बोले। 'जिन जगहों को तुम देख आई हो, उनकी ज़रूरत वहाँ भी पड़ेगी।'

वे लोग रास्तों का सीमांकन करने में उपयोगी होंगे, क्योंकि इस वक्त, शरणार्थी एक-दूसरे पर लदे पड़े हैं, और मुझे शरीरों पर जैसे-तैसे चढ़ने में तीन दिन लगे हैं।'

'जिंदा शरीरों पर ?'

एडविना खामोश रही। कभी-कभी मृत और जीवित में भेद कर पाना मुश्किल होता था।

'इस बात का ज़िक्र आया है, तो पंडितजी को दफनाने और दाह-संस्कार करने की व्यवस्था भी करनी चाहिए।' लेकिन ...

पेट्रोल का इंतज़ाम कीजिए,' वह धीरे से बोली। 'लाशों को जल्दी जलाना होगा। मैंने देखा कि उन्हें एक तरफ डाल दिया जाता है, लेकिन बच्चे छूट निकलते हैं, माँएँ उन्हें थामे नहीं रख पातीं और ...'

डिकी खाँसे।

'हम लोग सैनिक हवाई अड्डे पहुँच गए हैं एडविना। तुम्हें अब रुकना होगा,' उन्होंने

विनम्रता से कहा।

'जो कुछ मैं भूल गई हूँ वह आपको यहाँ मिल जाएगा,' अपने नोट्स नेहरू को देते हुए उसने कहा।

उन्होंने उसका हाथ अपने हाथ में थाम लिया और उसकी आँखों में देखा।

'एडविना, मेरी समझ में नहीं आता कि मैं कैसे ...'

'शऽऽऽ ... आगे मत बोलो, जवाहर। मैं खुश हूँ,' वह बुदबुदाई।

लॉर्ड लुई ने भौंचक्के होकर उसकी तरफ़ देखा।

'वह सच बोल रही है, डिकी,' नेहरू ने कहा।

दोनों आदमी गाड़ी से उतर गए; नेहरू ने उससे हाथ हिलाकर विदा ली। एडविना आराम से सीट में बैठ गई और अपना सिर पीछे टिका दिया। थकान ने उसे गर्भाशय की तरह चारों तरफ़ से घेर लिया, हज़ारों की संख्या में छोटे-छोटे भूरे रंग के हाथ उसे कीचड़ के समुद्र में घसीट रहे थे और उसने बिना विरोध किए अपने को उसमें डूबने के लिए छोड़ दिया था; जैसे अँधेरे ने उसे घेरा, वह सो गई।

लॉर्ड माउंटबेटेन की वापसी

'तो फिर, नेहरू, आपने अपना फैसला कर लिया ?' लॉर्ड लुई ने कमर की पेटी बाँधते हुए बात शुरू की।

नेहरू ने जवाब नहीं दिया।

'मैंने आपसे एक सवाल पूछा था, मिस्टर,' लॉर्ड लुई ने बात जारी रखी। 'और आप बैठे जाइए, हम उड़ान भरनेवाले हैं।'

'मैंने अपना फैसला कर लिया है, मिस्टर गवर्नर जनरल,' नेहरू ने अपनी सीट में बैठते हुए जवाब दिया। 'पंजाब सीमा दल का बँटवारा होगा।'

'आप जानते हैं कि मैं इसे कितना नापसंद करता हूँ,' लॉर्ड लुई ने कहा।

'मैं जानता हूँ,' नेहरू ने रुखाई से जवाब दिया। 'लेकिन मैं जो प्रधानमंत्री हूँ।'

ब्लेड घूटने लगे; इंजन घुरघुराया, केबिन में बहरा करनेवाला शोर भर गया।

'सीमा दल पाकिस्तान के साथ पक्षपात करता है,' नेहरू चिल्लाए।

'यह झूठ है,' लॉर्ड लुई भी चिल्लाए। 'जिन्ना ठीक उल्टी बात कहता है।'

'जिन्ना क्या कहता है ? मुझे आपकी बात सुनाई नहीं पड़ रही है, बहुत शोर है।'

'ज़रा ठहरिए,' लॉर्ड लुई ने फिर चिल्लाकर कहा। 'तब तक ठहरिए, जब तक हम

कुछ ऊँचाई पर न पहुँच जाएँ।'

दोनों आदमी नाराज़गी से खामोशी में डूब गए; लॉर्ड लुई केबिन की खिड़कियों से बाहर देखने लगे, नेहरू ने अपनी मुट्ठियाँ भींच लीं। जहाज ने अद्‌भुत सहजता से उड़ान भरी और शान्ति लौट आई।

'आप क्या कह रहे थे ?' नेहरू ने कड़वाहट से पूछा।

'मैं कह रहा था कि जिन्ना यह आरोप लगाता है कि सीमा दल भारत के साथ पक्षपात करता है। आप दोनों की तरफ़ से एक ही आक्षेप है।'

'मेरे पास प्रमाण है,' नेहरू ने शिकायत की।

'उसके पास भी है, नेहरू ! कितने लोग अभी तक मर चुके हैं, तुम्हें मालूम है ?'

'कहना असंभव है,' कहते हुए नेहरू के चेहरे पर विषाद की छाया आ गई। 'हर रोज़ हज़ारों।'

'और तुम पचास हज़ार लोगों के सेना दल को भंग करना चाहते हो, जो आश्चर्यजनक रूप से हाथ में है ?'

'मैंने भंग करने के लिए नहीं कहा, मैंने कहा विभाजन !' नेहरू जोर से बोले।

लॉर्ड लुई कुछ क्षण इंतज़ार करते रहे।

'माइ डियर जवारला, मेरी बात सुनो,' उन्होंने आवाज़ में दृढ़ता लाकर कहा। 'तुमने गाँधी के साथ रहकर संघर्ष किया है, सिर्फ़ अहिंसा को अस्त्र बनाकर; तुम जेल को बखूबी झेलकर निकल आए। पर सेना कमांड के बारे में तुम क्या जानते हो ? कुछ नहीं। मैं जानता हूँ, यह मेरा पेशा है। और मैं तुमसे कसम खाकर कहता हूँ कि अगर जिन्ना और तुमने इस सेना को विभाजित करने का फैसला किया तो यह भंग कर दी जाएगी। बिना नायकों के कोई सेना, इतनी जल्दी पुनर्गठित नहीं की जा सकती।'

'अगर तुम्हारी बात सही भी हो, तो उससे कोई फ़र्क़ नहीं पड़ता। फैसला किया जा जुका है। इस सेना दल की कोई उपयोगिता नहीं है; अगर संभव होता है तो यह और अव्यवस्था पैदा करता है, और नफ़रत को भड़काता है।'

'उन्हें वक्त दो ! अभी तो उन्हें दखल दिए हुए दस दिन भी नहीं हुए हैं।'

'बिल्कुल ठीक, वे स्थिति को और बिगाड़ रहे हैं,' नेहरू ने चिढ़कर कहा।

'निराधार अफ़वाहें,' लॉर्ड लुई फुकारे। 'मेरे अंग्रेज अफ़सर ऐसा नहीं कहते !'

नेहरू ने उनकी तरफ़ पैनी नज़र डाली; लॉर्ड लुई ने सिर झुका लिया।

'कम-से-कम वे अपना काम जानते हैं,' उन्होंने धीरे से जोड़ा।

'मुझे यह बताइए, मिस्टर गवर्नर जनरल, अगर आपको रोज़ यह सूचना मिले कि यह दल आपके देश को युद्ध में घसीट कर ले जा सकता है, तो आप क्या फैसला

करेंगे ?' नेहरू ने धीरे से पूछा।

'मैं इसका विश्वास नहीं करूँगा,' लॉर्ड लुई ने फ़ौरन जवाब दिया। 'मैं सेना का कमांड अपने हाथ में ले लूँगा।'

'पर ठीक यही संभव नहीं है डिकी। तुम इस कमांड को नहीं ले सकते। तुम अब वायसराय नहीं हो। दल का विभाजन होगा।'

'मैं तुमसे विनती करता हूँ जवारला ...'

'कम-से-कम एक बार हमेशा के लिए या तो मेरे नाम का सही उच्चारण करो या मुझे मेरे पदनाम से संबोधित करो,' नेहरू ने उत्तेजित होकर उत्तर दिया।

'सॉरी मिस्टर प्राइम मिनिस्टर,' लॉर्ड लुई बुदबुदाए। 'लेकिन सच में ...'

'ज़ोर मत दो, डिकी,' नेहरू ने धीमी आवाज़ में कहा, 'वरना मैं आखिर यह समझूँगा कि तुम सीधे-सीधे वह सत्ता फिर हथियाना चाहते थे, जो तुमने खो दी है।'

लॉर्ड लुई का चेहरा लाल हो गया और वे खामोश हो गए।

हवाई जहाज़ के डैनों के नीचे तालाब, झाड़ियाँ और खेत दिखाई देने लगे, जिन्हें मानसून पहले ही हरा-भरा कर रहा था : हरियाणा के शांत गाँव, जिन्हें इस विपत्ति ने अभी बख्श रखा था — ऐसा ही हो,' लॉर्ड लुई ने आह भरकर कहा। 'अगर बात यहाँ टिकी है, और तुम लाहौर में अपना इरादा नहीं बदलते, तो मैं तुम्हें आगाह कर रहा हूँ कि मैं कुछ समय के लिए शिमला में रिटायर हो जाऊँगा। जैसा मैंने तुमसे कहा था, मैं थका हुआ हूँ, और इसके अलावा मैं तुम्हें कम परेशान करूँगा। तुम इस प्रशंसनीय शक्ति का उपभोग अकेले करना, माई डियर प्राइम मिनिस्टर !'

'जैसी आपकी मर्ज़ी,' नेहरू ने सख्ती से कहा।

'एडविना भी स्वभावतः ऐसा ही करेगी,' लॉर्ड लुई कहते रहे।

'स्वाभाविक है,' नेहरू ने कहा।

और वे केबिन के पोर्टहोल की तरफ़ घूम गए।

शिमला, 31 अगस्त 1947

लॉर्ड लुई ने बगीचे से आती हुई एडविना की आवाज़ सुनी, एक आँख खोली, देखा कि सुबह की रोशनी महोग्नी की अलमारी पर चमचमा रही है, और मुँह फेरकर वापस नाक तकिये में गड़ा ली।

'मैं सारी सुबह बिस्तर में अलसाया पड़ा रहना चाहता हूँ,' वे खुद से भुनभुनाए, 'मुझे पता नहीं क्या बजा है, लेकिन अभी बहुत जल्दी है।' और वे बिस्तर पर पसर गए।

लेकिन नींद रफूचक्कर हो गई थी। लॉर्ड लुई उठ बैठे, घंटी बजाई, और ब्रेकफ़ास्ट के लिए कहा। और जल्दी विचारों में खो गए। यह उनके आराम का पहला दिन था जब से... कितना वक्त हो गया था ? चार महीने ?

'सिर्फ़ चार महीने ! यह असम्भव लगता है। उन्होंने इस समय में कई शताब्दियों का काम कर डाला था। उन्होंने पहाड़ उठा लिए थे, दो देशों को जन्म दिया था, नदियाँ सुखा दी थीं, बारिशें झेली थीं, इतना सब लगभग सौ दिन में... ?' उन्होंने शरीर को सीधा किया। उनका काम अब खत्म हो चुका था। 'ओ-वर,' वे बच्चे की तरह गाकर बोले। 'अब वे अपने-आप व्यवस्था करें। यह उनका काम है। मैं यहाँ से देख रहा हूँ, नेहरू ग्रामीण क्षेत्रों के चक्कर लगा रहे हैं, और सफ़ेद शॉल में लिपटे पटेल, जिनका मुँह अच्छे, वफ़ादार कुत्ते के चेहरे जैसा था... वे मेरी सेवाओं के बगैर काम चलाना चाहते थे ? बहुत अच्छा। मैं बहुत खुश हूँ। ब्रेकफास्ट कहाँ है ?'

तभी बैरा औपचारिक ढंग से ट्रे लिए आया। लॉर्ड लुई ने नज़ाकत से सफ़ेद कढ़ाई वाली टी-कोज़ी उतारी, अपने लिए एक प्याले में दार्जिलिंग की चाय ढाली, हलकी कड़वी गंध को सूँघा और संतरे के मार्मलेड को बड़ी प्रसन्नता से चखा। शिमला में हर चीज़ ऐसी ही थी। जब उन्होंने टोस्ट को पहली बार कुतरा तो उनके मन में एक बिनबुलाया बिम्ब उभर आया : कलकत्ता में, अपने दैनंदिन राशन की गिरियाँ चबाते बूढ़े महात्मा।

'सबकी अपनी-अपनी पसंद है। मैं संत नहीं हूँ। आपकी सेहत के नाम पर, गाँधीजी,' उन्होंने अपना प्याला उठाकर लम्बी साँस लेकर कहा।

नाश्ता खत्म करके लॉर्ड लुई चुपचाप उठे, और खिड़की खोलकर विशाल बाल्कनी के पार देखने लगे। हवा एकदम स्वच्छ थी; शांत चिनार के पेड़ों की छाया रोडोडेन्ड्रम्स पर पड़ रही थी, जिनमें अब भी कुछ फूलों में गुच्छे बाकी बच रहे थे। उनकी पत्नी एक-एक करके गुलाब की झाड़ियों का निरीक्षण कर रही थीं और उन मालियों को आदेश देती चल रही थीं जो आदर-भाव से उनके पीछे-पीछे आ रहे थे। उनके पीछे उनकी सेक्रेटरी श्रीमती बैनर्जी थीं जो उनका हर शब्द नोट करती जा रही थीं।

'एडविना !' लॉर्ड लुई ने ज़ोर से आवाज़ देकर कहा। 'तुम क्या कर रही हो ? गुलाबों की फ़ेहरिस्त तैयार करा रही हो ?'

'मैं मिसेज़ बैनर्जी को अपनी रेड क्रॉस की रिपोर्ट लिखवा रही हूँ,' उन्होंने मुँह पर हाथ से गोलाकार बनाकर ज़ोर से जवाब दिया।

लॉर्ड लुई ने कंधे उचकाए और खिड़की बंद कर ली। 'यह ज़िद्दी महिला कभी चैन से नहीं बैठ सकती; जिस अदृश्य सूत्र ने इसे नेहरू से बाँध दिया है, वह कभी नहीं टूटेगा।'

'तब ! मैं, मैं अपना वंशवृक्ष बनाने के काम में लगता हूँ,' उन्होंने अपने से कहा। 'इस दुनिया में कोई मेरा ध्यान उससे नहीं बँटा सकता।'

जब वे अपने पढ़ने के कमरे में पहुँचे, तो उनकी मेज पर समाचारों का ढेर लगा था। उन्होंने सबसे ऊपर रखा समाचार उठाया।

ऑचिनलेक ने सूचना दी थी कि एक ही दिन यानी 30 अगस्त को पंजाब में हुए कत्लेआम में तीन हज़ार लोग मारे गए। उन्होंने लिखा था कि इस संख्या को ठीक-ठीक जाँचने का कोई तरीका नहीं है, और अगर इसमें से उन लोगों की गिनती कम कर दी जाए, जो सैकड़ों में थकावट से सड़कों पर मरकर रह गए, तो संख्या कुछ कम हो सकती है। दिल्ली से मिले एक समाचार ने मुसलमानों की दुकानों के लूटे जाने और गुंडागर्दी मचाने की खबर दी, लेकिन मृतकों की संख्या का ज़िक्र नहीं था।

लॉर्ड लुई ने सिर हिलाया। 'और मुझे कुछ करने का अधिकार नहीं है', वे घुरघुराए। उन्होंने आशंकित मन से एक तीसरा समाचार उठाया; वह कलकत्ते से आया था, उस पर पिछले सोमवार की तारीख पड़ी थी। विशाल मैदान में पाँच लाख हिन्दू और मुसलमान इकट्ठे होकर महात्मा के पहुँचने की प्रतीक्षा कर रहे थे। उनके लिए एक छोटा-सा चबूतरा बनाया गया था। हर सोमवार को, मोहनदास करमचंद गाँधी मौन व्रत रखते थे; उन्होंने एक बार यह शपथ ली थी और उसे कभी नहीं तोड़ा था; वे लिफ़ाफ़ों पर लिखकर संदेश दिया करते थे। किफ़ायतशारी के लिए वे एक बार इस्तेमाल किए हुए लिफ़ाफ़ों को उलटकर उनका उपयोग करते थे। संदेश लिखने के लिए वे काली पेंसिल के छोटे-से-छोटे टुकड़े का खत्म होने तक इस्तेमाल करते थे।

यह सभा, रमज़ान के खत्म होने के मौके पर ईद की दावत के लिए एकत्र हुई थी। महात्मा ने वहाँ जाने की ज़िद की थी; और पहली बार उन्होंने अपना मौन व्रत तोड़ा था। हाथ जोड़कर, उन्होंने भीड़ को नमस्ते की और फिर उर्दू में ज़ोर से चिल्लाए — 'ईद मुबारक'।

लॉर्ड लुई के हृदय को जिस बोध ने जकड़ रखा था, उसका शिकंजा ढीला हुआ। वह लघु मानव स्थिति को सम्हाले था। कलकत्ता भारत के उन बिरले नाजुक शहरों में से था जहाँ ये दोनों समुदाय एक-दूसरे की गर्दनों पर सवार नहीं थे। या कम-से-कम अभी ऐसा नहीं था।

शिमला, 1 सितम्बर 1947

लॉर्ड लुई ने आदेश दिया था कि उन्हें जगाया न जाय। बैरा यह बात बार-बार उस अफसर से कह रहा था, जो परेशान मुद्रा में वायसराय के निवास की सीढ़ियों पर चढ़ने की कोशिश में था।

'हिज़ एक्सिलेंसी ने खास तौर पर कहा था, कि कोई उनकी नींद में खलल न डाले,

सर !' बैरा ने आज़िजी से हाथ जोड़कर कहा। 'मुझे बड़ा संकोच हो रहा है, लेकिन मुझे मालिक का हुक्म मानना ही होगा।'

'और तुम्हारी मालकिन, वे कहाँ हैं ?' अफसर ने सख्ती से पूछा।

'शऽऽऽ...' बैरे ने कहा। 'चिल्लाइए मत ! लेडी लुई बगीचे के आखिरी सिरे पर आराम कर रही हैं, वहाँ। उन्होंने कोई आदेश नहीं दिए हैं।'

अफसर उस तरफ़ दौड़ा। एडविना दोलन-कुर्सी में बैठी पढ़ रही थीं।

'मैडम, क्षमा कीजिए...' अफसर ने एड़ियाँ खटकाकर कहा।

'क्या हो गया, मेजर ? आप बड़े परेशान दिखाई दे रहे हैं। बैठिए !' वे अपने पास पड़ी कुर्सी की तरफ़ इशारा करते हुए, बड़ी शालीनता से बोलीं।

'मैडम, बात यह है कि हमें एक बुरी खबर मिली है।'

एडविना किताब बंद करके सीधी बैठ गईं।

'आपको शायद युवती साराह इस्मे की याद होगी...'

'लॉर्ड इस्मे की बेटी ? फ्लाइट लेफ़्टिनेंट, याद नहीं आ रहा, हाँ ब्यूमो की मंगेतर, है न ? वे लोग कल दिल्ली से गाड़ी से रवाना हुए थे...।'

'बिल्कुल सही है, मैडम ! फ़्लाइट लेफ़्टिनेंट ब्यूमो का तार अभी-अभी मिला है। उनकी गाड़ी पर हमला हुआ, सौ मुसलमानों के गले काट दिए गए। वेंटी ब्यूमो ने अपने बैरे को छिपाकर उसकी जान बचाई।'

'यह कत्लेआम किसने किया ? सिखों ने ?'

'हिन्दुओं ने। आपका चीफ़ बैरा लॉर्ड लुई को जगाना नहीं चाहता।'

एडविना उठकर तेज़ी से ऊपर की तरफ़ लपकीं।

'मेरा इंतज़ार करना,' वे बोलीं, 'मैं देखती हूँ।'

अफसर एक बैंच पर धम से बैठ गया और अपनी टोपी उतार ली। युवा दम्पति बाल-बाल बचे थे। वेंटी ब्यूमो शेर की तरह लड़े थे। वे खुद जल्दी ही दिल्ली के लिए रवाना होंगे; क्या वे बच पाएँगे ?

एडविना ने निद्रालीन पति के कंधे पर हाथ रखा।

'डिकी !'

'क्या बात है ?' वे भुनभुनाए। 'तुम मुझे क्यों जगा रही हो ? मेरे ख़याल से मैंने कहा था...'

'दिल्ली जानेवाली गाड़ी पर अभी-अभी हमला हुआ है। एक सौ मुसलमान मौत के घाट उतार दिए गए, युवती साराह अपने मंगेतर के साथ उसी गाड़ी पर थी। उन्होंने अपने नौकर की जान बचा ली,' उन्होंने सबकुछ एक ही बार में उगल दिया।

लॉर्ड लुई होश में आए, उनकी नज़र अब भी स्थिर नहीं हुई थी।

उन्होंने जम्हाई लेते हुए कहा, 'मुझे खुशी है, वे लोग जीवित हैं। युवक ब्यूमो ने बड़ी बहादुरी से काम लिया।'

'बस बात इतनी ही है ?' एडविना क्षुब्ध होकर बोलीं, 'क्या तुम ऐसे ही हाथ पर हाथ रखे बैठे रहोगे ? जिस दिन हम यहाँ पहुँचे थे, उसी दिन फे कैम्पबेल ने यहीं शिमला में खुद अपनी आँखों से जो कुछ देखा था, तुम्हें बताया था। तुम्हारे अपने प्रेस अताशी की बीवी ने। तुमने खुद अपने कानों से उसकी बात सुनी थी। क्या तुम उन साइकिल-सवार सिखों के बारे में भूल गए जो सड़कों पर मुसलमानों के सिर काटकर अपना मनोरंजन करते थे — यहीं इस पलँग से जहाँ तुम सोने का दावा करते हो, तीन कदम की दूरी पर ?'

'और तुम मुझसे क्या करने की अपेक्षा करती हो, डार्लिंग ? मैं अब वायसराय नहीं रहा,' लॉर्ड लुई ने क्रुद्ध होकर कहा।

एडविना ने तिरस्कार से उनकी तरफ़ देखा, और धड़ाक से दरवाज़ा बंद करके चली गईं।

अफसर चुस्त पदचाल से लौट गया।

धीरे से, लॉर्ड लुई ने अपना हाथ मेज़ की तरफ़ बढ़ाकर किताब के नीचे रखे एक समाचार को दुबारा से पढ़ा।

वह कलकत्ता से आया था।

युवा हिंदुओं की एक टोली ने, हुगली के किनारे, दो मुसलमानों पर हमला करके उन्हें लोहे की छड़ों से इतना मारा कि उनकी मृत्यु हो गई। उसी शाम को, वही दंगाई, या कोई दूसरे लोग — इस बारे में संवाद स्पष्ट नहीं था, गाँधीजी की खिड़की के नीचे पहुँचे और उन्होंने वहाँ पत्थर बरसाए। महात्मा जाग उठे। वे दरवाज़े की देहरी पर पहुँचे और अपना जीवन उन लोगों को पेश कर दिया, दो घायल मुसलमानों ने उनकी शरण ली थी। उन्होंने उनकी सुरक्षा का जिम्मा ले लिया था और युवा दंगाइयों ने मकान पर हमला कर दिया था। पुलिस ऐन मौके पर वहाँ पहुँच गई थी।

शिमला, 3 सितम्बर 1947

एडविना ने दृढ़ संकल्प करके अध्ययन-कक्ष का दरवाज़ा खोला। लॉर्ड लुई एक खुले दस्तावेज़ के सामने खड़े बड़ी सावधानी से बैटनबर्ग वंशवृक्ष की एक शाखा का पेंसिल से खाका उतार रहे थे।

'मुझे तुमसे बात करनी है, डिकी !'

'देख नहीं रही हो, कि मैं व्यस्त हूँ,' उन्होंने उसकी तरफ़ देखे बिना उत्तर दिया।

'और कब तक तुम ये बहाना बनाते रहोगे कि तुम छुट्टी मना रहे हो ?' उसने साफ़ पूछ ही लिया।

'मैं कुछ नहीं कर सकता, बि-ल्कु-ल कुछ नहीं,' उन्होंने दस्तावेज़ पर झुकते हुए ज़ोर दिया। 'तुम्हें और क्या पता लगा है ?'

'कल शाम, दिल्ली में जिसे छुरा मारा गया, वह कोषाध्यक्ष का बेटा था।'

'मुझे मालूम है,' लॉर्ड लुई ने बात काट दी। 'तुम उसको दोहरा क्यों रही हो ?'

'क्योंकि उसके माँ-बाप उसके दफ़न के लिए जाना चाहते हैं, तुम्हें याद है ? उनकी गाड़ी...'

'अब तुम यह मत कह देना कि वे लोग मारे गए,' लॉर्ड लुई ने आखिर बैठते हुए कहा।

'गले काट दिए गए। हिन्दुओं और सिखों के साझा हमले में, सिर्फ़ मुसलमानों को कत्ल किया गया।' एडविना ने सुबकी ली। 'डिकी, अगर तुम ठहरना चाहते हो तो रुके रहो, मैं कल सुबह कार से रवाना हो रही हूँ। यह पागलपन रोज़ बढ़ रहा है; बिना कुछ करे, ऐसे हाथ पर हाथ धरे बैठे रहने का ख़याल मुझसे बर्दाश्त नहीं होता।'

'तुम करोगी क्या ?' लॉर्ड लुई ने कहा।

'शरणार्थी सैकड़ों की संख्या में दिल्ली आ रहे हैं,' उसने नाक सुड़कते हुए कहा। 'उनकी मदद कैसे की जा सकती है, मैं जानती हूँ।'

'तुम सही कह रही हो, माइ डियर,' लॉर्ड लुई ने कोमलता से कहा, 'ज़रूर जाओ, पर मेरा आग्रह है कि तुम सुरक्षा के ठीक इंतज़ाम के तहत सफ़र करो।'

'मेरे साथ चलो, डिकी... हम उन लोगों को ऐसे नहीं छोड़ सकते।'

'किसे ? नेहरू और पटेल को ? उनका जो होना है, हो। वे खुद छूटना चाहते थे। क्या तुम मुझे दिल्ली लौटकर अपनी सेवाएँ अर्पित करते देखना चाहती हो ? यह मेरे लिए अपमानजनक होगा, एडविना !'

'तो क्या हुआ ? अगर तुम्हारा अपमान भी होता है, तो क्या ये इतनी गंभीर बात है ?'

'यह समझदारी नहीं होगी,' लॉर्ड लुई ने लम्बी साँस ली। 'मैं राक्षस नहीं हूँ, डार्लिंग ! मैं इंतज़ार कर रहा हूँ। मुझे खीझ हो रही है। मुझे बुलावा आना चाहिए, मेहरबानी से समझने की कोशिश करो।'

'ठीक है। तुम्हें जैसा ठीक लगे वैसा करो, मैं कल जा रही हूँ,' कहकर वह घूम गई।

'क्या तुम चाहती हो कि मैं भी बूढ़े गाँधी की तरह अनशन करना शुरू कर दूँ ?' वे उसकी पीठ-पीछे चिल्लाए।

एडविना दरवाज़े के करीब पहुँचकर जड़ हो गई।

'क्या बापू अनशन कर रहे हैं ? पर क्यों ?' उसने ठंडी आवाज़ में पूछा।

'पिछले दो सालों से कलकत्ता में स्थिति बद से बदतर होती जा रही है,' उन्होंने जवाब दिया।

'ओह ! दूसरी और जगहों की तुलना में कम ज़रूर है, लेकिन इसके बावजूद, रोज़ दो-तीन हत्याएँ होती हैं, और फिर खुद महात्मा पर भी हमला किया गया। वे लोग उस उग्रवादी हिन्दू समुदाय आर.एस.एस. के हिंसक सदस्य हैं। वे पागल हिटलेरियन, जिनका कहना है कि वे मुसलमानों से विशुद्ध हिंदुओं की रक्षा करते हैं। शांति की पुनः स्थापना के लिए गाँधी ने आमरण अनशन करने का फैसला किया है।'

'कब शुरू किया उन्होंने ?'

'परसों, ठीक शाम के साढ़े आठ बजे। मुझे और कोई खबर नहीं मिली। वे लगभग अठहत्तर वर्ष के हैं, डार्लिंग ! और हमारे सामने देखते रहने के अलावा कोई चारा नहीं है।'

'मेरे साथ चलो, डिकी !' उसने अनुनय की। 'कम-से-कम तुम आसपास तो रहोगे।'

'नहीं,' वे बोले। 'नेहरू को यह बर्दाश्त नहीं होगा।'

शिमला, 4 सितम्बर 1947

लॉर्ड लुई ने होशियारी से साथ जानेवाली जीपगाड़ियों की जाँच की; सैनिक मशीनगनों से लैस थे, टायरों में उचित दबाव देकर हवा भर दी गई थी, पीछे देखनेवाले शीशे दुरुस्त थे। एडविना बेड-रूम में अपनी पैकिंग खत्म कर रही थी।

टेलीफोन बजा। कुछ परेशान-से होकर लॉर्ड लुई ने कान लगाया, उनका युवा सेक्रेटरी घर से दौड़ता हुआ आया।

'योर एक्सिलेंसी, दिल्ली से तार से संदेश आया है — वी.पी. मेनन का।'

'वी.पी. मेनन या कृष्ण मेनन ? सावधानी से ठीक-ठीक देखो।'

'नहीं, योर एक्सिलेंसी, कोई गड़बड़ नहीं है। यह आपका मेनन है, छोटेवाला,' सेक्रेटरी ने हाँफते हुए जवाब दिया।

लॉर्ड लुई तेज़ी से दफ़्तर की तरफ़ लपके।

वी.पी. मेनन के संदेश के अनुसार, 'स्थिति अब पूरी तरह हाथ से निकल गई है और बेहतर हो कि वे दिल्ली आ जाएँ।'

'यह किसने कहलवाया है ? वी.पी. मेनन की चर्चा नेहरू से हुई थी या पटेल से ?'

'मेनन का कहना था कि प्रधानमंत्री और उनके डिप्टी, दोनों चाहते हैं कि गवर्नर जनरल दिल्ली लौट आएँ, आखिर।'

लॉर्ड लुई चोगा टाँगकर, एक बार में चार-चार सीढ़ियाँ फलाँगते हुए ऊपर पहुँचे। 'एडविना, मैं भी तुम्हारे साथ चल रहा हूँ। नेहरू ने अभी-अभी मुझे बुला भेजा है।'

'नेहरू ? पर क्या उन्होंने खुद फोन किया था ?'

'मेनन ने किया था। ग़ैर-सरकारी रूप से। मैं तैयार हूँ।'

'खुदा का शुक्र है, डिकी !' उसने अपना हाथ बढ़ाकर कहा। 'देख रही हूँ, तुम फिर अपने पुराने रूप में आ गए हो। तुम करोगे क्या ?'

'एक आपात समिति बनाऊँगा। गाड़ियाँ इकट्ठी करूँगा, लोग जिन खेतों को छोड़ गए हैं उनमें बुआई की व्यवस्था करूँगा, गाड़ियों में सशस्त्र पहरेदारों का इंतज़ाम करना होगा, शवों को इकट्ठा करने का प्रबंध किया जाएगा... मैंने सब सोच लिया है। मैं तुमसे कार में बात करूँगा,' उन्होंने चलने के लिए तैयार होकर कहा।

आठ

मृत्यु के ख़िलाफ़ युद्ध की घोषणा

महात्मा का अनशन

कलकत्ता, 4 सितम्बर 1947

'यह काफ़ी नहीं है,' महात्मा ने कमज़ोर आवाज़ में साँस लेकर कहा।

'लेकिन, अपने पैरों की तरफ़ देखिए, बापू !' एक काले रंग के आदमी ने कहा। उसके चेहरे के आरपार एक पीला निशान था। 'हमने सबकुछ सुपुर्द कर दिया है : चाकू, कुल्हाड़े, छुरे, पंजे, सबकुछ; मैं आपसे सच कह रहा हूँ। आपको और क्या चाहिए ?'

वृद्ध ने चारों तरफ़ नज़र डालकर बैठने की कोशिश की लेकिन सफलता नहीं मिली। उनकी अंग्रेज़ बेटी मीराबेन, उन्हें सहारा देने के लिए लपकी। उन दंगाइयों की आँखें, जो एक दिन पहले तक कलकत्ता में लूटपाट और हत्याएँ कर रहे थे, गाँधी के चेहरे को उत्सुकता से टटोल रही थीं।

'यह सच है,' उसने फुसफुसाकर कहा। 'इन हथियारों में अब तक खून लगा है। ये लोग झूठ नहीं बोल रहे हैं।'

महात्मा ने तकलीफ़ से अपनी आँखें बंद कर लीं।

'और बाहर,' एक आवाज़ ने कहा, 'आप देख नहीं सकते, एक पूरा ट्रक राइफ़लों और हथगोलों से भरा खड़ा है। वह आपके लिए है; हम अब उन्हें हाथ नहीं लगाएँगे। अब बस करिए गाँधीजी ! आप बहुत बड़ा खतरा उठा रहे हैं।'

'क्या सब जगह शांति स्थापित हो गई है ?' उन्होंने अपनी पलकें खोले बगैर धीरे से पूछा।

'हम लगातार यही तो कह रहे हैं,' उस निशानवाले आदमी ने उत्तर दिया और समर्थन के लिए अपने मित्रों की तरफ़ घूमकर देखा।

'मैं तुम्हारा भरोसा कैसे कर लूँ ?' महात्मा ने पूछा।

'तभी सड़क पर एक आवाज़ आई। एक गाड़ी बाहर आकर तभी खड़ी हुई थी। गाड़ी के दरवाज़े धड़ाक से बंद हुए। एक लम्बे कद का, दुबला और घबराया हुआ व्यक्ति था। उसने लम्बे चुन्नटोंवाली धोती को बड़ी सुरुचि से हाथ में उठा रखा था। बड़े डरते-डरते, उसने वहाँ इकट्ठे गुंडों के बीच रास्ता बनाया।

'वह आदमी, बढ़िया वेशभूषा पहने और कुरते में सोने की बटन चेन लगाए, ज़रूर कोई महत्त्वपूर्ण व्यक्ति है; उसे देखते ही यह पता चल जाता है। मैं शर्त लगाता हूँ कि वह आपके लिए आपका मनचीता ला रहा है,' चेहरे पर निशानवाला आदमी घुरघुराया।

नवागंतुक ने अपनी लम्बी काठी बिस्तर पर झुकाकर महात्मा को एक काग़ज़ का टुकड़ा निकालकर थमाया।

'बापू,' उसने धीमे स्वर में कहा, 'मैं आपके लिए बंगाल के गवर्नर का संदेश लाया हूँ। शहर में शांति है; अब कोई खतरा नहीं है। पढ़िए ! यह खुद गवर्नर ने हाथ से लिखा है।'

'मैं आपका यकीन करता हूँ,' महात्मा ने कहा। उनकी आँखें अब बंद थीं। 'लेकिन यह काफ़ी नहीं है।'

हे भगवान !' कई गुंडे निराशा से चिल्लाए।

'आखिर अब ये और क्या चाहते हैं, ये ज़िद्दी आदमी ?' एक तीखी आवाज़ आई। 'कि हम लोग घुटनों के बल खड़े हो जाएँ ? कि हम पर बेंतें बरसाई जाएँ ?'

वे मरना चाहते हैं,' एक महिला आँसू भरकर बोली। 'उन्हें ऐसा मत करने देना।'

'मुझे लिखित वायदा चाहिए, हस्ताक्षर किया हुआ...' महात्मा ने अचानक आँखें खोलकर कहा।

'अभी लिखो।'

घुरघुराते हुए, गिरोहों के सरदारों ने एक-दूसरे की तरफ़ देखा, फिर उनमें से एक ने डरते-डरते काग़ज़ माँगा और बाकी लोग उसे इधर-उधर तलाशने लगे।

'पर सिर्फ़ तुम नहीं...' गाँधी ने हाँफते हुए मुस्कान की छाया के साथ कहा, 'साथ में एक सिख भी ज़रूर होना चाहिए। एक मुसलमान और एक हिंदू भी ज़रूर मौजूद रहने चाहिए। बहुत सीधी-सादी बात है : हम वायदा करते हैं कि आगे से कभी अपने भाइयों पर हमला नहीं करेंगे, और जब तक जीवित रहेंगे, घृणा के ज़हर के विरोध में संघर्ष करते रहेंगे।'

कई हाथों ने मिलकर एक नौजवान संकोची सिख को आगे धकेला। उसकी दाढ़ी

खुली थी और नज़रें भयभीत और घबराई हुई।

'इसे लिखना आता है। यह मसौदा बना देगा,' एक आवाज़ आई।

उस नौजवान ने कागज़ और अपनी तरफ़ बढ़ाई पेंसिल को झपटकर पकड़ लिया और रेलिंग का सहारा लेकर बड़े अक्षरों में वह वादा लिखने लगा जिसका महात्मा को इंतज़ार था।

'अब इसके बाद आप अपना संतरे का रस पिएँगे न ?' चेहरे पर निशानवाले आदमी ने सवाल किया। 'आप अब नई शर्तें नहीं लगाएँगे न ?'

गाँधी ने स्नेह से उसकी तरफ़ देखकर सिर हिलाया। बदमाशों के नेताओं ने कागज़ पर दस्तखत किए और उसे गाँधी के हाथ में दे दिया।

'बहुत अच्छा किया,' महात्मा ने साँस भरकर कहा। 'कलकत्ता भारत की शांति की कुंजी है। एक भी घटना...' वे अपना सिर उठाते हुए बोले। 'और बाकी सब जगह आग लग जाती है। मुझसे वादा करो कि कलकत्ता अग्निकांड से मुक्त रहेगा...' उन्होंने थककर वापस अपनी चटाई पर लेटते हुए कहा।

जयजयकार की आवाज़ उठने लगी।

'यह तो तय हो गया। अब तो आप कृपा करके कुछ पी लीजिए ?' उसी आदमी ने शिकायत के स्वर में कहा।

महात्मा ने मीराबेन की तरफ़ संकेत किया। मनु ने एक गिलास संतरे का रस बढ़ाया और मीराबेन ने उसे वृद्ध महोदय के ओठों से लगा दिया। महात्मा ने एक घूँट भरा। उनके चारों तरफ़ खड़े लोग अभिभूत खामोशी से देख रहे थे। चारों तरफ़ प्रसन्नता की लहर दौड़ गई। उन आवाज़ों के बीच महात्मा ने अपना सिर ढीला छोड़ दिया।

आपात समिति

दिल्ली, 5 सितम्बर 1947

लॉर्ड लुई ने कार का दरवाज़ा ज़ोर से बंद करके अपनी बुश्शर्ट फिर से ठीक की। वे शिमला से सीधे चले आ रहे थे और उन्होंने कपड़े बदलने में समय नहीं लगाया था। अधीरता से अपने बालों पर ब्रश घुमाकर उन्होंने नेहरू के घर में प्रवेश किया।

प्रधानमंत्री अपनी डेस्क पर खोई हुई मुद्रा में बैठे थे, वी.पी. मेनन उनके पास खड़ा था। उन्होंने लॉर्ड लुई की तरफ़ बड़ी हताश मुद्रा में देखा।

'मिस्टर प्राइम मिनिस्टर, आपने मुझसे लौटने के लिए कहलवाया, सो मैं पहुँच गया हूँ,' लॉर्ड लुई ने अपने दोनों हाथ पसारकर कहा। 'मेरी वेशभूषा के लिए आप क्षमा करेंगे; मैं यहाँ जल्द-से-जल्द पहुँचने की खातिर सारे दिन कार से सफ़र करता रहा हूँ।'

नेहरू बैठे रहे। उन्होंने कोई जवाब नहीं दिया; मेनन ज़ोर-ज़ोर से खाँसने लगा।

'वैल, मिस्टर प्राइम मिनिस्टर, लगता है आपको मुझे देखकर खुशी नहीं हुई,' लॉर्ड लुई ने अपनी भौंहों पर हाथ फेरते हुए कहा। 'यह हो क्या रहा है ? आपने मुझे बुलवाया है, यह ठीक है न ?'

'मैंने आपको नहीं बुलवाया, मिस्टर गवर्नर जनरल,' नेहरू कड़वाहट से बोले। 'बिल्कुल नहीं। पर बहरहाल, आप आ गए हैं...'

'यह कैसे हो सकता है ?' लॉर्ड लुई मेनन की तरफ़ देखकर बड़बड़ाए। 'क्या तुम ही ने नहीं...?'

'कहना चाहिए... कि हमारे नौजवान ने मेरी इच्छा का एक हद तक अंदाज़ लगा लिया,' नेहरू ने बात शुरू की।

मेनन ने अपना सिर झुका लिया। लॉर्ड लुई चक्कर में पड़ गए।

'आपने पटेल से कोई बातचीत नहीं की ?' उन्होंने संकोच से पूछा।

'निस्संदेह, हमने इस बारे में बात की,' नेहरू ने कहना जारी रखा। 'हम शायद बात आपसे संपर्क करने के निर्णय पर ही खत्म करते...।'

'क्या तुम कृपा करके हमें अकेला छोड़ दोगे, मेनन,' अचानक लॉर्ड लुई बोले।

कोई और गड़बड़ हो इससे पहले ही वह नौजवान वहाँ से चला गया।

'जवारला, मुझे बहुत अफ़सोस है। एक क्षण के लिए भी मैं यह नहीं सोच सकता था कि मेनन ऐसा साहस कर सकता है... वैल, मैंने यकीन किया... अगर आप चाहते हैं तो मैं फिर वापस जा सकता हूँ,' लॉर्ड लुई ने धीमी आवाज़ में कहा। 'आप मुझे ईमानदारी से बताइए, जवारला, कि आप चाहते क्या हैं ?'

नेहरू बड़े दुखी होकर उठे और लॉर्ड लुई के पास पहुँचे।

'ईमानदारी से मिस्टर गवर्नर-जनरल, मेरी तरफ़ देखिए। मैं जिस दिन से स्वतंत्रता मिली है, उसी दिन से सोया नहीं हूँ। कोई इंसान कितनी देर तक सह सकता है, बताइए ? मैं अपने देश के लिए प्राण देने को तैयार हूँ, लेकिन उससे फ़ायदा क्या होगा ? खून की नदियाँ बह रही हैं और मैं इसे रोक नहीं सकता ? नहीं रोक सकता। क्या आप सोचते हैं कि हमें आपकी ज़रूरत नहीं है ? मेनन ने बात बढ़ा-चढ़ाकर नहीं कही है, स्थिति सचमुच भयानक है। पुराने किले में पाँव रखने की जगह नहीं है, हुमायूँ

के मकबरे में शरणार्थी बगीचों में पटे पड़े हैं। मेरी समझ में नहीं आ रहा है कि इन हज़ारों लोगों के खाने की व्यवस्था कहाँ से करूँ; मैं कहना यह चाहता हूँ कि शहर में लाखों की संख्या में शरणार्थी हैं। लुटेरों ने सारे शहर में अपना जाल फैला दिया है; और कल जब सुबह होगी तो आपको दिखाई पड़ेगा कि पटरियों पर लाशों के ढेर लगे हैं। मैं नहीं जानता कि उन्हें कब तक उठवाया जा सकेगा...'

लॉर्ड लुई ने नेहरू की सूजी हुई आँखों को, उनके बिगड़े हुए मुँह को, और उनके गालों पर उतर आई थकान की छाया को देखा।

'यह तुम्हारा कुसूर नहीं है नेहरू और न ही मेरा; और मुझे अपने हिस्से का बोझ उठाना ही चाहिए। इस तरह अपने-आपको तकलीफ़ देना बंद करो, और अगर तुम्हें मेरी सेवाएँ मंजूर हैं तो चलो हम फौरन कार्रवाई शुरू कर दें !'

'प्रधानमंत्री मैं हूँ, और अब हमारे मामलों की ज़िम्मेदारी आप पर नहीं रह गई है,' नेहरू ने लम्बी साँस लेकर कहा। 'और आप कुछ समय आराम करना चाहते थे। लेकिन, शायद आप हमारी मदद कर सकेंगे। मेरे कहने का मतलब यह है कि युद्ध ने निश्चित रूप से आपको ऐसी बातें सिखाई हैं... हम लोग रात-दिन दौड़ रहे हैं फिर भी हमारे पैर तले खून लहरें मारता रहता है।'

'हम लोग यह खून-खराबा बंद करेंगे जवारला। हम दोनों एकजुट होकर, मैं तुम से वादा करता हूँ,' लॉर्ड लुई ने बड़े आत्मविश्वास से कहा। 'मेनन को घर भेज दो और सोने की कोशिश करो। जहाँ तक स्थिति का सवाल है, मेरा इरादा एक आपात समिति गठित करने का है जिसे पूरे अधिकार होंगे।'

'मंत्रिमंडल के भी ऊपर ?' नेहरू ने पूछा। 'आप कार्रवाई करें ! वे लोग मंजूर नहीं करेंगे।'

'यह अचल युद्ध है, नेहरू ! किसी को तुम्हारे आदेशों पर सवाल उठाने की इजाज़त नहीं होनी चाहिए। नेता तुम हो, और तुम्हें उस स्थिति में बने रहना है।'

'विश्व का कौन-सा नेता लाखों पागलों पर काबू पा सका है ?' नेहरू ने हताशा से कहा। 'तुम भी, डिकी...'

'हम सफल होंगे !' लॉर्ड लुई ने ज़ोर देकर कहा।

'हम ?' नेहरू ने बात काटी।

'तुम सफल होगे,' लॉर्ड लुई ने साँस भरी। 'माफ़ करना ! लेकिन तुमने ही मुझसे गवर्नर जनरल बनने के लिए कहा था, नहीं कहा था ? तो आखिर किस लिए ? कुछ नहीं करने के लिए ?'

'नहीं,' नेहरू ने भारी आवाज़ में कहा। 'लेकिन अपनी हद के बाहर जाकर नहीं।'

'सेना की आदत से मजबूर हूँ,' लॉर्ड लुई बोले। 'तुम चिंता न करो। मैं सिर्फ तुम्हारा

वफ़ादार अनुचर रहूँगा।'

नेहरू जैसे-तैसे मुस्कुराए।

'तुम समझते हो मैं इतना सीधा हूँ ? मुझे ऐसी कोई ग़लतफ़हमी नहीं है; मैं पहले से जानता हूँ, कि तुम मुझे आदेश दोगे।'

'लेकिन तुम्हें साथ लेकर, तुम्हारी सहमति के बिना कुछ नहीं।'

नेहरू ने मुँह घुमा लिया, उनकी आँखों में आँसू थे।

'तुम्हारे पास गाँधी की कोई खबर है ?' लॉर्ड लुई ने पूछा।

'उनकी जीत हुई,' नेहरू ने लम्बी साँस ली। 'कलकत्ता के परस्पर-विरोधी गुटों ने कल तक शांति-समझौते पर दस्तखत किए हैं, उन्होंने शांति बनाए रखने का वादा किया है।'

'गाँधी ने कुछ खाया ?' लॉर्ड लुई ने अधीर होकर पूछा।

'निश्चित रूप से नहीं !' नेहरू ने आश्चर्य से उनकी तरफ़ देखते हुए कहा। 'इतने लम्बे उपवास के बाद कोई खाना नहीं खा सकता; ज़्यादा-से-ज़्यादा संतरे का रस; इतने कठिन परहेज़ के बाद शरीर बहुत थका हुआ होता है और ऐसी हालत में दिल जवाब दे सकता है। सोचिए, तिरसठ घंटे का उपवास, और वह भी इस उम्र में !'

'उन्होंने कुछ पिया ?' लॉर्ड लुई ने तीखी आवाज़ में पूछा।

'संतरे के रस का एक घूँट। वे हमेशा अपना उपवास इसी तरह खोलते हैं। वे सुरक्षित हैं, डिकी !'

'यह अच्छी खबर है,' लॉर्ड लुई ने राहत महसूस करते हुए कहा। 'तुम्हें इतना हताश नहीं होना चाहिए।'

नेहरू ने लॉर्ड लुई के पास जाकर अपना हाथ उनके कंधे पर रख दिया।

'क्या एडविना भी तुम्हारे साथ वापस आई है ?'

'वह सचमुच शरणार्थियों की मदद कर सकती है। वह इस मामले में जैसी उसकी मर्ज़ी हो वैसा करे...'

'ओह ! वह मुझे निकम्मा महसूस नहीं कराती,' नेहरू बोले। 'मुझे यह एहसास तुम कराते हो, डिकी !'

'अजब बात है,' लॉर्ड लुई ने धीरे से कहा। 'कल मैं भी एडविना से इसकी चर्चा कर रहा था। तुम्हें मालूम है उसने क्या कहा ? "अगर तुम्हारा अपमान हुआ..."।'

'... क्या बात इतनी गंभीर है ?' नेहरू ने संजीदगी से बात पूरी की। 'यह वाक्य मैं उसके मुँह से पहले भी सुन चुका हूँ।'

उन दोनों ने खामोशी से एक-दूसरे की तरफ देखा।

पंजाब, हर जगह और कहीं नहीं

उस आदमी ने रस्सी से सुअर को खींचा। उसकी बेहद मोटी गर्दन पर वह बड़ी मुश्किल से यह रस्सी बाँध पाया था। लंबे-लंबे खड़े बालोंवाला यह काला सुअर ख़ासा मोटा-ताज़ा था। ज़रा-सी भी आवाज़ होती तो मुश्किल हो जाती। इसलिए सुअर के चिचियाने के डर से वह बहुत धीरे-धीरे आगे बढ़ रहा था। मस्जिद के आगे पहुँचने के रास्ते में, अब बस एक छोटा-सा अहाता बाक़ी था।

सुअर बिना चीं-चपड़ किस आराम से खिंचता चला जा रहा था ! उसकी थूथनी ज़मीन पर रगड़ खाती हुई सब्ज़ियों के छिलकों और जूठन को सूँघती जा रही थी। उस आदमी ने मस्जिद के सामने रुककर सुअर को धकेलकर और सहारा देकर सीढ़ियों पर चढ़ा दिया। रात अँधेरी थी। बरसाती बादलों ने चाँद को पूरी तरह ढक रखा था। पूरा गाँव सोया पड़ा था। सुअर जब तक ऊपर नहीं चढ़ गया, वह आदमी राह देखता रहा। फिर उसने छुरा निकाल लिया। तक़दीर से उस समय सुअर ज़मीन पर पड़ी हुई कोई चीज़, शायद तरबूज का छिलका, सूँघ रहा था। उस आदमी ने उसकी गरदन में छुरा धँसा दिया। एक गुर्राहट के साथ सुअर ढह गया।

काम हो गया।

उस आदमी ने मुँह-ही-मुँह में किलकारी भरी, 'जय हिंद। मुसलमान मुर्दाबाद !'

अगले दिन मुसलमानों को अपनी मस्जिद की सीढ़ियों पर इस नापाक जानवर की लाश मिलेगी। वे सब अपने घरों से निकल आएँगे और जल्दी ही वहशियाना जोश में आ जाएँगे। उस आदमी ने बड़े संतोष से अपना छुरा पोंछा। हिंदू भाइयों ने अपने हथियार तैयार कर रखे हैं। मुसलमान बस सड़क पर इकट्ठे भर हो जाएँ, फिर तो किसी चीज़ की ज़रूरत ही नहीं है। किसी लड़की को चिकोटी भर लो कि वह चीख पड़े, किसी बच्चे को धक्का दे दो, या किसी की टोपी उछाल दो — बस, वे लोग हमला कर देंगे। पुलिस को दख़ल देने का समय ही नहीं मिलेगा। और फिर दो-तीन सिखों को छोड़कर बाकी सब पुलिसवाले तो हिंदू ही हैं। अल्लाह के नाम पर किसी की रक्षा के लिए वे उँगली भी नहीं उठाएँगे। क्या पता, वे हमारी मदद करने को ही तैयार हो जाएँ और घायल मुसलमानों का सफ़ाया ही कर डालें ?

इससे उनको सबक मिल जाएगा। महीने-भर पहले उन्होंने राममंदिर के सामने गाय की पूँछ लाकर डाल दी थी। उनकी इतनी हिम्मत ! राम राम ! राम की बेइज़्ज़ती कैसे बर्दाश्त की जाए ? आदमी की मुट्ठी छुरे पर कस गई। अचानक ही बादलों में से चाँद निकल आया। आदमी ने आकाश की ओर छुरा चमकाया, 'भगवान, आपकी ख़ातिर

किसी का खून बहाने में जो हिचकते हैं, वे सच्चे हिंदू हैं ही नहीं। कायर हैं वे ! हे राम ! हम उन सबका और उनकी मस्जिदों का भी सत्यानाश कर देंगे... हम आपके राज्य को पवित्र कर लेंगे। यहाँ हिंदू राज होगा। एक भी मुसलमान नहीं होगा उसमें...'

स्टेशन में प्रवेश करती रेलगाड़ी दूर से ही बड़ी मनहूस नज़र आ रही थी। न तो छत पर कोई बंदा नज़र आता था, न कोई खिड़कियों से ही लटक रहा था। इतना तो शांतिकाल में भी होता था। देहातियों ने देखा, एक गार्ड प्लेटफॉर्म पर उतरकर स्टेशन के अंदर दौड़ गया। देहातियों को नज़दीक आने की इजाज़त नहीं थी। वे सब जगह-जगह छोटे-छोटे झुंडों में इकट्ठे होकर आपस में ही पूछताछ करने लगे कि मामला क्या है। रेलगाड़ी यार्ड में ले जाई जा रही थी।

घंटों बीत गए। उन्होंने देखा, पुलिस की जीपों में भर-भरकर सैनिक आए थे जो बड़े डरे-डरे दीख रहे थे। राइफलों को पकड़े उनके हाथ काँप रहे थे।

फिर भारतीय सेना के एक अफ़सर ने देहातियों को एकत्रित करके पूछा कि उनका मुखिया कौन था ? उसने मुखिया के कानों में कुछ कहा और मुखिया ने पलटकर गाँववालों से कहा, 'तुम सब लोगों के पास जितनी भी लकड़ी और किरासिन है, सबका-सब ले आओ। इनके दाम मिल जाएँगे। लाकर सब स्टेशन के पास खड़े ट्रक में रख दो। जाओ !' उसने आदेश दिया।

गाँववालों की समझ में कुछ भी नहीं आया। वे आपस में ही हैरानी से भुनभुनाते रहे। मुखिया ने क्रुद्ध होकर उन्हें डाँट लगाई। ट्रक को भरने में कुछ घंटे लग गए। जब वह भर गया तो गाँववाले अपनी छतों पर चढ़कर अगली बात की प्रतीक्षा करने लगे।

जल्दी ही लपटें उठने लगीं — विराट लपकती हुई लपटें क्षितिज पर डूबते सूरज के लाल गोले के साथ मिली जा रही थीं। उस तरफ से गाँव की ओर हवा का झोंका आया तो उसके साथ जलते माँस की चिरायँध आकर छतों पर फैल गई।

साइकिल पर गाँव को पार करता हुआ नौजवान बड़ा ही नौउम्र था। उसका कुरता हवा में फड़फड़ा रहा था और माथे पर गर्वीली पगड़ी बँधी थी। घर लौटते हुए इस नौजवान सिख की आँखें भय से चौकन्नी थीं।

गाँव अब सुरक्षित नहीं रह गया था, ख़ासकर झुटपुटे में। और अब तो रात उतर रही थी। पिछले दिन उसकी बहन किसी तरह दौड़कर घर तक पहुँच पाई थी। तीन-चार

मुसलमान गुंडे उसका पीछा कर रहे थे और सब जानते थे कि मुसलमानों के हाथों में पड़ी लड़कियों का क्या हश्र होता है। उसकी लाड़ली मधु पर क्या गुज़र सकती थी, इसका ख़याल ही... सोचना भी मुश्किल था इस बारे में, बिल्कुल ही नामुमकिन। नौजवान ने साइकिल के हत्थों पर इतने ज़ोर से हाथ कस लिए कि उसकी उँगलियाँ लाल पड़ गईं।

अचानक, कुछ छायाओं ने उभरकर उसका रास्ता रोक लिया। नौजवान ने एक पैर ज़मीन पर टिका दिया। अँधेरे में राइफलें और एक कुल्हाड़े की चमक दिखाई दे रही थी।

एक ज़ोर की आवाज़ गूँजी, 'अल्ला-हो-अकबर ! इसने तो पगड़ी पहन रखी है।'

'यही तो चाहिए था,' एक दूसरी आवाज़ गुर्राई। 'नीचे उतर मोहम्मद, जल्दी कर !'

नौजवान ने चिल्लाकर जवाब दिया, 'मेरा नाम खुशवंत है ! मैं मोहम्मद नहीं हूँ !'

'घंटे-भर में यही तेरा नाम होनेवाला है !' उनका नेता चीखा। 'उसकी साइकिल ले लो !'

कई सारे हाथों ने उसे धकेलकर साइकिल से उतार दिया और तुरंत उसे धकियाते हुए एक घर के आँगन में ले गए। वह थर-थर काँप रहा था।

उन लोगों में से सबसे बुजुर्ग आदमी ने कहा, 'बात सीधी-सादी है। अगर तू इस्लाम क़बूल कर ले तो हम तेरा कुछ नहीं बिगाड़ेंगे। जवाब दे !'

नौजवान सर झुकाकर ख़ामोश रहा। गिरोह के मुखिया ने बड़े बर्बर झटके से उसकी पगड़ी खींचकर अलग कर दी।

कहीं से किसी का सुझाव आया, 'ज़रा देखना तो, इसके पास किरपान तो नहीं है ? इन सिखड़ों का कोई भरोसा नहीं। रात में भी किरपान लेकर चलते हैं।'

'फिकर ना कर। किरपान होती तो ये चलाता नहीं ?... ना, इसे तो बस "हाँ" कहना है — और अगर हिम्मत है तो "ना" कर दे। क्यों, सरदारा ?'

कोई उत्तर नहीं।

गिरोह का मुखिया चिल्लाया, 'इसका कुरता उतारो ! और किरपान भी ! इसके पास होगी ज़रूर !'

उसकी तलाशी ली गई। कृपाण ज़मीन पर आ गिरी और एक किशोर ने बड़े चाव से लपककर उसे उठा ली। उसका कुरता भी उतार लिया गया और उसका ऊपरी धड़ नंगा हो गया। नौजवान चुप ही रहा।

'कच्छा पहन रखा है। हाँ, तू तो सिख है ?' किसी ने बड़ी लहकती शीरे-पगी

आवाज़ में कहा। 'हाँ भई, ये तो उतारना ही पड़ेगा। वहाँ एक ज़रा-सी ग़लती सुधारनी है।'

नौजवान फटी-सी आँखों से सीधे मुखिया की आँखों में देख रहा था।

'तो फिर तेरी "हाँ" है। हम तुझे सच्चा मुसलमान बना देंगे। पहले केश ! कैंची लाना भई !'

सबसे पहले दाढ़ी तराशकर उन्होंने उसका सिखपना उतार दिया। अब आगे से बालों पर उस्तरा छुआने की रोक उसे नहीं रही।

'मूँछें भी, थोड़ी-थोड़ी... बस ! ठीक है,' मुखिया नें बड़े लाड़ से कहा।

'कड़ा क्यों भूल रहे हो ?' कोई खरखरे स्वर में गुर्राया। 'जब तक कड़ा रहता है, ये जानवर सिख ही बने रहते हैं।'

'हाँ, ठीक तो है। सोचो तो, मैं तो भूल ही गया था। चल, अपना कड़ा उतार के दे मुझे,' मुखिया ने हँसते हुए कहा।

नौजवान ने झटके से इनकार में सिर हिलाया। दो लोगों ने उसकी बाँह पकड़कर कड़ा उतार लिया। कृपाणवाले किशोर ने लपककर कड़ा भी उठाकर जेब में ठूँस लिया।

मुखिया कहने लगा, 'चलो, देखें... किरपान गई, कड़ा गया, केश गए, कच्छा भी जानेवाला है, कंघा तू खुद ही उतार देगा क्योंकि उसकी ज़रूरत तो तुझे अब रही नहीं। अब ज़रा अच्छे बच्चे की तरह अल्ला-हो-अकबर का नारा लगा दे।'

हलके-से खाँसकर नौजवाजन ने घुटी-घुटी आवाज़ में नारा लगाया।

'ये नहीं चलेगा। ज़ोर से बोल ! सुनाई देना चाहिए।'

'नहीं बोला तो... कुल्हाड़ा किसके पास है ?... तेरे पास है, ज़ाकिर ? तैयार रह ! और तू, सुन ! नारे जैसा लगा !' मुखिया बड़ी शांति से बोला।

सुबकता हुआ नौजवान चिल्लाया, 'अल्ला-हो-अकबर !'

'ठीक है। अब, खुशवंते, तुझे साबित करना है कि तू सच्चा मुसलमान है। अब तू सिख तो रहा नहीं, तो तू गाय का गोश्त खा सकता है। किसके पास है गोश्त ?'

'ये रहा,' किसी ने एक गिलगिली-सी चीज़ आगे बढ़ाई।

'हाँ ऽ ऽ ऽ। ये हुई ना बात ! बिलकुल ताज़ा, कच्चा टुकड़ा है, खून से लबरेज़ ! हाँ बेटा, मुँह खोल के अच्छी तरह से खा तो सही,' मुखिया नौजवान के होंठों तक वह टुकड़ा ले गया। उसने अनायास ही गर्दन फेर ली।

'खाता है या नहीं ?' मुखिया गुर्राया। 'चलो, तुम सब इसका सर पकड़ो ! ज़ाकिर, इसका मुँह तो खोल ! ये ले, कुत्ती के... चाट इसे !' उसने जबरन नौजवान के मुँह में वह टुकड़ा ठूँस दिया।

फिर विजय-गर्व से आसपास की छायाओं की ओर पलटकर वह बोला, देखा ?

कितना आसान है ! अब इसे मुल्लाजी के पास ले जाओ ! तेरी सुन्नत होगी, और फिर हम तेरे लिए एक अच्छी-सी लड़की ढूँढ़ देंगे शेख़ खुशवंत मोहम्मद — ये ही नाम होगा तेरा।'

मुल्ला ने ज़रा सख़्ती से दरयाफ़्त किया कि नौजवान की दाढ़ी से खून क्यों टपक रहा है। उन लोगों ने बताया कि ये गाय का खून है — इसके मुसलमान होने की निशानी। मुल्लाजी ने राहत की साँस ली कि कम-से-कम इन्सानी खून नहीं बहा है। सुन्नत की तैयारी करते-करते वे सावधानी के तौर पर ही बुदबुदाए कि नए मुसलमान के साथ ज़्यादती नहीं करनी चाहिए।

मुखिया ने कंधे झटक दिए, 'इसे हमने मारा तो नहीं। और क्या चाहिए ?'

केशव अपने दोस्तों के साथ रेल के डिब्बे में आराम से जम गया था। दिल्ली से आगरा की दूरी ही कितनी थी ! ज़्यादा-से-ज़्यादा चार घंटे, और दुर्भाग्य से अगर कोई गाय आकर रेल की पटरियों पर पसर गई, तो पाँच घंटे ! पर क्या फ़रक पड़ता था : इतिहास की कक्षाएँ तो अगले दिन से शुरू होनी थीं। किसी ने भी ग़ौर नहीं किया था कि डिब्बे पर सफ़ेद रंग से एक बड़ा-सा अंग्रेज़ी ***ऐम*** बना हुआ था।

रेल मथुरा भी नहीं पहुँची थी कि बिना किसी चेतावनी के अचानक ही रुक गई।

हुसैन हँसने लगा, 'गौमाता फिर मेहरबान हो गई हैं ! ज़रूर पटरी पर आकर नींद ले रही होंगी। केशव, ज़रा उतरकर देखना तो ! हिंदू की बात वो ज़्यादा जल्दी मानेंगी।'

केशव कुछ चिढ़कर बुदबुदाया, 'मैं हिंदू नहीं हूँ, जैन हूँ।'

'वाह ! तुम लोग तो परम अहिंसक हो, चींटी भी नहीं मारते ! जैन हो ना ? ये तो और भी अच्छी बात है। तुम तो गऊमाता से और भी अच्छी तरह से बात कर सकोगे। चलो, उतरो !'

बात मानकर केशव उतर गया। पवित्र गौमाता की निडर ढिठाई उसमें हमेशा एक विनोद-भाव जगाती थी। रेल के आसपास उसे कोई रेवड़ नज़र नहीं आया, बल्कि एक ख़ौफ़नाक-सी शांति चारों ओर छाई थी।

अचानक केशव बिना कुछ समझे-बूझे ही रुक गया। रेल लाइन के किनारे-किनारे, माथे पर लाल तिलक लगाए, बंदूकों और छुरों से लैस लोगों की भीड़ लगी थी। हिंदुओं का गिरोह ! उसे देखते ही वे उसे पकड़ने को दौड़े।

'ये रहा एक, जो अभी-अभी सबसे पहले उतरा है ! मुसल्लों के डिब्बे से उतरा है। मारो ! मारो !' शोर मच गया।

केशव लपककर वापस अपने डिब्बे में चढ़ गया। चेतावनी देने का भी समय नहीं मिला। उसके दोस्त उसकी आँखों में उमड़ते आतंक को देखें-समझें तब तक तो दंगाइयों की भीड़ अंदर चढ़ आई। केशव लपककर ऊपर सामान रखनेवाले पटरे पर चढ़कर दुबक गया।

हुसैन ने चिल्लाने के लिए मुँह खोला, पर उसकी चिल्लाहट दर्दभरी कराह में बदल गई। कटे हुए गले के साथ लहूभरी हिचकियाँ लेते हुए वह भहराकर गिर पड़ा। उसके चचेरे भाई सईद ने मुक़ाबला किया मगर एक हत्यारे ने उसकी पीठ में छुरा भोंक दिया। माजिद अली और मोहम्मद को अपना बचाव करने तक का समय न मिला। बुत बना केशव किसी तरह अपनी चीख रोके रहा। हत्यारों ने बड़े आराम से हुसैन की कमीज़ पर अपने छुरे पोंछ लिए।

'ये पाँच तो कम हुए,' एक आदमी संतोष से बोला। 'हिंदू राज ज़िदाबाद !'

दूसरे ने अपने पैर से लाशों को उलटते-पलटते पूछा, 'वो पहलेवाला कहाँ है, जो डिब्बे से उतरा था ? वह हाथ से निकल गया। वह लंबा-सा था, बड़ी-बड़ी आँखों वाला। इस ढेर में तो नहीं है।'

'किसी दूसरे डिब्बे में चढ़ लिया होगा ! चलो, उसे ढूँढ़ते हैं।'

हत्यारे उतर गए, और फिर लौटे नहीं। केशव की साँस लगभग रुक गई थी। उसने प्रार्थना करने की कोशिश की, पर दिमाग पर खून के रेले छाए थे। कुछ पल बाद, गाड़ी जैसे रहस्यमय ढंग से रुकी थी, वैसे ही फिर चल भी दी।

जब गाड़ी आगरा स्टेशन पहुँची, तो डिब्बे में चढ़नेवाले यात्रियों को गलियारों में खून बहता दिखाई दिया। हत्याकांड की जानकारी होते ही उन्होंने मदद के लिए गुहार लगाई। एक ने सिर उठाकर देखा तो सामानवाले पटरे पर कसकर गुड़ीमुड़ी पड़ा केशव ऐसा निस्पंद था कि वह भी मरा हुआ नज़र आ रहा था। उसकी ज़बान बंद हो चुकी थी। वह पूछे गए किसी भी सवाल का जवाब नहीं दे पा रहा था। अपना परिचय भी वह नहीं दे सका। जिस हत्यारी हिंसा का वह गवाह रहा था, वह किसी भी जैनी के लिए संसार की छवि ही ध्वस्त कर देने के लिए काफ़ी थी। और, हाँलाकि अहिंसा धर्म का उसने पालन किया था, और पलटकर वार नहीं किया था, मगर अपने होशो-हवास वह खो चुका था।

सारे मुसलमानों ने स्कूलमास्टर के बड़े-से नए मकान में शरण ली थी। लाल ईंटों के इस मकान के अंदर एक लंबा-चौड़ा भीतरी चौगान था। पिछले दिन हिंदुओं ने चेतावनी ज़ारी कर दी थी : भाग जाओ, या मरो ! इसलिए, पहले तो गोद के बच्चों

को लेकर माँएँ आईं, फिर किशोर, और सबसे आख़िर में मर्द। स्कूलमास्टर पंडितजी पक्के गाँधीवादी थे और नीयत के सच्चे। घर में जहाँ-जहाँ भी जगह बना सके — कमरों में, दालानों में — सबको उन्होंने टिका दिया। सबको उन्होंने पानी पूछा और नौकर को रोटियाँ बनाने का आदेश दिया।

फिर वे दौड़े-दौड़े पुलिस के पास गए और तसल्ली से लौटे। कानून के रखवाले जल्दी ही आ जाएँगे। उनके अफ़सर ने सुरक्षा का आश्वासन दिया था। ये बेचारे अपने-अपने घरों में जाकर शांति से रात बिता सकेंगे।

अफ़सर ने झूठ नहीं कहा था। दरवाज़े के बाहर राइफलों की खड़खड़ाहट सुनाई दी। बाहर से एक पुलिसमैन ने पुकारा, 'पंडितजी। अब वे लोग आराम से बाहर आ सकते हैं। हमने गाँव पर घेरा डाल दिया है। हाम साथ चलकर उनको घर छोड़ आएँगे।'

माँओं ने सहमी-सहमी आँखों से देखा; पुरुष हिचकते हुए उठे।

पंडितजी उत्साह से चिल्लाए, 'सुनते हो तुम सब ? अब कोई ख़तरा नहीं है। घर जाओ ! पुलिस तुम्हारी हिफ़ाज़त करेगी।'

'पर पुलिसवाले भी तो हिंदू हैं !' एक छोकरा चिल्लाया।

'ये लोग तुम्हारी हिफ़ाज़त के लिए हैं। मैं खुद तुम लोगों को एक-एक करके बाहर निकालूँगा... घबराओ मत,' दृढ़ता से पंडितजी ने आश्वासन दिया और एक बूढ़ी औरत को कंधों से थामकर ले चले।

घर के दरवाज़े के बाहर रात का अँधेरा था। दरवाज़ा सँकरा और नीचा था, ज़मीन से दो सीढ़ी ऊपर। बाहर पुलिसवाले स्वागत में बाँहें फैलाए खड़े थे और उनका अफ़सर भी बड़े सौहार्द से मुस्कुरा रहा था। चौखट से सिर बचाते हुए बुढ़िया ने झुककर दहलीज़ पार की और अँधेरे में खो गई। एक चीख सुनाई दी। पंडितजी ने चिल्लाकर पूछा, 'क्या हुआ ?'

'कुछ नहीं... इनका पाँव मुचक गया है। हम सँभाल लेंगे,' अफ़सर ने जवाब दिया।

एक के बाद एक, सारे मुसलमान सिर झुका-झुकाकर निकल गए। पंडितजी उनकी पोटलियाँ उठवाते, बच्चों को गोद में लेकर उनकी माँओं को पकड़ाते और डरे हुओं तथा बूढ़ों को तसल्ली देते हुए घूम रहे थे। एक छोटी-सी बच्ची ने इतनी दहशत से उनकी ओर देखा कि उसे तो वे कंधे पर चढ़ाकर दरवाज़े तक ले गए।

'जाओ बेटा, डरो मत,' उन्होंने उसका गाल थपथपाया।

आखिर जब वे चार सौ मुसलमान बाहर निकल गए, तो उन्होंने माथे का पसीना पोंछा और बुदबुदाए, 'ज़रा सोचो तो ! वे हत्यारे इन सबको काट डालते... कैसे दिन

आ गए हैं ! हे राम !'

पुलिस अफ़सर ने भीतर प्रवेश किया। वह बेहद थका हुआ नज़र आ रहा था। 'लीजिए साहब, काम ख़त्म।' उसने एड़ियाँ खटकाईं।

पंडितजी ने उसे धन्यवाद दिया। वह सैल्यूट मारकर लड़खड़ाता हुआ चल दिया। अचानक ही पंडितजी को बाहर कराहने की आवाज़ें सुनाई दीं। उनका रक्त मानो जम गया। वे बाहर को दौड़े।

लाशें एक के ऊपर एक ढेर हुई पड़ी थीं। एक हत्यारा मुर्दों की जेबें टटोल रहा था। एक घायल आदमी ने सिर उठाया और हत्यारे ने सीटी बजाते हुए उसकी गर्दन रेत दी। पंडितजी ने उस बदनसीब पर गिरकर उसे बचाने की कोशिश की पर देर हो चुकी थी। उस हत्यारे ने उन्हें धकेलकर परे करते हुए बरगद की छाया में बैठे हुए लोगों की तरफ़ इशारा किया।

बंदूकें उतारकर पैरों के पास रखे पुलिसवाले आराम से बीड़ियाँ फूँक रहे थे।

हे राम !' पंडितजी संत्रस्त होकर पुकार उठे। 'क्यों ? आख़िर क्यों ?'

उस आदमी ने अपनी कमर सीधी की, 'बड़ा अजीब सवाल है।'

'लेकिन ये तो पुलिसवाले हैं। इन्होंने तो... ?' पंडितजी हकलाए।

'नहीं।'

'तो फिर किसने ?' वे चीख पड़े।

'हमने ! हिंदू स्वयंसेवकों ने !' वह आदमी गुर्राया। 'हम इस दरवाज़े के छज्जे पर उनकी राह देख रहे थे। काफ़ी अच्छा मज़बूत चौड़ा छज्जा है। हम लोग कुल्हाड़े लेकर उस पर लेट गए, और जैसे ही वे लोग निकलते, खटांग ! खोपड़ी पर सही वक्त पर एक चोट, और बस बिना चूँ किए ये लोग एक-एक करके गिरते गए। क्या शानदार तरीक़े से सारा काम हो गया। हमारा संगठन बिल्कुल चुस्त था।'

'तुमने सबको मार डाला !'

'उम्मीद तो यही है !' उस आदमी की आँखों में नफ़रत भड़क रही थी। 'तुम ब्राह्मण न होते तो हम तुम्हें भी ठिकाने लगा देते। तुम्हें उन हरामियों को शरण नहीं देनी थी। अब भाग जाओ !'

पंडितजी ने उसे धक्का दिया, 'नहीं ! मैं अफ़सर से बात करूँगा !'

'अफ़सर !' उस आदमी ने चिढ़ाया। 'क्या समझते हो, यह सब उसकी मदद के बिना हो गया ? वह तो जाकर सो गया है।'

पंडितजी पागल-से एक लाश से दूसरी लाश तक दौड़ रहे थे, उन्हें जिलाने की लाचार कोशिशें करते हुए। उस आदमी ने चिल्लाकर पुलिसवालों से पूछा, 'इसका क्या

करें ?'

'अरे ! जाने दो उसे ! वे सब तो मर ही गए हैं, तो...' एक पुलिसवाले ने अँगड़ाई लेते हुए कहा। 'हम लोग जा रहे हैं। और फिर इस सबमें हमारा कोई हाथ भी नहीं है। हमने तो सिर्फ़ हुकुम बजाया है।'

इस विभीषिका से त्रस्त पंडितजी सुबह-सुबह उन रक्तरंजित शवों के पास बैठे सुबक रहे थे कि उन्हें एक नन्ही-सी आवाज़ मदद के लिए पुकारती सुनाई दी। यह आवाज़ तालाब से आई थी। वहाँ उन्हें वह बच्ची मिली जिसे कंधे पर उठाकर वे दरवाज़े तक लाए थे। कंधों तक डूबकर उसने अपने-आपको तालाब में छिपा लिया था। कमल के फूलों के बीच उसका चेहरा निकला हुआ था। वह जीवित थी।

जब पंडितजी ने उसे खींचकर तालाब से निकाला तो देखा कि उस बच्ची की सिर्फ एक टाँग साबुत थी। दूसरी टाँग कुल्हाड़ी से काट डाली गई थी।

मौसम इस बार अच्छा रहा था, और घाटी में बसा हुआ वह छोटा-सा गाँव बाढ़ के प्रकोप से बच गया था। मानसूनी तूफ़ानों से नदी में उफान नहीं आया था; न कोई इस बार बाढ़ में बहा था। पर सबसे बुजुर्ग सरदारजी को अभी तसल्ली नहीं हुई थी। वे लोग नदी में पानी के स्तर का जायज़ा लेने जा रहे थे ताकि मुसीबत आ ही जाए तो तैयारी पूरी रहे।

शायद दो-एक भैंसें नदी में बह ही गई होंगी, क्योंकि नदी पर गिद्ध मँडराने लगे थे और एक सियार भी हूक रहा था।

पर सिर्फ़ भैंसें ही नहीं थीं। नदी में सैकड़ों लाशों की बाढ़ आई हुई थी — तैरती दाढ़ियोंवाले बूढ़े, बच्चों को अभी तक चिपकाए माताएँ, जिनकी सफ़ेद चुन्नियाँ धार में बह रही थीं। एक और सिख गाँव बाढ़ का शिकार हो गया था।

अचानक ही सिख बुज़ुर्गों को वे घाव दिखाई दिए। कटे हुए गले जिनसे थोड़ा-थोड़ा खून अब भी बह-बहकर पानी में मिल रहा था; चिरकर खुले हुए पेट; कटी हुई टाँगें, और एक अकेला कटा हुआ हाथ — सब बह-बहकर किनारे पर लग रहे थे।

वे चीखते हुए थाने की ओर दौड़े और ख़बर दी। लाशें जलाने के लिए ज़रूरी तमाम लकड़ी और किरासिन तो पहले ही चुक गए थे। थानेदार ने कुदाल और बेलचे मँगवाए। तीसरे पहर गाँववालों ने एक बुलडोज़र नदी की तरफ़ जाते हुए देखा। उसके इंजिन की आवाज़ सुनाई दे रही थी — मिट्टी खोदते हुए उसके रुकने की आवाज़, और किसी लाश को उठाकर उस साझे गड्ढे में डालते उसके जबड़ों की आवाज़।

समूचे पंजाब में बड़े-बड़े सफ़ेद बैल-जुती गाड़ियाँ पेड़ों की आँधी से झूमती डालियों के नीचे से लगातार गुज़र रही थीं। भरी बारिश में उमड़ता-ऐंठता आसमान मूसलाधार पानी बरसाकर उन मर्द-औरतों की बेहिसाब भीड़ को तरबतर किए दे रहा था, जो ठीक-ठीक वजह समझे बिना ही एक देश से भागकर दूसरे देश में जा रहे थे। डगमगाती विशाल पगड़ियों की तरह चारपाइयों को सिर पर लादे मर्द चल रहे थे। उनकी चारपाइयाँ एक-दूसरी से रगड़ खाती और टकराती जा रही थीं। हताश-से बच्चे बेइंतहा लदी-फँदी साइकिलों के कैरियर पर हाथ रखे चल रहे थे। नंग-धड़ग शिशु गधों की पीठ पर लदे थे और घबराए हुए उन टाट के चिथड़ों को कसकर पकड़े थे जो उन्हें गिरने से बचाने के लिए गधों पर डाल दिए गए थे। हर झटके पर उनकी आँखें डर और त्रास से उबल पड़ती थीं। गोद के बच्चों को गरमी से बचाने के लिए माँओं ने उनके सिर पर चादर तो डाल दी थी, लेकिन अपनी बदहाली में उन्हें इस बात की सुध ही नहीं थी कि बच्चों की गरदनें ढुलक रही हैं। छकड़ों के किनारों पर सिमट-सिकुड़कर बैठी बूढ़ियाँ थककर सड़क पर लुढ़क जातीं, और फिर उठतीं ही नहीं।

रेलें और नदी की धाराएँ लाशों से पटी थीं। शहरों और गाँवों में अंधाधुंध गले काटे जा रहे थे। पूरा उत्तरी भारत इस नरसंहार के दबाव तले चटख़कर बिखरने लगा था, मानो काली मैया अपने नवजात बच्चे की, सबसे प्यारे बच्चे की, हाल ही में आज़ाद हुए भारत की परीक्षा लेना चाहती हो — चाहती हो कि इस आज़ादी की क़ीमत ख़ून से चुकाई जाए, बलिदान से चुकाई जाए।

दिल्ली, 6 सितंबर 1947

लॉर्ड लुई ने बड़ी-सी मेज़ के चारों ओर बैठे समिति के हर सदस्य को बड़े ग़ौर से देखा : उनकी आँखें नेहरू पर रुकीं, बेरंग और थके हुए; पटेल, गुस्से से आगे को झुके हुए; राजकुमारी अमृत कौर, सफ़ेद पड़ा चेहरा और रात के हादसों के मारे मुसी-तुसी सूती साड़ी; आंबेडकर, अछूतों का हठीला नेता; लॉर्ड इस्मे, तनावग्रस्त; एडविना संकल्प से भरी हुई; और उनके पास ही, कलम हाथ में लिए चुस्त-चौकन्नी बैठी उनकी बेटी पैमेला। मंत्री और उच्च अधिकारी, सभी भावनाओं के तीव्र दबाव तले बोझिल।

नेहरू खड़े हुए। थकी-थकी आवाज़ में वे बोले, 'मैंने सहायता कार्य के संगठन का भार गवर्नर जनरल को सौंप दिया है। अब, पहले ये हमें समझाएँगे कि इनकी कार्य-योजना क्या है। फिर हम उस पर विचार-विमर्श करेंगे। लेकिन मैं चाहता हूँ कि फ़ैसले आज ही ले लिए जाएँ।'

लॉर्ड लुई ने बोलना शुरू किया, 'देवियो और सज्जनो, प्रधानमंत्री के अनुरोध पर

मैंने जिस आपात समिति का गठन किया है, उसकी उद्घाटन बैठक की अध्यक्षता वे ही करेंगे। एक बात मुझे यहीं स्पष्ट कर लेने दीजिए : इस जगह बैठक रखने का प्राधिकार मुझे प्रधानमंत्री ने ही दिया है, क्योंकि यह जगह काफ़ी सुविधाजनक है। सहायता समिति की अध्यक्षा के रूप में मेरी पत्नी स्वास्थ्यमंत्री की यथासंभव सहायता करेंगी।'

लॉर्ड माउंटबेटेन दीवार पर लगे एक विशाल नक्शे के पास गए जो लाल बिंदियों से भरा था —

देवियो और सज्जनो, मंत्रियो, यह पंजाब का नक्शा है। लाल सिरेवाली हर पिन शरणार्थियों का एक काफ़िला है। आप खुद देख सकते हैं, ये हर जगह फैले हैं और इनकी संख्या लगभग ...'

'तीन लाख ?' पटेल ने अनुमान लगाया।

'दस लाख के लगभग है, गृहमंत्री महोदय, फ़िलहाल !'

नेहरू ने सिर झुका लिया; पटेल की मुट्ठियाँ भिंच गईं।

'मृतकों की संख्या का कोई अनुमान मेरे पास नहीं है, लेकिन हम सब जानते हैं कि यह संख्या काफ़ी बड़ी है। हम एक-एक करके सब मुद्दे उठाएँगे। पहली चीज़, हवाई निगरानी। सारे पायलट हर सुबह पंजाब पर उड़ान भरेंगे और शरणार्थियों के हर जत्थे के बारे में सूचना देंगे। वे रेलों पर भी नज़र रखेंगे। रेलों को कहीं सुनसान में रुका देखें या उन पर हमला होता देखें, तो वे खबर करेंगे। प्रधनमंत्री महोदय, इस मुद्दे पर मैं समिति की तुरंत सहमति चाहूँगा।'

'कोई एतराज़ ?' नेहरू ने एकत्रित लोगों से पूछा। 'समिति आपसे सहमत है।'

'तो आप नागरिक विमानन के निदेशक को बुलवाना चाहेंगे ? हाँ, अगली बात है, रेलों पर व्यवस्थित रूप से मार्गरक्षकों की तैनाती।'

'वह तो पहले ही हो चुकी है !' पटेल ने आपत्ति की।

'तो फिर रेलों पर अब तक हमले क्यों हो रहे हैं ?'

'दरअसल बात यह है ... समझाना ज़रा मुश्किल है ... कोई भी सिपाही अपने धर्म के लोगों पर गोली चलाने में हिचकता है,' पटेल कुछ चिढ़कर बोले।

'अच्छा ? तो फिर अगर किसी रेल पर हमला होता है, तो उसकी रक्षा के जिम्मेवार सिपाहियों को गिरफ़्तार कर लिया जाना चाहिए; अपराधियों पर मुक़दमा चलना चाहिए और उन्हें तुरंत मृत्युदंड दिया जाना चाहिए।'

'आप भी हद कर रहे हैं ! यह तो साफ़ अन्याय है !' पटेल चीखे।

लॉर्ड लुई नेहरू की ओर पलटे, 'प्रधानमंत्री महोदय, उनसे आज्ञापालन करवाने का यही एक उपाय है। आपको यह प्रस्ताव मंजूर है ?'

नेहरू की आँखों में अथाह उदासी थी।

'आपको पूरा विश्वास है कि यही समस्या का सबसे अच्छा हल है ?' उन्होंने कुछ अनिश्चित भाव से पूछा।

'बिल्कुल ! हमें अनुशासन की ज़रूरत है। आप सहमत हैं ?'

नेहरू ने हौले से सिर झुकाकर मौन सहमति दी।

'बहुत अच्छा। अब निराश्रितों को खाद्य सामग्री पहुँचाने के बारे में। हम ट्रकों का इस्तेमाल करेंगे और हवाई जहाज़ों से भी पैराशूट के सहारे सामग्री नीचे गिराएँगे। गृहमंत्री महोदय, ट्रकों का अधिग्रहण आपके जिम्मे है।'

'निजी ट्रक ? यह तो मुश्किल होगा ...' पटेल भुनभुनाए।

'सैनिक ट्रक भी और निजी नागरिक ट्रक भी,' लॉर्ड लुई ज़ोर से बोले। 'स्वास्थ्यमंत्री महोदया खाद्य सामग्री इकट्ठी करने का भार ले सकती हैं।'

'चावल, दूध, दालें, गेहूँ... यह तो मैं कर ही रही हूँ।'

'मुझसे बेहतर आप ही जानती हैं यह सब। पर मुझे एक बात और कहनी है। इनमें से कुछ ट्रकें लाशें इकट्ठी करने में भी लगेंगी। उन लाशों को सेना की निगरानी में जला दिया जाएगा। मुझे अफ़सोस है कि किसी प्रकार के धार्मिक संस्कार का समय हमरे पास नहीं है ...' लार्ड लुई ने एक चिंतित नज़र समिति के सदस्यों पर डाली।

ये आदेश मैं पहले ही दे चुका हूँ,' पटेल एकदम से बोल पड़े।

'मगर आप भी देख रहे हैं और मैं भी देख रहा हूँ कि दिल्ली की सड़कों के किनारे मुर्दों का ढेर लगता जा रहा है। इसके लिए बेहतर नियंत्रण की ज़रूरत है। और उसके लिए, मेरा प्रस्ताव है कि सार्वजनिक छुट्टियाँ और रविवार की छुट्टी मनानी बंद कर दी जाएँ ...'

'आप धार्मिक त्यौहार भी बंद कर देना चाहते हैं ? उससे तो फ़ायदे से ज़्यादा नुकसान होगा ! सारे संप्रदाय और भी उत्तेजित हो जाएँगे !' अमृत कौर संत्रस्त थीं।

'मेरा प्रस्ताव सिर्फ़ सरकारी कर्मचारियों के लिए है। यह आपात स्थिति है और सरकार के पास आराम करने का समय नहीं है। प्रधानमंत्री महोदय, इस महत्त्वपूर्ण मुद्दे पर मुझे आपकी सहमति चाहिए।'

'वह आपको मिल गई है।'

राजकुमारी अमृत कौर ने पूछा, 'जिन औरतों का रास्ते में ही प्रसव हो जाता है, उनके लिए हम क्या कर सकते हैं ? मैंने कई शरणार्थियों को कहते सुना है कि वे नवजात शिशुओं को रास्ते में ही छोड़कर आगे बढ़ जाते हैं। कई शिशु पोषण की कमी से वैसे ही मर जाते हैं। उनकी संख्या बहुत ज़्यादा है। ऊबड़-खाबड़ ज़मीन पर छकड़ों को जो धचके लगते हैं, उनसे औरतों को समय से पहले ही प्रसव हो जाता है और हम

इस बात को ऐसे ही नहीं छोड़ सकते ...'

'सही बात है। मुझे ज़रा सोचने दीजिए,' लॉर्ड लुई बोले।

नेहरू ने सुझाव रखा, 'किसी वरिष्ठ अधिकारी को यह जिम्मा क्यों न सौंप दिया जाए ?'

'क्या मतलब ?' लॉर्ड लुई ने बड़ी नम्रता से पूछा।

'ऐसा है, कि एक-एक ट्रक हर काफ़िले के पीछे-पीछे चले। उसमें प्रसव का सारा इंतज़ाम रखा जा सकता है। फिर दूसरा ट्रक माँ और शिशु को ले जाकर सुरक्षित स्थान पर छोड़ आए।'

'हमारे पास इतनी नर्सें हैं ?' पटेल ने पूछा।

'नहीं ! उनकी तो हर जगह कमी है,' अमृत बोलीं।

'हम स्वास्थ्य अधिकारी चुन लेंगे। प्रधानमंत्री की बात ठीक है। अब, एक समस्या फ़सलों की कटाई की भी है। अगर यह नहीं हुई, तो अकाल पड़ते देर नहीं लगेगी। मेरा प्रस्ताव है कि पूरे पंजाब में सेना फ़सल काट ले।'

'और फिर उसे बाँटती फिरे ? यह मामला बड़ा नाजुक है,' पटेल ने कहा।

'फ़सल काटकर इकट्ठी-भर करनी है। सैनिक निगरानी में कटाई ख़ुद सिपाही करेंगे। ज़ाहिर है, उनमें कोई पंजाबी सैनिक नहीं होगा।'

'और उसके बावजूद, अगर वे सिपाही आपस में ही मार-काट मचा दें तो ?' पटेल ने चिंतित होकर पूछा।

'अफ़सर खुद ही फ़ैसला करके उन्हें तुरंत मौत के घाट उतार देंगे,' लॉर्ड लुई ने कहा।

'उन्हें इतना समय ही नहीं मिलेगा। और इससे तो भारी हत्याकांड हो जाएगा।'

मेज़ के चारों ओर सन्नाटा छा गया। लॉर्ड लुई ने खँखारकर गला साफ़ किया, 'प्रधानमंत्री महोदय, मैं आपसे एक बहुत ही गंभीर बात कहने जा रहा हूँ। कमांडर-इन-चीफ़ ऑचिनलेक ब्रिटिश सेना द्वारा किसी भी तरह की दख़लंदाज़ी के ख़िलाफ़ हैं, सिर्फ़ उन स्थितियों को छोड़कर जिनमें ब्रिटिश नागरिकों की जान को ख़तरा हो। आपकी अपनी सत्ता अब सिर्फ भारतीय सेना के अफ़सरों की योग्यता पर टिकी है।'

पटेल गुस्से में भरकर बोले, 'यह तो बहुत ही आसान रास्ता है ! हमें इस तरह राह में छोड़कर चल देने का आपको कोई हक़ नहीं है !'

'शायद नहीं। पर पटेल, मैं इस बात का ध्यान दिलाना चाहूँगा कि मेरा कर्तव्य सिर्फ़ भारत के प्रधानमंत्री से जुड़ा है। ब्रिटिश सेना को आदेश देने का अधिकार अब मुझे नहीं रहा। गवर्नर जनरल के तौर पर मेरी सेवाएँ भारत के लिए हैं, और सिर्फ़ भारत के ही लिए।'

'मगर आप ऑचिनलेक को समझाने की कोशिश तो कर सकते है !' नेहरू बिफरकर बोले।

'क्या मैंने कहा, कि मैं कोशिश नहीं करूँगा ?' लॉर्ड लुई भड़क उठे।

खामोशी और तनावभरी हो उठी।

'चलिए, कर्फ़्यू की बात करते हैं। हमें सीधे चौबीस घंटों का कर्फ़्यू लगा देना चाहिए। कोई एतराज़ तो नहीं ? गुड। अब विदेशी राजनयिकों की सुरक्षा ...'

पटेल बोल उठे, 'इसकी ज़रूरत क्या सचमुच है ? हमारे पास पहले ही सुरक्षा गार्डों की कमी है।'

नेहरू ने चिढ़कर बीच में ही बता काट दी,'एक स्वतंत्र देश की सरकार की यह निश्चित ज़िम्मेदारी है। सरदार पटेल, आप यह मत भूलिए कि विदेशी मामलों का मंत्री मैं हूँ।'

'यह इतनी ज़रूरी बात नहीं है, मगर इसे ध्यान में रखना ज़रूरी है,' लॉर्ड लुई ने बीच-बचाव किया। 'क्यों प्रधानमंत्री महोदय ?'

'मैं मानता हूँ,' नेहरू ने संक्षेप में कहा।

एडविना ने अपना हाथ उठाया, 'मेरी समझ में हमें हैजे के टीकों का भी इंतज़ाम करके रखना चाहिए।'

'पर अभी तक तो हैजे के किसी केस की सूचना नहीं मिली है। हमेशा बुरा ही क्यों सोचें ?' पटेल ने टोका।

'गृहमंत्री महोदय, जिन शिविरों में मैं गई हूँ, वहाँ न पीने का पानी था, न शौच की सुविधाएँ, और लोग कीचड़ में ही सो रहे थे। हैजे की महामारी के तमाम इंतज़ाम वहाँ मौजूद हैं।' एडविना चिढ़ गईं।

'लेडी लुई ठीक कह रही हैं। इंतज़ाम तो रखना ही होगा,' ठंडी साँस छोड़कर नेहरू बोले।

'यह देखना होगा कि हमारे पास पेनसिलीन और बिस्मथ की मात्रा कितनी है। और हाँ ! दर्द-निवारक टॉनिक ...'

'इस बारे में आप स्वास्थ्यमंत्री से मशविरा कर लें,' लॉर्ड लुई चुस्ती से नेहरू की ओर घूमे। 'प्रधानमंत्री महोदय, ये मेरे प्रमुख प्रस्ताव हैं। आप लोग इनका अध्ययन कर देखें — अगर आपको ये जँचते हों, तो।'

नेहरू ने आक्रांत भाव से समिति के सदस्यों को देखा, 'काम बहुत भारी है। क्या आपको लगता है कि हम सफल होंगे ?'

लॉर्ड लुई फिर से बैठ गए थे, हाथ पर हाथ टिकाए।

'इसमें समय लगेगा। मौतें और भी होंगी। लेकिन अगर हम सख़्त अनुशासन रखें

और हर व्यक्ति अपना कर्तव्य करे, तो मुझे ज़रा भी संदेह नहीं है कि यह युद्ध हम जीत ही लेंगे। कलकत्ता में इन्हीं दिनों मिस्टर गाँधी ने अपनी लड़ाई जीती ही है। वे ही इस बात का प्रमाण हैं कि हम भी काम निभा ले जाएँगे।'

कमरे में तीसरी बार फिर चुप्पी छा गई। गवर्नर जनरल द्वरा सुझाए गए रास्ते वे तो नहीं थे जिनकी सिफ़ारिश गाँधी किया करते थे।

नेहरू अचानक ही बोल पड़े, 'बापूजी कल दिल्ली लौट रहे हैं।'

'पर वे भंगी कॉलोनी में तो नहीं रह सकते ! वहाँ तो सब घरों में शरणार्थी भरे पड़े हैं,' अमृत कौर की चिंता थी।

'मैंने उनक रहने का इंतज़ाम मि. बिड़ला के घर पर कर दिया है। वे बापू के लिए अलबुक्र्क़ रोड वाला घर दे देंगे,' नेहरू ने घोषणा की। 'लेकिन वे पंजाब जाना चाहते हैं।'

'वे मज़ाक कर रहे होंगे,' लॉर्ड लुई को विश्वास नहीं हुआ।

'उन्हें तो आप जानते ही हैं।'

'मैं आपसे निवदेन करता हूँ, प्लीज़, उन्हें समझाने की कोशिश कीजिए कि वे दिल्ली में ही शांति की कोशिश करें तो उनके पास काफ़ी काम हो जाएगा। यहाँ हमें उनकी बहुत ज़रूरत होगी।'

दिल्ली, 16 सितंबर 1947

नक्शे के सामने बैठे लॉर्ड लुई ने नागरिक विमानन की रिपोर्टें पढ़ीं, फिर उठकर नक्शे पर तीन पिनों की जगहें बदल दीं। शरणार्थियों के जत्थे बिना रुके राजधानी की तरफ़ बढ़ते आ रहे थे।

नेहरू ने दरवाज़ा धकेला।

'अंदर आ जाओ जवारला ! सीमा पर स्थिति कुछ सुधर रही है। देखो, पिनों की संख्या बढ़ी नहीं है। इसके विपरीत, दिल्ली ...'

नेहरू बैठ गए। डिकी कभी भी उनके नाम का सही उच्चारण नहीं कर पाते थे। पर उससे क्या फ़र्क़ पड़ता था। उन्होंने एक आह भरी, 'समझ में नहीं आता, क्या करें। हमारे चारों तरफ अँधेरा ही अँधेरा है ...'

लॉर्ड लुई उनके पास आकर बैठ गए, 'मैंने तुमसे कहा था, इसमें समय लगेगा।'

'मगर हमारे कामों का कोई नतीजा तो निकले ! देखो, एक-से-एक डरावने संवाद मिल रहे हैं ... रावी पर एक ज़रूरत से ज़्यादा भरी हुई किश्ती में शरणार्थियों पर हमला। उलझन और गड़बड़ी में उन पर गोलीबारी। लगभग बीस शरणार्थी मारे गए। बाकी

लोग अंधाधुंध नावों पर चढ़े और डूब गए। हर घंटे लाशों की संख्या बढ़ती जा रही है, डिकी !'

'अभी कोई भी फैसला लेना जल्दबाज़ी होगी। लगभग सब जगह रक्षी तैनात हो गए हैं, पर ट्रकों का पूरा अधिग्रहण अभी नहीं हुआ है, सेना अभी पहुँची नहीं है, स्थिति पर पूरा काबू पाने के लिए हमें अभी एक और सप्ताह की ज़रूरत है ... धीरज रखो, जवारला !'

'धीरज ? जब मेरे देशवासी सड़कों पर मर रहे हैं !'

'मेरा मतलब है, थोड़ा-सा और शांत हो जाओ,' लॉर्ड लुई ने अपने हाथ फैलाए।

'मैं बेहद तकलीफ़ में हूँ, डिकी ! अगर इसी का नाम शासन करना है, अगर इसके लिए बेनियाज़ होना ज़रूरी है, तो यह मेरे बस की बात नहीं है। काश ! कुछ दिन पहले मेरी जान लेने की जो कोशिश हुई थी, वह कामयाब हो जाती ...'

लॉर्ड लुई के कान खड़े हो गए, 'कैसी कोशिश ? क्या कह रहे हो तुम ?'

'कोई पागल था। मैं घर से निकल रहा था कि वह मुझ पर लपका। पर उसने हमला नहीं किया, भागकर रात के अँधेरे में गुम हो गया। कोई ख़ास बात नहीं थी।'

लॉर्ड लुई टेलीफोन की ओर लपके, 'इस्मे ? प्रधानमंत्री के आवास पर पहरा लगवा दो। हाँ, तुरंत। और अंगरक्षकों की व्यवस्था भी करो, अभी। हाँ ... बिल्कुल। हाँ, चमत्कार ही है। देर न हो।'

नेहरू शर्मिन्दा-से हो गए, 'लेकिन, डिकी, क्यों ? मैं कह रहा हूँ ना, कि कोई ख़ास बात नहीं थी।'

लॉर्ड लुई ने बैठकर नेहरू के हाथ थाम लिए, 'सुनो, अगर तुम मारे जाते, तो मैं कोई काम नहीं कर पाता। इस देश के उच्चतम प्राधिकारी तुम हो। अपनी रक्षा करना तुम्हारा कर्तव्य है।'

'मैं ? उच्चतम अधिकारी ? हद करते हो डिकी !'

'तुम्हारे मूड कुछ भी हों, तथ्य तो तथ्य हैं : तुम भारत की एकमात्र कार्यपालिका सत्ता के प्रतीक हो। अरे ! मुझ पर रहम खाओ ! पहरे से तुम्हें परेशानी क्या है ? बहुत ग़लत बात है। मैं जबरदस्ती तुम्हारी सुरक्षा की व्यवस्था करवाऊँगा।'

'मैं तुमसे कह रहा हूँ कि प्राधिकारी मैं नहीं हूँ। एक तरफ महात्माजी हैं, दूसरी तरफ तुम ... स्वर्ग और नरक ...'

'जवारला, अगर मेरी हत्या हो जाती है, तो भी ढाँचा बना ही रहेगा; और अगर महात्माजी कभी किसी के हाथों शहीद हो जाते हैं, तो यह संपूर्ण मानवता के विरुद्ध अपराध होगा। मगर, दोनों ही स्थितियों में, भारत का काम चलता रहेगा।'

'नहीं !' नेहरू चीख उठे।

लॉर्ड लुई रुखाई से आगे बोले, 'अगर तुम मरते हो, तो भारत अराजकता में खो जाएगा। इस समय तुम भारत का सबसे बढ़कर बुरा यही कर सकते हो कि अपने-आपको मर जाने दो।'

'अच्छा ?'

लॉर्ड लुई ने नेहरू के हाथ दबाए।

नेहरू ने हाथ वापस खींचते हुए कहा, 'मैं भी कैसी बेतुकी बातें कर रहा हूँ !'

'तुम बहुत दुखी हो।'

नेहरू ने सिर उठाकर उन्हें स्नेह से देखा, 'तुम्हारे आगे मैं अपने दिल का बोझ हलका कर सकता हूँ।'

'और एडविना के आगे भी।'

'मैं उन्हें डराना नहीं चाहता। अगर उन्हें पता चले ...'

'उसे पता है। तुम किसी मुग़ालते में मत रहो, नेहरू ! शरणार्थी सब तरह की बातें करते रहते हैं।'

'और वे हिम्मत नहीं हारतीं ? उन्हें मैंने लगभग एक हफ़्ते से नहीं देखा है।'

'वह ? और हिम्मत हारे ? हाँ, तुमने उसे मुसीबत के समय नहीं देखा है, ना।'

'ना, नहीं। इस बारे में सुना ज़रूर है, पर उन्हें काम करते मैंने अब तक नहीं देखा है।'

'ठीक है। जीवन में अपनी आस्था वापस पाना चाहते हो ? तो जाओ, और शरणार्थी शिविरों में उसे देखो। हम मुर्दों की गिनती करते हैं, वह जीवितों को बचाती है।'

पुराना क़िला

दिल्ली, 17 सितंबर 1947

पुराने क़िले के भीतरी भाग में घुसते ही बदबू के एक झोंके से नेहरू ठिठक गए। रोकते-रोकते भी एक सुबकी फूट पड़ी।

'हर बार यही होता है,' उन्होंने सोचा। 'अपने पर मेरा क़ाबू नहीं रह पाता। एशियन रिलेशंज़ कॉन्फरेंस का उद्घाटन याद आता है। कितना उजला दिन था। इंद्रधनुष विहँस रहा था और हमारे हृदय कितनी आशा से भरे थे ... सरोजिनी कितनी गर्वित दिखाई दे रही थीं। हम एशिया का भविष्य थे। और अब ? ...'

इसी जगह एशियन रिलेशंज़ कॉन्फरेंस के प्रतिनिधियों के लिए शामियाना लगा था। आज यहाँ शरणार्थियों के लिए तंबू तक नहीं थे। ले-देकर जो चीज़ थी, वह थी फफूँद लगे खूँटे जिन पर बारिश में भीगे कंबल फैले थे। औरतों ने अपने बच्चों को उन पर लिटा दिया था। हाथ-पाँव पसारे पड़े उन बच्चों को उनकी माँओं ने मक्खियों से बचाव की असफल चेष्टा में दुपट्टों से ढक रखा था। इन दुपट्टों के पार से वे कभी-कभी बड़ी-बड़ी हैरतज़दा आँखें मिचमिचाते हुए अपने ऊपर झुके हुए अनजान चेहरों को देखते थे।

कुचले-मसले लॉन पर हर जगह भीगे कपड़ों की सीलन से चीकट धुआँ घुल-मिल रहा था। बूढ़े आदमी गँदली गढ़इयों पर झुककर चुल्लू-चुल्लू पानी से वज़ू कर रहे थे। हर जगह घायल बच्चे पड़े कराह रहे थे। उनकी टूटी बाँहें जैसी-तैसी खपच्चियाँ लगाकर बाँध दी गई थीं। नेहरू का कलेजा मुँह को आ रहा था। लेटे-पसरे लोगों में से गुज़रते हुए वे माँओं की गोद के बच्चों के सिरों को थपथपाने लगे। वे उन्हें पहचानतीं तो उठ खड़ी होती थीं।

"पंडितजी ! पंडितजी ! हमें बचाइए !' चीखती हुई अस्तव्यस्त से हॉल में एक नौजवान लड़की आकर उन पर भहराकर गिर पड़ी।

उसकी आँखें किसी पागल औरत-सी वहशतज़दा थीं और उसका मुँह ऐंठ रहा था। वह एक हाथ से अपना कुरता थामे थी और दूसरे हाथ से उसके कपड़े को चींथ रही थी मानो वह उसके सीने को जलाए डाल रहा हो। स्पष्ट ही उस पर बलात्कार हुआ था।

नेहरू ने उसे सीने से लगाकर थामे रखा मानो वह उनकी बेटी ही हो, और सुरक्षा के लिए जिम्मेदार सैनिकों की तलाश में चारों तरफ़ नज़रें दौड़ाईं। क़िले के परकोटे पर क़तार में तैनात सैनिक अपनी मशीनगनों पर आधे झुके-से ऐसे लग रहे थे मानो खड़े-खड़े सो रहे हों। इस नरक में ही कहीं महात्माजी भी थे लेकिन शरणार्थियों की भीड़ इतनी सघन थी कि नेहरू को कहीं वह छोटा-सा जत्था भी नज़र नहीं आ रहा था जिससे आमतौर पर उनका अता-पता लग जाता था।

'तुमने महात्माजी को देखा ?' उन्होंने उस किशोरी से पूछा।

'गाँधीजी ?' कुछ अनिश्चित-सी मुस्कान से वह बोली। 'बापू ? वहाँ...' उसने परकोटे की दिशा में यूँ ही-सा इशारा किया।

पसरी देहों के बीच से रास्ता बनाते हुए नेहरू उस ओर बढ़े। अचानक उन्हें नुकीली टोपी, अस्तव्यस्त बालों, और ख़ाकी वर्दी में एक लंबी परिचित आकृति दिखाई दी और वे उस ओर लपके। एडविना आ गई थी।

एडविना एक मोटी, हाँफती हुई औरत को कमर से थामकर उठाने की कोशिश कर रही थी।

'आ जाओ रानी, आ जाओ। बड़ी अच्छी हो .... तुम अब बिस्तर पर सोओगी।

यहाँ इस नरक में नहीं रहना चाहिए तुम्हें। तुम बीमार हो। ओह !' हताशा से वे चिहुँक उठीं।

वह औरत उनकी पकड़ से फ़िसल गई थी। एडविना ने सीधे खड़े होकर कमर पर हाथ रख लिए।

'मुझसे नहीं होगा, यह बहुत भारी है। मेरी मदद कौन करेगा ?' उन्होंने पूछा।

नेहरू से उनकी आँखें तभी मिलीं।

'तुम ! सचमुच, तुम बिल्कुल सही समय पर आए हो। यह औरत खाँस-खाँसकर बेहाल हो रही है। इसे निमोनिया हो गया है। इसे उठाकर वहाँ गद्दों तक ले जाने में मेरी मदद करो', उन्होंने परकोटे की दीवार में बनी ओटदार जगह की तरफ़ इशारा किया।

नेहरू ने उस औरत को बगलों से थामा और एडविना ने उसके पाँव पकड़कर उठाया। धीर-धीरे ओट में ले जाकर उन्होंने उसे एक चटाई पर लिटा दिया। उसका चेहरा गोल और निश्चल था जिस पर कालिमा का आभास था। उसकी नज़र एडविना और फिर नेहरू पर गई। उस नज़र में आतंक भी था और अपने-आपको तक़दीर के हवाले कर देने का भाव भी। वह कराही, 'मेमसाहब, मेमसाहब, मुझे बख़्श दीजिए ! चाचा, उसे मुझे छूने मत दीजिए ...।'

एडविना ने अपनी बुश्शर्ट की जेब में हाथ डाला, एक शीशी और सिरिंज निकाली और उस औरत के पास घुटने टेककर बैठ गईं।

'पेनिसिलिन है,' उन्होंने नेहरू को संक्षेप में बताया। 'इसकी कलाई ज़रा पकड़ो। और कसकर। उसे कुछ महसूस नहीं होगा।'

उस औरत ने चेहरे पर घूँघट कर लिया और एडविना ने जब सुई उसकी त्वचा में चुभाई तो उसके मुँह से दर्द की हलकी-सी चीख़ निकल गई।

'यहाँ तो मेरे करने को और कुछ नहीं है,' एडविना ने इंजेक्शन की सुई को अपनी जेब पर पोंछते हुए कहा। 'और लोगों की तलाश में मेरी मदद करो। अगले इंजेक्शन के लिए मुझे विसंक्रमण की दवा भी चाहिए। मेरे पास अब बची नहीं है।'

अपने ललाट पर चिपकी लटों को उन्होंने पीछे सरकाया।

नेहरू ने उन्हें टोकते हुए कहा, 'मैं बापू को ढूँढ़ रहा हूँ। तुमने उन्हें देखा है ?'

'बापू ? उन्हें तो मैंने नहीं देखा,' वे बोलीं । 'मुझे अपने दल के किसी स्वयंसेवक को खोजना होगा विसंक्रामक के लिए, जवाहर ...'

नेहरू ने उनकी बाँह थामकर आगे बढ़ने के लिए सहारा दिया। वे लड़खड़ाईं।

'अब तुम्हें रुक जाना चाहिए मेरी डी, तुमसे तो खड़ा भी नहीं हुआ जा रहा है,' वे क्रुद्ध होकर बोले।

'शांत, शांत,' बाँह छुड़ाते हुए वे बोलीं, 'मुझमें प्रतिरोध की क्षमता बहुत है। तुम जानते हो, मैं इस सबकी आदी हूँ... देखो, वो रहे गाँधीजी !'

एक ठेलागाड़ी पर अपनी सफ़ेद शॉल में लिपटे बैठे गाँधीजी मानो दरबार लगाए हुए थे। उनके पैरों के पास मनु और आभा चुपचाप झुकी हुई-सी बैठी थीं। एडविना और नेहरू आगे बढ़े।

ताँबई दाढ़ीवाला एक बूढ़ा हिचकियाँ लेते-लेते कह रहा था, '... और फिर मेरा भाई ग़ायब हो गया। कौन जाने वह ज़िंदा भी है या नहीं ...'

'आगे कहो चाचा,' गाँधीजी ने काँपती आवाज़ में कहा।

'मेरी बेटी, मेरी बेटी भी,' बूढ़ा सुबकते हुए बोला, 'वे लोग उसकी तरफ़ बढ़े, वह भागी, उन्होंने उसे पकड़ लिया, उसके कपड़े उतार डाले। वे लोग हँस रहे थे और मैंने देखा, बेचारी लड़की, मेरी दुलारी बिटिया, मादरज़ाद नंगी, वो कुएँ की तरफ दौड़ी, उस पर झुकी और मैंने एक लंबी चीख़-भर सुनी। बापू, वो कुएँ में डूबकर मर गई।'

महात्मा ने बूढ़े के कंधे को दबाया।

'हिंदुओं ने जो किया है उसके लिए ईश्वर उन्हें क्षमा करे,' वे बुदबुदाए। 'क्या यह सही है कि तुम भी पलटकर लड़े ?'

'हाँ !' बूढ़ा गुर्राया। 'अपनी कुल्हाड़ी से। देखो, ये रही, मेरे पास, मेरे कंबल में।' बूढ़े ने कुल्हाड़ी निकाली जिस पर जमा खून सूख चुका था। कुल्हाड़ी को हवा में लहराते हुए वह बोला, 'मुझे पता है, यह गलत है, पर मैंने यह किया, बापू ! बताइए, आप क्या कहेंगे ?'

'कत्ल का यह हथियार अपने पास मत रखो चाचा। ये मुझे दे दो,' गाँधी ने हाथ बढ़ाते हुए कहा।

'पर अगर कोई मुझ पर हमला करे तो ?' बूढ़े ने कुल्हाड़ी को कलेजे से सटाते हुए कहा।

'तुम्हारे चारों तरफ़ तो मुसलमान ही हैं। अनजाने ही तुम उनमें से भी किसी को मार सकते हो। चाचा, अपनी कुल्हाड़ी मुझे दे दो, अल्लाह के नाम पर।'

बूढ़े ने खूनी नज़रों से घूरते हुए हथियार गाँधी की ओर बढ़ा दिया। उन्होंने राहत की साँस ली।

'और तुम ?' उन्होंने अनुतप्त चेहरेवाले एक किशोर से पूछा। उसने सिर झुका लिया।

'मैं ? ना, मुझे तो किसी ने कुछ नहीं किया,' वह बोला।

'पर तुम इतने दुखी दिखाई दे रहे हो,' गाँधी ने ज़ोर देकर कहा।

किशोर ने सिर उठाया। उसकी आँखों में खून उतर आया था।

'उन्होंने मेरी माँ से ज़िना करना चाहा था। मैंने उसे बचा लिया,' वह खूँख्वार हो उठा। 'वह वहाँ महफ़ूज़ है, और मेरी सबसे छोटी बहन भी।'

'अच्छा ! तो तुम भी लड़े ?' महात्मा ने गंभीर होकर कहा।

'वे पाँच थे। सब मारे गए,' नौजवान बोला।

महात्मा बहुत देर तक उस नौजवान की ओर देखते रहे।

'बताओ तो बेटा, फिर तुम मुझसे मिलने क्यों आए ?' उन्होंने बड़ी नरमी से पूछा।

'क्योंकि ... पता नहीं ... मेरा दिल बड़ा भारी है।' किशोर नाक सुड़कते हुए बोला। 'मैंने कभी किसी की जान नहीं ली थी, और ...'

'... और अब आगे भी तुम कभी किसी की जान नहीं लोगे,' गाँधी ने बड़े विश्वास से जोर देते हुए कहा।

'पर आप इस बारे में जानते ही क्या हैं बापू ?' नौजवान भड़ककर बोला। 'अगर आपके सामने ही कोई आपकी बहन पर हाथ डाले तो क्या आप चुपचाप बैठे रहेंगे ? और अगर कोई आपको मारना चाहे तो आप कुछ भी नहीं कहेंगे ?'

'नहीं, कुछ भी नहीं,' गाँधी बोले।

'आप पागल हैं ...,' नौजवान ने उपहास के स्वर में कहा। 'सुनते हो लोगो ?' वह महात्मा के कदमों के आसपास बैठी छोटी-सी भीड़ की तरफ़ घूमा, 'हिंदू ठीक कहते हैं, सिख भी ठीक कहते हैं : हम तो कुरबानी की भेड़ हैं, अपनी गर्दन आगे ताने हुए, ताकि वे हमें ज़िबह कर सकें।'

भीड़ में विद्वेष-भरी मरमराहट दौड़ गई; नारे लगने लगे। नेहरू ने मुट्ठियाँ भींच लीं। महात्मा ने कुछ बोलने की कोशिश की पर असफल रहे।

उन्होंने फुसफुसाते हुए कहा, 'जवाहर, मेरी बात अक्षर-अक्षर दुहरा दो। कलकत्तावाले उपवास के बाद से मेरी आवाज़ में दम नहीं रहा। मुझे हिंदुओं और मुसलमानों के बीच ... कोई फ़र्क नज़र नहीं आता ...।'

नेहरू ने ऊँची आवाज़ में कहा, 'बापू को हिंदुओं और मुसलमानों के बीच कोई फ़र्क नज़र नहीं आता ...'

'न ... ईसाइयों और सिखों के बीच,' गाँधी ने अपनी बात समाप्त की।

'न ईसाइयों और सिखों के बीच,' नेहरू ने दुहराया।

'रुको ... मुझे अभी कुछ और कहना है,' महात्मा ने जोड़ा। 'वे सब मेरी नज़रों में एक हैं।'

'बापू कहते हैं, तुम सब उनके लिए एकसमान हो,' नेहरू ने कहा। भीड़ ख़ामोश थी।

'ठीक है, पर मैं आपको अपना हथियार नहीं दूँगा। मैंने उसे छिपा रखा है,' ज़ोर

से चिल्लाकर यह कहते हुए किशोर ठठाकर हँस पड़ा।

'तुम ग़लती पर हो बेटा,' नारंगी दाढ़ीवाले बुज़ुर्ग ने टोका।

'बापू मुसलमानों के साथ हैं। वे हमारी हिफ़ाज़त करते हैं ...'

'अच्छा ? तो ये कहाँ थे जब उन्होंने मेरी माँ का कुरता फाड़ा ? और जब मेरी नन्ही बहन को धक्का दिया, उसे दीवाल तक धकिया दिया, कहाँ थे ये ? हमारी हिफ़ाज़त करते हैं ? और क्यों ? ये भी उन जैसे ही हिंदू नहीं हैं ?'

'मैं हिंदुस्तानी हूँ,' गाँधीजी ने एक-एक शब्द पर ज़ोर देते हुए कहा। 'सिर्फ़ हिंदू नहीं हूँ। जब तक मेरे देश का एक-एक मुसलमान अपने घर लौटकर शांति से नहीं रहने लगता, तब तक मैं चैन से नहीं बैठूँगा।'

नौजवान ने कंधे उचका दिए।

'हिंदुस्तान ! तुम तो इसकी बात कर ही सकते हो !' उसने जमीन पर थूकते हुए कहा।

'बहुत हो गया !' नेहरू चीखे। बूढ़े को एक ओर धकेलते हुए उन्होंने उस नौजवान की बाँह पकड़ ली। 'मैं तुम्हारा प्रधानमंत्री हूँ। यहाँ तुम महफ़ूज़ हो। यहाँ के हालात बहुत बुरे हैं। बारिश हो रही है, तुम लोग कंबलों के तले रह रहे हो और तुम्हारा सब कुछ लुट चुका है, मैं जानता हूँ। पर तुम्हारा सबकुछ वापस लौटा दिया जाएगा। मैं पूरी कोशिश कर रहा हूँ।'

'अच्छा। सबकुछ लौटा दोगे ? तो अभी एक काग़ज़ पर दस्तख़त करो,' नौजवान ने चुनौती दी।

'यह ठीक कह रहा है,' महात्माजी ने शांत भाव से कहा। 'नेहरू, ये लो, मैं तुम्हें अपने पास से काग़ज़ का ये पुर्जा देता हूँ, और पेंसिल भी। दस्तख़त कर दो। अपना नाम तो बताना, बेटा।'

'अहमद सुल्तान। मैं राजस्थान से हूँ।'

नेहरू तेज़ी से काग़ज़ पर लिख रहे थे।

ये लो,' उन्होंने पुर्जा नौजवान की तरफ़ बढ़ाते हुए कहा।

'मुझे पढ़ना नहीं आता,' किशोर ने हकलाते हुए कहा। पहली बार वह कुछ सहमा-सा नज़र आ रहा था।

'शांत हो जाओ, जवाहर,' महात्माजी ने आवाज़ ऊँची करते हुए कहा। 'इसका मतलब ये है कि तुम्हें मनचाही जगह पर घर बनाने के लिए या अपने पहलेवाले घर की मरम्मत के लिए जरूरत के मुताबिक पूरा पैसा मिलेगा। बकरियाँ खरीदने के लिए भी ....'

'बकरियाँ ! मैं तो मोची हूँ,' नौजवान ने ठहाका लगाया।

'ठीक है ! तो अपना कारख़ाना ठीक करने के लिए,' गाँधीजी ने मुस्कुराकर कहा। फिर उन्होंने एक गहरी साँस ली, 'बेटा अहमद, चारों तरफ़ तुम्हें दुख और तकलीफ़ दिखाई दे रही है। क्या तुम्हारे दिल में इन्सानियत नहीं बची है ? तुम इंजेक्शन लगाने में इन ख़ातून की मदद क्यों नहीं करते ?' उस किशोर ने एडविना को सिर से पैर तक गौर से देखा। पलटकर काग़ज़ का पुर्जा अपनी कमीज़ में खोंसा और भाग खड़ा हुआ।

गाँधीजी ने सिर झुका लिया।

बूढ़े मुसलमान ने सिर हिलाते हुए कहा, 'बापू, आप पत्थर की दीवार से सिर टकरा रहे हैं। आपको बहुत सारी अड़चनों का सामना करना पड़ेगा।'

महात्माजी सीधे होकर बैठे। उनकी आँखों में आँसू चमक रहे थे।

'माइ डियर लेडी लुई, ज़रा उठने में मेरी मदद कीजिए। मैं सोचता हूँ कि इंजेक्शन लगाने में ही आपकी मदद कर दूँ। और किसी लायक तो मैं रहा नहीं।'

एडविना ने आगे लपककर उस वृद्ध को उठने में सहारा दिया। वे पलभर के लिए उनके कंधे पर टिके रहे।

आँसू रोकने की कोशिश करते हुए महात्माजी बोले, 'चलिए, चलते हैं। आभा ! मनु ! हम चल रहे हैं। आओ बच्चियो ! इस मौक़े का फ़ायदा उठाकर इन लोगों को यह सिखा दें कि सफ़ाई-सुविधाओं का इस्तेमाल कैसे किया जाना चाहिए।'

नेहरू ने उन्हें जाते देखा। हाथ में छड़ी लिए महात्माजी आभा और मनु का सहारा लिए बढ़ रहे थे। वे एक छोटे-से गुट के सामने रुके।

'साथियो, आप लोग दिशा-फ़रागत कहाँ करेंगे ?' नेहरू ने उन्हें पूछते सुना।

हड़बड़ी में सकपकाकर सारे शरणार्थियों ने एक ही साथ कुछ मीटर दूर बने एक गड्ढे की तरफ़ इशारा किया।

'ये तो बड़ी ख़तरनाक बात है। आपको बीमारियाँ लग सकती हैं ... मैं आपको बताता हूँ, क्या करना है ...।'

नेहरू वहाँ से चलने लगे। महात्माजी पहले दल के सामने से हटकर दूसरे दल से बात शुरू कर चुके थे। दूर से उनकी आवाज़ सुनाई दे रही थी।

'... आप यहाँ फ़ारिग़ होंगे तो आपके बच्चे बीमार पड़ जाएँगे।'

नेहरू आख़िर विशाल मुग़ल दरवाज़े तक पहुँचे ही थे कि उन्होंने देखा, एडविना उनकी ओर घूमकर बड़ी व्यग्रता से इशारे कर रही थी। खचाखच भरे हुए तीन विराट ट्रक अभी-अभी मैदान में घुसे थे और फटी-फटी आँखोंवाले बदहाल इन्सानों के जत्थे पर जत्थे थके-हारे सैनिकों की निगरानी में नीचे उतर रहे थे। इस विशाल फाटक को पार करते ही नेहरू ने अचानक अपने को पेड़ों की कतारों से छाए राजमार्ग

पर पाया जहाँ अजीब-सी शांति छाई थी। बाहर से उन्हें अभी भी उन लोगों की आहें-कराहें लगातार सुनाई दे रही थीं जो वर्षा ऋतु की काली घटाओं के तले पुराने क़िले में बंद थे।

दिल्ली, 18 सितंबर 1947

'गाड़ी धीमी करो !' एडविना ने शोफ़र से कहा।

'क्या योर एक्सिलेंसी को अँधेरे में कुछ दिखाई दिया है ?' शोफ़र ने बड़े अदब से पूछा।

'हाँ, कुछ ऐसा ही लगता है। गाड़ी धीरे-धीरे पीछे करो।'

घुरघुराती हुई कार पीछे हुई।

'वह देखो,' एडविना सहज-स्वाभाविक स्वर में बोलीं, 'मैंने ठीक ही देखा था। इमली के पेड़ के नीचे कोई पड़ा हुआ है।'

वे कार से उतर पड़ीं।

'सावधानी से, योर एक्सिलेंसी ! आसपास कहीं दंगाई छिपे हो सकते हैं,' शोफ़र ने खिड़की से उझकते हुए आवाज़ लगाई।

उन्होंने कोई जवाब नहीं दिया। झुकते हुए उन्होंने ज़मीन पर पड़े आदमी का हाथ छुआ और चिहुँककर पीछे हट गईं।

'यह तो ठंडा पड़ चुका है ! अब हम क्या करें ?' उन्होंने शोफ़र को आवाज़ लगाई।

'महल को लौटकर किसी चौकीदार को भेज दें ?' शोफ़र ने झिझकते हुए सुनाया।

'चौकीदार ? अब कोई चौकीदार बचा ही नहीं है। ... ना ...', तेज़ी से कुछ सोचते हुए वे बोलीं।

उन्होंने चारों ओर देखा। कोई नहीं था। पोलो मैदान के आगे का रास्ता सूना पड़ा था। उन्होंने दुबारा लाश की तरफ़ देखा और उन्हें कमीज़ पर एक गहरे रंग का धब्बा दिखाई दिया। वह धब्बा अजीब ढंग से पिचका नज़र आ रहा था।

'हिम्मत रखो,' उन्होंने अपने आपसे कहा। 'मेरी समझ में और कोई उपाय भी नहीं है।' वे कार की तरफ़ लौटीं।

'आओ,' उन्होंने जल्दी-जल्दी शोफ़र से कहा। 'हम इसे बड़े गड्ढे तक ले चलते हैं। एक मिनट भी ज़ाया नहीं करना है। चील-कौओं ने अपना काम शुरू कर दिया है।'

डर का मारा शोफ़र हकला गया, 'योर एक्सिलेंसी, मैं... मैं कैसे ... मैं तो क्षत्रिय हूँ। मुर्दा तो सबसे ज़्यादा अपवित्र होता है।... योर एक्सिलेंसी ! आप मुझे यह करने

को नहीं कह सकतीं।'

'जहन्नुम में जाओ !' वे चीखीं। 'मैं खुद ही काम चला लूँगी।'

'योर एक्सिलेंसी, मुझे बहुत-बहुत अफ़सोस है ...,' शोफ़र कहता रहा।

एडविना टाँग पकड़कर लाश को घसीटने लगीं।

'बेचारे मुर्दा आदमी, देखो ज़्यादा भारी मत निकलना, अच्छा ? ढीला छोड़ दो अपने को,' उसे कार तक खींचते हुए वे बुदबुदा रही थीं।

पिछला दरवाजा खोलकर उन्होंने लाश को कंधे पकड़कर उचकाया।

'ये लो,' उसे पकड़ने के लिए सीट पर चढ़ती हुई वे बोलीं। 'बस अब हो ही गया है,' उसके पैरों को पकड़कर वे हाँफने लगीं।

दूसरी तरफ़ से बाहर निकलकर उन्होंने हौले से फाटक बंद किया ताकि उसके सिर को टक्कर न लगे।

शोफ़र की बगल में बैठती हुई वे बोलीं, 'अब हमें ले चलो। नहीं तो ...।'

'जी हाँ मैडम,' शोफ़र ने बिना चीं-चपड़ किए कहा। 'मुझे बड़ा अफ़सोस है मेमसाहब। मेरा कोई बस नहीं था।'

कार धीरे-धीरे सबसे नज़दीकी अस्पताल की ओर चली। एडविना उतरीं और तुरंत ही अहाते में घुसते हुए एक डॉक्टर की बाँह पकड़ ली।

'आओ, मेरी मदद करो ! कार में एक लाश है ! इसे गड्ढे में पहुँचाना है !' वे चिल्लाईं।

'मेरे पास समय नहीं है,' नौजवान ने जवाब दिया।

'समय निकालना पड़ेगा ! प्रधानमंत्री का आदेश है कि लाशें उठाई जाएँ; चलो !' उनका लहजा ऐसा था कि हुक्मउदूली संभव ही नहीं थी।

डॉक्टर रुका और चेहरा देखने के लिए उन्हें रोशनी के अंदर धकेल लाया।

'मैडम, आपके ब्लाउज़ पर खून लगा है। आपको चोट तो नहीं लगी है ?'

'खून ?' उन्होंने अपनी बुश्शर्ट पर निगाह डाली, 'यह उसका खून है। जल्दी करो प्लीज़।'

'मैडम, मुझे आपका नाम लिखना होगा और उस जगह का भी, जहाँ ये मिला था,' नौजवान डॉक्टर ने कहा।

'लेडी माउंटबेटेन,' उन्होंने चुस्ती से जवाब दिया। 'ये पोलो ग्राउण्ड की गली में मिला था।'

डॉक्टर भौंचक्का रह गया।

'लेडी लुई ?'

'मेरा शोफ़र कहता है कि वह क्षत्रिय है,' वे बोलीं।

'ओह !' डॉक्टर बोला। 'मैं समझ गया। मैं सब सँभाल लूँगा योर एक्सिलेंसी !

योर एक्सिलेंसी अगर सफ़ाई करना चाहें ...।'

'कोई ज़रूरत नहीं है,' उन्होंने जवाब दिया। 'जल्दी करो। हाँ, मुझे एक गिलास पानी चाहिए पीने को।'

'उन्हें वापस ले आए'

दिल्ली, 20 सितंबर 1947

लगभग हर शाम स्वास्थ्य मंत्री लेडी लुई के साथ अगले दिन की आपातस्थितियों पर विचार-विमर्श करती थीं। यह चर्चा अमृत कौर के घर पर होती थी, अगर बिजली की कटौती होती, तो मोमबत्ती की रोशनी में। अपनी पुरानी मित्र के साथ सोफ़े पर बैठी एडविना पेंसिल से दवाइयों की सूची में नई ज़रूरियात जोड़ती जातीं और बोलकर पढ़तीं।

'बिज़्मथ ... कल हवाई जहाज से इसकी एक खेप आ रही है; ब्रोमाइड ... ज़रूरत नहीं है; दर्दनिवारक टॉनिक ... बोतलें रास्ते में टूट जाती हैं, हमें उन्हें बचाने का कोई उपाय ढूँढ़ना होगा। हैजे से बचाव का सीरम ... तीन सौ पचास खुराकें अभी आई हैं, हुमायूँ कैंप के लिए। अमृतजी, और तो नहीं हैं,' पेंसिल रखकर उन्होंने गहरी साँस ली।

अमृत कौर ने पैर सोफ़े पर लेकर समेट लिए और सोफ़े की पीठ पर सिर टिकाकर गर्दन सहलाने लगीं।

'इन्हें तो किसी भी कीमत पर हासिल करना है,' वे बुदबुदाईं। 'सबसे ज्यादा जरूरी तो यही हैं।'

'ठीक है,' एडविना ने निश्चयपूर्वक कहा। 'मुझे लंदन से बात करनी होगी। यही एक रास्ता है।'

'उन्हें ठीक-ठीक कितना मालूम है ?' अमृत कौर ने सशंक भाव से पूछा।

'संसद अब समझने लगी है कि यहाँ किस कदर अनर्थ हो रहा है। इस हद तक तो समझ ही गई है कि मैं दवाएँ भेजने की माँग कर सकती हूँ,' एडविना ने उत्तर दिया।

अमृत कौर कराह-सी उठीं, 'वे लोग हमें कैसा समझेंगे ? ... कितने शर्म की बात है हमारे लिए !'

'इसके सिवा कोई चारा नहीं है माइ डियर,' एडविना ने थकी-थकी आवाज़ में

कहा, 'भारत सरकार जो भी करे, उसकी आलोचना होगी ही।'

अचानक एक बैरा दरवाज़े पर दस्तक दिए बिना ही अंदर आ गया। उसने अभी मुश्किल से बचपन की दहलीज़ पर कदम रखा था। उसका रंग उड़ा हुआ था।

'माताजी ! वे लोग कह रहे हैं कि प्रधानमंत्री ग़ायब हो गए हैं। ज़रूर किसी ने उनकी हत्या कर दी है,' वह चीखता-सा बोला।

एडविना लपककर खड़ी हो गईं। उनकी निगाहें बैरे पर जमी हुई थीं। नेहरू, नहीं रहे !

'किसने कहा ? जवाब दो।' वे चीखीं।

'मुझे पता नहीं मेमसाहब, पड़ोसी ... सुनिए ! वे सब बाहर हैं !'

उन्होंने कान खड़े किए। घर के चारों ओर से बातों की भनभनाहट सुनाई दे रही थी। अमृत ने पैर सीधे किए और बैरे की तरफ़ बढ़ीं जो अब सुबक रहा था।

देखो, देखो, चुप हो जाओ। कहाँ थे वे ?' उसका कंधा पकड़कर उन्होंने पूछा।

'लोदी गार्डन के पीछे, माताजी। उन्हें एक झोंपड़ी में घुसते देखा गया, चिल्लाने की आवाज़ें आईं, और तब से वो बाहर ही नहीं आए हैं,' बैरे ने नाक सुड़कते हुए कहा।

'पर यह कैसे कह सकते हो कि वे मारे ही गए हैं ?' एडविना ने पूरी ताकत से उस किशोर को झकझोर डाला।

अमृत कौर ने एडविना पर हाथ रखकर उन्हें रोका।

'इसे कुछ भी नहीं पता। हमें खुद जाकर देखना होगा। आओ मेरे साथ,' उन्होंने तेज़ आवाज में कहा। 'और बिजली का टॉर्च भी ले चलो। देखो, तुम्हारे पीछे ही है।'

सड़क मानो बेसाख्ता काँप रही थी : मर्द हाथ हिलाते चारों ओर दौड़-भाग रहे थे और औरतें अँधेरी-सी लालटेनें उठाकर चमका रही थीं जिनकी टिमटिमाती रोशनी कभी पेड़ों पर पड़ती, कभी सड़क की पटरी पर तो कभी सोए हुए कुत्तों पर। एक भी शब्द बिना बोले दोनों महिलाएँ भीड़ को पार कर गईं और फिर निकट ही स्थित उस विशाल बगीचे की ओर दौड़ने लगीं।

'कहाँ मिलेंगे वे ? कहाँ हैं वे ?' हाँफती हुई एडविना चिल्लाईं।

'शोर मत करो ! इससे ख़तरा है,' अमृत बोलीं। 'बगीचे के पीछे एक छोटी-सी मस्जिद है। मुझे पूरा यकीन है, वे वहीं हैं।'

'पर क्या तुम्हें लगता है कि वे ... ?' साथ-साथ दौड़ती एडविना धीमे से बोलीं।

'मुझे कैसे कुछ पता होगा !' अमृत ने रुखाई से कहा। 'चुप रहो, और आगे चलो। इधर, दाएँ, पगडंडी से।'

बारिश से लथपथ पैगडंडी की कीचड़ में उनके पाँव धँस रहे थे। हर कदम के

साथ एडविना की टॉर्च उछल रही थी और ऊँची-ऊँची घास पर रोशनी की धारियाँ पड़ रही थीं। दूर से बड़ा उग्र कोलाहल सुनाई दे रहा था।

एडविना चिहुँक उठीं, 'सुनाई दे रहा है ? लोग शोर मचा रहे हैं। वे नहीं रहे।'

अमृत ने दाँत भींचकर एडविना का हाथ पकड़ा और दौड़ना शुरू किया।

उन्होंने देखा, एक झाड़ी के निकट लकड़ियों के एक ढेर पर एक आदमी हाथ में छड़ी लिए पैर जमाए खड़ा है। उसके सामने एक विक्षुब्ध भीड़ थी। अँधेरे में छुरे, कुदालें और तलवारें चमक रही थीं। एडविना इस आवाज़ को हज़ारों में पहचान सकती थीं; वह नेहरू की आवाज़ थी।

वे धीरे-धीरे आगे बढ़ीं। अमृत ने एडविना को और बढ़ने से रोक लिया।

'कुछ भी हो, अपने को ज़ाहिर मत करना। टॉर्च मुझे दो,' उन्होंने बुदबुदाकर कहा।

एडविना ने आशंका से धड़कते अपने हृदय को शांत करने के लिए कलेजे पर हाथ रखा। आनंद के विस्फोट से उसकी संपूर्ण देह सिहर उठी; वह जीवित हैं।

अपनी लंबी छड़ी उठाकर नेहरू चिल्लाए, 'मैं तुम लोगों को चेतावनी देता हूँ। अगर कभी भी किसी ने इस मस्जिद पर हमला किया तो मैं तुम्हें सज़ा दूँगा।'

जवाब में क्रुद्ध आवाजें उठीं। नेहरू की आँखें गुस्से से चमक रही थीं। उन्होंने छड़ी घुमाई और भीड़ को तब तक फटकारते रहे जब तक कि धीरे-धीरे शोर बंद न हो गया।

'बहुत अच्छे,' नेहरू ने हाथ नीचे करते हुए कहा। 'अब तुम लोग शांति से घर जाकर सो जाओगे। तुम लोग देख ही रहे हो, तुम्हें कोई ख़तरा नहीं है। सब तरफ़ शांति है। मैं तुम्हें सुरक्षा का वचन देता हूँ। मेरे लौटकर आदेश देने-भर की देर है, हमारे सैनिक तुम लोगों की हिफ़ाज़त के लिए आ जाएँगे ...।'

भीड़ के लोगों ने आपस में सलाह-मशविरा किया; छुरे रात के अँधेरे में विलीन हो गए। अभी भी कुछ आवाज़ें उठ रही थीं, पर एक-एक करके सभी लोग गायब हो गए।

'आ जाओ, साथियो, अब चलें ...', नेहरू अभी भी जुटे हुए थे।

जब सभी चले गए और अंत में नेहरू अकेले रह गए तो वे लड़खड़ाते हुए लकड़ियों के उस ढेर से उतरे और टोपी उतारकर ललाट पोंछने लगे। अब एडविना अपने-आपको न रोक सकीं। अमृत को परे धकेलते हुए वे आगे को लपकीं।

'नेहरू ! जवाहर, तुम ज़िंदा हो ...,' वे पुकार उठीं।

नेहरू को मुश्किल से बाँहें फैलाने का समय मिला। वे उनके कंधे से लिपटकर

सिसकियाँ लेने लगीं।

'मेरी डी, मेरी महबूब ... आधी रात को ?'

'मैं अमृत के यहाँ थी। लोग बोले, तुम मारे गए हो, और खुदा का शुक्र है, यह झूठ निकला,' वे उनके कंधे पर सिर रखकर सुबकने लगीं।

नेहरू ने उन्हें आग़ोश में ले लिया और वे ही शब्द दुहराए जो उन्होंने भीड़ को शांत करने के लिए कहे थे। 'आ जाओ, अब चलें,' उनके बालों से चेहरा सटाकर वे धीरे से बोले।

अचानक वे झटके से अलग हो गईं।

'मेरे साथ अमृत है,' उन्होंने झेंपते हुए कहा।

नेहरू ने गर्दन घुमाई। घूँघट में चेहरा छुपाए उनकी स्वास्थ्य मंत्री दूर खड़ी सब देख रही थीं।

'चलो, अब तुम दोनों को तसल्ली तो हो गई,' उन्होंने जबरदस्ती सहजता ओढ़ते हुए आवाज़ लगाई।

अमृत दौड़ती हुई आगे आईं।

घूँघट हटाते हुए उन्होंने सख़्ती से कहा, 'हम दोनों डर गई थीं, जवाहर ! तुम्हें इस तरह अँधेरे में अकेले, बिना किसी को साथ लिए नहीं निकलना चाहिए था ! यह पागलपन है !'

नेहरू ने कंधे उचकाए, 'मैंने यथासंभव जल्दी से जल्दी कदम उठाया। तुमने देखा, मैंने उन्हें कैसे शांत कर दिया ?'

'तुम्हें बहादुरी दिखाना बंद करना होगा। तुम हमारे साथ लौट रहे हो,' अपना चश्मा ठीक से जमाते हुए राजकुमारी अमृत कौर ने आदेश दिया।

'तुमने कमाल कर दिया ! पर अब हम तुम्हें अकेला नहीं छोड़ेंगी। तुम्हारे दो अंगरक्षक हैं,' एडविना बोलीं।

नेहरू हँसने लगे। एक-एक कर उन्होंने दोनों की ओर देखा।

'वाह ! मैं बहुत सुरक्षित हूँ। मेरी मिनिस्टर और लेडी लुई ! ज़हे नसीब !'

'अब यहाँ न रुकें तो बेहतर होगा,' अमृत ने उन्हें धक्का देते हुए कहा। 'और फिर लेडी लुई को अब तक लौट जाना चाहिए था; आधी रात हो चली है। जवाहर, तुम्हारी टोपी, जमीन पर ...।'

उन्होंने आज्ञापालक की-सी विनम्रता से टोपी उठाई और झाड़कर सिर पर लगा ली।

टॉर्च हाथ में लिए राजकुमारी आगे-आगे चलीं। पीछे, अँधेरे का लाभ उठाते हुए नेहरू ने एडविना का हाथ थाम लिया, और थामे रहे।

कपड़े बदलने का कष्ट किए बिना एडविना जाकर बिस्तर पर भहराकर गिर पड़ीं। वे हाथों से मुँह को दबाए थीं और उनकी आँखें एक असंभव स्वर्ग पर जड़ी हुई थीं।

उन्मत्त-सी अवस्था में वे सोचे जा रही थीं, 'अगर वे मर जाते, तो मैं भी मर जाती ! उन्होंने मेरा हाथ थामा ... मुझे बाँहों में लिया ! तो शिमला में मैं ग़लत नहीं समझी थी ... वे मुझसे प्रेम करते हैं; और मैं, मैं अब कुछ भी नहीं कर सकती। बहुत देर हो चुकी है ... जवाहर ... जवाहर ! या खुदा, कैसा नाम है ये।'

वे हँसने लगीं और कोहनियों के बल ऊपर उठीं।

'ज-वा-हर,' उन्होंने उच्चारण किया। 'मुझे उस व्यक्ति से प्यार है, जिसका नाम 'जवाहर' है। और वह, क्या वह भी मेरा ऊलजलूल नाम दुहराता है ? एड-वि-ना ? बेतुका। दोनों ही बे-तु-के।'

वे धीरे-धीरे उठीं और अपनी पोशाक के बटन खोले। उनकी आँखें अपने वक्ष के उभारों पर पड़ीं।

'या खुदा !' उन्होंने धीमे से कहा। 'मैं इतनी सूखी-सिकुड़ी हूँ कि कोई भी देखकर डर जाए। और यहाँ तो झुर्रियाँ ही झुर्रियाँ हैं,' उन्होंने सीने पर हाथ फेरते हुए कहा।

अपनी शृंगार-मेज पर बैठकर उन्होंने हाथों में चेहरा छिपा लिया।

'यही ठीक है, शरमाओ। तुम्हारे कपोल दहक रहे हैं, तुम्हारा हृदय दहक रहा है, तुम फिर से जी रही हो, और तुम बूढ़ी हो ! हर तरफ़ लोग एक-दूसरे को मार-काट रहे हैं और तुम प्यार के बारे में सोचने की हिम्मत कर रही हो ? हाँ, क्यों नहीं,' शीशे के आगे सिर उठाते हुए उन्होंने चुनौती के-से भाव से सोचा। 'हाँ, बिल्कुल, मुझमें हिम्मत है ! और मैं मुस्कुरा रही हूँ। जब यह दुःस्वप्न समाप्त होगा, तब ...'

उन्होंने अपने बाल पीछे किए।

'मुझे अभी इस बारे में नहीं सोचना चाहिए,' उन्होंने अपने-आपसे कहा। 'नहीं तो मैं पागल हो जाऊँगी। नखरीली बुढ़िया, सो जाओ !'

उन्होंने जल्दी से कपड़े बदले और सिरहाने की मेज़ से 'नेबुटाल' की शीशी उठाई।

'ना,' उसे वापस रखते हुए उन्होंने कहा। 'मैं सोना नहीं चाहती। और फिर अब मुझे इनकी जरूरत भी नहीं है। मैं उनसे प्यार करती हूँ। बल्कि मैं अपनी डायरी लिखती हूँ।'

नींद की गोलियों की शीशी के पास ही वह छोटी-सी पुस्तिका पड़ी थी। उन्होंने कलम हाथ में लेकर उसे खोला और ठिठक गईं।

'कोई खुशी के बारे में कैसे लिखे ?' वे हौले से बुदबुदाईं। 'मुझे बताओ, प्रियतम, इस रात का वर्णन कैसे हो ?'

उन्होंने सोचा कि क्या लिखें और फिर जल्दी से गिनती के शब्द लिख डाले, 'उन्हें

वापस ले आए।'

फिर वे चादर के नीचे सरक गईं और उस हथेली का पिछला भाग चूम लिया जिसे वे इतनी देर अपने हाथ में थामे रहे थे।

पंजाब पर उड़ान

पंजाब, 21 सितंबर 1947

लॉर्ड लुई ने सैनिक विमान के यात्रियों को पुकारकर कहा, 'अपने सीट-बेल्ट बाँधना न भूलें। हम कम ऊँचाई पर उड़ान भरेंगे और धक्के लगने का ख़तरा है ...'

आपात समिति के सदस्यों ने निर्देश का पालन किया। सभी के चेहरे गंभीर थे। पंजाब पर से उड़ान में ज़रूर ही विकराल नज़ारे सामने आएँगे।

'उड़ान के पहले मुझे यह कहने की अनुमति दीजिए कि आप सबको यहाँ देखकर मुझे कितना आनंद हो रहा है। हम सब मिलकर अंदाज़ लगाने की कोशिश करेंगे कि पंजाब को पार करनेवाले शरणार्थी काफ़िलों का परिमाण क्या है जिनमें हज़ारों तो रास्ते में ही दम तोड़ रहे हैं। जो कुछ हमारे सामने आएगा उससे हमें अपनी समस्याओं की सीमा का अनुमान लगाने में मदद मिलेगी। यह बहुत ज़रूरी है कि हममें से हर एक इस साझे प्रयत्न की सफलता में सहायक हो ...'

एडविना ने होंठ काटकर गर्दन फेर ली। डिकी कभी भी लच्छेदार भाषण देने का मोह नहीं छोड़ पाते।

'चमत्कार ही है कि आज सुबह बारिश थम गई है,' नेहरू ने कहा।

इंजन घुरघुराने लगे; यात्रियों की देहें तनाव से तन गईं। अंततः जब विमान ऊपर उठकर उड़ने लगा तो सावधानी से छोड़े गए आश्वस्ति के निःश्वास सुनाई दे रहे थे।

विमान के पंखों के तले शरणार्थियों का पहला काफ़िला चींटियों की गतिशील कतार-सा दिखाई दिया।

'वो रहे वे ! बाईं तरफ दिखाई दे रहे हैं,' पटेल चिल्ला पड़े।

बाईं ओर बैठे यात्री गर्दन लंबी कर-करके खिड़कियों से झाँकने लगे। उन्होंने देखा, बिस्तर-गद्दों, फर्नीचर, बकरियों की रस्सियों से लदे छकड़े चले आ रहे थे जिनके ऊपर बच्चों को भी बाँधकर जमा दिया गया था और औरतें भी सिमटी-सिकुड़ी बैठी थीं। कारवाँ के साथ-साथ एक जीप पूरी रफ़्तार से आगे बढ़ गई, छकड़े खींचनेवाले ऊँटों

से लगभग रगड़ खाती और धूल के बादलों में कारवाँ को लपेटती।

ये लोग दो-तीन घंटों में शहर पहुँच जाएँगे,' एडविना ने कहा।

'इन्हें तो रास्ते में कोई बाधा नहीं मिलेगी, पर हमने अभी पंजाब पर उड़ना शुरू नहीं किया है,' लॉर्ड लुई ने टिप्पणी की।

उनकी बात ख़त्म भी नहीं हुई थी कि विमान के पिछले भाग से एक चीख सुनाई दी।

देखो ! उस तरफ एक और काफ़िला !'

यह और ज़्यादा लंबा था और ज़्यादा धीरे-धीरे बढ़ रहा था।

'उनके साथ उनकी भेड़ें भी हैं, और भैंसें भी। इतनी दूर उन्हें ये हाँक कैसे लाए ?' पटेल ने कहा।

साड़ी का पल्लू कपोल पर तानते हुए अमृत बोलीं, 'हमें यह पता नहीं है कि ये कहाँ से आ रहे हैं और ये रेवड़ भी इनके हैं या नहीं। हो सकता है, ये लोग कुछ मवेशियों को बचाने की ही कोशिश में हों ...।'

वे चुप हो गईं। उन्हें विपरीत दिशा से आता हुआ एक और काफ़िला दिखाई दे रहा था।

'एक और,' वे बुदबुदाईं।

'हम लगभग पंजाब के ऊपर ही आ पहुँचे हैं। आप सब — आप सभी अपने चारों ओर देखिए,' लॉर्ड लुई ज़ोर से बोले।

आपात समिति के सदस्यों ने अपनी आँखें खिड़कियों से सटा दीं। हर दिशा से काफ़िले चले आ रहे थे और आपस में घुलने-मिलने लगे थे। पशु एक-दूसरे पर झपटने लगे थे, छकड़े उलटने लगे थे। ऊपर से ये शरणार्थी अपने नन्हे-नन्हे हाथ-पैर मारते धूलभरे छोटे-छोटे कीड़ों-जैसे दिखाई दे रहे थे। विमान उनके ऊपर से गुज़रा तो कुछ ने गर्दन उठाकर देखा, पर बाकी इतने पस्तहाल थे कि उन्होंने यह तकलीफ़ भी गवारा नहीं की।

अमृत चीखीं, 'एक बूढ़ी औरत अभी-अभी छकड़े से गिर गई है। मैंने उसे देखा है ! उसे उठाना होगा !'

नेहरू ने अपनी सीट-बेल्ट खोल दी और राजकुमारी के पास आकर उसके कंधे के ऊपर से झाँकने लगे।

'वे उसकी मदद को आ रहे हैं। देखो, कोई छकड़े से उतर रहा है,' वे राहत की साँस लेते हुए धीरे से बोले।

'पर वह कर क्या रहा है,' अमृत चिहुँकीं, 'उसे उठा क्यों नहीं रहा ?'

नेहरू ने गहरी साँस ली।

अमृत चीख पड़ीं, 'वह साड़ी से उसका मुँह ढक रहा है ! वह मर गई है। ये लोग उसे पीछे छोड़कर जा रहे हैं !'

मौन संत्रास से समिति के सदस्य देखते रहे। एडविना ने उठना चाहा, मगर लॉर्ड लुई ने उन्हें रोक लिया। विमान खतरनाक ढंग से झटके खा रहा था।

'तुम क्या चाहती हो ? वह आदमी क्या करे ?' माउंटबेटेन ने पूछा। 'हम तो जानते ही हैं कि ये लोग उन्हें सड़क के किनारे छोड़ जाते हैं। तुमने उसके पास एक बच्चे को देखा था ? प्रधानमंत्री महोदय, अपनी सुरक्षा को ख़तरे में मत डालिए; सेफ़्टी बेल्ट लगाकर अपनी सीट पर बैठिए । हवा तेज़ है ...'

'वह विधवा है, उसकी साड़ी सफ़ेद है — मेरा मतलब है, वह विधवा थी', अमृत ने गहरी साँस ली।

'और हम इस जहाज में हैं, उनसे इतने ऊपर, पहुँच के इतने बाहर ...' नेहरू ने कहा।

सीट पर बैठकर उन्होंने हाथ अपने मुँह पर दबा लिया।

लॉर्ड लुई अचानक आगे झुके।

'सज्जनो, गौर से देखिए ! मैडम, आप भी ! एडविना, तुम भी !'

नीचे ज़मीन पर रेत का तूफ़ान-सा उठ रहा था जिसमें बच्चों, औरतों, बूढ़ों, भैंसों, बकरियों, बैलों और ऊँटों के रेले पर रेले आ रहे थे। इन्सान और जानवर एक ही रंग-बालू के रंग में रँगे थे — मटियाला, हताशाभरा रंग। केबिन में गंभीर खामोशी छा गई।

विमान आगे उड़ता रहा पर भूमि की भीड़ कम नहीं हुई।

हे राम,' अमृत कराहीं, हे राम ...'

केबिन में केवल उन्हीं की आवाज़ सुनाई दे रही थी — यंत्रणा में तड़पती एक नारी की बिलख, कि इस्पात और आकाश में कैद होकर वह अपने लोगों को राहत पहुँचाने में असमर्थ हो रही थी।

पूरे क्षितिज पर छाया यह विराट गतिशील रेला दिल्ली की ओर बढ़ ही रहा था कि अचानक विपरीत दिशा — पूर्व की ओर से भी एक काफ़िला आता नज़र आने लगा। यह काफ़िला पाकिस्तान की दिशा में पंजाब की ओर बढ़ रहा था जहाँ से वे लोग भागकर आ रहे थे।

'मुसलमान !' नेहरू चिल्ला पड़े।

पटेल बोले, 'इनका रास्ता पंजाब से आ रहे सिखों का रास्ता काटेगा। ये लोग भिड़ जाएँगे। मुझे पता है। मुझे एक-दूसरे का रास्ता काटते काफ़िलों की ख़बरें मिली हैं। कोई छकड़ा उलट जाए, या कोई जानवर भटक जाए, इतना ही काफ़ी है छुरे निकाल

लेने के लिए !'

मुसलमानों की लंबी कतार अप्रतिहत रूप से सिखों के काफ़िले की ओर बढ़ती रही। वे आमने-सामने खड़े हो गए।

तनाव से भरकर उन्हें देखते हुए लॉर्ड लुई बुदबुदाए, 'वे अपने-अपने रास्ते पर जा रहे हैं।'

छकड़े एक-दूसरे से रगड़ खाते निकल रहे थे। जानवर पूरी ताकत से हिनहिनाते कभी आपस में सींग उलझा लेते, कभी दुलत्तियाँ झाड़ देते।

मगर इन्सान सिर झुकाए आगे बढ़ते रहे। छकड़ों पर सिर झुकाए बैठी औरतों ने अपने बच्चों को कसकर जकड़ लिया। बूढ़े लोग सिर झुकाए पीछे-पीछे लड़खड़ाते चले। किसी ने भी मानो दूसरे काफ़िले को देखा ही नहीं जो उनकी विपरीत दिशा में सिर झुकाए बढ़ता जा रहा था, मानो कोई अदृश्य हवा उसे धकेल रही हो।

दूर एक काली लकीर आकाश में अँधेरा फैला रही थी। मानसूनी वर्षा फिर हमला करनेवाली थी।

विमान लौट पड़ा।

नौ

बवंडर के बाद

तूफ़ान में पल-भर की शांति

दिल्ली, 2 अक्तूबर 1947

बिरला हाउस के फाटक के बाहर भीड़ अब तक जमा हो चुकी थी। मालाएँ थामे नंगे पैर खड़े बच्चों को माँओं ने आगे धकेला। ढेर सारे मटियाले गुबरैलों-जैसी कारों की कतार सड़क पर लगी थी और लगातार धमाधम फाटक बंद हो रहे थे। महात्माजी अपना अठहत्तरवाँ जन्मदिन मना रहे थे।

एडविना एक ओर खड़ी थीं और एक अधिकारी बड़े अदब से उनके लिए रास्ता बना रहा था। श्वेतवस्त्रधारिणी इस महिला के लिए आगंतुकों की कतार ने जगह दे दी।

छत पर खुलनेवाले अपने शयन-कक्ष के फ़र्श पर पालथी मारकर बैठा हुआ वह दुबला-पतला व्यक्ति आगंतुकों का एक-एक करके स्वागत कर रहा था। वे उसे साष्टांग दंडवत कर रहे थे मानो वह ईश्वर ही हो। सफेद पोशाक को देखकर वह तुरंत उठा और आँखें मिचमिचाते हुए उसने नमस्ते की।

'योर एक्सिलेंसी, आपने मेरी इज़्ज़त अफज़ाई की है। आपको यह कष्ट नहीं करना था ...' शरारत से हँसते हुए उसने कहा।

एडविना चरण-स्पर्श को झुकीं। गाँधीजी ने उनके भूरे बालों को हलके से थपथपाया और बड़े प्यार से उन्हें उठाकर खड़ा किया।

फ़र्श पर उन्हें जबरदस्ती बैठाते हुए वे बोले, 'बिटिया, प्लीज़ ! मैं देख रहा हूँ कि तुम अकेली आई हो।'

बिना कोई उत्तर दिए एडविना ने एक गहरी साँस ली।

गाँधीजी ने शरारत से कहा, 'गवर्नर जनरल तो ज़रूर ही मुख्यालय में सेना की व्यूह-रचना का संचालन कर रहे होंगे। गतिविधियाँ अभी भी जारी हैं ?'

एडविना उदास भाव से बोलीं, 'पिछले हफ्ते की बाढ़ के बाद से राजधानी की ओर आनेवाला शरणार्थियों का रेला रुका ही नहीं है। पर डिकी ने मुझे तसल्ली दी है कि मार-काट लगभग रुक गई है।'

'मुझे भी यही पता चला है,' महात्माजी ने कहा। 'मैंने स्टेशनों, शहर के नाकों और मुख्य सड़कों पर अपने स्वयंसेवक तैनात कर रखे हैं। वे कसम खाकर कह रहे हैं कि इस पिछले हफ़्ते में उन्हें कहीं भी बीच-बचाव करने की ज़रूरत नहीं पड़ी।'

'और चर्चिल को भी यही समय मिला है डिकी की आलोचना करने का ...' वे कड़वाहट से भरकर बोलीं।

'विंस्टन चर्चिल,' उस वृद्ध पुरुष ने विषण्ण भाव से कहा। 'वह हमें पसंद नहीं करता।'

'यहाँ की हिंसा को वह मानवभक्षी क्रूरता कहता है,' एडविना ने तड़पकर कहा।

गाँधीजी ने उनके हाथ पर अपना हाथ रखा।

आह भरते हुए वे बोले, 'हमारी मातृभूमि का विभाजन नहीं होना चाहिए था। अब बहुत देर हो चुकी है। अब वे लोग इसका विध्वंस करते ही रहेंगे। हमें कम-से-कम इतना तो करना चाहिए कि उन्हें जंगली जानवरों की तरह एक-दूसरे पर झपटने से रोकें। पर बेचारे शरणार्थी... अभी उसी दिन पुराने किले में एक बाप ने अपने नन्हे बच्चे की लाश मेरे हाथों में डाल दी। वह पागलों की तरह चीख रहा था। और मैं कुछ भी नहीं कर सका। मैं मर जाना ज्यादा पसंद करूँगा। आजकल में ही कोई-न-कोई ज़रूर इसमें मेरी मदद करेगा।'

'उन्हें समझ में नहीं आता कि हुमायूँ के अहाते में रात को मरनेवालों के शरीरों का क्या करें। वे उन्हें परकोटे के पार फेंक देते हैं,' एडविना फुसफुसाईं।

'बेचारे मुसलमान ! उन्हें कब्र का पत्थर तक नसीब नहीं होता,' गाँधीजी ने रोष से कहा। 'उन्हें तसल्ली देनी होगी, बताना होगा कि हम उनके मृतकों की व्यवस्था कर रहे हैं।'

'मैं इसकी कोशिश करूँगी,' एडविना बोलीं।

'बहुत अच्छे,' महात्माजी ने कहा। फिर आकाश की ओर इशारा करते हुए बोले, 'देखो, बगीचे के ऊपर सफ़ेद पंखों का वह त्रिकोण दिखाई दे रहा है ? वे साइबेरियाई सारस हैं। वे हमेशा इस मौसम में इस देश में आते हैं। और मैं, मैं पंजाब जाऊँगा।'

'पंजाब ! आप ?' एडविना पर मानो बिजली गिरी।

'तुम्हारा मतलब है कि मैं इसके लिए ज्यादा बूढ़ा हो गया हूँ ?' महात्माजी ने करुण मुस्कान के साथ कहा।

'बापू, मैं तो आपको सालगिरह की बधाई देना भूल ही गई,' एडविना को अचानक ही यहाँ आने का कारण याद आया।

उस वृद्ध पुरुष के कंधे झुक गए।

वे उदासी से भरकर बुदबुदाए, 'बधाई मत दो। मातमपुरसी करना ज्यादा सही होगा। देखो, आज मेरी आवाज़ में खनक नहीं रही। मुझमें अब जीने की कोई इच्छा नहीं रह गई है ...'

'यह सही नहीं है,' एडविना ज़ोर से बोलीं, 'आप पंजाब जाना चाहते हैं ! मैंने आपकी आँखों में वह लौ देखी है।'

देखो, यह बहुत ज़रूरी है,' महात्माजी बुदबुदाए। 'नेहरू नहीं जानता, पर दोष भारत का है। दोष हिंदुओं का है। यही कहने मैं जाऊँगा। और अगर मरने के पहले मुझे सिर्फ़ एक काम करना हो, तो वह होगा, अपने देश की तरफ़ से मुसलमानों और सिखों को क्षमायाचना।'

'आप ? यह अक्लमंदी नहीं होगी,' एडविना ने कहा।

'तो और कौन जाएगा ?' बापू ने तनते हुए कहा।

'पर आपके लिए तो माफ़ी माँगने की कोई बात ही नहीं है !' एडविना बिना सोचे-समझे बोल उठीं।

अमृतसर, 7 अक्तूबर 1947

सीढ़ियों से हवाई पट्टी पर कदम रखते ही एडविना ने एक गहरी साँस ली। हवा अद्‌भुत रूप से साफ़ थी और हवाई अड्डा असाधारण रूप से शांत।

इस बार उनकी सहायिका म्यूरियल वॉटसन भी उनके साथ थी।

'मानसून आख़िरकार शांत हो चला है,' सहायिका ने एडविना से कहा। 'बादल लगभग ग़ायब हो गए हैं। और बीच-बीच से झाँकती ये नीलिमा ! न धुआँ है, न कहीं आग दिखाई दे रही है... बहुत ही अच्छा लग रहा है। और फिर मैडम, लॉर्ड लुई ने इस बात की तसदीक़ की है कि मारकाट कम हो गई है। शायद यह बात सच ही है आख़िरकार।'

एडविना ने गहरी साँस ली, 'उनके दफ़्तर से चीज़ें अलग दिखाई देती हैं। पंजाब के नक्शे पर सरकती उनकी पिनें शहरों में हो रहे दंगों के बारे में कुछ नहीं बतातीं। खैर, हमें जल्दी ही पता लग जाएगा।'

सिख कमांडर ने चुस्ती से एड़ियाँ खटकाते हुए अपनी लाल पट्टीवाली ख़ाकी पगड़ी तक हाथ लाकर सलामी दी। लगभग आठ दिनों से कोई दंगा नहीं हुआ था। पिछले सप्ताह बाज़ार की गलियों में दो लोगों को छुरा भोंका गया था।

कमांडर ने उत्साह से अपनी बात पर बल देते हुए कहा, 'योर एक्सिलेंसी, अब ज्यादातर शांति है। हम सही रास्ते पर चल रहे हैं। आपकी जीप आपका इंतज़ार कर रही है।'

दो बख़्तरबंद कारों की हिफ़ाजत में अपने मार्गरक्षक के साथ जीप तेज़ी से आगे बढ़ी — कीचड़-भरे गड्ढों की बगल से धीमी रफ़्तार से गुज़रती हुई, अकड़ी हुई टाँगों को आकाश की ओर उठाए पड़ी फूली हुई लाशों से बचकर निकलती हुई। दिल्ली की ही तरह यहाँ भी ग़रीब लोग जले हुए घरों के भग्नावशेषों के आगे पहाड़ियों की चोटियों पर पुराने कंबलों के तले डेरा डाले पड़े थे।

'क्या पूरे राज्य की यही हालत है ?' मिस वाटसन ने हौले से पूछा।

'नहीं, नहीं ! नया शहर तो लगभग पूरी तरह बचा हुआ है। और मंदिर का भीतरी भाग भी सुरक्षित है। यह भी कम नहीं है, मैडम,' कंमाडर ने बड़ी हिम्मत से जवाब दिया।

'कितने मरे ?' एडविना ने पूछा।

'दस हजार... नहीं ! बारह हज़ार। मै'म, और तो मुझे पता नहीं। यह इस बात पर निर्भर करता है कि आप दूर-दूर फैले हुए गाँवों को गिनते हैं या नहीं,' कमांडर ने हकलाते हुए कहा।

एक के बाद दूसरा भग्नावशेष आता जा रहा था। सब जगह मलबा और जली हुई धन्नियाँ फैली थीं। हर तरफ लोग सिमटे-सिकुड़े बैठे थे। कहीं-कहीं मिट्टी की चार अधढही दीवारों के बीच मलबे का ढेर छत की ऊँचाई तक उठा हुआ दिखाई देता था जिसका सिर्फ गिरा हुआ ढाँचा ही नज़र आता था। उन पर परितृप्त गिद्ध एक-दूसरे से सटकर आ बैठे थे। बीच-बीच में उनमें से कोई बड़ी सुस्ती से पंख फैलाकर चोंच खोलता मानो उबासी ले रहा हो।

'यह तो भयंकर है,' मिस वाटसन बुदबुदाईं।

कमांडर ने बताया, 'अमृतसर सिखों का तीर्थ-स्थान है। इसमें कोई ताज्जुब नहीं है कि यह भयंकर लड़ाई का शिकार हुआ है।'

'पर यही वह शहर भी है जहाँ जनरल डायर ने बिना चेतावनी दिए निहत्थी जनता पर गोलियाँ चलाई थीं,' एडविना ने कहा। 'क्या 1919 के उस भीषण कत्लेआम ने इस शहर को खून की नदी बहाने के खिलाफ़ प्रतिरक्षित नहीं कर दिया ?'

कमांडर ने विषण्ण भाव से कहा, 'योर एक्सिलेंसी, दो पीढ़ियाँ गुज़र चुकी हैं। वह

क़िस्सा बुजुर्गों से जुड़ा है। नौजवान इसे भूल चुके हैं और फिर अब, वे आज़ाद हैं ...'

'कमांडर, मौत के अपने आँकड़ों में तुम आज एक और जोड़ सकते हो। देखो,' एडविना ने अचानक कहा।

कूड़े के एक आकाशचुंबी ढेर पर एक नन्हे-से बच्चे की लाश लावारिस पड़ी थी। कमांडर ने जीप रोकी, आस-पासवाले हैरतज़दा लोगों को चिल्लाकर आदेश दिए और उस नन्ही-सी लाश को उठवा लिया। एक औरत उस मृत देह को लपेटने के लिए शॉल ले आई। उसे जीप के पिछले हिस्से में रख दिया गया।

'योर एक्सिलेंसी, मुझे क्षमा कीजिए,' कमांडर ने कहा। 'लेकिन हमें बड़े सख़्त आदेश मिले हैं। कभी-कभी पूरे परिवार ही मर चुके होते हैं। ऐसे में किसी की समझ में नहीं आता कि मृत बच्चों का क्या किया जाए। सभी इस कदर थके हुए हैं ...'

'मुझे पता है,' एडविना ने रुखाई से बात काट दी।

'सब इस क़दर हैवानियत-भरा है योर एक्सिलेंसी...,' कमांडर का गला भर आया।

सीने पर मैडलों की कतार सजाए अपनी ख़ाकी वर्दी में चुस्त-दुरुस्त एडविना ने पूरा दिन नागरिक तथा सैनिक प्रशासन के अध्यक्षों के साथ बिताया। यह मीटिंग निरीक्षण के लिए हुई थी और इसमें आपूर्ति की गई हर वस्तु की एक-एक कर जाँच हुई। अमृतसर में टीके की दवाओं की जबरदस्त कमी थी और बिज़्मथ तो ग़ायब ही हो गई थी। पर इस बात का निश्चय हो गया कि दंगे आमतौर पर बंद हो गए थे। अस्पतालों ने इस बात की सुनिश्चित पुष्टि की कि लगभग हफ़्ते-भर से एक भी ऐसा व्यक्ति नहीं लाया गया था जिसे छुरे-तलवार या गोली का घाव लगा हो। निश्चय ही काफ़ी प्रगति हुई थी।

एडविना निजी तौर पर इसकी जाँच करना चाहती थीं और उन्होंने स्वर्ण मंदिर के चारों ओर बने बाज़ार में घूमने की इच्छा ज़ाहिर की। दुकानों में कुछ विशेष नहीं बचा हुआ था। उनके तोड़ दिए गए शटर दयनीय दशा में झूल रहे थे और आस-पास की छोटी गलियाँ लगभग सूनी थीं। लेकिन मंदिर के प्रवेशद्वार के सामने चौक में किसान खीरे और तरबूज़ बेच रहे थे। एक विशाल पतीले में चावल पक रहा था और स्वयंसेवकों द्वारा मौन भीड़ में वितरित किया जा रहा था। एडविना अंग्रेजों की लज्जास्थली जलियाँवाला बाग़ भी देखना चाहती थीं जिसकी दीवारें आज भी खड़ी थीं। वे कुएँ भी अब तक मौजूद थे जिनमें निहत्थे प्रदर्शनकारी जनरल डायर की गोलियों से बचने के लिए कूद पड़े थे। उन्होंने सूखे लहू के निशान ग़ौर से देखे जिन्हें आज अट्ठाईस बरस बाद तक भी किसी ने धोकर साफ़ करना नहीं चाहा था। यहीं पर नौजवान नेहरू का स्वतंत्रता सेनानी के रूप में जन्म हुआ था। चिड़ियाँ और कौओं तक से खाली यह सन्नाटे-भरा बाग

मानो इन नए हत्यारों पर आरोप लगा रहा था जिन्होंने गाँधी को धोखा दिया था और अपने भाइयों पर गोलियाँ चलाई थीं।

लेडी लुई ने गुरुद्वारा-परिसर में जाने की इच्छा ज़ाहिर की। उन्होंने जूते उतारे, पैर धोने की हौदी तक गईं और उन्हें लगा जैसे अचानक वे एक शांति-द्वीप में पहुँच गई हों।

डूबते हुए सूर्य की किरणें अपनी अंतिम किरणों से उस भव्य गुरुद्वारे को उद्‌भासित कर रही थीं मानो उसकी दमकती छवि को बदलने की शक्ति किसी में भी न हो। पवित्र सरोवर के बीचोबीच स्थित वह सुवर्णमंडित छोटा-सा मंदिर जैसे गृहयुद्ध की अवज्ञा कर रहा था। इस अद्‌भुत सौंदर्य के आगे स्तंभित-सी एडविना कुछ पल निश्चल खड़ी रह गईं। कुछ देर तक उन सैकड़ों श्रद्धालुओं की ओर उनका ध्यान ही नहीं गया जो सरोवर के किनारे घुटने टेके, पाँव अपने नीचे समेटे बैठे थे ताकि गुरुद्वारे के प्रति असम्मान प्रकट न हो। वे दबी-दबी आवाज़ में जाप कर रहे थे मानो अपने ईश्वर को परेशान करना न चाहते हों।

चारों कोनों में मंच पर स्थापित पवित्र ग्रंथ, ग्रंथ साहब को उन्होंने देखा। बैठे हुए ग्रंथी दाएँ-बाएँ सिर हिलाते हुए उसका पाठ कर रहे थे। अधर में लटकी-सी इस शांति की रक्षा के लिए ग्रंथ पर चँवर डुलाया जा रहा था। यह प्रथा तब से चली आ रही थी जब से अंतिम गुरु ने वसीयत की थी कि अब से यह ग्रंथ ही सिखों के लिए एकमात्र गुरु — और ईश्वर की छवि होगा।

अपने अंगरक्षकों से घिरी एडविना संगमरमर की फिसलनी सीढ़ियों से नीचे उतरीं। फिर उन्होंने हाथ जोड़े, हिचकते हुए हाथों की उँगलियाँ परस्पर फँसाईं और उस ईश्वर की प्रार्थना करने लगीं जिसे वे जानती नहीं थीं, जिसने ग्रंथ का आकार धारण कर रखा था और जल पर तैरते हुए स्वर्ण मंदिर में जिसकी पूजा होती थी। काली भौंहों और सफ़ेद दाढ़ीवाला एक पुजारी उनकी तरफ़ आया। उसने आदर से उनकी तरफ़ हाथ बढ़ाया जिसकी हथेली में थोड़ा-सा सफ़ेद गूदेनुमा हलवा था। ग्रंथ साहब का निर्दिष्ट कर्तव्य था कि विपत्ति काल में भी अपने अनुयाइयों को भोजन दें। लेडी लुई ने अपना सिर झुकाया और उस चिपचिपे, मीठे प्रसाद को स्वाद से खाने लगीं।

कुछ कार्प मछलियों ने सरोवर से थूथन निकालकर भोज में हिस्सा बँटाने के लिए अपने विराट मुँह फाड़ दिए। उनकी पीठ झागों से भरी थी। अहाते से निकलते हुए एडविना को दुख हो रहा था।

आरामकुर्सी में धँसते हुए एडविना बोल उठीं, 'तो म्यूरियल, ऐसा लगता है कि लॉर्ड लुई

की बात सही ही थी। अमृतसर घायल है, पर शांत है। आख़िरकार हम इस लंबे दुःस्वप्न से उबरनेवाले हैं ...'

म्यूरियल वाटसन के कान खड़े हुए। किसी के कदमों की आहट आ रही थी।

दरवाजे के पीछे से आवाज़ आई, 'योर एक्सिलेंसी के लिए तार है !'

मिस वाटसन फुर्ती से लपकीं। एडविना का चेहरा सफ़ेद पड़ गया। लिफ़ाफा खोलते हुए वे काँप रही थीं।

'माइ गॉड, म्यूरियल, विश्वास नहीं होता ... मैं नानी बन गई हूँ ! मेरी बेटी पैट्रीशिया ... यह तार लंदन से आया है ! बेटा हुआ है।' राहत और खुशी से वे हँस पड़ीं।

दिल्ली, 7 नवंबर 1947

लॉर्ड लुई ने मेज़ पर से पत्र उठाया और उसे दोबारा ध्यान से पढ़ा, 'मुझे नहीं पता कि मैं तुम्हें क्यों लिख रहा हूँ पर अपनी परेशानियों का बोझ हलका करने की ख़ातिर मेरे लिए किसी को लिखना ज़रूरी हो गया है।'

यह नेहरू का पत्र था।

उन्होंने कोई शब्द लिखना शुरू किया था फिर अधूरा ही छोड़ दिया था। लंबी बेचैन-सी लिखावट अचानक ही रुक गई थी मानो किसी बुरी ख़बर के आने से लिखने में ख़लल पड़ा हो। लॉर्ड लुई ने फ़ोन उठाकर प्रधानमंत्री का नंबर मिलाया।

'जवारला ? काफ़ी देर हो गई है ... सो तो नहीं रहे थे ? मुझे तुम्हारा पत्र मिला ... नहीं, नहीं ... मैं समझता हूँ ... पर फिर भी काफ़ी प्रगति हो रही है। सिर्फ़ महामारी की समस्या बची है। लोगों का पागलपन उतर गया है। मैं जो घोषणा करने जा रहा हूँ, वह तुमने देखी ? नहीं ? रुको, मैं तुम्हें पढ़कर सुनाता हूँ ...'

लॉर्ड लुई ने हाथ बढ़ाकर कागज़ का एक पुर्जा उठाया।

ये रहा : "मुसलमानों को खिड़की से बाहर उछाल फेंकने की आदत घटती नज़र आ रही है" ... मैं समझता हूँ, नेहरू, पर अगर इस बात पर ज़ोर न दिया जाए कि हालात सुधरे हैं, अगर लोग आश्वस्त नहीं होते तो हमें इस अनिष्ट से कभी छुटकारा नहीं मिलेगा,' लॉर्ड लुई ने अधीरता से लकड़ी की मेज़ पर अपनी उँगलियों से ताल देते हुए कहा।

'हाँ, ज़रूर। वे लोग फिर से रेलों में सफ़र कर सकते हैं। यही तो मैं तुमसे कह रहा हूँ ... बहुत अच्छे ! जहाँ तक कश्मीर का सवाल है ... चिल्लाओ मत ! मेरी गुज़ारिश है, मेरी बात सुनो, मैं अपनी बात एक बार फिर दुहरा रहा हूँ : महाराजा ने अपने

राज्य के भारत में विलय के सहमति-पत्र पर दस्तखत कर दिए हैं; तुम्हारी सिख बटालियन वहाँ तैनात है; लुटेरे ... नहीं, नहीं, हमलावर नहीं। पठान ! भगवान के लिए, प्रधानमंत्री महोदय, युद्ध शुरू मत कीजिए ! हमारी एक समस्या तो सुलझ पाई है, और आप इस पर सवाल उठा रहे हैं ! मैंने कहा, सुलझ गई है — 28 सितंबर की तारीख में। हाँ ... और कश्मीर भारत का है; बस जनमत संग्रह बाक़ी है ... सॉरी ? क्या ?'

आश्चर्य के मारे लॉर्ड माउंटबेटेन के हाथों से फ़ोन फिसल पड़ा।

'तुम सोचते हो कि मेरे लिए इस शादी में शरीक होना उचित है ? नहीं, मैंने अभी कोई फ़ैसला नहीं लिया था। मैं बहुत अच्छी तरह जानता हूँ कि एलिज़ाबेथ सिंहासन की उत्तराधिकारी है। और मेरे भतीजे की भावी वधू ... तुम समझते हो मैं यह भूल सकता हूँ ? तुम्हारी बात मेरी समझ में नहीं आती। हमारे सामने इतना काम है और तुम मुझे एक शाही शादी में शिरकत के लिए लंदन भेज रहे हो ?'

बोलते-बोलते लॉर्ड लुई अपने हाथों को इधर-उधर झटकार रहे थे। अपने को शांत करने के लिए उन्होंने नोटपैड पर टहनियों की आकृतियाँ खींचना शुरू कर दीं।

'मेरे भतीजे फिलिप का काम मेरे बिना चल जाएगा ... यह कहा जाएगा कि मैं अपने कर्तव्यक्षेत्र से पलायन कर आया हूँ ... अच्छा, तुम सोचते हो ... पर वे मुझसे आँकड़े दरयाफ़्त करेंगे और तब मैं क्या बताऊँगा ? क्या हमें मालूम है कि कितने लोग मरे हैं ? यह बड़ा शर्मनाक होगा। मैं परेशानी में पड़ जाऊँगा।'

अचानक उन्होंने अपना ख़ाली हाथ ललाट पर दे मारा।

'प्रधानमंत्री महोदय, मेरी बात सुनिए। मैं एक शर्त पर राजकुमारी के विवाह में जाऊँगा कि आप जिन्ना से मिलना मंज़ूर करें ... हाँ ! आप कश्मीर के मामले को सदा-सदा के लिए निपटा देने की ख़ातिर उनसे मुलाकात करें। गुड ! मैं कल पाकिस्तान के गवर्नर जनरल को फ़ोन करूँगा। बिल्कुल ठीक।'

वे फ़ोन रखने ही जा रहे थे कि नेहरू ने कुछ और कहा।

'सचमुच ? गाँधी ने तुमसे ये कहा ? तुम्हें दिखाया भी ? दिल को छू लेनेवाली बात है। उनकी ओर से राजकुमारी एलिज़ाबेथ को यह उपहार देने में एडविना को बड़ी खुशी होगी। उसे यह उपहार अच्छा लगेगा ? निस्संदेह ! ख़ैर, मुझे लगता है कि अब सोने का वक्त हो गया है, जवाहर .... बहुत ही ज़रूरी है; छः घंटे से कम नहीं। उसके बिना तुम चल नहीं पाओगे। गुड नाइट ...'

विचारमग्न लॉर्ड लुई उठे और अपनी पत्नी के शयनकक्ष की तरफ़ चले।

वे नींद में छटपटाती हुई न जाने क्या बड़बड़ा रही थीं — स्पष्ट ही वे किसी दुःस्वप्न की ज़द में थीं।

'एडविना,' इन्होंने उनके कंधे को झकझोरते हुए पुकारा। 'एडविना !'

'डिकी ! क्या हुआ ?' वे घबराकर उठ बैठीं।

'घबराने की कोई बात नहीं है डार्लिंग ... हम परसों सुबह-सुबह लंदन के लिए रवाना हो रहे हैं। मैंने तय कर लिया है।' उनके बालों को सहलाते हुए लॉर्ड लुई बोले।

'ओऽऽह !' उन्होंने उबासी लेते हुए कहा, 'परसों भी तुमने यही कहा था, और फिर अपना इरादा बदल दिया ...'

'नेहरू ज़ोर दे रहा है कि हम जाएँ, माइ डियर; उसे लगता है कि मैं हमारे विरुद्ध प्रेस के अभियान को रोक सकूँगा। और अगर मैं जाऊँ, तो वह जिन्ना से मिलने को राज़ी है।'

'जैसा तुम चाहो ... मुझे नींद आ रही है डिकी,' उन्होंने गहरी साँस छोड़ी।

'सोने के पहले एक और बात सुन लोगे ... महात्मा चाहते हैं कि लिलिबेथ को उनका विवाहोपहार तुम सौंपो — उनके अपने हाथों से काते हुए सूत का मेज़पोश।'

शाही शादी

लंदन, 20 नवंबर 1947

ऑर्गनों की गर्जना से गिरजाघर काँप रहा था। भारी कशीदाकारीवाली दीवार-दरियों और पर्दों के बावजूद यह गिरजाघर तूफ़ान में फँसे जहाज जैसा दिखाई दे रहा था। अर्धवृत्ताकार कक्ष में कतार से आर्चबिशप बैठे थे; मखमली कालीन पर पादरी गंभीरता से चल रहे थे; राजकुल के सदस्य, राजकुमार और सामंतगण निस्वर, निश्चल बैठे थे। ऑर्गन का संगीत मृदुतर हो चला और हॉल में लोबान और सुगंधित फ़रों की मिली-जुली गंध व्याप गई। वर-वधू अपने मेहमानों की ओर पीठ किए दूर खड़े थे। मेड्स ऑफ आनर — दुल्हन की संगिनियों में से पैमेला भी एक थी और बड़े-बड़े फूलों से कढ़ी हुई श्वेत जाली के ट्रेन को उठाए हुए वह बड़ी गरिमा से अपनी भूमिका निभा रही थीं। दूल्हे के चाचा होने के नाते लॉर्ड लुई अपनी पत्नी के साथ पहली पंक्ति में बैठे थे। तनकर खड़े हुए अपने भतीजे, ड्यूक ऑफ एडिनबरा की केवल सीधी पीठ और उज्ज्वल केश ही उन्हें दिखाई दे रहे थे।

हालाँकि लॉर्ड लुई इस अवसर के महत्व पर ध्यान एकाग्र करने की पूरी चेष्टा कर रहे थे मगर उनका चित्त दूसरी ओर भटक गया। उन्होंने पंजाब के मृतकों की संख्या बतानी चाही थी। क्या यह उनकी ग़लती थी ? जब लंदन के इंडिया हाउस में

उनसे सवाल पूछे गए तो क्या वे कुछ और कर सकते थे ? भारतीय प्रेस दस लाख लोगों के मरने की बात कर रहा था, पर वह तो पाकिस्तान-विरोधी प्रचार था ताकि कश्मीर को अपने में मिलाया जा सके। ना, दस लाख नहीं मरे थे; बिल्कुल भी नहीं। उनके दिल्ली से रवाना होने के पहले जो आँकड़े मिले थे, उनके अनुसार यह संख्या दो लाख से पाँच लाख के बीच हो सकती थी। अभी तक इसकी पुष्टि संभव नहीं हो सकी थी क्योंकि सही-सही ब्यौरा उपलब्ध नहीं था, और शायद कभी उपलब्ध होगा भी नहीं। तभी लॉर्ड लुई को दुस्साहस का वैसा ही दौरा पड़ा जैसा हमेशा उनका सहायक सिद्ध हुआ करता था।

सभा में, पत्रकारों के समूह का सामना करते हुए उन्होंने घोषणा कर दी थी कि मृतकों की संख्या एक लाख से ज्यादा नहीं है; और यह भी, कि इस उपद्रव का प्रभाव देश के सिर्फ़ तीन प्रतिशत हिस्से पर पड़ा था, इससे अधिक नहीं। यह बहुत ही मामूली बात थी।

अपनी कुर्सी में बेचैनी से पहलू बदलते हुए उन्होंने सोचा, 'और यह सही भी है ! दक्षिण में कोई हलचल नहीं हुई, बंगाल में गाँधी की वजह से लगभग कुछ भी नहीं हुआ; केन्द्र स्थिर रहा और हिमालय का क्षेत्र भी। इसलिए झूठ तो मैंने बोला नहीं ...?'

फिर भी एक अस्पष्ट-सी बेचैनी उन्हें निरंतर कोंच रही थी। इंडिया हाउस में लॉर्ड लुई के शानदार भाषण के बाद लॉर्ड इस्मे ने क्रुद्ध होकर कहा था, 'इससे क्या फ़र्क पड़ता है ? एक लाख मरें या दस लाख, और हत्याकांड का प्रभाव तीन प्रतिशत लोगों पर पड़ा है ... क्या महत्त्व इसी बात का है ? मुख्य बात है, इतने विराट पैमाने पर मानवीय यंत्रणा .... इतना निश्चित है कि दसियों लाख लोग तबाह, बेघरबार, भूखे, प्यासे, बेहद बदहाल, और भविष्य के लिए हर तरह निराश भटक रहे हैं !'

अपने ठीक बादवाला वह अधिकारी जो अब तक उनका वफ़ादार साथी रहा था, उसके इस तरह क्रुद्ध होने से लॉर्ड लुई को ऐसा लगा था मानो इस्पात के शिकंजे ने उनके कलेजे को जकड़ लिया हो। इस्मे ठीक कह रहा था। मगर एक बार फिर, बहुत देर हो चुकी थी। बर्मा के अर्ल किसी भी हालत में अपना बयान वापस नहीं ले सकते थे। इसलिए वे इसी बात पर जमे रहे कि इस नरमेध का जायज़ा शेष भारत के अनुपात को ध्यान में रखते हुए लिया जाना चाहिए, और यह भी ध्यान में रखा जाना चाहिए कि वायसराय का पद स्वीकार करने के पहले उन्होंने क्लीमेंट एटली को चेतावनी दे दी थी।

विवाह-संस्कार से जुड़े लोगों ने अपना-अपना स्थान ग्रहण कर लिया था और अब

शपथ-ग्रहण का समय आ गया था।

लॉर्ड लुई उद्विग्नता से सोचे जा रहे थे, 'मेरा कोई दोष नहीं है ! मुझे याद है, मैंने कहा था, घनघोर मुसीबतों के बिना भारतीय आज़ादी हासिल नहीं कर सकते; खून की नदियाँ बहेंगी ... वे लोग सिर्फ़ मुझे ही निशाना क्यों बना रहे हैं ?'

माउंटबेटेन पर लगाए गए अभियोग मामूली नहीं थे। प्रेस तो यहाँ तक संदेह करने लगा था कि उन्होंने भारत के बँटवारे में जल्दबाजी की ताकि वे जल्दी से लौटकर उस पद को सँभाल लें जो वे चाहते थे — समुद्र के स्वामी, ब्रिटिश नौसेना के अध्यक्ष — चीफ़ एडमिरल ऑफ द फ़्लीट। पत्रकार प्रश्न उठा रहे थे कि उन्होंने 15 अगस्त 1947 की तारीख़ ही क्यों तय की ? इस तारीख़ पर सभी को आश्चर्य हुआ था और इसकी वजह से दुर्दशा और भयंकर हो गई थी। चकराहट में उन्होंने जो सफ़ाइयाँ दीं, वे पलटकर उन्हीं पर आईं। इस विचार को किसी ने भी गंभीरता से नहीं लिया कि 15 अगस्त का चुनाव उन्होंने एशिया में अपनी विजय के स्मारक के रूप में किया था। अब, वे फँस गए थे। अब, जब तक यह उपद्रव ज़ारी रहेगा, उन्हें भारत में रहना होगा। बहरहाल, उनका भतीजा इंगलैंड के तख़्त की उत्तराधिकारी से विवाह कर रहा था। चरम क्षण आने ही वाला था। लॉर्ड लुई सजग होकर बैठ गए, अपनी उदासी को झटकने की कोशिश की, सफल नहीं हुए, और जबरन मुस्कान ओढ़कर बैठे रहे। वर-वधू ने शपथों का आदान-प्रदान किया। उनके भतीजे फिलिप माउंटबेटेन ने अब प्रिंस कॉन्सॉर्ट बनकर अपना जीवन एलिज़ाबेथ के साथ बाँध लिया था जो छठे जॉर्ज की बेटी थीं और वे उसके पिता होने के साथ इंगलैंड के राजा भी थे।

लंबी पोशाक और फ़र में सुरुचिपूर्वक सज्जित बर्मा की काउंटेस लेडी लुई ने स्वयं अपने विवाह-संस्कार की याद करने की चेष्टा की पर उस पल की अनुभूतियों को फिर से जीने में वे सफल नहीं हो पाईं; हालाँकि और कई बातें उन्हें याद थीं — जैसे, अपनी आँखों के रंग से मेल खाते नीले रंग के डेल्फिनियम, जो उन्होंने सात मेड्स ऑफ ऑनर के लिए चुने थे, उनकी नक़ाब की लंबाई; और उनके आभूषणों का वज़न। उस उत्तेजना की स्मृति सुरक्षित थी पर हृदय की भावनाओं की स्मृति खो गई थी। हाँ, एक बात ! केक काटने के पहले दस्ताने में छुपे हाथ पर हाथ रखकर डिकी ने एक छोटी-सी वक्तृता दी थी जिसमें अतीव मृदुलता से 'मेरी वाग्दत्ता' कहकर उनका उल्लेख किया था। वह तो ब्रॉडलैंड्स में उनकी ज़मींदारी में, हनीमून के बाद ही हालात बिगड़ने शुरू हुए थे।

और अब अगले ही दिन, ब्रॉडलैंड्स में ही स्थितियाँ उलझनेवाली थीं। यह युवा राजसी जोड़ा भी वहीं उसी तरह हनीमून मनाएगा जैसे कभी उन्होंने मनाया था। तो फिर एडविना ने यह नासमझी क्यों की कि मालकम सार्जेंट को भी एक रात वहाँ बिताने

के लिए निमंत्रित कर लिया ?'

कीचड़ फिर से उभरकर सतह पर आने लगी थी।

एडविना मालकम सार्जेंट से पहली बार 1941 में लंदन में एक कंसर्ट के बाद मिली थीं जिसका उसने अलबर्ट हॉल में संचालन किया था। युद्ध के दौरान वह सेनाओं के आगे कंसर्ट पेश करता था। कैंपों में अक्सर ही वह और एडविना टकरा जाते, पर जर्मनी के आत्मसमर्पण तक। प्रणय-आकर्षण का समय न उसके पास था न इनके पास।

लेडी लुई अब दमकती-भड़कती, उच्छृंखल 'सोसाइटी लेडी' नहीं रह गई थीं जिन्हें लेकर अपवाद उभरते हों। जब उन्होंने युद्ध संबंधी गतिविधियों में हिस्सा लेना चाहा था तो उन्हें जबर्दस्त विद्वेष का सामना करना पड़ा था। स्वयंसेवी समितियों की अनिच्छा पर विजय पाने में उन्हें काफ़ी दिक़्क़त हुई थी। उनका नैतिक आचरण गंभीर निंदा का विषय रहा था; उनके विवाहेतर संबंधों की चर्चा जनप्रिय पत्र-पत्रिकाओं में नियमित रूप से होती रहती थी जिससे कभी-कभी तो उनके पति की, यहाँ तक कि राजघराने की छवि को भी धक्का पहुँचता था। इस प्रकार की महिला का सहयोग लेकर वे समितियाँ किसी विवाद में पड़ना नहीं चाहती थीं। मगर एक बार इस अपमानजनक स्थिति से उबरने के बाद अपने साहस और लगन के कारण उन्हें निर्बाध प्रशंसा मिलने लगी। वह बिगड़ैल तितली अब प्रतिकार की देवी में बदल गई थी। फिर शांति होने पर यह छवि भी धुल-पुँछ गई।

मालकम ने उनके जीवन के सूनेपन को भर दिया था। जब वह संचालन करता तो पूरा वाद्यवृंद मानो सेना के-से अनुशासन से उसकी आज्ञा पर चलता। वह शांतिकाल का सेनापति था। एडविना उसकी गुलाम थीं और संगीत-कार्यक्रम उनके मिलन बिंदु। डिकी ने उनके प्रणय को खिलने दिया था। मालकम बनी की जगह तो नहीं ले सकता था, पर उस उजाड़ खँडहर में बस तो सकता ही था।

एडविना दिल्ली चली गईं तो दोनों प्रेमी बिछुड़ गए। उन्होंने मार्च 1947 से मालकम को देखा तक नहीं था। उनके लंदन पहुँचते ही उसने फ़ोन किया था। अचंभे की बात यह थी कि वह इस समय दौरे पर नहीं था। एडविना की समझ में नहीं आया कि उसका प्रतिरोध कैसे करें। और इसलिए हुआ यह कि बर्मा की काउंटेस का पिछला प्रेमी भी ब्रॉडलैंड्स में माउंटबेटेन के निवास स्थान की उसी छत के तले आ रहा था जिसके नीचे राजसी जोड़ा अपना हनीमून मना रहा था।

लंदन को फिर से पहचानना, शांति, मित्र-मंडली, हँसी-दिल्लगी — कितना कुछ घट रहा था ! वायसराय की पत्नी ! चापलूसों को खुदा की देन ! खुशामद करते, चुंबन लेते वे इन्हें घेरे रहते और ये भी अपने चारों ओर कोई प्रतिबंध नहीं रखतीं। उन्होंने

अपने को नायिका की वैसी ही भूमिका करते पाया जो ये भारत जाने के पहले कर रही थीं — एक निरुद्देश्य पुतली, अतीतहीन, भविष्यहीन, हँसी-ठिठोली और नृत्य के नशे में मस्त, जिसे सोने के लिए अब फिर से नींद की गोलियाँ लेनी पड़ रही थीं। सताने और मोहनेवाली मायाविनी-सी वह फ्रेंच महिला विओलेन उन्हें फिर मिली थी जो उनके और डिकी के जीवन में बार-बार लौट आती थी। डिकी ने विओलेन को नई दिल्ली में निमंत्रित किया था क्योंकि वे जल्दी ही इंगलैंड लौटनेवाले थे और भारत में उपद्रव इतने शांत हो चुके थे कि मनमोहक शरद ऋतु में सैलानी यहाँ आ सकें। स्वयं एडविना भी लुक-छिपकर मदिरा के दो प्यालों पर मालकम सार्जेण्ट से मिल चुकी थीं। पुरुष-देह को अपनी बाँहों में पाने की अस्पष्ट-सी आकांक्षा के लिए, और उसे ब्रॉडलैंड्स में निमंत्रित करने के लिए इतना काफ़ी था। डिकी को उनका समझौता याद था और उन्होंने कोई दख़लंदाज़ी नहीं की।

और इसलिए यह काम हो गया। मालकम आएगा। इस ख़याल से ही एडविना को पश्चात्ताप की हलकी-सी चुभन हुई। वे ऐसे प्रेमी के संग होंगी जिसे अब वे शायद प्यार नहीं करतीं। वे नेहरू को धोखा देंगी। यह विचार उन्हें घिनावना लगा। उन्हें लगा कि वे एक ऐसी प्रतिबद्धता में कैद हैं जिसका जिक्र भी उन्होंने नहीं किया। मगर उस हिंदुस्तानी से उन्हें कुछ भी नहीं जोड़ता था ! क्या उसने कोई वचन दिया था ? ना ! क्या इन्होंने वफ़ा का वादा किया था, जिन्हें वफ़ा निभानी आती ही नहीं थी ? ना ! तो फिर आख़िर ये स्वतंत्र ही हुईं ना ?

एक भर्राई आवाज़ इनके कानों में फुसफुसाई, 'तुम बहुत अच्छी तरह जानती हो कि ऐसा नहीं है; तुम अब स्वतंत्र नहीं हो। पर इससे कुछ फ़र्क नहीं पड़ता ... वह समय अभी आया नहीं है। जाओ, अपनी पुरानी दिलचस्पियों में मगन हो जाओ ... हम बाद में साथ हो लेंगे। जाओ ...'

उनका फ़र का लबादा खिसक गया। डिकी ने यंत्रचालित तरीक़े से उसे वापस कंधों पर ओढ़ने में उनकी मदद की। मालकम ... उसे कंसर्ट का संचालन करते देखना इन्हें कितना अच्छा लगता था — उसकी उड़ान भरती-सी हस्तमुद्राएँ, धीमे स्वरों के निर्देश के लिए उसका अचानक झुक जाना, द एल्जर और पोंपे ए सिर्कोस्टासे को ऐसी ऊँचाइयों पर पहुँचा देना जो और किसी के वश का नहीं था ... वह संगीत, वह आत्मिक मिलन ... रात के उस ताप का क्या बच रहता था ? और वे फिर से अपने को मर्दों की हवस में क्यों खो रही थीं ?

देखूँगी,' उन्होंने फक्कड़पन से अपने-आपसे कहा। 'अपने जाने-माने सिरदर्द का बहाना तो मैं कभी भी बना सकती हूँ। और फिर दुनिया के दूसरे छोर पर उस काल्पनिक महान प्रेम को लेकर मैं मूर्खता ही कर रही हूँ। मैंने तय कर लिया है, मैं इससे उबर

आऊँगी। मैं अपने को नेहरू से मुक्त कर लूँगी।'

रस्में समाप्त हो चली थीं। विचारमग्न डिकी एडविना की ओर मुड़े। उसने बाहर निकलनेवालों की कतार में शामिल होने के लिए उनकी बाँह थाम ली। पर नज़रें उठाकर जैसे ही उन्होंने अपने पति की आँखों में झाँका, वहाँ उसे पश्चात्ताप दिखाई पड़ा। उसे नरमेध का, सड़कों पर भटकते असंख्य शरणार्थियों का, विषाक्त कर दिए गए कुँओं, कीचड़, सूनी आँखोंवाले बच्चों और उपेक्षित माताओं का प्रतिबिंब दिखाई दिया। एक सिसकी उन्हें सिर से पैर तक कँपा गई। वे दोनों यहाँ क्या कर रहे थे जबकि उन तमाम ध्वस्त ज़िंदगियों के लिए वे जिम्मेवार थे ?

'अपने को सँभालो, डार्लिंग,' लॉर्ड लुई धीमे से बोले। 'मैं भी उन्हीं के बारे में सोच रहा हूँ। कुछ ही दिनों में हम चल देंगे। मुस्कुराओ, मेरी बात मानो ... फ़ोटोग्राफ़रों के बारे में सोचो।'

लेडी लुई की यंत्रणा

दिल्ली, 27 नवंबर 1947

क्रोध के मारे लॉर्ड लुई की आँखों से चिनगारियाँ निकल रही थीं, 'सचमुच डार्लिंग, मैं तुम्हें समझ नहीं पाता ! तुम मुझे बेरुख़ी का उलाहना देती हो, तुम मुझ पर आरोप लगाती हो कि मैं तुम्हारी भावनाओं का ध्यान नहीं रखता ... और यहाँ तक कि मैं जितना ईर्ष्यालु होना चाहिए, मैं नहीं हूँ। जब से हम लौटे हैं, जिंदगी नरक बन गई है !'

रूठकर गुम्मा मारे बैठी एडविना गोद में पड़ी कशीदाकारी के धागों को एक-एक कर खींचकर निकालने में लगी थीं।

'हाँ या नहीं ? ब्रॉडलैंड्स में मालकम की उपस्थिति के बारे में मैंने एक बार भी कोई टिप्पणी की ? मैंने एक शब्द भी नहीं कहा। मैंने उसका स्वागत किया। तुम जब चाहतीं उससे मिल सकती थीं, ठीक है ?' लॉर्ड लुई चिल्लाए।

'बिल्कुल यही तो बात है। तुम्हें ऐतराज़ ही नहीं है। इसका मतलब यह हुआ कि मेरे प्रति तुम्हारी भावनाएँ मर चुकी हैं ... और मेरी भावनाओं की तुम्हें रत्ती-भर परवाह नहीं रही,' वे टूटती-सी आवाज़ में बोलीं।

'शायद तुम यह चाहती हो कि मैं तुमसे जवाब तलब करूँ,' लॉर्ड लुई ने रुष्ट होकर कहा। 'मेरी प्यारी पतिव्रता धर्मपत्नी ... अब तुम उससे प्रेम नहीं करतीं ? छोड़ो, तुम्हारे प्रणय-प्रसंगों से मैं तंग आ चुका हूँ। ज़िंदगी में और भी बहुत कुछ बेहतर है मेरे पास करने को। कल मैं आपात समिति भंग कर रहा हूँ। तो, गुडनाइट !'

रास्ते में पड़नेवाली एक चौकी को ठोकर से उलटते हुए वे कमरे से निकल गए।

एडविना शर्म के मारे रोने लगीं। उन्हें क्या हो रहा था ?

भारत की भूमि पर एक बार फिर कदम रखते हुए वनस्पतियों की सुगंध से भारी नम हवा और जीवन से उच्छल कचिया हरियाली की फिर से पहचान करना उन्हें अच्छा लगा था। सड़क पर चलती साड़ियों में लिपटी हवा में लहराते आँचलवाली औरतों ने उनकी आत्मा के धब्बों को धो डाला था। तलैया पर उड़ान भरती बलाका की तरह वे भी अपने-आपको पंखों पर उड़ता महसूस कर रही थीं। अपनी सामान्य गतिविधियों में वे तुरंत जुट गई थीं और अपने पापों का प्रायश्चित करने पुराने क़िले तक दौड़ी गई थीं। स्थिति काफ़ी सुधर चुकी थी; धीरे-धीरे व्यवस्था स्थापित हो रही थी — यहाँ तक कि भारत सरकार को संपूर्ण सत्ता सौंप देने का उपयुक्त समय आ गया था और उसकी उतावली का भी उन्हें आभास होने लगा था। डिकी की बात हज़ारहा सही थी।

पर डिकी ने उन्हें चेतावनी भी दी थी। आपात समिति के भंग होते ही उन्हें लंबे-लंबे भव्य समारोहों के लिए हर राज्य-रजवाड़े और हर शहर को जाना होगा और ये समारोह इतने भव्य होंगे कि इनके आगे वेस्टमिनिस्टर में हुआ विवाह-समारोह फीका लगेगा। यह तो ख़ैर तय हो गया था कि वे शरणार्थियों की ख़ातिर बनी समिति का भार सँभाले रखेंगी पर इस बात को उन्होंने गंभीरता से नहीं लिया था। और जब डिकी सारा सरकारी काम-काज छोड़ देंगे, तो वे ही क्यों इसे ज़ारी रखें ? ना, भारतीय तो सिर्फ़ मैत्री के नाते सद्भावना का प्रदर्शन कर रहे थे। यह तो एक प्रतीक मात्र था। अब करने को कुछ नहीं था। वे ख़तरनाक रूप से खोखले मनोरंजनोंवाले पुराने जीवन के नज़दीक पहुँच गई थीं और बेहद उद्विग्न थीं। मुसीबत में मुसीबत यह कि उनकी रूपवती मित्र विओलेन एक सप्ताह में पहुँचनेवाली थी।

ब्रॉडलैंड्स में मालकम को टालने के लिए उन्होंने जिस सिरदर्द का बहाना किया था, वह सचमुच शुरू हो गया था। नेहरू ने हालाँकि कई बार उनसे मुलाक़ात की कोशिश की थी पर वे उनसे मिलीं ही नहीं। वे नेहरू से डरती थीं। और उनकी परेशानी के लिए बेचारे डिकी को जिम्मेवार नहीं ठहराया जा सकता था।

'मुझे सबने त्याग दिया है,' वे सोच रही थीं। 'कोई मुझे प्यार नहीं करता। मालकम को लेडी की, काउंटेस की तलाश है और मुझमें वह अपने-आपको देखता है, मानो मैं

कोई दर्पण होऊँ। यह मैं साफ़-साफ़ देख चुकी हूँ। मुझे वह बड़ा तुच्छ लगता है। मेरी अब कोई उपयोगिता नहीं रही। दो हफ़्ते बाद अमृत को भी मेरी ज़रूरत नहीं रहेगी, वह अकेली ही सबकुछ सँभाल लेगी। उसके बाद मैं क्या करूँगी ? भारत मुझसे प्यार नहीं करता। और जवाहर ...'

जवाहर लगातार फ़ोन कर रहे थे पर हर बार उनका सामना उन्हें एक ईंट की दीवार से होता था।

एक बैरा दबे पाँवों अंदर आकर उनके कान में फुसफुसाया, 'योर एक्सिलेंसी, प्रधानमंत्रीजी ...'

एडविना चौंक पड़ीं, 'फ़ोन पर ? मैं घर पर नहीं हूँ।'

'मगर वे यहाँ आए हैं, मेमसाहब, वे आ रहे हैं ...'

हड़बड़ाकर एडविना ने अपनी फूलों के छापेवाली पोशाक दुरुस्त की और आँखें पोंछीं। उनका मेक-अप ज़रूर धुल गया होगा ... वे आईने की तरफ़ दौड़ीं ... बहुत देर हो चुकी थी।

पीछे से नेहरू की आवाज़ सुनाई दी — 'तुम अपने-आपको ही क्यों देख रही हो मेरी डी ? पलटो, ताकि मैं तुम्हें देख सकूँ ...'

उन्होंने उन्हें पलटने पर मजबूर कर दिया।

'तुम रो रही थीं। और चार दिन से तुम मुझे टालती आ रही हो। लंदन में क्या हुआ था ?' उन्होंने धीमे से पूछा।

'कुछ भी नहीं, पंडितजी ! शादी बहुत अच्छी तरह हो गई। राजकुमारी को महात्मा का मेजपोश बहुत अच्छा लगा, सच,' वे अपने को छुड़ाती हुई बोलीं।

'यह सही नहीं है, मीरा। मुझे पता नहीं, तुम्हारी तकलीफ़ की वजह क्या है, पर तुम तकलीफ़ झेल रही हो, यह मैं देख सकता हूँ। क्यों ? मुझे बताओ,' वे बुदबुदाए।

'मैं नहीं बता सकती,' वे रुखाई से बोलीं। 'तुम मुझे मीरा के नाम से पुकारने की ज़िद क्यों करते हो ? मैं तो अभी तुम्हें जानती भी नहीं ...'

'शायद ! पर हमारे पास समय है, मेरी डी, पूरी जिंदगी पड़ी है। पता है, तुम्हें अब क्या करना है ? तुम महात्माजी से मिलने चल रही हो। तुम उनके साथ चाय पियोगी, वे चर्खा चलाएँगे और तुम्हें बेहतर महसूस होने लगेगा। नहीं ?'

अचानक ही एडविना का जी हल्का हो आया। उसने सहमते हुए पूछा, 'तुम्हें ऐसा लगता है ?'

नेहरू उनका हाथ थामकर होंठों तक ले आए।

'हम सब तुमसे प्यार करते हैं, मेरी डी। चलकर देखो तो सही।'

दिल्ली, 29 नवंबर 1947

एडविना अक्सर बिरला हाउस की बाड़-लगी दीवारों के साथ-साथ बाहर चहलकदमी करती थीं। सड़क से केवल बारजा दिखाई देता था और श्रद्धालुओं की भीड़, जो सही समय की प्रतीक्षा में एकत्र हो जाती थी। इस छोटी-सी भीड़ और तीन उग्र न दिखाई देनेवाले पहरेदारों के सिवाय कोई भी चीज़ महात्मा के यहाँ होने का संकेत नहीं देती थी। एडविना को वह छोटा-सा, लगभग ख़ाली कमरा अच्छा लगता था जिसमें एक कामचलाऊ बिस्तर के अलावा गाँधीजी ने अपना चर्खा और धर्मग्रंथ रख रखे थे। अपनी निजी वस्तुएँ — हाथीदाँत के तीन चीनी बंदर, अपनी पुरानी जेबघड़ी, अपने चश्मे का केस और अपने धर्मग्रंथ उन्होंने एक छोटी-सी कार्निस पर जमा रखे थे। इस शांतिस्थल की फिर से पहचान करने का विचार उन्हें भला लगा। कार रोककर वे कतार में लग गईं।

'कतार बनाए रखिए !' लाउडस्पीकर पर एक आवाज़ गूँजी।

बगीचे में पहुँचने के लिए उस श्वेत भवन का चक्कर काटकर जाना पड़ता था। औरतें विस्तीर्ण लॉन पर साड़ियों में पैर ढके बैठी थीं। सफ़ेद या फिर सलेटी सादे सूती कपड़े पहने मर्द खड़े थे और बिना आवाज़ ऊँची किए, बातचीत कर रहे थे। कुछ विदेशी भी भारतीयों में घुल-मिल रहे थे। ये निश्चित रूप से अमरीकी फ्रेंच या स्वीडिश पत्रकार थे जिनकी आँखों में श्रद्धायुक्त विस्मय का झेंपभरा भाव था। बगीचे में अत्यंत मृदुल-सा वातावरण व्याप्त था — खिलखिलाते, जीवंत फूलोंवाले वसंत के आगमन के पहलेवाला माधुर्य। लोगों की चालढाल में सहज गति थी, हाथों से स्वागत का संकेत और आँखों में उल्लास। अपनी उपस्थिति ज़ाहिर किए बिना एडविना उस सीधी-सादी भीड़ में घुल-मिल गईं। लेडी लुई भी औरों की तरह अनुयायी ही तो थीं। नेहरू की तलाश में उन्होंने नज़रें दौड़ाईं। वे अचानक ही घर के पास उस जगह दिखाई दिए जहाँ लाल बलुआ पत्थर की एक छतरी शुरू होती थी। एक खंभे से टिके, मुँह पर मुट्ठी टिकाए, वे ख़यालों में खोए हुए थे।

'जल्दी करो, आज बहुत सारे मुलाक़ाती आए हैं,' लेडी लुई को देखकर वे बोले। 'ये भंगी कॉलोनीवाले मुलाक़ातियों जैसे नहीं हैं। इतने सारे विदेशी !' उन्होंने भीड़ की ओर इंगित करते हुए कहा।

नेहरू हँसने लगे, 'आज इनका यश दिग-दिगंत में व्याप्त है ...' गाँधीजी चर्खा कातने में व्यस्त थे और इन लोगों के प्रवेश करने पर उन्होंने नज़रें नहीं उठाईं।

'तो मेरी बहना आ गई। मैं ठीक कह रहा हूँ ?'

एडविना को बड़ा अचंभा हुआ, 'आपने मुझे पहचाना कैसे, बापू ?'

'तुम्हारी परफ्यूम,' उन्होंने शरारत से उत्तर दिया। 'माइ डियर लेडी लुई, तुम्हें छोड़कर मेरे आसपासवाली कोई भी महिला सेंट नहीं लगाती। अच्छा बताओ, राजकुमारी को मेरा विवाहोपहार कैसा लगा ?'

'ओह ... बहुत अच्छा लगा, बापू,' एडविना ने झेंपते हुए कहा।

ऐसा तो नहीं कि उन्हें यह उपहार अपने योग्य न लगा हो ? निरा सादा सूती ...'

'आपके अपने हाथों से काता हुआ, बापू ! राजकुमारी आपकी उदारता की क़द्र करती हैं।'

एक लंबी चुप्पी के महात्माजी बोले, 'अजीब बात है ! माइ डियर, तुम अपने आपे में नहीं हो। बताओ, आज मुझसे क्या पूछने आई हो ?'

'कुछ भी नहीं, बापू। सिर्फ थोड़ी-सी शांति,' के धीमे से बोलीं।

बापू गंभीरता से उन्हें चश्मे के शीशों के ऊपर से देखते रहे। फिर ऐंठा हुआ सूत आगे बढ़ाते हुए बोले, 'इस धागे को एक सेकेंड के लिए पकड़ो। हाँ, ठीक है। अब ज़रा कातने की कोशिश तो करो।'

एक कोने में पालथी मारकर बैठे हुए नेहरू कसमसाए। एडविना ने चरखे के पहिए पर हाथ रखकर उसे धीरे से घुमाया। दूसरी तरफ धागा उनके हाथों से फिसल गया।

'मुझसे नहीं बनेगा,' वे हताश होकर बोल पड़ीं।

'ज़रूर बनेगा,' गाँधी ने कोमलता से कहा। 'थोड़ा जुटे रहने की ज़रूरत है, बस। पूनी को कसकर पकड़ो और थोड़ी ढील दो। जवाहर, तुम हमारी मित्र को सिखाना चाहोगे ?'

नेहरू एडविना के पास आकर बैठ गए और उनके पूनी पकड़े हुए हाथ के ऊपर हाथ रख दिया। धीमे स्वर में उन्हें प्रोत्साहित करते हुए नेहरू उनके साथ चक्का घुमाते रहे और दूसरे हाथ से पूनी खींचकर बटा हुआ सूत निकालते रहे ... फिर हौले से उन्होंने हाथ हटा लिया; सूत निकलता रहा।

गाँधी चुपचाप मुस्कुराए।

'बापू, हो गया !' एडविना हर्ष से किलक पड़ीं।

गाँधीजी ने खखारकर गला साफ़ करते हुए कहा, 'हम हिंदुस्तानी अक्सर अपने प्रियजनों के पूर्वजन्म का अनुमान लगाते हैं। मुझे इस बात पर ताज्जुब नहीं हो रहा है कि तुम असली हिंदुस्तानी की तरह सूत कात पा रही हो। नन्ही बहना, तुम्हें पहली बार देखते ही मैं जान गया था कि इससे पिछले जन्म में तुम क्या थीं। मैं ठीक कह रहा हूँ जवाहर ?'

'जी हाँ,' नेहरू ने उत्तर दिया।

एडविना ने बारी-बारी से दोनों की ओर देखा। उनका हृदय धड़क रहा था।

'क्या मतलब ?'

'तुम हममें से ही थीं। मुझे तो यह भी विश्वास है कि मेरी प्यारी बेटी मीरा बहन की तरह तुम्हारा नाम भी मीरा ही था। तुम्हें देखते ही मेरे ध्यान में यही बात आई थी,' गाँधीजी धीमे स्वर में बोले।

'मीरा ? पर कल शाम को नेहरू ने भी मुझे यही कहकर पुकारा था। इसका मतलब क्या है...?'

वे ठहाका मारकर हँस पड़े, 'कुछ भी नहीं। बाकी तुम्हें बाद में पता चल जाएगा। ठीक है ना जवाहर ?'

अचानक ही विचलित होकर नेहरू ने गर्दन घुमा ली। एडविना लज्जा से लाल पड़ गईं।

महात्माजी आगे बोले, 'हाँ, मुझे यह तो बताओ कि आपात समिति के भंग होने के बाद अब तुम्हारे पास कौन-से काम हैं ?'

'बापू, डिकी कुछ सरकारी दौरों के बारे में कह रहे थे,' एडविना ने गहरी साँस छोड़ी।

महात्माजी बीच में ही बोल पड़े, 'जवाहर, अगर मैं गलत कह रहा हूँ तो सुधार देना पर हमारी मित्र के पास अभी उस काउंसिल की जिम्मेदारी तो है ... जाने क्या नाम है उसका ?'

'युनिफ़ाइड काउंसिल फ़ॉर द प्रोटेक्शन ऐण्ड हेल्थ ऑफ रिफ़्यूज़ीज़। जी हाँ, है,' नेहरू तत्परता से बोले।

'उससे कुछ फ़र्क पड़ता है ? मैं औरों के आड़े तो नहीं आऊँगी ?' एडविना ने कुछ देर की चुप्पी के बाद कहा, 'मुझे इतना बेकार होने का एहसास होने लगा है अब।'

'तुम खाली क्यों हो बेटी ? शरणार्थियों को अब भी तुम्हारी ज़रूरत है,' महात्माजी ने मृदु स्वर में कहा।

एडविना ज़ोर से बोलीं, 'जवाहर, तुमने यह सब पहले से तय कर रखा था।'

'अगर तय कर भी रखा था, तो उसमें नुक़सान क्या है ?' गाँधी बोले।

एडविना लपककर खड़ी हो गईं।

'आप मेरा अपमान कर रहे हैं। मुझ पर तरस खाकर भीख दे रहे हैं।'

नेहरू बड़े स्नेह से बुदबुदाए, 'मेरी डी, अगर तुम्हारा इससे अपमान भी होता हो, तो वह क्या इतनी संजीदा बात है ?'

एडविना ने ग़ौर से दोनों को देखा। अचानक ही उसका हृदय एक अकारण, अतर्क्य हर्ष से भर आया।

'बहुत अच्छा,' वे बोलीं। 'मैं हथियार डालती हूँ। मैं तुम लोगों के ही साथ रहूँगी, भारत में अपने अंतिम दिन तक।'

'अंतिम दिन, कैसा ?' नेहरू ने पूछा।

विओलेन

दिल्ली, 3 दिसंबर 1947

मुग़ल उद्यान पर एक अद्‌भुत शांति उतर आई थी। फौवारों की फुहार से बनी छोटी-छोटी निश्चल गढ़ैयों के आसपास चपल पीले पैरोंवाली एक नन्ही-सी चिड़िया ललित लय में फुदक रही थी। दोलन कुर्सी में पसरी एडविना ने धीरे-धीरे अँगड़ाई ली। एक घंटे में विओलेन इस तीसरे पहर की सौम्यता को खंड-खंड कर डालेगी। एडविना की आंतरिक भारतीय शांति पर अतीत हल्ला बोल देगा। डिकी ने अपनी प्रेयसी के स्वागत के लिए हवाई अड्डे पर जाने की ज़िद ठान ली थी और दोनों के बीच हुए अनकहे समझौते के तहत इन्होंने साथ चलने की ज़िद नहीं की थी। वैसे इन्हें जाने की कोई इच्छा भी नहीं थी।

लंदन में हर किसी को यों ही दे दिए गए वे निमंत्रण... यह भी कोई बात हुई। भारत की सैर क्यों न की जाए ? उनके मित्र उत्सुक हो उठे थे। कौन-सा मौसम सबसे अच्छा रहेगा ? ज़ाहिर है, जाड़े का मौसम। दिसंबर और जनवरी, जब इंगलैंड के वसंत के अंत जैसी हलकी धूप रहती है। ज़रूर आइए, हम सब इंतज़ाम कर देंगे — माउंटबेटेन दंपति ने भद्रता से कहा था।

एकांत में एडविना और डिकी ने एक कठिन समझौता किया था। अपने प्रेमियों और प्रेमिकाओं की उपस्थिति के लिए आपस में बातचीत करते उन्हें इतने वर्ष हो गए थे कि अब इसकी आदत पड़ गई थी। अब वह आदत कहाँ छूटनेवाली थी। और वह कीचड़। अपने बेमेल प्रेमी — मालकम सार्जेण्ट की उपस्थिति के बदले एडविना विओलेन को आने देने को राज़ी हो गई थीं। दो-तीन कम आत्मीय मित्र मुख्य अतिथि की भूमिका करेंगे। किसी पालतू की-सी वफ़ादारी से डिकी तो विओलेन से अपना लगाव बनाए हुए थे; पर एडविना ... आज उनके जीवन में मालकम के क्या मानी थे ? उनके विकृत भावावेग आज कहाँ विलीन हो गए थे ? और विओलेन — रेशम-से दिलवाली वह प्यारी-सी हस्ती ...।

उन लोगों के जीवन में आए उसे अब कितने वर्ष हो चुके थे ? एडविना के प्रेमी आते-जाते रहे थे, पर विओलेन टिकी हुई थी। डिकी के जीवन में वह ऐसे समय आई थी जब उन्हें समझ में आ चुका था कि एडविना तीन या चार पुरुषों के साथ लिप्त होकर उन्हें धोखा दे रही हैं। दरअसल, आश्चर्य की बात तो यह थी कि उन्हें इसका पता और पहले नहीं चला। डिकी ने विओलेन को अपना लिया था। एक बार जब डिकी ने विओलेन से पेरिस में मिलना तय किया था तो गुस्से में बिफरती एडविना उनसे पहले ही वहाँ पहुँच गई थीं और उस युवती को लेकर लंबे-चौड़े इलाज़ के बहाने पूरा यूरोप पार करके वे वियना और बुडापेस्ट चली गईं, जहाँ उन्होंने रातों को जमकर आवारागर्दी की। डिकी उस समय माल्टा में नियुक्त थे। वहाँ वे चुपचाप वर्ष-भर से ऊपर इंतज़ार करते रहे कि उनकी पत्नी उनकी प्रेयसी को उन्हें लौटा दे।

उस समय की एडविना के लिए विओलेन के रूप में दो प्रमुख आकर्षण थे। एक तो यह, कि वह डिकी की प्रिया थी जिसके आगे वे निश्चय ही आसानी से हार मानने को तैयार नहीं थीं। दूसरी बात यह, कि विओलेन ने बहुत छोटी-सी उम्र में ही अपने से तैंतीस वर्ष बड़े एक सुशिष्ट, शालीन और अमीर आदमी से शादी कर ली थी। बड़ी-बड़ी नीली आँखों और कामुक होंठोंवाली विओलेन अत्यंत आकर्षक थी और चरित्र संबंधी कट्टरपन से मुक्त। वह नृत्य में बेहद पारंगत थी और उसने डिकी को वह शांत सहज स्नेह दिया जिसका उनके जीवन में बेतरह अभाव था। पर एडविना ने बड़े कौशल से विओलेन को जीत लिया था। डिकी अगर कभी उन पर अभियोग लगाते कि वे उन्हें विओलेन के साथ समय बिताने से रोक रही हैं, तो एडविना पलटकर जवाब देतीं कि विओलेन चुनाव करने को स्वतंत्र है। ये खेल बहुत पहले ही बंद हो चुके थे। विओलेन अब सिर्फ एक पुरानी पारिवारिक मित्र रह गई थी, पर अब भी एडविना के लिए उसके मन में मानो पुरानी यादों के कारण कुछ स्नेह बना हुआ था।

मालकम सार्जेण्ट तो कहीं जाकर वसंत में आनेवाला था मगर विओलेन तो अभी भवन में पहुँच ही रही थी। अचानक ही एडविना की नज़र अपने हाथों पर पड़ी : धूप से सँवलाए हुए, खरोंचों से भरे हुए।

वे आतंकित हो उठीं, 'विओलेन का ध्यान इन पर जाएगा। मैं इनके लिए क्या सफ़ाई दूँगी ?'

एडविना ने अपने कार्यक्रम में कोई परिवर्तन नहीं किया था। विओलेन उनके साथ अस्पतालों में नहीं जाएगी, बशर्ते कोई चमत्कार ही न हो जाए... इसकी संभावना नहीं थी। विओलेन जैसी है, वैसी ही रहेगी, नाजुक, सुंदर, तन्वी, सौम्य, घोंसले से गिरी नन्ही चिड़िया-सी जल्दी-जल्दी गहरी साँसें लेती।

एडविना ने पंजाब में कैंपों के निरीक्षण के दौरान किए जानेवाले कामों की गिनती

की। हर हफ़्ते वे अमृत कौर के साथ कैंपों में जातीं, अस्पतालों का निरीक्षण करतीं, दवाओं की सूची बनातीं और अंधों, गूँगों और ख़ासकर उन अपंगों की सहायता की व्यवस्था करतीं जिनके अंग काटने पड़े थे और जो बैसाखी के बिना ज़मीन पर घिसटकर चलते थे। दिल्ली में, गुमशुदा लोगों के लिए खोला गया दफ़्तर ही उनका आधा समय ले लेता था। वे बच्चों की पहचान करके उन्हें माताओं को लौटा रहे थे; कैंप दर कैंप दौरा करके वे बिछुड़े परिवारजनों को मिला रहे थे। फिर भी कई बार ऐसा होता था कि इन लोगों को अनाथ बच्चों की व्यवस्था करनी पड़ती थी या पगलाए माता-पिता को तसल्ली देनी पड़ती थी। कैंपों की दशा सुधर गई थी। जालंधर में एक सुव्यवस्थित कैंप देखकर इन दोनों महिलाओं को सुखद आश्चर्य हुआ था। यहाँ न खाने का अभाव था न वाटरप्रूफ तंबुओं का, न सफ़ाई-सुविधाओं का। ये शरणार्थी नहीं मरेंगे।

इनकी कोई भी छिछोरी मित्र इन बातों को कभी नहीं समझेगी।

एक नौकर अदब से झुककर कानों में फुसफुसाया, 'योर एक्सिलेंसी, मेहमान पधार गई हैं।'

गहरी साँस छोड़कर एडविना उठीं।

विओलेन की खिलखिलाहट पहले ही गलियारों में गूँजने लगी थी।

'माइ डियरेस्ट, मा शेरी, आखिर हम मिल ही गए।' वह एडविना से लिपटती हुई बोली।

एडविना की बाँहें मशीनी ढंग से उस गुनगुनी कमर और सुगंधित केशों के गिर्द लिपट गईं। अपनी जिंदगी में जबरन घुस आनेवाली इस औरत के ख़िलाफ़ उनके अंदर क्रोध की एक लहर उमड़ी। उन दोनों के बीच फिर से अपनी जगह बनाने का इसे क्या अधिकार था ?

विओलेन आगे कहे जा रही थी, 'कितना अरसा बीत गया मेरे प्यारे-प्यारे साथियो ...' छोटे-छोटे चुंबनों से उसने एडविना का चेहरा भर दिया। 'मैं फिर तुमसे मिल पा रही हूँ ... तुम दोनों से मिल पा रही हूँ,' उसने गर्मजोशी से भरी नज़रों में डिकी को भी समेट लिया। 'रुको, मुझे अपनी तरफ देखने दो ... तुम बदली नहीं।'

'तो आख़िर हम बदलते क्यों ?' डिकी ने लापरवाही से पूछा।

'पता नहीं... हिंदुस्तान, और फिर इतना सब उपद्रव...' विओलेन हँसते हुए बोली। 'और अब वायसराय और वाइसरीन न रह पाना ...'

'तुम भी नहीं बदली हो,' एडविना धीरे से बोलीं। 'तुम्हारी पोशाक...'

'कितनी शानदार। है ना ?' विओलेन अपने हलके रंग के स्कर्ट की घनी चुन्नटों को लहराने के लिए घूम गई। 'मैंने इसे तुम्हारी ख़ातिर पहना है। यह शानेल है, युद्ध

के पहले का, पर यह डिज़ाइन तुमने देखी नहीं है।'

डिकी ने मजाकिया स्वर में कहा, 'पता है, माइ डियर, हमारी मित्र अपने साथ क्या लाई है ? तुम कभी अंदाज़ नहीं कर सकोगी। फ़र कोट।'

'तुमने मुझसे कहा था कि यहाँ ठंड काफ़ी बढ़ सकती है,' विओलेन ने बड़े गर्वीले लहजे में कहा।

'शरणार्थियों के लिए यह बहुत काम आएगा,' एडविना क्रोध से खौल रही थीं। 'उन्हें रात को बहुत ठंड लगती है। मैं तुम्हें तुम्हारा कमरा दिखा दूँ और फिर चलूँ।'

'क्या ! तुम कहीं जा रही हो ?' विओलेन ने हैरान होकर पूछा।

'एक मीटिंग है,' एडविना ने टालते हुए कहा। 'डिकी समझा देंगे। मुझे ज़रा जल्दी है।'

दिल्ली, 6 दिसंबर 1947

एक कोच पर बैठी विओलेन रह-रहकर सुबक रही थी। एडविना पीठ फेरे खिड़की से नाक सटाए बैठी थीं।

डिकी खुशामद कर रहे थे, 'मैं हाथ जोड़ता हूँ, विओलेन, रोओ मत। यह बर्दाश्त से बाहर है ...'

'लेकिन डिकी,' वह हिचकियाँ लेते हुए बोली, 'तुम न्यौता देते हो... मैं दौड़ी-दौड़ी आती हूँ... तुम कभी आस-पास नहीं होते, और एडविना... जब मैं उसे देखती हूँ, उसमें हिकारत भरी होती है। और जब वह मुँह लटकाए नहीं बैठी होती तो मुझ पर आरोप लगाने लगती है। आखिर मैंने उसका क्या बिगाड़ा है ?'

'एडविना। तुम देख रही हो कि तुम हम दोनों का क्या हाल कर रही हो ? प्लीज़ ...' डिकी ने कहा।

'नहीं। अब यह बिल्कुल साफ़ है कि मेरी अब कोई हैसियत नहीं है,' एडविना ने बिना पलटे जवाब दिया। 'जब से यह यहाँ आई है, तुम मेरी तरफ़ देखते तक नहीं।'

'तुम तो हद कर रही हो। तुम हर वक्त मटरगश्ती करती फिरती हो, खाने के वक्त भी तुम्हारे दर्शन कभी-कभार ही होते हैं और तुम शिकायत कर रही हो ?'

एडविना पलटीं। उनका चेहरा फक पड़ा हुआ था।

'यह सही है, ग़लती मेरी ही है,' वह उन लोगों की ओर घूरती हुई बोलीं। 'पर अपनी ओर भी देखो, डिकी... इस हेकड़ पेरिसवाली की ख़ातिर ...'

विओलेन दुगुनी तेज़ी से सुबकने लगी, हेकड़। तुम सुन रहे हो ? कहाँ मैं तुम

दोनों को फिर से देखकर इतनी खुश थी ...'

'यह बात तुम कह चुकी हो,' एडविना बात काटते हुए बोलीं।

'क्या तुम सबकुछ भूल चुकी हो ? जो शानदार दिन हमने साथ-साथ बिताए थे, बुडापेस्ट की रातें, हमारी यात्राएँ, वियना का क्लिनिक, पथ्य, क्या तुम्हें कुछ याद नहीं है ? और हमारा मालिश करवाना,' विओलेन ने दुखी होकर पूछा।

'उफ़। बहुत हो गया। यह रोना-धोना मुझसे अब और बर्दाश्त नहीं होता। कुछ भी अब पहले जैसा नहीं है,' एडविना भुनभुनाईं।

'किस बात के पहले जैसा ?' तनाव से भरी विओलेन डिकी को परे धकेलते हुए बोली।

एडविना ने हथियार डालते हुए गहरी साँस ली, 'तुम नहीं समझोगी। यहाँ मैंने जो कुछ देखा है ...'

'हाँ, पर मैं बहुत अच्छी तरह समझती हूँ,' विओलेन फुफकारते हुए बोली। 'मैडम करुणा की दूती की भूमिका कर रही हैं; मैडम नन बनने जा रही हैं।'

'मैडम उन उन्मादभरे वर्षों को मिटा देना चाहती हैं ... कोई बात नहीं। मैं हूँ यहाँ, तुम दोनों के बीच। हिम्मत है तो कह दो कि मैं हूँ ही नहीं।'

'मैंने तो कभी भी ...' डिकी ने कहना शुरू किया।

एडविना झपट पड़ीं, 'हम तुम्हारी राय नहीं माँग रहे हैं। बेहतर यही होगा कि तुम उन्हीं मामलों से मतलब रखो जो तुम्हारी समझ में आते हैं।'

विओलेन बड़ी शांति से बोली, 'तुम बदल गई हो एडविना। तुम्हारे मुँह के चारों ओर झुर्रियाँ आ गई हैं और छोटी-छोटी झुर्रियों का यह गुच्छा किस क़दर भद्दा लगता है। तुम्हारी चमड़ी नेटिव लोगों जैसी काली पड़ गई है और तुम्हारे नाखून टूटे-दरके पड़े हैं। तुम झगड़ालू हो गई हो — एक तुनकमिजाज़ बुढ़िया जिससे कोई प्यार नहीं करता।'

एडविना की चीख निकल गई और उन्होंने हाथों में चेहरा छिपा लिया।

'विओलेन ! चुप रहो,' डिकी ने उलाहने के स्वर में कहा।

एडविना क्रुद्ध होकर चिल्लाईं, 'उसे छोड़ो ! यह तुम्हारी ग़लती है। अगर तुम्हारी शह न होती तो वह मुझसे इस तरह का व्यवहार कर सकती थी ?'

'एडविना ...' डिकी ने विनती की, 'अब यह बात फिर से शुरू मत करो। विओलेन, मैं हाथ जोड़ता हूँ, शांत हो जाओ ...'

दोनों औरतें थर-थर काँपती हुई एक-दूसरे की ओर देखती रहीं। विओलेन ने चेहरा घुमाकर फिर से रोना शुरू कर दिया।

'बहुत अच्छे ! अब बोलो।' एडविना भड़ककर बोलीं।

कोई कुछ नहीं बोला। डिकी ने कमरे में चहलकदमी शुरू कर दी। एडविना अपने नाखून किटकिटाने लगीं। विओलेन ने आवाज़ करते हुए अपनी नाक साफ़ की और पैर सीधे किए।

अंत में वह बोली, 'कितने बरस से हम यह खेल खेलते आ रहे हैं। हम एक-दूसरे से प्यार भी करते हैं और एक-दूसरे को खाने भी दौड़ते हैं। मैं यहाँ आई, यहाँ !' उसने अपने चारों ओर नज़रें दौड़ाईं, 'स्वर्ग-से सुंदर इस भवन में भी, ईश्वर की इस महिमा के बीच भी, हम एक-दूसरे को नोचते-खसोटते रहते हैं। मुझसे अब और नहीं सहा जाता !'

'विओलेन, मैंने सबकुछ किया कि ... ' डिकी ने कहना शुरू किया।

'प्लीऽऽज़ ! कोई सफ़ाई नहीं,' विओलेन ने दृढ़ता से उनकी बात काट दी। 'हममें से किसी के पास भी सफ़ाई में कहने को कुछ नहीं है, किसी के पास भी नहीं। माइ डियर, एडविना, मैं सोचती हूँ कि मुझे चले जाना चाहिए।'

'तुम नहीं जाओगी। मैं ... इस सिरदर्द के मारे ... मैं बहुत चिड़चिड़ी हो गई हूँ, जानती हो ना तुम ? ... मुझे माफ़ कर दो। तुम्हारी कोई ग़लती नहीं है,' एडविना सुबकती हुई बोलीं।

'ग़लती है। मेरी यहाँ कोई ज़रूरत नहीं है,' विओलेन दृढ़ता से बोली।

एडविना ने आह भरी, 'चलो ! चलो ! बेवकूफ़ी मत करो। रुक जाओ। मैं वादा करती हूँ कि कुछ समय निकालूँगी। तुम जयपुर देखे बिना नहीं जाओगी, ठीक है ? महाराजा की जयंती, हाथियों का जुलूस ... डिकी पोलो खेलेंगे, हमेशा की तरह बहुत ख़राब ही खेलेंगे। तुम्हें बहुत मज़ा आएगा, तुम्हें मौज-मज़ा अच्छा लगता है ...'

विओलेन मुर्दा-सी आवाज़ में बोली, 'एडविना, भारत आने के पहले तुम जिंदगी से प्यार करती थीं। अब तुम वही नहीं रह गई हो ...'

एडविना उग्र होकर बोलीं, 'हाँ ! यह सही है। इस पर मेरा कोई बस नहीं है। हाँ, मैं बदल गई हूँ। डिकी नहीं बदले हैं; इसका फ़ायदा उठाओ।'

रेशम से कोमल हृदयवाली वह प्यारी-सी फ्रेंच हस्ती लपककर खड़ी हो गई और खिलखिलाकर हँसने लगी। एडविना को जीवन की जो इतनी गंभीर नई समझ मिली थी उसके आगे यह आवाज़ कितनी बनावटी मालूम होती थी ... मोहिनी विओलेन के लिए भारत में जगह नहीं थी। या फिर उसे अपने को बदलकर कोई और बन जाना होगा।

एडविना सोचने लगीं, 'क्या मैं अब भी जिंदगी से प्यार करती हूँ ? पर विओलेन "जिंदगी" किसे कहती है आखिर ?'

हाँ, वे बदल गई हैं।

तनाव

दिल्ली, 20 दिसंबर 1947

भारत के गवर्नर जनरल का एक और दिन बहुत अच्छा गुज़रा था। जब से यंत्रणाग्रस्त प्रांतों में शांति लौटी थी वे बिना अपराधबोध के अपनी प्रिय गतिविधियों में लग सकते थे। बड़ी सुबह वे अपनी बेटी पैमेला के साथ घुड़सवारी के लिए निकल जाते; वे गॉल्फ़ खेलते; कभी-कभी पोलो खेलने पर भी कष्ट उठाकर हाथ आज़माते ! संक्षेप में, जीवन सहज ढंग से चलने लगा था। और, विओलेन के फ्रांस लौटने के बाद एडविना एक झक के साथ अपना सारा समय अस्पतालों और शरणार्थी कैंपों के चक्कर लगाने में बिताने लगी थी। नेहरू से वह कई हफ़्तों से नहीं मिली थी। यहाँ तक कि ऐसा लगने लगा था मानो वह उनसे मिलने से बच रही है। पति के साथ भी उसका यही रवैया था। उनके साथ कहा-सुनी की भी उसे फुरसत नहीं रह गई थी। फुरसत नहीं तो दर्द भी नहीं। सबकुछ बड़े मज़े में चल रहा था।

लेकिन संयुक्त राज्य अमेरिका के राजदूत के व्यवहार से लॉर्ड लुई कुछ परेशान थे।

कार्यकुशल मिस्टर ग्रैडी सिर्फ़ अपना काम ही तो कर रहे थे। चकरा देनेवाली आर्थिक संभावनाओं और मुख्य रूप से अमेरिकी औद्योगीकरण के नमूने के माध्यम से वे नए भारतीय राष्ट्र की सरकार को लुभाने की कोशिश कर रहे थे। सितंबर से ही लॉर्ड लुई माँग कर रहे थे कि ब्रिटिश विशेषज्ञों का एक दल आकर भारत के सामने एक औद्योगिक कार्यक्रम का प्रस्ताव रखे। मगर दंगों के बाद से जहाँ अमेरिकी राजदूत और भी ज़ोर-शोर से अपना प्रचार-अभियान चला रहे थे, लंदन निष्क्रिय पड़ा था। ग्रैडी ने अपनी सरकार से लॉर्ड माउंटबेटेन के नेतृत्व में चल रहे अमेरिका-विरोधी अभियान की शिकायत की थी। वैसे भी माउंटबेटेन का साम्यवादी दृष्टिकोण इंगलैंड के प्रेस में नियमित रूप से उद्धृत किया जाता ही था। यह आरोप नया नहीं था। एडविना अपने समाजवादी विचारों को छिपाती नहीं थीं और पत्रकार उन्हें कुछ-न-कुछ बढ़ा-चढ़ाकर ही पेश करते थे।

यह बात भी उतनी महत्वपूर्ण नहीं थी। संयुक्त राज्य अमेरिका के साथ भागीदारी का चुनाव करके, भारत राष्ट्रमंडल के प्रभाव-क्षेत्र से बाहर भी जा सकता था। यही ख़याल माउंटबेटेन को खाए जा रहा था। अमेरिका यूरोप के पुनर्निर्माण में सहायता कर रहा था और इसका फ़ायदा उठाकर इंगलैंड के सबसे मूल्यवान बाज़ार को चुराने से उसे कोई नहीं रोक सकता था। उसकी समृद्धि अक्षय थी। युद्ध का विजेता वही था

और उसी विजय-गर्व से वह हर जगह आगे धँसता जा रहा था। क्या भारत को अमेरिका के लिए छोड़ दिया जाए ? कभी नहीं।

औद्योगीकरण के मुद्दे पर विचार-विमर्श करने के लिए नेहरू किसी भी पल आ सकते थे और लॉर्ड लुई को घबराहट होने लगी थी। अपने भारतीय मित्र की समाजवादी मान्यताओं पर वे सीधे हमला नहीं कर सकते थे। वे स्वयं सोवियत तरीक़े के समुदायवाद के कट्टर विरोधी थे लेकिन पटेल के विपरीत नेहरू अपने देश के आर्थिक विकास पर कठोर से कठोर नियंत्रण रखने के पक्ष में थे। सरदार पटेल और नेहरू के बीच संबंध तनावपूर्ण थे।

'हाँ, तो प्रधानमंत्री महोदय, आप कहाँ से शुरू करना चाहेंगे ? मुझे तो सबसे ज्यादा चिंता है राष्ट्रमंडल की,' लॉर्ड लुई ने कहा।

'इस समय मेरी प्राथमिकता यह नहीं है,' नेहरू ने साफ़-साफ़ कह दिया।

'मैं जानता हूँ, इस समय आपको अपनी संविधान-संबंधी परियोजना से ज्यादा सरोकार है, लेकिन ...'

'उसकी चिंता डॉक्टर अंबेडकर कर रहे हैं। इस काम के लिए उनसे बढ़कर सुयोग्य और कोई नहीं है,' नेहरू ने तुर्शी से कहा।

'वे औरों की बात बहुत आसानी से माननेवाले नहीं लगते,' लॉर्ड लुई ने टिप्पणी की।

'डिकी, तुमने कभी भी किसी अछूत की आँखों में झाँककर देखा है ?' नेहरू ने पूछा। 'नहीं ! तुम उन आँखों को देख ही नहीं सकते थे क्योंकि युगों-युगों से उन्हें आदेश मिला हुआ है कि नज़र उठाकर किसी से मिलाएँ नहीं। पर जब किसी अछूत की समझ में आता है कि उसके साथ कितना अन्याय हुआ है, और वह जब आख़िर आकर मानव समाज में मिल जाता है, तब वह तुमसे भी ज़्यादा मज़बूत हो जाता है, डिकी। अंबेडकर असवर्णों का नेता है, वह स्वयं असवर्ण है। उसने हिंदुस्तान के लाखों दलितों को मुक्त किया है। नहीं, वह औरों की बात आसानी से नहीं मानता; और मैं, एक ब्राह्मण, ज़ोर देकर कहता हूँ कि उसे इसका अधिकार है।'

'ठीक है, ठीक है, नेहरू,' लॉर्ड लुई ने स्वीकार किया। 'मुझे पता है तुम मानव मात्र के बीच समानता की घोषणा करनेवाले हो। पर इतना ही काफ़ी नहीं होगा। तुम अछूतों के लिए क्या करोगे ?'

'अंबेडकर का इरादा है कि संविधान की एक अनुसूची में उनके लिए सरकारी नौकरियों में कोटा आरक्षित रखा जाए, और जनजातियों के लिए भी, क्योंकि उनकी भी इतनी ही उपेक्षा हुई है। न्याय होकर रहेगा; मैं इसे लागू करूँगा।'

आवेश में भरकर कमरे में तेज़ी से चहलकदमी करते हुए नेहरू की आँखें अंगार उगल रही थीं। एक छोटी-सी मेज के आगे से गुज़रते हुए उन्होंने एक ऐशट्रे को हाथ का ऐसा झटका मारा कि वह झन्नाती हुई फ़र्श पर जा गिरी।

लॉर्ड लुई धीमे से बोले, 'मुझे लगता है कि तुम पटेल के बारे में सोच रहे हो।'

'उसे मैं भुला भी कैसे सकता हूँ ! वह मुझे शासन नहीं करने देता। तुम्हें पता है, अभी-अभी उसने मुझे एक लिखित प्रतिवाद भेजा है। बहाना यह है कि ख़ास तौर से संकट की संभावनावाले एक शहर में धार्मिक विवाद की जानकारी की पुष्टि के लिए मैंने अपना दूत भेजा था। उसका दावा है कि जनता में व्यवस्था की देखभाल सिर्फ़ उसके विभाग का जिम्मा है। पर मैं प्रधानमंत्री हूँ।' नेहरू क्रुद्ध होकर बोले।

'जरूर-जरूर। इस पर वह कोई विवाद कैसे उठा सकता है ?' लॉर्ड लुई ने बिना किसी उत्साह के कहा।

'उसका कहना है कि प्रधानमंत्री का ओहदा बराबरवालों में पहला है — सिर्फ़ इतना ही ! और यह कि इस बारे में मेरे ख़यालात तानाशाह जैसे हैं; और यह कि मैं जनतंत्र को ध्वस्त कर रहा हूँ ! मैं !' नेहरू रुष्ट होकर बोले।

लॉर्ड लुई तसल्ली देते हुए बोले, 'यह सब धीरे-धीरे ठीक हो जाएगा। तुम्हारे पास और कोई विकल्प भी नहीं है।'

नेहरू की आँखें धधक रही थीं, 'तुम्हें ऐसा लगता है ? मैं चाहता हूँ कि वह या तो झुक जाए या विदा हो जाए !'

'अगर तुम शासन में मतभेद को प्रश्रय दोगे तो आगे बड़ी परेशानियाँ खड़ी हो जाएँगी !' लॉर्ड लुई ने दृढ़ता से कहा। 'पटेल तुम्हारे लिए बड़े काम का आदमी है। यह मत भूलो कि वह न होता तो रजवाड़ों ने देश की एकता की धज्जियाँ उड़ा दी होतीं !'

'हाँ, इसी सिलसिले में .... वह संविधान में इन शासकों के लिए बड़ी भारी पेंशन का प्रावधान रखना चाहता है, आजीवन करमुक्त राशि ! बजट पर इसका बड़ा भारी बोझ पड़ेगा; और देश में दरिद्रों की संख्या इतनी बड़ी है !' नेहरू बिलबिलाकर बोले।

लॉर्ड लुई ने बड़ी शांति से कहा, 'जवारला, भारत ने इन शासकों से कुछ वादे किए हैं।'

'मैं जानता हूँ।' आरामकुर्सी के हत्थे पर घूँसा मारते हुए नेहरू चीखे। 'पर मुझे लग रहा है कि जहाँ हमें अत्याचार के ख़िलाफ़ लड़ना चाहिए, वहाँ हम उसे ज़ारी रखे हुए हैं। पटेल इस बारे में कुछ सुनने को ही तैयार नहीं है !'

'वह ठीक कह रहा है ! और मेरे मत में निजी संपत्ति के मामले में भी उसकी बात

सही है; और इसकी जो हिमायत वह कर रहा है, वह भी सही है,' लॉर्ड लुई ने गहरा निःश्वास छोड़ा।

नेहरू भुनभुनाए, 'अब तुम मेरे खिलाफ़ सरदार का समर्थन कर रहे हो !'

लॉर्ड लुई ने होशियारी से अपनी बात बीच में सरका दी, 'प्रधानमंत्री महोदय, आप इंगलैंड और अमेरिका के बीच फैसला क्यों नहीं कर लेते ? राजदूत ग्रैडी क्या एक औद्योगीकरण योजना का प्रस्ताव नहीं रख रहे हैं ? मेरी सलाह है कि आप इसे स्वीकार न करें।'

आरामकुर्सी में पीठ टेककर नेहरू ने एक सिगरेट सुलगाई।

'आपने अंग्रेज विशेषज्ञों का एक दल बुलाने का वादा किया था। उनका तो अभी तक कोई नामो-निशान नहीं ...'

माउंटबेटेन ने बात बीच में ही काट दी, 'बेहतर होगा कि हम सीधे मुद्दे पर ही आएँ, जवालार। मुख्य समस्या है राष्ट्रमंडल की।'

नेहरू रूखे तानाशाही स्वर में बोले, 'मैं किसी तरह का औपचारिक संबंध नहीं चाहता, डिकी। तुम्हारी बदौलत भारत और इंगलैंड के बीच दोस्ताना संबंध संभव हुए हैं। मैं इसे राष्ट्रमंडल पर तरजीह देता हूँ। पर सारा श्रेय तुम्हें देकर मैं भूल कर रहा हूँ; हमारी एडविना भी तो है ...'

'हमारी' शब्द पर लॉर्ड लुई मुस्कुरा दिए।

मगर चेहरा गंभीर बनाए हुए ही उन्होंने जवाब दिया, 'धन्यवाद। लेकिन राष्ट्रमंडल से भारत का जुड़ाव मैं ब्रिटिश साम्राज्य को अमर बनाने के लिए नहीं चाहता। इसमें सभी का हित है ... अगर नहीं जुड़ते, तो तुम्हें डॉलर की सत्ता के आगे घुटने टेकने पड़ेंगे !'

'उसका कोई ख़तरा नहीं है,' नेहरू ने रुखाई से जवाब दिया। 'जहाँ तक राष्ट्रमंडल की बात है, इसका सवाल ही नहीं उठता। हमारा देश जनतांत्रिक है। तुम हमसे सम्राट के प्रति निष्ठा की शपथ लेने की अपेक्षा कैसे कर सकते हो ? प्लीज़, जो बात संभव ही नहीं है, उसकी ज़िद मत करो।'

'सचमुच ही कुछ नहीं हो सकता ?' लॉर्ड लुई बुदबुदाए।

गुस्से में गुम नेहरू ने कोई जवाब नहीं दिया। लॉर्ड लुई भी चुप बैठे रहे।

लंबी चुप्पी के बाद नेहरू ने पूछा, 'एडविना कैसी हैं ?'

'ठीक ही है, जहाँ तक मैं जानता हूँ। उससे मेरी मुलाकात सिर्फ पार्टियों और समारोहों में ही होती है। वह बड़े जोश से अपने-आपको झोंके हुए है।' लॉर्ड लुई ने लापरवाही से उत्तर दिया।

नेहरू बोल उठे, 'मैंने उन्हें ... जब से ... जब से तुम लोग जयपुर गए थे ... तब से मैंने उन्हें नहीं देखा है।'

'न मैंने, जवारल,' लॉर्ड लुई मुस्कुराते हुए बोले। 'शायद वह हमसे बचती फिर रही है।'

नेहरू ने गहरी साँस ली, 'मैं आख़िरी बार बता रहा हूँ, मेरा नाम जवा-हर-लाल है, जवारल या जवालार नहीं।'

लॉर्ड लुई ने सिर ठोक लिया, 'माफ़ कर देना।' फिर वे गला साफ़ करते हुए बोले, 'बात चल ही रही है, तो एक विषय पर हमने अभी तक बात नहीं की है। कश्मीर। अगर तुम इस विवाद को संयुक्त राष्ट्र की सुरक्षा परिषद को सौंप दो, तो कैसा रहे?'

नेहरू की आँखें गंभीर थीं। 'तुम्हें उन पर भरोसा है ?' उन्होंने पूछा।

'यह अंतरराष्ट्रीय संगठन है — प्रगतिशील तथा लोगों के आत्मनिर्णय के अधिकार और शांति की रक्षा के लिए पूरी तरह प्रतिबद्ध ... हम एक सत्यानाशी युद्ध से अभी-अभी निपटे हैं ... हाँ, नेहरू, मुझे भरोसा है,' लॉर्ड लुई ने आस्थाभरे विश्वास से कहा। 'पहले तुम ही संयुक्त राष्ट्र से अपील क्यों नहीं कर देते ? इससे तुम्हारी सदाशयता का प्रभाव और भी ज्यादा पड़ेगा।'

'और परिषद क्या प्रस्ताव रखेगी ?' नेहरू ने चिंतित भाव से पूछा।

माउंटबेटेन सतर्क थे, 'पता नहीं ... जनमत संग्रह की व्यवस्था की निगरानी ? दोनों देशों के बीच शांति सेना भेजना ?'

'और हमारी स्वतंत्रता का क्या होगा ? भारत का क्या होगा ?'

'जवालार, तुम्हें यह युद्ध शुरू नहीं होने देना चाहिए !'

नेहरू उद्विग्न होकर बोल पड़े, 'अगर पाकिस्तान पठानों को भारत में आ बसने के लिए, कश्मीर-क्षेत्र में धकेलने से बाज़ नहीं आता, तो मुझे जवाब देने को मजबूर होना ही पड़ेगा।'

'सावधान ! संयुक्त राष्ट्र धमकियों के तहत काम नहीं करता !'

'वह काम करता भी है !' नेहरू ने हिकारत से व्यंग्य किया।

'लीग ऑफ नेशंज़ की याद है ? हम तो काफ़ी लंबे समय तक उसके सदस्य रहे थे। और फ़ायदा क्या हुआ ?'

लॉर्ड लुई चिढ़ गए, 'पर तुम्हीं हमेशा बातचीत की, मध्यस्थ-निर्णय की हाँक लगाते रहते हो। बल-प्रयोग से इनकार तुम ही करते हो; अंतरराष्ट्रीय नैतिक संहिता के तुम हिमायती हो ! नहीं ?'

गहरी साँस लेकर नेहरू उठने लगे, 'चलो, उम्मीद की जाए कि इस प्रशंसनीय संगठन के नए अध्यक्ष अमेरिकन नहीं होंगे। डिकी, तुम बहुत ज़िद्दी हो। मैं अपनी सरकार

से सलाह करूँगा।'

दिल्ली, 25 दिसंबर 1947

महात्माजी ने अपने स्वाभाविक नर्म स्वर में कहा, 'मैं इससे सहमत नहीं हूँ, बेटा। संयुक्त राष्ट्र संघ वैसा नहीं है, जैसा तुम्हें समझाया गया है। अभी से ही वहाँ महाशक्तियों की टक्कर होने लगी है और तुम्हें जिस सुलह-सफ़ाई की उम्मीद है, वह वहाँ से हासिल होने की कोई गुंजाइश नहीं है। तुम सुलह-सफाई ही चाहते हो ना ?'

'जी हाँ, बापू, ज़रूर !' नेहरू आँखें मूँदे-मूँदे बुदबुदाए। 'मगर मेरा फ़ैसला लिया जा चुका है। इस पर काफी विचार-विमर्श भी हो चुका है।'

'उस चालबाज़ी के अखाड़े को मामला सौंपने के बदले क्या तुम्हें कोई निष्पक्ष भारतीय या ईमानदार पाकिस्तानी नहीं मिल सका जो सौहार्द्रपूर्ण समझौता करवा सकता ? तुम चाहो तो मैं किसी अंग्रेज़ की तलाश कर सकता हूँ। उदाहरण के लिए लेबर पार्टी के फ़िलिप नोएल बेकर को ही लो। उनकी सोच बिल्कुल सीधी और मुक्त है।'

नेहरू ने गहरी साँस ली, 'बापू, मैं आपसे इस बारे में बात करने नहीं आया था। आप क्या सचमुच सोचते हैं कि भारत और पाकिस्तान के बीच कश्मीर के विभाजन की बात को स्वीकार कर लेना ज़रूरी है ?'

'कभी भी नहीं ! तुमने भारत को बाँट दिया। तुमने खून की नदियाँ बहती देखी हैं। फिर से वही सब नहीं करोगे तुम लोग !' महात्माजी क्रुद्ध होकर बोले।

'मैं जानता था। बापू, अब बताइए, क्या दुश्मनों को पीछे धकेलने के लिए हमें अपनी सेना को सीमाओं पर भेजना चाहिए था ?' नेहरू ने हौले से पूछा।

महात्मा ने सिर झुका लिया।

'मैं हाथ जोड़ता हूँ... आपकी आंतरिक भावना को जानना मेरे लिए बहुत ज़रूरी है,' नेहरू ने दर्दीले स्वर में कहा।

महात्मा ने गंभीरता से उनकी आँखों में देखकर उत्तर दिया, 'तुम्हें उसका पता जल्दी ही चल जाएगा। आज शाम को मैं रेडियो पर बोलना चाहता हूँ और तुम्हें बताता हूँ कि क्या बोलूँगा। मैं कश्मीर के बँटवारे के विचार के ख़िलाफ़ बोलूँगा और सीमाओं पर सेना भेजने के तुम्हारे निर्णय की हिमायत करूँगा ....'

राहत के मारे नेहरू चिल्ला-से पड़े, 'ओह, बापू ! बहुत-बहुत शुक्रिया।'

'... लेकिन मैं संयुक्त राष्ट्र संघ की सहायता के बिना, तुरंत समझौते की बातचीत शुरू करने का आग्रह भी करूँगा — सुन रहे हो जवाहर ? मैं भारत और पाकिस्तान के बीच संपूर्ण सुलह-सफ़ाई की ज़रूरत पर फिर से बल दूँगा। इसके अलावा, मैं खुद

पाकिस्तान जाने की सोच रहा हूँ,' महात्माजी ने दृढ़ता से कहा।

नेहरू ने हथियार डाल दिए, 'जैसा आप चाहें। और, आप हमारे बीच में मध्यस्थता करेंगे। नहीं ?'

वृद्ध बापू मुस्कुरा दिए। फिर लापरवाह-से लहज़े में बोले, 'तुमने कभी सोचकर देखा है कि गायों से दुर्व्यवहार करके हमारे किसान किस तरह उनसे मिलनेवाले लाभों से अपने को वंचित कर लेते हैं ? इस बात को लेकर मैं कल से गाँवों में एक आंदोलन शुरू करने जा रहा हूँ।'

अतीत से वितृष्णा

दिल्ली, 10 जनवरी 1948

अतीत के प्रणय-दलदल से, एडविना के कीचड़ से उभरकर वे सब भवन में आ गए थे — बनी और उसकी युवा पत्नी, और पीटर मर्फ़ी। अपनी घिसी-पिटी बातों और विशिष्ट विस्मयपरक उद्‌गारों के माध्यम से वे मानो अपने होने का सबूत दे रहे थे।

बनी से अपना प्रणय-संबंध एडविना ने डिकी से समझौते के बाद बनाया था। एडविना जहाँ-जहाँ भी जातीं, शिष्ट-सजीला बनी पीछे-पीछे जाता। यात्रा और रोमांस के लंबे-लंबे वर्षों तक यह सिलसिला चला — कभी प्रशांत महासागर पर झिलमिलाते सितारों के तले चरम हर्षोन्माद की स्थिति में, कभी किन्हीं द्वीपों में नारियल वृक्षों के नीचे, चीन के ग्राम-अंचलों में, और ख़ासकर, दोनों के ही अत्यंत प्रिय स्थान, समुद्र की गोद में। बनी ने आख़िरकार शादी कर ली थी। और अब बनी अपनी पत्नी को दिल्ली लाया था।

इससे भी बढ़कर कष्टकर था, मर्फ़ी। पीटर मर्फ़ी डिकी का सबसे पुराना दोस्त था : तेज़ दिमाग़वाला मोटा आदमी, उग्र स्वातंत्र्यवादी। कहा जाता था कि वह कम्यूनिस्ट था। एडविना की जिंदगी में घुस-पैठ करने से वह कभी बाज़ नहीं आता था। क्या अभी मर्फ़ी की उपस्थिति के कारण ही डिकी कुछ असामान्य रूप से उपेक्षापूर्ण व्यवहार कर रहा था ? बनी, उसकी पत्नी जिना और स्वाभाविक रूप से ही, पीटर की आवभगत में वह दोहरा हो रहा था और एडविना को उसने मानो बिल्कुल ही कोने में फेंक रखा था। एडविना फट पड़ी थीं।

अपने कमरे में बंद एडविना रो भी नहीं पा रही थी। उसकी लाल-लाल आँखें सूखी

थीं। पेट में ऐंठन और पैरों में भारीपन महसूस हो रहा था। क्रोध से उसका दम घुट रहा था।

वह सोच रही थी, 'वह सिरदर्द .... फिर से आता महसूस हो रहा है। मैं अच्छी तरह जानती हूँ, यह रजोनिवृत्ति के कारण नहीं है, कोई और भी गंभीर बात है। तपेदिक ? कैंसर ? छोड़ो भी। मैं बीमार नहीं हूँ। मेरा शरीर फ़ौलादी है। ना, यह वजह तो नहीं है। मुझे किसी के साथ सोए कितने महीने हो गए ? दस महीने ? मैं मुरझा गई हूँ। नहीं ! ये विचार कितने भयावने हैं। मैं इन लोगों को जानती हूँ, मैं इनसे नफ़रत करती हूँ ... जवाहर ... उन तमाम लोगों के बाद मैं भला अपनी बाँहों में इनके होने की कल्पना भी कर सकती हूँ ? और इस उम्र में ? उस प्यार पर भरोसा करना मेरा पागलपन था। अपनी जिन्दगी से इनकी जिन्दगी को जोड़कर मैं देख ही कैसे सकती हूँ। अपने-आपको मैं बदल नहीं सकती। उन दूसरे लोगों के साथ सबकुछ कितना आसान था। मैं उनमें शामिल हो जाती, मैं नाचती, और फिर तो सब अपने आप ही होता चला जाता ! वे मेरी चाहना करते थे और मैं अपने-आपको निर्बन्ध छोड़ देती थी ... पर सुबह-सुबह मुझे हलकी-सी वितृष्णा होती थी, आँखें खोलते ही हताशा घेर लेती थी। वह दुष्ट नशा, और वे निरर्थक शब्द ! मैं अपने प्रेमियों के प्रेम से अपने प्रेम की तुलना कर ही कैसे सकती थी ? संसार में कोई भी कभी उसे तुष्ट नहीं कर पाया है। मुझसे प्यार ही कौन करता है ? जवाहर ? क्या मैं उसे कभी सचमुच जान सकूँगी ? छः महीने में हम लोग फिर कभी भी न मिलने के लिए बिछुड़ जाएँगे। कोई वादा नहीं, एक चुंबन तक नहीं ...'

उसने तकिए में मुँह छिपा लिया। पर आँसू निकले ही नहीं।

दरवाजे पर दस्तक हुई।

'चले जाओ !' घुटी हुई आवाज़ में एडविना ने कहा।

'एडविना, मैं हूँ, पीटर,' दरवाजा धकेलकर मर्फ़ी अंदर दाख़िल हुआ।

'मुझे तंग मत करो ... मेरे सिर में दर्द है ...' वह बुदबुदाई।

'मेरे साथ यह बात मत करो, माइ डियर,' मर्फ़ी ने उसके पलंग के किनारे पर बैठते हुए कहा। 'हमारी दोस्ती के पचीस सालों में मैं तुम्हारी असंख्य बीमारियों को पहचानना सीख गया हूँ। मैंने वे तमाम बीमारियाँ देखी हैं : तुम्हारे जुकाम, पेटदर्द, पीठदर्द, सिरदर्द, अलसर, यहाँ तक कि फोड़े-फुंसी, रक्तस्राव, गर्भस्खलन तक — किसी और बेहतर शब्द के अभाव में फ़िलहाल हम इसी शब्द से काम चलाएँगे।

'आदरणीय लेडी लुई, आप बीमार हैं तो इस वजह से कि इस समय आपके चंगुल में कोई प्रेमी नहीं है। एडविना, तुम्हें सबसे नए प्रेमी, परम निपुण प्रेमी के आगमन

का इंतज़ार करना पड़ेगा ...'

'निकल जाओ ! तुम असह्य हो ...' एडविना बोली।

'तुमसे ज़्यादा नहीं ! हमारे-तुम्हारे और मेरे संबंध हमेशा बहुत सहज नहीं रहे हैं। पर दिल की गहराई में, मुझे तुमसे बहुत स्नेह है, तुम्हारी बेवकूफ़ियों के बावजूद। अभी-अभी डिकी से मेरी लंबी बातचीत हुई है। वह बहुत दुखी है।'

'और भी अच्छी बात है !' क्रोध के आवेश में तकिए को ज़ोरों से झकझोरती हुई वह बोली। 'कम-से-कम दोनों ही तकलीफ़ पा रहे हैं।'

मर्फ़ी उदास आँखों से उसे देखता हुआ उसके क्रोध के शांत होने की प्रतीक्षा करता रहा। एडविना धीरे-धीरे शांत हो गई।

अपने तकिए में मुँह गड़ाए वह बुदबुदाई, 'वह ऐसे व्यवहार करता है, मानो मैं हूँ ही नहीं। जब हम साथ होते हैं तो वह हरदम अपनी घड़ी देखता रहता है; अपना कार्यक्रम वह मुझसे सलाह लिए बिना ही तय कर लेता है; वह... वह...'

'उसे हर बात का बहुत ध्यान है, एडविना,' मर्फ़ी ने नरमी से कहा। 'उसे बहुत अफ़सोस है, पर तुम, अपनी तरफ से तुम उसे ख़ास शांति नहीं पाने देतीं। वह तेज़रफ़्तार है, वह हर चीज़ तय कर लेता है, योजना बनाने का उसे जुनून है, यह उसकी प्रकृति में है; और तुममें धीरज का अभाव है।'

'क्यों हो मुझमें धीरज ?' वह तकिया परे फेंकते हुए बोली।

'क्योंकि तुम अब भी उसके जीवन का सबसे गहरा प्यार हो, माइ डियर। प्लीज़, चीखो मत। जब उसने तुम्हें पहले-पहल देखा था, वांडरबिल्ट के यहाँ, तब मैं उसके साथ था। मैं ही था जिसने उसे तुम्हारी तरफ़ धकेला। मैं था, जिसने उसे उस ऑड्रे जेम्स से संबंध तोड़ने को मजबूर किया था जो तुम्हारे पैरों की धूल के बराबर भी नहीं थी। मैं तुम दोनों को ही बहुत लंबे समय से जानता हूँ। मैं तुम्हारी ज़िंदगी में हिस्सेदार रहा हूँ। तुम्हारी तमाम यात्राओं में मैं पीछे-पीछे चला हूँ। मैंने अच्छे और बुरे दिनों की पहचान की है। मैं गवाही देता हूँ कि उसने कभी... कभी भी उस निष्ठामय प्रेम को बट्टा नहीं लगाया जो तुम्हारे लिए उसके मन में है, और भगवान जानता है, एडविना ...'

'मुझे पता है,' बीच में ही बात काटकर एडविना बोली। 'पर हमने एक समझौता किया था। मैं मुक्त नारी हूँ, पीटर।'

'च्च !' पीटर मर्फ़ी दाँत भींचकर बोला, 'मैं उस नियामत के दौर की बात नहीं कर रहा हूँ। वह तुम लोगों की ज़िंदगी का सबसे आनंदमय समय था, और तुम्हारे दोस्तों के लिए अतुलनीय शांति का। मैं समझौते के पूर्व के वर्षों के बारे में सोच रहा था, तुम्हें याद है ?... एक वक्त में कभी भी तीन से कम आशिक़ नहीं होते थे और झूठ का अंतहीन

सिलसिला चलता रहता था — वह हंगेरियन, एंटी — न जाने क्या, शायद स्पैट्ज़ारी और फिर... ख़ैर छोड़ो। इतने सारे थे कि मैं उन्हें भूल ही गया हूँ। और उस दौरान, डिकी को विश्वास हो गया था कि ग़लती उसी की है। उसे लगता था कि तुम दुख उठा रही हो। वह तुम्हारी पूजा करता था मानो तुम पवित्र मेडोना हो ...'

'पीटर। तुम बड़े बेरहम हो।' एडविना चिल्लाई।

'बिल्कुल भी नहीं।' वह मृदुता से बोला। 'लेडी चैटरली की भूमिका में भी तुममें एक तरह की विशिष्टता थी। तुम अच्छी तरह जानती हो कि मैं इस आधुनिक नैतिकता को नापसंद नहीं करता। पर इसने मेरे सबसे प्यारे दोस्त को बहुत तकलीफ़ पहुँचाई है। एक दिन डिकी बड़ी निर्ममता से झकझोरा जाकर इस व्यामोह से जाग पड़ा। उसे आख़िर तुम्हारी बेवफ़ाइयों का पता चल गया था और उसने तुम्हारे सामने दो विकल्प रख दिए — मंज़ूर करो या चली जाओ। तभी जाकर तुमने वह समझौता किया। तुम्हारे पास बनी था और उसके पास विओलेन — यानी, जब तुम उसे डिकी को वापस लौटा देने को राज़ी हो गईं, तब। तुम चारों इकट्ठे यूरोप गए, बल्कि तुम अपने प्यारे बनी के साथ एक जहाज में सारी दुनिया के चक्कर लगाती रहीं और डिकी अपनी उस फ्रेंच औरत के साथ खुश था। दुर्भाग्य से, इस वैवाहिक चौगड्डे के दस साल बीतते-बीतते उस सत्यानाशी बनी ने शादी करने के लिए तुम्हें झटक देने का फ़ैसला कर लिया और ये खेल फिर से शुरू हो गए।'

एडविना खौंखियाई, 'चुप रहो। मैंने खुद संकेत किया था कि उसे जिना से शादी कर लेनी चाहिए।'

'बनी ने तुम्हारे उकसाने पर फुसलाया जाना मंज़ूर कर लिया ? इस बात के एक शब्द पर भी मुझे यकीन नहीं है। तुम अपने अहं की रक्षा के लिए बात बना रही हो !'

'पीटर, तुम्हारा जो जी आए, यकीन करो। बनी मुझसे उकताने लगा था,' वह शांत हो चली थी।

'तो फिर सिर्फ़ डिकी की वजह से ही... मेरा मतलब है, तुम्हारी ये हालत क्या बनी की उपस्थिति की वजह से नहीं है ?'

'हरगिज़ नहीं,' एडविना ने दाँत भींचकर कहा।

'तब तुम्हारे इस तरह कटख़ना होने की भी कोई वजह नहीं है। मेरा दोस्त डिकी हमेशा से सहिष्णुता का प्रतिमान रहा है। कोई और होता तो तुम्हें कब का तलाक़ दे चुका होता, पर डिकी ने नहीं दिया। अपने ही तरीक़े से, वह आज भी तुम्हें प्यार करता है...'

'तुम इस बारे में क्या जानो, पीटर ? औरत के लिए मर्द के प्यार के बारे में तुम

क्या जानो ?' उग्र होकर उसने उसे चोट पहुँचाने के लिए कहा।

पीटर मर्फ़ी ने होंठ काटकर सिर झुका लिया।

फिर वह ठंडे स्वर में बोला, 'मेरी रुचि, मेरा रुझान पुरुषों की ही ओर हो सकता है एडविना, फिर भी मैं इस बारे में तुमसे बहुत ज्यादा जानता हूँ। नहीं तो क्या मैं उसे तुम्हारी ओर बढ़ने को उकसाता ?'

'कौन जाने, तुम्हारी असली नीयत क्या थी,' उसने तड़ाक से दे मारा।

गुस्से से भड़ककर पीटर मर्फ़ी उछलकर खड़ा हो गया।

'अब तो तुम्हें यह भी पता नहीं चलता कि तुम क्या बक रही हो ! एक नया आशिक़ ढूँढ लो। तुम फिर प्यार में मुब्तिला हो जाओगी और डिकी को आख़िर कुछ शांति मिल जाएगी।' वह चिल्लाया।

'ओह ! चुप रहो ! तुम्हें दिखाई नहीं देता कि मैं कितनी बुढ़ा गई हूँ !' वह बेतहाशा फफक-फफककर रो पड़ी।

मर्फ़ी फिर से उसके पास बैठ गया और प्यार से उसका हाथ थपकने लगा।

'चलो, आख़िर तुम सचाई पर उतर आईं,' वह बुदबुदाया। 'मेरी बात सुनो। मैं तुम दोनों के बारे में बहुत कुछ जानता हूँ। डिकी को सेक्स में रुचि नहीं है, यह हम सब जानते हैं। वह भावुक प्रकृति का है। पर तुम्हें ही इसमें कहाँ रुचि है !'

'क्या बकवास कर रहे हो, पीटर ! अगर ऐसा होता तो क्यों मैं जीवन-भर... ?'

'... आशिकों की तलाश में जुटी रहती ? अहंकार की तुष्टि और शिकार के मज़े के लिए। तुम नहीं जानतीं, माइ डियर, कि एक बार डिकी ने तुम्हारे शब्द मेरे आगे दुहराए थे। मस्ती-भरी एक शाम को तुमने आख़िर उसे यह कहने की हिम्मत बटोर ली थी कि यौन क्रिया से तुम्हें नफ़रत है...'

एडविना ने अचानक पलटकर चादर में मुँह छिपा लिया।

'देख लो, तुम इससे इनकार तक नहीं कर रहीं,' मर्फ़ी ने शांति से कहा। 'सारी उम्र तुमने पुरुषों को अपने बिस्तर तक लाने की कोशिशों में ख़र्च कर दी और ख़ासतौर पर तुम उन्हें खुले आम अपने चारों ओर प्रणय-याचना करते हुए घुमाती रहीं। इसके लिए कई बार तुम्हें उलाहने भी सुनने पड़े हैं, नहीं ? तुम्हें अमेरिकी गायक पॉल रॉब्सन की याद है ? तुम्हारे ख़िलाफ़ प्रेस का वह अभियान, मानहानि का मुक़दमा, वह तमाम झंझट... क्या सोचती हो, वह सब क्यों हुआ ? तुम्हारी लंपटता की ख्याति के कारण ही तो ?'

'पीटर, उस समय खुद तुमने कहा था कि वह जातिवादी हमला था।' एडविना कृष्ट भाव से बोली।

'हाँ, क्योंकि रॉब्सन की चमड़ी काली थी, और क्योंकि, ताज्जुब की बात है, वह

तुम्हारा प्रेमी नहीं था,' मर्फ़ी ने गहरी साँस ली। 'उसके बावजूद तुमने अपने तौर-तरीक़े नहीं बदले... और फिर, जब तुम मानवीय कार्यों में अपनी ऊर्जा के उपयोग का तरीक़ा जान गईं, तो प्रेमियों की ज़रूरत भी नहीं रही। सारे पुरुष ग़ायब हो गए। तुम तुम बन गईं... युद्ध के अंत तक। तब, तुम एक बार फिर ख़ाली हो गईं और तुमने मालकम सार्जेण्ट को पकड़ लिया।'

हैरत से भरकर वे धीमे से बोली, 'सही है। पर अब मुझे मालकम में कोई दिलचस्पी नहीं रही।'

'इतना तो मैं समझ गया था,' मर्फ़ी बुदबुदाया। 'भारत के बँटवारे के दौरान तुम्हारी अदम्य ऊर्जा को फिर से उपयोग का माध्यम मिल गया। पर अब वह दौर गुज़र गया है। उपद्रव बंद हो गए हैं, और पुराने दिनों की ही तरह, तुम फिर से बीमार पड़ गई हो। पर अब तुम वैसी युवा नहीं रहीं, एडविना...'

'तो फिर मैं कैसे जियूँ, बताओ ?' सीधे उसकी ओर देखते हुए उसने प्रश्न किया।

'हूँ ऽऽ, अब, जबकि उम्र आ गई है, अब, जबकि तुम चौबीस घंटों के प्रेमियों की तलाश की चिरंतन चिंता से आख़िर मुक्त हो चुकी हो, तुम शांति से डिकी के पहलू में रहोगी। तुम बहुत बढ़िया नानी बनोगी — मेधावी और प्रतिभावान। और तुम ये झगड़े बंद कर दोगी। एडविना, प्यार का एक वक्त होता है और दोस्ती का भी एक वक़्त होता है...' वह गुनगुनाया।

'कब्भी नहीं।' वह चीख पड़ी, 'बिना प्रेम का जीवन मैं कभी स्वीकार नहीं करूँगी !'

मर्फ़ी की मुस्कान बेरहम थी, 'तो फिर तुम्हारा इरादा क्या है ? क्या तुम उन बुड्ढियों की जमात में शामिल हो जाओगी जो मरी चमड़ी पर लदे गहनों की तरह अपने साथ नौजवान आशिकों को घसीटे फिरती हैं ? साफ़ बात तो यह है माइ डियर, कि यह तुम्हारी शैली ही नहीं है। और अगर यह नहीं करतीं तो तुम्हें वह महान प्यार कहाँ मिलेगा जिसकी तुम्हें हमेशा से तलाश रही है और जो डिकी तुम्हें नहीं दे सका ?'

एडविना ने कोई जवाब नहीं दिया। मर्फ़ी मानो बेखयाली में अपने हाथ के पाइप को ठकठकाता हुआ उत्तर की प्रतीक्षा करता रहा। पर उसकी आँखें चौकन्नी थीं। एडविना अचानक ही क्रोध के आवेश से बेबस हो उठी।

वह अचानक उठ बैठी। उसकी आँखें सूखी थीं। 'पीटर, तुम चले जाओ। भाषण के लिए बहुत-बहुत धन्यवाद। तुम उस जिंदगी के प्रतीक हो जिसे मैं अब नहीं चाहती। जाओ।' उसने आदेश दिया।

दस

हमारे जीवन का प्रकाश बुझ गया है

महात्मा की आख़िरी जीत

दिल्ली, 12 जनवरी 1948

महात्माजी पाकिस्तान जाना चाहते थे।

हिंदू अतिवादी इस समाचार से चिढ़ गए थे। इतने प्रबल तनाव के दौर में यह ज़िद्दी आदमी ऐसे समय यह अंतिम उकसावा देने की हिम्मत कर रहा था; जब हमलावर दुश्मन कश्मीर की सीमा पर डेरा डाले बैठा था; जब सभी जानते थे कि पाकिस्तान सरकार बेशर्मी से उस रकम का तगादा कर रही थी जो भारत पर निकलती थी और जिसके बिना अभी भारत का काम चलना मुश्किल था।

पर कोई बात या कोई व्यक्ति गाँधीजी को क़ायल नहीं कर सकता था। हालाँकि मार-काट पूरी तरह बंद हो चुकी थी, लेकिन, उनके विचार से, अभी भी टकराव के बहुत सारे स्रोत बने हुए थे। उनकी पाकिस्तान-यात्रा से जिन्ना को और पाकिस्तान के प्रधानमंत्री लियाक़त अली ख़ाँ को तसल्ली होगी। महात्माजी इस बारे में जितना विचार कर रहे थे उतने ही वे इसकी उपयुक्तता के कायल होते जाते थे।

उस दिन नेहरू इस प्रतिष्ठित वृद्ध को समझा-बुझाकर योजना को रद्द करने के लिए राज़ी करने की कोशिश करने बिरला हाउस आए थे। पर महात्मा के होंठों पर एक विचित्र मुस्कान खेल रही थी।

नेहरू को एक नामालूम-सी चिंता हुई, 'बापू, आज आप बड़े ख़ुश नज़र आ रहे हैं ...'

'चलो, मेरा बेटा अब कुछ समझने तो लगा है,' वे नरमी से बोले। 'देखो जवाहर,

मैंने एक फ़ैसला कर लिया है। इसकी प्रेरणा मुझे अचानक ही हुई। पाकिस्तान की यात्रा के पहले मैं उपवास करूँगा,' वे स्पष्ट आवाज़ में बोले।

नेहरू स्तंभित-से उन्हें देखते रह गए। उनका चेहरा फक पड़ गया। वे फुसफुसाए, 'आमरण अनशन तो नहीं ?'

'और क्या !' महात्मा ने गंभीरता से उत्तर दिया।

'क्यों ?' नेहरू संत्रस्त थे। 'स्थिति लगभग नियंत्रण में आ चुकी है। आख़िर हम खुलकर साँस लेने लगे हैं ! कश्मीर का विवाद संयुक्त राष्ट्र संघ में जा चुका है। आप सबकुछ उलट-पुलट देंगे ...'

गाँधी बोले, 'मेरी माँग सिर्फ़ इतनी ही नहीं है कि दिल्ली के उपद्रव शांत हो जाएँ। अब मैं दोनों देशों के बीच संपूर्ण सुलह-सफ़ाई चाहता हूँ। मैं तुम्हें पहले ही बता चुका हूँ कि तुम्हारा सुरक्षा परिषद में जाना मुझे नहीं जँचा है।'

'मार-काट तो पूरी तरह बंद हो चुकी है,' नेहरू हैरत से बोले।

गाँधी ने आवाज़ ऊँची की, 'मैं जाकर गवर्नर जनरल को सूचना देने के लिए उनसे मिलता हूँ। वे इस बात को समझेंगे,' अपने आत्मिक मानस पुत्र को शिकायत-भरी नज़रों से देखते हुए वे आगे बोले।

नेहरू ने गहरी साँस छोड़ी, 'बापू, आपकी ठीक-ठीक माँग आखिर है क्या ?'

'तुम अच्छी तरह जानते हो। मैं चाहता हूँ कि तुम जो सरकार चला रहे हो, वह पाकिस्तान को वे पचपन करोड़ रुपये सौंप दे जो इस पर निकलते हैं' महात्माजी ने उत्तर दिया।

'आपको सही-सही आँकड़ा कैसे मालूम है ? न तो पटेल ने, न ही मैंने आपसे बात की है,' नेहरू ने रुखाई से पूछा।

'लेकिन गवर्नर जनरल ने मुझसे बात की है, और विस्तार से,' गाँधी ने शांति से जवाब दिया।

'आप हमें धोखा दे रहे हैं, बापू ! कश्मीर उन्हें मिल जाएगा ! अगर हम तुरंत रकम चुका दें, तो जिन्ना पर हम दबाव कैसे डालेंगे ? हम कश्मीर को खो देंगे ! आपको कोई हक़ नहीं है ...' नेहरू में कड़वाहट उभर आई थी।

महात्मा ने बड़ी कोमलता से उत्तर दिया, 'मैंने पूरे एक साल राह देखी है और देख रहा हूँ कि हत्या की भावना का अभी भी बोलबाला है। मेरे बस में जो कुछ था, सभी जब नाकाम साबित हुआ तो मैं ईश्वर की शरण में गया। उन्होंने मुझे उपवास की सलाह दी। इस बार मेरे उपवास का लक्ष्य पाकिस्तान होगा।'

'बापू, आप अपनी जान खतरे में डाल रहे हैं। अभी हाल ही में तो आपने उपवास किया था...'

गाँधी चर्खा चलाते रहे, 'भगवान करे, मैं इसके बारे में ज़्यादा न सोचूँ। बहरहाल, मैं तुम्हें बताना चाहता हूँ कि दो देशों के टूटकर बिखरने को देखने की अपेक्षा मैं मौत को बेहतर समझता हूँ।'

नेहरू ने हार मान ली, 'मुझे पटेल से मिलना होगा। रकम चुकाने के लिए कायल तो उनको करना होगा। आप तो जानते हैं, वे कितने ज़िद्दी हैं।'

'हाँ, हाँ,' गाँधी बोले। 'वह काम तुम्हारा है। मेरा काम तो उपवास करना है। आज तीसरे पहर मैं जाकर हमारे दोस्त लॉर्ड लुई से मिलूँगा। उपवास मैं कल शुरू करूँगा, ठीक बारह बजे। और बेटा, तुम अच्छी तरह जानते हो कि मजबूरन तुम्हें यह बात माननी ही होगी। मुझे मौत से बचाने के लिए तुम्हें और पटेल को मेल करना ही होगा।'

'तो अब एक मिनट भी बरबाद करने की गुंजाइश नहीं है। मैं चलता हूँ,' नेहरू ने कहा।

गाँधीजी ने उन्हें स्नेह से देखा, 'जानते हो, जब से मैंने यह फैसला लिया है, मैं बहुत प्रसन्न हूँ ?'

मनु और आभा ने बड़े अदब से प्रवेश किया और गाँधीजी की उठने में मदद की। प्रार्थना का समय हो गया था।

गाँधीजी की आँखों में एक ज्योति चमक रही थी। उन्होंने धोती ठीक से लपेटी, हाथ में लाठी ली और तेज़ी से चलने लगे, जैसे कोई सैनिक शांति के लिए लड़ने जा रहा हो। बगीचा दबी-दबी फुसफुसाहटों से भनभना रहा था। वहाँ राह देखते लोग महात्माजी की ओर उमड़ पड़े। गाँधीजी मुस्कुराते हुए हाथ जोड़े सबको नमस्कार करते जा रहे थे। जो श्रद्धालु बिल्कुल सिर पर चढ़े आ रहे थे उन्हें दोनों लड़कियाँ हौले से परे करतीं, जो औरतें बापू के चरणों में दंडवत कर रही थीं उन्हें वे उठातीं और इस तरह बड़ी कठिनाई से वे प्रार्थना-मंच तक का रास्ता साफ़ कर रही थीं।

दिल्ली, 17 जनवरी 1948

महात्माजी ने 13 जनवरी को उपवास शुरू कर दिया। इस बार पूरे बगीचे में सन्नाटा छाया हुआ था। हिंदुस्तानियों की बेशुमार भीड़ थी वहाँ — कुछ छोटे-छोटे झुंडों में बैठे हुए, कुछ अलग होकर प्रार्थना करते हुए, कुछ हताश और पस्त। सब चुप्पी साधे थे। काले या सफ़ेद बुर्कों में लिपटी मुसलमान औरतें लॉन पर निश्चल बैठी थीं। गुलाब की झाड़ियों में फूल खिल रहे थे और उनके पास ललाट पर भस्म रमाए साधु ध्यान लगाए बैठे थे। बड़ी-बड़ी उदास आँखों से सिख इस विराट भवन के निःशब्द

अग्रभाग को हताशा से देख रहे थे। घेरा डाले अनुयायी इस भवन की रखवाली कर रहे थे।

महात्माजी का वजन तीन किलो घट गया था। अब उनका वजन सिर्फ़ अड़तालीस किलो रह गया था। उनकी नब्ज़ लगभग डूब चुकी थी। उन्हें नींद में सन्निपात होने लगा था और उनके प्राकृतिक चिकित्सा संबंधी विचारों का सम्मान करनेवाली उनकी युवा डॉक्टर को डर था कि वे बेहोशी में चले जाएँगे। उनके गुर्दे काम नहीं कर रहे थे। चार दिन से वे थोड़ा-सा सोडा-मिले गुनगुने पानी पर ही जिंदा थे।

अपनी लिमोसीन कार में बिरला हाउस जाते हुए गवर्नर जनरल को प्रदर्शनकारियों का एक लंबा जुलूस मिला जो उसी दिशा में जा रहा था। पहली कतारवाले लोगों के हाथों में एक तख़्ती थी जिस पर लिखा था : गाँधी को बचाओ।

उपवास के दूसरे दिन ही भारत सरकार ने पाकिस्तान का देना चुका दिया था। पर महात्माजी के लिए इतना ही काफी नहीं था। वे मुसलमानों की सुरक्षा के लिए एक घोषणापत्र भी जारी करवाना चाहते थे। नींद के दो दौरों के बीच गाँधीजी ने अपने सचिव प्यारेलाल को उस घोषणापत्र की शर्तें बोलकर लिखवाई थीं। कोई भी बात उनकी नज़र से नहीं छूटी थी : वह मलबे का ढेर बना दी गई मस्जिदों का पुनर्निमाण हो; या रेलों में मुसलमानों की सुरक्षा हो; या चाँदनी चौक में मुसलमानों की दुकानों के बॉयकॉट पर रोक हो। तमाम धार्मिक तथा राजनैतिक नेताओं ने इस घोषणापत्र पर हस्ताक्षर कर दिए थे। पाकिस्तान से इस 'इन्सानियत के मसीहा' के नाम सैकड़ों की तादाद में संदेश आ रहे थे। पर दो हस्ताक्षर होने अभी भी बाकी थे। ये हत्याकांड के जिम्मेदार उन दो अतिवादी हिंदू गुटों के हस्ताक्षर थे जिन्होंने हर क़ीमत पर तमाम मुसलमानों को खदेड़ देने का संकल्प लिया था।

लॉर्ड लुई आश्चर्य से स्तंभित थे, 'लगता है, पूरा शहर ही बिरला हाउस की ओर चल पड़ा है। मुझे पता चला है कि तमाम काम-धंधे बंद हो गए हैं और हर जगह लोग प्रार्थना कर रहे हैं। नेहरू गाँधी के बिछौने के निकट से हटते ही नहीं हैं और सरकार गाँधी के मूत्र के स्तर का बड़ी सावधानी से हिसाब रख रही है।'

'अगर वे मर जाते हैं, तो ?' एडविना ने व्याकुल होकर पूछा।

'वे मरेंगे नहीं,' लॉर्ड लुई ने बल देकर कहा। 'वे मर नहीं सकते। नहीं तो स्थिति हाथ से निकल जाएगी।'

'वे हमें पहचान लेंगे ?'

भीड़ ने दो तरफ बँटकर कार के लिए रास्ता छोड़ दिया। गवर्नर जनरल और

उनकी मेम को देखकर लोग आपस में सरगोशियाँ करने लगे।

गाँधीजी की दुर्बल काया लंबे-चौड़े सफ़ेद शॉल में लिपटी चारपाई पर नन्हे बच्चे की तरह गुड़ीमुड़ी हुई पड़ी थी। वे सो नहीं रहे थे, मगर जागे हुए भी नहीं थे। बिना किसी कष्ट के वे जागरण और सुषुप्ति की दो दुनियाओं के बीच झूल रहे थे मानो पलटकर माँ के गर्भ में प्रवेश करनेवाले हों। उनकी धँसी हुई आँखें मुश्किल से थोड़ी-सी खुली थीं और होंठों के किनारों पर थूक सूखकर जम गया था। नज़दीक बैठी डॉक्टर लगातार उनकी निगरानी कर रही थी और उनके माथे को भीगे कपड़े से पोंछती जा रही थी। नेहरू उनके पास बैठे उनका हाथ अपने हाथ में लिए हुए थे। मीरा बहन, मनु और आभा चिंताकुल आगंतुकों को एक ओर ले जाकर यथासंभव तसल्ली देने की कोशिश कर रही थीं। माउंटबेटेन दंपति ने दबे पाँव प्रवेश किया। गाँधीजी की आँखें बंद थीं।

ये कैसे हैं ?' एडविना ने नेहरू से फुसफुसाकर पूछा।

नेहरू ने नकार में सिर हिला दिया। उनकी आँखें भर आईं।

'उन आख़िरी हस्ताक्षरों के बारे में कोई खबर ?' लॉर्ड लुई ने धीमी आवाज़ में पूछा।

'अभी नहीं,' नेहरू ने जवाब दिया। 'प्रसाद कोशिश कर रहे हैं। आंदोलन के नेता इसके लिए तैयार नहीं हैं। ज़रा रुकना...'

बिछौने के पास फुसफुसाहट सुनकर महात्माजी ने पलकें खोली थीं, फिर मुश्किल से सुनाई पड़नेवाली आवाज़ में पूछा, 'कौन है ?'

'गवर्नर जनरल हैं बापू', नेहरू ने उत्तर दिया।

'आह !' गाँधी ने कोहनी के बल उठने की कमज़ोर-सी कोशिश की।

लॉर्ड लुई तेज़ी से आगे को लपके, 'आप हिलिए मत सर। हम तो आपके साहस को सलाम करने आए हैं।'

'हम ?' गाँधी ने पलकें मूँद लीं। 'तो मेरी प्यारी बहन भी आई है ?'

'मैं ये रही, बापू,' एडविना ने उनके चेहरे को छुआ।

'बहुत अच्छा किया। लॉर्ड लुई, मुझे खुशी है कि आप दोनों आए। तो पहाड़ को मोहम्मद तक लाने के लिए मेरा उपवास करना ज़रूरी है।' गाँधी फुसफुसाए। फिर अचानक ही अपनी बड़ी-बड़ी भोली आँखें खोलकर वे मुस्कुरा दिए।

लॉर्ड लुई गाँधीजी की ओर झुके, 'सर, आप अनशन कब तोड़ेंगे ?'

'जब घोषणापत्र के नीचे दो दस्तख़त और जुड़ जाएँगे,' नेहरू ने तुरंत उत्तर दिया।

'और जब ... जब वे सब शांति की ख़ातिर काम करने का वचन दें... दोनों देशों में।' अशक्त गाँधी जैसे-तैसे बोले।

नेहरू और लॉर्ड लुई ने एक-दूसरे की ओर देखा। महात्माजी अब एक नई शर्त

रख रहे थे।

युवा डाक्टर बीच में बोल पड़ीं, 'अब इन्हें आराम करने दीजिए। हर बार बोलने के साथ थोड़ी-थोड़ी शक्ति ख़र्च होती जाती है।'

एडविना ने गुलाब की एक कली उठाकर उसे खोला और उसकी पंखुड़ियों को आँखें मूँदे लेटे महात्मा के चरणों पर बिखेर दिया। सुबकते हुए वे भहरा पड़ीं और लॉर्ड लुई ने उन्हें अपनी बाँहों में समेट लिया।

माउंटबेटेन दंपति के साथ जब नेहरू बाहर निकले तो प्रतीक्षारत भीड़ बगीचे में उमड़ आई। वे सब भावावेश में नारे लगा रहे थे, 'हमें बापू को बचाना है ! हम घृणा का त्याग करने का वचन देते हैं ! उन्हें उपवास तोड़ने को कहिए !'

'हे भगवान !' घबराकर नेहरू उन्हें तसल्ली देने आगे दौड़े। 'ये लोग खुद ही अनजाने में कहीं उनकी मौत न बन जाएँ !'

वे दौड़कर गाँधीजी के लकड़ी के तख्तों से बने प्रार्थना-मंच पर चढ़े और माइक्रोफोन उठा लिया। भीड़ के रेले के आगे स्वयंसेवकों के घेरे और लकड़ी की बाड़ें जवाब दे चुकी थीं।

नेहरू ने ऊँचे स्वर में बोलना शुरू किया, 'भाइयो, दोस्तो, और नज़दीक मत आइए ... बापू बहुत कमज़ोर हो चुके हैं और ज़रा-सी गड़बड़ी भी उन्हें मौत के मुँह में धकेल सकती है। आपने अच्छा किया कि उन्हें अपना समर्थन जताने आए और आपके वादे वे सुन रहे हैं। बापू जिएँगे। हमारी मातृभूमि ने ऐसा सपूत पैदा किया है, वह हम लोगों की वजह से उसे मिटने नहीं देगी... सिर्फ़ वे ही हमें बचा सकते हैं।'

मुसलमानों के कंधों से कंधे सटाए खड़े सिखों ने नारा लगाया, 'महात्मा गाँधी ज़िंदाबाद ! उन्हें बचा लीजिए।'

'हाँ, हाँ। चलो, उन्हें देखने दो कि हम सब एक हैं !' औरों ने भी नारेवाली तख़्तियाँ ऊँची करते हुए कहा।

'उसे मरने दो ! गाँधी मुर्दाबाद।' तभी एक आवाज़ गूँजी।

'कौन ? कौन बोला यह ?' नेहरू गरजे। उनकी आँखों से अंगारे छिटक रहे थे। 'कहाँ छिपा है तू ? पहले मुझे मार !'

और नेहरू बिफरकर लोगों को इधर-उधर धकेलते भीड़ में धँस गए। घबराए हुए लोग पीछे हटे।

चिल्लाते हुए नेहरू की आवाज़ फट गई, 'कहाँ है तू ? हत्यारे कहीं के !' खामोश भीड़ उनके चारों ओर सिमट आई।

लॉर्ड लुई ने दृढ़ता से थामकर उन्हें रोका, 'वह नहीं मिलेगा, नेहरू। कोशिश

बेकार है।'

संत्रस्त नेहरू बुदबुदाए, 'वे अनशन से नहीं मरेंगे। किसी दिन हममें से ही किसी के हाथों उनकी मौत बदी है।'

अँधेरी रात के साये

दिल्ली, 30 जनवरी 1948

घुड़सवारी बहुत अच्छी रही। लॉर्ड लुई ने अपने घोड़े की गरदन थपथपाई। यह तगड़ा और खूबसूरत, ख़ालिस नस्ल का घोड़ा था।

जब से महात्माजी ने अपना अनशन तोड़ा था, भारत पर से मानो प्रेत-बाधा दूर हो गई थी। न कहीं छुरेबाज़ी, न कहीं एक भी हमला; भाईचारा फैलने लगा था और वसंत आने ही वाला था। सुलह-सफ़ाई का वसंत। गवर्नर जनरल ने बिरला हाउस के बाहर पहरेदारों की संख्या बढ़ा दी थी। गाँधीजी की हत्या के एक षड्यंत्र का समय रहते ही पता चल गया था। अब उनकी सुरक्षा का पक्का इंतज़ाम हो गया था और ख़तरे की कोई बात नहीं थी।

'इन शामों की हमें याद आएगी, नहीं ?' लॉर्ड लुई ने अपने घोड़े से कहा।

अचानक उनकी भौंहें चढ़ गईं। सूट-बूट पहने लोगों का एक जत्था अस्तबल के बाहर इंतज़ार में खड़ा था। उनके चेहरे गंभीर थे। माउंटबेटेन ने घोड़े की चाल तेज़ कर दी।

दूर से कैंपबेल जॉनसन चिल्लाया, 'महात्मा ! उनकी हत्या कर दी गई है।'

लॉर्ड लुई को महसूस हुआ मानो शरीर का सारा कस-बल निचुड़ गया हो। वे तेज़ी से घोड़े से उतरे।

'क्या वे सचमुच गुज़र गए हैं ?' किसी तरह उन्होंने पूछा।

'दुर्भाग्यवश, हाँ। पिस्तौल की तमाम गोलियाँ उनकी देह में उतार दी गई हैं। आपके लिए कार तैयार है।'

'हत्यारा कौन है ? मुसलमान या हिंदू ?'

'किसी को पता नहीं। नेहरू वहाँ हैं। जल्दी चलिए !'

कार में बैठे होंठ काटते लॉर्ड लुई जल्दी से जल्दी वहाँ पहुँच जाना चाहते थे।

उनके विचार तेज़ी से दौड़ रहे थे, 'अगर हत्यारा मुसलमान हुआ तो सेना को बुलाना पड़ेगा। अगर हिंदू हुआ... हिंदू या मुसलमान ? हिंदू ही ... हाँ, हिंदू ही होना चाहिए। पर यह शोफ़र क्या कर रहा है ? कार आगे क्यों नहीं बढ़ती ? ... शायद ख़बर अभी फैली नहीं है। महात्माजी, नहीं रहे ! मैं जानता था। और कुछ तो हो ही नहीं सकता था। अपने देश की ख़ातिर उन्हें खून बहाना ही था। यही नियति का आदेश था...'

बिरला हाउस के बाहर विराट भीड़ इकट्ठी हो गई थी। रात उतर रही थी। कोहनियों से रास्ता बनाते हुए माउंटबेटेन आगे बढ़े और देखा कि नेहरू फाटक पर चढ़े हुए हैं।

एक आदमी की आवाज़ उठी, 'मुसलमानो मुर्दाबाद। उन्होंने गाँधीजी को मार डाला।'

पलक मारते माउंटबेटेन नेहरू के पास पहुँच गए और पलटकर क्रुद्ध भीड़ से मुख़ातिब हो गए।

'बेवकूफ। महात्माजी को एक हिंदू ने मारा है, मुसलमान ने नहीं,' वे पूरी ताक़त से चीखे।

पास खड़े नेहरू अचरज से फुसफुसाए, 'तुम्हें कैसे पता ? हत्यारा तो अभी-अभी गिरफ़्तार हुआ है।'

'तो हिंदू ही था ? खुदा का शुक्र है,' लॉर्ड लुई ने गहरी साँस छोड़ी।

मद्रास, 30 जनवरी 1948

एडविना की व्यस्त दिनचर्या आखिर समाप्त हुई। दवाख़ानों के दौरे, लोगों से हाथ मिलाना, गवर्नर के साथ लंबी-लंबी दूरी तक पैदल चलना, दुनिया-भर की समितियों की बैठकें, स्त्रियों के संगठन... अपनी स्वाभाविक कार्यकुशलता और लगन से उन्होंने सारे कार्यक्रम पूरे किए थे।

अब वे बिल्कुल निजी क्षण आ गए थे — वह एक घंटा, जो वे अपने लिए और अपने स्वप्नों के लिए सुरक्षित रखती थीं। वह एक घंटा जब वे अपने-आपसे संवाद कर सकती थीं, जब वे अपनी आत्मा को बार-बार क्षत-विक्षत करनेवाले उन घावों को भुला सकती थीं जिनकी मरहम-पट्टी कभी ख़तम ही नहीं होती थी। वह एकांत, दुलारता हुआ समय जब वे हर परेशानी से दूर होती थीं।

अपने पलँग के नज़दीक रखा हुआ रेडियो उन्होंने चालू किया और कपड़े बदलने लगीं। मद्रास उमस-भरा शहर था। गंभीर और मधुर आवाज़ में गाया गया एक मार्मिक

गीत उभरकर कमरे में फैलने लगा। माँ के प्यार-भरे बोलों जैसी आवाज़ की संगत रेडियो की खरखराहट कर रही थी। रेडियो की आवाज़ अच्छी नहीं थी, लेकिन ये भारत ही था जो सारे उद्वेगों को शांत कर देता था।

अचानक संगीत थम गया। गंभीर और उदास स्वर में घोषणा हुई, 'आज शाम पाँच बजकर सत्रह मिनट पर नई दिल्ली में महात्मा गाँधी की हत्या हो गई। हत्यारा हिंदू है।'

एडविना धम-से बैठ गईं। 'यह सच नहीं हो सकता,' वे पगलाई-सी बड़बड़ाने लगीं। वे सिर्फ घायल हुए हैं, मुझे पता है। ऑल इंडिया रेडियो ग़लत बोल रहा है... मैं नहीं मानती। उन्हें ज़रूर अस्पताल ले जाया गया होगा, उनका ऑपरेशन हो जाएगा। वे मरे नहीं हैं ...'

उत्तेजना से काँपते हुए उन्होंने टेलीफ़ोन उठाया और दिल्ली में अपने आवास का नंबर माँगा।

'जल्दी करो। बहुत ज़रूरी है। मुझे गवर्नर जनरल से बात करनी है... राजकीय कॉल है।'

'जी मैम, एक मिनट मैम,' ऑपरेटर ने कहा।

'भगवान, ऐसा न हुआ हो, मैंने ग़लत सुना हो...,' मुट्ठियाँ भींचे वे उत्तेजना में बड़बड़ाए जा रही थीं। 'अनशन के बाद वे कितने सुकून में नज़र आते थे। उन्होंने कहा था, "मैं एक सौ तैंतीस साल की उम्र तक जिऊँगा।" वे इतने खुश थे, वे मर नहीं सकते... हत्या हो गई। कैसे ? छुरे से ? बम से ? रिवॉल्वर से ? सुरक्षा की व्यवस्था इतनी अच्छी थी। बिना तलाशी के कोई उनके पास जा ही नहीं सकता था। ये फ़ोन की लाइन क्यों नहीं मिल रही है... ?'

उन्होंने फिर से ऑपरेटर की लाइन मिलाई और डाँटकर पूछा, 'तुमने दिल्ली की कोशिश की ?'

'जी सर। मैं कोशिश किए जा रहा हूँ, सर,' आतंकित ऑपरेटर हकलाया।

'कोशिश करते रहो !' डाँटकर उन्होंने रिसीवर रख दिया।

एक शांतिपूर्ण आवाज़ उनके कानों में फुसफुसाई, 'तुम जानती हो कि वे अब नहीं रहे और उनकी आत्मा अब इस दुनिया से ऊपर उठ चुकी है। अब इस असलियत से संघर्ष कैसा ? वे खुश हैं। वे जैसा चाहते थे, वैसा ही अंत उन्हें मिला और तुम फिर असलियत को नकार रही हो ? उठो। हिम्मत रखो। वे तुमसे हमेशा यही तो चाहते थे। उन्हें शांति मिल गई है। तुमने उन्हें खोया नहीं है...'

उनकी भिंची हुई मुट्ठियाँ शिथिल पड़ गईं। उन्हें रोना आ गया। टेलीफ़ोन की घंटी बजी।

'डिकी ? रेडियो पर सुना... क्या हुआ ?' वे चीखीं।

ख़राब टेलीफ़ोन लाइनों के पार से अस्पष्ट-सी आवाज़ सुनाई दी, 'प्रार्थना के समय ... बिरला हाउस ... अनुयाइयों के बीच में ... एक आदमी ... रिवॉल्वर ... तीन गोलियाँ लगीं ... तभी ख़त्म ... लौट आओ...'

'जोर से बोलो !' एडविना चिल्लाईं। 'कौन था ? मुसलमान ?'

टेलीफ़ोन लाइन की किरकिर और गूँज के ऊपर डिकी की आवाज़ सुनाई देती रही, '... हिंदू... तक़दीर से... तुरंत...'

वे सचमुच मर ही गए हैं ?'

'... बिना तक़लीफ़ के... से हवाई... जहाज ले लो... अंतिम संस्कार... कल ...'

'कल ? इतनी जल्दी ?'

'रिवाज ... मानना पड़ेगा ... तुम्हारी राह देख ... रहा हूँ ... चुंबन ...' फोन रख दिया गया।

धीरे से रिसीवर रखकर वे पलँग पर ढह गईं।

रेडियो पर किसी ने टूटी-टूटी आँसुओं से भर्राई आवाज में बोलना शुरू किया था, 'दोस्तो और साथियो, हमारे जीवन का प्रकाश बुझ गया है, और चारों तरफ अँधेरा छा गया है। मैं समझ नहीं पा रहा हूँ कि आपसे क्या कहूँ और कैसे कहूँ...'

एडविना चौंककर उठ बैठीं। नेहरू ! उनकी आवाज़ पहचानी नहीं जाती थी।

'... हमारे प्यारे नेता, जिन्हें हम बापू कहते थे, हमारे राष्ट्रपिता अब नहीं रहे।'

हाथ जोड़कर एडविना रो पड़ीं। बापू नहीं रहे। नेहरू यंत्रणा से तड़प रहे थे और ये इतनी दूर बैठी थीं, बेबस और हताश।

'मैंने कहा था कि प्रकाश बुझ गया है, पर मैंने ग़लत कहा था। इस देश में जो प्रकाश चमका था, वह मामूली प्रकाश नहीं था। जो रोशनी पिछले इतने सालों से देश को उजाला दे रही थी, वह आगे भी बरसों-बरस उजाला देती रहेगी। और, आज से हज़ार साल बाद भी, बेशुमार दिलों को वह राहत पहुँचाएगी ...।'

'रुको मत, प्रियतम... बोले जाओ...' एडविना बुदबुदाईं।

'महात्मा गाँधी अमर हैं'

नई दिल्ली, 31 जनवरी 1948

बिना किसी आदेश के ही, सैनिक तोपगाड़ी धीरे-धीरे अपनी यात्रा पर चल पड़ी थी।

अपार मानव महासागर मौन भाव से इसके घरघराते पहियों को छूता-सा गुज़र रहा था, इसके फूलों से सजे किनारों से लिपटता हुआ। सेना के सैकड़ों जवान इस तोपगाड़ी को धीरे-धीरे राजपथ पर से खींचे लिए जा रहे थे और होंठ भींचे प्रधानमंत्री भी मानो उनका साथ दे रहे थे।

बिना सोचे ही वे बुदबुदा रहे थे, हे राम ! बापूजी, आप चले दिए और हम भी कहीं के न रहे। आपके बच्चे आपसे आकर लिपट रहे हैं। इनकी रक्षा कीजिए। और ज्यादा खून-खराबा न होने पाए। हमारी मदद कीजिए।'

नेहरू सतर्कता से चारों ओर देखते चल रहे थे कि इस विराट जनसमूह में कहीं भगदड़ न मच जाए। तोपगाड़ी के पीछे शवयात्रा का लंबा-चौड़ा सरकारी जुलूस पैदल ही धीरे-धीरे चल रहा था। औरतों के झुंड के बाद दूसरी कतार में थे, अपनी सैनिक वर्दी में चुस्त-दुरुस्त लॉर्ड लुई, और उनकी बेटी पैमेला। उन्हीं के साथ थीं, कोट और सफेद टोपी पहने और काले चश्मे में अपनी आँखें छिपाए एडविना और उनका सहारा लिए और हाथ थामे, सफ़ेद साड़ी में लिपटी राजकुमारी अमृत कौर।

शवमंच की ओर देखते हुए नेहरू सोच रहे थे, 'आपको ये नौसेना की राइफलें नहीं सुहातीं, बापूजी; घोड़े पर चढ़े इन भालाबरदारों से आपको चिढ़ होती। मैं जानता हूँ, बापू, आप यह बिल्कुल नहीं चाहते। मुझे तो हमेशा की तरह उलाहना देती आपकी आवाज़ भी मानो सुनाई दे रही है; पर आप तो जानते ही हैं ना कि इस बार भी मेरे सामने कोई चारा नहीं था .... आपके प्रति इस तरह श्रद्धा जताने से मैं आपके बच्चों को कैसे वंचित कर सकता था ? ये सब आपको प्यार करते थे, बापू, इनके लिए आप ही हिंदुस्तान थे। क्या मैं हिंदुस्तानियों से हिंदुस्तान को छीन सकता था ?' उन्होंने अपनी सफेद टोपी ठीक से लगाई।

दर्शन की सुविधा के लिए भीड़ पेड़ों और बिजली के खंभों पर भी चढ़ गई थी। जो नहीं चढ़ सके वे उचक-उचककर देखने की कोशिश कर रहे थे। उनकी आँखें शवमंच पर जड़ी हुई थीं। अंतिम विदाई में हाथ जोड़े सारी जनता गुमसुम, जड़वत खड़ी थी। पत्रकार पेड़ों की मोटी-मोटी डालों के दोनों ओर पाँव लटकाए बैठे थे। हाथों में एक पीला गुलाब लिए एक युवती रोती हुई तोपगाड़ी की ओर दौड़ी। छोटे से मेमने की तरह फुदककर वह ऊपर चढ़ गई। पटेल चिल्लाते रहे मगर वह तो महात्माजी के ऊपर झुक चुकी थी। उसने अपना फूल उनके मुख पर रख दिया और हाथ जोड़कर सुबकने लगी, 'ये आपके लिए, बापूजी !'

सरदार ने उसकी लंबी चोटी से पकड़कर उसे पीछे खींचा और जबरदस्ती नीचे उतार दिया। वह बिना प्रतिवाद के उतर गई। पल-भर के लिए वह उड़ान भरते टिड्डे-सी दिखाई दी और फिर भीड़ में खो गई।

देखा आपने ?' मन-ही-मन मुस्काते हुए नेहरू ने सोचा। देखा आपने ? आप इनके हाथों में हैं। इस बार आप भागकर इनसे बच नहीं सकते। अब आप अकेले शहर के किसी कोने में डेरा डालकर वे धमकियाँ नहीं दे सकते जो मेरी नींद हराम कर देती थीं। बापू, अब आप न अनशन करेंगे, न और कोई नाटक ... आप हमेशा-हमेशा के लिए हमारे हो गए हैं।'

अचानक ही उनकी आँखें बह चलीं। बापूजी अब नहीं रहे। अब उन्हें कभी खून से लथपथ पड़े बापू को प्राण त्यागते देखने की यंत्रणा नहीं सहनी पड़ेगी क्योंकि यह तो अब घट ही चुका है। अब उन्हें कभी अपने किए कि कैफ़ियत नहीं देनी पड़ेगी, कभी अपने किए पर पछताना नहीं पड़ेगा। वे अपनी मर्जी के अनुसार चल सकेंगे। अब कभी क्रोध या क्षोभ से घुटना नहीं पड़ेगा, अब पिता तो चल ही बसे थे। अपना चेहरा पोंछते हुए वे विस्मय से बुदबुदाए, 'हे राम, मैं अनजाने में ही प्रार्थना किए जा रहा हूँ।'

आस-पास के लोग मशीनी ढंग से उनके लिए रास्ता छोड़ते जा रहे थे; न कोई उन्हें रोकने की कोशिश करता था, न कोई स्वागत को आगे बढ़ता था। हर कोई अपने मातम में अकेला था। कोई भी, गरीब से गरीब व्यक्ति भी, अगर महात्माजी को अपनी सीधी-सादी श्रद्धांजलि चढ़ाना चाहता था तो उसे कोई रोक-टोक नहीं थी। नेहरू को लगा कि कहीं कोई भगवान की मूर्ति की ही तरह यहाँ भी खील-बताशे न चढ़ाने लगे।

उन्होंने एडविना की ओर नज़र डाली। वे भी अपने-आपमें ही शोकमग्न थीं।

एडविना बार-बार मन-ही-मन उस दृश्य को दुहरा रही थीं जिसका ब्यौरा लोगों ने उन्हें दिया था। प्रार्थना का समय हो गया था जब गाँधीजी छतरी के उस पार बने मंच पर बैठकर अपने अनुयाइयों से बात करते थे। एक नौजवान ने बड़े आदर से आकर उनका रास्ता रोका था और बड़ी श्रद्धा से हाथ जोड़कर प्रणाम किया था। गाँधीजी रुककर मुस्कुरा दिए थे। मनु ने उस श्रद्धालु को हौले-से परे हटाया था क्योंकि महात्माजी को प्रार्थना के लिए देर हो गई थी। फिर उस व्यक्ति ने रिवॉल्वर निकालकर हाथ बढ़ाया और बड़ी शांति से, बिल्कुल नजदीक से तीन गोलियाँ दाग दीं। 'हे राम !' कहते हुए गाँधीजी ढह पड़े थे और उनके श्वेत वस्त्र खून में लथपथ हो गए थे।

नेहरू इसके तुरंत बाद ही आ गए थे, और फिर डिकी, जिन्होंने भीड़ के आगे घोषणा की थी कि हत्यारा हिंदू था। नेहरू ने डिकी को गुलाब की पंखुड़ियों से भरा एक दोना दिया था और उन्होंने उस रक्तरंजित देह पर वे पंखुड़ियाँ बिखेर दी थीं। पटेल भी वहीं एक कोने में बच्चों की तरह फूट-फूटकर रो रहे थे। माउंटबेटेन ने महात्मा की इच्छा पूरी करने के लिए इस भावोद्वेलित क्षण का लाभ उठाया : नेहरू

और पटेल को बाँह से पकड़कर उन्होंने एक-दूसरे की ओर धकेल दिया। दोनों सुबकते हुए गले मिल गए। फिर औरतें मृत देह को अंतिम संस्कार के लिए तैयार करने लगीं और गवर्नर जनरल शवयात्रा की व्यवस्था और सैनिक सुरक्षा के इंतजाम में लग गए। भारत के कोने-कोने से लोग बापू को अंतिम श्रद्धांजलि देने आ रहे थे। बापू की देह सर्चलाइटों की रोशनी में बिरला हाउस की छत पर ढलवाँ मंच पर रख दी गई थी। उसकी एक झलक के दर्शन के लिए सारी रात श्रद्धालुओं की कतारें बिरला हाउस के सामने से गुज़रती रहीं।

यह भारत की सबसे अँधियारी रात्रि थी — आकाश के तारों को छोड़कर कहीं भी प्रकाश की एक झलक तक नहीं थी।

नीचे रोती-बिलखती जनता थी और ऊपर पटेल तथा नेहरू मृत महात्मा के शव के साथ जागरण कर रहे थे।

सड़क पर धीरे-धीरे चलती एडविना सोच रही थीं, 'मरते समय उन्हें क्या महसूस हुआ होगा ? क्या उन्हें कुछ समझ में आया था ? क्या उन्हें हर्ष हुआ था ? उन जैसे लोगों की आत्मा कैसे उड़ान भरती है ? डिकी की बात सही थी। महात्माजी ईसामसीह की, बुद्ध की श्रेणी में आते हैं। आपने मुझे जो राह दिखाई थी, वह मैं कभी नहीं छोड़ूँगी, बापूजी।'

जुलूस यथासंभव ठीक-ठाक आगे बढ़ता रहा।

सब ओर से तसल्ली होने पर नेहरू शव-वाहन के ऊपर चढ़ गए। उन्होंने महात्मा के मृत मुखमंडल को देखा। शांत मुस्कान और मुश्किल से दिखाई देते होंठों के ऊपर छितराई हुई ऊबड़-खाबड़ मूँछें रूखी-सूखी नज़र आ रही थीं और हाथ के कते सूत की सफ़ेद मालाओं के पार गर्दन की बाज़ू में कुछ और नीले निशान दिखाई देने लगे थे। जनवरी की धूप तेज़ होने लगी थी।

नेहरू ने हौले से उस निष्प्राण कपोल को छुआ।

जुलूस नदी के किनारे आकर रुक गया। शीतऋतु ने तटों पर हरियाली बिछा दी थी।

लॉर्ड लुई अपनी पत्नी की ओर मुड़े, 'समझ में नहीं आ रहा है कि तुम्हें इस परीक्षा से कैसे बचाऊँ।'

एडविना ने चेहरा घुमा लिया ताकि उसके पति उसे रोते हुए न देख लें, मानो इस समय यही ख़ास मुद्दा हो।

लॉर्ड लुई ने कुछ चिंता से चारों ओर देखा, हे भगवान ! कहीं किसी का दम न

घुट जाए, कोई आतंकवादी इस स्थिति का लाभ न उठा ले। यह भीड़... ज़रा देखो तो ! कितने लोग होंगे ?'

'तुमने दस लाख कहा था, डिकी।'

'अंदाज़ा कैसे लगाया जा सकता है ? पूरा शहर उमड़ आया है। और पूरा पंजाब भी,' लॉर्ड लुई ने भौंहें सिकोड़ीं, जो वे अत्यंत भावावेग में ही करते थे।

वे तुम्हें बहुत प्यार करते थे, डार्लिंग, सचमुच।'

एडविना चौंक पड़ीं। कौन प्यार करता था ? भूतकाल का प्रयोग क्यों ? लॉर्ड लुई किसके बारे में बात कर रहे थे ?

'जब भी तुम दिखाई देती थीं, उनका चेहरा बच्चों की तरह खिल जाता था। बूढ़े बाबा स्त्रियों के आकर्षण से निर्लिप्त नहीं थे। और, मुझे नहीं लगता कि सिर्फ़ तुम्हीं उन्हें विचलित कर पाती थीं। पर, कुल मिलाकर, वे तुम्हें बहुत ही चाहते थे।'

'तुम्हें पता है, डिकी। जानते हो, वे तुम्हें भी बहुत चाहते थे।'

'तुम्हें देखकर उनकी मुस्कान...'

'तुम्हें याद है, तुम उन्हें "बेचारी नन्ही गौरैया" कहा करते थे ? "अपनी नन्ही गौरैया" ?'

पर आगे एडविना का कंठ अवरुद्ध हो उठा। उनकी यंत्रणा शब्दातीत थी। उनकी भाषा में, उनकी संस्कृति में, कोई ऐसा शब्द नहीं था जिसके माध्यम से वे गाँधी के लिए अपने रुदन को वाणी दे सकें। उन्हें अपनी आत्मा के उस गुप्त कक्ष में शरण लेनी पड़ी जिसके अस्तित्व का पता केवल नेहरू को था। एक दिन, मानो उन्हें पूर्णत: आत्मसात करने के प्रयास में उन्होंने इसे 'तुम्हारी भारतीय आत्मा' का नाम दिया था।

एडविना ने हाथ जोड़ लिए, 'बापूजी, ये निष्क्रिय हाथ आपको समर्पित हैं। मेरा धुरीहीन जीवन आपको समर्पित है; यह निषिद्ध प्रेम आपको समर्पित है। यह सब आपका ही है बापू, ओह बापू, बापू...'

'अब हम घेरे में प्रवेश करने जा रहे हैं, डार्लिंग,' लॉर्ड लुई बोले। 'मैं पहले ही तुम्हें चेता चुका हूँ कि सुरक्षा बल वैसे ही बहुत व्यस्त है। अपना ध्यान तुम खुद रखना, मेरे पास से बिल्कुल भी न हटना, और अगर कुछ गड़बड़ी हो ही जाती है, तो तुरंत ज़मीन पर लेट जाना। कुछ भी हो, उठना मत। मुझे यह भी नहीं मालूम कि दाह-संस्कार में कितना समय लगेगा।'

चिता तैयार हो चुकी थी। चंदनकाठ का विशाल ढेर। उसके दोनों ओर गेरुए वस्त्र धारण किए पुरोहित वेदमंत्रों का पाठ आरंभ कर चुके थे। बड़े-बड़े प्रतिष्ठित लोग चारों ओर भूमि पर बैठे महात्मा की प्रतीक्षा कर रहे थे। लक्कड़ और बाँस के मचानों पर

चढ़े पत्रकार सारी घटनाओं का लेखा ले रहे थे। आगे चलती भीड़ के विलाप से पता चल गया कि शवयात्रा आ पहुँची है। सुरक्षा बल भीड़ को शवदाह-स्थल में न घुसने देने की असफल चेष्टा कर रहा था। कैमरामैनों के अपने लैंस ठीक किए और भीड़ पर नज़र दौड़ाने लगे। घुड़सवार पुलिस एक ओर तैयार खड़ी थी।

धूल के गुबार में से एडविना को तोपगाड़ी पर चढ़े नेहरू की सफ़ेद टोपी दिखाई दी। फिर वह भी ग़ायब हो गई। बेइंतहा शोर-गुल और गगनभेदी चीख-पुकार के बीच अर्थी को उतारा गया। एडविना को लगा कि नेहरू की बाँह दिखाई दी है, फिर अचानक उन्हें पटेल, मौलाना आज़ाद और सीमांत के नेता ग़फ़्फ़ार ख़ाँ के साथ नेहरू भी अर्थी को कंधा दिए दिखाई पड़े। लंबी यात्रा के ये अंतिम क्षण थे।

उसके बाद सबकुछ बहुत जल्दी-जल्दी हो गया। कफ़न में लिपटी अकड़ी हुई देह बड़ी कुशलता से रस्सियों से मुक्त करके चिता पर रखकर फूलों से ढक दी गई। देह के चारों ओर लकड़ियाँ तिरछी करके चिन दी गईं। आग जलाने के लिए पुआल भी लगाया गया। महात्मा की केवल खोपड़ी ही दिखाई दे रही थी। नेहरू लंबे समय तक हाथ जोड़कर सिर झुकाए रहे। भीड़ में से उठती भनभनाहट चुप्पी में कोई ख़लल नहीं डाल रही थी।

नेहरू की नज़र उन पर पड़ी तो वे देर तक उन्हें देखते ही रहे, मानो अपने दर्द को उनके हृदय में उँड़ेल देना चाहते हों। अंतिम संस्कार आरंभ हुए। गाँधीजी के कनिष्ठ पुत्र ने सात बार चिता की परिक्रमा की और सातों बार महात्मा के पार्थिव शरीर को प्रणाम किया। फिर उन्होंने देह पर पवित्र जल छिड़का और अपने पिता के चरणों पर चंदन की लकड़ी का एक छोटा-सा टुकड़ा रखा। पुरोहित ने उसे एक लुकाठी पकड़ा दी।

वह क्षण आ गया था। सन्नाटा छा गया। कैमरे चालू हो गए। लॉर्ड लुई ने अपनी टोपी उतार ली। देवदास गाँधी ने परम गंभीरता से पुआल को लुकाठी छुआ दी। मृत देह को पूरी तरह ढकती हुई लपटें भड़क उठीं। नीचे की लकड़ी भी लहकने लगी।

पर चिता के आग पकड़ते ही, अब तक नियंत्रित बैठी भीड़ मानो किसी विराट प्रसव की संकुचन क्रिया से धकेली जाकर आगे उमड़ पड़ी। दुख के प्रबल आवेग में वह श्मशान भूमि पर टूट पड़ी। चीख-पुकार के बीच घुड़सवार पुलिस ने अपने घोड़े आगे बढ़ाए। लाठियाँ उठती दिखाई दीं और फिर बरसने लगीं। पहली कतार में खड़े लोग दबाव की भीषणता के आगे झुककर धकेले जाने लगे। इधर आकाशचुंबी लपटों की गर्मी असह्य होने लगी।

लॉर्ड लुई चिल्लाए, 'सब लोग लेट जाओ ! फौरन !'

और वे स्वयं घास पर लुढ़क गए। पैमेला और एडविना भी जहाँ तक संभव था,

डोर-छूटी कठपुतलियों की तरह पसर गईं। नेहरू और इंदिरा ने भी ऐसा ही किया और पहली कतार के अन्य सब लोगों ने भी। भीड़ रुक गई।

'हम सब तो बस मरते-मरते बचे हैं,' लॉर्ड लुई बोल उठे।

'... तुम्हारे ही साथ, बापू। यह कितना अच्छा होता !' एडविना ने सोचा।

कफ़न का सफ़ेद कपड़ा जलती काली धज्जियों में बदलकर उनके ऊपर नाचता हुआ उड़ने लगा था। धुएँ के भँवर में गाँधी गुम हो गए थे। पुरोहितों के मंत्रोच्चारण का स्वर और ऊँचा हो गया था। महात्माजी का पुत्र प्रतीक्षा में खड़ा था और समय-समय पर अपने पिता की देह पर घी उँड़ेलता जाता था। आँच इतनी तेज़ थी कि लपलपाती आग के पार से उसका चेहरा काँपता-सा नज़र आ रहा था।

गाँधीजी के सिर से कड़ाक की आवाज़ आई। देवदास ने उनकी आत्मा के लिए राह बनाने को कपाल-क्रिया की रस्म पूरी कर दी थी। नेहरू ने आँखें ढँक लीं।

'महात्मा गाँधी अमर हैं !' भीड़ ने नारा लगाया।

चिता से दूर, बहुत दूर एक अनचीन्हा, फटेहाल आदमी लड़खड़ाता हुआ न जाने क्या-क्या बुदबुदा रहा था। अपना नाम मुहम्मद गाँधी बतानेवाले इस पियक्कड़ को लोग धक्के दे रहे थे और बुरा-भला कह रहे थे। यह बेचारा, बदतमीज़ पागल ! संत की चिता के आगे इसका क्या काम ?

महात्माजी का सबसे बड़ा पुत्र हरिलाल गाँधी आख़िर कुछ दूर पर भहराकर गिर गया और अपने पिता के लिए रोती हुई भीड़ की छाया में अपने दुख को भुलाने लगा।

ऊँची-ऊँची लपटों की प्राचीरों ने जली हुई देह को पूरी तरह अपने घेरे में ले लिया। सब निश्चल खड़े थे। गर्मी असह्य हो रही थी।

लॉर्ड लुई ने कनखियों से अपनी पत्नी की तरफ़ देखा। अपने सफ़ेद फ़ैल्ट हैट के नीचे वे बड़ी रहस्यमयी लग रही थीं। उनकी दृष्टि चिता पर टिकी थी, और नेहरू की भी। दोनों के चेहरों पर एक ही-सी एकाग्रता, एक ही-सी दर्द-भरी सजगता थी जिसमें उनकी कोई हिस्सेदारी नहीं थी। लॉर्ड लुई ने अपने को बाध्य किया कि अपनी नन्ही गौरैया के अवशेषों के बारे में सोचें लेकिन उनकी आँखों में धुआँ लग गया। चेहरा पोंछकर उन्होंने सिर उठाया। श्मशान भूमि के ऊपर, दूर आकाश में, दिल्ली के गिद्ध मँडरा रहे थे।

इस श्रेष्ठ सहयोगी के बिना उन्हें अपना कार्य अब अर्थहीन लग रहा था। अब उन्हें अपनी ही पीढ़ी के व्यक्तियों के साथ मिलकर व्यवस्था सुधारने का कार्य करना होगा। नेहरू और एडविना, दोनों ही प्रार्थना में लीन हो गए थे और लॉर्ड लुई अकेला महसूस करने लगे थे। उनके दिमाग में चर्चिल का चित्र उभरा। लगा, जैसे वे अपने बुदबुदाते

होंठों के कोने में सिगार दबाए गुपचुप हँस रहे हों; मानो दूर से ही वे भी अपने विपक्षी, इस अधनंगे फ़कीर का यह विचित्र रूपांतरण देख रहे हों। उनके कानों में उस बूढ़े शेर की कर्कश आवाज़ खड़खड़ाई, 'तुमने देखा डिकी ? वह मुझसे पहले ही गुज़र गया। मैं उसके बाद भी ज़िंदा हूँ।'

अपने दिवास्वप्न से उभरकर लॉर्ड लुई ने देखा, नेहरू उसी उत्कटता से एडविना की ओर देख रहे थे, जिस उत्कटता से वे सारे काम करते थे — चिंता और कोमलता से पूर्ण दृष्टि। और मानो इस दृष्टि को महसूस करके ही एडविना ने गर्दन घुमाकर प्रधानमंत्री की ओर देखा, अपना काला चश्मा उतारा और हलके-से मुस्कुरा दीं — एक शांत मुस्कान।

शवदाह घंटों चलता रहा। अग्नि मंद पड़ते-पड़ते एक लयबद्ध खड़खड़ाहट में बदल गई थी और फिर क्रमशः शांत हो गई, मानो उसकी तमाम शक्ति चुक गई हो। लॉर्ड लुई ने अपनी अकड़ी हुई टाँगों को सीधा किया और उठने में अपनी बेटी की मदद की। लौटने का समय हो गया था, पर एडविना ज़रा भी नहीं हिलीं।

लॉर्ड लुई खड़े-खड़े, चहलकदमी करते, आस-पास उठ खड़े हुए लोगों से अवसर के अनुकूल बातचीत करते राह देखते रहे। मगर प्रधानमंत्री भी नहीं हिल रहे थे।

तब, लॉर्ड लुई ने अपनी पत्नी के कंधों पर हाथ रखा और वे तुरंत उठ खड़ी हुईं। नेहरू ने आँखें उठाईं और फिर सिर झुका लिया। उनका चेहरा तनाव से भरा था।

'चलो, चलें,' लॉर्ड लुई धीमे से बोले।

तीनों चुपचाप घर की ओर चले। उस जनस्रोत में लिमोसीन कार बड़ी मुश्किल से, पैदल की गति से ही आगे बढ़ पा रही थी। अचानक ही गाड़ी के शीशे पर एक नाक आ चिपकी, फिर एक ललाट, दो काले हाथ, एक विराट मुख। एडविना की चीख निकल गई।

'हिलना मत, डरो मत,' लॉर्ड लुई तेज़ी से बोले।

'मैं डरी नहीं हूँ, डिकी, तुम जानते हो,' एडविना ने खिड़की की ओर देखते हुए कहा।

कार रुकी खड़ी थी। उस आदमी के होंठ और टूटे-फूटे दाँत एक विराट मुस्कान में चौड़े हो गए। फिर जीभ निकालकर उसने खिड़की के शीशे पर सटा दी। लार का रेला बह निकला।

एडविना भी बदले में मुस्कुरा दीं। अपना हाथ बढ़ाकर उन्होंने शीशे पर उस जगह रख दिया जहाँ उस आदमी का मुँह टिका था।

बेचारा पागल है। देखो ना, उसकी पगड़ी पर कैसी चिंदियाँ सिली हैं। ये कोई

घुमक्कड़ फ़कीर है, कोई नुकसान नहीं करेगा ...'

फ़कीर धीरे से एक ओर हो गया। उसकी जगह एक छोटे बच्चे का नन्हा-सा चेहरा आ गया। अचरज-भरी आँखों से बड़ी गंभीरता से उसने मेमसाहब को देखा। तभी हाथीदाँत के लाल चूड़ों से भरे एक जनाने हाथ ने उसे खींच लिया। कार धीरे-धीरे आगे चली।

लौटकर एडविना बोलीं, 'मैं कल सुबह फिर जाऊँगी।'

'कल ? कल क्या होना है ? भस्म तो बारह दिन बाद इलाहाबाद जाएगी,' लॉर्ड लुई ने पूछा।

'कल महात्मा गाँधी के आत्मीयजन चिता-स्थल से भस्म इकट्ठी करेंगे।'

'तुम उनके परिवार से नहीं हो।'

'मैं कुछ भी नहीं करूँगी, डियर, मैं बस वहाँ होना चाहती हूँ।'

'नेहरू भी होगा ?' लॉर्ड लुई ने तेज़ी से पूछा।

'पता नहीं। इससे फ़र्क क्या पड़ता है ?' एडविना ने उत्तर दिया। वे रुआँसी हो चली थीं।

'तुम थक गई हो...' लॉर्ड लुई बड़ी कोमलता से बोले।

'प्लीज़, मैं हाथ जोड़ती हूँ... कुछ भी मत कहो। यह तुम्हारी दुनिया नहीं है,' एडविना अस्फुट स्वर में बोलीं।

और लॉर्ड लुई को अचानक ही समझ में आ गया कि उनकी पत्नी की बात सही है।

एडविना ने उनका हाथ अपने हाथों में ले लिया। यह डिकी की ग़लती तो नहीं थी कि वह भारत का नहीं था। इस निष्कपट व्यक्ति के लिए उनके मन में अपार करुणा उमड़ आई — यह सिपाही आत्मा की उड़ान के बारे में कुछ भी जाने बिना भी चिता के निकट खड़ा रहा था और अपने मृत मित्र के लिए इसने सच्चे आँसू भी बहाए थे।

लॉर्ड लुई ने हल्के से खाँसकर कहा, 'तुम्हारी पोशाक पर काले धब्बे पड़ गए हैं, और बालों में राख भर गई है।' पत्नी के बालों से राख के कण झाड़ते हुए वे कुछ क्षण चुप रहे, फिर बोले, 'नेहरू कैसे गया होगा ? वह तो अचानक ही ग़ायब हो गया ...'

'वह कहीं नहीं गया,' एडविना ने तेज़ी से कहा।

'नाव तैयार है; रेल स्टेशन पर लग चुकी है। हमें यह शाम सदा याद रहेगी, है ना स्वीट हार्ट ?'

एडविना के मन की आँखों के आगे इलाहाबाद के वृक्ष घूम गए। जिस घर में नेहरू का जन्म हुआ था, उसे घेरे विशालकाय पहाड़ी पीपल; आसपास का देहाती इलाका, जो उनके आगे इतना स्पष्ट था मानो उनका देखा हुआ ही हो; नदी के समतल किनारे

और चिरंतन धारा; गोधूली वेला में नदी पर तैरते फूलों भरे दोने, जैसे कि उन्होंने कहीं किसी शाम गंगा में नाव पर बैठकर किसी श्मशान घाट के पास से गुज़रते हुए देखे थे।

'फिर भी, किसी शव को जलते देखना और उस पर घी का उँड़ेला जाना... पहले-पहल यहाँ की यात्रा करनेवालों का सम्मोहन मेरी समझ में आता है,' लॉर्ड लुई लंबी-चौड़ी सीढ़ियों से ऊपर जाते हुए बोले।

शांति

अँधेरे में दमकती श्मशान भूमि पर एडविना ने भी दुहराया, 'शांति।'

पौ फटी ही थी और श्वेत वस्त्र पहने वृद्धाएँ श्रद्धापूर्वक चिता की भस्मी एकत्रित भी करने लगी थीं। अँधेरे में झुकी हुई वे मौन महिलाएँ ऐसी लग रही थीं मानो कृपालु वर्षा ऋतु के बाद गेहूँ की भरपूर फ़सल काट रही हों। उस झुटपुटे में उन्हें अलग-अलग पहचानना मुश्किल था। कभी-कभी कोई बुझता हुआ अंगारा भड़क उठता और फिर तुरंत ही टूटे हुए तार की तरह बुझ जाता। वृक्षों के ऊपर एक गुलाबी पट्टी उभर आई और पहले-पहल जागनेवाले तोते की चीख ठंडी हवा को चीरती हुई गूँज गई।

एडविना ने फिर से बिना हिले-डुले दुहराया, 'शांति।'

काश उनमें इतनी हिम्मत होती। उन्होंने अपनी कार पाँच सौ मीटर दूर लाल किले की ग़मगीन दीवारों की छाया में ही रुकवा दी थी और पाँवों में सैंडिल डाले उस धूल में हिंदुस्तानी स्त्रियों के साथ ही घुलमिलकर वे यहाँ तक आई थीं। किसी ने भी उन्हें पलटकर नहीं देखा था, किसी ने भी उन्हें परेशान नहीं किया था।

'शांति,' सिर उठाकर वे कुछ और ज़ोर से बोलीं। चारों ओर से गिद्ध आकर मानो बिल्कुल निश्चल-सी उड़ान में मँडराते हुए अपना घेरा क्रमशः छोटा करते जा रहे थे। वे अपना शव-भक्षण का धर्म निभाने आए थे। कुछ घबराई हुई चीलें उनका रास्ता काटती हुई उड़ रही थीं — मौका मिलते ही धरती पर झपटने को तैयार। सूर्य उदित हो रहा था। जीवन फिर से जाग रहा था। एडविना ने गाँधी की आत्मा के पथ का अनुमान किया जो अब परम आनंदमय मुक्ति के साथ शून्यत्व प्राप्त कर चुकी थी।

अचानक उनके सिर से दुपट्टा फिसल गया और उनके भूरे बाल दिखाई देने लगे। पीछे-पीछे आती हुई एक बूढ़ी स्त्री आश्चर्य से चौंक उठी और ज़ोरों से हाथ हिला-हिलाकर ऊँचे स्वर में अपनी साथिनों को पुकारने लगी। एडविना ने काँपते हाथों से अपना सिर

ढक लिया।

फिर उतने ही अचानक वे स्त्रियाँ तेज़ी से घूम गईं और सफ़ेद शॉल में लिपटी एक आकृति को झुककर प्रणाम करने लगीं। धीमे स्वरों में आदरपूर्वक वे पंडित नेहरू की जयकार कर रही थीं।

वे कुछ कदम आगे बढ़े। सभी स्त्रियों ने एक साथ हाथ जोड़कर धीमे से उनका अभिवादन किया। प्रधानमंत्री के हाथों में लाल गुलाबों का एक गुलदस्ता था। उन्होंने एडविना को सफ़ेद ख़ाक के एक बड़े से वृत्त की ओर धकेला और झुककर वे फूल वहाँ की भूमि पर रख दिए।

फिर उन्होंने अपनी शॉल के भीतर से एक छोटी-सी बरनी निकाली और चिताभस्म से कुछ आगे कुचली हुई घास तक जाकर वहाँ से रेत की एक मुट्ठी भर ली।

'इसे ले जाओ, डरो मत... मैं कोई धर्मविरोधी कार्य नहीं कर रहा हूँ। बापू तो सारी दुनिया के थे,' धूप में आँखें झपकाते हुए उन्होंने कहा।

एडविना ने नेहरू के हाथ से वह बरनी थाम ली जो अभी तक गरम थी, और उस व्यक्ति के आगे झुक गईं जिसे अपनाने का निर्णय उन्होंने अंततः कर लिया था।

'चलो, तुम यहाँ नहीं रुक सकतीं। इन औरतों को अपना कर्तव्य करने दो, तुमने अपना कर्तव्य निभा लिया है,' काँपती हुई एडविना से उन्होंने बड़ी कोमलता से कहा।

दिल्ली, 13 फ़रवरी 1948

नौकर का उत्साह समा नहीं रहा था, 'मेम साहब, योर एक्सिलेंसी, प्रधानमंत्रीजी का फ़ोन है। वे आपसे बात करना चाहते हैं, और...'

एडविना ने बात काट दी, 'ठीक है। मैं यहीं से बात करूँगी।'

गहरी साँस लेकर उन्होंने रिसीवर उठाया, 'तुम हो... हाँ, मैं राह देख रही थी। कितनी जबरदस्त भीड़ थी। मुझे हमेशा याद रहेगा... लहरें ऊँची उठ रही थीं ? मेरा तो ध्यान ही नहीं गया। मैं समझती हूँ, जवाहर। सचमुच बड़ी शांति मिलती होगी — 'शांति' ही कहते हो ना ? मुझे लगता है, मेरी समझ में आ गया था। मैंने रस्म के बाद तुम्हें किनारे पर देखा था। तुमने ओवरकोट की जेबों में हाथ ठूँस रखे थे। लग रहा था कि तुम किसी और ही दुनिया में खोए हुए हो... हे भगवान ! तुम ऐसी बातें क्यों कर रहे हो ? उसी जगह ? पर तुम मरने नहीं जा रहे हो, कम-से-कम अभी तो ! क्या ?'

उनका चेहरा सफ़ेद पड़ गया। वे बैठ गईं।

'गंगा के जल में, मैं देखूँ... ? पर कौन जाने, मैं तुमसे पहले भी तो मर सकती हूँ, जवाहर ? हम अब इस बारे में बात न ही करें। तुम्हें मेरा पत्र मिल मया ? ओह,

बड़ा बेतुका लिखा हुआ था ना ? ... मुझे शब्द ही नहीं मिल रहे थे ... जवाहर, तुम्हारे लिए मुझे इतना दुख हो रहा है ... तुम्हें पता था ... ? क्या बताऊँ ! सरकारी यात्राओं का बिल्कुल जानलेवा कार्यक्रम बना हुआ है, तुम्हें ध्यान है ... कब ? थोड़ा-सा समय मिलते ही। हाँ, मेरा वादा है। हरगिज़ नहीं ... मैं कैसे भूल सकती हूँ ? जल्दी ही मिलते हैं ...'

उन्होंने धीरे से फ़ोन रखा और गहरी साँस छोड़ते हुए अपने कार्यक्रम की डायरी खोली।

कानपुर, कलकत्ता, कटक, पुरी, असम में बर्मा से लगे हुए क्षेत्रों का दौरा, कपूरथला, त्रावणकोर, कोचीन, उदयपुर, मैसूर और ऊटकमंड, देहरादून... तब तक मालकम सार्जेण्ट आ जाएगा। फ़रवरी के महीने में तो साँस तक लेने की फ़ुरसत नहीं है। मार्च में भी यही हाल रहेगा, बशर्ते मालकम तयशुदा समय के पहले ही भारत न छोड़ दे।

एडविना की देह काँपने लगी। नेहरू से दूर बिताया गया समय भी कोई समय था !

दिल्ली, 14 फ़रवरी 1948

'मैं बेताबी से तुम्हारी राह देख रहा था, नेहरू। तुम्हारे साथ मैंने ऐसा दिन बिताया है जो पूरी जिंदगी याद रहेगा। मुझे खुशी है कि रस्म के दौरान कोई अव्यवस्था नहीं हुई और इतनी भीड़ के बावजूद कोई अप्रिय घटना भी नहीं हुई...' लॉर्ड लुई कह रहे थे।

दोनों हाथ जोड़कर उन पर ठोढ़ी टिकाए नेहरू चुप बैठे रहे।

लॉर्ड लुई ने बड़ी कोमलता से आगे कहा, 'मैं कल्पना कर सकता हूँ कि तुमको कैसा महसूस हो रहा होगा जवारला।'

नेहरू ने मुँह फेर लिया। लॉर्ड लुई ने स्नेह से उनके कंधों पर हाथ रखा।

'मैंने दूध और पानी की मिली-जुली धारा पर गुलाब की पंखुड़ियाँ बिखेरीं और बापू नदी में मिलकर समुद्र की ओर चल दिए,' नेहरू बिखरे-बिखरे स्वर में बोले। 'एक दिन मेरे साथ भी यही होगा, उसी जगह पर, इलाहाबाद के संगम पर, उसी शहर में, जहाँ मैंने पहले-पहल आँखें खोली थीं, मैं अनंत शून्य में मिल जाऊँगा।'

लुई माउंटबेटेन के दफ़्तर में सन्नाटा छा गया। उन्हें उसे तोड़ने की हिम्मत नहीं हुई। आखिर नेहरू ही आगे बोले, 'लेकिन जीवन तो चलता ही रहता है। मैंने इस हत्या को प्रेरित करनेवाली तमाम हिंदू अतिवादी पार्टियों पर प्रतिबंध लगाने का आदेश दे दिया है — राष्ट्रीय एकता के ये हत्यारे... हमने तीन हज़ार लोगों को गिरफ़्तार कर लिया

है। मैंने व्यवस्था पक्की कर देने के लिए मुस्लिम अतिवादियों पर भी पाबंदी लगा दी है। अलवर और भरतपुर के महाराजा यह जानकर हैरान-परेशान हैं कि इसमें उनकी सरकारों का नाम भी आ रहा है। उनके राज्य अब भारत का हिस्सा हैं।'

'यह तो मुझे पता चला है कि हत्यारों का एक साथी — नाथूराम गोडसे — उसी स्थल से पकड़ा गया है। कुल मिलाकर कितने हैं वे लोग ?'

'एक नौकर सहित, आठ,' नेहरू गुस्से से खौल रहे थे। 'इस बार मैं क्षमादान के अपने अधिकार का प्रयोग नहीं करूँगा। सबको फाँसी होगी।'

'पुलिस ने जाँच-पड़ताल अच्छी तरह की है। अगर पहली चेतावनी के समय ही वे इतनी फुर्ती दिखलाते तो महात्माजी आज जीवित होते।'

'ओह ! वे अक्सर ही अपना बलिदान देने की बात किया करते थे ... कम-से-कम उनकी मृत्यु वैसी ही हुई जैसी वे चाहते थे। पर उनके बिना मैं क्या करूँगा ?'

'तुम अपनी जनता के पिता का स्थान ग्रहण करोगे,' लॉर्ड लुई दृढ़तापूर्वक बोले। 'आगे से तुम ही उन्हें रास्ता दिखाओगे।'

'मगर जहाँ हममें मतभेद होता था, वहाँ भी उनके विचार मुझे रास्ता दिखलाते थे।'

लॉर्ड लुई मौन रहे।

'हम भारत सरकार के सदस्य हैं, और मैं अकेला नहीं हूँ। बापू की मौत हमें और नज़दीक लाकर एक बंधन में बाँध देगी।'

लॉर्ड लुई गंभीर थे, 'मुझे सबसे बड़ी चिंता तो यह है कि तुम्हारी सुरक्षा कैसे होगी। जवारला, तुम यॉर्क रोड पर नहीं रहोगे; इसमें बहुत ख़तरा है। आकर हमारे साथ रहो। तुम्हारी सुरक्षा का यही एक उपाय है।'

'यहाँ ? इस महल में ?' नेहरू चिहुँक पड़े। 'नहीं !'

'क्यों नहीं ? हम तुम्हारे मित्र हैं !'

'डिकी, मैं तुम्हारा तहेदिल से शुक्रिया अदा करता हूँ, पर मैं इसे स्वीकार नहीं कर सकता। मेरी जगह यहाँ नहीं है।'

'तुम ग़लती पर हो। कोई भी तुम्हें मार सकता है — तुम्हारी कोई सुरक्षा-व्यवस्था भी नहीं है।'

'मुझे मारने की कोशिश कोई भी नहीं करेगा, कोई भी नहीं। देख लेना,' नेहरू पूरे विश्वास से बोले। 'मैं अपने देश को जानता हूँ। एक बार विस्फोट का असर दूर होते ही शांति छा जाती है। अपने बलिदान से बापू ने भारत को पवित्र कर दिया है। यॉर्क रोड में ही रहकर मैं इस बात को सिद्ध करूँगा और आज शाम के रेडियो प्रसारण में भी मैं यही कहूँगा। इसके विपरीत, अगर मैं यहाँ आ जाता हूँ, तो इसे कायरता माना जाएगा।'

'कायर ? तुम ? तुम तो हिम्मत के नशे में चूर, जोशीले...'

'मैं एक वन्य पशु हूँ, डिकी। मुझे पालतू मत बनाओ। मुझे आज़ाद रहने दो,' नेहरू ने शांत स्वर में कहा।

'हम क्या तुम्हें बाँधकर रखते हैं ?'

'जंजीरें कई तरह की होती हैं।'

एडविना की मुक्ति

दिल्ली, 24 मार्च 1948

एडविना चौतरे पर आईं, अपना हैट एक कुर्सी पर पटका और तेज़ नज़रों से बगीचे का जायज़ा लिया। कंधे झुकाए, पेट थामे मालकम सार्जेण्ट मायूस-सा चेहरा लिए गुलाब की झाड़ियों के पास टहल रहा था।

'क्या मुसीबत है !' उन्होंने सोचा। 'उसकी हालत सुधरी नहीं है। अब वह अपनी पेचिश को लेकर काँखेगा — कराहेगा, शिकायतें करेगा और बावेला मचाएगा। उसे आना ही नहीं चाहिए था, सच ! क्या मुझे सचमुच इस व्यक्ति से प्यार था ? यह तो मुमकिन ही नहीं है।

वह ऐंठते हुए हाथ हिलाकर चिल्लाया, 'एडविना, बहुत तकलीफ़ हो रही है।'

'आकर लेट जाओ !' वे भी चिल्लाईं।

दर्द से उसका चेहरा ऐंठ रहा था। लड़खड़ाते हुए आकर उसने एडविना का हाथ चूमा। एडविना ने ग़ौर किया, उसके होंठ तप रहे थे।

'तुम्हें बुखार है। लेट जाओ, डियर मालकम। मैं बढ़िया चाय मँगवाती हूँ।'

आरामकुर्सी में लेटते हुए वह काँखा। 'पानी के एक छोटे-से गिलास ने कितनी बड़ी मुसीबत खड़ी कर दी... डियरेस्ट, मैं तुम्हें बहुत परेशान कर रहा हूँ ना...'

'नहीं, नहीं, परेशानी की क्या बात है !' उनका ध्यान कहीं और था और नज़रें बगीचे के सिरे पर उतरती चील पर टिकी थीं। 'बस इतनी बात मान जाओ कि कंसर्ट पेश करने के लिए यात्राएँ करने का कार्यक्रम रद्द कर दो।'

'तुम्हारी यही राय है ? हालत इतनी ख़राब है ?' उसने बड़ी बेचारगी से पूछा।

'डॉक्टर भी इसकी पुष्टि कर रहे हैं। मैं तुम्हें और दस दिन तक यहाँ रखूँगी। कितनी अच्छी बात है, ना ?' उन्होंने जबरन मुस्कुराते हुए कहा।

'तुम्हें तो मैं मुश्किल से कहीं देख पाता हूँ। मैं बीमार पड़कर घिसटता फिर रहा हूँ और तुम्हें यह अच्छी बात लग रही है ! एडविना, तुम अब मुझे प्यार नहीं करतीं !'

'मैं ?' वे तेज़ी से बोलीं, 'क्या आँय-बाँय बक रहे तो। बुखार की वजह से ऐसा हो रहा है, डियर।'

'इस बीमारी के पहले भी तुम मुझे टालती फिर रही थीं। मुझे पता है,' वह बुदबुदाया।

'मालकम, तुम ऐसा सोच भी कैसे सकते हो ! क्या मैं हमेशा तुम्हारे प्रति निष्ठावान नहीं रही ?'

'एडविना, तुम तो प्रेम का फ़रिश्ता हो,' उसने उनका हाथ थामते हुए कहा। 'पर चरम आनंद के वे पल कहाँ हैं जो मेरे कंसर्ट के बाद हम आपस में बाँटते थे ? यहाँ मेरी कोई हस्ती ही नहीं है। मैं अपने वाद्यवृंद का संचालन नहीं कर रहा हूँ। मैं तो, बस शर्मनाक बीमारी में गिरफ़्तार एक मेहमान-भर हूँ जो तुम्हें तंग ...'

'बेचा-रा मालकम,' उन्होंने पुचकारते हुए कहा, 'तुम मेरे बहुत नजदीक हो।'

'पर तुम्हारी असली दिलचस्पी कहीं और है, एडविना। चलो, यही बताओ कि अभी, इस समय तुम मेरे साथ कितना वक्त बिता सकोगी ?'

'बकवास मत करो। पूरे पंद्रह मिनट,' उन्होंने डपटकर कहा। 'हाँ, उसके बाद एक स्कूल में मेरी मीटिंग है।'

अपने हाथों में अभी तक थामे हुए हाथ पर उसने होंठ रख दिए, 'मैं तुमसे एक पूरी शाम माँग रहा हूँ, माइ डियर। मैं तुमसे विनय करता हूँ... मेरे ठीक होते ही।'

उन्होंने राहत की साँस ली, 'ज़रूर, ज़रूर ! तुम्हारे ठीक होते ही — मैं वादा करती हूँ।'

एडविना सोचने लगीं, 'मेरे अन्य तमाम प्रेम-प्रसंगों की ही तरह यहाँ भी मोहभंग हो गया है और अब कुछ भी नहीं बचा है। कोई भी भावना नहीं। आखिर कैसी औरत हूँ मैं ? साथ बिताई गई रातों की कोई भी बात मुश्किल से ही याद आती है — उसकी त्वचा, रात के आखिरी पहर में उसकी आवाज़... मैं उसकी प्रशंसिका थी; मुझे वह परम प्रतिभासंपन्न लगता था; उसका संगीत मुझे आह्लाद से भर देता था। और अब ! उसे देखकर दिल की धड़कन तक तेज़ नहीं होती।'

'क्या सोच रही हो, माइ डियर ?' मालकम गुनगुनाया।

'कुछ भी नहीं... हम दोनों के बारे में।'

'कितनी बार पड़ चुकी हूँ मैं इस स्थिति में ? पहले डिकी, और फिर डगलस, ऐण्टी, टेड, बिल, बनी...' सोचते हुए वे सिहर उठीं। '... इतने लोग थे मुझे तो अब उनके बारे में कुछ याद भी नहीं। कितना घृणित है यह सब ! उनकी बाँहें मेरी क़ैद थीं। अब नहीं... अब कभी भी नहीं।'

ग्यारह

अद्‌भुत आनंद

विस्मयकर प्रमाण

दिल्ली, 3 अप्रैल 1948

लपककर दो-दो सीढ़ियाँ एकसाथ चढ़ती हुई एडविना किलक उठीं। 'आख़िर !'

आख़िर मालकम प्रस्थान कर गया था। वे हवाई अड्डे से लौट रही थीं। वह सिर झुकाए, पेट की ऐंठन से दोहरा होता हुआ लौटा था। जाने के पहले वे दो बार उसके मनोरंजन की व्यवस्था कर सकी थीं — एक बार तो नृत्य का कार्यक्रम था, जिसने उसे मुग्ध कर लिया था; और दूसरी बार अब शरणार्थियों से मुक्त हो चुके पुराने क़िले में मशालों की रोशनी में संगीत का कार्यक्रम। यह तो मालकम को अद्‌भुत और लोकोत्तर लगा था।

अपने शयन-कक्ष का दरवाज़ा धकेलते हुए उन्होंने हर्ष के आवेग में दुहराया, 'आख़िरकार ! ... जब याद आता है कि पुराने क़िले के शरणार्थी कैंपों के मेरे विवरण पर उसके मुँह से करुणा का एक शब्द भी नहीं निकला... हे भगवान ! क्या उस बात को अभी तीन ही महीने हुए हैं।'

उन्होंने फिर सोचा, 'आख़िर... अब मैं मुक्त हूँ। मुझे अपना वादा निभाना चाहिए। वे मेरा इंतजार कर रहे हैं, मुझे वादा निभाना ही होगा। फ़ोन करूँ।'

उन्होंने 17, यार्क रोड का नंबर मिलाया।

एक निर्लिप्त स्वर ने सूचना की, 'प्रधानमंत्री का आवास।'

'लेडी माउंटबेटेन बोल रही हूँ। उन्हें फ़ोन दीजिए, प्लीज़।'

'जी मै'म। तुरंत... एक सैकेंड प्लीज़,' ऑपरेटर ने तत्परता से कहा।

फिर अचानक ही उनकी आवाज़।

'बिना किसी अभिवादन के ही एडविना बोल पड़ीं, 'मैं आकर तुमसे मिल सकती हूँ, जवाहर ? बस एक मिनट के लिए। अभी ? हाँ।'

फ़ोन रखकर उन्होंने चटपट अपना मेकअप दुरुस्त किया।

'न !' उन्होंने कपोलों से रूज़ पोंछते हुए कहा, 'ज्यादा शृंगार नहीं। सिर्फ़ भौंहों पर पैंसिल, बस। और सफेद पोशाक ... नहीं, फूलोंवाली।'

पल-भर में वे तैयार होकर तेज़ी से सीढ़ियाँ उतर रही थीं। आदेश के अनुसार शोफ़र भी तैयार खड़ा प्रतीक्षा कर रहा था। नं 17, यॉर्क रोड कुछ मिनट की ही दूरी पर था।

सिर पर टोपी लगाए, पीठ के पीछे हाथ बाँधे वे गंभीरता से बरामदे में चहलकदमी कर रहे थे। ख़यालों में वे इतने गहरे डूबे थे कि इंजन की घरघराहट उन्हें सुनाई ही नहीं दी — न फाटक के बंद होने की आवाज़ और न एडविना को बगीचे की ओर ले जाते नौकरों की धीमी-धीमी आवाज़ें !

वे उन्हें देखती खड़ी रहीं। हालाँकि वे इंच-भर भी नहीं हिली थीं, पर अचानक नेहरू ने सिर उठाया और उन्हें देखा। वे न आगे बढ़े, न हाथ बढ़ाया, न बाँहें फैलाईं, बस स्तंभित-से खड़े उन्हें देखते रहे। पीठ के पीछे हाथ वैसे ही बँधे रहे। एक भी शब्द बोले बिना वे बस एक-दूसरे को निहारते रहे।

आखिर नेहरू ही बोले, 'अपना बैग इतना कसकर क्यों पकड़ रखा है ? आओ, बैठ जाओ।'

एडविना एक कदम आगे बढ़ीं। शिथिल उँगलियों से बैग नीचे गिर गया।

नेहरू ने हलके से उनकी कमर के गिर्द बाँह का घेरा डाल दिया, 'आओ, मेरी डी। इतनी गर्मी में खड़ी मत रहो। मुझे पता है, यह इतना आसान नहीं है...'

वे बड़े औपचारिक तरीक़े से एक आरामकुर्सी के सिरे पर तनकर बैठ गईं।

नेहरू ने हिचकते हुए बात आरंभ की, 'तुम आईं...'

'क्योंकि तुमने बुलाया था, जवाहर।'

'मैं हरदम तुम्हारे ही बारे में सोचता रहता था। कई बार सोचता था कि तुम आती क्यों नहीं।'

'मैंने बताया था, ना,' वे सहमी-सी बोलीं। 'बाहर की यात्राएँ, यहाँ होकर गुज़रते हुए दोस्त...'

'तुम्हारे बच्चे ...'

'बच्चे, हाँ,' वे क्षमायाचना के स्वर में बोलीं, 'हाँ, मेरी बेटी और दामाद।'

'और डिकी।'

एडविना चुप रहीं। नेहरू धीरे-धीरे बोले, 'तुम कितनी उदास दिखाई दे रही हो, मेरी डी। बहरहाल, डिकी के बारे में तो हमें बात करनी ही होगी। नहीं ?'

'नहीं, नहीं ! अभी नहीं, प्लीज़,' एडविना के स्वर में याचना थी, 'अभी नहीं...'

'मैं तुम्हें कभी भी मजबूर नहीं करूँगा। तुम्हारे गालों पर लाल चकत्ते हैं। डाक्टर को दिखाया ?'

'मैंने ? नहीं ... तुम तो जानते हो, मैं अक्सर बीमार रहती हूँ ... भयंकर सिरदर्द ...'

'मैंने कभी गौर नहीं किया,' नेहरू के ललाट पर बल पड़ गए।

'वह इसलिए, कि तुम्हारे आते ही वह ग़ायब हो जाता है,' एडविना ने तुरंत जवाब दिया।

नेहरू ने मुस्कुराकर उनका हाथ थाम लिया, 'उन चकत्तों को देखकर मुझे चिंता इसलिए हुई कि मुझे तपेदिक का ख़याल आ गया। मेरे देश में अभी भी इसका काफ़ी जोर है।'

'मुझे पता है। तुम्हारी पत्नी के प्राण भी तो शायद इसी ने लिए थे,' एडविना कुछ असहज थीं।

'वह क़िस्सा तो बहुत पुराना हो चुका है... पर यह सच है कि बीच-बीच में वह पुराना दर्द उभर आता है। मुझे अक्सर तुम्हारे बारे में चिंता होती है। तुम्हारी त्वचा इतनी नाजुक है, इतनी पारभासी कि इस पर सबकुछ दिखाई देता है — हलका से हलका निशान, छोटा से छोटा दर्द ...'

'मेरी नानी और माँ तपेदिक से मरी थीं।'

'ओह !' नेहरू चिंतित हो उठे, 'तब तो तुममें पहले से ही इसकी प्रवृत्ति है।'

'मुझे पता है, आजकल इसका इलाज़ संभव है, पर कभी-कभी मुझे डर लगता है। मुझे अपने बचपन की वह मानसिक यंत्रणा याद आती है, जब मेरी माँ, मॉडी, अचानक ही लंबे प्रवास के लिए ईजिप्ट चली गईं, और फिर एक दिन... वे फिर लौटी ही नहीं। मैं तब बच्ची ही थी।'

'तो तुम्हारे पिता ने तुम्हें पाल-पोसकर बड़ा किया,' नेहरू बोले।

एडविना ने एक आह भरी, 'मेरे पिता ने पुनः विवाह कर लिया। उस औरत ने मुझे और मेरी बहन को अपने को 'माद्र' पुकारने को मजबूर किया।'

'माद्र ?... स्पेनिश में ?' नेहरू ने पूछा।

'इटालियन में, पर सिर्फ़ दंभ के मारे उसने ऐसा किया। मेरी सौतेली माँ लंबी,

उज्ज्वलकेशी महिला थी। उसका नाम मॉली था। मुझे उसने बहुत ही सताया।'

'बे-चा-री...' नेहरू उनकी ओर झुकते हुए बोले, 'तुम्हें बचपन में ज़्यादा लाड़-प्यार नहीं मिला।'

'छोड़ो, ये सब बेकार की बातें हैं। देख ही रहे हो, उन बातों ने मेरी जान नहीं ली। उन्होंने मुझे मज़बूत बना दिया,' वे सीधी होती हुई बोलीं।

नेहरू हँसने लगे, 'क्या तुम सचमुच अंग्रेज़ हो ? एक बार तुमने बताया था कि तुम जर्मन हो।'

वे तेज़ होकर बोलीं, 'मेरी माँ एक जर्मन बैंकर की बेटी थीं। ज़हाँ तक मेरे पिता विल्फ्रिड का सवाल है, वे एक एज्टेक राजकुमारी के वंशज थे।'

'जर्मन ?' नेहरू कुछ सोचते-से बोले, 'डिकी भी तो जर्मन ख़ानदान से ही हैं ना ? यह तुम लोगों की साझी विरासत है।'

'पर डिकी के पिता राजकुल से थे। वे यहूदी नहीं थे,' एडविना तड़पकर बोलीं।

'तुम्हारे नाना यहूदी थे ? मुझे नहीं पता था। किसी ने बताया भी नहीं। सरोजिनी ने भी नहीं, जो तुम्हारी माँ को अच्छी तरह से जानती थीं।'

'जवाहर, मिसेज़ नायडू ने तुम्हें मेरे बारे में बहुत कुछ बताया है ?' एडविना ने कुछ चिंतित होकर पूछा।

नेहरू ने सिर उठाकर आकाश पर नज़रें गड़ा दीं। फिर बड़ी कोमलता से बोले, 'लोग बातें करते ही रहते हैं, मेरी डी... पर मैं कुछ सुनता नहीं। सब जानते हैं कि हमारी पुरानी मित्र सरोजिनी की ज़बान बड़ी लंबी है। दूसरों के बारे में चर्चा में उसे बड़ा रस मिलता है। तुम्हारे बारे में मैं जो जानता हूँ, वह अपने अनुभव से — साहसी, उदार, अथक...'

एडविना का माथा तप उठा। वे धीरे से बोलीं, 'तुम मुझे जानते ही नहीं। मेरे जीवन के बारे में तुम कुछ नहीं जानते।'

स्वप्निल-से नेहरू बोले जा रहे थे, 'बरसों पहले एक पुरानी पत्रिका में छपा तुम्हारा चित्र मुझे याद है ... तुम एक मिस्री लबादा पहने थीं जिसकी बाँहें सुनहले टिड्डे की आकृति में बनी थीं। तुम एक देवमूर्ति-जैसी दिखाई दे रही थीं...'

'हाँ, हाँ, मुझे याद आया,' वे हँसने लगीं। 'तूतनख़ामन की समाधि की खुदाई के उद्‌घाटन का मौका था। जवान उम्र की कल्पनाएँ !'

'मेरे लिए वह एक जेल काटकर आने और अगली जेल के बीच का समय था, और मैं हैरत से सोच रहा था कि कुलीन लोग एक सामान्य-से ईवनिंग-गाउन पर इतना कैसे ख़र्च कर देते हैं ... बड़ी मूर्खता की बात है।'

'मूर्खता की बात नहीं थी, जवाहर...'

'तुम बहुत चिंतित दिखाई दे रही हो...'

'मुझे तुमसे कुछ कहना है,' हाथ छुड़ाते हुए वे हौले से बोलीं।

जवाहर ने निष्कंप दृष्टि से उनकी ओर देखा। एडविना का चेहरा उद्विग्न था। वे शांति से बोले, 'कुछ मत कहो, मेरी डी। कोई जल्दी नहीं है। तुम ऐसे अपराधी-जैसी दिखाई दे रही हो, जो अपना दोष स्वीकार करना चाहता हो... मेरे मन में तुम्हारी यह छवि नहीं है। तुम मुझसे बाद में बात करना, जब हम एक-दूसरे को और अच्छी तरह जान जाएँ।'

'वादा रहा ?' एडविना की आँखें हर्ष से चमक रही थीं।

'लो, आखिर तुम अपने जैसी लगने लगीं। तुम्हारी उजली मुस्कान, तुम्हारी स्पष्ट आवाज़...'

अचानक ही पास का एक वृक्ष काँपने और झरझराने लगा। एक गिलहरी उस पर से कूदी और अचानक ही हवा में थूथन उठाए, रुक गई। सूरज वृक्षों के पीछे ओझल होने लगा था और तोतों का एक झुंड पंख फड़फड़ाते हुए बगीचे को पार कर गया।

अपनी आवाज़ नीची करते हुए एडविना बोलीं, 'रात उतरने लगी है। इस समय तोते काले तीरों जैसे दिखाई देते हैं। पर सुबह जब मैं आँख खोलती हूँ, इनके पंख कच्चे नींबुओं जैसे हरे होते हैं।'

जवाहर चुप रहे। तोतों का शोर गूँज रहा था। अचानक ही जवाहर पूछ बैठे, 'मुट्ठीभर रेतवाली वह छोटी बरनी तुमने कहाँ रखी ?'

'अपने सिरहानेवाली छोटी मेज पर। कभी-कभी मुझे लगता है कि बापू मुझसे बात कर रहे हैं, पर वह सिर्फ़ हवा की सरसराहट होती है। उनके शवदाह में वह अंतिमता-बोध नहीं था, जो किसी को दफ़नाने में होता है...'

'मुझे तो यह कल्पना करने की हिम्मत भी नहीं होती कि कब्र में लेटी लाश का क्या हश्र होता है। कभी सोचता हूँ तो अंदर तक सिहर जाता हूँ। इसके विपरीत, शवदाह में, सबकुछ आँखों के सामने होता है — एकदम सीधा-सादा मामला। हमारी आँखों के आगे ही आत्मा धुएँ के साथ ऊपर उड़ जाती है।'

एडविना हलके-से हँसीं, 'पंडितजी, मैं तो समझती थी कि आप नास्तिक हैं।'

'इतना नास्तिक नहीं, मेरी डी, कि मौत के बारे में भी न सोचूँ। मेरी आत्मा भी आग की लपट के साथ ही उड़ान भरेगी। पर तुम्हारी आत्मा ! क्या वह धरती में क़ैद ... मैं कल्पना भी नहीं कर पाता।'

'कोशिश भी मत करना।' एडविना ने उनके मुँह पर अपनी हथेली रख दी। 'उससे फ़ायदा भी क्या होगा ?'

उन्होंने अपने होंठों पर रखी उँगलियों को चूम लिया और वह हाथ कसकर थाम

लिया।

'मेरी डी, मुझे हर चीज़ से डर सिर्फ़ तुम्हारी ख़ातिर ही लगता है,' आसमान की ओर देखते हुए वे धीमे स्वर में बोले। 'मुझे अब वह दिन याद नहीं जब मैं इस बात का भान होते ही अभिभूत हो उठा था कि मैं बेसाख़्ता तुम्हारी ओर खिंचता चला जा रहा हूँ। अचानक ही मेरी समझ में आ गया कि हम दोनों के बीच एक गहरा लगाव है; मुझे एक दुर्निवार शक्ति का आभास हो रहा था जो हमें एक-दूसरे की ओर खींच रही थी। इस नई खोज से मैं अभिभूत भी था और उल्लसित भी। हम और अधिक अंतरंगता से बातें करने लगे थे मानो हमारे बीच से कोई परदा उठ गया हो और हम भय या संकोच के बिना एक-दूसरे की आँखों में देख सकते हों। तुम मेरी बहन हो, मेरा महासागर, मेरा प्रकाश — और किसी दिन मृत्यु अगर तुम्हारी स्वच्छ त्वचा को विकृत कर दे, तो मुझे भी बहुत तकलीफ़ होगी...'

'मुझे अब चलना चाहिए, पंडितजी। मुझे वापस घर लौटना है।'

'तो, कल मिलेंगे,' उन्होंने उसका हाथ छोड़ते हुए कहा।

दिल्ली, 9 अप्रैल 1948

पाँच दिन ! एडविना को वे पाँच दिन से नहीं देख पाए थे। कश्मीर के मसले पर वे बेहद व्यस्त रहे थे; साम्यवादियों द्वारा उकसाया गया विद्रोह देश के अनेक भागों में उपद्रव भड़का रहा था; वे देर शाम को इतने थके-हारे लौटे थे कि एडविना के खयालों में डूबने की भी ताकत नहीं बची थी। इधर-उधर से उड़ता-उड़ता सुनाई दिया था कि वे फिर से किसी शरणार्थी कैंप के निरीक्षण पर निकल गई थीं — यह भी नहीं पता कि किस कैंप के निरीक्षण पर। पहले से ही तबाहहाल देहातों में सूखा और भी कहर ढा रहा था। गर्मी के साथ लोगों का पारा भी चढ़ने लगा था और नेहरू एडविना की यात्राओं को लेकर चिंतित थे।

आज शाम वे ज़रूर आएँगी।

गर्मी के पहले हमले से भारत बेहिस हो गया था और हमेशा की तरह उसके तेवर के आगे समर्पण करने लगा था। थकान के मारे अपनी हस्ती से बेख़बर हो जाने की विचित्र संवेदना का फिर से अनुभव कर पाने पर नेहरू बहुत खुश थे। स्वतंत्रता और नरसंहार के वर्ष — 1947 — से यह संवेदना बिल्कुल विलुप्त हो चुकी थी। और नेहरू ने असंख्य बार सोची हुई बात को फिर से सोचा — वे उस अंग्रेज़ महिला की प्रतीक्षा क्यों कर रहे थे जिनसे उनका बहुत ही कम बातों में मेल था ?

उनके जीवन में दूसरी केवल एक नारी का महत्त्व था, जो उनका ध्यान रखती

सदा साथ रहती थी; जिसे उन्होंने प्रशिक्षित किया था, पढ़ाया था; जिसे उन्होंने लिख-लिखकर इतनी शिक्षा दी थी; और बीतते वर्षों के साथ जो उनकी महिला भागीदार में परिवर्तित हो गई थी। वह थी उनकी प्यारी बेटी, इंदिरा। इंदु की सुकुमारता, उसकी तन्वी काया, उसकी नज़ाकत, उसकी हलकी और मधुर आवाज़ — ये सारी बातें उसके पिता को उसे पूरी तरह घेरकर संपूर्ण रूप से सुरक्षित करने को प्रेरित करती थीं। कारावास के दौरान उन्होंने उसे एक सौ बीस पत्र लिखे थे जिनके माध्यम से उन्होंने उसे उर्दू, दर्शनशास्त्र, विज्ञान और साहित्य की शिक्षा देने की कोशिश की थी। वे उसके मार्गदर्शक और शिक्षक रहे थे, और जब से वे प्रधानमंत्री बने थे, वह उनके घर की स्वामिनी बन गई थी। जब इंदु यहाँ रहती थी, तो उसकी उदासी-भरी तेज़ नज़रों से कुछ भी नहीं छूटता था, पर वह तो बच्चों को गर्मी से बचाने के लिए उन्हें लेकर पहाड़ों पर चली गई थी। और नेहरू की समझ में नहीं आ रहा था कि वे अपनी बेटी की अनुशासनमय उपस्थिति की कमी महसूस कर रहे हैं, या किसी किशोर की तरह, फिर से आज़ादी की मस्ती को पहचान रहे हैं।

उन्हें भरोसा था कि एडविना जल्दी ही आनेवाली हैं।

रोज़ उनके घर लौटते ही, इंदिरा बड़ी गंभीरता और कर्तव्यपरायणता के साथ आ उपस्थित होती थीं। अपने शांत स्वर में वे दिन-भर की घटनाओं का ब्यौरा देती थीं। इंदु के साथ उन्हें कुछ राहत महसूस होती थी। उनका ही अंश, यह संतान उनकी देखभाल उस पत्नी की तरह करती थी, जिसे वे खो चुके थे। वे जिस भी गलियारे में कदम रखते, इंदु उन्हें मिल जाती — साड़ी में लिपटा उसका हलका-फुलका, छोटा कद, शिकारी पक्षी जैसा उसका बड़ा-सा सिर, उन्हीं से विरासत में मिली शुकनासिका, बेकाबू घुँघराले बाल, जीवंत भरे-भरे होंठ, और तलवार-सी तीखी संकल्प-शक्ति। इंदु ने उनके चारों ओर एक सुरक्षित घोंसला-सा बुन रखा था जिसमें स्वयं उसके और उसके बच्चों के सिवा और किसी के भी प्रवेश की गुंजाइश नहीं थी — उसके पति फ़ीरोज़ की भी नहीं। इंदिरा के दो नन्हें बेटे अपने नाना के जीवन में ढेर-सी ख़ुशियाँ लेकर आए थे। बड़ा राजीव शांत नयनों और गंभीर आकृतिवाला खूबसूरत बच्चा था। दूसरा बेटा संजय पारे-सा अस्थिर था और (अपनी माँ की ही तरह) अपने आंतरिक उद्वेगों और संघर्षों के बावजूद दृढ़ संकल्प। किंतु पिता-पुत्री के बीच की संपूर्ण एकात्मता तो अतुलनीय थी। वे जुड़कर एक हो चुके थे। उनकी अपनी एक परिपूर्ण दुनिया थी जिसमें केवल वे ही दो थे, दोनों इकट्ठे और अलग अस्तित्व। फिर भी, इंदिरा के सामने नेहरू पूर्णत: निर्बंध नहीं रह सकते थे।

अपने दुष्ट संदेहों को वे किसके आगे खोल सकते थे ? आज़ादी इतना रक्तपात लेकर आई थी... पर इंदिरा ने पहले ही इतने सारे राजनैतिक उत्तरदायित्व उठा रखे

थे; पार्टी की जिम्मेदारी... हाँ पार्टी की जिम्मेदारी... नेहरू उसे लगातार प्रोत्साहित करते रहे थे और इस धुन में यह विचार उनके मन में गहरा पैठ गया था कि अपनी बेहिसाब परेशानियों का असली ब्यौरा इंदु के सामने नहीं आने देना है। इंदु के लिए उसके उपयुक्त भविष्य गढ़ने की ख़ातिर यह ज़रूरी था कि उनमें चट्टान की-सी दृढ़ता दिखाई दे, मिट्टी का भुरभुरापन नहीं। और इंदिरा तक पहुँचना आसान भी नहीं था। पिता की जेलयात्राओं ने उसे मज़बूत और कठोर बना दिया था और ऐसा लगता था कि कभी-कभी वह भूल ही जाती थी कि उसमें दिल नाम की कोई चीज़ भी है। इंदु के अशांत हृदय की गोपन व्यथा को केवल वे ही समझते थे। इंदु अभी भी बहुत कम--उम्र थी, बहुत संवेदनशील और नाजुक — एक उग्र माँ, एक दुखी नारी। कभी-कभी वे अपनी बेटी को असह्य यंत्रणा के शिकंजे में छटपटाते भी देखते थे। यह एक योद्धा की यंत्रणा थी जिस तक किसी और की पहुँच नहीं हो सकती।

उन्होंने कनखियों से अपने पीछे के दरवाज़े की ओर देखा। उन्हें गलियारे में हलके कदमों की सरसराहट का आभास हुआ था। इंदु ? क्या वह बिना ख़बर दिए ही लौट आई है ? नहीं, नहीं। यह तो एक घायल गौरैया थी। नेहरू ने लपककर उसे उठाया और हौले से एक मेज पर रखकर देखने लगे कि कहीं उसका पंख तो नहीं टूट गया है।

गौरैया कुनमुनाई। आतंक के मारे उसकी चोंच पूरी खुल गई थी। उसे तसल्ली देने के लिए नेहरू ने उसे अपनी लंबी हथेलियों में भर लिया।

'बस, बस, बच्ची, शांत हो जाओ... मैं तुम्हारा कुछ नहीं बिगाड़ूँगा,' वे हौले-हौले फुसफुसाए। 'जितना छटपटाओगी, पंख उतना ही घायल होगा... देखूँ, तुम्हें कहाँ चोट लगी है ... ब-स...'

अपनी नन्ही, काली गोल-गोल आँखों से इस आदमी को देखती चिड़िया निश्चल बैठी रही। फिर अचानक ही उसकी आँखें मुँद गईं और वह लुढ़क पड़ी।

'अरे, मर गई ! नहीं ... नहीं,' संत्रस्त होकर नेहरू ने उसे मेज़ पर रख दिया। पर मुक्त होते ही चिड़िया ने पंख पसारे और उड़कर आम की डाली पर जा बैठी। नेहरू ठहाका मारकर हँसने लगे।

पीछे से एडविना की आवाज़ सुनाई दी, 'हँस क्यों रहे हो ? तुम इतने व्यस्त थे कि ख़लल डालने की मेरी हिम्मत न हुई।'

'आम के पेड़ पर वह गौरैया देख रही हो ? शायद किसी खिड़की से टकरा गई होगी। मैं समझा कि यह घायल हो गई है, तो मैं इसका मुआयना करने लगा...'

'... और जब तुमने समझा कि यह मर गई है, तो यह फुर्र-से उड़ गई, ठीक है ?' एडविना ने बैठते हुए पूछा।

'तुम कभी मेरे साथ ऐसा मत करना, मेरी डी, अचानक, औचक ही मत उड़ जाना।'

'क्या मैं घायल चिड़िया जैसी लगती हूँ ?' उन्होंने हैरानी से पूछा।

'हाँ, हाँ ! ... मुझे पता नहीं कि किसने घायल किया और कैसे, पर तुम्हारे पंख टूटे हुए हैं। पर तुमने उस चिड़िया को देखा — मैंने उसे सहलाया, चंगा कर दिया, और... मुझे अपना हाथ दो।'

'जवाहर...,' मानो अपने को दे डालते हुए वे बोलीं, 'तुम मुझे चंगा क्यों करना चाहते हो ? मेरा कोई इलाज़ नहीं है।'

वे एडविना का हाथ अपने होंठों तक ले गए, और बड़ी देर तक सहलाते रहे। एडविना ने आँखें मूँद लीं।

वे अचानक रुक गए, 'तुम्हें याद है, एक दिन जब मैं थका-हारा भवन के पीले वाले छोटे कक्ष में बैठा था ? मैंने तुमसे कुछ पल का मौन माँगा था। तुम चुपचाप वहीं बैठी रही थीं और मुझे नींद आ गई थी... अद्भुत सुख मिला था। उस शाम गौरैया मैं था और सहलानेवाले हाथ तुम्हारे थे। आज मेरी बारी है। न जाने कब से मुझे महसूस होता रहा है कि तुम घायल हो...'

'तुम्हें कैसे पता चला ? मैंने तो कभी तुम्हें घाव दिखाए नहीं,' वे होंठों ही होंठों में बोलीं।

नेहरू ने उनकी पलकों पर उँगली फेरी, ये आँखें... कभी खोखली नज़र आती हैं मेरी आँखों की तरह, कभी इनमें लपटें भड़क उठती हैं, कभी दर्द ... तुम्हारे मुँह के आस-पास ये रेखाएँ; दो बड़ी-बड़ी कटु झुर्रियाँ अक्सर ही दिखाई देती हैं; और तुम्हारी पीठ, जो एक साल में झुक आई है ...'

'अच्छा ही है ना।' वे सीधी होती हुई बोलीं। 'मैं तुमसे काफ़ी लंबी हूँ। झुककर मैं तुम्हारे बराबर हो जाऊँगी !'

'पर झुकना तुम्हारे चरित्र में नहीं है, मेरी डी। मुझे बताओ, तुम पर कौन-सा बोझ है। इन प्यारे-प्यारे कंधों पर इतना बोझ ...'

'पंडितजी, प्ली-ज़ !' वे चीख-सी पड़ीं। 'तुमने इतनी ज़िंदगी जेलों में गुज़ार दी, जिंदगी-भर तुम बिना रुके लड़ते रहे हो, तुमने पत्नी को खो दिया है, तुम अकेले रहते हो, तुम काम के बोझ-तले कुचले जा रहे हो, इतना दुख भोगा है तुमने, और तुम्हीं मुझे सांत्वना दे रहे हो ! नहीं।'

'क्या मैं अंधा हूँ ? मुझे डिकी और अपने बारे में बताओ। मैंने कभी-कभी इन नीली आँखों में तिरस्कार की झलक पाई है। हाँ, हाँ, मुझे डिकी की कमज़ोरियाँ भी मालूम हैं। वह बहक जाता है; वह महत्वाकांक्षी, अस्थिर, और कभी-कभी उदासीन भी होता है। पर वह उदार भी है। मैं जानता हूँ क्योंकि मैंने इस गुण का फ़ायदा भी उठाया

है। फिर भी, तुम उसे प्यार नहीं करतीं।'

'जवाहर, तुमने वादा किया था कि मुझे मजबूर नहीं करोगे।'

'ओह, हाँ ! सच है। मैं भूल गया था, पर तुम्हें मैं कैसे समझ सकता हूँ ? क्या मैं कभी जान सकूँगा कि तुम जैसी नारी क्या चाहती है ?'

उन्होंने अपना हाथ वापस खींचते हुए तेज़ होकर कहा, 'क्यों ? तुम भी कभी विवाहित जीवन बिता चुके हो !'

'यह एक ही बात नहीं है, मेरी डी। मेरे पिता ने मेरे लिए कमला को पसंद किया तब वह केवल तेरह वर्ष की थी। मेरी ही तरह वह भी कश्मीरी ब्राह्मण परिवार की थी। उसका पालन-पोषण ऐसे घर में हुआ था, जहाँ अंग्रेजी नहीं बोली जाती थी। जब वह सत्रह साल की थी, तब दिल्ली में बड़ी धूमधाम से हमारी शादी हुई। मेरे पिता ने तंबुओं का नगर बसा दिया था जिस पर बड़ी-सी ध्वजा फहरा रही थी "नेहरू विवाह-स्थल।" क्या मुझे एक भी शब्द कहने का मौका मिला था ? मैं स्वप्नदर्शी था, शौकीन और शायद कुछ विद्रोही भी; फिर भी मैं पिता का आज्ञाकारी बेटा था। यह हिंदुस्तानी शैली का पारंपरिक विवाह था। हमारे देश में पति अपनी पत्नी का चेहरा पहली बार देखते हैं, विवाह-संस्कार के समय वधू की गोद में रखे दर्पण में... हम भारतीय प्रेम-विवाह के बारे में कुछ नहीं जानते। वह तो तुम पश्चिमी लोगों की खोज है।'

'पर उसके प्रति तुम्हारे मन में भावनाएँ तो होंगी ?'

'ज़रूर। लेकिन, डी, शुरू-शुरू में तो मैं हैरो से बस लौटा ही था और वह हिंदी और उर्दू के सिवा कोई भाषा नहीं जानती थी। मैंने उसका ख़याल नहीं रखा। वह शांत और गंभीर थी, और परंपरा की प्रबल पोषक। फिर वह मेरी माँ के साथ नमक सत्याग्रह में शामिल हुई और 1931 में मेरी मदद करने के आरोप में गिरफ़्तार हुई। जेल जाना ही उसकी एकमात्र महत्ता थी जो हमें नज़दीक लाई। जब वह बीमार पड़ी, मैं उसके प्रति पूर्ण समर्पित हो गया था, पर तब तक बहुत देर हो चुकी थी। मैं कमला से प्रेम करता था, हाँ, अगर उसे प्रेम कहा जा सके। मुझे उससे वैसा लगाव था जैसा किसी निष्ठावान हिंदू को अपने जीवन-साथी से होता है — जैसा कि हमारे धर्मग्रंथों में कहा गया है : "आत्मीय प्रशांति, जहाँ दो आत्माएँ विश्राम करती हैं।" तब भी, परस्पर कोमल भावनाओं का सच्चा उपभोग करने के लिए मेरा उसके साथ रहना ज़रूरी था, पर मैं था जेल में। तुम जिसे प्रेम कहती हो, यह वह नहीं था। यह ...' कहते-कहते वे रुक गए।

एडविना ने उत्कंठा से पूछा, 'तुम क्या कहने जा रहे थे ?'

'कुछ भी नहीं। मैं सोच रहा था कि डिकी ने खुद स्वेच्छा से तुम्हें चुना था, और तुम भी उसे प्यार करती थीं। मैं उस भावावेग की, उस आज़ादी की, उस मुक्त उड़ान

की कल्पना कर रहा था जैसी उस चिड़िया ने अभी कुछ देर पहले भरी थी।'

'फिर भी मेरी आँखों में तुम्हें दुख दिखाई देता है ?' वे कड़वे स्वर में बोलीं।

'तुममें से किसने दूसरे को चोट पहुँचाई ?' नेहरू ने पूछा।

'किसी ने भी नहीं, या फिर दोनों ने ही। हम एक-दूसरे के लिए बने ही नहीं थे, बस,' वे सहसा उत्तेजित हो उठीं, 'और क्या जानना चाहते हो ?'

'शांत, शांत मेरी डी,' नेहरू ने फिर से उनका हाथ थाम लिया। 'शांत हो जाओ। मैं तुम्हारे बारे में सबकुछ जानना चाहता हूँ। तुम्हारे बारे में और उन सब एडविनाओं के बारे में जो इन झुकी हुई आँखों के पीछे छिपी हैं।'

'तुम मुझसे नफ़रत करने लगोगे।'

'तुम सिर्फ बर्मा की काउंटेस लेडी माउंटबेटेन ही नहीं हो। तुम मेरी मीरा हो। तुम्हारे इस रूप को मेरे सिवा और कोई नहीं जानता,' उन्होंने अत्यंत कोमलता से कहा।

'मैं तुम्हारे योग्य नहीं हूँ !' उन्होंने अपना चेहरा घुमा लिया।

नेहरू एकदम उठ खड़े हुए और उन्हें भी पकड़कर खड़ा कर दिया।

'यह बात फिर कभी मत कहना,' बड़ी गंभीरता से उनके चेहरे को हाथों में भरते हुए वे बोले। 'इन शब्दों में न गरिमा है, न सम्मान। क्या तुम मानती हो कि मैं भारत के योग्य हूँ ?'

वे छूटने को छटपटाने लगीं, 'मुझे छोड़ो। तुम समझते नहीं ... मैं बड़ी नीच औरत हूँ ... एक ...'

'नहीं, नहीं, डरो मत। मुझे तुम्हारी रक्षा करनी होगी, बस,' नेहरू ने उन्हें बाँहों में समेट लिया। एडविना नेहरू के कंधे पर ढह गईं। उनके मुँह से छोटे बच्चे जैसा नि:श्वास निकला।

'तुम चाहती हो कि मैं तुम्हें छोड़ दूँ ? तुम आज़ाद हो,' नेहरू ने अपनी बाँहें खोल दीं। 'उस गौरैया की तरह उड़ जाओ।'

वे दम साधे निश्चल बनी रहीं। नेहरू ने फिर उन्हें प्रगाढ़ आलिंगन में समेट लिया, 'तुम्हें पता भी है कि मैं तुमसे क्या चाहता हूँ ?'

दिल्ली, 15 अप्रैल 1948

आकाश में घिरते हुए अँधेरे को देखते हुए नेहरू सोच रहे थे, 'उसके बिना अब मुझसे रहा नहीं जाता। मेरे होंठों ने अब तक उसके होंठों को छुआ भी नहीं है, न मैंने उसे उस तरह से जाना है। हम तो सिर्फ बात करते हैं और लगातार करते ही चले जाते

है। और अब इस औरत के बिना मैं अपने जीवन की कल्पना भी नहीं कर सकता। भावावेग भी मैंने जाना है — जीवन में एक-दो बार। आज़ादी के उन दुर्लभ क्षणों में मैंने जीवन को भुक्खड़ की तरह जकड़ा है ... जैसे कोई आम चूसता हो, जैसे कोई जान दे देता हो। पर यह भाव वैसा नहीं है। उसका रंग गोरा है, वह साम्राज्य के वायसराय की पत्नी है ... यह सब केवल ख़ाली खोखल है, केवल घिसा-पिटा ऊपरी आवरण। वह इंगलैंड की नहीं है, वह कभी भी वहाँ की नहीं थी। यहाँ उसे अपनी आत्मा की धरती मिलेगी। उसका भाग्य अनंत काल तक के लिए मेरे भाग्य के साथ बँधा है। इसके कितने सारे संकेत हमारे चारों ओर फैले हैं। बीती सदियों के पार से हम फिर-फिर एक-दूसरे को पहचानते रहे हैं। हमने और भी कई जन्म साथ बिताए हैं ... वह अवश्य ही मेरी संगिनी रही होगी, और अब उसके बिना मुझसे रहा नहीं जाता ! उसे मेरे साथ-साथ रहना होगा। पर यह तो असंभव है ... वह मुझसे दूर चली जाएगी। कोई उपाय नहीं है। पर उसे लौटना होगा। मुझे उसे समझाना होगा। मैं उसे बाध्य करूँगा। मुझे तो यह भी नहीं पता कि वह कौन-सी बात है जिसे वह जी-जान से छिपाना चाहती है। सरोजिनी तो जाने क्या-क्या कहती रहती है ... वह ज़रूर बदल गई होगी। वह मेरी है। किसी ने उसे मुझे दे दिया है। नहीं तो मुझमें इतनी हिम्मत कहाँ से आती ? किसने मुझे यह उपहार दिया ? इंदु के सिवा तो मेरा अपना कोई था ही नहीं; और अब यह कोमलता मेरी संगिनी है, यह कोमल प्रेम ... क्या वह मुझे छोड़ जाएगी ?'

एडविना ने अपने बचपन की बातें बताई थीं — अपनी सौतेली माँ का विरोध करने के गुप्त प्रयत्नों की; अपने बोर्डिंग स्कूल और वहाँ की किशोरियों की; समूह नृत्यों की; हॉलीवुड और चार्ली चैप्लिन की; और उस फ़िल्म की जो दोनों ने एक साथ की थी। आँखों में सितारों की चमक लिए उन्होंने मेरी पिकफ़ोर्ड और डग्लस फेयरबैंक्स के बारे में ढेर सारी बातें की थीं। नेहरू के पूछे बिना ही उन्होंने घुमा-फिराकर डिकी और उनके ममेरे भाई डेविड को लंबे समय तक जोड़े रखनेवाली परेशानीभरी दोस्ती के बारे में भी बताया था। डेविड उस समय प्रिंस ऑफ वेल्स थे — इंगलैंड के युवराज — फक्कड़, बाँके, मगर स्नेहिल।

नेहरू ने जबरन मुस्कुराते हुए याद किया था, 'उनकी भारत-यात्रा के दौरान ही मैं पहली बार जेल गया था। हमें वह व्यक्ति अच्छा नहीं लगा था, न विंडसर दंपति ही।'

एडविना शर्मिंदा होकर सफ़ाई पर सफ़ाई देने लगीं। उन्होंने कहा कि डेविड काफ़ी बदल गया है। अष्टम एडवर्ड के रूप में राज्यभार ग्रहण करने के बाद वह वालिस सिंपसन के प्रेम में पागल हो गया था और उसी के लिए उसने तख़्त छोड़ दिया था।

'मुझे याद है, उसने कहा था कि वह उस औरत के बिना नहीं रह सकता जिससे वह प्यार करता है,' नेहरू ने रुखाई से टिप्पणी की।

डेविड ने फ्रांस के एक दुर्ग में विवाह किया था जहाँ डिकी ने जाने से इनकार कर दिया था क्योंकि उनकी हिम्मत जवाब दे गई थी। एडविना ने नि:श्वास छोड़ते हुए राजकुल की भारी-भरकम व्यवस्था का वर्णन किया जिसे राजमाता अपने शिकंजे के-से अनुशासन से नियंत्रित रखती थीं। वह दर्पीली, उत्कंठित दुनिया थी जिसमें न हृदय था न करुणा।

'वे सिर्फ राजा हैं, बस !' नेहरू ने हिकारत से कहा। एडविना हँस पड़ी थीं।

जब भी नेहरू निकट होने की चेष्टा करते, एडविना जैसे सिमटकर पीछे हटने लगतीं मानो उनके छूते ही टूटकर बिखर जाएँगी। वे लगभग पचास वर्ष की हो चली थीं; नैकट्य से वे बिदकती थीं। लेकिन उनके बाल-सुलभ हाव-भाव पर नेहरू को बड़ा लाड़ आता था। कभी-कभी उन्हें कल्पना होती थी कि उन दोनों पर इंदिरा की नज़र पड़ रही है : सख़्त, व्यंग्यपूर्ण, रूखी, लगभग ईर्ष्यालु-सी। अगर ऐसी एक भी नज़र पड़ती तो दोनों धरती में समा जाते।

लेकिन अब, पिछले दो-तीन दिनों से एडविना कुछ-कुछ खुलने लगी थीं। उन्हें डिकी के जीवन में विओलेन की हैसियत का पता चला, पर वे यह नहीं समझ पाते थे कि उसका ज़िक्र करते-करते एडविना उद्वेलित क्यों हो उठती हैं। आख़िर उन्होंने मालकम के साथ अपने संबंधों की स्वीकारोक्ति की और यह बताना भी नहीं भूलीं कि यह संपर्क कितने कम समय रहा था। एडविना ने अभी भी जहाज-यात्रा के दौरान हुई मौज-मस्ती का कोई ज़िक्र नहीं किया था जिसका रहस्यमय संकेत सरोजिनी नायडू ने किया था।

'हाँ, हाँ, जवाहर, तमाम अख़बारों ने इसके बारे में लिखा था।' भवन के उद्यान में सरोजिनी बोली थीं। नेहरू ने इसे न सुनने का भान किया था। यह सच नहीं था, सच हो ही नहीं सकता था। 'और अगर सच हो भी, तो मुझे क्या फ़र्क पड़ता है ? यह तब मेरी मीरा तो नहीं थी न ?' एक वहशियाना आवेग में भरकर उन्होंने सोचा।

उन्होंने एडविना से कुछ भी पूछना छोड़ दिया। मगर डिकी के ख़याल से वे चिंतित हो उठते थे। कभी-कभी नेहरू को एक अजीब-सी अनुभूति होती थी, मानो वे उन दोनों से इकट्ठे ही प्रेम करने लगे हों। डिकी के रूप में उन्हें एक अनन्य मित्र मिला था जो निराशा की गहराइयों से उबारकर उनमें फिर से हिम्मत भर सकता था। डिकी ने कभी उन्हें नीचा नहीं दिखाया था और परस्पर असहमतियाँ भी उन्हें और अधिक निकट लाती रही थीं। फिर, आज़ादी के बाद, डिकी अपने-आपमें सिमट गए थे मानो उनके जीवन का भारतवाला अध्याय समाप्त हो चुका हो। वे मानो क्रमशः

'सी लॉर्ड,' के व्यक्तित्व में ढलते जा रहे थे। एडविना में भी नेहरू को एक बिछुड़ी हुई मित्र मिली थी — बशर्ते वे सचमुच यह संबंध चाहते हों; बशर्ते एडविना इससे इनकार न कर दें।

'मैं आ गई, जवाहर !' एडविना की किलक सुनाई दी। 'सॉरी, मुझे देर हो गई ... पर मुझे अचानक ही एक ख़याल आ गया।'

'कैसा ख़याल ?'

'सुनो ! गर्मी तो बड़ी तेज़ी से बढ़ती ही जा रही है। जल्दी ही ऐसा वक्त आएगा जब यहाँ साँस लेना भी मुश्किल हो जाएगा। तो मैंने सोचा कि हम लोग शिमला क्यों न चलें ? बल्कि मशोबरा चलें। वहाँ ठंडक और भी ज्यादा है।'

'अकेले ?' उनका दिल अचानक ही भारी हो आया।

'नहीं, नहीं। डिकी के साथ ! और किसी तरह मुमकिन ही कैसे है ?' वे हँसती हुई बोलीं।

नेहरू हैरत से उन्हें देखते रह गए। एडविना की दृष्टि निश्छल थी। वे सचमुच गंभीरता से यह कह रही थीं।

'पर उनका मानना भी तो ज़रूरी है !'

'मैंने उनसे अभी-अभी बात की है। वे तो बड़े जोश में आ गए हैं, जवाहर, हम मई में चलेंगे, आठ तारीख के लगभग। अभी कुछ दिन बाकी हैं। तुम्हें अपनी सब व्यवस्था करने का समय मिल जाएगा।'

'तुमने ... डिकी मान गए हैं ... यह कैसे मुमकिन है ?'

नेहरू के हाथ पकड़कर उन्होंने उन्हें बलपूर्वक बैठा दिया। फिर बेहद गंभीर होकर बोलीं, 'इसमें हर्ज़ क्या है, बताओ तो ?'

बिना सोचे ही नेहरू के मुँह से निकल पड़ा, 'भारत में यह सब नहीं चलता। डी, मेरा मतलब है ...'

'हमें साथ जाते देखकर भला किसको अचरज होगा ? क्या पहले भी तुम हमारे साथ शिमला नहीं चल चुके हो ?' उन्होंने लापरवाही से पूछा।

नेहरू भड़क उठे, 'तुम्हें मई के वे तीन दिन याद हैं ? उस सुबह ... बगीचे में ?'

'... और डिकी ने मुझे जो दायित्व सौंपा था,' एडविना ने बात आगे बढ़ाई। 'क्यों नहीं ? जवाहर, उस बारे में सोचो। डिकी केवल मुझे खुश देखना चाहते हैं।'

'यह संभव नहीं है,' नेहरू अपनी बात पर अड़े थे।

आखिर एडविना ने वह कदम उठा ही लिया, 'मेरी बात सुनो। बरसों पहले डिकी और मेरे बीच एक समझौता हुआ था। हम हरदम एक-दूसरे को नोचते-बकोटते रहते

थे। शायद हम अलग भी हो जाते ... मगर हमने एक-दूसरे को पूरी आज़ादी देने का फ़ैसला ले लिया। यही तुम जानना चाहते थे ना, जवाहर ? तो लो, यह बात अब तुम्हारे सामने है। यही सच है।'

'यह मुझे मालूम था,' नेहरू की आवाज़ बुझी हुई थी। 'पर तुम गारंटी दे सकती हो कि डिकी को तकलीफ़ नहीं होगी ?'

'बिल्कुल भी नहीं।'

'कि वह अपमानित महसूस नहीं करेगा ?'

'अगर करे भी, तो क्या फ़र्क पड़ता है, जवाहर ?' एडविना बेधड़क बोल उठीं। 'इसमें हर्ज़ ही क्या है। वैसे भी वह बड़ा दंभी है।'

'समझदारी से काम लो। तुम्हारी बात बहुत कड़वी है।'

'पर तुमसे मेरा दैहिक वासना का संबंध नहीं है,' वे बोल पड़ीं। 'इसमें हर्ज़ क्या है, जवाहर ? डिकी भी तुम्हारा मित्र है, और मैं भी। बस ! हम तुम्हें चाहते हैं !'

नेहरू ने सिर झुकाया और उनकी तरफ़ देखने लगे। फिर, पीठ के पीछे हाथों की मुट्ठियाँ बाँधे वे उठे। एडविना ने आँखें मूँद लीं और बुदबुदाईं, 'पंडितजी ...'

उन्होंने कोई उत्तर नहीं दिया। एडविना उठीं। उनका चेहरा सफ़ेद फ़क था। वे चीखीं, 'मुझसे बात करो।'

नेहरू प्रचंड आवेग से पलटे और उन्हें इतने दृढ़ आलिंगन में कस लिया कि उनका दम घुटने लगा। फिर वे धीमे स्वर में बोले, 'मीरा, हमारे बीच दैहिक संबंध कभी नहीं होगा।'

'कभी भी नहीं,' वे फुसफुसाईं।

'जानती हो, मेरी जान, हमारे प्रेम का कोई नाम नहीं है ?'

'किसी भी भाषा में नहीं है, प्रियतम।'

'मेरी डी, हमारी ज़िंदगी इस दुनिया के लिए नहीं है, नहीं ...'

'मुझे पता है।'

'और यह भी पता है कि हमें कोई भी, कभी भी जुदा नहीं कर सकता ?'

'हूँ-ऊँ ... शायद मौत।'

नेहरू ने उन्हें छोड़ दिया। उन्हें अचानक ही चक्कर आने लगे थे।

'मौत तो एक दोस्त है। मैं शिमला चलूँगा।'

नेहरू को चक्कर आ रहे थे। वे हकबकाए-से बैठ गए।

'जवाहर ? जवाहर ?' एडविना की आवाज मानो कहीं दूर से आ रही थी।

'कुछ नहीं हुआ,' उन्होंने धीमे से कहा। 'बस, भावावेश में ...'

एडविना ने उनके ललाट पर हाथ रखा, 'मैं यहाँ हूँ। मैं तुमसे प्यार करती हूँ।'

'नहीं ...' नेहरू के चेहरे पर दर्द उभर आया। 'किसी भी भाषा में इसके लिए कोई नाम नहीं है। खुद तुमने ही यह बात कितनी बार कही है ?'

'हाँ, सही है,' उनकी सिसकी छूट गई।

'रोओ मत। हम बूढ़े हो चुके हैं। मेरे सिर पर गंज है, और सफ़ेद बाल, देखो,' अपना हाथ बढ़ाते हुए वे बोले। 'मेरे होंठ बिना कुछ बोले तुमसे बात करेंगे। मुझे तुम्हारी भाषा नहीं आती। तुम प्रेम-दीवानी मीरा जैसी बनो : नाचो, गाओ, पर वे शब्द न बोलो, जो भारत के नहीं हैं। मैं तुम्हारी भारतीय आत्मा चाहता हूँ। मैं डिकी से बात करूँगा।'

'नहीं ! नहीं !' एडविना आतंकित हो उठीं। 'वे समझेंगे नहीं।'

पर नेहरू ने कुछ सोचते हुए अपनी बात दुहराई, 'मैं डिकी से बात करूँगा।'

शिमला, 13 मई 1948

लाल सुर्ख़ टैलबोट कार बड़ी शान से माउंटबेटेन के ग्रीष्म-निवास के आगे आकर रुकी। सफ़ेद पगड़ीधारी नौकर स्वागत को खड़े थे।

'चलो पहुँच गए !' लॉर्ड माउंटबेटेन ने ललाट से पसीना पोंछते हुए कहा। 'खुली कार के बावजूद, चलाने में काफ़ी थकान हो गई।'

पीछे बैठे नेहरू ने प्रशंसा की, 'तुमने कार बहुत बढ़िया चलाई। और अब मैं अपनी टोपी फिर लगा सकता हूँ। हवा इसे उड़ाए दे रही थी। अब जाकर हम लोग ढंग से साँस ले सकते हैं।'

लॉर्ड लुई कार का बाहरी मुआयना करने सीट से उतरे। लाल रंग पर बारीक धूल की तह जम गई थी जिससे यह सैनिक गाड़ी नज़र आने लगी थी। लपककर मकान में घुसते हुए उन्होंने गृहप्रबंधक को हाँक लगाई, 'सामान निकलवाओ और कार धुलवाओ ! फटाफट !'

एडविना ने देखा, नेहरू चुपके-चुपके हँस रहे थे। डिकी अपना धीरज खोने लगे थे। वे दोनों कार से निकले। जूड़ा बना लेने के बावजूद एडविना के केश उस लाल कार की ही तरह, धूल से भर गए थे। उन्होंने नेहरू के कपोल पर हलके से उँगली फेरी, और वह भी धूल से भर गई। उन्होंने चुस्त आवाज़ में कहा, 'इस चेहरे को धुलवाओ ! फटाफट।'

नेहरू एडविना को खींचकर गुलाब की झाड़ियों की ओर ले गए और भावुक होकर बोले, 'मैं कतई मजाक के मूड में नहीं हूँ। मेरी डी, लगभग एक साल पहले मुझे यही महसूस होता रहता था मानो मैंने क़ैदियोंवाले कपड़े पहन रखे हैं। मैं अविश्वासी, शंकालु

और चिड़चिड़ा था ...'

'और आज तुम आज़ाद भारत के प्रधानमंत्री हो और जल्दी ही तुम यहाँ मुख्य अतिथि बनकर लौटोगे — भारत के सबसे प्रतिष्ठित व्यक्ति। यह सच है। तुम बदल गए हो।'

'तुम्हें ऐसा लगता है ?'

'हाँ, जवाहर, तुम देखने से ही विजेता लगते हो,' उन्होंने नेहरू की तरफ़ प्रेम से — लगभग मातृस्नेह से देखते हुए कहा।

'विजेता !' उनके स्वर में कड़वाहट थी। 'एडविना, तुम इतनी बड़ी ग़लती कैसे कर सकती हो ? पहले हम समर्पित योद्धा थे, अब हम राजनीतिबाज़ हैं। उन मूल्यों का क्या हुआ जिनकी ख़ातिर लड़ने में मैंने तमाम उम्र गुज़ार दी ? मेरे मंत्री आपस में ही मार-काट मचाए हैं, केंद्र सरकार बिहार के मंत्रियों से झगड़ रही है, समाजवादी कटकर अलग हो रहे हैं, साम्यवादी लगभग हर जगह विद्रोह भड़काते घूम रहे हैं, मैं एक मतलबी और जलनख़ोर दुनिया में रह रहा हूँ, और जिस जनतंत्र की ख़ातिर मैं लड़ा था, उसका पता भी नहीं मिल रहा है ...'

एडविना सांत्वना के स्वर में बोलीं, 'बापू नहीं रहे। अपनी उदासी का जिम्मेवार और किसी बात को मत ठहराओ।'

'हर पल मैं अपने आपसे पूछता रहता हूँ कि उन्होंने इस स्थिति में क्या किया होता। मुझे उनके बिना रहना सीखना होगा। मैं नहीं जानता था कि यह इतना कठिन होगा।'

'सब ठीक हो जाएगा।'

बेशक,' वे गंभीर होकर बोले, 'पर मुझे ख़तरा है कि मैं अपने-आपमें और अपने काम में आस्था खो बैठूँगा ... जो मूल्य हमने सँजोए थे उनका क्या हुआ, क्या हो रहा है ? हमारे ऊँचे आदर्श कहाँ हैं ?'

रात हो चुकी थी। रात के खाने के बाद तीनों मित्र बाहर चौतरे पर बैठकर गपशप करते रहे थे — बर्फ़ और फूलों के बारे में, उन ऑर्किडों के बारे में जिन्हें देखने वे अगले दिन जानेवाले थे, और तिब्बत के रास्ते पर एक जगह पिकनिक करने के बारे में। शहर के पास यही जगह सैर के लिए सबसे विख्यात थी। कोई भी गंभीर चर्चा न करने का निर्णय उन्होंने एकमत से लिया था। यह आसान नहीं था। नेहरू ने पटेल की बात उठाई थी जिनसे उनके संबंध अभी भी तनावपूर्ण चल रहे थे। लॉर्ड लुई संविधान की खामियाँ बताते रहे थे। अपने मूड में गुम चुपचाप बैठी एडविना ही थीं जिन्होंने साँझ की कोमलता को खरोंच नहीं पहुँचाई थी।

नेहरू लगातार उन्हीं की ओर देख रहे थे, थकान के छोटे-से-छोटे संकेत को पकड़ने के लिए चौकन्ने। मुँह पर हाथ रखकर उन्होंने क़ायदे से एक उबासी रोकी।

नेहरू सँभलकर बैठते हुए बोले, 'मेरी समझ में एडविना को जाकर सो जाना चाहिए। मैं भी अब ज़्यादा देर नहीं बैठूँगा।'

'बहुत अच्छा!' लॉर्ड लुई ने कहा। 'एडविना, माइ डियर, मेहरबानी करके नौकरों को हमारे सोने की तैयारी करने का आदेश दोगी ?'

एडविना तुरंत एक सौम्य मुस्कान के साथ उठ गईं। मगर चौखट पार करते-करते उन्हें नेहरू की आवाज़ सुनाई दी, 'एक मिनट, डिकी, मुझे तुमसे कुछ बात करनी है।'

उनकी धड़कन रुक-सी गई। वे धीरे-धीरे सीढ़ियों तक गईं और पहली सीढ़ी पर ही रुककर बाहर कान लगा दिए। शीशे का दरवाज़ा बंद नहीं था। एडविना सिर घुटनों पर झुकाए, रेलिंग का सहारा लेकर बैठ गईं।

डिकी बड़ी उकताहट से बोल रहे थे, 'कल तक क्यों न रुक जाएँ, जवारला ? मैं नींद से गिरा जा रहा हूँ।'

'मुझे बहुत जल्दी है, डिकी। इसलिए। मैं तुमसे एडविना के बारे में बात करना चाहता था।'

'एडविना ?' डिकी ने हैरत से पूछा। 'वह बीमार तो नहीं है ?'

'नहीं...' नेहरू ने गहरी साँस ली। 'बात मेरे ... और एडविना के बारे में है।'

खामोशी छा गई, जो मेज़ पर शीशे के गिलासों के हलके से रखे जाने की आवाज़ से ही टूटती थी। एडविना ने सिर उठाया।

'मेरी बिल्कुल समझ में नहीं आ रहा है कि आख़िर तुम कहना क्या चाहते हो,' डिकी की आवाज़ से यह सन्नाटा टूटा।

'प्लीज़ डिकी, मेरी मदद करो!' नेहरू पुकार उठे।

'किस बात में मदद करूँ ? पता नहीं, तुम क्या कहना चाहते हो,' डिकी ने अनजान होने की मुद्रा बनाई।

'क्या तुम कुछ भी नहीं समझते ?' नेहरू की आवाज़ बौखलाई हुई थी।

'कुछ भी नहीं,' डिकी ने बात बीच में ही काट दी। 'अब मैं खड़ा भी नहीं रह पा रहा हूँ। गुडनाइट, जवारला।' वे लपककर अंदर घुस गए।

एडविना को देखकर वे बोल उठे, 'तुम अभी भी यहीं हो, डार्लिंग ? आओ, मैं तुम्हें थामकर ऊपर ले चलूँ।'

नेहरू चौतरे पर अकेले रह गए। पर्वतीय क्षेत्र के शीतल आकाश में तारे चमक रहे थे; गुलाबों की सुगंध कभी भी इतनी तेज़ नहीं थी। ऊपर माउंटबेटेन के शयन-कक्ष में कुछ हलचल हलके-से सुनाई दे रही थी।

'वह कुछ भी जानना नहीं चाहता, यह तय है,' नेहरू ने सोचा। 'इसका मतलब यह हुआ कि वह जानता है। शायद वह हमसे भी पहले से जानता रहा हो। अगर मैं

ज़िद करूँगा, तो एक ही झटके में दोनों को खो दूँगा। डिकी को खो दूँगा, क्योंकि उसे मेरा सामना करना पड़ेगा और मैं हिंदुस्तानी हूँ; एडविना को खोना पड़ेगा क्योंकि उसे लगेगा कि उसे धोखा दिया गया है। यही हमारी कर्मगति है: हम तीनों ही इस बात से जुड़े हैं। कुछ भी कहा नहीं जाएगा, पर हर बात साफ़ होगी — पारदर्शी।'

कुछ कदम चलकर वे घास पर लेट गए और धीमी आवाज़ में गुनगुनाने लगे :

किस शान से
फिर आया है वसंत !
सूर्य और चंद्रमा तक (इसके) दर्शक हैं।
तुच्छ माटी के ओ वासियो, देखो।
ऐसे सँवारा-सजाया जाता है दुनिया को;
हरियाली, हरियाली, सबकुछ हरा है,
पानी पर तैरनेवाली काई तक हरी हो गई है;
पवन में मदिरा का असर है
इसे साँस से अंदर लेना भी मानो शराब पीना है।

जेल में याद की गई इस फ़ारसी कविता से तृप्त होकर वे ऊँघ गए।

सरो का दरख़्त और फ़ाख़्ता

शिमला, 14 मई 1948

दिन बहुत अच्छा बीता था। पैमेला के साथ एडविना और नेहरू शहर की सड़कों पर पैदल भटके थे। पहले जिन जगहों पर 'नेटिवों' के प्रवेश पर पाबंदी थी, वहाँ खुशी से घूमते भारतीय इस जाने-पहचाने चेहरे को पलटकर देखते और अपनी आँखों पर विश्वास नहीं कर पाते। एक छोटा-सा लड़का तो नेहरू के आगे ही आकर खड़ा हो गया था और चिल्लाकर पूछने लगा था, 'क्या आप प्रधानमंत्री हैं ?' नेहरू ज़ोर से हँस पड़े थे और उन्हें देखने भीड़ की भीड़ दौड़ आई थी। वह सैर विजय-यात्रा में बदल गई थी। वे नगाड़े की ताल पर चलने लगे थे। उत्साही नौजवान इस ताल पर नाचने लगे थे। एडविना हर्षित हो उठी थीं। 'तुम्हारे प्रशंसक !' वह बोलीं।

पहाड़ों पर बर्फ़ कभी इतनी सम्मोहक नहीं थी, आकाश कभी इतना स्वच्छ नहीं

था और पिकनिक बहुत ही आनंददायक रही। फिर प्रकाश मंद पड़ने लगा था। उन्होंने बगीचे में चाय पी। डिकी अंदर जाकर अपने वंशवृक्ष पर काम करने लगे थे। एडविना को कुछ पत्र लिखने थे, इसलिए वे भी चली गईं। नेहरू ने घोषणा कर दी थी कि इस एकांत का फ़ायदा उठाकर वे दोलन आरामकुर्सी में लेटकर सपने देखेंगे।

लेकिन सबकुछ इतना सही, इतना पूर्ण था कि उनसे ऐसा किया नहीं गया। कुछ मिनट बाद बेचैन होकर वे उठे और कुछ कदम चले। एक गुलाब चुनकर उन्होंने अपने कुर्ते के तीसरे काज में लगा लिया। फिर अपने पर उनका वश न रहा। वे घर की ओर दौड़े और एक बार में दो-दो सीढ़ियाँ फलाँगते हुए ऊपर जा पहुँचे।

वह वहाँ थी। उस दरवाज़े के पीछे, जिसे पार करने की इनकी हिम्मत न थी। नेहरू ने धीरे से आवाज़ दी जो एडविना ने सुनी नहीं। नेहरू ने दस्तक दी, एक बार, दो बार, पर कोई जवाब नहीं मिला। उन्होंने दरवाज़े का हैंडल घुमाया, जिससे चर-चूँ की आवाज़ हुई। फिर वे दबे पाँव अंदर घुसे। एडविना काग़ज़ों में सिर घुसाए विक्टोरियन शैली की एक बड़ी-सी दवात में एक फ़ाउंटेन पेन डुबो रही थी।

नेहरू दम साधे खड़े रहे। वे बस पल-भर उसे देखेंगे और फिर चुपचाप कमरे से निकल जाएँगे। लेकिन उनसे रहा नहीं गया और वे उस ओर लपक गए।

आश्चर्य के मारे एडविना के मुख से एक हलकी सी चीख निकल गई। उसने उठने की कोशिश की। उसके हाथ से कलम छूट गई और हाथ के झटके से दवात उलट गई।

चारों तरफ स्याही फैल गई : काग़ज पर, फर्श पर, कालीन पर, नेहरू के कुर्ते पर और एडविना की सफ़ेद पोशाक पर — पर्वतीय आकाश की नीलिमा के बड़े-बड़े फुहारे। सिर्फ उस गुलाब पर कोई छींटा नहीं पड़ा।

हाथ उठाए नेहरू भौंचक्के-से खड़े रह गए और हकला-हकलाकर सफ़ाई देने की कोशिश करने लगे। एडविना ने चुटकी से पकड़कर अपना गाउन उचकाया और उसकी सलवटों से होकर बहती हुई स्याही नीचे किनार पर बदसूरत धब्बों की शक्ल में इकट्ठी हो गई। उसने नेहरू की ओर देखा और हँस पड़ी।

चुटकी से अपना गाउन छोड़ते हुए वह बोली, 'तुम्हारी टोपी पर भी छींटे पड़ गए हैं ! क्या खूबसूरत लग रहे हैं हम ! रुको, मैं बैरे को बुलाती हूँ।'

'नहीं, गलती मेरी है। सफ़ाई मैं करूँगा।'

'छोड़ो भी ?' उसने हलके से कहा। 'नौकर कर लेंगे सब। चलो, हम कपड़े बदल लें।'

'नहीं !' नेहरू ने अधिकार से कहा। 'सफ़ाई करनेवाले कर्मचारी हरिजन हैं। यह सिद्धांत का सवाल है। मैं ब्राह्मण हूँ। उनकी जगह मैं उनका काम करूँगा। पर किस

चीज़ से ?' खिसियाकर उन्होंने चारों ओर देखा।

एडविना गई और एक तौलिया लाकर उन्हें दे दिया। प्रधानमंत्री बड़े जोश से फर्श और मेज़ साफ़ करने में जुट गए। हँसती हुई एडविना भी उनकी मदद के लिए घुटनों के बल बैठ गई और बुख़ारा के उस विशाल कालीन को लपेटने लगी।

उसके बाल बिखर गए, चेहरे पर श्रम की लाली झलक आई; पोशाक पर धब्बे थे, उँगलियों पर स्याही लगी थी और उसकी हँसती हुई आँखों के गिर्द हज़ारों नन्ही-नन्ही झुर्रियाँ थीं। उसके सौंदर्य की शक्ति अचानक ही नेहरू के सामने फूट पड़ी। उन्होंने उसका नीले धब्बोंवाला हाथ थाम लिया। एडविना निश्चल रही। धीरे-धीरे नेहरू उसके पास घुटनों के बल बैठ गए और उनकी साँसें घुलमिल गईं। एडविना ने अपना चेहरा घुमाया। उनके ओठ मिल गए।

नेहरू ने हौले से उसके कपोल पर अपना कपोल रख दिया।

'जाओ, मेरी डी, कपड़े बदल लो। जाओ,' वे ओठों-ही-ओठों में बोले।

शिमला, 16 मई 1948

उसके बाद से वे रोज़ दिन में दो बार मिला करते। सुबह सूर्योदय के बाद, और शाम को, जब सूरज पेड़ों के पीछे छुप जाता। बाकी सारा समय पर्वतों की अंतहीन पदयात्राओं में बीतता। डिकी बड़े सहज और प्रसन्न थे और वातावरण आह्लादपूर्ण। नेहरू को अगले दिन वापस लौटना था।

एडविना उदास थी, 'हमारी आख़िरी शाम !'

नेहरू ने टोका, 'थोड़े ही समय के लिए तो। अभी तो तुम भारत में एक महीने और हो।'

'इसकी बात भी मत करो,' उसने बेचैन होकर कहा। 'आठ जून को लॉर्ड और लेडी त्रिवेणी आ रहे हैं; नौ को, भारतीय और विदेशी पत्रकारों के लिए विदाई की पार्टी; दस को, सम्राट के जन्मदिन के उपलक्ष में डिनर; चौदह को, महाराज को शुभकामनाएँ देने के लिए बड़ौदा की एक संक्षिप्त यात्रा; पंद्रह को, पंजाब के कैंपों की आख़िरी यात्रा ... मेरे पास हमारे लिए समय ही कहाँ होगा !'

'ग्यारह से तेरह जून तक तो कुछ नहीं है ?' नेहरू तत्परता से बोल उठे। 'मैं तुम्हें नैनीताल ले चलूँगा।'

'किसलिए ?'

'गर्मियों में सरोजिनी नायडू वहीं रहती हैं। वे तुम्हारी माँ की पुरानी मित्र हैं और तुम्हें देखकर बहुत खुश होंगी। तुम्हें उनसे जाकर मिलना चाहिए.

मेरी डी ...'

'मिसेज़ नायडू ? तुमने कहा नहीं था कि उन्हें दुरभिसंधियों में बड़ा रस आता है ?'

'उसका इंतज़ाम तो मैं कर लूँगा,' नेहरू हलके-से मुस्कुराए। 'और फिर उनकी अपनी जिंदगी जैसी रही है, उसे देखते हुए उन्हें औरों पर टिप्पणी करने की हिम्मत नहीं होगी। हाँ, सरोजिनी की बात हो ही रही है तो ... '

वे बोलते-बोलते यकायक रुक गए।

'हाँ, आगे ?' एड्विना ने पूछा।

'नैनीताल में सरोजिनी की बेटी पद्मजा से तुम्हारा ज़रूर मिलना होगा जिसे मैं तब से जानता हूँ, जब वह छोटी-सी बच्ची थी। हम उसे 'बी-बी' कहकर पुकारते हैं — तुम जानती ही हो, हम लोगों को उपनाम रखने का कितना शौक है। यह संभव है कि पद्मजा ... '

'मतलब की बात पर आओ !' एडविना झुँझला उठी।

ऐसा है, कि ... कभी हममें प्रेम-प्रसंग चला था,' झेंपते हुए नेहरू ने स्वीकार किया।

एडविना का दम घुटने लगा। 'यह जलन का दौरा फिर आया।' उसने भयभीत होकर सोचा। 'मुझे शांत हो जाना चाहिए। मुझे कुछ भी प्रकट नहीं होने देना चाहिए।' मगर ईर्ष्या ने उसे घेर लिया — आँधी की तरह वह उनके अस्तित्व को झकझोरने लगी : एक विषैला तूफ़ान; एक सत्यानाशी झंझा।

'एडविना ?' नेहरू उसके ऊपर झुक आए। उनसे नज़रें चुराकर वे दूसरी ओर घूम आईं। नेहरू ने उसका हाथ पकड़ा। वह जल रहा था। उसकी साँस रुक-रुककर मानो फुफकारती-सी आ रही थी। नेहरू ने उसकी ठोढ़ी पकड़कर चेहरा अपनी ओर घुमाया, तो उन आँखों में हिंसा भड़कती दिखाई दी।

'तुम्हें जलन हो रही है ?' उनकी त्योरियाँ चढ़ गईं।

'इतनी, कि मेरी जान जा रही है। जब से मेरी माँ गुज़री हैं, तब से मैं ऐसी ही हूँ।'

नेहरू ने उसके दोनों हाथ उपनी हथेलियों में क़ैद कर लिए।

'मुझे दर्द हो रहा है,' वे बुदबुदाईं। 'क्या तुमने आगे भी ... '

नेहरू ने ठंडी साँस ली, 'कमला को गुज़रे सत्रह साल हो गए हैं। मैंने बापू की तरह ब्रह्मचर्य का व्रत नहीं लिया, मेरी डी। यह तो सोचो ही मत कि मैंने फिर कभी स्त्री-संग किया ही नहीं ... मुझे पद्मजा से प्रेम था। पर वह दस साल पहले की बात है। और उसकी जिंदगी में आनेवाला मैं अकेला पुरुष नहीं था; नेताजी भी ...'

'नेताजी से मुझे क्या लेना-देना !' वे चीखीं। 'पर किसी दूसरी औरत के साथ तुम्हारी कल्पना ...'

'तुमसे ऊपर मेरे लिए सिर्फ भारत है, मेरी डी। वह हमेशा ही मेरा पहला प्यार रहेगा, मेरी माता और मेरी जिम्मेदारी। मेरे ऊपर सिर्फ़ भारत का दावा है। एडविना, उसके बाद ...'

इस गुलशन पर अधिकार किसे है ?
सरो के दरख़्त और फ़ाख़्ता में बहस छिड़ी है;
किसका है यह ?
जल्द ही पतझड़ आकर अपना फ़ैसला दे देगा।
बार-बार
फ़लक की गर्दिश ने दिखला दिया है
कि मर्व किसका होगा
और बदख़्शाँ और तातार का मालिक कौन होगा।

'हूँ-ऊँ ... मैं समझ गई,' वे बुदबुदाईं, 'तुम गुलशन हो और मैं फ़ाख़्ता।'

'मेरी डी, गुलशन तुम हो,' उन्होंने एडविना के हाथ सहलाते हुए कहा। 'मैं सरो का दरख़्त हूँ, और डिकी, फ़ाख़्ता। जल्दी ही पतझड़ आकर हमारे बीच फ़ैसला कर देगा। पतझड़ और नियति।'

एडविना ने सिहरकर अपना हाथ खींच लिया। फिर किसी तरह कोशिश करके बोली, 'पर ... तुम समझते नहीं। डिकी और मेरे बीच एक पारिवारिक फ़ैसला हो गया है। हम दुश्मन थे, हरदम लड़ते रहते थे। हमने शांति की संधि पर दस्तख़त किए। अब हम अच्छे कूटनीतिक संबंध बनाए हुए हैं, बस। तुम डिकी के प्रतिद्वंद्वी नहीं हो।'

'तुम तो ऐसे बोल रही हो जैसे भारत और इंगलैंड की बात हो रही हो ... और तुम हो, क्रांति।'

देखो, मैंने अपनी आज़ादी हासिल कर ली। क्या यह ज़रूरी था कि हम यह संबंध तोड़ते और तलाक़ ले लेते ? हम यह नहीं चाहते थे। और पंडितजी, तुम्हारी लड़ाई में हम इकट्ठे ही शरीक हुए !'

'मेरी डी, तुम अपनी शादी के बारे में उसी तरह से बात करती हो जिस तरह से डिकी राष्ट्रमंडल के बारे में।'

वह हँस पड़ी, 'राष्ट्रमंडल भी पारिवारिक फ़ैसले के सिवा और क्या है ? अच्छा, बताओ, यह कविता किसने लिखी है ?'

नेहरू ने कोई जवाब नहीं दिया। उनका ध्यान भटक गया था : 'यह औरत और इंगलैंड, भारत और डिकी, सबकुछ आपस में गड्डमड्ड हो रहा था। थकान, चक्कर और इसके हाथ ...'

'क्या सोच रहे हो ?' एडविना ने पूछा। 'तुम्हारा चित्त कहीं और लगा है।'

नेहरू बहुत धीमे से बोले, 'वह फ़ारसी का कवि था। उसका नाम हाली था। जेल में मैंने उर्दू सीखी थी। सुनो ...'

अपने संगीतमय स्वर में उन्होंने दिल को सहलानेवाली एक उर्दू कविता सुनाई। एडविना के हृदय में उमड़ते हुए विष का शमन हो गया। यह पहली बार हुआ था कि उसका ईर्ष्या का दौरा आकर गुज़र गया था, जैसे हवा के आगे बादल। उसने गहरी साँस ली।

'यह चला गया है, जवाहर,' वे मुस्कुराईं। 'अब मुझे ईर्ष्या नहीं सता रही है।'

जवाहर ने तसल्ली दी, 'हम भारत के बारे में फिर से बात करेंगे, नैनीताल में।'

शिमला, 17 मई 1948

नेहरू को सात बजे रवाना होना था। एडविना साढ़े छः बजे उठ गई थी। आकाश आधा काला और आधा जामुनी था। उस विराट, निद्रामग्न घर में नौकर दबे पाँवों चल रहे थे और फुसफुसाकर बातें कर रहे थे ताकि उनके मालिकों की नींद न टूटे। ऐसा लग रहा था मानो चुप्पी के साथ मिलकर वे भोर को बनाए रखने की योजना बना रहे थे। एडविना ने नेहरू को चेताया नहीं था।

वे उस बगीचे में प्रतीक्षा कर रही थीं जहाँ न सरो के दरख़्त उगे थे न फ़ाख़्ताएँ उड़ती थीं। कौवे अपनी रोज़मर्रा की हलचलों में जुट गए थे और तत्परता से चोंच मारते हुए हर जगह फुदक रहे थे। एडविना सोच रही थीं कि वे एक सप्ताह के लिए बिछुड़ रहे हैं और यह विछोह असह्य होगा। फिर एक महीने बाद वे नेहरू से हमेशा के लिए जुदा हो जाएँगी। फिर भी इंगलैंड को देख पाने के विचार से उनकी उदासी कुछ कम हुई।

नेहरू उन्हें देखकर आश्चर्यचकित हुए, 'तुम जाग गईं। इतनी जल्दी ?'

'मैं तुम्हें "गुडबाइ" कहे बिना नहीं जाने देना चाहती थी। और तो सब सो रहे हैं,' वे धीमी आवाज़ में बोलीं।

'एडविना, जब तुम लौटो ...'

'तो मैं तुरंत फ़ोन करूँगी।'

'जितना ही हम एक-दूसरे से बात करते हैं, उतनी ही और-और बातें हमारे पास करने को हो जाती हैं, इतनी-इतनी बातें कि शब्द उनका साथ नहीं दे सकते।'

'पर हम एक-दूसरे से सबकुछ कह लेते हैं, है ना जवाहर ?' वे अचानक ही कुछ चिंतित भाव से बोलीं, 'बिना कुछ छिपाए ? नहीं, तो बहुत बुरा होगा ...'

नेहरू ने एक सहलाते-से चुंबन से उनका मुँह बंद कर दिया, इतना संक्षिप्त चुंबन कि वे उनके होंठों का स्पर्श-भर महसूस कर सकीं।

फिर वे चले गए।

जब वे सीढ़ी चढ़कर वापस अपने कमरे में पहुँचीं तो सूरज निकल चुका था। एडविना के पाँव ज़मीन पर नहीं पड़ रहे थे। एक टीसता हर्षोन्माद, एक आनंदमय पीड़ा, मन की-उड़ान और खालीपन एकसाथ उनके अस्तित्व पर छा गए थे। वे अपनी मेज़ पर बैठ गईं जिस पर अभी भी नीली रोशनाई के धब्बे पड़े थे और अपनी कलम फिर से भरी हुई दवात में डुबोई।

'आज सुबह तुम्हें कार में चले जाते देखना मुझे असह्य लगा ... तुमसे मुझे अद्भुत शांति और आनंद का एहसास मिला है। शायद तुम्हें भी मुझसे वह मिला हो ?'

यह संक्षिप्त-सा पत्र था, दर्द-भरा, काँपते हाथों से लिखा हुआ। उन्होंने लिफ़ाफा चिपकाया और बगीचे में जाकर उस शोफ़र को दे दिया जो लॉर्ड लुई की डाक लाने-ले जाने के लिए नियमित रूप से दिल्ली और शिमला के बीच आता-जाता था। वह आठ बजे रवाना हो रहा था।

उसी शाम एक दूसरा शोफ़र लेडी लुई के लिए प्रधानमंत्री का संदेश लाया। दोनों के पत्र राह में एक-दूसरे को पार कर गए थे।

'जीवन-व्यापार बड़ा ही निरानंद है, और जब इसमें उजाले की कोई किरण झिलमिलाती है तो हम विस्मय से स्तब्ध रह जाते हैं। आनंद में भी उदासी मिली थी, क्योंकि अब, आस-पास का अँधेरा और भी गहरा नज़र आने लगा है,' नेहरू ने एडविना को लिखा था।

एडविना से जुदा होकर नेहरू उस अंतहीन अवसाद से उबर नहीं पा रहे थे जिसमें गाँधीजी की मृत्यु ने उन्हें धकेल दिया था। वह समय अब कितना दूर लगता था जब गाँधीजी उपवास कर बैठते थे और पूरा देश चिंताकुल होकर ऑल इंडिया रेडियो पर उनके स्वास्थ्य के समाचार, मूत्र के स्तर की जानकारी के लिए व्यग्र रहता था। आज़ादी के आदर्श ने पूरे देश को जिस अद्भुत एकता के सूत में बाँध रखा था, वह छिन्न हो चुका था। महात्माजी की हत्या के साथ इस गाथा का अंत हो गया था। बापू

की मृत्यु इसका चरम बिंदु थी। उसके साथ यह चक्र पूरा हो चुका था। महात्माजी जिस शौर्य का, जिस आत्मगौरव का हवाला बार-बार देते थे, वह अब लगभग नामशेष रह गया था।

पुराना साम्राज्यवादी शत्रु अब एक वत्सल मित्र में परिणत हो गया था। उपनिवेशवादी वृत्ति का संदेह जिस पर अब भी किया जा सकता था पर जिससे अब राजनयिक नियमों के आधार पर व्यवहार हो सकता था। जहाँ तक दूसरे शत्रु का प्रश्न था ... जहाँ तक भारत और पाकिस्तान की बात थी, एक ही माँ के जाये ये दोनों देश एक अशांत शांति के लिए अभिशप्त थे। लेकिन, जैसा महाभारत में व्यास मुनि कह गए हैं, कौरव-पांडवों में मेल कराने की चेष्टा की क़ीमत गाँधी को जान देकर चुकानी पड़ी थी।

भारत निर्माण के दौर में प्रवेश कर चुका था। स्वतंत्रता-प्राप्ति के प्रारंभिक हर्षोन्माद का, कायरतापूर्ण नरसंहार का दौर पीछे छूट गया था। नेहरू ने बड़ी-बड़ी परियोजनाएँ आरंभ की थीं: नदियों पर बाँध, वैज्ञानिक अनुसंधान, ललित कला अकादमी, सैनिक कमान व्यवस्था ... नेहरू ने सबकी नींव रखी थी। उनके ही सामने भारतीय नौसैनिक बेड़े के जहाज़ समुद्र की छाती पर उतरे; उन्होंने उड़ीसा में, चंडीगढ़ में नए शहर बनाने का निर्णय लिया। वे राजदूतों के साथ वार्ता करते और अथक भाव से पूरे देश के दौरे करते जैसे वे पहले भी करते आए थे। हालाँकि वही प्रेमी जनता उन्हें अब भी घेरे रहती थी, पर रणोत्साह की ज्वाला अब बुझ चुकी थी। अब से लड़ाई भारतीयों के ही बीच हो रही थी। पहला विरोध पटेल ने किया था और उनके पीछे-पीछे ही समाजवादी धड़ा आया। उधर देश के साम्यवादी तत्वों के माध्यम से सोवियत संघ क्रांति की ज्वालाएँ भड़का रहा था। उन्हें बुझाने के लिए बापू आज मौजूद नहीं थे। वे तो अपने ही देशवासी के हाथों मारे गए थे।

दिन भर के विसम्मति-विरोधों से भारी हृदय लिए प्रधानमंत्री जब आख़िर अपनी कोठी 17, यॉर्क रोड लौटे तो अनजाने, अचानक ही उस विदेशिनी के ख़यालों ने उन्हें घेर लिया जो उनकी राह में आ निकली थी। पर भारत आख़िर था क्या ? एक विराट कड़ाह जिसमें द्रविड़, यूरोपियन, हिंदू, मुसलमान, सिख, बौद्ध, जैन, यहूदी, ईसाई और आदिवासी, सब पिघलकर आपस में घुल-मिल गए थे। हर एक को अपने लिए जगह मिल गई थी। नेहरू के हृदय की गहराइयों में उतरने के पहले एडविना सहज स्वेच्छा से ही इस भारत-रूपी महासागर में कूद चुकी थी। शरणार्थी कैंपों में उनकी खरोंचों से भरी बाँहें, आतंक की लंबी रातों में उनके उलझे-बिखरे बाल, उनका साहस, उनकी आँखों में उमड़ता भावोद्वेग — सभी भारत को समर्पित थे। क्योंकि, एडविना के लिए, वे ही भारत थे। यही वे चाहते भी थे : न जर्मन, न अंग्रेज, न यहूदी, बस उनकी ख़ातिर एडविना भारतीय रहें, और सिर्फ़ उनकी ही ख़ातिर, नारी हों।

हमेशा की ही तरह लॉर्ड लुई अपने दफ़्तर में ही बैठे अपने वंशवृक्ष पर काम किए जा रहे थे। सारा घर सो चुका था। उन्होंने अपनी बेटी पैट्रीशिया को उसकी माँ के समाचार देने के लिए काग़ज-कलम उठाया। उनकी बड़ी बेटी उनके रहस्यों की भागीदार और उनकी सांत्वना का स्रोत थी। उसे पत्र लिखने के लिए उन्हें रात की गोपनीयता और एकांत की ज़रूरत थी।

'प्लीज़, यह बात अपने तक ही रखना, लेकिन आजकल उसमें और जवाहरलाल में बहुत बन रही है। दोनों बड़े ही मधुर और शालीन तरीक़े से एक-दूसरे पर फ़िदा हैं और पैमी तथा मैं बड़े कौशल से यथासंभव इसमें मददगार हो रहे हैं। मम्मी का व्यवहार इधर अविश्वसनीय रूप से मधुर हो चला है और हमारा परिवार इतना सुखी है ...'

पत्र समाप्त करके नेहरू के नाम की विचित्र बर्तनी पर ध्यान दिए बिना ही उन्होंने चटपट लिफ़ाफ़ा चिपका दिया। वे सोच रहे थे, 'आख़िर ... आख़िर इस बार एडविना ने हमारे योग्य ही चुनाव किया है।'

बारह

वादा

नदी पर एक नौका

दिल्ली, 11 जून 1948

'चलो,' नेहरू ने एडविना को अपनी कार की ओर खींचते हुए कहा। 'रात होने ही वाली है। तुमने सैंडल पहन रखे हैं ? गुड !'

'तुम मुझे कहाँ ले जा रहे हो ?' उसने लंबी-चौड़ी सरकारी कार की पिछली सीट पर बैठते हुए पूछा।

'नदी-किनारे,' संक्षिप्त उत्तर था।

'जहाँ बापू का दाह-संस्कार हुआ था ?' उसने हैरत से पूछा। 'डिकी और मैंने आख़िरी दिन वहाँ जाने का कार्यक्रम बनाया था ...'

'मुझे बताया था उन्होंने। पर आज, हम अकेले होंगे।'

शाम ढल चुकी थी और जलती हुई गर्मी से कुछ राहत मिलने लगी थी। पुराने शहर जानेवाली लंबी सड़क पर सारे रास्ते लोग फुरसत से टहलते नज़र आ रहे थे। सरकारी कार एक मोड़ पर रुकी। नेहरू ने सामान रखने का ख़ाना खोला और काग़ज़ में लिपटा एक बंडल निकाला।

'मालाएँ हैं,' उन्होंने एडविना को बताया। 'चलो, चलें।'

जब वे बाँस के उस कामचलाऊ घेरे के पास पहुँचे तब छायाएँ घिरने लगी थीं। खुदी हुई जमीन के आसपास बिखरे फावड़े और हथठेले इस बात की गवाही दे रहे थे कि महात्माजी की समाधि का निर्माण-कार्य शुरू हो गया है। चिता-स्थल पर अभी भी जलने के कुछ निशान बाक़ी थे और किसी ने बड़ी श्रद्धा से उस स्थान को सहेज रखा था। उस

स्थान के बीचोंबीच कुछ फूल मुरझाए पड़े थे और चारों ओर कौवों का साम्राज्य था।

नेहरू ने बताया, 'समाधि जल्दी ही बन जाएगी। यह संगमूसा की बनेगी। चारों ओर दीवार का घेरा होगा, बड़े-बड़े लॉन होंगे और श्रद्धालुओं के आने के लिए पत्थर-जड़ा रास्ता। जब तुम लौटोगी, तब तक यह तैयार हो चुकी होगी।'

'मैं लौटूँगी ?' एडविना हैरान थी।

'इसके बारे में हम कल नैनीताल में बात करेंगे,' उन्होंने बंडल खोलते हुए कहा। 'ये लो, तुम्हारी माला। कम्बख्त गेंदे के ही फूल हैं। इस घटिया मौसम में और कुछ मिलता भी नहीं।'

माला को चूमकर उन्होंने चिता-स्थल के बीच उन मुरझाए फूलों पर उछाल दिया। एडविना ने भी यही किया। अधखुला बंडल नेहरू ने अपनी बगल में दबा लिया।

'नदी की तरफ़,' एडविना का हाथ थामते हुए वे बोले। 'तुम्हें क्षितिज पर वे काले-काले बादल उमड़ते दिखाई दे रहे हैं ? पता नहीं, मानसून आ रहा है, या रात की वजह से ऐसा दिख रहा है।'

उन्हें कँटीली झाड़ियों के बीच से गुज़रना पड़ा। आसपास कुछ डेरे-तंबू दिखाई दिए। पता नहीं, वे शरणार्थियों के थे, या शहर आए हुए देहातियों के या फिर यात्रियों के रैनबसेरे। सूखी घास पर पसरे लोगों ने लुके-छुपे यमुना की ओर दौड़े जाते इस जोड़े की तरफ़ देखने की तक़लीफ़ भी गवारा न की। होंगे कोई प्रेमी, या चोर। एक बच्चा नींद में कराहा; एक बकरा उछलकर दौड़ता हुआ पास से निकल गया। आख़िर वे नदी के किनारे पहुँचकर बैठ गए। धीरे-धीरे बहता पानी शहर के प्रतिबिंब से झिलमिला रहा था और उसकी ध्वनियों के साथ गुनगुना रहा था।

अब जाकर नेहरू ने मालाओं का बंडल खोला। उसमें से उन्होंने गुलाब की पंखुड़ियों से भरा एक दोना निकाला और एक दीया भी निकालकर दोने के बीचोंबीच सजा दिया।

'सूर्यास्त के समय ये दीये नदी में तैरा दिए जाते हैं, नदियों की देवी गंगा के सम्मान में।'

बड़े कौशल से उन्होंने यह नाजुक-सी नाव यमुना में छोड़ दी। फिर एडविना की ओर घूमकर बोले, 'तुम मेरे जीवन के केंद्र में सजाया हुआ दीपक हो। उसी की तरह तुम टिमटिमाती हो ... अगर यह बुझ जाए ...'

वह नन्ही-सी नौका हौले-से घूम गई। कुछ देर तक दीये की लौ चमकती दिखाई देती रही। फिर वह भी अँधेरे में खो गई।

'तुम अब कभी भी नहीं बुझोगी,' नेहरू ने कहा। 'हमें शांति मिलेगी, मेरी डी। मेरी नाव यमुना में बहती-बहती इलाहाबाद पहुँचकर गंगा से मिल जाएगी और फिर

समुद्र से। कल सुबह पाँच बजे मैं तुम्हें लेने आऊँगा। हवाई जहाज साढ़े पाँच बजे उड़ान भरता है। सात बजे के लगभग हम बरेली पहुँच जाएँगे और दोपहर तक नैनीताल। मिसेज़ नायडू हमारा इंतज़ार कर रही हैं। हम दोनों की इकट्ठे यह पहली यात्रा होगी।'

नगाड़ों की व्यग्र ताल

नैनीताल, 12 जून 1948

शानदार नीली-बैंगनी साड़ी में लिपटी, अपनी दीर्घ काया पर सामने की ओर हाथ बाँधे, राज्यपाल के ग्रीष्म-निवास के भव्य भवन की सीढ़ियों पर खड़ी श्रीमती नायडू अपने सुख्यात मेहमानों की प्रतीक्षा कर रही थीं। कुर्ता-पाजामा और रॉ-सिल्क की जैकेट पहने प्रधानमंत्री संकोची युवक-से लग रहे थे। लेडी लुई लंबे-लंबे डग भरती चुपचाप उनके पीछे चली आ रही थीं।

'स्वागतम्। प्रधानमंत्री का स्वागत है, और आपका भी, डियर लेडी लुई ...' एक इंच भी हिले बिना वहीं खड़ी-खड़ी सरोजिनी नायडू बोलीं। 'लगता है, आपका हवाई जहाज समय पर आ गया था। उम्मीद है, सड़कें ज़्यादा ऊबड़खाबड़ नहीं थीं। तुम्हारा स्वागत करते हुए मुझे बेहद खुशी हो रही है, मेरी बच्ची,' एडविना को ग़ौर से देखते हुए वे बोलीं। 'और तुम्हारा स्वागत करते हुए भी, प्रिय प्रधानमंत्री महोदय, डियर जवाहरलाल ...'

उस वृद्ध महिला का चेहरा मुस्कान से दमक रहा था, मगर उनकी सदा जीवंत रहनेवाली आँखों में एक विचित्र उदासी छाई थी। एडविना उनका चुंबन लेने आगे बढ़ीं। नेहरू ने स्नेह से उनके आगे बढ़े हुए हाथ थाम लिए। सरोजिनी ने अपने आँसू खुलकर बहने दिए। उनके पीछे ही काले बालों और उन्नत वक्षवाली एक सुंदर युवती खड़ी थी, वफ़ादार और सतर्क प्रहरी की तरह। नेहरू ने उसे देखा और सीढ़ियाँ फलाँगते हुए उस तक जा पहुँचे।

आवाज़ में जबरन ज़िंदादिली लाते हुए वे बोल उठे, 'देखो एडविना, यह है हमारी बी-बी, पद्मजा, जिसके बारे में मैं तुमसे इतनी बातें करता था।'

एडविना ने बड़े सौजन्य से हाथ मिलाते हुए कहा, 'गुड ईवनिंग। तुमसे मिलकर बड़ी खुशी हुई। तुम बिलकुल वैसी ही हो, जैसी प्रधानमंत्री ने बताया था।'

पद्मजा ने कुछ रूठे-रूठे भाव से सिर थोड़ा-सा झुका लिया।

सरोजिनी चुस्ती से बोल उठीं, 'अंदर चलो, तुम लोगों के कमरे तैयार हैं। लेडी लुई का कमरा गुसलख़ाने के पास है, और जवाहर, तुम्हारा कमरा ऊपर है। वह बड़ा तो नहीं है, पर तुम्हें वहाँ शांति मिलेगी। अगर तुम कोई फ़ाइल वगैरह देखना चाहो ही, तो वहाँ एक मेज़ भी है। दोस्तो, यह एक मामूली-सा पहाड़ी घर है, पर यहाँ की हवा बहुत अच्छी है। हाँ, हाँ ! ज़ाहिर है, यह शिमला के वायसराय भवन जितना भव्य नहीं है, पर तुम्हारे रहने लायक है। सुना है, हाल ही में तुम वहाँ गए थे ?'

एडविना ने तुरंत जवाब दिया, 'प्रधानमंत्री ने यही कोई एक महीने पहले कुछ दिन हमारा आतिथ्य स्वीकार करके हमारा मान बढ़ाया था। मेरे साथ यहाँ आने का इनका आग्रह था, मिसेज़ नायडू। आपसे विदा लिए बिना मैं भारत से कैसे जाती ?'

ये सब बातें बाद में होती रहेंगी। तुम लोग हाथ-मुँह तो धोना चाहोगे,' सरोजिनी मुँह-ही-मुँह में बोलीं।

नौकरों ने लपककर सामान उठा लिया। एडविना की कमर के पीछे, मगर उन्हें छुए बिना, हाथ फैलाए नेहरू उन्हें अपने आगे ऐसे लिए चले मानो उन्हें गोद में उठाने का इरादा हो। पद्‌मजा की त्यौरियाँ चढ़ गईं। सरोजिनी ने गहरी आह भरी।

'अब तो बात बिलकुल साफ़ है,' वे सोच रही थीं। जो होना था, हो चुका है। इन लोगों के चारों ओर आनंद की आभा साफ़ पहचानी जाती है। ये दोनों अकेले आए हैं, लॉर्ड लुई के बिना ... नेहरू पहले से युवा नज़र आने लगा है। एडविना युवा हिरनी-सी दिखाई देती है ... इसकी आँखें इतनी नीली कभी नहीं थीं। वे दमक रही हैं ! मैंने जवाहर को इसके बारे में क्या बताया था। अब याद नहीं आता। मेरी पद्‌मा, बेचारी। जवाहर उसे कैसे भावपूर्ण पत्र लिखा करता था। उसकी तुलना अजंता के भित्तिचित्रों की राजकुमारी से करता था ... उसकी आशाएँ चूर-चूर हो गई हैं। एडविना कुछ ही दिनों में जा रही है ... तब हम देखेंगे। अभी किसी बात का मतलब नहीं है।'

भारी कदमों से सीढ़ियाँ उतरकर वे एक आरामकुर्सी में ढह गईं। हँसते-चहकते नेहरू और एडविना घर से बाहर आए।

'पहाड़ कितने सुदंर हैं !' बैठते-बैठते एडविना बोल उठी। 'लखनऊ में तो गर्मी असह्य हो गई होगी।'

'हाँ ...' सरोजिनी ने ठंडी साँस ली। 'यहाँ हर चीज़ इतनी शुद्ध है कि विश्वास नहीं होता : पहाड़ों की चोटियाँ, पेड़, क्षितिज पर बैंगनी छायाएँ, यहाँ का मौन ... लगता है मानो भारत में कुछ हुआ ही न हो। प्रकृति को न तो नरसंहार की परवाह है, न हमारे महात्मा की मौत की। यह सब भूल जाती है। जवाहर, आख़िरी बार तो मैंने तुम्हें

इलाहाबाद में देखा था, उनके अस्थि-विसर्जन के समय।'

'तुम नदी-किनारे जुलूस की राह देख रही थीं। अस्थि-कलश पहुँचने के पहले ही मैं तुमसे आ मिला था। वहाँ कम-से-कम बीस लाख लोग इकट्ठे थे और तुम्हारा चेहरा बेहद उतरा हुआ था। अगले दिन *द लीडर* में तुम्हारा जो लेख छपा था, वह मुझे अब भी याद है : "यह विश्व-इतिहास के सबसे अद्भुत और भव्य अनुष्ठानों में से था — उस व्यक्ति का अंतिम संस्कार जिसका ..." अंतिम हिस्सा मैं भूल गया।'

'... जिसका नाम प्रेम, सत्य और अहिंसा के मंगल गायन की द्युति से मानवता के इतिहास को सदा-सदा आलोकित करता रहेगा।'

'और ऑल इंडिया रेडियो पर आपका भाषण,' एडविना ने बात आगे बढ़ाई। 'इसलिए यह उपयुक्त ही है कि उनकी मृत्यु राजाओं के शहर में हुई, प्राचीन हिंदू साम्राज्यों की पुरातन स्थली पर हुई, जिस स्थली पर ... क्या था ? सत्ता ? या यश ? मुझ याद नहीं आ रहा है।'

'यश, प्यारी बच्ची। पर वह बात इतनी महत्त्वपूर्ण नहीं है। क्योंकि भाषण का सबसे महत्त्वपूर्ण भाग तो अंत में है। "मेरे पिता, विश्राम मत करो। हमें भी विश्राम कम करने दो। हम अपनी प्रतिज्ञा का पालन करें। हमें शक्ति दो कि हम, तुम्हारे उत्तराधिकारी, तुम्हारे स्वप्नों के रखवाले, अपना वचन पूरा कर सकें ... " मैं इतनी विचलित थी, इतनी दुखी ... कैसे हैं उनके स्वप्नों के रखवाले ... ! पर भाषण तो ... तुम जानती ही हो।'

पद्मजा बोली, 'तभी से अम्माँ की तबीयत खराब चल रही है — हाइ ब्लड प्रेशर, पैर का दर्द ...'

'अँह !' सरोजिनी भुनभुनाईं। 'मुझे अपने मिकी माउस के बाद ज़िंदा ही नहीं रहना था।'

'पर तुम अब भी अपनी शानदार साड़ियाँ पहन रही हो,' नेहरू ने टिप्पणी की।

उस वृद्ध महिला ने हलकेसे हँसकर मुँह फेर लिया। फिर धीमी आवाज़ में बोलीं, 'मैं इतनी बूढ़ी हो चुकी हूँ कि यह आघात सहन नहीं हो रहा है। पर मैं अपनी थकी-हारी बूढ़ी काया का रोना सुनाकर तुम लोगों का आनंद नष्ट करना नहीं चाहती। तुम कब रवाना हो रही हो डियर लेडी लुई ?'

'बीस जून को,' एडविना ने जवाब दिया।

'बारह दिन बाद,' नेहरू भी साथ-ही-साथ बोल पड़े।

सरोजिनी सिहर गईं और देर तक दोनों को देखती रहीं। उन दोनों का अचानक ही उभरा त्रास इतना मर्मस्पर्शी था कि उनका दिल भारी हो आया।

'बी-बी, जाकर मेरी दवा की गोलियाँ ले आओ। मैंने उन्हें ... न जाने कहाँ रख

दिया है ... कहीं-न-कहीं मिल ही जाएँगी।'

पद्मजा घर के अंदर चली गई। दरवाज़ा भड़ाक् से बंद हुआ।

'तुम फिर अपने परिवार से मिलोगी, लंदन से भी, और शायद उस बारिश से भी — गर्मी में पड़नेवाली उस झींसी से जो कभी-कभी मैदान को भी डुबा देती है।' फिर सरोजिनी ने हलकेसे ताने के स्वर में कहा, 'हमसे बिछुड़ते हुए तुम्हें थोड़ा-सा दुख तो होगा ...'

एडविना ने नेहरू की ओर देखा जिन्होंने सिर झुका लिया।

'मिसेज़ नायडू, मैं यही कह सकती हूँ कि मैं हताश हूँ,' एडविना उदास स्वर में बोली। 'मेरी समझ में नहीं आता कि मैं इसके बाद जियूँगी कैसे !'

'मेरी नन्ही बच्ची ! जब मैं पंद्रह साल की थी तो मैंने एक गद्यगीत लिखा था। मैं भी हताशा से ग्रस्त थी। मेरा प्रियतम मुझे छोड़ गया था। वह एक नौजवान डाक्टर था। सुनो ...'

जाना ही होगा मुझे
जहाँ कोलाहल से भरी दुनिया मुझे बुलाती है
और नियति के नगाड़ों की व्यग्र ताल मुझे पुकारती है,
तुम्हारे दीप्त तंद्रा के श्वेत गुंबजों से दूर,
तुम्हारी अरण्य प्राचीरों के स्वप्नों से दूर,
भीड़ और कोलाहल के संघर्ष में,
मूर्खता और अन्याय के विरुद्ध मधुर प्रेम के युद्ध में ...

नेहरू आश्चर्यचकित होकर बोल उठे, 'सरोजिनी ! पंद्रह साल की उम्र में ? और उस नौजवान का क्या हुआ ?'

सरोजिनी के मुख पर मुस्कान की छाया दौड़ गई, 'उसने मुझसे शादी कर ली। पर महत्त्व इस बात का नहीं है, है ना ? हम विवाह तो करते हैं पर वह हमेशा सुख नहीं देता और सचमुच प्रेम तो हमें बाद में जाकर ही होता है। मुख्य बात यह है कि मैं कविताएँ लिखती रही। वह विछोह भी स्वप्न-जैसा मधुर था। समझ रही हो ना, मेरी बच्ची ?'

आँखों में प्रश्न लिए एडविना नेहरू की ओर घूमीं।

वे भी उनकी ओर झुके, 'नियति के नगाड़ों की व्यग्र ताल पुकार रही है, मेरी डी ...'

हाथ में एक शीशी लिए पद्मजा लौटी। एक नज़र में ही उसे दिखाई दिया कि दो सिर

झुककर मानो जुड़े हुए थे और उसकी माँ विषण्ण भाव से उन्हें देख रही थी। शीशी उसके हाथ से छूटकर नीचे लुढ़क गई। पद्मजा रोती हुई अंदर भाग गई।

नेहरू अचानक ही बोल उठे, 'सरोजिनी, मुझे तुमसे भगाई हुई औरतों के बारे में बात करनी है।'

वृद्ध महिला हैरान हुईं, 'भगाई हुई ? अच्छा ! मैं समझी। दंगों के दौरान, भगाई हुई ? तुम्हारा मतलब है, जिनके साथ बलात्कार हुआ है, नहीं ?'

'बलात्कार, या जबरन शादी, या जिन्हें घरों में कै़द करके रखा गया था। सरोजिनी ... अप्रैल में हमने इस समस्या का जायज़ा लेना शुरू किया था; मई में मैंने कुछ ऐसे बड़े कदमों की घोषणा की कि अपहरणकर्ता इन अभागी औरतों को छोड़ने को प्रोत्साहित हों। तुम देश में नारी-स्वातंत्र्य की पहली समर्थक हो; तुम गवर्नर हो। कुछ करो !'

'ज़रूर,' सराजिनी बोलीं। 'क्या तुम्हें मालूम है कि अपहरण करनेवाले कौन हैं ? मुसलमान या हिंदू ?'

'दोनों। कल मुझे उनकी संख्या का पहला अनुमान मिला : दोनों देशों में मिलाकर बारह हज़ार से कुछ ऊपर हैं।'

सरोजिनी उत्साहित हो उठीं, 'तो तुमको पाकिस्तान से भी आँकड़े मिल गए हैं। बापू बहुत खुश होते।' फिर उन्होंने लापरवाही दिखाते हुए पूछा, 'जिन्ना के क्या हाल-चाल हैं ?'

नेहरू क्रुद्ध होकर गुर्राए, 'तुम्हें अभी भी उस दुष्ट लोमड़ की चिंता लगी है ! उसके बारे में मुझे कुछ भी नहीं पत्ता। मेरा संपर्क प्रधानमंत्री से होता है।'

सरोजिनी गंभीर हो गईं, 'तुम ग़लती पर हो। मैं तुमसे पहले भी कह चुकी हूँ, जिन्ना महान राजनीतिज्ञ हैं। बहरहाल, उनका हालचाल जानने के लिए मुझे तुम्हारी ज़रूरत नहीं है। मेरी ही तरह वे भी मृत्यु की ओर बढ़ रहे हैं।'

'मिसेज़ नायडू !' एडविना के स्वर में शिकायत थी।

'क्या ?' सरोजिनी धीरे-धीरे उनकी ओर पलटीं। 'हमारी पीढ़ी अपना काम कर चुकी है। पहले बापू गए; अब जिन्ना जाएँगे; और फिर, मेरी बारी है। अब काम तुम लोगों को सँभालना है।'

नेहरू भावुक हो उठे, 'पर तुम अपना कर्तव्य बड़ी हिम्मत से निभा रही हो। लखनऊ में तुम्हारी मंडली की मैं बड़ी प्रशंसा सुनता हूँ। लोग तो उसे 'गवर्नर का दरबार' तक कहते हैं, जैसा पुराने ज़माने की बेगमों का होता था। कहते हैं, उनमें कवि हैं, गायक हैं। हर काम में तुम्हारी बेमिसाल शैली की भी तारीफ़ होती है ...'

'सब भ्रम है, सत्य के और हमारे बीच का परदा; माया, ...' आकाश की ओर देखती

हुई सरोजिनी बुदबुदाईं। 'मुझमें अब जीवन के लिए उत्साह नहीं रहा। यह सब मैं तुम्हें सौंपती हूँ।'

नैनीताल, 12 जून 1948

श्रीमती नायडू ने अपना कौशल दिखला दिया था। प्रधानमंत्री के अनुरोध पर उन्होंने शुद्ध नस्ल के दो मारवाड़ी घोड़ों का इंतज़ाम कर दिया था — चिकनी और साफ़-सुथरी खाल, कानों में अर्धचंद्र और इतने सीधे कि उन पर आराम से सवारी की जा सके। भोर की ठंडक में वे सिहर रहे थे।

एडविना ने अपने घोड़े की गर्दन थपथपाई, 'सचमुच, बड़े खूबसूरत हैं।'

'दर्रे तक के इन सँकरे रास्तों पर हम इन्हें दुलकी चाल ही चलाएँगे। तुम इसे थोड़ी देर ढीला छोड़ सकती हो, लेकिन जब पथरीला रास्ता आए तो लगाम को कसकर पकड़ लेना,' नेहरू बोले। 'इस चौखाने की कमीज में तुम एकदम कमसिन लगती हो। लेकिन सीधी होकर बैठो, मेरी डी ...'

वे आराम से, अपने घोड़ों की कोई चिंता किए बगैर, घुड़सवारी करते रहे। राजनिवास से निकलते ही चीड़-देवदार के वृक्ष मिलने शुरू हो गए थे : कोई भूत-से काले और घने, कोई कंकाल-मात्र, जिनकी नग्न टहनियों से हलके रंग की काई झूल रही थी। कोहरे में बल खाती पगडंडी आगे बढ़ रही थी। धूप कोहरे की घटाओं को धीरे-धीरे छिन्न करती जा रही थी। खुली जगह में आते ही घोड़े हिनहिनाए और ठंड के मारे उनके नथुनों से फुफकारती हुई भाप निकलने लगी।

'तुमने घुड़सवारी कब सीखी ?' एडविना ने पूछा।

'जब मैं हैरो में पढ़ रहा था तब कॉलेज के घुड़सवार सैनिक दस्ते में। मुझे घुड़सवारी का बहुत शौक था। पता है, मुझे परीक्षा के लिए भी बुलाया गया था। मैं समय न मिलने का बहाना बनाकर गया ही नहीं। हिंदुस्तानियों के सफल होने की कोई गुंजाइश ही नहीं थी, और बेइज़्ज़ती मैं बर्दाश्त नहीं कर सकता।'

'मैं कल्पना करने की कोशिश कर रही हूँ कि हैरो में तुम कैसे लगते होगे,' एडविना ने कहा। 'मुझे कल्पना होती ही नहीं। तो तुम घुड़सवारी करते थे, और मैं समझती हूँ, टेनिस भी खेलते थे। और क्या-क्या करते थे तुम ? आज तुम कितने बदल गए हो।'

'मुझे नाव खेने में भी बहुत मज़ा आता था,' नेहरू ने कहा। 'अपने भारत को फिर से पहचानने में मुझे कुछ समय लगा। बापू की ही तरह मैंने भी यात्राएँ कीं। अपने हिमालय में मैं खूब घूमा जहाँ लोग याक की सवारी करते हैं। गोश्त-पोस्त और समूर से भरा विशाल डील होने के बावजूद ये जानवर बहुत सीधे होते हैं। मैं कश्मीर गया, जो हमारे विभिन्न

दर्शनों का और मेरे परिवार का उद्गम स्रोत है। कश्मीर में हमारा रक्षक एक चिनार वृक्ष है। जब तक वह बना रहेगा, नेहरू ख़ानदान का कोई अनिष्ट नहीं होगा।'

एडविना हँस पड़ीं, 'तुम भी अंधविश्वासी हो।'

नेहरू चिढ़ गए, 'पूरी तरह तर्कसंगत कोई भी नहीं होता ! मुझसे ज़रूरत से ज़्यादा उम्मीद मत करो। धर्म का मैंने प्रतिरोध किया है, पर अपने देश की भावनाएँ मैं जानता हूँ। उनका मैंने अनुभव किया है, मेरी डी। अपने शहर इलाहाबाद में मैं विराट कुंभ मेलों में उन लाखों श्रद्धालुओं के बीच कूद पड़ा हूँ जिनका धर्मोत्साह मदिरा की तरह ही नशीला हेाता है। मैं गंगा के साथ-साथ चला हूँ, और ...' उन्होंने होंठ काट लिए।

'तुम चुप क्यों हो गए ?' एडविना ने बेचैन होकर पूछा।

'भारत मेरे रक्त में पैठा हुआ है, एडविना ...'

नेहरू ने अपना घोड़ा रोककर एडविना के घोड़े की रास थाम ली। सिर उठाकर वे देर तक अपनी नज़र नीचे हिमालय पर्वत पर टिकाए रहे।

'मुझे इसके बारे में बताओ,' एक अंतहीन चुप्पी के बाद एडविना बोलीं।

'मुझसे नहीं होता। मेरी मदद करो,' वे बोले।

'तुम कुछ दिन में मुझसे दूर जानेवाली हो,' नेहरू अत्यंत भावुक होकर बोले। 'मैं चाहता हूँ कि तुम मेरे नज़दीक होने के लिए लौटो।'

'जवाहर ... यह तो मुमकिन ही नहीं है,' एडविना होंठों में ही बोलीं।

'मुझे पता है। मैं तुम्हें अपने साथ रहने को नहीं बुला रहा हूँ। पर हर साल, बस थोड़े समय के लिए, मेरी ड़ी। हर हालत में।'

'मैं वादा करती हूँ,' उन्होंने गंभीर होकर कहा।

'यह मत कहो। तुम कोई वादा नहीं कर सकतीं। हमारे बीच सिर्फ एक वादा रहेगा, और वह मैं तुमसे अभी माँग रहा हूँ। हम एक-दूसरे के लिए जो भी महसूस करें, वह कभी भी मेरी जिम्मेदारियों के आड़े न आए। भारत का स्थान हमसे पहले है। समझ रही हो, ना ?'

'हाँ,' उनका दिल भारी हो आया।

'न कोई ऐसा काम उसके आड़े आएगा जो हम मिलकर कर रहे हों, मेरी डी। उससे तो सबकुछ बिगड़ जाएगा। मुझे यकीन है कि तुम भी यही मानती हो।'

'हाँ,' उन्होंने बुझी हुई आवाज़ में दुहराया।

'तो अब, तुम्हारा जाना, जाना नहीं है, मेरी डी। यह एक नई ज़िंदगी का आग़ाज़ है।'

लगाम ढीली छोड़कर नेहरू ने अपने घोड़े को एड़ लगाई। धूप अब जलाने लगी थी।

'घोड़ों को गर्मी लगने लगी है। इन्हें थोड़ी देर छाया में सुस्ताने देना होगा,' उन्होंने अपने घोड़े को थपथपाते हुए कहा।

एडविना फुर्ती से अपने घोड़े पर से कूद पड़ीं और उसे चीड़ों के तले ले चलीं। नेहरू भी उनके पास आ गए। चारों ओर फैला जंगल अबाध सन्नाटे में नहाया हुआ था। मुक्त होकर शांति से आराम करते हुए घोड़े मक्खियाँ उड़ाने के लिए अपनी पूँछें फटकार रहे थे।

वे एक ढलान पर बैठ गए। नेहरू टोपी उतारकर बेचैनी से हवा करने लगे। फिर बोले, 'इस वादे से मैं बहुत खुश हूँ। यह काम इतना कठिन था। मैं तुम्हें अपनी बाँहों में नहीं ले सकता, मीरा।'

'पहले तो मुझे जाना होगा, नहीं ?' वे ख़ामोशी से बोलीं।

नेहरू ने एडविना का सिर बड़ी मृदृता से अपने हाथों में ले लिया और उनके होंठों का उत्तप्त चुंबन लेने लगे। चुंबनों के बीच-बीच वे कहते जा रहे थे, 'हाँ ... हाँ, जब तुम लौटोगी, मेरी जान, जब हम आज़ाद होंगे, जब तुम सिर्फ मेरे लिए लौटोगी, प्रियतमा ... हाँ ...'

जब वे राजनिवास लौटे, तब तक धूप की चौंध कम होने लगी थी। पहाड़ी के ऊपर फैले उजाले में पद्‌मजा को इन दोनों की छाया-आकृतियाँ दिखाई दीं। एडविना की आकृति कुछ झुकी हुई थी और नेहरू हाथ फैलाकर घाटी में कुछ दिखला रहे थे। दोनों मानो आकाश में खोए हुए थे। पद्‌मजा सोच रही थी, 'वह हिंदुस्तानी नहीं है। मैं अजंता की राजकुमारी हूँ, मुझे पता है। मैं हार नहीं मानूँगी। मुझे उससे घृणा है। मुझे उस अंग्रेज़ औरत से नफ़रत है जिसने उन्हें मुझसे छीन लिया है।'

वर्षा का दूत

दिल्ली, 13 जून 1948

'आखिर तुम लोग लौट आए,' लॉर्ड लुई बोल उठे। 'मुझे चिंता होने लगी थी ... शाम के सात बज गए हैं। किसी बेतुकी वजह से उड़ान ही रद्द होने जा रही थी ...'

नेहरू तेज़ी से पलटे, हैदराबाद के निज़ाम के साथ कोई गड़बड़ ?'

'बिलकुल,' लॉर्ड लुई उन्हें एक ओर खींच ले गए। 'हिंदुओं को आतंकित करने

वाले उन धर्मोन्मादी मुसलमानों के गिरोह हिंदुस्तान के साथ युद्ध की बात कर रहे हैं। मामला गंभीर होता जा रहा है।'

'मैंने 7 फ़रवरी को तमाम अतिवादी गतिविधियों पर पाबंदी लगा दी थी — हिंदुओं और मुसलमानों, दोनों पर। उस बात को चार महीने हो गए हैं। उनके नेता जेल में हैं !'

'वे तो घासफूस की तरह उग आते हैं,' लॉर्ड लुई ने कहा। 'और वे हिंसा पर भी उतारू है। गृहमंत्री कहाँ हैं ?'

'देहरादून में,' नेहरू ने बताया। 'उनके बिना हम कोई फ़ैसला नहीं ले सकते। उनसे संपर्क का कोई साधन भी नहीं है। हमें वहीं जाकर उनसे मिलना होगा, कल तक।'

'बहुत अच्छा,' लॉर्ड लुई तुरंत बोले। 'आशा है, मेरी उपस्थिति से तुम लोगों को कोई असुविधा नहीं होगी ?'

'अरे नहीं !' नेहरू ने जवाब दिया। 'लेडी लुई भी हमारे साथ चलेंगी, और स्वास्थ्य मंत्री भी,' वे अधिकारपूर्वक बोले।

हवाई जहाज में लॉर्ड लुई ने अनायास ही अमृत कौर को अपने साथ बैठा लिया। कुछ आगे, डिकी द्वारा निर्दिष्ट सीटों पर एडविना और नेहरू साथ-साथ बैठे थे। हवाई अड्डे पर, उन्हें पहाड़ी रास्तों से देहरादून ले जाने के लिए दो कारें प्रतीक्षा कर रही थीं। एक कार में लॉर्ड लुई अमृत कौर के साथ बैठ गए। एडविना ने अपने को नेहरू के साथ अकेले पाया।

'सिर्फ़ दो दिन पहले हम दूसरे ही पहाड़ी रास्तों पर कार से जा रहे थे,' एडविना बोलीं। 'मगर आज ! ये गर्मी, ये मोड़, ये उछालें, वहाँ पहुँचकर विचार-विमर्श के दौर, दुनिया का शोरोगुल ...'

'इस सबसे झगड़ो मत। अपने-आपको इसके हवाले कर दो,' नेहरू ने कहा। 'अपनी पीठ ढीली छोड़ो और अपनी आत्मा को मुक्त कर दो। यही एक उपाय है। और ईश्वर की मेहरबानी से ...'

'जब तुम भारत का आह्वान करते हो, तो देवता जीवित हो उठते हैं। और तुम नास्तिक होने का दिखावा करते हो ! मेरी समझ में नहीं आता।'

'आत्मा के बिना किसी भी चीज़ का अस्तित्व नहीं हो सकता। अगर भारत विश्व को कोई एक ज्ञान दे सकता है, तो वह होगा, आत्मा और परमात्मा के बीच का संबंध। हम आत्मा को असंख्य देवताओं का रूप दे देते हैं, पर वे सब आते हैं हमारे अंतर से ही।'

'गर्मी बहुत ज़्यादा है ...' वह कसमसाई। 'तुम्हारा क्या हाल है ?'

नेहरू ने बड़ी मृदुता से उसका माथा सहला दिया।

'कुछ सालों में तुम इसकी अभ्यस्त हो जाओगी, मेरी डी ... पपीहा पक्षी के गीत के पहले बरसात नहीं होगी।'

'कौन-सा पक्षी ?'

'मैं तुम्हें सुनवाऊँगा ...' नेहरू ने कहा।

'कब ?' एडविना की आवाज़ वेदना से काँप रही थी।

'... यह छोटा-सा काला-सफ़ेद पक्षी है, जो बरसात के शुरू होने के ठीक पहले गाता है। यही इसका काम है। इसे वर्षा का दूत कहा जाता है।'

एडविना ने कोई जवाब नहीं दिया। नेहरू ने ठंडी साँस छोड़ी। चुप्पी छाई रही।

अचानक ही नेहरू बोल उठे, 'अगर तुम शरणार्थियोंवाला अपना काम चालू रखने के लिए भारत में ही रह जाओ, तो ?'

'और हमारा वादा ? याद है, जवाहर ? कल की ही बात है,' वे सपाट स्वर में बोलीं।

'तुम ठीक कह रही हो। दरअसल, मैं इतना उदास हो रहा हूँ ... एक असह्य क्लांति का-सा भाव मुझ पर छाता चला जा रहा है, और जब मेरे दिमाग़ में यह चित्र आता है कि बीस की रात को आख़िरी विदा के मौक़े पर तुम हज़ारों लोगों से हाथ मिला रही हो, तो मेरा दिल दहल जाता है ... तुम्हें कई हज़ार लोगों से हाथ मिलाना होगा...'

'पर मैं लौटकर आऊँगी,' वे कोमलता से बोलीं।

'जैसे मैं अपनी नियति के विपरीत नहीं जा सकता, उसी तरह तुम और डिकी भी अपनी नियति के विपरीत नहीं जा सकते,' नेहरू त्रस्त होकर बोल रहे थे। 'तुम मुझे छोड़कर जा रही हो। मैं पीछे रह जाऊँगा, और मैं तुम्हारे बग़ैर रह नहीं पाऊँगा ... एक ऐसा पल आएगा जब तुम यहाँ नहीं होगी, और मैं ! मैं भटक जाऊँगा ...'

'हम पहले ही एक-दूसरे से विदा ले लेंगे।'

प्रेमियों की तीन विदाएँ

दिल्ली, 17 जून 1948

गवर्नर जनरल के महल की गुलाब वाटिका में चुप्पी छाई थी, जैसीकि राजकीय परिवेश में अमूमन छाई रहती है। कभी-कभी कौवों की काँव-काँव ही इस सन्नाटे को तोड़ती

थी। गर्दन घुमाकर एडविना ने तोतों को ढूँढ़ने की असफल चेष्टा की । वृक्षों की छाया भी जून की प्रचंड गर्मी से राहत दिलाने में विशेष सफल नहीं हो रही थी। पृथ्वी का मानो दम घुट रहा था।

'अभी वक्त नहीं हुआ,' नेहरू ने नीचे देखते हुए कहा।

एडविना ने तुरंत कलाई उठाकर घड़ी देखी, 'अभी तो थोड़ा समय है हमारे पास।'

'मैं उसकी बात नहीं कर रहा हूँ। तुम तोतों को ढूँढ़ रही थीं, ना ? वे या तो सुबह उड़ान भरते हैं, या शाम को। दिन-दोपहर को वे नहीं निकलते।'

इन्हें सब पता चल जाता है। तोतों को देखने की मन की भीतरी इच्छा का भी। अब से कौन एडविना के मन की छोटी-से-छोटी हलचल का भी ध्यान रखेगा ? और फीके पड़े आकाश में हरे-हरे तीर भी भला अब वे फिर कब देख पाएँगी ?

'कुछ भी मत कहो,' दृढ़ संकल्प से अपनी आँखें धरती पर जमाए हुए नेहरू बोले। 'योर हाइनेस, अब आप मेरी नहीं रहीं। आप भारत के वायसराय की अर्धांगिनी थीं, और अब आप जा रही हैं !'

एडविना को अचानक ही याद हो आया कि सत्ता हस्तांतरण के समय ये दरबार हॉल में कैसे दिखाई दे रहे थे। छत पर हाथियों की चित्रकारीवाले उस विशाल कक्ष में ये वायसराय के सिंहासन के पास खड़े चारों तरफ़ देख रहे थे। इनकी आँखें एकाग्र और भावाविष्ट थीं। एडविना को सिंगापुर में नेहरू से मिलने की याद आई जहाँ उन्होंने अतिरिक्त विनम्रता से उनका अभिवादन किया था। अब फिर ये वैसे ही हो गए लगते थे। एडविना ने उनका हाथ छूना चाहा, वे पीछे हट गए।

'समझ से काम लो। हर झाड़ी के पीछे बैरे खड़े हैं। मुझे छुओ मत,' चिढ़कर उन्होंने एक मुरझाए फूल की पंखुड़ियों को ठोकर मारी।

'इसका मतलब "भारत छोड़ो" ? इतना गुस्सा !' एडविना कड़वाहट से भरकर बोल उठीं।

'यही समझ लो ! भारत छोड़ो, मेरी डी, क्योंकि छोड़ना है ही। चली जाओ,' उन्होंने क्रुद्ध होकर कहा।

नेहरू उद्यान के वृक्षों के ऊपर फैले पीले आकाश को निहारने लगे। एक वृक्ष में गिद्ध का घोंसला काँप रहा था। कुछ भी ठीक नहीं था। हर बात झूठी लगती थी और प्रेम भी हाथ से फिसला जा रहा था। पास खड़ी यह औरत कौन थी, जिसका चेहरा झुर्रियों से भर चुका था ? हड़ियल कायावाली बुड्ढी, सुकड़ी गुड़िया ? यह चली जानेवाली थी और इससे उन्हें प्यार था ? नहीं, यह भ्रम था, माया का खेल। वे जाग जाएँगे, और आख़िर मुक्त हो जाएँगे। इसे जाना होगा।

'अलविदा कहना कितना कठिन है,' वे बोलीं। भारी दिल से वे सोच रही थीं, ब्रिटिश

राजकुल की एक सदस्या की भारत के प्रधानमंत्री से विदा। भला इसका कोई अर्थ भी निकलता था ! क्यों थे वे दोनों यहाँ ? गुमसुम खड़े हुए। नेहरू अभी भी कैदियोंवाली टोपी, सूती कुर्ता और मामूली-सी चप्पल पहने हुए थे। धूप में उनके सफ़ेद बाल चमक रहे थे। उनके होंठ कुछ बाहर को निकले हुए थे और त्यौरियाँ चढ़ी हुई थीं — ये हास्यास्पद बुड्ढा ...

'बहुत ही मुश्किल है,' नेहरू ने फुफकारकर कहा। उनके माथे पर बल पड़े हुए थे। हैदराबाद के बारे में चल रही वार्ता टूट गई है; कश्मीर का सरदर्द बना ही हुआ है; डिकी ने मामूली-सी बीमारी से बिस्तर पकड़ लिया है और तुम्हारी हर शाम स्वागत समारोहों के नाम होती है। मुझे इस वक्त से नफ़रत हो गई है !'

फिर चुप्पी छा गई। एडविना ने चुपके से अपनी घड़ी पर नज़र डाली। अभी भी पंद्रह मिनट बाकी थे। आँखों में उमड़ते आँसुओं को वे जबरन पी गईं। अचानक नेहरू पर नज़र गई, तो वे आँखें पोंछ रहे थे।

'तुम रो रहे हो।'

'नहीं, गर्मी की वजह से। भारत का प्रधानमंत्री किसी स्त्री के सामने नहीं रोता। तुम्हारे देश में भी ऐसा ही नहीं होता ?'

'इंगलैंड को बीच में मत लाओ !' वे चीख पड़ीं। 'मुझसे अब और बर्दाश्त नहीं होता।'

'पर तुम्हारी आँखों में तो आँसू नहीं हैं,' नेहरू ने पहली बार उनके मुख की ओर देखा।

एडविना ने उनकी आँखों में आँखें डाल दीं और अपना चेहरा आगे बढ़ा दिया जिस पर पसीने की धाराएँ बह रही थीं। नेहरू ने उनके कपोल पोंछने के लिए हाथ बढ़ाया। उनकी आँखों के कोने से आँसू ढुलक रहा था। उनके साथ-साथ चलते हुए नेहरू अपना हाथ उनके होंठों तक ले आए।

'ऐसा मत करो, जवाहर।'

'कोई बात नहीं। बैरे बात फैला देंगे, बहुत अच्छा होगा,' नेहरू ने जेब से अपना रूमाल खींच निकाला। 'वे हर जगह कहते फिरेंगे कि भारत के वायसराय की पत्नी नेहरू से बिछुड़ते हुए रो रही थी। एडविना, खूबसूरत गुलाबों से भरा ये खूबसूरत बगीचा सही जगह नहीं है। तुम मुझसे कल भोर में मिलो ...'

'कहाँ !' उन्होंने उदग्र होकर पूछा।

कहाँ ? यही तो सोचना होगा। हुमायूँ के मक़बरे पर ? अभी भी वहाँ कुछ शरणार्थियों का डेरा है। नेहरू के सरकारी आवास पर ? सुबह-सुबह फ़रियादियों का रेला रहता है। महात्माजी के चितास्थल पर ? वहाँ हर समय श्रद्धालुओं की कतारें लगी रहती हैं।

कोई एकांत स्थल, जहाँ अलविदा कहा जा सके। अचानक ही उनके दिमाग़ में कुछ कौंध गया।

'तुग़लकाबाद !' एडविना का चेहरा पोंछते हुए उन्होंने कहा। 'सुबह पाँच बजे। छः बजे से तो मेरी दिनचर्या शुरू हो जाती है। खँडहरों में, दाहिनी तरफ़, ऊपर। सीढ़ियाँ चढ़ते समय बंदरों से सावधान रहना।'

उनकी आवाज ! फिर पहले ही जैसी हो गई थी। एडविना का जी हलका हो गया। सारा उद्वेग इस बगीचे की वजह से था, इस कंबख़्त भवन की वजह से, जो उनके बीच महाद्वीपों और दुनियाओं से भी बढ़कर दूरी ला देता है। वे नेहरू की ओर देखकर मुस्कुराईं।

'पाँच बजे। मैं वहाँ मिलूँगी।'

नेहरू गुलाब की एक सूखी झाड़ी के सामने रुक गए। अगला मानसून इस झाड़ी को इसके फूल लौटा देगा। झुककर उन्होंने एक काल्पनिक फूल तोड़ा। फिर एडविना की ओर हाथ बढ़ाया।

'तुम्हारे लिए।'

'नहीं, तुम्हारे लिए,' उन्होंने दुहराया। 'लाओ, मैं तुम्हारे कुर्ते पर लगा दूँ।'

'जाड़े की हर सुबह जब मैं गुलाब चुनूँगा, वे उँगलियाँ तुम्हारी होंगी, मेरी डी। लंदन में हर सुबह तुम कल्पना में इनमें से एक फूल चुनोगी, और मैं रोज़ उस फूल के रंग का अनुमान लगाऊँगा।'

वे सीधे खड़े थे, आमने-सामने। स्त्री उस पुरुष के सीने पर एक सपनों में देखा गुलाब लगा रही थी, जिससे उसे प्यार था। मुगल उद्यान में उमड़ते इस आह्लाद से सहज और क्या हो सकता था ! दोनों की आँखें मिल गईं, और मिली ही रहीं। उनके हाथ मुश्किल से एक-दूसरे का स्पर्श कर रहे थे। एक कौवा उनके पैरों के पास कीक रहा था। चिरंतनता एक तारे की तरह लौट आई, उस दीये की तरह, जो उस संग बिताई हुई शाम को नेहरू ने एडविना के नाम पर यमुना में तैराया था। गुलाब की पंखुड़ियों और पत्तों से बनी उस नौका को तैराते हुए वे मृदु स्वर में क्या बोले थे ?

'इस दीपक की ही तरह तुम मेरे जीवन में उजाला कर देती हो। तुम जल पर तैरती रहो, तुम कभी बुझोगी नहीं ... शांति !'

अचानक एक बैरा बाहर आया और चाय की ट्रे लिए लॉन पर से आने लगा। पास आकर उसने बड़े अदब से पूछा, 'चाय पीना चाहेंगे, हुजूर ?'

नेहरू ने इस घुसपैठिए को खूँखार नज़रों से घूरा।

'उसकी तरफ मत देखो, मेरी डी ! हम बड़ी शिष्टता से हाथ मिलाएँगे। समय हो गया है।'

'भारत के वायसराय की अर्धांगिनी को प्रधानमंत्री की अलविदा !' वे बोलीं।

नेहरू सीने पर हाथ रखकर थोड़ा-सा झुके, 'योर हाइनेस, गुडबाइ !'

'कल मिलते हैं,' वे फुसफुसाए और अदब से ट्रे उठाए उनके पीछे-पीछे चलने वाले बैरे की भावशून्य आँखों के सामने ही सूखी गुलाब वाटिका उन दोनों की हँसी से खिल उठी।

दिल्ली, 18 जून 1948

कार रुक गई। वे जल्दी ही आ गए थे। वृक्ष पीले-मटियाले कोहरे में छिपे हुए थे। दूर एक खेत के दूसरे सिरे पर एक धुंधली आकृति प्रेत की तरह चल-फिर रही थी — बेहद धीरे-धीरे। और साथ ही पुरानी खाँसी की आवाज़ सुनाई दे रही थी। उनके पीछे विराट और मनहूस किले के खँडहर खड़े थे। दिन के पहले-पहले उजाले में चौकसी करते बंदरों की आकृतियाँ उभर रही थीं। नेहरू ने गहरी साँस ली, 'मेरे देश में कहीं भी कोई ऐसी जगह है, जहाँ कोई न रहता हो ?'

खाँसी तेज़ हो गई। किसी अदृश्य गाँव से खाँसने की और भी आवाज़ें उठने लगीं। 'गाँवों में फैली यह खाँसी ! जाड़ों में ये लोग ठंड से ठिठुरते हैं और मेरे पास इतने कंबल नहीं हैं कि इनकी हिफ़ाज़त कर सकूँ। और इस गर्मी में भी ये खाँस रहे हैं — कमला की खाँसी — यहाँ एक दवाख़ाने की ज़रूरत है। पर वह क्या करने लगी ? हद हो गई ! मैं लगभग साठ का हो चला हूँ, भारत जल रहा है और मैं उसकी राह देख रहा हूँ, पंद्रह साल के किशोर की तरह।'

पीठ के पीछे हाथ बाँधे, नज़रें धरती पर टिकाए वे गंभीरता से टहलने लगे। 'साल भर के अंदर मैं उसे शिमला ले जाऊँगा, फिर उड़ीसा। मैंने इस बारे में उससे बात नहीं की है ...'

एक हॉर्न बजा। एक बच्चा रोया। काली लिमोसीन आकर रुकी। एडविना हमेशा की तरह सफ़ेद पोशाक में थीं। उन्होंने अपने केशों में उँगलियाँ फिराईं। उसके चिपचिपे गाल, उसका थका-थका चेहरा, उसके मुँह के आसपास की झुर्रियाँ, और वह स्वच्छ दृष्टि, वे आँखें ... वही रूप, जिसे वे याद रखना चाहते थे। वे मुस्कुराए।

'आओ,' वे तुरंत बोले।

नेहरू ने उसका अभिवादन नहीं किया था। उन्होंने टोपी तथा चप्पल पहन रखी थी और अपने ढीले-ढाले कुर्ते के तीसरे काज में एक लाल कार्नेशन का फूल लगा रखा

था। वे मुस्कुराए, मानो अपने इसी रूप की स्थायी छाप छोड़ना चाहते हों।

'मुझे देर हो गई,' एडविना की समझ में न आया कि और क्या कहे।

नेहरू ने कंधे उचकाए, एडविना का हाथ पकड़ा और मलबे के बीच से रास्ता दिखाते हुए उसे तेज़ी से पहली सीढ़ियों की ओर खींचते चले।

देखो, ध्यान से ... अभी कोई दस सीढ़ियाँ बाकी हैं ... सर बचाना !'

नेहरू चिल्लाए, पर बहुत देर हो चुकी थी। एक मखमली, रोएँदार फड़फड़ाहट ने पंख फैलाकर उन्हें घेर लिया। एडविना हाथों में सर को छुपाकर अपने बालों को बचाने की कोशिश करने लगी। चमगादड़ ! एक जंगली गंध चारों ओर फैल गई।

'कितना भयावना लग रहा है सब !' झुकमुके में आगे बढ़ती एडविना ने शिकायत की। 'तुमने मुझे चमगादड़ों के बारे में नहीं चेताया था।'

'मैं लंबे समय से यहाँ नहीं आया हूँ ... चलो, जल्दी से निकल चलें। यहाँ तो साँस भी नहीं ली जा रही है,' एडविना के मुँह पर हाथ रखते हुए नेहरू ने कहा। 'चलो, उधर है, देखो।'

सीढ़ियों के ऊपर पुराने क़िले के खँडहरों से घिरा एक चबूतरा था जिस पर बोगनबेलिया की लतर छाई थी। उनके सामने, रेत के धुँधलके के किनारे, शहर सोया पड़ा था। जल्दी ही, घुटनभरी नींद से जागते लोगों की हैरतज़दा, काँखती-कराहती आवाज़ें सुनाई देने लगीं। पौ फटने ही वाली थी और उसके साथ ही, गर्मी भी बढ़नेवाली थी। एडविना ने क्षितिज पर अपनी नज़र दौड़ाई। रास्ते के दूसरी ओर सुनहली धुंध में डूबा एक मक़बरा दिखाई दिया — संगमरमर और सूखे रक्त जैसे लाल रंग के बलुए पत्थर से बना। इन दोनों के चारों ओर ढहती मेहराबें खड़ी थीं। निश्चल बैठे बंदर बटन जैसी आँखों से इन्हें घूरे जा रहे थे। नेहरू ने एडविना को बाँहों में समेट लिया। वे पसीने से तर थीं।

'वर्षा के पहलेवाले दिनों को बर्दाश्त करने की क्षमता सदियों में जाकर आती है। तुम्हारे लोग इनका सामना करना कभी नहीं सीख सके। कभी नहीं !' नेहरू उनके कान में फुसफुसाए।

'अब फिर इंगलैंड को लेकर शुरू मत हो जाओ ... वह तो बगीचे की वजह से हुआ था !'

नेहरू हँस पड़े, 'कम-से-कम यह तो जानती हो कि हम कहाँ हैं ?'

उन्होंने रटे-रटाए शब्द बोलना शुरू कर दिया, 'तुग़लकाबाद शहर का निर्माण भारत के प्रथम मुसलमान विजेताओं द्वारा किया गया था ...'

'... और भारत के विजेताओं का बस यही अवशेष बचा है, मेरी डी,' नेहरू बोले। 'खँडहर बन गए हैं सब। तुग़लक सुलतानों का क्या बाक़ी रहा ? मरे हुए शहर के खँडहरों

में भटकते चमगादड़। उन पत्थरों पर अगर तुम सँभलकर न चलीं तो शायद कुछ नागों को भी जगा दोगी। हिलो मत, मेरी रानी। कुछ देर हम यहीं रहें। मुझे पता है, तुम्हें गर्मी लग रही है, पर मैं तुम्हें नहीं छोड़ूँगा। क्षितिज की तरफ़ देखो; मानसून आ रहा है।'

'कल तक आ जाएगा ?' उसका दम घुट रहा था।

'अरे नहीं ! आकाश अभी भी बहुत साफ़ है।

'साफ़ ? यह तो पीला है। नीले रंग का नामोनिशान भी नहीं है,' हलके से छूटने की कोशिश करती एडविना ने कराहा।

'देखते-देखते यह पूरी तरह काला हो जाता है। जब वर्षा होगी, तब मैं बादलों के नीचे आकर तुम्हारे नाम का जल पियूँगा। इस साल बारिश अच्छी होगी।'

'अच्छी होगी,' बिना कारण समझे ही एडविना ने अपने-आपसे दुहराया।

उन्हें मानसून के पहले ही चले जाना होगा। उनकी प्यास से तड़कती आत्मा भारत का यह उल्लास नहीं देख पाएगी, न वर्षा के तले उल्लास की धाराओं से नहाई काली छतरियों का मेला। उन्हें तो अपने देश की बारिशभरी गर्मियों का सामना करना होगा ...

किसी मुअज़्ज़िन ने भोर की अज़ान देनी शुरू की, फिर कहीं से एक और अज़ान गूँजी और फिर एक और। मंदिरों में काँसे की खनक के साथ भोर की पूजा की घंटियाँ बजनी शुरू हो गईं। अपने बच्चे को चिपकाए एक बँदरिया चिचियाती हुई दीवार से नीचे कूद आई।

नेहरू ने अपनी घड़ी देखी, 'हूँ !'

'समय हो गया,' एडविना फुसफुसाईं।

'चुप ! जब तोते उड़ेंगे, तो मुझे चल देना होगा। हमारी बस एक सुबह और बाक़ी है, एडविना।'

नेहरू ने एक ठंडी साँस ली। सुबह के साथ-साथ बादलों की सेना भी ऊपर चढ़ रही थी। गर्मी की चौंध से उन्होंने आँखें मूँद लीं। एडविना को बाँहों में बाँधे उन्होंने पूछा, 'तुम कब लौटोगी ?'

'जब तुम्हें समय होगा ...'

समय आख़िर होगा कब ? अचानक ही अपने देश के प्रति उनके मन में रोष उमड़ आया। स्वार्थ के मारे इसने उनका पूरा जीवन निगल डाला है। अपनी माँ को वे अपने प्रेम की हत्या नहीं करने देंगे।

'तो फिर, बारिश के मौसम के बाद,' वे गंभीरता से बोले।

'तीन महीने बाद ? कश्मीर की समस्या तो चालू ही रहेगी। मुसलमान भी परेशान

ही रहेंगे। दंगे भी ख़त्म नहीं होंगे तब तक ...'

नेहरू ने बात काट दी, 'दंगे ! दंगे तो दुनिया में हमेशा ही रहेंगे।'

एडविना को उन्होंने और भी कसकर जकड़ लिया। यहाँ तक कि उनका दम घुटने लगा। हौले से उन्होंने अपने को उन बेचैन बाँहों की जकड़न से मुक्त किया —

'मुझे अपने को देखने दो। मैं तुम्हें सूरज की पहली किरणों की रोशनी में देखना चाहती हूँ,' उनकी आवाज़ उनकी अपनी नहीं लग रही थी।

नेहरू ने उन्हें छोड़ दिया। उन्होंने पलटकर नेहरू के दोनों हाथ थाम लिए। नेहरू के पीछे आकाश को चीरता हुआ एक तोता उड़ गया लेकिन उन्होंने उसे देखा ही नहीं। रेत से उनकी आँखें धुँधला गईं। उनकी पलकों की सलवटों और उनके केशों में रेत भर गई। बँदरिया उन्हें बड़े गौर से देख रही थी।

'आइ लव यू।'

नेहरू ने एक चुंबन से उनका मुँह बंद कर दिया।

'नहीं ...' उनके होंठों से अपना मुँह उठाते हुए वे बुदबुदाए, ये शब्द कभी भी मत कहना।'

'अब भी नहीं ?'

'क्या कहूँ ! यह विदाई तो है नहीं ...' मानों नाराज़गी में ही उनकी त्यौरियाँ चढ़ गईं।

'और अगर मैं मर जाऊँ ?'

'तुम मर नहीं सकतीं,' नेहरू ने डाँट दिया। 'मुझे पता है, तुम डरती हो। पर मैं भी नहीं मरूँगा। हमारे सामने अभी कितने सारे साल हैं ...'

एडविना के दिमाग़ के किसी कोने में घड़ी टिकटिकाने लगी। दस साल और, या शायद बीस। क्या उन्हें सहजीवन के बीस वर्ष भी मिलेंगे ? अगर कहीं से छुरे का वार हो ? संसद में कोई रिवॉल्वर लेकर आ जाए या फिर बम ...

वे अचानक ही बोल उठीं, 'मैं मरूँगी तो मेरे शरीर को समुद्र में समाधि दी जाएगी।'

'चुप !' नेहरू चीख पड़े। 'तुम्हारी जिंदगी तो अब शरू हो रही है। तुम भारत के बारे में कुछ जानती ही नहीं। मैं तुम्हें कोणार्क ले चलूँगा, कि वहाँ ...'

अचानक ही एडविना की हिचकियाँ फूट पड़ीं। 'तुम्हारे बारे में सोचने के सिवा मैं और कुछ नहीं करूँगी। सिर्फ़ सोचूँगी — तुम्हारी जली हुई सुबहों के बारे में, बेआराम रातों के बारे में, तुम्हारे बिस्तर के सिरहाने रखे बर्फ़ से ठंडे पानी के बारे में, तुम्हारे पीछे छिपे हत्यारों के बारे में ...'

'उस गुलाब के बारे में, मेरी डी, जो तुम रोज़ सुबह मेरे लिए चुनोगी; जाड़े के मौसम के बारे में; हमारे फिर से मिलने के बारे में। मैं लंदन आऊँगा। क्या तुम नियति

को नहीं समझतीं ? अब मत रोओ। मेरे प्राण निकलते हैं। तुम्हें सरोजिनी की एक कविता सुनाऊँ ? प्लीज़ ...'

विदा, प्रियतम, एक और चुंबन दो और चले जाओ
जब तक कि चिनगी भर शक्ति अभी शेष है
जाओ प्रिय ! हमारी नियति में यही है कि कभी-कभी हम मिलें
और काँपते अधर भी, जो उत्सुक हों उच्चारने को
मधुर और भावभीने शब्द प्रेम के ...

एडविना की सिसकियाँ यकायक रुक गईं। उन्होंने अपने गाल पोंछे और आँसुओं को रगड़कर मिटा दिया।

नेहरू ने अपना रूमाल निकाला, 'मेरी रानी ने अपने को मैला कर लिया है। लाओ, मैं मदद करूँ।'

एडविना हँसने लगीं। नेहरू ने बड़े क़ायदे से उन्हें साफ़ किया। छोटी-छोटी साँसें लेते और कुछ भी नज़र से छूटने न देने के लिए आँखें सिकोड़े वे उनकी गर्दन के घुमाव पर रूमाल फेर रहे थे। डिकी होते तो अपना रूमाल पकड़ा देते, बस। दोनों पर ही शांति उतर आई। एडविना फिर से मैली होना चाहतीं, ताकि बार-बार अपने धूलभरे अस्तित्व को उन मनोहर हाथों में सौंप सकें। नेहरू का काम पूरा हो गया तो वे वह रूमाल लेना चाहती थीं। पर तभी वह बँदरिया लपकी और एक झपट्टे में उसे लेकर भाग गई।

नेहरू ठहाका मारकर हँस पड़े। बँदरिया बड़ी लगन से अपने बच्चे को साफ़ कर रही थी। हँसते-हँसते ही वे बोले, 'देख रही हो, तुमसे मेरा नाता किस क़िस्म का है ? माँ जैसा !'

फिर वे अचानक ही गंभीर होकर चुप हो गए, मानो समय की पदचाप सुन रहे हों।

एक और तोता आया, फिर एक और, फिर पूरा झुंड। वे शोर मचाते जा रहे थे। उन्होंने कलरव शुरू कर दिया। नेहरू ने ठंडी साँस ली।

'मुझे अब जाना है। मेरे लिए इसे और कठिन मत बनाओ ... मैं तुमसे विनती करता हूँ, मीरा।'

वे उनका सहारा लिए चुपचाप सीढ़ियाँ उतर गईं — चमगादड़ों की गुस्सैल फड़फड़ाहट को पार करती हुई। बस, कुछ देर और, फिर तो वे उन्हें देख ही नहीं सकेंगी। कुछ और ऊपर आते ही जून माह के सूरज की प्रखर रोशनी पृथ्वी का दम घोंट देगी।

शोफ़र आगे को लपके। लिमोसीन का शोफ़र द्वारा खोला गया दरवाज़ा अपने यात्री

की राह देख रहा था। जब वे बैठ गईं, नेहरू उनकी ओर झुके और उनके कपोल पर हलके से अपने होंठ छुला दिए। फिर वे बुदबुदाए, 'अब जाओ। कल सुबह हम सरकारी विदा-समारोह में मिलेंगे, मेरी डी, और फिर सांध्य-भोज में,' नेहरू ने दरवाज़ा बंद कर दिया।

लिमोसीन चलना शुरू कर पाती उसके पहले ही नेहरू अपनी कार में बैठ चुके थे। धूप के बवंडर उठाती हुई कारों का कारवाँ चल पड़ा। एडविना को सफ़ेद टोपी की एक झलक दिखाई दी, फिर नेहरू के चेहरे की छाया-सी और फिर कुछ भी नहीं।

विदाई की शाम की तैयारी में महल के सभी नौकर-चाकर अपनी सफ़ेद समारोही वर्दी पहनकर एकत्रित हुए जिस पर लाल पृष्ठभूमि पर सुनहरी धागों से कढ़ा हुआ राजचिह्न चमक रहा था। माउंटबेटेन दंपति ने औपचारिक स्वागत समारोह के पहले उन्हें इकट्ठा किया था। यहाँ मेहमान नहीं, केवल कर्मचारी थे — कई सौ नौकर-चाकर। उनके पीछे-पीछे संकोच के मारे घूँघट निकाले उनकी पत्नियाँ थीं जिन्होंने कभी भी मालिकों के लिए आरक्षित इस हिस्से में कदम भी नहीं रखा था। पुरुष उनकी तरफ अधिक न देखने की जी-जान से कोशिश कर रहे थे। यह तो मेमसाहब का आदेश था कि पर्दे की दुष्ट प्रथा को तोड़ने और सदियों से उन पर लादी गई तनहाई से उन्हें निकालने की ख़ातिर उन्हें भी यहाँ लाया जाए।

वाद्यवृंद में राजस्थान से आए कलाकारों की ऊँची आवाज़ में बजने वाली बीन और चीखते कमायचे थे, तो दक्षिण के कलाकारों की विशाल ढोलक और उनके साथ मेंहदी रचे पाँवोंवाली नर्तकियाँ। उन्मत्त या ललित, गंभीर या आह्लादपूर्ण जोश से भरे लोकनृत्य हो रहे थे और राजपूतों की रोबीली मूँछों के तले ज़ोरदार ठहाके गूँज रहे थे। खाने में गाजर और किशमिश डले पुलाव के पहाड़ और, मौसम होने की वजह से, आम थे। रसेदार गोश्त और तली हुई मछली भी थी। हज़ारों मेंहदी रचे ज़नाने हाथ मेमसाहब के हाथ या उनके ज़मीन चूमते स्कर्ट का घेर छूने को आगे बढ़ रहे थे। पुरुष माथे तक हाथ ले जाकर सलाम ठोक रहे थे और कभी-कभी उनकी सुबकी हिचकी में बदल जाती थी। आनेवाली सदियों के गोरे शासकों के लिए 1922 में ल्युटेंस ने जिस भव्य भवन की अभिकल्पना की थी, उसकी छत के तले सफ़ेद गद्दे पर हारमोनियम लेकर बैठी हुई एक गायिका पक्षी के पंखों की तरह हाथ लहरा-लहराकर कुछ गा रही थी। जादूगर कबूतर उड़ा रहे थे और मेमसाहब ठंडी आह भर रही थीं।

आख़िरकार रात हुई और सकपकाते, दबे स्वरों में धन्यवाद देते, वे सब विदा हुए। बस एक शाम और बाक़ी थी।

दिल्ली, 19 जून 1948

एडविना ने अपनी घड़ी की ओर देखा।

'इतनी बेचैन मत हो। नेहरू पाँच मिनट में आ जाएँगे। गुलाबों का इंतज़ाम तो कर लिया है, ना ?' लार्ड लुई भी अपनी पत्नी की ही तरह तनाव में थे।

'या खुदा ! मैं तो भूल ही गई।'

'माइ डियर, तुम हर काम में चूक रही हो। और अब इतनी देर हो गई है कि मैं अपने शोफ़र को भेजूँ भी तो वह समय रहते नहीं लौट पाएगा। हद है ! ...'

लॉर्ड लुई बड़े गुस्से में नज़र आ रहे थे और पीठ पीछे हाथ बाँधे वे कमरे में चहलकदमी कर रहे थे। ऐसा लगता था मानो वे नेहरू का ही अनुकरण कर रहे हों।

फिर वे कुछ खिसियाए-से बोले, 'ऐसा है ... ऐसा है कि मुझे कुछ काग़ज़ात पर दस्तख़त करने जाना होगा।'

'काग़ज़ात ? अभी ये सब ख़त्म नहीं हुआ क्या ? पर डिकी ! कल सुबह-सुबह ही तो हमें रवाना हो जाना है।'

'मैं, बस जाऊँगा, और दस्तख़त करके लौट आऊँगा। ज़्यादा देर नहीं लगेगी,' लॉर्ड लुई ने आवाज़ कुछ ऊँची करते हुए कहा।

एडविना ने अपनी मुस्कान दबा ली। डिकी का स्वभाव ही यह था ! एडविना बिना शर्मिंदा हुए नेहरू से एकांत में मिल सकें, यह इसी का इंतज़ाम था।

'थैंक यू, डियर ! तुम्हें हर बात का ख़याल रहता है,' वे बड़े प्यार से सरगोशी में बोलीं।

'पता नहीं, डियर ! तुम न जाने क्या कह रही हो,' लॉर्ड लुई ने पीठ फेर ली।

एक बैरे ने बड़े औपचारिक अदब से दरवाज़ा खोला और झुक-झुककर प्रधानमंत्री को अंदर का रास्ता दिखलाया। लॉर्ड लुई लंबे-लंबे डग भरते हुए आगे बढ़े और बाँहें फैला दीं।

'माइ डियर नेहरू, मेरे दोस्त, मुझसे कल्पना भी नहीं हो पा रही है कि अब हम एक-दूसरे को नहीं देख पाएँगे ...'

नेहरू ने लॉर्ड लुई को कसकर गले लगा लिया और एडविना के अभिवादन में देर तक नमस्ते में हाथ जोड़े रहे।

'यहाँ बैठो जवाहर। अपनी सीट तो तुम्हें मालूम ही है, नहीं ?'

नेहरू मानो कुछ असुविधा-सी महसूस करते बैठे रहे। कुछ देर चुप्पी छाई रही। फिर वे धीरे-धीरे बोले, 'तुम दोनों के बिना मैं कैसे चला पाऊँगा, सोच भी नहीं सकता।' उनकी आँखें कभी एक पर टिकतीं, कभी दूसरे पर, मानो वे यह तय नहीं कर पा रहे

हों कि किसकी तरफ देखें। 'इतने महीने हम साथ-साथ कंधे से कंधा मिलाकर लड़ते रहे ... तुम लोगों ने मुझे सभ्य बनाया, मुझमें इन्सानी जज़्बा भरा। इन्सानियतवाली बात का तो मैं स्वागत करता हूँ, पर जहाँ तक सभ्य बनाने की प्रक्रिया का सवाल है, मुझे लगता है, तुम लोग ज़रूरत से ज़्यादा ही उत्साही हो गए थे।'

'यह कुछ अजीब-सी टिप्पणी है,' लॉर्ड लुई की भौंहों पर बल पड़ गए।

'मैं तुम लोगों से पहले भी कह चुका हूँ, मैं एक वन्य पशु हूँ ... जो कभी-कभी ज़ंजीर तुड़ाने को छटपटा उठता है ... जब मैं कुछ कम सधा हुआ था तब मुझे आज से ज़्यादा आज़ादी थी। मैं एक लौ की तरह था जो खुद भी जलती है और औरों को भी जलाती है, और मुझे दोनों ही बातों का भान नहीं था। अब वह लौ धुँधली पड़कर धुँआने लगी है। इसका वह चमकता हुआ सिरा कहाँ है जो मुझमें आस्था भरता था ?'

ऐसा मत सोचो ! वह दूर नहीं है,' लॉर्ड लुई ने कहा। 'सत्ता उसे फिर तुम्हें लौटा देगी।'

'डिक्की ! तुमने भारत के लिए इतना कुछ किया है। तुम्हारे बिना ...' नेहरू भावुक हो उठे।

'ओह ! मेरे बिना सबकुछ आराम से चलता रहेगा,' लॉर्ड लुई ने अपनी लंबी-लंबी टाँगें फैलाईं।

एडविना चहकती आवाज़ में बोल उठीं, 'भारत की हमें बहुत याद आएगी। हम अपने-आपका बहुत कुछ पीछे छोड़ जाएँगे। है ना, डिकी ?'

'ज़ाहिर है। बहुत कुछ। अगर तुम इजाज़त दो, नेहरू, तो मैं यह कहना चाहूँगा कि यह हमारी भी मातृभूमि है,' लॉर्ड लुई विचलित हो उठे थे।

नेहरू अचानक सीधे होकर बैठ गए, 'भारत के लिए जो कुछ तुमने किया है, डिकी, और तुमने माइ डियर एडविना, वह इस देश की स्मृति में हमेशा सुरक्षित रहेगा। मैं तुम दोनों को, जब भी कभी तुम चाहो, यहाँ आने का निमंत्रण देता हूँ। यह तुम्हारा ही घर है। तुम्हारा ही घर !' उन्होंने गंभीरता से दुहराया।

'थैंक यू, जवारला,' लॉर्ड लुई ने उनके हाथ थाम लिए। 'पता नहीं हमारे रास्ते कभी यहाँ पर आकर मिलेंगे या नहीं, पर इंगलैंड में तो तुमसे मिलना ज़रूर ही होगा। तुम जल्दी ही वहाँ सरकारी यात्रा पर आनेवाले हो। आखिर भारत राष्ट्रमंडल का सदस्य बन ही गया है ना ? तुम स्वतंत्र भारत की सरकार के पहले अध्यक्ष होगे। इंगलैंड तुम्हारा उपयुक्त स्वागत-सम्मान करेगा ...'

एक-दूसरे की हथेलियों को सुदृढ़ बंधन में बाँध दोनों पुरुष कुछ देर खड़े रहे।

'समझ में नहीं आता ...' नेहरू ने धीमी आवाज़ में कहना शुरू किया।

'मुझे भी समझ में नहीं आता, मेरे दोस्त,' लॉर्ड लुई ने बड़ी कोमलता से बीच में ही बात काट दी। 'हम एक-दूसरे से लगभग सबकुछ कह चुके हैं। अब और कुछ न कहें। माइ डियर, हमारे दोस्त के लए उपहार तैयार हैं ना ? हैं ? मेरा ख़याल है, मैं दफ़्तर में कुछ ज़रूरी दस्तावेज़ भूल आया हूँ। मुझे जाकर उन पर दस्तख़त करने हैं। बस, अभी लौटता हूँ।'

लंबे-लंबे डग भरते हुए वे तेज़ी से कमरे से निकल गए।

'वे कुछ भूले-भाले नहीं हैं,' नेहरू धीमे स्वर में बोले।

'ना। वे हमें कुछ पल का एकांत देना चाहते हैं।'

'इंदु भी कुछ देर से आएगी। मैंने ऐसा कहा नहीं था, मगर उसे कहीं से होते हुए ...'

'इंदु तुम्हारा ध्यान रखेगी, बड़ी अच्छी बात है,' बात काटकर एडविना हलकी-सी ईर्ष्या के साथ बोलीं। 'क्या तुम सचमुच ही इतने वन्य हो ?'

नेहरू ने गहरी साँस ली, 'मीरा, मुझे फिर बताओ कि मैंने कुछ तोड़ा नहीं है।'

'कुछ भी नहीं।'

'फिर से कहो कि तुम लौटोगी, मेरी डी।'

'बरसात के बाद।'

नेहरू ने हौले से बीच के शून्य में हाथ बढ़ाया।

'कहा हैं मेरे उपहार ?'

एडविना ने मेज से तीन पैकेट उठाकर आगे बढ़ाए।

नेहरू विषण्ण भाव से बोले, 'भारत में उपहारों को तुरंत खोलकर देखने का रिवाज़ नहीं है, पर आज, मुझे लगता है, इस नियम को ताक पर रखना ही होगा।'

रिबन उतारकर उन्होंने पहले सबसे बड़ा पैकेट खोला। नन्हे-नन्हे मोतियों से जड़ा एक चित्रित सुँघनीदान।

'मेरी तंबाकू के लिए ? वाह।' नेहरू ने बिना मुस्कुराए धन्यवाद दिया। 'काफ़ी प्राचीन है ... लगता है, अठारहवीं शताब्दी का होगा। बहुत शानदार है।'

दूसरी डिब्बी में क़ीमती पत्थरों से जड़ी एक भारी-सी अँगूठी थी।

'देखता हूँ, मेरा ग्रहरत्न तुम भूली नहीं हो,' नेहरू बोल उठे। 'अब मैं पूर्ण सुरक्षित हूँ। यह डिकी की सूझ तो नहीं होगी ?'

'तीसरी डिब्बी खोलो। यह भारत की चीज़ नहीं है,' एडविना के स्वर में अचानक ही तनाव आ गया था।

तीसरी और सबसे छोटी डिब्बी में एक छोटे-से तमगे-जैसा कुछ था। नेहरू ने

उसे उलट-पलटकर देखा।

'यह क्या है ?'

'सेंट क्रिस्टोफर,' एडविना ने कुछ झेंपते हुए कहा। 'ये यात्रियों के संरक्षक संत हैं।'

नेहरू ने प्यार से उनकी ओर देखा, 'मेरी महबूबा ... क्या चाहती हो, इसका मैं क्या करूँ ? इसे गले में पहनूँ ? मैं कोई ईसाई मेडल पहनूँगा तो भारतवाले क्या कहेंगे ?'

'पर जवाहर, तुम्हें तो ईश्वर में विश्वास नहीं है। इसे मेरी ख़ातिर ही पहन लेना,' एडविना ने खुशामद की।

मगर जवाहर ने वह मेडल लौटा दिया, 'इसकी मनाही है ...'

'इससे कोई फ़र्क़ नहीं पड़ता,' एडविना ने सोचा। 'मैं इसे हवाई अड्डे से इनके पास भिजवा दूँगी।'

'डिकी के उपहार तुम्हें मिल गए ?' उन्होंने पूछा।

'अरे हाँ, बिलकुल,' नेहरू बोल उठे। 'दो बड़ी-सी खूबसूरत शबीहें हैं — डिकी की और तुम्हारी, और उनके फ्रेम भी शानदार हैं। एक डिबिया भी है, जिस पर मेरा नाम ग़लत खुदा है।'

'डिकी भी हद करते हैं !' एडविना त्रस्त हो उठीं।

'तुम तो जानती ही हो, वे कभी भी मेरे प्रथम नाम का सही उच्चारण नहीं कर सके,' नेहरू हँस पड़े। 'लिखने में नाम और भी ग़लत आ जाता है। पर इस ग़लती से मुझे खुशी हुई है। यह मुझे डिकी की याद दिलाएगी।'

गलियारे में लॉर्ड लुई की पदचाप सुनाई दी। बैरा अंदर झाँका और फिर उसने अदब से दरवाज़ा खोल दिया। लॉर्ड लुई की नज़रों ने कमरे का जायज़ा लिया। सबकुछ ठीक-ठाक लगा।

बड़े सहज भाव से उन्होंने पूछा, 'उपहार तुम्हें अच्छे लगे, जवाहर ?'

'ज़रूर, जरूर ...' नेहरू ने उदास भाव से दुहराया।

फिर से चुप्पी छा गई। लॉर्ड लुई ने अपनी पत्नी और फिर अपने मित्र की ओर देखा। एडविना ने नज़रें झुका लीं। नेहरू खाँसते हुए सुँघनी की डिब्बी को गोल-गोल घुमाते रहे। फिर वे अचानक बोल उठे, 'अरे ! मैं तो भूल ही गया था। मैं भी उपहार लाया था।'

वे कमरे के बाहर गए और तीन पैकेट लेकर लौटे, जिन्हें उन्होंने एडविना की गोद में रख दिया। लॉर्ड लुई उनकी ओर पीठ किए, खिड़की से ललाट सटाए खड़े थे।

'एक बड़ा ही पुराना सिक्का है, मेरी आत्मकथा की एक प्रति, और ... आमों की एक टोकरी,' वे कुछ झिझकते-से बोले।

'जैसी हमारे आने के दिन दी थी,' एडविना विचलित हो गईं।

'तो तुम्हें याद है !' वे लगभग चिल्ला पड़े।

लॉर्ड लुई तेज़ी से पलटे।

'टोकरी खोलो, तो फलों के नीचे देखना,' नेहरू एडविना के कान में फुसफुसाए।

दरवाज़ा धीरे से खुला और इंदिरा ने अंदर प्रवेश किया। इस चुप्पी से वह कुछ हैरान हुई। हाथ जोड़े चिंतित-से नेत्रों से सबकी ओर देखती हुई वह खड़ी रह गई।

'चलो भाई ! आओ नेहरू, अब हम आपस में विदा लें,' लॉर्ड लुई ने कुछ रुखाई से कहा। 'अब इंदु आ गई है तो सभी इकट्ठे हो गए हैं, और देर करने का कोई बहाना भी नहीं है। एक ग़लती यह हो गई है कि एडविना सबसे ज़रूरी चीज़ भूल ही गई। मैं चाहता था कि वह तुम्हारे काज में लगाने के लिए एक गुलाब भेंट करे, पर उसे याद ही नहीं रहा। देखो तो ज़रा।'

'बारिश के पहले गुलाबों का मिलना लगभग असंभव है,' नेहरू उठते हुए बोले।

'तो फिर मेरे दोस्त, यह तुम्हें एक काल्पनिक गुलाब ही भेंट करेगी। वे ही सबसे खूबसूरत भी होते हैं,' लॉर्ड लुई ने एक हलकी-सी मुस्कान के साथ कहा।

एडविना सिहर उठीं।

लॉर्ड लुई ने अपनी पत्नी की बाँह पकड़ी। इंदिरा अपने पिता के पास जाकर एक नन्हे सैनिक की तरह खड़ी हो गई।

'आज शाम को भोज पर मिलते हैं,' नेहरू ने अपनी पुत्री को दरवाज़े की ओर ले जाते हुए कहा।

एक नए दिन का उदय – और अस्त

माउंटबेटेन दंपति ने तय कर रखा था कि भारत में अपने आख़िरी दिन महात्मा गाँधी की चिता-स्थली पर श्रद्धांजलि अर्पित करने जाएँगे। यह ख़बर सारे शहर में फैल गई थी। पर किसी ने सपने में भी नहीं सोचा था कि गवर्नर जनरल पुरानी दिल्ली की लंबी सड़क पर खुली कार में जाने का ख़तरा उठाएँगे। यह सभी जानते थे कि 1912 में शहर के इसी भाग में तत्कालीन वायसराय की हत्या के प्रयत्न के बाद से किसी भी ब्रिटिश अधिकारी ने यह हिम्मत नहीं की थी।

उन्हें लाल क़िले के परकोटे के साथ-साथ चलना था, जिसके खँडहर बन चुके महलों के संगमरमर में अभी भी क़ीमती पत्थर जड़े थे। उन्हें मोती मस्जिद के उजले गुंबद के पार उन ऊँची बैरकों को भी देखना होगा जो कभी ब्रिटिश सेना की थीं और अब भारतीय सेना को सौंप दी गई थीं; और जो उस परिवेश के सौंदर्य पर धब्बा लगाती थीं। मुग़लों के व्यतीत वैभव को पार करके उन्हें उपनिवेशीय दुनिया के दूसरे सिरे पर जाना था और दोनों के बीच दूरी सिर्फ़ तोते की एक उड़ान ज़ितनी थी।

मुस्कानों से खिली-खिली भीड़ में क्या नहीं था ? — काजल-लगी बड़ी-बड़ी आँखें फाड़े शिशु; दमकते दाँतोंवाले बच्चे; बुर्कापोश मुसलमान औरतें जिनके बुर्के की जाली के पीछे आँखें चमक रही थीं, जो लाल दुपट्टे से अपनी बाँहें ढके थीं, नंगे पाँव, नाक में हीरे की झिलमिलाती लौंग पहने; हर्ष और ढिठाई से भरकर सीटियाँ बजाते किशोर; सर ऊँचा किए, दुआ में हाथ उठाए हुए लाल दाढ़ीवाले बूढ़े; कटे पैरों पर फुदक-फुदककर चलते विकलांग; मुँह बाए लोग, जिनकी पगड़ी खुलकर बिखर गई थी; कंधे से सरकती और फुर्ती से फिर वापस जमा ली जाती साड़ियाँ; काली चोटीवाली किशोरियाँ, जिनके गालों पर काली-काली लटें खेल रही थीं; सफ़ेद साड़ियों और पोपली हँसीवाली वृद्धाएँ ...

एडविना का जी जाहा, एक बम गिरे, एक विस्फोट हो जाए जिससे या तो उनका जाना टल जाए या फिर उनका जीवन ही समाप्त हो जाए।

पर कुछ भी नहीं हुआ — इस अंतिम समारोह के सिवा, जिसमें ग़रीब जनता भी उनके साथ उस जली हुई भूमि को चली थी जहाँ उस शाम नेहरू ने मालाएँ चढ़ाई थीं। कुछ भी नहीं हुआ।

बस अब तो सिर्फ़ वह अंतिम भोज ही बाक़ी था।

उस शाम उस विशाल राजकीय भोज़न कक्ष ने अंतिम बार ब्रिटिश गवर्नर जनरल का स्वागत किया। ऊँची-ऊँची और अलंकृत हर कुर्सी के पीछे सफ़ेद दस्तानों और लाल राजजिह्नवाले खड़े थे। इस सरकारी विदाई समारोह में पूरी सरकार उपस्थित थी। माउंटबेटेन के उत्तराधिकारी, दुबले-पतले, गाँधी मार्का चश्माधारी राजगोपालाचारी की नियुक्ति मई में ही हो चुकी थी। सी.आर. के नाम से प्रसिद्ध राजगोपालाचारी इसी शाम अपना पदभार ग्रहण करनेवाले थे। उजली धोतियाँ और बढ़िया इस्तरी किए हुए कुर्ते पहने, कंधों पर कढ़ी हुई शॉलों की तह लगाए, पॉलिश की हुई मेज़ के गिर्द बैठे मंत्रिगण धीमी आवाज़ में बातें कर रहे थे। राजकुमारी अमृत कौर ने नन्हे-नन्हे सितारे टँकी हलके रंग की साड़ी पहन रखी थी। इस पोशाक में, और बिना किसी आभूषण के वे हमेशा की ही तरह सादी और सौम्य गरिमा से युक्त दिखाई दे रही थीं।

डिकी ने हमेशा की ही तरह बड़ा चमत्कारी आशुभाषण दिया। इसके बाद नेहरू की बारी थी। वे धीरे-धीरे उठे, मानो समय की रफ़्तार को धीमा कर देना चाहते हों। उन्होंने बोलना शुरू किया तो चारों तरफ़ सन्नाटा छा गया —

'श्रीमान, आप यहाँ आए तब आपकी प्रतिष्ठा बहुत बढ़ी-चढ़ी थी, पर भारत में आकर बहुतों की प्रतिष्ठा ध्वस्त हो चुकी है। एक बहुत ही कठिन तथा संकटपूर्ण दौर में आप यहाँ रहे, फिर भी आपकी प्रतिष्ठा को खरोंच तक नहीं आई। यह कृतित्व असाधारण है। आज सुबह आपका भव्य स्वागत हुआ और मुझे हैरत है कि एक अंग्रेज पुरुष और महिला इस थोड़े-से समय में भारत में इतने लोकप्रिय कैसे हो गए ...'

अपनी काली डिनर जैकेट में हमेशा से भी अधिक सुशोभित दिखाई दे रहे डिकी ने अपने संकोच को छिपाने के लिए एक सिगार निकाला, मगर उसे सुलगाया नहीं।

एडविना ने अचानक ही अपने पर छा जानेवाली भावनाओं को छिपाने के लिए सर झुका लिया।

नेहरू कहते रहे, 'हमने जो कुछ किया है उसके सही-ग़लत होने का निर्णय करना मेरे लिए, या किसी के भी लिए बहुत ही कठिन है। हाल की घटनाओं से हम बहुत ही नज़दीकी से जुड़े रहे हैं। शायद हमने — आपने और मैंने भी बहुत-सी ग़लतियाँ भी की हैं। भविष्य के इतिहासकार शायद आगे जाकर इनका मूल्यांकन करने में समर्थ होंगे। फिर भी, हमने सही या ग़लत जो भी किया है, हमने अच्छे-से-अच्छा जो किया जा सकता था, वही करने की कोशिश की है ... मुझे विश्वास है कि हमारे पापों और हमारी भूल-चूक के लिए भी हमें क्षमा मिलेगी।'

एडविना के आँसू रोके नहीं रुके और उन्होंने बैग से अपना रूमाल निकाल लिया।

'आपको बहुत-सी सौग़ातें मिलेंगी, बहुत-से उपहार मिलेंगे, पर भारतीय जनता के प्यार और स्नेह से बढ़कर सच्ची और कीमती चीज़ कोई भी नहीं है। सर, और मैडम, उस प्यार और उस स्नेह का असर आप खुद देख चुके हैं।'

नेहरू का भाषण समाप्त हुआ। उन्होंने नज़रें उठाकर देखा। सबकी आँखें लेडी माउंटबेटेन पर लगी हुई थीं। उनकी देह हिचकियों से काँप रही थी। मुट्ठी में रूमाल भींचे, वे निस्संकोच हिलक-हिलककर रोए जा रही थीं।

भोज के बाद एक विशाल स्वागत समारोह था जिसमें सात हज़ार मेहमानों से बगीचा और कमरे भरे हुए थे। जैसाकि नेहरू पहले ही कह चुके थे, एडविना ने हज़ारों लोगों से हाथ मिलाया, कुछ उलझन से परिचित-सी आँखों में झाँका, मुस्कान ओढ़ी, कभी अचानक भावुक हो गईं, कभी कुछ बेढंगेपन से हँसीं और कभी उन खोखले या प्रेमल

शब्दों पर अभिभूत होती रहीं जो उन्होंने सुने ही नहीं। नेहरू ने गौर किया कि उनकी भविष्यवाणी के अनुरूप ही वे हर पल अपने को दूर किए जा रही थीं, हर कदम के साथ अलग हटती जा रही थीं।

चार बजते-बजते महल ख़ाली होने लगा। सुबह पाँच बजे तक वहाँ कोई भी नहीं बचा था। लॉर्ड लुई एडविना को सीढ़ियों पर सहारा देकर अपने कमरे तक ले गए, जहाँ से सारा सामान तक ग़ायब था। लॉर्ड लुई तुरंत लेट गए और आदत के मुताबिक बचपन की-सी नींद में खो गए।

एडविना ने खिड़की पर सर टिका दिया जो मच्छरों से बचाव के लिए सावधानी से बंद की हुई थी। स्मृतिमोह में डूबी वे पंखों की घर्राहट सुनती रहीं जिससे उन्हें बेहद परेशानी हुआ करती थी और अब जिसकी याद उन्हें आनेवाली थी। भारत छोड़ने में अब सिर्फ़ दो घंटे थे।

पिंजरे में क़ैद कबूतर के-से दो घंटे।

आमों की टोकरी खोलकर उन्होंने पके फलों को एक ओर हटाया तो नीचे चार तहों में मोड़ा हुआ एक पुर्ज़ा नज़र आया। नेहरू ने एक कविता की कुछ पंक्तियाँ लिखी थीं और नीचे लिख दिया था, 'सदा के लिए।'

एडविना ने वह पुर्ज़ा खोला जो वे सदा-सदा अपने साथ रखनेवाली थीं, और वे पंक्तियाँ पढ़ीं जो उन्हें पहले से ही कंठस्थ थीं।

माना वन प्रांतर शोभामय, गहरा और घना है,
पर मुझको पहले अपना वादा पूरा करना है।
सो पाने के पहले तो मुझको मीलों चलना है,
सो पाने के पहले तो मुझको मीलों चलना है।

पौने छः बजे टेलीफ़ोन की घंटी बजी। लॉर्ड लुई जितनी आसानी से सो जाते थे, उतनी ही आसानी से जाग भी जाते थे। उन्होंने रिसीवर उठाया।

'ओऽ, तुम हो ?' वे बुदबुदाए। 'ज़रूर जवार। मुझे भी तुम्हारी याद आएगी। नहीं, लगता है, वह सो नहीं रही है। मैं फ़ोन उसे देता हूँ।'

उन्होंने फ़ोन पत्नी की तरफ़ बढ़ाया। एडविना थरथराती हुई पलँग के किनारे पर बैठ गईं।

'मैं भी तुम्हारे बारे में ही सोच रही हूँ,' वे फुसफुसाइट के स्वर में बोलीं। 'मैं कुछ भी नहीं भूली। मुझे भी तकलीफ़ हो रही है जवाहर, बहुत ज़्यादा। शुक्रिया...'

हौले से रिसीवर वापस रखते ही उनकी रुलाई फूट पड़ी। उनकी आवाज़ फ़ोन पर इतनी नज़दीक लगती थी। यह भी उनकी जिंदगी से निकल जाएगी।

‘काँपते अधरों पर अटकी बातें ...’

दिल्ली, 21 जून 1948, सुबह सात बजे

उन अंतहीन गलियारों से चलकर निकलने का समय आ गया था। हर दरवाज़े के बाहर सावधान की मुद्रा में सैनिक खड़े थे, बड़ी-बड़ी खुली आँखों से सामने की दीवार को देखते हुए। भव्य यूनिफॉर्म में गार्ड ऑफ़ ऑनर; भालों के सिरों पर लहराती लाल-सफ़ेद पताकाएँ; सीढ़ियों के सामने खड़ी, लाल सुनहले राजजिह्नवाली काली बग्घी; सात काले घोड़े और सुनहले अलंकारों से सजी वर्दी में तीन मुछैले सवार; अहाते में कप्तान का कड़कता आदेश; सीढ़ियों के नीचे खड़े फोटोग्राफ़र; औपचारिक तस्वीरें; सफ़ेद चेहरे पर जबरन मुस्कान ओढ़े नेहरू बीच में; चुपके-चुपके आँखें पोंछती एडविना; शांत और राजसी डिकी।

काली धारियोंवाली सफ़ेद शिफ़ॉन की पोशाक, सर को ढककर कंधों पर ढुलकती हुए काले रंग की ट्यूल का नक़ाब जिस पर स्वप्निल-से फूल छपे थे, हलके रंग के दस्ताने — एडविना इतनी सुंदर कभी भी नहीं लगी थीं। नेहरू मंत्रमुग्ध से उस परी को देखे जा रहे थे जिससे उन्हें प्यार था, और जो अब जा रही थी।

हिमालय-पुत्र गुरखों द्वारा पैंसठ बंदूकों की सलामी के साथ सवा सात बजे जुलूस रवाना हुआ। बैंड ने ‘गॉड सेव द किंग’ और भारत के नए राष्ट्रगीत ‘जन गण मन’ की धुन बजाई जो रवीन्द्रनाथ ठाकुर का रचा और स्वरबद्ध किया हुआ था।

पेड़ों पर पीले और बैंगनी रंग के गुच्छे; साड़ी में लिपटी औरतों का सामने से गुज़रना; उत्साही भारतीयों की भीड़; अंतिम जयध्वनियाँ; उनका प्रेम से लपककर आगे बढ़ना; राह में पुष्पवर्षा; चकित-नयन बच्चे; सीट पर खड़े होकर उचकते हुए रिक्शेवाले। इंडिया गेट और लाल बलुए पत्थर का मंच, जिस पर से वायसराय की मूर्ति हटा दी गई थी और अब गाँधी की मूर्ति लगनी थी; पूरे रास्ते पर तैनात भारतीय सेना के दस्ते। वीथियाँ, सड़कें, उपनगर। रेत, हवा, झक्कड़ और फिर से, बच्चों को सँभालती औरतें; तंबुओं में शरणार्थी।

पालम हवाई अड्डा।

विशिष्ट अतिथि कक्ष में राजनयिकों का समागम; हाथ मिलाना। चुपचाप एक कतार में खड़े सारे मंत्री; हमेशा की तरह दर्प का दिखावा करके अपनी भावनाओं को छिपाते सरदार पटेल; उदास, सुंदर आँखोंवाली राजकुमारी अमृत कौर। आलिंगन, चुंबन, पंखे की पत्तियों के नीचे घूमता सर; आँसुओं से भीगे तमाम चेहरे और पीठ के पीछे हाथ बाँधे चहलकदमी करते नेहरू।

धूप में चमकती हवाई पट्टी और ज़मीन से उठते वाष्प में कंपित-सा दिखाई देता वायुयान। अंतिम गार्ड ऑफ ऑनर। सम्मान के अंतिम संकेत के रूप में हवाई अड्डे पर से भारतीय वायुसेना की उड़ान; तैंतीस तोपों की सलामी; हर एक के हृदय मैं तैंतीस बार आघात की अनुगूँज।

आखिरी झलक के लिए आँखों पर हथेली की ओट किए देखते नेहरू और एकदम सीधी खड़ी इंदिरा, हवा में उड़ते उसके घुँघराले बाल।

सबसे ऊपरवाली सीढ़ी से लॉर्ड लुई और उनकी पत्नी ने नेहरू और इंदिरा से हाथ हिलाकर विदा ली। विमान के कप्तान ने दरवाज़ा बंद कर दिया।

'मैं तुमसे बहुत प्यार करता हूँ एडविना,' लॉर्ड लुई धीमे से बोले। 'जब तक समय है, खिड़की से हाथ हिलाओ।'

नेहरू, एक हाथ ऊपर उठाए, दूसरे से हवा में उड़-उड़ जाती टोपी को सर पर दबाए। यही अंतिम छवि थी — गर्द के गुबार के पीछे धुँधलाती। काले ट्यूल में ढका एडविना का चेहरा और खिड़की की चौखट पर उसका हाथ। अलविदा।

'आठ बजे है,' लॉर्ड लुई ने कहा। 'बिल्कुल ठीक समय पर सब हो गया।'

विमान के इंजन की घर्राहट। आकाश का सूनापन।

उपसंहार

... सो पाने के पहले तो मुझको मीलों चलना है

यूरोप के जाड़े की एक ठंडी सुबह ब्रिटिश युद्धपोत **वेकफुल** पोर्टस्माउथ की जहाजगोदी से निकलकर खुले समुद्र को चला। उस पर बर्मा की काउंटेस लेडी माउंटबेटेन का ताबूत रखा था जिसे उनकी इच्छा के अनुसार समुद्र में खाली कर दिया जाना था। कुछ आगे भारतीय नौसेना का युद्धपोत **त्रिशूल** एडविना की अंतिम यात्रा में साथ चल रहा था। कैंटरबरी के आर्चबिशप के आशीर्वचनों के साथ, एक थैले में सिली उनकी देह बर्फीले जल में उतार दी गई। वृद्धावस्था के कारण नेहरू के लिए आना संभव नहीं हुआ था, लेकिन उनके निर्देश के अनुसार **त्रिशूल** के कप्तान ने उनकी प्रिया के पार्थिव अवशेषों के डूबने से उठी फेनिल लहरों पर नारंगी और पीले गेदों की एक माला चढ़ा दी थी। वह माला बड़ी देर तक गोल-गोल घूमती रही, और फिर बहती हुई दूर निकल गई। उस दिन तारीख़ थी 25 फरवरी 1960 ।

जिस प्यार का कोई नाम नहीं था, वह बारह वर्षों से चला आ रहा था।

जनू 1948 में दिल्ली से लंदन आनेवाले विमान में लॉर्ड लुई अपनी तमाम कोशिशों के बावजूद अपनी पत्नी की सिसकियाँ रोकने में नाकामयाब रहे थे। उन्हें बहलाने की अनाड़ी कोशिशों में वे उन्हें रास्ते में पड़नेवाली जगहों के नाम बताते जा रहे थे — पाकिस्तान, फिर अफ़ग़ानिस्तान, लाहौर, ख़ैबर दर्रा, पेशावर। ये सारी जगहें ब्रिटिश साम्राज्य से जुड़ी थीं। ईरान आया तो जहाज का भारत से संबंध पूरी तरह टूट गया। वे माल्टा में रुके। यहाँ एडविना का बीमार और बूढ़ा कुत्ता इन लोगों की राह देख रहा था।

कुत्ते के कष्ट को दूर करने के लिए उसे मौत की नींद सुला देने का आदेश वे

लंबे समय से नहीं दे पा रही थीं। इस बारे में उन्होंने नेहरू से सलाह ली थी, और उन्होंने ही एडविना की तरफ से फ़ैसला कर दिया था। नेहरू के प्रति प्रेमल निष्ठा का पहला प्रमाण उन्होंने कुत्ते को सुला देने की इजाजत देकर दिया। उसकी अभी तक कुछ-कुछ गर्म निष्प्राण काया को कलेजे से सटाते हुए उन्होंने सोचा, कम-से-कम अब मैं खुलकर रो सकती हूँ।

लौटने के बाद लंदन के जीवन ने उन्हें एक बौखलाई-सी हताशा से भर दिया। मित्र, संबंधी, परिवारजन — सभी उन्हें निरस्त्र कर देनेवाले स्नेह, असह्य सौजन्य और साथ ही सौम्य उदासीनता से घेरे रहते थे। वे सभी गोरे थे, सभी की आँखों का रंग हलका था। वे भिंचे होंठों से मुस्कुराते थे और उनके हाव-भाव-मुद्राओं में एक तीखापन था। एडविना को वे सब ठंडे और भावहीन लगते थे और उन्होंने अपने-आपको एक स्पर्शकातर उदासीनता में समेट लिया। जीवन उन्हें अयथार्थ, सूना और अकेला लगता था। उन्हें थोड़ा-बहुत चैन मिलता था तो ब्रॉडलैंड्स में; वहाँ जून के महीने में खिले फूलों और पेड़ों के बीच में; और वहाँ के उस सोते के किनारे जो भारत की विशाल नदियों का एक अपर्याप्त-सा प्रतिरूप था। पर इतना काफी नहीं था। वे आयरलैंड चली गईं; फिर विओलेन और उसकी बहन के साथ प्रॉवेंस। यह परस्पर कलह-क्लेश में उलझने का समय नहीं था क्योंकि इंगलैंड बड़ी तंगी से गुज़र रहा था और लोगों का ध्यान सिर्फ राशन लेने के टिकटों पर केंद्रित रहता था। बढ़िया भोज्य पदार्थ दिनोंदिन बढ़ते हुए काला बाज़ार में ही उपलब्ध थे और उनसे राशन की कमी कुछ पूरी होती थी।

दिल्ली में नेहरू उदास और बेहद अन्यमनस्क रहने लगे थे। इस परिवर्तन पर ग़ौर करके उनके मित्र उन्हें परेशान करने से बचते थे। मद्रास के गवर्नर की पत्नी कॉलीन नाइ पुरानी मित्र थीं। उन्होंने हिम्मत करके यह निषिद्ध विषय उठाया। लेकिन जब उन्होंने चुपके से सरगोशी में पूछा, 'एडविना ?' तो नेहरू ने स्वीकृति में हलका-सा सर तो हिलाया लेकिन साथ ही पलटकर वहाँ से चल दिए — शायद वैसे ही आवारा भटकने को जैसा वे एडविना से कह चुके थे।

लेकिन असंयत उद्वेग के ऐसे पल प्रायः अधिक नहीं दिखाई देते थे। वे दिन-भर व्यस्त रहते थे, अपने ऊपर बेहिसाब काम का बोझ ओढ़कर। दरअसल वे हमेशा अपने काम के भारी-भरकम बोझ को सँभालने में व्यस्त ही दिखाई देते थे; व्यस्त थे भी। पर रात के दो बजे जब वे अंतिम फ़ाइल का काम निपटा चुकते तो वे एडविना को पत्र लिखने बैठते थे — हर रात।

हर सुबह एडविना पार्क को पार करके अपने दफ्तर पहुँचती थीं तो उन्हें नेहरू का

पत्र मिलता था — इंगलैंड में भारत के राजदूत कृष्ण मेनन के माध्यम से। नेहरू ने बहुत पहले ही उन्हें चेतावनी दे दी थी कि वे खुलकर पत्र नहीं लिखेंगे। उन्हें सावधान रहना होगा क्योंकि डाक से पत्र भेजना बहुत सुरक्षित नहीं था। डाक इतने लोगों के हाथों से गुज़रती थी कि कोई ये पत्र उड़ाकर बड़ा अपवाद फैला सकता था। नेहरू अपनी निजी डाक केवल कृष्ण मेनन के पते पर उन्हीं के नाम व्यक्तिगत डाक के रूप में भेजते थे। यह संकेत इंदिरा को मालूम था। एडविना को भी, जिन्हें हर समय यह डर लगा रहता था कि कोई ग़लत व्यक्ति वे पत्र न हथिया ले। पर नेहरू के पत्र कितने ही 'संयम से' क्यों न लिखे गए हों, हमेशा ही उन्हें मुग्ध कर देते थे। नेहरू उनके भवन में गए थे जहाँ उसके अंतिम ब्रिटिश आवासियों का कोई निजी चिह्न नहीं रह गया था। लेकिन जब उन्होंने लिखा कि वहाँ उन्हें एडविना की उपस्थिति महसूस होती थी — 'हवा में व्याप्त सुगंध की तरह' — तो एडविना का पूरा दिन परम संतुष्ट आनंद की चरम अवस्था में बीता था; और वे लंदन की, डिकी की और नौसेना की नीरसता को उस दिन-भर के लिए भूल गई थीं।

इसके विपरीत, जब कभी पत्र नहीं आते तो दिन बेहद फीका महसूस होने लगता और उनका भंयकर सरदर्द पूरे जोशोखरोश से लौट आता। और अगर दो-तीन दिन बिना पत्र के बीत जाते तो वे फोन करने का ख़तरा उठाने को तैयार हो जातीं।

कॉल बुक करने के बाद लंबी प्रतीक्षा शुरू होती। विभिन्न देशों की सीमाएँ और महाद्वीप पार करने में घंटों लग जाते और आख़िर जब जाकर कॉल भारत पहुँचती तो कान से रिसीवर सटाए एडविना पहले पूना के ऑपरेटर से बात करतीं जो उनकी लाइन बंबई के आपरेटर से मिला देता। वह उसे दिल्ली के ऑपरेटर तक प्रेषित करता। उसके माध्यम से वह नेहरू के सचिवालय तक पहुँचती। तारों के जंजाल से होकर वह परिचित प्रिय स्वर मानो दूसरी ही दुनिया से आता प्रतीत होता, किसी प्रेत की तरह। उन्हें चिल्ला-चिल्लाकर बात करनी पड़ती और हलकी-से-हलकी ध्वनि की प्रतिध्वनि भी लौट-लौटकर उन तक पहुँचती थी। कभी-कभी वाक्य बीच में ही कट जाता। अक्सर उन्हें उत्साही ऑपरेटरों के माध्यम से बात करनी पड़ती — 'प्रधानमंत्री पूछ रहे हैं कि आपको नींद तो ठीक से आ रही है...', 'लेडी माउंटबेटेन जानना चाहती हैं कि आज गुलाब का रंग क्या था।'

इस प्रकार के वार्तालाप के बाद दोनों और भी ज्यादा अकेलेपन का अनुभव करने लगते। हृदय में शून्यता व्याप जाती। वे हर्ष और शून्यता, हँसी और निराशा के बीच बँट जाते।

जुलाई माह से नेहरू अपनी पहली सरकारी इंगलैंड-यात्रा की तैयारी करने लगे।

भारत अब राष्ट्रमंडल का सदस्य था और अक्तूबर में लंदन में इसका सम्मेलन

होनेवाला था। माउंटबेटेन दंपति के लगातार समझाने-बुझाने के सयुंक्त दबाव के आगे आख़िर नेहरू राष्ट्रमंडल में शामिल होने को राज़ी हो गए थे। फ़रवरी 1948 से ही माउंटबेटेन बार-बार भारत के प्रधानमंत्री द्वारा उठाए गए वैधिक प्रश्न को लेकर लंदन की नींद हराम कर रहे थे। फिर, मानो किसी चमत्कार से ही किसी को पता लगा कि राष्ट्रमंडल में दो प्रकार के सदस्य हैं। एक तो डोमिनियन या स्वतंत्र उपनिवेश हैं जो इंगलैंड के शासक के प्रति राजभक्ति की शपथ लेते हैं, और दूसरे हैं रिपब्लिक या गणतंत्र, जो इंगलैंड के शासक को सिर्फ़ एकता का प्रतीक-भर मानते हैं। आयरलैंड इसी श्रेणी में आता है। भारत भी इस दूसरी श्रेणी में ही आएगा और वहाँ के प्रधानमंत्री सम्मेलन में भाग लेंगे।

लगभग तीस साल से केवल एक स्पेन-यात्रा को छोड़कर नेहरू सिर्फ खादी पहन रहे थे जिसे गाँधीजी ने अंग्रेजों के प्रतिरोध का प्रतीक बना दिया था। स्पेन के गृहयुद्ध के दौरान वहाँ के रिपब्लिकनों को समर्थन देने जब नेहरू वहाँ गए थे तब, या फिर कभी-कभार लंदन में अवश्य उन्होंने खादी से इतर कपड़े भी पहने थे। अब लंदन जाकर रहने का मतलब था कि उन्हें अपनी पोशाक के बारे में भी सोच-विचार करना होगा। इंगलैंड में अपनी युवावस्था में जो वेशभूषा वे बड़े शौक और शान से धारण करते थे, उसे छोड़ना उनके लिए आसान नहीं रहा था। अब मजबूरन उन्हें इसी वेशभूषा की ओर लौटना पड़ा। अब उन्हें खुले-खुले सैंडलों के स्थान पर चमड़े के काले जूते पहनने होंगे। गाँधी टोपी छोड़ने को वे तैयार नहीं थे, मगर वहाँ मौसम बड़ा ठंडा रहेगा। अचकन के ऊपर पहनने के लिए उन्हें ओवरकोट की ज़रूरत भी होगी। इंदिरा के लिए भी साड़ी के ऊपर पहनने को ओवरकोट चाहिएगा। वे इन सबके साथ टोपी पहनेंगे। 'चार्ली चैपलिन-जैसा दिखूँगा मैं,' एडविना के पत्र में उन्होंने परेशान होकर लिखा। एडविना ने तीसरे काज में लगे गुलाब के बारे में ही ज़्यादा बातें कीं।

संयुक्त राष्ट्रसंघ की मध्यस्थता के बावजूद कश्मीर के भाग्य का निपटारा अब तक नहीं हो सका था और अगस्त 1948 में पाकिस्तान सरकार ने कश्मीर में सेना भेजने की धमकी दे दी थी। लेकिन 11 सितंबर को कराची में मोहम्मद अली जिन्ना अपने जर्जर फेफड़ों के आगे हार गए। पूर्ण चेतन अवस्था में उन्होंने प्राण त्यागे। डॉक्टर एक आख़िरी इंजेक्शन देना चाहते थे किंतु उन्होंने इनकार कर दिया और भयंकर यंत्रणा के बावजूद गर्व सहित खुली आँखों के साथ ही उन्होंने इस दुनिया से विदा ली।

कुछ महीनों से वे केवल चाय और कॉफी पर ही जिंदा थे और धूम्रपान छोड़ने को तैयार नहीं थे। दिन-रात देखभाल करनेवाली अपनी बहन से उन्होंने कहा था, 'फ़ाती, अब मुझे जीने की चाह नहीं रही। जितनी जल्दी चला जाऊँ, उतना ही अच्छा।' या फिर : 'मेरे जीने या मरने से कोई फ़र्क नहीं पड़ता।' मगर उनकी आँखें भर आई थीं। जो उन्हें नज़दीक से जानते थे, वे चिंतित हो उठे। अगर उनकी आँखों में आँसू आ गए हैं तो इसका मतलब है कि वे हथियार डाल रहे हैं।

जिस दिन उनकी मृत्यु हुई, उन्हें वापस कराची ले जा रही एंबुलेंस रास्ते में ही ख़राब हो गई थी। पूरा एक घंटा बरबाद हो गया। पूरे रास्ते के किनारे-किनारे पाकिस्तानी शरणार्थी अपनी टूटी-फूटी झोंपड़ियों में पड़े थे। रोज़मर्रा के कामों में लगी औरतों को भान भी नहीं हुआ कि पाकिस्तान के जन्मदाता उस रुकी पड़ी गाड़ी में दम तोड़ रहे हैं। ट्रकों के भोंपू बजते रहे, बसें घर्राती हुई पास से गुज़रती रहीं, जिंदगी अपने निष्ठुर क्रम में चलती रही और उनकी मदद को कोई नहीं आया। आख़िर जब तक दूसरी एंबुलेंस पहुँची, तब उनकी आँख लग चुकी थी। उन्होंने अंतिम बार अपनी आँखें खोलीं और अंतिम प्रेमभरे शब्द का — सिर्फ़ एक शब्द का उच्चारण किया : 'फ़ातिमा ...'

उनका वजन सिर्फ़ पैंतीस किलो रह गया था। फेफड़ों का कैंसर, तपेदिक और निमोनिया मिलकर कहीं दुर्दम्य जिन्ना पर हावी हो पाए थे।

कायदे आजम अंततः इस बीमारी के आगे हार गए जिसे उन्होंने पाकिस्तान का जन्म देखने तक के लिए मज़बूती से दबा रखा था। तब लोगों को विश्वास हो चला कि उन्हें नज़दीक आती हुई मृत्यु की जानकारी बहुत पहले से ही थी। वे एक ओर जहाँ एक नए देश की ख़ातिर लड़ रहे थे, वहीं दूसरी ओर अपनी मृत्यु के ख़िलाफ़ भी उन्होंने जबरदस्त संघर्ष छेड़ रखा था। नेहरू ने भी इस बात को माना कि जिन्ना की जिंदगी में प्यार का अभाव था और वे उदास और एकाकी जीवन बिता रहे थे। उनकी मृत्यु पर भारत में शायद केवल एक व्यक्ति ने शोक मनाया था। सरोजिनी उनके लिए सचमुच, दिल से रोई थीं। मगर उनके लिए भी यह घटना अप्रत्याशित नहीं थी और यह शोक भी नया नहीं, पिछले शोक का विस्तार-भर था।

हैदराबाद में निरंतर चलते उपद्रवों को समाप्त करने के लिए 13 सितंबर को भारतीय सेना ने वहाँ धावा बोल दिया। लॉर्ड लुई से रहा नहीं गया। हालाँकि अब इस सबसे उनका कोई लेना-देना नहीं रहा था, मगर नेहरू को एक पत्र लिखकर उन्होंने इस घटना की निंदा की। एडविना इस पर नाराज़ थीं। उनका कहना था कि भारत को यह करने का अधिकार था। यह पहली बार हुआ था कि उन्होंने ब्रिटिश दृष्टिकोण के विरोध में अपनी नई मातृभूमि की हिमायत की थी।

नेहरू अपनी बेटी इंदिरा के साथ अक्तूबर में लंदन आ रहे थे। इंदिरा अब उनकी संगिनी के तौर पर 'औपचारिक मेज़बान' के पद पर आ गई थीं। एडविना अधीरता के मारे व्याकुल थीं। एक-दूसरे को देखे बिना तीन महीने बीत गए थे। नेहरू के दिमाग़ पर दिल्ली में उनकी आख़िरी शाम की छवि हावी थी। वे अब एडविना से भीड़ में मिलना नहीं चाहते थे। पर यह वे कह चुके थे कि वे सबसे पहले, तुरंत उन्हीं से मिलना चाहेंगे। एडविना समझ गईं कि नेहरू असाध्य साधन की चेष्टा करेंगे और उस दिन वे अपने मुलाक़ात-कक्ष में पैमेला और डिकी के साथ प्रतीक्षा में बैठी थीं। नेहरू का होटल दूर नहीं था, और वे किसी भी पल, अप्रत्याशित रूप से आ सकते थे ...

और सचमुच, वे आए — आधी रात को, सीधे हवाई अड्डे से। नए-नए खुले भारतीय दूतावास के नौजवान प्रेस अधिकारी को अपनी आँखों पर विश्वास नहीं हुआ : बर्मा की काउंटेस अधीरता से सड़क पर खड़ी प्रधानमंत्री की प्रतीक्षा कर रही थीं। खुशवंत सिंह यह बात कभी नहीं भूला। अगले दिन, डिकी की पूर्ण सहमति से एडविना नेहरू को ब्रॉडलैंड्स ले गईं। नेहरू ने उनकी कलाई थामी, हाथ दबाए, बड़ी आत्मीयता से सरगोशियाँ कीं। नौकर-चाकर आसपास ही थे। पर यह भारत नहीं था। नेहरू सिर्फ़ एक दिन रुककर प्रधानमंत्रियों के सम्मेलन के लिए लंदन लौट आए। औपचारिक रात्रिभोज में नेहरू राष्ट्रमंडल के अनेक प्रतिनिधियों में एक प्रतिनिधि मात्र थे। वे कुछ विभ्रांत-सा महसूस कर रहे थे। एडविना ने अपना पर्स खोलकर कलम निकाली और अपनी खाद्यसूची के पीछे जल्दी से कुछ पंक्तियाँ घसीट डालीं : 'यहाँ तुम्हें दिल्ली से बेहतर खाना और बेहतर देखभाल मिल रही है। पर वहाँ तुम्हें प्रेम और प्रशंसा का राशन पूरा मिलता था।'

फिर बड़े सौजन्य से उन्होंने वह तालिका पास वाले व्यक्ति को पकड़ा दी और हाथों-हाथ होती हुई वह उस व्यक्ति तक पहुँच गई जिसके लिए वह आगे बढ़ाई गई थी।

जल्दी ही वे फिर से बिछुड़ गए। डिकी भूमध्यसागरीय बेड़े के फर्स्ट क्रूज़र स्क्वाड्रन के कमांडर नियुक्त हुए थे। वे एडविना के साथ इंगलैंड से माल्टा जा रहे थे। नेहरू पेरिस को रवाना हो रहे थे। जब वे दिल्ली लौटे तो उन्हें एडविना के पत्रों का एक पूरा पैकेट मिला।

डिकी ने भी पत्र लिखे थे, जिनमें हमेशा की ही तरह नेहरू के प्रथम नाम की वर्तनी ग़लत थी।

इस प्रकार पहला वर्ष बीत गया।

दूसरे वर्ष, 1949 का आरंभ अच्छा नहीं रहा।

एडविना भारत लौटने में हिचक रही थीं। एक अज्ञात भय उन्हें पीछे खींच रहा था। यह ख़याल उन्हें कँपा देता था कि जहाँ उनके प्रेम का उदय हुआ था, वहाँ उन्हें शायद अब वह उत्कंठित आनंद न मिले। नेहरू से फिर मिलना होगा ? उनका व्यवहार कैसा होगा ? लंदन लौटकर उन्हें कई अनुभव हुए थे — मित्रों का त्रासकर दंभ और आडंबर, उनकी निर्दयता, और उस दुनिया का छिछोरापन जिसका वे लगभग तीस वर्ष से हिस्सा थीं। एडविना, जो चालू अख़बारों के हमलों और दरबारी घातों को जूती की नोक पर रखती थीं, अब नेहरू के मामले में उनके अपवाद-प्रसार और अफ़वाहों से डर रही थीं।

क्या वे सचमुच नेहरू का फिर से सामना कर सकती थीं ? जनवरी में नेहरू ने उन्हें एक आर्ट-बुक भेजी थी जिसमें कोणार्क के सूर्य मंदिर की प्रसिद्ध युगनद्ध मूर्तियों के चित्र थे। अनजान-से-अनजान व्यक्ति भी रतिक्रीड़ा में लीन उन शरीरों की हर बारीकी देख-समझ सकता था — यौन मिलन, दुलराता हुआ प्रणय-स्पर्श, मिलन के चरम आनंद का हास — जिसका इन दोनों ने अपने संबंधों में वर्जन कर रखा था। नेहरू ने यह भी लिखा था कि इन चित्रों को देखकर कुछ देर तो उनकी धड़कन ही मानो रुक गई थी। 'इन्हें जज़्ब करना आसान नहीं था।' फिर उन्होंने प्राचीन भारत की यौन स्वच्छंदता पर दार्शनिक विचार रखे थे — 'और फिर मेरा दिमाग़ बहककर उस समाज का चित्र खींचने की कोशिश करने लगा जिसमें इस तरह की मूर्तियां गढ़ी गई थीं ...'

फिर भी एडविना प्रतिरोध करती रहीं।

उन्होंने फिर आग्रह किया। उनका हृदय पुनर्मिलन के लिए व्याकुल हो रहा था। एडविना दौड़कर उनसे जा मिलीं।

शरणार्थियों की समस्या भी अभी हल नहीं हुई थी, और माँ की संरक्षिका-संगिनी के रूप में पैमेला भी साथ गई। स्वाभाविक ही था कि नए गवर्नर जनरल 'राजाजी' ने तुरंत लेडी लुई को राजभवन में रहने का निमंत्रण दिया। मगर नेहरू ने उन्हें बड़ी आसानी से यह विश्वास दिला दिया कि जिस भवन में एडविना कभी मालकिन की हैसियत से रही थीं, वहाँ मेहमान बनकर रहना उन्हें नहीं रुचेगा। इसकी अपेक्षा यह बेहतर होगा कि उन्हें प्रधानमंत्री के नए सरकारी आवास — तीन मूर्ति भवन में ठहराया जाए। यह हरियाली से भरे खूबसूरत उद्यान के बीच खड़ी हुई, औपनिवेशिक शैली की, खंभोंवाली भव्य इमारत थी; राजाजी तुरंत मान गए।

पहली बार, एडविना अपने प्रियतम की छत के तले सोईं।

नेहरू अपने बचपन का शहर दिखलाने के लिए एडविना को इलाहाबाद ले गए। वहाँ उन्होंने संगम और विशाल पहाड़ी पीपल देखे। फिर कलकत्ता ले गए जहाँ उन्होंने

हुगली नदी देखी। फिर वे पंजाब गए जो वैसे ही उनका जाना-पहचाना था। उन्होंने साथ-साथ अस्पतालों के विभागों के उद्घाटन किए, शैक्षिक संस्थाओं के दौरे किए और कैंपों का मुआयना किया। नेहरू की विराट परियोजनाओं के स्थलों पर उन्होंने मज़दूरों के साथ मूँगफलियाँ खाईं और हर जगह गेंदे की मालाओं से उनका स्वागत हुआ। कभी-कभी पहाड़ों में उन्होंने भालूवालों को भालू नचाते देखा। एक बार तो दो नन्हे भालू उन्हें उपहार में पेश भी किए गए। एडविना नुकीली ऊँची एड़ीवाली जूती पहनतीं और भारतीय नर्तकियों की तरह हमेशा बालों में फूल लगाया करती थीं। जब भीड़ बहुत बढ़ जाती और धक्का-मुक्की होने लगती तो दोनों हँसते-हँसते एक-दूसरे का हाथ पकड़ लेते थे। किसी को भी इसमें कोई हर्ज नहीं दिखाई देता था।

उनके जीवन का फ़ैसला चूँकि नेहरू ने लिया था, इसलिए वे कुछ समय उनके साथ रहने के लिए लौटी थीं। इन दिनों का विस्तार अनंत हो चला था। उनका आनंद भी संपूर्ण होता यदि सरोजिनी नायडू इसी समय दुनिया से विदा लेने का फ़ैसला न कर लेतीं।

उच्च रक्तचाप के बावजूद वे केन्द्र सरकार को अपने शासनादेश का ब्यौरा देने राजधानी आने पर तुली थीं। लखनऊ लौटते ही उन्हें भयंकर सिरदर्द ने धर दबोचा। उन्हें इस समय पूरा विश्राम करना चाहिए था, मगर हमेशा की ही तरह इस बार भी उन्होंने डॉक्टर की राय नहीं मानी। उनका दम उखड़ने लगा था; उन्हें ऑक्सीजन दी गई।

बचपन में जब उन्हें अँधेरे से डर लगता था तो वे अपना प्रिय भजन : 'जीसस, लवर ऑफ़ माइ सोल' ज़ोर-ज़ोर से गाती हुई हिम्मत करके अँधेरे कमरों में घुस पड़ती थीं। अब फिर अँधेरा घिर आया था।

आज वे स्वयं नहीं गा सकती थीं। उन्होंने अपनी नर्स को बुलाकर उससे यह भजन गाने को कहा, और बोलीं, 'कोई मुझसे बात न करे।'

फिर आँखें मूँदकर उन्होंने उस युवती के गायन के आगे अपने शरीर को शिथिल छोड़ दिया।

सुबह-सुबह पाँच बजे नेहरू ने एडविना को जगाया। सरोजिनी अभी-अभी गुज़र गई थीं। अगली सुबह होनेवाले अंतिम संस्कार के लिए वे हवाई जहाज से लखनऊ पहुँचे। अंतिम संस्कार में लगभग उतने ही लोग एकत्रित हो गए थे जितने महात्माजी की मृत्यु पर। शवयात्रा तीसरे पहर चार बजे शुरू हुई। तिरंगे में लिपटी सरोजिनी की देह को स्वयं नेहरू ने उठाकर तोपगाड़ी पर रखा। उसे गोमती के किनारे ले जाया गया जहाँ

बाद में जाकर उनका स्मारक खड़ा किया गया था। गाँधी के दाह-संस्कार की स्मृतियों को एडविना ने फिर से जिया : देह को निगलती हुई लपटें, काली चिनगारियाँ, चिता की भयावनी और मधुर शांति। लंबे समय से भारी-भरकम शरीर में कैद, सरोजिनी की कवि-आत्मा अंततः फिर से आकाश से जा मिली। बहुत संभव है कि एडविना ने नेहरू से स्वयं अपने अंतिम संस्कार की भी बात की हो, बताया हो कि कैसे उनका शरीर थैले में बंद करके समुद्र में दफ़नाया जाएगा। हो सकता है कि नेहरू ने इस बात का जवाब कविता में दिया हो, जैसेकि वे अक्सर देते थे।

उन्होंने एडविना से उड़ीसा में चार दिनों की छुट्टी मनाने का वादा किया था। महिला संरक्षिकाओं की एक फ़ौज के साथ वे रवाना हुए। ये थीं प्रधानमंत्री की पुत्री और भानजियाँ। लेकिन चाँदनी रात में सागरतट पर लंबी-लंबी सैरों और सुबह तड़के समुद्र में तैरने के समय वे अकेले होते थे। जब वे कोणार्क में समुद्र के निकट ही रथ की आकृति में बने सूर्य मंदिर को गए तो नेहरू के उत्साह का पार न था। दीवारों पर ऊँची-ऊँची प्रस्तर पट्टिकाओं पर उत्कीर्ण आकृतियों को आसानी से देखा-समझा जा सकता था। नेहरू बताते रहे और धूप में नंगे सिर एडविना सुनती रहीं, सुनती रहीं। यहाँ तक कि उन्हें चक्कर आने लगे, और फिर बुख़ार। डॉक्टर को दिखाया गया तो उसने ज़ोर देकर उचित सलाह दी कि वे इंगलैंड-वापसी की यात्रा कुछ समय के लिए स्थगित कर दें। बिस्तर पर पड़ी एडविना को अपनी बीमारी में इतना आनंद आ रहा था जितना पहले कभी नहीं आया था : सिर का मीठा-मीठा भारीपन, दुखती पीठ का सुखद रूप से सुन्न पड़ जाना। नेहरू उनकी देखभाल करते थे। धूप, उड़ीसा और मंदिर ने अपना काम अच्छी तरह से कर दिखाया था।

उनके अंततः लंदन लौटने के बाद नेहरू ने उन्हें जो पहला पत्र लिखा था, वह उदासी से भरा था। उन्होंने अपनी रात बगीचे में बिताई थी, एडविना के ख़ाली कमरे की खिड़की के तले। 'अंधेरा और भी गहरा नज़र आ रहा था — इस बात का संकेत, कि पहले यहाँ उजाला था जो अब जा चुका है; ज़िंदगी मानो चुपचाप चल दी है और पीछे एक ख़ालीपन छोड़ गई है।' अगले दिन उनकी भूख मर गई थी। रसोइये ने बड़ी लगन से 'चिकन काउंटेस माउंटबेटेन' परोसा था। यह भावभरा व्यंजन मात्रा में बहुत कम था। पर नेहरू ने उसे अनछुआ ही छोड़ दिया।

एडविना ने उत्तर दिया था, 'मुझे जिस-जिस बात की चाह थी, तुमने मुझे सभी कुछ दिया — खुशी, संतुलन, यहाँ तक कि दर्द भी। पर इसका कारण हम जानते हैं

और उसे हम बदलेंगे भी नहीं। और जीवन में (इसकी वजह से) बहुत-बहुत ज़्यादा शक्ति और सोद्देश्यता आ गई है...'

उन्होंने एक-दूसरे का जो पुनराविष्कार किया था, वह बहुत ही सुखद रहा था। आगे से कभी भी वे अपनी पूर्वनिश्चित भेंट का वादा निभाने में चूकेंगे नहीं।

अब एडविना की वास्तविक मातृभूमि कोई रही ही नहीं थी। इंगलैंड उनके लिए निर्वासन क्षेत्र हो गया था और भारत में उनका हृदय कसने लगा था। इस बात का भान उन्हें तब हुआ जब रोज़ वे एक छोटे-से हवाई जहाज में कॉर्नवाल के ऊपर से उड़ान भर रही थीं। यूरोप के जुलाई माह की धूप में मैदान और छोटे-छोटे घर उजाले से नहाए हुए थे। खेतों के किनारे-किनारे सफ़ाई से काटे हुए पुआल के ढेर बड़े क़रीने से लगे हुए थे। वे बगीचे... वे गुलाब। अचानक ही उन्हें अगस्त 1947 के त्रासद महीने में पंजाब के ऊपर से भरी हुई उड़ानें याद हो आईं, जब अंग्रेज़ों द्वारा खींची गई सीमा के दोनों ओर से खदेड़े गए, भागते हुए लाखों-लाख लोगों के क़ाफ़िले गर्द के अंतहीन अंबार में रेंगते दिखाई देते थे। उन्हें हिमालय की प्यासी, झंखाड़भरी तराई याद आई, और उत्तरी बंगाल के हरे-भरे चाय बगानों का अपार विस्तार। आकाश से इंगलैंड का देहाती इलाक़ा बेहद साफ़-सुथरा, कटा-छँटा नज़र आता था, जिसे सदियों की बुर्जुआ जीवन-शैली ने घिस-माँजकर चमका रखा था। उनकी स्मृति में अचानक ही उस स्थान की चाहना जाग उठी जहाँ मैदान ऊबड़-खाबड़ थे, गाँवों से होकर कच्ची सड़कें गुज़रती थीं, गढ़इयों के किनारे भैंसें बैठी पगुराती थीं, और शहरों की अव्यवस्था बिल्कुल पगला देनेवाली थी। जिस प्यार का कोई नाम नहीं था वह इसी खलबली और उपद्रव से जन्मा था; कीचड़ में बहती रक्त की नदी के किनारे। वह उस शांति में भी पनपा था जो नदियों की देन थी; जो उस अनंत आकाश के सौंदर्य में मिलती थी जिसे चीरते हुए भोर की वेला में तोते उड़ान भरते थे। एडविना में कभी भी अपने अंग्रेज होने का सच्चा बोध नहीं जागा था। नेहरू ने उन्हें भारत से ऐसे जोड़ दिया था जैसे कोई मेमने को खूँटे से बाँध दे। नतीजा यह हुआ कि वे बेघरबार हो गईं।

हवाई जहाज उस इलाके पर से उड़ा जहाँ उनके नाना, कैसेल, ने बसने का निर्णय लिया था। इंगलैंड : एक ऐसा राष्ट्र जहाँ न ख़तरा है न भावावेग। उन्होंने नेहरू को लिखा था, 'प्रशांत, शांतिपूर्ण और ठोस इंगलैंड अचानक ही मुझे विक्षुब्ध करने लगा है।'

इसलिए उन्होंने फिर से दुनिया का चक्कर लगाना शुरू कर दिया। जहाँ भी उन्हें बुलाया जाता, वे जातीं। जहाँ भी युद्ध या क्रांतियों में रक्तपात होता, वे रेड क्रॉस, सेंट जॉन एंबुलेंस ब्रिगेड या सेव द चिल्ड्रेन एसोसिएशन की प्रतिनिधि के रूप में हाज़िर हो जातीं। इस तरह वे कहीं की भी नागरिक नहीं रही थीं और सभी जगह की थीं। कहीं भी जाते या लौटते समय, या फिर दोनों ही बार वे उस एकमात्र पड़ाव पर ज़रूर

रुकतीं जिसके उनकी जिंदगी में कुछ मानी थे : नेहरू, भारत — दोनों ही परस्पर अविच्छेद्य।

बारह वर्ष तक उनकी घड़ी भारत का ही समय दिखलाती रही। लंदन की सड़कों पर मसालों की हलकी-सी भी महक उन्हें मस्त कर देती। कोई काली चोटी, थोड़ी ललित गतिभंगिमा, कोई साँवला चेहरा — और उनकी धड़कन तेज़ हो जाती। कैसी भी कराह में उन्हें सितार की मूर्च्छना सुनाई देती। लंदन में भारतीय विद्यार्थियों के लिए आयोजित एक भी भोज वे नहीं छोड़तीं, न भारतीय शास्त्रीय नृत्य का कोई कार्यक्रम। हर जगह उनकी साँसों में भारत ही समाया था, हर जगह उन्हें भारत ही दिखाई देता था।

एक बार नेहरू ने उन्हें अपना एक फ़ोटोग्राफ़ भेजा जिसमें काले रंग की ही प्रमुखता थी। उनकी झुकी हुई पार्श्वआकृति की छाया पर सफ़ेद टोपी दिखाई दे रही थी और किसी किताब के पन्ने पलटते हाथों पर प्रकाश पड़ रहा था। एडविना को लगा मानो वे अपना ही चित्र देख रही हों। उन्हें महसूस हुआ कि उन दोनों की आकृतियाँ उन वृद्ध दंपतियों की तरह परस्पर मिलने लगी हैं जो इतने लंबे समय से साथ निभाते चले आ रहे हों कि उनके चेहरे मानो पिघलकर एक-सी रूपरेखाओं में ढल गए हों। उम्र के साथ नेहरू की आँखें कुछ धुँधला ज़रूर गई थीं लेकिन उनके मख़मली स्याह रंग में फ़र्क़ नहीं आया था, और एडविना की आँखों में भी अब तक समुद्र की-सी उजली नीलिमा बरकरार थी। लगातार सफ़र के कारण उनके रंग में कुछ ताँबई झलक आ गई थी, मगर एडविना का रूप-रंग अभी भी वैसा ही था जिसे वांडरबिल्ट की नौका पर देखकर नौजवान लुई माउंटबेटेन फ़िदा हो गए थे। फिर भी दोनों की आकृतियों का साम्य ग़लत भी नहीं था क्योंकि कुछ वर्षों में ही नेहरू और एडविना के बीच ऐसे जीवन के ताने-बाने बुने जा चुके थे जिसमें उनका दांपत्य भाव अपने पति से जुड़े नाममात्र के बंधन की अपेक्षा हज़ार गुना अधिक गहरा था। दुनिया के दो छोरों पर बसे ये प्रेमी उम्र के पड़ाव साथ-साथ तय करते थे और दोनों एक ही गति से चलते थे। एडविना के ख़ूबसूरत कंधे और रीढ़ की हड्डी झुक चली थी, तो नेहरू का वज़न बढ़ने लगा था और दोहरी ठोढ़ी निकल आई थी। पर दोनों की ही आँखों की चमक में फ़र्क़ नहीं आया था, न दोनों को घेरे आनंद के उस आभामंडल में जिसे सरोजिनी ने अपनी मृत्यु के पहले देखा और अनुभव किया था।

जब लेडी लुई भारत में नहीं होती थीं, या किसी विचित्र परिस्थितिवश वे जनकल्याण के कार्यों में नहीं जुटी होती थीं तो वे डिकी के साथ की बेतरतीब जिंदगी से जुड़ जाती थीं। लॉर्ड माउंटबेटेन में कोई बदलाव नहीं आया था। अपने पेशे में आगे बढ़ने की धुन में वे बड़ी चुस्ती से एक बँधे हुए व्यवस्थित कार्यक्रम पर चलते रहे थे और जब कभी उनकी पत्नी उनके साथ होती थीं तो उनके लिए भी इस कार्यक्रम में गुंजाइश

निकल आती थी। औपचारिक कार्यक्रमों में अपनी एक पंक्ति की हैसियत एडविना में हमेशा चिढ़ पैदा करती थी : लॉर्ड माउंटबेटेन और लेडी लुई, बर्मा के अर्ल और काउंटेस। उनकी भूमिका एक कठपुतली की-सी हो जाती थी, जो कभी हँसती, कभी चुप रहती; और जिसके बस में कुछ गिने-चुने काम ही थे, जैसे लोगों से हाथ मिलाना, उद्‌घाटन के फीते काटना, मुस्कुराना और ऐसे ही समय बिता देना। कभी-कभी तो साथ ले चलने के लिए डिकी को उनकी ख़ुशामद करनी पड़ती और वे आदतन, उन पर उपेक्षा का आरोप लगाने लगतीं। डिकी भी आदतन, उन्हें क्षमायाचना के अंतहीन पत्र लिखते, जिनमें स्वयं पर स्वार्थपरता और फूहड़पन का आरोप लगाते हुए वे अपने विवाह की असफलता का बार-बार उल्लेख किया करते थे। अंत में वे फिर वे ही खेल शुरू कर देते थे : उनके एक प्रेमी के बदले अपने लिए भी एक प्रणय-संगिनी।

सन् 1949 में दोनों के बीच एक बार फिर एक लंबी, थकानेवाली लड़ाई शुरू हो गई। दो महीने पहले ही एडविना भारत से लौटी थीं और अपने पति के पास माल्टा गई थीं। एक दिन अचानक ही अप्रत्याशित रूप से डिकी ने वाइस ऐडमिरल के रूप में अपने मनोनयन की घोषणा कर दी। यह घोषणा कुछ ऐसे दंभ से हुई थी कि एडविना गुस्से से पागल हो उठीं। डिकी ने अपने जहाज से उनको पत्र लिखा था जिसमें स्थान के नाम पर केवल 'समुद्र' लिखा हुआ था। उस पत्र में उन्होंने स्त्रियों के प्रसंग में अपने सदा ही असफल रहने की स्वीकारोक्ति की थी। एक बार फिर मोल-भाव शुरू हुआ। एक शाम वे अप्रत्याशित रूप से ही ब्रॉडलैंड्स आ पहुँचे जहाँ नेहरू भी आए हुए थे। एडविना को ऐसे समय उनका अनधिकार प्रवेश अच्छा नहीं लगा। जब डिकी ने कुछ दिन विओलेन के साथ अकेले बिताने चाहे तो एडविना को गुस्से का ज़बरदस्त दौरा पड़ा जिसमें अतीत की भी तमाम तकलीफ़ें शामिल थीं। डिकी ने एतराज़ किया कि उन्होंने कभी भी एडविना के मालकम और नेहरू के साथ अकेले होने पर रोक-टोक नहीं की थी। इस 'और' शब्द ने ही ग़ज़ब ढा दिया। इस त्रास से उबरने के लिए एडविना खूब फूट-फूटकर रोईं और तमाम क़िस्सा लिखकर उन्होंने नेहरू को भेज दिया।

जहाँ तक नेहरू का सवाल था, उन्हें पद्‌मजा नायडू की झल्लाहट का सामना करना पड़ता था। जब प्रधानमंत्री 17, यॉर्क रोड का बँगला छोड़कर विशाल तीन मूर्ति भवन में गए तो पद्‌मजा दौड़ी-दौड़ी घर को सजाने के लिए गई थी। उसे पूरा विश्वास था कि नेहरू उसके पास लौटेंगे और क्या पता, उससे विवाह भी कर लें। उसने आशा अभी छोड़ी नहीं थी। बरसों से वह इंदिरा की मानो दूसरी माँ ही थी। पद्‌मजा उस परिवार का हिस्सा बन चुकी थी। और वह विदेशिनी भी अब जा ही चुकी थी। एडविना की अनुपस्थिति से भ्रम में पड़कर पद्‌मजा घर की मालकिन की भूमिका निभाने लगी थी।

नेहरू के जीवन में एडविना के प्रवेश से पहले सरोजिनी प्रायः कानाफूसी में अपने मित्रों से कहा करती थीं : 'पता है, उस आदमी के तो दिल ही नहीं है।' और जब कोई इसका प्रतिवाद करता तो वे और बल देकर कहतीं, 'मेरी बेटी पूरी तरह उसे समर्पित हो चुकी है, पर उसे तो अब उसके लिए समय ही नहीं मिलता, जैसे अपनी पत्नी कमला के लिए नहीं मिलता था। कमला के साथ तो उसने बहुत ही बुरा व्यवहार किया। वह भीरु और भावुक थी, पर साथ ही बुद्धिमती भी। मुझे पक्का विश्वास है, कि इसने अपनी उपेक्षा से ही उसे मार डाला।' सरोजिनी की ज़बान बहुत चलती थी। उनकी बात का कोई विश्वास नहीं करता था।

पद्मजा को विरासत में अपनी माँ की विद्रोही और अतिरेकी प्रवृत्ति मिली थी, पर वह कवि-हृदय नहीं। वह बिना किसी फेर-बदल के अपनी ही माँ के गीत की टेक उठाया करती थी, 'जवाहर किसी एक औरत का होकर नहीं रह सकता।' जब एडविना दिल्ली आईं तो पद्मजा के रोष का यह हाल था कि उसने आत्महत्या तक की धमकी दे डाली। नेहरू के जीवन में एडविना की उपस्थिति को वह किसी भी तरह स्वीकार ही नहीं करती थी। एडविना उससे मिलना चाहती थीं, पर सब बेकार। पद्मजा रूठकर बैठी थी।

मगर नेहरू ने इस पर कोई ध्यान नहीं दिया।

भारत छोड़ने के तीन वर्ष बाद, 1950 के जाड़ों में एडविना मलेशिया से लौटते समय दिल्ली में रुकीं।

उस समय फ्रैंच आर्किटेक्ट लि कार्बूज़िए पंजाब सरकार का सलाहकार नियुक्त हुआ था। लाहौर के पाकिस्तान में चले जाने के कारण, उसकी कमी को पूरा करने के लिए पंजाब सरकार एक नई राजधानी बनाना चाहती थी। भविष्य के लोगों की आवश्यकताओं को ध्यान में रखते हुए यह एक अत्याधुनिक राजधानी बनने जा रही थी। नेहरू एडविना को वह स्थान दिखाने के लिए ले गए जहाँ चंडीगढ़ बननेवाला था। बिल्कुल अछूते इस क्षेत्र में उस कल्पनाशील वास्तुकार ने बड़ी लगन और अधिकार से काम शुरू कर दिया था। नेहरू ने अब सरकारी समारोहों में कबूतर को मुक्त करने की परंपरा शुरू कर दी थी और जब वे अपने हाथ खोलकर कबूतर को छोड़ते तो उसके साथ सलेटी और गुलाबी पंखों का पूरा मेला ही उड़ चलता। और इस क्रिया में छिपे संकेत से दर्शकों की भीड़ अत्यंत आह्लादित हो उठती थी।

जून महीने में कोरिया में युद्ध शुरू हो गया था और अक्तूबर में चीन ने तिब्बत पर हमला कर दिया। नेहरू अपने को बाध्य करके इस विशाल पड़ोसी से दोस्ती का कठिन रिश्ता बनाए रहे ताकि एक दूसरा सीमा-विवाद आरंभ न हो जाए।

वसंत में नेहरू एक और राष्ट्रमंडलीय सम्मेलन के लिए लंदन गए। उन्होंने कुछ दिन एडविना के साथ ब्रॉडलैंड्स में भी बिताए जहाँ भव्य स्तंभों की कतार उन्हें कुछ-कुछ दिल्ली के उपनिवेशीय शैली के भवनों की याद दिलाती थी। तलैया वहाँ से दूर नहीं थी पर उसमें पगुराती भैंसें वहाँ नहीं थीं। नेहरू गहरे रंग के कोट और सफ़ेद पतलूनें पहनते थे। झख मारकर टाई लगाना भी उन्होंने मंजूर कर लिया था। इंगलैंड के वसंत में अभी गुलाबों की बारी नहीं आई थी, न जवाकुसुम या नीलम की, और मदमस्त रजनीगंधा की तो बिल्कुल ही नहीं। लेकिन संबुल और प्रिमरोज़ पर ऐसी बहार आ चुकी थी कि मुड़कर देखने को बाध्य कर देती थी। नेहरू सरकारी यात्रा पर कहीं और चले गए और एडविना हवाई जहाज से माल्टा चल दीं। मगर अक्तूबर में दिल्ली से संयुक्त राज्य अमेरिका जाते और आते, दोनों वक्त वे तीन दिन ब्रॉडलैंड्स में रहे।

दुनिया में उनके लिए दो बग़ीचे थे : एक ब्रॉडलैंड्स में और दूसरा दिल्ली में। चंपा और बलूत के विशाल वृक्षों के तले, कबूतरों और तोतों के बीच वे हर साल कुछ समय के लिए एक-दूसरे से मिलते ही थे।

लेकिन एशिया में उभरते संकटों और कांग्रेस पार्टी के अंदर की प्रतिद्वंद्विताओं के झमेलों ने नेहरू के दिमाग़ को इतना उलझा लिया था कि वे एडविना को सप्ताह में एक या दो पत्र ही लिख पाते थे।

1951 में पटेल की मृत्यु के बाद नेहरू को दूसरी प्रतिद्वंद्विताओं का सामना करना पड़ा, जो एक आर पूरी सरकार के लिए ख़तरा थीं, तो दूसरी ओर व्यक्तिगत रूप से प्रधानमंत्री के लिए। क़ीमतें आश्चर्यजनक तेज़ी से ऊपर जा रही थीं, सुधार अपनी तयशुदा समय-सीमा से काफ़ी पिछड़ रहे थे और अंदरूनी खटपट की वजह से प्रगति की रफ़्तार धीमी हो गई थी। भारतीय गाँव अभी भी तकलीफ़ज़दा थे और भूमि-विभाजन का काम आगे नहीं बढ़ रहा था क्योंकि ज़मींदार घरानों के लोग सरकारी नौकरियों में घुस आए थे। वही समय था, 1951 के वसंत में, जब भारत के देहातों में एक और गाँधी उठ खड़ा हुआ। महात्माजी की ही तरह हाथ में लकुटिया लिए; उन्हीं की तरह कमज़ोर भी, और ताकतवर भी। गाँधीजी के पट्टशिष्यों में से एक, विनोबा, आंध्रप्रदेश की सड़कों पर चल निकले। वे ज़मींदारों से आग्रह करते थे कि अपनी ज़मीन का छठा हिस्सा वे स्वेच्छा से दान कर दें। कई लोग तैयार हो गए — ख़ासकर छोटे जमींदार। साम्यवादी गुरिल्ले किसानों की दुख-तकलीफ़ के सहारे ही पनप रहे थे। इस नए गाँधी के भूदान यज्ञ आंदोलन के आगे वे भी पीछे हट गए। नेहरू ने सैनिक मार्गरक्षकों को साथ करने की पेशकश की मगर उस संत ने इनकार कर दिया।

कांग्रेस के अंदर चल रही राजनीतिक लड़ाई में नेहरू विजयी हुए और अगस्त में वे समस्त कलह-क्लेश से मुक्त अंततः पार्टी के एकमात्र नेता के रूप में स्थापित हो गए थे। प्रथम पंचवर्षीय योजना आरंभ करने के लिए उपयुक्त समय आ गया था। अभी भी वे एडविना को नियम से प्रति सप्ताह पत्र लिखते थे।

एडविना के लिए 1952 बड़ा ही बुरा वर्ष रहा।

लॉर्ड लुई अपने कार्यजीवन में लगातार प्रगति करते रहे और अंत में फर्स्ट सी लॉर्ड बनने के अपने स्वप्न के निकट पहुँच ही गए थे। षष्ठ जॉर्ज की मृत्यु हो गई थी और लिलिबेथ रानी बननेवाली थी। कुछ दिन बाद, गंभीर रक्तस्राव के कारण एडविना को तुरंत अस्पताल में भर्ती होकर ऑपरेशन करवाना पड़ा।

ऑपरेशन के बाद उन्होंने अपनी वसीयत लिखी जिसमें उन्होंने समुद्र में दफ़नाए जाने की इच्छा व्यक्त की थी। अपने पति को भी उन्होंने एक असामान्य-सा पत्र लिखा।

स्पष्ट ही, उन्हें ऑपरेशन के दौरान मर जाने का भय सता रहा था; या शायद वे इस अवसर का लाभ उठाना चाहती थीं क्योंकि डरनेवाली महिला वे थीं नहीं। दिनोंदिन आकार में बढ़ते जानेवाले एक बैग में सावधानी से संगृहीत नेहरू के पत्र सदा उनके साथ रहते थे। उन्हें लगा कि डिकी ही ऐसे व्यक्ति हैं जिनके हाथों में वे अपने ऑपरेशन के दौरान ये पत्र छोड़ सकती हैं।

उन्होंने लिखा, 'तुम समझ जाओगे कि इन पत्रों में जवाहरलाल की अपनी विशिष्टताओं का मिश्रण झलकता है। इनमें दिलचस्प बातें हैं, तथ्य हैं, और सच तो यह है कि ये ऐतिहासिक दस्तावेज हैं। कुछ पत्रों में तो "निजी" बातें बिल्कुल ही नहीं हैं। कुछ को एक अर्थ में प्रेमपत्र कहा जा सकता है, हालाँकि तुम खुद अच्छी तरह से जानते हो कि हम दोनों के बीच कैसा विचित्र संबंध है — अधिकतर तो आध्यात्मिक ही। इन पिछले वर्षों में मेरी ज़िंदगी में जवाहर का बहुत महत्त्वपूर्ण स्थान रहा है और शायद उनकी ज़िंदगी में मेरा। हम बहुत कम मिल पाते हैं, और वह भी बहुत ही कम समय के लिए, पर मुझे लगता है कि हम शायद एक-दूसरे को इतनी अच्छी तरह समझते हैं जितना किसी भी इन्सान के लिए दूसरे को अधिक-से-अधिक संभव हो सकता है ... विशेषकर जब हम-जैसे दो व्यक्ति प्रायः एक-दूसरे से हज़ारों मील की दूरी पर रहते हों, और दोनों की जीवन-शैलियों और परिस्थितियों में इतना अंतर हो।'

एडविना मरीं नहीं। नेहरू के पत्र वहीं पर सुरक्षित रहे जहाँ उन्होंने अपने पति को बता रखा था और फिर उन पत्रों ने फिर से अपनी स्वामिनी के साथ यात्राएँ शुरू कर दीं। और चूँकि ऑपरेशन सफल रहा था और एडविना बच गई थीं, इसलिए लार्ड

माउंटबेटेन ने उनके पत्र का उत्तर भी नहीं दिया — कम-से-कम उस समय नहीं।

जिस प्यार का कोई नाम नहीं था, घुमा-फिराकर उसका अप्रत्याशित असर इंगलैंड में 1952 की फ़रवरी में दिखाई पड़ा। एक अंतर्राष्ट्रीय समाचार बुलेटिन, *बुलेटिन ऑफ़ इंटरनेशनल सर्विसेज़ ऑफ़ इन्फॉर्मेशन* में उलियस एमॉस नामक किसी व्यक्ति ने एक सनसनीख़ेज लेख छपवाया। नेहरू के नाम का उसमें उल्लेख नहीं था पर उस घातक प्रभाव का उल्लेख था जिसके तहत लेडी लुई लॉर्ड लुई से, लॉर्ड लुई अपने भानजे ड्यूक ऑफ एडिनबरा से और उसके माध्यम से उसकी पत्नी इंगलैंड की महारानी से मनचाहे काम करवा लेंगे। उस लेख का शीर्षक था : 'माउंटबेटेन दंपति को घेरे लाल प्रभामंडल'।

यह पहली बार नहीं था कि उन पर 'गुलाबी' होने का आरोप लगाया गया था; मगर अब अचानक ही उन्हें गुलाबी से बढ़कर लाल माना जाने लगा था। लॉर्ड लुई की साम्यवादी निष्ठा को लेकर अफ़वाहें उड़ती ही रहती थीं। संयुक्त राज्य अमेरिका की विस्तारवादी नीतियों या सैनिक कमान के प्रति अपनी विरुचि को वे छिपाते भी नहीं थे। उनके मित्र और विचित्र सेक्रेटरी पीटर के पास, जिसकी सत्ता सिंहासन के पीछे से चलती थी, पार्टी का कार्ड भी था। जहाँ तक एडविना का प्रश्न था, उन्हें 'सहयात्रियों' की श्रेणी में रखा जाता था। इस लेख में फिर से अश्वेत गायक पॉल रॉब्सन का उल्लेख हुआ और एडविना के साथ उसके बहुप्रचारित व्यभिचारी संपर्कों की अफ़वाह या तथ्य को लेकर अनुमान भी लगाए गए। लेखक लॉर्ड माउंटबेटेन को एक प्रकार का नया फिलिप एगालिते पुकारने की हद तक चला गया। यह फ्रांस के राजा सोलहवें लुई के भाई का नाम था जिसने फ्रांस की राज्यक्रांति के दौरान अपने भाई की मुत्यु के पक्ष में मत दिया था। लॉर्ड लुई को भविष्य के मार्क्सवादी राजा के रूप में देखा गया था और उनका राजसी नाम भी तय कर दिया गया था : लुई ऑफ़ इंगलैंड। एडविना उस समय भारत में स्वास्थ्य-लाभ कर रही थीं। नेहरू उनके पास थे। इसी वर्ष, उनकी ही उपस्थिति में येहुदी मेन्युहिन ने भारत में अपना पहला कंसर्ट दिया था, जिसके लिए एक वैज्ञानिक संस्थान के बीच में एक कामचलाऊ प्रेक्षागृह बनाया गया था।

एडविना जब भारत आती थीं तो डिकी को पत्र नहीं लिखती थीं या कभी-कभी ही लिखती थीं। पर इस बार उन्होंने अपना रोष व्यक्त करने के लिए अपनी कलम उठाई : क्या उन्होंने डिकी को साम्यवादी विचारोंवाले पीटर से संबंध रखने के ख़तरों के बारे में बार-बार चेतावनी नहीं दी थी ? डिकी ने ही उन्हें सलाह दी थी कि कोरिया-यात्रा के समय अमेरिकी लोगों के सामने ज़्यादा न खुलें। वैसे ही एडविना पर उन लोगों की नज़र होगी।

उस समय एडविना ने तल्ख़ी से जवाब दिया था, 'तुम निश्चिंत रहो। मैं केवल चिकित्सा और सहायता के कामों से ही काम रखूँगी। किसी और बात में मेरी दिलचस्पी

भी नहीं है, क्योंकि किसी और बात पर मेरा बस भी नहीं है। राजनेताओं के चक्कर में पड़कर बेमतलब एक-दूसरे की हत्या करते हुए लोगों को कोई भी रोक नहीं सकता!'

यह बात पूरी तरह सच नहीं थी। इसका प्रमाण 1953 में मिल भी गया।

1953 के बिल्कुल आरंभ में, जब एडविना भारत में नेहरू के साथ थीं, डिकी ने उस विख्यात पत्र का उत्तर देने का फ़ैसला किया जो एडविना ने अपने ऑपरेशन के पहले नेहरू के पत्र उनकी हिफ़ाज़त में सौंपते हुए लिखा था।

'मुझे खुशी है कि तुम इस बात को समझती हो कि मैं जवाहा और तुम्हारे बीच के बहुत ही विशिष्ट संबंधों की प्रकृति को जानता हूँ और हमेशा से समझता भी आया हूँ। तुम लोगों के लिए यह संबंध और भी आसान हो गया क्योंकि उसे मैं बहुत चाहता हूँ और उसका प्रशंसक भी हूँ। और, बड़े ही सौभाग्य की बात यह भी है कि मेरी अनेक खामियों में ईश्वर ने ईर्ष्या को नहीं रखा है — किसी भी रूप में। ईर्ष्या की बीमारी हालाँकि विश्वव्यापी है, पर, ईमानदारी से, मुझे नहीं लगता कि यह कभी मुझे छूकर भी गुज़री है। और अगर बात तुम्हारे-जैसे किसी अत्यंत प्रिय व्यक्ति की खुशी से जुड़ी हो, तो मेरे लिए सिर्फ़ उस खुशी का ही महत्त्व है, किसी और बात का नहीं। इसीलिए मैं तुम दोनों के एक-दूसरे से मिलने के अवसरों को सुगम बनाता रहा हूँ, और ... जब कभी तुमने मुझे सीधे विश्वास के लायक नहीं समझा ... तो मुझे कुछ चोट भी लगी है।'

नेहरू के प्रथम नाम की वर्तनी उन्होंने फिर से ग़लत लिखी थी।

इसके बाद एडविना डिकी के साथ अधिक शांति से पेश आने लगीं, और विओलेन के आने-रहने पर भी यथासंभव शांत रहने लगीं। कुछ बातें अभी भी अँधेरे में ही थीं, कही गई बातें भी अभी अधूरी थीं। पर हर कोई तो उन्हें इस नज़र से नहीं देखता था।

जून की दूसरी तारीख को युवा रानी एलिज़ाबेथ का राज्याभिषेक होना था और पहली तारीख को भावी सम्राज्ञी बकिंघम पैलेस में राष्ट्रमंडल के प्रधानमंत्रियों से मिल रही थीं। परम दुर्भाग्य से एडविना की मुलाक़ात औपनिवेशिक सचिव ऑलिवर लिटेलटन से हुई जिन्होंने भारत की कुछ ऐसी आलोचना की थी जो एडविना से बर्दाश्त नहीं हुई। हद यह कि उसने उनसे अपने को नेहरू से मिलवाने का आग्रह किया। नेहरू स्वयं केन्या में माउ-माउ आंदोलन के सिलसिले में ब्रिटिश पुलिस की बर्बरता पर खुलेआम रोष प्रकट कर चुके थे। वे अफ़्रीकी देशों के साथ भाईचारे की नीति का बड़े उत्साह

से संचालन कर रहे थे और एक अफ्रीकी-एशियाई संगठन का विचार उनके दिमाग़ में था। यह बात उन्होंने बिना किसी लाग-लपेट के ब्रिटिश मंत्री से कह भी दी। एडविना भी अपनी राय ज़ाहिर करने में कहाँ डरती थीं ! उन्होंने भी अपने प्रिय की ही बात दुहराई, 'हिंसा, वैमनस्य और घृणा का यह अविच्छिन्न सिलसिला।'

उन्हें यह नहीं पता था कि केन्या की समस्या की जाँच-पड़ताल हो रही है। औपनिवेशिक सचिव बेहद क्रुद्ध हो उठे। एडविना ने विषय बदलने की चेष्टा की पर बहुत देर हो चुकी थी। लेडी लुई ने यह दूरदर्शिता दिखलाई कि इस घटना का ब्यौरा लिखकर रख लिया। अगले ही दिन रानी का राज्याभिषेक होना था। एडविना आघात की-सी स्थिति में थीं, नेहरू बिफर रहे थे, और डिकी, इस बार सचमुच ही चिंतित थे।

औपनिवेशिक सचिव लेडी लुई की बात दुहराने के लिए दौड़े-दौड़े ब्रिटिश प्रधानमंत्री के पास गए। इन देवीजी की यह कहने की हिम्मत हो गई कि अंग्रेज़ पुलिस दंगाइयों से भी गई-गुज़री है ! यह वामपंथी औरत ! इसके ब्रिटेन-विरोधी विचारों को कौन नहीं जानता।

लॉर्ड माउंटबेटेन एक सरकारी यात्रा पर टर्की जानेवाले थे। उन्हें रुक जाने का आदेश मिल गया।

एडविना ने औपनिवेशिक सचिव को अपना तैयार किया हुआ ब्यौरा भेजा और साथ ही गुस्से से भरा एक पत्र भी।

अगर मानवतावादी कार्य ही वामपंथी होने की निशानी है, तो फिर कौन वामपंथी नहीं है ? अगर मानव-मानव की समानता में विश्वास ब्रिटिश-विरोधी भावना है तो वे दोषी हैं और इस दोष पर उन्हें गर्व है !

उन्होंने अपना वह ब्यौरा विदेश सचिव को भी दिखलाया और उसमें नेहरू की लिखी हुई गवाही भी जोड़ दी। हालाँकि लेडी हुई चिकित्सा तथा मानवीय मामलों की सीमा से बहुत आगे बढ़ गई थीं, लेकिन राजकुल ने मामला निपटा दिया। पाँच दिन बाद लॉर्ड माउंटबेटेन को लेडी लुई के साथ रवाना हो जाने का आदेश मिल गया। ये लोग बाल-बाल बचे थे।

अगले साल, 1954 में भी प्रेस के हमले ज़ारी रहे। पीटर अपने मित्र डिकी को यह समझा पाने में सफल रहा कि इन हमलों का जवाब न दिया जाए। एडविना अपना विवाहपूर्व कुलनाम लगाकर मिसेज़ ऐशली के नाम से भारत आईं। इससे भी बात नहीं बनी। जल्दी ही अफ़वाहें फैलने लगीं और इस बार इन्होंने दिल को निशाना बनाया था। भारत के प्रधानमंत्री की लेडी लुई के साथ एक अजीब-से तरीक़े की 'दोस्ती' है।

एडविना और नेहरू ने इस चर्चा पर ध्यान न देने का फैसला लिया। डिकी ने भी। थक-हारकर प्रेस चुप हो रहा।

गर्मियों के दौरान नेहरू को चक्कर आने की बीमारी का दौरा आया था और उन्होंने एडविना को लिखा था कि वे सेवानिवृत्त होना चाहते हैं। उनकी ऊर्जा जाती रही है, वे थक गए हैं और एडविना भी उनके पास नहीं है। उन्हें उसकी याद आती है। नेहरू ने इस्तीफ़ा नहीं दिया। उन्होंने अपना वसीयतनामा लिखा। फिर वे शिमला गए, और वहाँ से मशोबरा।

एडविना को उन्होंने पत्र लिखा, 'छः साल पहले यही दिन थे। वह हवा, वे कमरे, वे गलियारे अतीत की सरगोशियों से भरे हैं। इसी माहौल में मैं वहाँ पाँच दिन रहा हूँ — जो था, और जो है, उसके बीच चकराता हुआ।'

आख़िर 1955 में लॉर्ड माउंटबेटेन फ़र्स्ट सी लॉर्ड बनाए गए। सी लॉर्ड का सपना तो पूरा हुआ, मगर एडविना 'जाल में फँसे जानवर-जैसी उदास' थी। उकताहट के मारे उसका बुरा हाल था।

नेहरू पंद्रह-पंद्रह दिन पर ही पत्र लिख पाते थे।

एडविना ने इसकी शिकायत की — बस, ज़रा-सी शिकायत।

नेहरू ने क्षमा माँगते हुए उत्तर दिया, 'तुम कहती हो कि तुम दिन-पर-दिन प्रतीक्षा करती रहीं ... और कोई पत्र नहीं आया, सिवाय उस संक्षिप्त औपचारिक टिप्पणी के जो जिनेवा में एयर इंडिया इंटरनेशनल के दफ़्तर से भेजी गई थी ... मुझे बहुत खेद है।' अब वे हर हफ़्ते एक पत्र लिखने की कोशिश करेंगे, रविवार को, या शायद सोमवार को। ज़रूर ही। एक भी हफ़्ते इसमें चूक नहीं होगी।

एक सप्ताह बाद उन्होंने विजय-गर्व से लिखा, 'यह मेरा रविवारी पत्र है !'

पर फिर दस दिन गुज़र गए। 'रविवार को लिख नहीं सका और अब बृहस्पतिवार को लिख रहा हूँ ...'

फ़रवरी में एडविना वह कार्य सिद्ध करने में सफल हुई जिसकी कोशिश वह लंबे समय से कर रही थी : ब्रिटिश प्रधानमंत्री की भारत-यात्रा। एक बार जब नेहरू ब्रॉडलैंड्स आए थे तो एडविना ने एंटनी एडन को भी निमंत्रित कर लिया था। विदेशी मामलों के मंत्रालय पर भी उन्होंने दबाव डाला था। पर जब एडन दंपति तीन मूर्ति भवन में मेहमान बने तो एडविना को पूरा विश्वास था कि उन्हें एडविनावाला कमरा ही दिया गया है, और उसे एडन दंपति से ईर्ष्या होने लगी थी।

नेहरू ने लिखा था, 'एडन बेहद चकराए हुए लगते हैं।'

एडविना ने उत्तर दिया था, 'बहुत ही अच्छे और प्यारे हैं, पर बेहद कमज़ोर।'

मार्च में एडविना बी.बी.सी. पर समाचार सुन रही थी। अचानक सुनाई दिया कि भारत के प्रधानमंत्री की हत्या की कोशिश की गई है। सितंबर 1947 की ही तरह उसकी धड़कन रुक-सी गई। तीन मूर्ति की लाइन मिलने में घंटों लग गए। लाइनों की गड़बड़ी की मेहरबानी से नेहरू की आवाज़ बड़ी विकृत सुनाई दे रही थी, पर कम-से-कम वे ज़िंदा तो थे।

हमलावर छुरा लेकर उनकी सरकारी कार पर झपटा था, पर सब ठीक-ठाक था। नेहरू को कोई चोट नहीं आई थी। अपनी ही भवनाओं से आतंकित एडविना ने कसम खाई कि समय पर पत्र न मिलने की शिकायत वह अब कभी नहीं करेगी। पत्र न लिखें, पर वे जीवित रहें। आख़िर साल में दो बार तो वे लोग मिल ही लेते थे।

सन् 1956 के शुरू में फर्स्ट सी लॉर्ड और लेडी लुई भारत और पाकिस्तान की सरकारी यात्रा पर गए।

पाकिस्तान में वज़ीरे आज़म मुहम्मद अली ने हवाई अड्डे पर उनका स्वागत किया। कराची के प्रमुख समाचारपत्र द *डॉन* ने सुर्खियों में माउंटबेटेन का उल्लेख 'नाग' के रूप में किया था। संपादकीय में लिखा था, 'माउंटबेटेन-जैसे इन्सान के हाथ हज़ारों बेगुनाह मुसलमानों के खून से रँगे हुए हैं। ऐसा आदमी पाकिस्तान के दुश्मन के सिवा और कुछ नहीं हो सकता।'

मुहम्मद अली ने लंदन से माफ़ी माँगी।

जहाँ तक भारत का प्रश्न था, नेहरू ने एडविना को पहले ही चेता दिया था : यहाँ डिकी का स्वागत भूतपूर्व गवर्नर जनरल के रूप में अधिक होगा, फर्स्ट सी लॉर्ड के रूप में कम। और, आठ साल पहले की ही तरह नई दिल्ली की सड़कें नारों से गूँज उठी थीं : लॉर्ड माउंटबेटेन की जय ! लेडी माउंटबेटेन की जय !

इसी बीच स्वेज का संकट शुरू हो गया और हंगरी की क्रांति भी। स्वेज के मामले में नेहरू ने भारतीय राजनयिकों को तटस्थता की नीति अपनाने का औपचारिक निर्देश दिया। फिर उन्होंने नासिर को बातचीत के लिए मनाने की कोशिश की। एंटनी एडन नासिर को तानाशाह मानकर ही चल रहे थे और शुरू से ही उन्होंने यह सुनिश्चित कर लिया था कि माल्टा में ब्रिटिश जहाजी बेड़ा हर समय आक्रमण को तैयार रहेगा। अपनी कोशिशों के बावजूद लॉर्ड लुई अपने प्रधानमंत्री की आक्रामकता के शमन में सफल नहीं हो सके। उन्हें लग रहा था कि प्रधानमंत्री अपना संयम खो रहे हैं।

फर्स्ट सी लॉर्ड अपने प्रधानमंत्री से सहमत नहीं थे। प्रधानमंत्री के लिए तो नासिर

एक साम्यवादी गुंडे से अधिक कुछ नहीं थे जबकि लॉर्ड माउंटबेटेन की नज़रों में वे पथभ्रष्ट देशभक्त मात्र थे। किसी भी दशा में वे भावी हिटलर तो नहीं ही थे जैसाकि एंटनी एडन मानते थे। पर कोई उपाय नहीं चला।

एडन को युद्ध के लिए उद्यत देखकर लॉर्ड लुई ने एक व्यक्ति के तौर पर अपनी असहमति व्यक्त करते हुए उन्हें पत्र लिखा, लेकिन लाल फीताशाही के नियमों के अनुसार वह पत्र उन्हें फर्स्ट सी लॉर्ड के माध्यम से भेजा — अर्थात् अपने ही मार्फ़त। फर्स्ट सी लॉर्ड के द्वारा पहुँचाया गया लुई माउंटबेटेन का निजी पत्र भी प्रधानमंत्री को कायल नहीं कर सका। तब संयुक्त राष्ट्रसंघ बीच में आया। अपने महासचिव डाग हैमरशोल्ड के प्राधिकार के अंतर्गत उसने विवाद का निपटारा करने का भार ग्रहण किया। लेकिन एडन की योजना कुछ और ही थी। अक्तूबर में इंगलैंड और फ्रांस ने मिस्र को अंतिम चेतावनी ज़ारी की और इज़रायली सेना ने उस पर आक्रमण कर दिया।

नेहरू ने एडन को एक आवेगपूर्ण पत्र लिखा : भारत अब तटस्थ नहीं रह सकता। लॉर्ड लुई अपने निजी विश्वास और प्रधानमंत्री के आदेश के बीच दुविधा में फँस गए। आदेश के अनुसार उन्हें सैनिक कार्रवाई करनी पड़ी, जिसके वे बिल्कुल विरुद्ध थे।

इंगलैंड पर चारों तरफ़ से दबाव पड़ने लगे और आखिर नवंबर में उसे हार मानकर युद्ध बंद कर देना पड़ा। एडन बहुत ही दुखी थे। डॉक्टरों ने निदान किया कि उन्हें नरवस ब्रेकडाउन हो गया है और वे तीन सप्ताह तक विश्राम करने के लिए जमैका चले गए। जनवरी में उन्होंने इस्तीफ़ा दे दिया। एडविना ने लिखा था, 'बहुत ही अच्छे और प्यारे हैं, पर बेहद कमज़ोर ...'। अब एडन के पतन पर उन्होंने नेहरू को लिखा, 'यह त्रासदी ही तो है।'

फिर वे वियना को रवाना हो गईं जहाँ हंगरी-शरणार्थियों का रेला आने लगा था।

उनके डॉक्टर उन्हें पहले ही चेतावनी दे चुके थे : उनका गला हमेशा सूजा हुआ रहता था। इससे उन्हें ख़तरा हो सकता था। और उनकी यात्राएँ भी उनके स्वास्थ्य के लिए ठीक नहीं थीं। उनकी आवाज़ अक्सर बंद हो जाती थी और एंजाइना की तकलीफ़ तो थी ही। डॉक्टर बेहद नाराज़ हो गए। अगर वे अपनी गतिविधियों पर अंकुश नहीं लगातीं तो वे तीन वर्ष से अधिक जीवित नहीं रहेंगी।

एडविना ने जवाब दिया कि भारत जाकर उनकी तबीयत ठीक हो जाएगी। अपनी बीमारियों का इलाज वे अपनी प्रिय दवाओं से करती रहीं : सिरदर्द के लिए ऑप्टालिडॉन और नींद के लिए नेंबुटाल।

जनवरी 1957 में जब उन दोनों की 'दोस्ती' को लेकर असली राजनीतिक अभियान

शुरू हुए, तब एडविना नेहरू के साथ दिल्ली में ही थीं। हवा में उड़ती-उड़ती गप्पें अब निश्चित रूप धारण करने लगी थीं। एक राज्यपाल का बेटा कसम खाकर कह रहा था कि नैनीताल में एक बार उसने ग़लती से दरवाज़ा खोल लिया था तो इन दोनों प्रेमियों को 'उसने ऐसी-वैसी स्थिति में देखा था। 'एक झलक में' उसे दिखाई दिया था कि ये दोनों एक ही बिस्तर में थे। उसका ज़्यादा लोगों ने विश्वास नहीं किया और उसकी बात को हेकड़ी मानकर दरगुज़र कर दिया गया। पर मुख्य समस्या यह नहीं थी।

इंगलैंड और अमेरिका के विरोध के बावजूद कश्मीर अभी-अभी भारत में शामिल कर लिया गया था। ब्रिटिश सरकार नेहरू को लताड़ना चाहती थी। लंदन और दिल्ली के बीच का तनाव दिनोंदिन बढ़ता जा रहा था और भारत के प्रधानमंत्री अगर राष्ट्रमंडल को ठोकर मारकर निकल आते तो भारत की जनता बहुत ही खुश होती।

इंगलैंड में बी.बी.सी. ने पाकिस्तान में फिल्माई हुई एक रिपोर्ट टेलीविज़न पर प्रसारित की। वहाँ प्रदर्शनकारियों ने नेहरू के पुतले जलाए थे। उसके बाद विवरणीकार ने बड़ी संतमुद्रा में लेडी लुई की भारत-यात्रा का उल्लेख किया : वे 26 जनवरी की सरकारी परेड में दर्शक के तौर पर उपस्थित थीं। और भी बुरी बात यह थी कि वे नेहरू और मार्शल जुकोव के बीच खड़ी हुई थीं। आरोप के स्वर में उसने यह भी कहा कि यह बात सबको ज्ञात है कि लेडी लुई की भावनाएँ लंबे समय से ब्रिटिश-विरोधी और सोवियत रूस की पक्षधर हैं।

लॉर्ड लुई अब फर्स्ट सी लॉर्ड नहीं रह गए थे। उन्होंने एडविना को सावधान किया। 1952 की ही तरह इस बार भी एडविना बिफर पड़ीं, 'हाँ, मैं गणतंत्र दिवस की परेड में थी। साठ अन्य देशों के अध्यक्ष और सारी दुनिया से आए हुए और भी लाखों लोग वहाँ थे। मद्रास या पूना या और कहीं मैं जवाहर के साथ एक कार में भी कभी नहीं चली। हमेशा मैं उससे मीलों पीछे चलती रही थी ...'

नए फर्स्ट सी लॉर्ड ने अपने पूर्वाधिकारी को सलाह दी कि पत्नी के लौटने पर वे उन्हें सावधानी से हमलों से बचाएँ। एडविना ने इनकार कर दिया और बहादुरी के साथ खुलेआम लंदन लौटीं।

12 मार्च को नेहरू ने एक पत्र द्वारा अपने प्रेम की दसवीं वर्षगाँठ मनाई। यह पत्र इस हिसाब से भेजा गया था कि एडविना को 22 मार्च से पहले मिल जाए, जिस दिन वे 1947 में पालम हवाई अड्डे पर उतरी थीं। यह विचित्र संस्कार उस गोपन रिश्ते को मनाने के लिए था जिसकी स्वीकृति न देवताओं से ली गई थी, न इन्सानों से। उसकी पहचान केवल इन दोनों को थी और उस दिन वे दोनों दूर थे।

पत्र लिखकर नेहरू ने अचानक ही टिप्पणी की कि हर साल उन दोनों के पत्रों की संख्या कुछ-कुछ कम होती जाती है।

एक चिंतायुक्त-से आश्चर्य से उन्होंने लिखा, 'दस साल ! मैंने तुम्हारे पत्र देखे। बड़े क़रीने से अलग-अलग बंडल बनाकर मैंने उन्हें बड़े-बड़े लिफ़ाफ़ों में रख रखा है — हर साल के लिए अलग-अलग बड़ा-सा, और कभी काफ़ी मोटा-सा लिफ़ाफ़ा। पहला लिफ़ाफ़ा 1948 का था और हालाँकि उसमें सिर्फ़ छ: महीनों के पत्र थे फिर भी वह सबसे मोटा था। अगला, 1949 का लिफ़ाफा भी काफी भारी था, मगर छोटा ... ये सालाना लिफ़ाफ़े क्रमश: पतले और पतले होते गए हैं। इसका मतलब यह, कि पत्र भी कम आने लगे हैं। और हाँ, इन सालों में तुम्हारे नाम मेरे पत्रों का भी यही पैटर्न रहा है। ऐसा क्यों हुआ ? क्या कविता गद्य में बदल गई है ?'

पढ़ते हुए, पत्र के इस बिंदु पर एडविना की मानो साँस ही थम गई।

नेहरू ने आगे लिखा था ... 'लेकिन नौ साल पहले एक नई और अद्‌भुत खोज का उत्साह मुझ पर छाया था, जिसने मुझ पर काबू कर लिया था और अंदर तक झकझोर डाला था। वह नयापन उसी तरह बरकरार तो नहीं रह सकता था क्योंकि हम किसी आश्चर्यजनक और चमत्कारी वस्तु के भी अभ्यस्त हो जाते हैं। बल्कि हमारे लिए यह बहुत अच्छा रहा कि हम एक-दूसरे से दूर रहे और कभी-कभी ही मिल पाए। इससे वह अनुभव, वह आंतरिक भावना बनी रही। वह भावना स्वयं में इतनी विस्मयकारी है, और जीवन को वह एक प्रकार की परिपूर्णता देती है ! मेरा जीवन अनेक प्रकार से भरा-पूरा रहा है। भारत और इसकी जनता के प्रेम में मैं डूबा रहा हूँ और इस प्रेम की मैंने बड़े भाव से साधना की है। यहाँ की जनता की अपनी शक्ति-भर सेवा करने की मैंने कोशिश की है। तुम आईं तो तुम इसमें सहायक ही हुईं, इसके आड़े नहीं आईं। और इसके लिए मेरी अशेष कृतज्ञता ...'

'दस वर्ष ...' एडविना ने भी भावावेश में लिखा, '... इतिहास में मील के पत्थर ... और हमारे जीवन पर उनका असर कितना ज़बरदस्त हुआ है ! जिन प्रसंगों की तुमने चर्चा की है और घटनाओं का विचित्र क्रम ... मैं तो मानो उसी सबमें डूबी हुई हूँ।'

इस पत्र को पढ़ते-पढ़ते नेहरू जकरांडा वृक्ष की फुनगियों पर लगे कासनी फूलों के गुच्छों को देख रहे थे जो शुरू-शुरू की गर्मी में कुछ कुम्हलाए-से लग रहे थे। एडविना केसर पुष्प की बैंगनी नलियों को देख रही थीं और डेफ़ोडिल फूलों को, जो वसंत ऋतु के शीत के बावजूद बहादुरी से अड़े थे।

एडविना फिर से लैरिंजाइटिस की गिरफ़्त में आ गई थीं।

क्या उन्होंने ग़ौर किया था कि शायद किसी अनिष्टशंका से ही नेहरू अपने प्रेम

के लिए भूतकाल का प्रयोग कर रहे थे ? हरगिज़ नहीं। क्योंकि वे पूरे समय नेहरू के ख़यालों में ही खोई थीं। नेहरू को वे ऐसे पूजती थीं जैसे कोई भारतीय भक्त अपने इष्टदेव को पूजता है। एक झलक की, एक पत्र की, एक मुलाक़ात की चिरंतन आशा से ही वे पूर्णतः संतुष्ट थीं। यह दृष्टि आधुनिक बिल्कुल भी नहीं थी, पर वे इस बारे में ज़रा भी सोचे बिना आनंद से इसी में मगन रहती थीं। नेहरू भी इसे अच्छी तरह समझते थे। इसलिए उन्होंने मृत्यु को ही इस प्रेम का अंत मान रखा था — दोनों में से किसी एक की मृत्यु।

1958 का वर्ष नेहरू के लिए बेहद थकानेवाला था। 1957 के आम चुनावों में दक्षिण के छोटे-से राज्य केरल में कम्युनिस्ट पार्टी की विजय हुई थी। इसे जनतंत्र की स्वस्थ प्रक्रिया का प्रमाण मानकर नेहरू आनंदित ही हुए थे और राज्य में साम्यवादी सरकार की स्थापना में उन्होंने कोई बाधा नहीं डाली थी। पर कुछ महीनों बाद, केरल में स्थिति तनावपूर्ण हो चली थी। इस बात से कोई फ़र्क़ नहीं पड़ता अगर विशाल पड़ोसी चीन उन्हीं दिनों तिब्बत पर अपना शिकंजा और मज़बूत न कर देता।

बहरहाल, जनवरी में जब दलाई लामा ने नेहरू को चीन द्वारा अधिकृत तिब्बत के सरकारी दौरे पर आमंत्रित किया तो चाउ-एन-लाइ ने अपना निमंत्रण भी जोड़ दिया। वे इस बात से अनभिज्ञ नहीं थे कि भारत के प्रधानमंत्री मिताचार के हिमायती हैं और उन्होंने स्वतंत्रता के स्थान पर स्वशासन की सलाह दी थी। मगर जब तारीख़ तय करने का समय आया, तब चीनी सरकार ने इस बात पर बल दिया कि नेहरू की यात्रा अनिश्चित काल तक के लिए स्थगित कर दी जाए। सीमाओं पर सेना की चहल-पहल बढ़ गई और छोटी-मोटी झड़पें भी होने लगीं। पाकिस्तान के मोर्चे पर भी स्थिति कोई बेहतर नहीं थी। बंगाल के भारतीय हिस्से में पूर्वी पाकिस्तान से भागे हुए हिंदू शरणार्थियों की धारा थमने में ही नहीं आती थी। वहाँ भी पश्चिमी पाकिस्तान की ही भाँति जिहाद की पुकार उठ रही थी।

नेहरू फिर इस्तीफ़ा देने की बात कर रहे थे।

एडविना ने खुशामद कर-करके उन्हें छुट्टी पर जाने के लिए मनाया। मई में वे अपनी बेटी इंदिरा के साथ कुल्लू की घाटी में एक महीना बिताने के लिए दिल्ली से रवाना हुए। डॉक्टर ने भी इस यात्रा की सलाह दी थी, मगर ट्रेकिंग के लिए इजाज़त इस शर्त पर दी थी कि उसका मरीज़ असंभव ऊँचाइयों पर चढ़ने की हठ न ठाने। आठ हज़ार दो सौ फीट से ऊपर चढ़ना निरा पागलपन होगा। दिल्ली लौटकर उन्होंने बड़े उल्लास से एडविना को लिखा था कि वे चार हज़ार मीटर तक चढ़ने में सफल रहे थे।

पर साथ ही उन्होंने सारे बंधनों को छिन्न करके संपूर्ण सेवानिवृत्ति — एक प्रकार से संन्यास लेने की बात भी की थी।

एडविना आतंकित हो उठीं, 'मुझे बताना कि मैं तुम्हें पत्र लिखती रहूँ या नहीं। अगर तुम कहो कि "अगले कुछ महीनों तक एक भी पंक्ति न लिखूँ" तो मैं बुरा नहीं मानूँगी।'

नेहरू पर इसका गहरा असर पड़ा और वे समझ गए कि उनके पत्र का एडविना पर क्या प्रभाव पड़ा होगा।

उनकी हताशा इस बात से और बढ़ गई कि जून 1958 में सोवियत रूस ने हंगरी में अपने द्वारा लादी गई सरकार के माध्यम से इम्रे नागी का वध करवा दिया। कृष्ण मेनन को उन्होंने एक पत्र में लिखा कि इससे उनका 'कम-से-कम एक पीढ़ी तक शांति' वाला पुराना स्वप्न चूर-चूर हो गया था।

एडविना को उन्होंने दुखी होकर लिखा, 'मैंने ऐसा क्या कहा, लिखा या किया है कि तुमने वह सब लिख दिया ? उस सुझाव-भर से मुझे चोट पहुँचती है। तुम क्या सोचती हो, महीनौं तक तुम्हारा कोई पत्र न मिले तो मेरा क्या होगा ? ... कभी सोचा है कि तुम्हारे पत्रों के मेरे लिए क्या मानी हैं ?'

वे यह बहुत अच्छी तरह जानती थीं, पर भारत के बारे में भी वह इतना जानती थीं कि दुनिया को अलविदा कह देने की उस पुरातन कामना को पहचान सकें जिसके वश में प्राचीन ऋषि-मुनि संसारी जीवन का त्याग कर देते थे। नेहरू की उम्र बढ़ रही थी; उनके बाल बहुत पहले ही हिमालय की बर्फ़-जैसे सफ़ेद हो चुके थे; उनकी पलकें ध्यानमग्न बुद्ध की तरह ढल चली थीं और जिमनास्टिक, तैराकी और योगाभ्यास के बावजूद उनकी कमर झुकने लगी थी। एडविना भी फीकी पड़ने लगी थीं। मजाक़-मजाक़ में वे कहा करती थीं कि उनकी त्वचा मगरमच्छ की खाल-जैसी हो गई है। और, उनके गले के दर्द का तो कोई हिसाब ही नहीं था। पतझड़ के मौसम में उन्हें अपने चेहरे पर एक गाँठ-सी दिखाई दी जिसे निकाल देना ज़रूरी था। ऑपरेशन के बाद उनका चेहरा इस क़दर विकृत-सा हो गया था कि कुछ समय तक यही समझा जाता रहा कि उन्हें कोई दौरा पड़ा है। इस घटना के बारे में नेहरू को उन्होंने जाकर कहीं अगले साल, 1959 में बताया।

नेहरू को पता नहीं था कि मृत्यु एडविना के पीछे-पीछे चल रही है और जल्द ही उन्हें दबोच लेगी। जिस समय एडविना को आराम करना चाहिए था, वे अपने को घेरे रखने वाली बीमारियों को हँसी में उड़ाकर तेज़ी से बाहर निकल लेतीं। जीवन-भर वे हड़बड़ी में रही थीं। भारत आने के पहले भी वे एक बेचैन बंजारिन का-सा जीवन जी रही

थीं — अपने प्रेमियों और मित्रों को लिए-लिए सड़कों और समुद्रों पर भटकती हुई। और, वे लोग भी तो बस दुनियाबी पुतले थे, एक व्यर्थ, विलासितापूर्ण, यायावर जीवन का शौक फ़रमाते हुए। एडविना का यह स्वभाव तो नहीं बदला था। वे सारी दुनिया में सफ़र करती फिरती थीं। कोई भी उन्हें रोक नहीं सकता था। ढेरों छोटी-मोटी बीमारियाँ भी उन्हें सचमुच रोक नहीं पाती थीं, सिवाय उस समय के जब वे भारत में होती थीं। उनकी इन बीमारियों के सभी लोग आदी हो चले थे, वे स्वयं भी। लेकिन अब उनकी राहें तय हो गई थीं। अब उनके सफ़र के केवल दो मुकाम होते थे : जहाँ भी दुख-कष्ट हों, उन्हें दूर करना, और भारत में अपने प्रियतम के पास आना। जब वे अपने प्रिय के पास होती थीं, कुछ हफ़्तों के लिए समय मानो थम जाता था। जब वे जुदा होते, तो वे अपने सेवाकार्यों में अपने-आपको इतने जोश से झोंक देतीं कि समय का अस्तित्व ही उनके लिए बेमानी हो जाता। और जब भी वे इंगलैंड पहुँचतीं, घायल पंखोंवाली चिड़िया की तरह काँपती हुई, तो वे बेहद कड़वी हो उठतीं, हर किसी को चोंच मारने लगतीं। फुरसत उन्हें रास नहीं आती थी। आराम ? उससे तो मरना बेहतर था। आराम ? उसका मतलब होता, यह मान लेना कि वे अब सफ़र नहीं कर सकतीं। आराम उन्हें नेहरू से अलग कर देता।

सेवाकार्य और नेहरू को छोड़कर उनकी नज़रों में और किसी भी बात की अहमियत नहीं थी।

किसी भी बात की ? ना, सिर्फ अपनी बेटी पैमेला के विवाह की, जो 1960 के आरंभ में होनेवाला था। पर एडविना माउंटबेटेन के पास अब एक साल बाक़ी था, इस भरे और सूने जीवन का एक साल, संग और अकेलेपन का एक साल।

जनवरी 1959 में उन्हें अपने नाती-नातिनों में से किसी से छोटी चेचक की छूत लग गई। इसका फ़ायदा उठाकर वे भारत में स्वास्थ्य-लाभ करने नेहरू के पास आ गईं। कभी-कभी तो ऐसा लगता था कि वे बीमार पड़ना चाहती ही थीं ताकि वे नेहरू के पास आकर शरण ले सकें, जैसाकि 1949 में उड़ीसा में ज्वर के समय हुआ था। डिकी इस बीच डिफेंस स्टाफ़ चीफ़ के पद पर आ गए थे। उन्होंने चुपके से नेहरू को पत्र लिखकर आग्रह किया कि उन्हें विश्राम करने को बाध्य करें। वे काफ़ी कुछ स्वस्थ होकर लंदन लौटीं।

मार्च में चीन ने तिब्बत में बड़े पैमाने पर दमन-चक्र चलाना शुरू कर दिया। दलाई लामा अक्सर भारत में शरण लेने की बात करते थे, लेकिन नेहरू उपयुक्त समय की राह देख रहे थे। अब उन्होंने अपनी बाँहें फैला दीं और 21 मार्च को दलाई लामा ल्हासा का अपना महल छोड़कर पैदल ही भारत की सीमा की ओर चल पड़े। यहाँ वे

31 मार्च को पहुँचे और आज तक उनका निर्वासन समाप्त नहीं हुआ है। भारत और चीन के बीच अब तक युद्ध तो नहीं आरंभ हुआ था, पर उनकी औपचारिक मित्रता का अंत हो गया था।

अक्तूबर में एडविना डिकी के साथ बारह दिन के लिए संयुक्त राज्य अमेरिका की यात्रा पर गईं। 'बेहद थका देनेवाली यात्रा,' उन्होंने नेहरू को लिखा। लंदन लौटकर वे पल-भर भी स्थिर नहीं बैठीं। नेहरू को उन्होंने लिखा, 'बेहद खुश हूँ मगर बेदम हो रही हूँ।' उनकी बेटी के विवाह की तैयारियाँ पूरे ज़ोर-शोर से चल रही थीं।

तीन सौ मेहमानों और ड्यूक ऑफ एडिनबरा की उपस्थिति में विवाह 13 जनवरी 1960 को संपन्न हुआ। हर किसी ने ग़ौर किया कि एडविना उस दिन कितनी सुंदर लग रही थीं — आनंद से दमकती हुई, वायवी, अपार्थिव-सी। काउंटेस माउंटबेटेन लगभग तुरंत ही मलेशिया और बोर्नियो में राहत कार्य के लिए रवाना हो गईं और रास्ते में भारत में नेहरू के पास रुकीं। उनके डॉक्टरों ने उन्हें फिर एक बार चेतावनी दी थी : उनकी एंजाइनावाली तकलीफ़ बढ़ गई थी और इस बार ख़तरा सचमुच गंभीर था। डॉक्टर ने उन्हें बताया कि वे सिर्फ़ तीन महीने और जिएँगी। उन्होंने सिर झटका, और चल दीं।

उनका यह मिलना अंतिम था, मगर उन्हें अभी यह बात मालूम नहीं थी। एडविना को शायद इसका अनुमान था; शायद उन्हें यह विश्वास था कि भारत का प्रेम सदा-सदा उनकी रक्षा करेगा। नेहरू अभी-अभी सत्तर के हुए थे। इंदिरा कांग्रेस पार्टी की अध्यक्ष बन गई थी।

उनके इस अंतिम भारत-प्रवास के बारे में बहुत कम जानकारी मिलती है। एक बार फिर एडविना का आना उसी समय हुआ जब सोवियत संघ के राष्ट्रपति भी यहाँ सरकारी दौरे पर आए थे। एक बार फिर उनकी तस्वीर ऐसे वक्त खिंची जब नेहरू सोवियत शासनाध्यक्ष से उनका परिचय करा रहे थे। आख़िर, जब वे नेहरू के पास ही खड़ी थीं, तो वे परिचय कैसे न कराते ? हमेशा की ही तरह स्कैण्डल उछालनेवाले प्रेस ने इस घटना को लेकर बड़ा तूमार बाँधा; पर अब इस सबका कोई महत्त्व नहीं रह गया था। नौजवान राष्ट्रपति कैनेडी ने अभी-अभी पदभार ग्रहण किया था और संबंधों में तनाव के उपशमन की हवा बह रही थी। शीतयुद्ध अब बोझ बन चला था।

उनका जीवन शांति से सहज राह पर चलने लगा। नेहरू दिन-भर काम में व्यस्त रहते थे। सुबह का नाश्ता वे उनके साथ उस बड़े-से बगीचे में करते थे जिसमें घास छाँटने की मशीन को दो सफ़ेद बैल खींचते थे, और जिसमें नए-नए लगाए गए चंपा में खूबसूरत मरमरी फूल आने लगे थे। वे उनसे फिर मिलते दिन ढले, गोधूलि में, जब

नींबुई रंग के तोते अपनी आख़िरी उड़ान भरते थे। पिछले कुछ सालों में जब वे साथ होते थे, तो देश में भ्रमण करना उन्होंने कम कर दिया था।

डिकी ने बहुत पहले जिसे 'बड़े ही विशिष्ट रिश्ते' का नाम दिया था, उसके आख़िरी दौर मे चीफ़ ऑफ प्रोटोकोल की पत्नी तारा अली बेग एडविना के साथ एक बाल-चिकित्सा-सहायता कार्यक्रम पर काम कर रही थीं। एक दिन दोनों एक कमरे में फाइलों पर झुकी बैठी थीं कि तारा ने अचानक ही नेहरू को तूफ़ानी तेज़ी से कमरे में घुसते देखा।

तारा को देखकर वे ठिठक गए। उनकी भौंहें चढ़ गईं। एडविना तुरंत उठ खड़ी हुईं। उनकी गति का लचीलापन अब तक बरकरार था। उन्होंने जाकर प्यार से नेहरू के होंठ पोंछे जिन पर शकर के कुछ रुपहले दाने अभी भी चमक रहे थे, और स्नेह से बोलीं, 'तुम्हारे प्रशंसकों ने फिर मिठाइयाँ ठूँस दी हैं।' फिर उन्होंने तारा अली बेग से कुछ देर प्रतीक्षा करने को कहा, 'मैं एक मिनट इनके साथ ज़रा बगीचे में टहल आती हूँ।'

5 फरवरी को सुबह साढ़े पाँच बजे, जाड़े की भोर की धुंध उठने के पहले ही उन्होंने नेहरू और भारत से विदा ली। मलेशिया के बाद 18 तारीख़ को वे बेर्नियो गईं और 19 तारीख को आराम करने के बदले वे जंगल में घूमने चली गईं। उस दिन के औपचारिक नैशभोज के पहले ही वे पस्त होकर ढह गईं। अगले दिन तक वे गंभीर रूप से बीमार पड़ गईं।

डॉक्टर ने पूर्ण विश्राम की सलाह दी, पर वे सेंट जॉन्स ब्रिगेड की सेना का मुआयना करने पर अड़ी रहीं। उनका ललाट तप रहा था। उन्हें गवर्नर टर्नर के आवास पर ले जाया गया, जहाँ वे ठहरी हुई थीं। लोगों ने यह सुझाव भी दिया कि उनके सम्मान में आयोजित स्वागत समारोह रद्द कर दिया जाए, पर वे मानीं नहीं।

जब वे अपने शयन कक्ष से निकलीं तो आसपासवाले लोगों ने सीढ़ी से उतरने में उन्हें सहारा देना चाहा। पर सबको परे धकेलते हुए, सिर ऊँचा किए उन्होंने अकेले ही उस कक्ष में प्रवेश किया जहाँ अतिथि उनकी राह देख रहे थे। नौ बजे वे सबसे क्षमा माँगकर अपने कमरे में चली गईं और बेहोश हो गईं। उन्हें अगले दिन सिंगापुर के लिए रवाना होना था।

सिंगापुर — जहाँ वे नेहरू से पहली बार मिली थीं — वहाँ वे पहुँची ही नहीं। अगली सुबह वे अपने बिस्तर में मृत पाई गईं।

स्टाफ ऑफिसर आइरीन चैकली को उनके तकिए पर अब तक खुले पड़े पत्रों का एक ढेर मिला। उसने बड़ी समझदारी से वे पत्र अपने बैग में डाल लिए।

बेहोशी से उबरने के बाद एडविना लगभग दस बजे किसी तरह तैयार होकर बिस्तर

पर गई थीं। फिर, अपने नित्यक्रम के अनुसार वे नेहरू के पत्र फिर-फिर पढ़ने लगी थीं। सुबह ढाई बजे, उनके दिल ने जवाब दे दिया था।

जब दोपहर के भोजन के समय तीन मूर्ति में टेलीफ़ोन की घंटी बजी, तो तारा के पति, प्रोटोकोल के प्रमुख राशिद अली बेग ने रिसीवर उठाया। वे चिहुँक उठे, 'या खुदा ! लेडी माउंटबेटेन बोर्नियो में इंतक़ाल फ़रमा गई हैं।' प्रधानमंत्री को यह सूचना देने की ज़िम्मेदारी उनकी थी।

जवाहरलाल नेहरू ने गंभीरता से संसद में इस समाचार की घोषणा की। सारी संसद अनायास ही एक मिनट के मौन के लिए उठ खड़ी हुई।

लोगों ने याद किया कि 1952 में जब एडविना किसी अंतर्राष्ट्रीय सम्मेलन में भाग ले रही थीं तो कैसे किसी ने पूछा था कि वे किस देश का प्रतिनिधित्व कर रही हैं। फिर अचानक ही उन्हें पहचानकर वह बोल उठा था, 'अरे, आप तो लेडी लुई हैं ! और आप हम सभी की हैं !' तभी कोई भारतीय क्रुद्ध होकर चिल्ला पड़ा था, ये विश्व नागरिक हो सकती हैं, पर सबसे पहले ये हमारी हैं !'

नेहरू की कमर और झुक गई और उन्होंने अपने-आपको खामोशी में क़ैद कर लिया। उनकी बेटी इंदिरा को शिकायत रहने लगी कि परिवार के बीच होने पर भी वे किसी से बातचीत ही नहीं करते।

डिकी ने अपनी डायरी में बड़े-बड़े अक्षरों में लिखा : **ट्रैजेडी**।

21 फ़रवरी, रविवार को सेंट जॉन्स ब्रिगेड के ध्वज में लिपटा एक ताबूत हवाई जहाज में चढ़ाया गया। औपचारिक अंतिम संस्कार के लिए एडविना का शव इंगलैंड लौटा। यहाँ उसे पोर्टस्माउथ जहाज-गोदी में लाया गया, जहाँ से युद्धपोत **वेकफुल** उसे जल-समाधि देने के लिए उत्तरी सागर में ले गया।

एडविना की अंतिम यात्रा का विवरण देते हुए स्वयं डिकी ने नेहरू को पत्र लिखा। उन्होंने बतलाया कि कैसे उनका शव ब्रॉडलैंड्स पहुँचा, उनका नन्हा कुत्ता कैसे शोकाकुल होकर ताबूत के सामने दुम हिला रहा था, और कैसे उन्हें जल-समाधि दी गई। डिकी की जानकारी में सिंहासनारूढ़ सम्राज्ञी को छोड़कर और किसी भी महिला को कभी यह सम्मान नहीं मिला था।

... और उसे मिली थी, दुनिया के दूसरे छोर से उसके प्रेमी द्वारा भेजी गई केसरिया गेंदों की माला।

उम्र और परेशानियों के दबाव तले नेहरू अपना काम करते रहे।

अपनी प्रेयसी की मृत्यु के कुछ महीनों बाद वे लंदन में अश्वेत गायक पॉल रॉब्सन

से मिले थे। भारत के प्रधानमंत्री की नज़रों ने उस व्यक्ति का चेहरा टटोला, जो, अफ़वाहों के अनुसार, एडविना का शय्यासंगी रह चुका था। मगर अपना पक्ष सामने रखने के लिए आज वह यहाँ नहीं थी।

भारत और चीन के बीच आख़िर 1962 में युद्ध छिड़ ही गया और भारत को बहुत जल्दी ही भारी हार का सामना करना पड़ा। भारत के वयोवृद्ध नेता ने थक-हारकर अपने पंख समेट लिए और अंतिम प्रयाण की तैयारी कर ली।

विरोध के बावजूद वे अपनी जनता के बहुत ही प्यारे-दुलारे बने रहे। समय के साथ चेहरा भर आया था और आँखें धँस गई थीं। अब उन धँसी हुई आँखों में से केवल दो चमकती, प्रशांत ज्योतियाँ ही नज़र आती थीं और बुद्ध से उनकी समानता और भी अधिक बढ़ गई थी। लोग उन्हें **'चाचा'** कहते थे। हर नागरिक उनका कृतज्ञ था कि उन्होंने इतने लोगों के लिए 'भोजन, सिर पर छत और हाथ में किताब' उपलब्ध करवाई है।

भारत के हृदय — गाँवों में भी उन्हें राजा की तरह पूजा जाता था क्योंकि 'राजा वह, जो अन्न दे'। सफ़ेद दाढ़ीवाले जो पंडित पहले प्रधानमंत्री की सुदृढ़ नास्तिकता के कारण दुखी थे वे ही अब सिर हिला-हिलाकर बुदबुदाते थे, 'ये तो हमारे पुराणों के महान राजाओं-जैसे हैं।' औरतों को तो पंडितों के प्रमाण की ज़रूरत ही नहीं थी। खेतों में काम करते हुए वे खुले गले से गीत गाती थीं :

नेहरू ने नहरें खुदवाईं रे,
हरी-भरी धरती सभी में बँटवाई
पानी की धारा बहाई रे ...

जनवरी 1964 में, उड़ीसा की राजधानी भुवनेश्वर में कांग्रेस के अधिवेशन के दौरान नेहरू को बाईं ओर लकवे का हल्का-सा आघात हुआ। उससे वे जल्दी ही काफ़ी कुछ उबर गए। उनकी बेटी चलने में उनको सहारा दिया करती थी। इंदिरा ने रूसी डॉक्टर भी बुलाए पर उनके इलाज से कोई फ़ायदा नहीं हुआ। नेहरू चिढ़कर झल्लाते थे, 'भाड़ में झोंको इन्हें ! अगर मैं हफ़्तेभर बिस्तर में पड़ा रहा तो मुझे पता है, मैं कभी उठ ही नहीं पाऊँगा।'

जब वे जेल में लिखी गई अपनी डायरियाँ पढ़ते थे, तो कुछ पृष्ठों पर अटक जाते थे। तब उन्होंने लिखा था, 'चंद्रमा के कितने रूप मैंने देखे हैं, और कितने अद्‌भुत तारे— अटल और भव्य ! मेरे यौवन के कितने बीते कल इन जेलों में दफ़न हैं ...।' वे कहा करते थे कि कभी-कभी उन्हें उन बीते हुए दिनों के प्रेत भी दिखाई देते थे जो पास

आकर उनके कानों में वैराग्य के संदेश देते थे : 'सब मिथ्या है ...'

उनकी काम की मेज पर जलियाँवाला बाग से उठाकर लाई गई एक मुचड़ी हुई गोली थी, एक हाथ की कांस्य अनुकृति थी, और महात्मा गाँधी, अब्राहम लिंकन तथा बुद्ध की आवक्ष मूर्तियाँ जो उन्हें बहुत प्रिय थीं। इन सबके पास ही उन्होंने काग़ज़ का एक पन्ना रख रखा था। उस पर उन्हीं की हस्तलिपि में एक कविता की चार पंक्तियाँ लिखी थीं जिन्हें वे भी हरदम अपनी आँखों के सामने रखते थे और दुनिया भी देख सकती थी :

माना वन प्रांतर शोभामय गहरा और घना है,
पर मुझको पहले अपना वादा पूरा करना है।
सो पाने के पहले तो मुझको मीलों चलना है,
सो पाने के पहले तो मुझको मीलों चलना है।

27 मई को गर्मी अपने चरम पर थी। वे उस मेज पर उस कविता के सामने ही बैठे हुए थे जब मौत ने उन पर हमला किया। एक ज्योतिषी का कहना है कि उसने पाँच वर्ष पहले ही उनके मृत्युदिवस की भविष्यवाणी कर दी थी।

उनकी देह को लकड़ी के एक ढलवाँ पटरे पर भारत के राष्ट्रध्वज के नीचे रखा गया। देह को विकार से बचाने के लिए लगाई गई बर्फ़ के असर से वह सूज गई थी।

फिर, सिर के नीचे तकिया लगाकर उन्हें यमुना के किनारे, महात्मा गाँधी की समाधि के बहुत ही निकट ले जाया गया। भारतीय वायुसेना के हेलीकॉप्टरों ने ऊपर से गुलाब की पंखुड़ियाँ बरसाईं। चिता के सामने कई राष्ट्राध्यक्ष और विख्यात व्यक्ति उपस्थित थे, जिनमें ब्रिटिश भारत के अंतिम वायसराय लॉर्ड लुई माउंटबेटेन भी थे। नेहरू की बेटी इंदिरा की नज़रों के सामने ही उनकी देह चंदन की चिता पर रखी गई। इंदिरा ने शोकसूचक झक सफ़ेद साड़ी पहन रखी थी। वह कुछ देर वहीं खड़ी पिता की पार्थिव देह को देखती और उस पर पवित्र जल छिड़कती रही। फिर उसके छोटे बेटे संजय ने चिता को अग्नि दी। कड़कती हुई लपटें चिनगारियों में परिणत हुईं, फिर अंगारों में, और फिर अंततः राख में।

जनसमूह ने नारे लगाए, 'नेहरू अमर हैं !'

मालाओं से सजे एक जहाज में फूलों से ढके मंच पर वह विराट अस्थिकलश रखा था। पंखे चल रहे थे और सफ़ेद दरियों से बेइंतहा गर्मी के भभके उठ रहे थे। नौसेना के राइफ़लधारी गार्ड पहरे पर थे। नेहरू के दौहित्रों — राजीव और संजय गाँधी ने हत्थे पकड़कर वह कलश उठाया और गंभीर भाव से अंदर की उस राख को गंगा में प्रवाहित कर दिया जो कभी जवाहरलाल नेहरू की देह थी। उनकी पुत्री, सिर को ज़रा-सा

झुकाए, सीने पर एक हाथ रखे अपने पिता के अंतिम अवशेषों को काले जल में घुलता हुआ देखती रही।

'और अपनी इस इच्छा की साक्षी के रूप में, और भारत की सांस्कृतिक विरासत को अपनी अंतिम श्रद्धांजलि के रूप में, मेरा यह अनुरोध है कि मेरी मुट्ठी-भर राख इलाहाबाद में गंगा में प्रवाहित कर दी जाए ताकि वह बहती हुई उस विशाल सागर से जा मिले जो भारत के चरण पखारता है,' उन्होंने अपनी वसीयत में लिखा था।

उस गोपन कोमलता और असंभव प्रेम के तीन हिस्सेदार थे। उनमें से दो गुज़र चुके थे। केवल एक अब भी जीवित था। डिकी अपना काम करते रहे। उनका एकांत मित्रों और सुयश से गुलज़ार रहता था। कुछ कानाफूसी चली थी कि वे शायद फिर विवाह कर लें, पर ऐसा कुछ हुआ नहीं। प्रतिष्ठापूर्ण जीवन की लहरों पर तैरते हुए डिकी ने अपना शेष जीवन सहज सरलता से बिता दिया। जीवन के उतार-चढ़ाव एडविना और नेहरू के साथ ही विलीन हो गए थे। अब केवल उन लोगों के यशस्वी अतीत की स्मृतियाँ ही शेष थीं।

फिर ऐसा समय आया जब डिकी भविष्य में अपने स्थान के विषय में चिंता करने लगे।

लंदन में भारत के उच्चायुक्त हिज़ एक्सिलेंसी रसगोत्रा को एक दिन एक विचित्र फ़ोन मिला। लॉर्ड माउंटबेटेन बड़ी व्यग्रता से जानना चाहते थे कि उनकी मृत्यु के बाद भारत सरकार उनके पार्थिव अवशेषों का किस-किस प्रकार सम्मान तथा संस्कार करेगी। हैरान उच्चायुक्त ने सरकार से मशवरा करने के लिए दिल्ली तार भेजा।

कोई जवाब नहीं आया। एक सप्ताह बाद लॉर्ड साहब ने फिर से उच्चायुक्त को फोन किया। दिल्ली से ज़रूर जल्दी ही जवाब आएगा। निश्चित रूप से। लेकिन...

हफ्तों बीत गए, कोई उत्तर नहीं । हर हफ़्ते लॉर्ड माउंटबेटेन उच्चायुक्त को फ़ोन करते। हर हफ़्ते उच्चायुक्त बड़ी मुश्किल से जान छुड़ाते। एक दिन हिम्मत बटोरकर उन्होंने सीधे ही निपट लेने की ठानी। अपने प्रतिष्ठित फोनकर्ता से उन्होंने पूछा, 'क्या आप भारत के राष्ट्राध्यक्ष नहीं रहे थे ? योर हाइनेस, मेरा ख़याल है कि ऐसे अवसर पर राष्ट्राध्यक्षों को रीति के अनुसार जिस प्रकार के सम्मान अर्पित किए जाते हैं, भारत सरकार आपके लिए भी वे सभी संस्कार करेगी।'

इस उत्तर से डिकी खिल उठे और खोद-खोदकर उन्होंने राष्ट्राध्यक्षों के अंतिम संस्कार की रीतियों के विषय में पूरी जानकारी ली। उच्चायुक्त कहते हैं, यह उनके राजनयिक व्यवहार की अग्नि-परीक्षा थी।

27 अगस्त 1979 को लॉर्ड माउंटबेटेन छः अन्य व्यक्तियों के साथ अपनी मछलीमार नौका शैडो फ़ाइव पर सवार होकर झींगा मछली के शिकार को चले। जैसे ही नाव की गति धीमी हुई, एक बम का विस्फोट हुआ।

आइरिश रिपब्लिकन आर्मी ने एक विजय-घोषणा प्रकाशित करवाई जिसमें कहा गया था कि वह वध 'उनके भावुक साम्राज्यवादी हृदय को नोचकर निकाल बाहर करने' के लिए किया गया था। डिकी का क्षत-विक्षत शव कुछ दूर पर मिला। उनका चेहरा पानी में डूबा हुआ था।

भारत सरकार ने एक सप्ताह के सरकारी शोक की घोषणा की। इंदिरा गाँधी उस समय सरकार में नहीं थी। इंगलैंड में भूतपूर्व उच्चायुक्त अब फ्रांस में भारत के राजदूत थे। डिकी ने अपने जीते-जी ही कई जगह अपने अंतिम संस्कारों की व्यवस्था करवा रखी थी। उनमें एक यह निर्देश भी था कि नॉर्मण्डी के एक चर्च में उनकी स्मृति में 'मास' का आयोजन किया जाए। उन्होंने यह अनुरोध भी विशेष रूप से किया था कि उस 'मास' में भारत के राजदूत को भी निमंत्रित किया जाए।

अपने देश के प्रथम गवर्नर जनरल से कृष्ण रसगोत्रा की रिहाई नहीं थी। उन्होंने नॉर्मण्डी में लुई माउंटबेटेन के सम्मान में आयोजित अंतिम संस्कारों में भाग लिया।

उस कथ्य प्रेम का अंतिम साक्षी भी समुद्र में विलीन हो गया। इस प्रकार उन तीनों के ही अवशेष पानी में जा मिले।

'सुबह की धूप में यह हँसती और नाचती है — छायाएँ घिर आती हैं : शीत ऋतु में यह एक सँकरी, मंद और ललित धारा बनकर बहती है और वर्षा ऋतु में यही विशाल गर्जना करती हुई वस्तु बन जाती है। इसका सीना लगभग समुद्र जितना चौड़ा हो जाता है और कुछ-कुछ वैसी ही संहारक शक्ति भी इसमें आ जाती है। गंगा मेरे लिए एक प्रतीक रही है, भारत के अतीत की एक स्मृति जो वर्तमान से होकर बहती हुई जाकर भविष्यरूपी महासागर में मिल जाती है।'

भारत की तमाम नदियों की प्रफुल्लित, ओजस्विनी देवी, समस्त जीवन को महासागर की शून्यता तक ले ज़ानेवाली गंगा नदी इस कवित्वहीन विश्व में रोमान के आदर्श की तब भी रक्षा करे जब यहाँ श्रेष्ठता या गर्व के लिए कोई स्थान न रह जाए।

क्या यह कल्पना करना सिर्फ़ उत्कंठा ही होगी कि उत्तरी सागर से बंगाल की खाड़ी तक के लंबे जलमार्ग से होकर एडविना और उसके प्रियतम नेहरू के अवशेष परस्पर मिल गए होंगे और वे ही लहरें दोनों को दुलरा-सहला रही होंगी ?

•••

संदर्भ-स्रोत

1. भारत-विभाजन

इतिहास ग्रंथ :

(i) डोमिनिक लापियेर तथा लैरी कॉलिस : *फ्रीडम एट मिडनाइट*, रॉबर्ट लाफोंट, 1975

(ii) *कीसिंग्ज़ कॉण्टेम्पोरेरी आर्काइव्ज़, वीकली डायरी ऑफ वर्ल्ड इवेण्ट्स*

कथा-साहित्य :

(i) खुशवंत सिंह : *ट्रेन टु पाकिस्तान*, 1956

(ii) भीष्म साहनी : *तमस*, अंग्रेजी अनु. जयरतन, पेंगुइन, 1988

व्यक्तिगत वार्तालाप :

रणधीर सिंह, केशव कोठारी

2. प्रमुख चरित्र

2.1 जवाहरलाल नेहरू

(i) एस. गोपाल कृत नेहरू की जीवनी

(ii) एम. जे. अकबर : *नेहरू, द मेकिंग ऑफ इंडिया*, वाइकिंग, 1988

(iii) बी. आर. नंदा : *द नेहरूज़, मोतीलाल एण्ड जवाहरलाल*, लंदन, 1962

(iv) बी. एन. पांडे : *नेहरू*, मैकमिलन-लंदन लि., 1976

(v) लखनलाल मल्होत्रा (सं.), *विग्नेट्स फ्रॉम नेहरू*, श्रीलंका-इंडिया सोसायटी, 1989

(vi) *टू अलोन एंड टू टुगेदर* (पिता-पुत्री के पत्रों का संग्रह), सोनिया गाँधी द्वारा प्रकाशित, 1992

(vii) *नेहरू'ज़ सांग* (पिपरसोड गाँव में जाँ ल्यूक शामबार द्वारा रिकॉर्ड किया गया, जहाँ ये विख्यात मानव-जाति विज्ञानी 1957 से कार्य कर रहे हैं)

(viii) मार्क्स जैन्स : *लिस्तुवार पोलितिक द् लैंद एन्देपान्दा*, पोलितिक दोजूरदुई, 1992

(ix) क्रिस्तोफ़ जाफ्रलो : *ले नासियोनालिस्त एन्दु*, प्रेस द् ला फोन्दासियों नासियोनाल दे सियांस पोलितिक, 1993

2.2 लेडी माउंटबेटेन

(i) जैनेट मॉर्गन : *अ लाइफ ऑफ हर ओन*, हार्पर कॉलिंस, 1991

(ii) मार्जरी मिना जेनकिंस : *एडविना माउंटबेटेन : हर लाइफ इन पिक्चर्स*, मैकडॉनल्ड, 1961

(iii) डब्लू. मॉरो : *एडविना, काउंटेस माउंटबेटेन ऑफ बर्मा*, 1984

(iv) मैडलीन मैसन : *एडविना, द बायोग्राफी ऑफ द काउंटेस माउंटबेटेन ऑफ बर्मा*, ह्वाइट लायन पब्लिशर, 1975

2.3 लॉर्ड माउंटबेटेन

(i) फिलिप ज़ाइग्लर : *माउंटबेटेन, द ऑफीशियल बायोग्राफी*, कॉलिंस, 1985

2.4 महात्मा गाँधी तथा उनके अन्य समकालीन

(i) लुई फिशर : *द लाइफ ऑफ महात्मा गाँधी*

(ii) सुज़ान लासिये : *गाँधी ए ला नॉन वायलेंस, मैत्र स्प्रीच्युल* संग्रह में सुई द्वारा प्रकाशित, 1983

(iii) *जिन्ना ऑफ पाकिस्तान*, ऑक्सफ़र्ड यूनिवर्सिटी प्रेस, 1985

(iv) अब्बास : *सरोजिनी नायडू*, भारतीय विद्या भवन, 1980

(v) पद्मिनी सेनगुप्ता : *सरोजिनी नायडू*, एशिया पब्लिशिंग हाउस, 1966

(vi) तारा अली बेग : *सरोजिनी नायडू*, पब्लिकेशंस डिविजन, 1974

(vii) मकरंद परांजपे (सं.) : *सरोजिनी नायडू*, हार्पर कॉलिंस इंडिया, 1993

(viii) तारा अली बेग : *पोर्ट्रेट्स ऑफ ऐन एरा*, रोली बुक्स, 1986

3. इतिहास और कल्पना

पाठकों को इस बात की जानकारी देना मैं अपना कर्तव्य समझती हूँ कि ऐतिहासिक तथ्यों में मैंने कहाँ-कहाँ कल्पना का योग किया है।

1. यह सही नहीं है कि 15 अगस्त 1947 को प्रधानमंत्री द्वारा पहली बार भारत का झंडा फहराए जाने के बाद गवर्नर जनरल की बग्घी में एक भारतीय औरत उपस्थित थी। यह सच नहीं है कि लॉर्ड माउंटबेटेन ने इस औरत को सहारा देकर ऊपर चढ़ा लिया था। इसलिए यह सच नहीं है कि उस औरत और नेहरू का आमना-सामना हुआ था।
   यह सच नहीं है, मगर ऐसा हो सकता था। मेरे मन में इस दिन के महात्म्य के साथ स्त्रियों को भी जोड़ने की कल्पना थी। इसीलिए मैंने इस स्त्री को रचा और उसे बग्घी पर बैठवाया। यह बात सच है कि एक औरत भीड़ में लगभग

कुचली गई थी और लॉर्ड माउंटबेटेन ने उसकी मदद को हाथ भी बढ़ाया था। यह भी सच है कि वह बच गई थी। शेष सब कल्पना है।

2. यह निश्चित रूप से नहीं कहा जा सकता कि लेडी माउंटबेटेन उपन्यास में उल्लिखित तारीखों पर ही गाँधीजी से मिलने के लिए अकेली गई थीं। हाँ, यह तय है कि वे अक्सर उनसे मिलने के लिए जाया करती थीं। जिस दृश्य में महात्मा गाँधी, नेहरू और एडविना पुराना क़िला में मिलते हैं, वह संभव तो है, पर उपन्यास में पूरी तरह काल्पनिक है।
3. हो सकता है कि बल्कान प्लान वाली घटना के बाद लॉर्ड माउंटबेटेन ने शिमला में अपनी पत्नी को नेहरू के पास भेजा हो, पर इसका कोई प्रमाण नहीं है। इस दृश्य की मैंने कल्पना की है और यह वायसराय और नेहरू के बीच उभरी राजनीतिक समस्या की गहराई को प्रभावित नहीं करता। हो सकता है कि लेडी माउंटबेटेन ने राष्ट्रमंडल के बारे में कुछ वाक्य कहे हों। उन वाक्यों के अलावा, इस समय तक ऐसा एक भी प्रमाण नहीं मिला है जिससे लगता हो कि बँटवारे संबंधी वार्ताओं में उन्होंने कहीं भी दख़लंदाज़ी की हो।
4. इसी तरह नेहरू और लेडी माउंटबेटेन के तुग़लकाबाद में मिलने का भी कोई प्रमाण नहीं है। उनकी परस्पर निजी अलविदा का यह दृश्य काल्पनिक है।
5. 'वायसरीन का गाँव' शीर्षक पूरा प्रसंग ही काल्पनिक है। इस बात का कोई प्रमाण नहीं है कि गुड़गाँव के निकट के किसी ग्राम में लेडी माउंटबेटेन बिना किसी को साथ लिए, या बिना मार्गरक्षियों के गई थीं। जैसाकि पहले ही कहा जा चुका है, मेजर विलियम्स नाम का कोई व्यक्ति था ही नहीं।
6. जिस दृश्य में नेहरू और एडविना प्रभात वेला में महात्मा गाँधी के चितास्थल पर मिलते हैं, वह पूरी तरह काल्पनिक है।

इस उपन्यास के शेष सभी दृश्यों के पीछे यथार्थ का आधार रहा है। अंत में, इस बात पर मैं विशेष रूप से बल देना चाहूँगी कि भाषणों और पत्रव्यवहार की एक-एक पंक्ति पूरी तरह प्रामाणिक है। एक और बात में भी कोई ग़लतफ़हमी नहीं रहनी चाहिए। इस उपन्यास की अधिकतम विस्मयकर टिप्पणियाँ, अत्यंत गीतिमय उद्गार, बेहद रोमानी प्रसंग, अत्यधिक भावावेगपूर्ण घोषणाएँ और अत्यंत क्रूर निर्णय — सभी वास्तविक दस्तावेजों से लिए गए हैं।

आभार

नंदिता अग्रवाल; मोरीन बियों पाल; जाँ क्रिस्तोफ़ ब्रोशिए; डॉ जे.पी. दास; लियान और डॉ. ओलिविए गियोम; डॉ. सुधीर कक्कड़; खुशवंत सिंह; प्रोफ़ेसर कुलकर्णी; इला लूंबा; अमन नाथ; जाँ पॉल फ़ैलिपो; दिलीप पडगाँवकर; अंतोन और शेका प्रोस्का; राजदूत कृष्ण रसगोत्रा; राजेश तथा राधा शर्मा; रफ़ाएल सारीन; फ्राँसुआ वेनी; फ्राँसिस वचियार और ए. एल. तो हैं ही।